HUMANITIES AND SOCIETY

社会行动的结构

Talccot Parsons

[美] 塔尔科特·帕森斯 著　张明德 夏遇南 彭刚 译

译林出版社

图书在版编目（CIP）数据

社会行动的结构／（美）帕森斯（Parsons, T.）著；张明德，夏遇南，彭刚译．—南京：译林出版社，2012.7（2022.3 重印）
（人文与社会译丛）
书名原文：The Structure of Social Action
ISBN 978-7-5447-2949-9

Ⅰ.①社⋯　Ⅱ.①帕⋯ ②张⋯ ③夏⋯ ④彭⋯　Ⅲ.①社会行为－研究　Ⅳ.①C912.68

中国版本图书馆 CIP 数据核字（2012）第 128080 号

The Structure of Social Action　by Talcott Parsons
Original English language edition copyright © 1949, 1968 by The Free Press
Published by arrangement with the original publisher, Free Press, a division of Simon & Schuster Inc. through Andrew Nurnberg Associates International Limited
Simplified Chinese edition copyright © 2012 by Yilin Press, Ltd.
All rights reserved.

著作权合同登记号　图字：10-2011-229 号

社会行动的结构　[美] 塔尔科特·帕森斯 ／ 著　张明德　夏遇南　彭刚 ／ 译

责任编辑　宋　旸
责任印制　单　莉

原文出版	Pimlico, 1997
出版发行	译林出版社
地　　址	南京市湖南路 1 号 A 楼
邮　　箱	yilin@yilin.com
网　　址	www.yilin.com
市场热线	025-86633278
排　　版	南京展望文化发展有限公司
印　　刷	江苏扬中印刷有限公司
开　　本	880 毫米 × 1230 毫米　1/32
印　　张	29.125
插　　页	2
版　　次	2012 年 7 月第 1 版
印　　次	2022 年 3 月第 8 次印刷
书　　号	ISBN 978-7-5447-2949-9
定　　价	80.00 元

版权所有·侵权必究

译林版图书若有印装错误可向出版社调换。质量热线：025-83658316

主 编 的 话

刘 东

总算不负几年来的苦心——该为这套书写篇短序了。

此项翻译工程的缘起,先要追溯到自己内心的某些变化。虽说越来越惯于乡间的生活,每天只打一两通电话,但这种离群索居并不意味着我已修炼到了出家遁世的地步。毋宁说,坚守沉默少语的状态,倒是为了咬定问题不放,而且在当下的世道中,若还有哪路学说能引我出神,就不能只是玄妙得叫人着魔,还要有助于思入所属的社群。如此嘈嘈切切鼓荡难平的心气,或不免受了世事的恶刺激,不过也恰是这道底线,帮我部分摆脱了中西"精神分裂症"——至少我可以倚仗着中国文化的本根,去参验外缘的社会学说了,既然儒学作为一种本真的心向,正是要从对现世生活的终极肯定出发,把人间问题当成全部灵感的源头。

不宁惟是,这种从人文思入社会的诉求,还同国际学界的发展不期相合。擅长捉把非确定性问题的哲学,看来有点走出自我围闭的低潮,而这又跟它把焦点对准了社会不无关系。现行通则的加速崩解和相互证伪,使得就算今后仍有普适的基准可言,也要有待于更加透辟的思力,正是在文明的此一根基处,批判的事业又有了用武之地。由此就决定了,尽管同在关注世俗的事务与规则,但跟既定框架内的策论不同,真正体现出人文关怀的社会学说,决不会是医头医脚式的小修小补,而必须以激进亢奋的姿态,去怀疑、颠覆和重估全部的价值预设。有意思的是,也许再没有哪个时代,会有这么多书生想要焕发制度智慧,这既凸显了文明的深层危机,又表达了超越的不竭潜力。

于是自然就想到翻译——把这些制度智慧引进汉语世界来。需要说明的是,尽管此类翻译向称严肃的学业,无论编者、译者还是读者,都会因其理论色彩和语言风格而备尝艰涩,但该工程却绝非寻常意义上的"纯学术"。此中辩谈的话题和学理,将会贴近我们的伦常日用,渗入我们的表象世界,改铸我们的公民文化,根本不容任何学院人垄断。同样,尽管这些选题大多分量厚重,且多为国外学府指定的必读书,也不必将其标榜为"新经典"。此类方生方成的思想实验,仍要应付尖刻的批判围攻,保持着知识创化时的紧张度,尚没有资格被当成享受保护的"老残遗产"。所以说白了:除非来此对话者早已功力尽失,这里就只有激活思想的马刺。

主持此类工程之烦难,足以让任何聪明人望而却步,大约也惟有愚钝如我者,才会在十年苦熬之余再作冯妇。然则晨钟暮鼓黄卷青灯中,毕竟尚有历代的高僧暗中相伴,他们和我声应气求,不甘心被宿命贬低为人类的亚种,遂把迻译工作当成了日常功课,要以艰难的咀嚼咬穿文化的篱笆。师法着这些先烈,当初酝酿这套丛书时,我曾在哈佛费正清中心放胆讲道:"在作者、编者和读者间初步形成的这种'良性循环'景象,作为整个社会多元分化进程的缩影,偏巧正跟我们的国运连在一起,如果我们至少眼下尚无理由否认,今后中国历史的主要变因之一,仍然在于大陆知识阶层的一念之中,那么我们就总还有权想象,在孔老夫子的故乡,中华民族其实就靠这么写着读着,而默默修持着自己的心念,而默默挑战着自身的极限!"惟愿认同此道者日众,则华夏一族虽历经劫难,终不致因我辈而沦为文化小国。

一九九九年六月于京郊溪翁庄

目 录

序　　言 ………………………………………… 1
第二版序言 ……………………………………… 5
平装本序言 ……………………………………… 12

第一部分
实证主义的行动理论

第一章　绪　　论 …………………………… 3
问　　题 ……………………………………… 3
理论和经验事实 ……………………………… 6
剩余性范畴 …………………………………… 18
理论、方法论和哲学 ………………………… 23
概念的类型 …………………………………… 31
附注：关于"事实"的概念 …………………… 46

第二章　行动理论 …………………………… 48
行动体系的单位 ……………………………… 48
功利主义体系 ………………………………… 56
实证主义的行动理论 ………………………… 66
经验主义 ……………………………………… 76

1

行动理论中的个人主义 ……………………………… 78
　　附注 A:关于"规范"性概念 …………………………… 81
　　附注 B:行动理论中诸体系类型的图式提要 ………… 84
　　附注 C:与行动理论有关的非主观范畴的内容 ……… 92
　　附注 D:心理学与生物学的关系 ……………………… 95
第三章　个人主义的实证主义行动理论历史发展中
　　的若干阶段 ……………………………………………… 98
　　霍布斯与秩序问题 ……………………………………… 100
　　洛克与古典经济学 ……………………………………… 107
　　马尔萨斯与功利主义的不稳定性 ……………………… 115
　　马克思与阶级对抗 ……………………………………… 120
　　达尔文主义 ……………………………………………… 124
　　导致激进实证主义的其他途径 ………………………… 129
　　效　　用 ………………………………………………… 136
　　进　　化 ………………………………………………… 138

第二部分
源于实证主义传统的
唯意志论行动理论的出现

第四章　阿尔弗雷德·马歇尔:需求和行动
　　及经济学的范围问题 …………………………………… 145
　　活动和效用理论 ………………………………………… 146
　　生产要素的供应 ………………………………………… 159
　　实际成本 ………………………………………………… 165
　　自由企业 ………………………………………………… 169

2

社会进化…………………………………… 174
　　"自然秩序"………………………………… 179
　　经济动机…………………………………… 182
　　经济学理论的范围问题…………………… 185
第五章　威尔弗莱多·帕雷托(一):方法论与主要分析框架 …
　　　　………………………………………… 199
　　方法论……………………………………… 201
　　逻辑行动和非逻辑行动…………………… 207
　　剩余物和衍生物…………………………… 220
　　非逻辑行动的两个结构性层面…………… 225
第六章　威尔弗莱多·帕雷托(二):结构分析的展开与验证 …
　　　　………………………………………… 244
　　帕雷托与社会达尔文主义………………… 244
　　行动体系的"逻辑"方面…………………… 254
　　社会效用理论……………………………… 268
　　社会体系的非逻辑方面…………………… 279
　　再论经济学理论的地位…………………… 295
第七章　威尔弗莱多·帕雷托(三):经验概括与结论……… 300
　　意识形态问题……………………………… 300
　　社会变迁的周期…………………………… 310
　　暴力的作用………………………………… 322
　　总的结论…………………………………… 327
第八章　埃米尔·涂尔干(一):早期的经验研究………… 336
　　劳动分工…………………………………… 343
　　自　杀……………………………………… 361
　　职业群体和社会主义……………………… 376

3

第九章　埃米尔·涂尔干(二)：社会学实证主义的方法论 …… 381
功利主义的困境 …… 382
"社会性"因素 …… 388
集体表象 …… 400
伦理与社会类型 …… 409

第十章　埃米尔·涂尔干(三)：社会控制理论的发展 …… 419
"强制"一词含义的变化 …… 421
道德难题 …… 435
定则的作用 …… 445

第十一章　埃米尔·涂尔干(四)：最后阶段：宗教与认识论 …… 456
宗教观念 …… 459
仪　式 …… 479
认识论 …… 491

第十二章　第二部分的总结：实证主义行动理论的崩溃 …… 503
实证主义的出发点 …… 503
马歇尔 …… 504
帕雷托 …… 507
涂尔干 …… 513

第三部分
从唯心主义传统中产生的唯意志论行动理论

第十三章　唯心主义传统 …… 527
方法论背景 …… 527

    资本主义问题·················543
    马克思·····················544
    桑巴特·····················552
第十四章　马克斯·韦伯（一）：宗教和现代资本主义······558
  A. 新教与资本主义··············558
    资本主义的主要特征················562
    资本主义精神···················573
    加尔文教与资本主义精神··············576
    附注：观念的作用·················596
第十五章　马克斯·韦伯（二）：宗教和现代资本主义（续）······
  ·····················603
  B. 比较研究··················603
    中　　国·····················606
    印　　度·····················618
    系统的宗教类型学················630
    新教与资本主义：简明的纲要············644
第十六章　马克斯·韦伯（三）：方法论·······648
    客观主义·····················650
    直觉主义·····················656
    自然科学和社会科学················662
    理想类型与概括的分析理论·············673
    经验论证的逻辑·················683
    解释的充分性···················699
    行为和意义复合体················711
第十七章　马克斯·韦伯（四）：系统理论······716
    社会行动的类型·················717
    行动的取向方式··················727

5

合法秩序、卡里斯马和宗教 ……………………… 737
　　仪　式 ………………………………………………… 755
　　趣味问题 ……………………………………………… 760
　　附注：共同体和社会 ………………………………… 771

第四部分　结　论

第十八章　经过经验验证的结论 ……………………… 787
　　行动结构的概貌 ……………………………………… 788
　　经过验证的结论 ……………………………………… 813
第十九章　方法论试探 ………………………………… 821
　　经验主义与分析性理论 ……………………………… 822
　　行动的参照系 ………………………………………… 825
　　行动体系及其单位 …………………………………… 832
　　分析性成分的作用 …………………………………… 845
　　行动理论的一般状况 ………………………………… 850
　　行动科学的分类 ……………………………………… 854
　　社会学的地位 ………………………………………… 866

索　引 …………………………………………………… 875
编后记 …………………………………………………… 888

要想考察任何有意义的人类行动的根本成分,首先应从"目的"和"手段"这两个范畴入手。

——马克斯·韦伯:《科学论文集》,第 149 页。

序 言

　　从某种意义上说,本书是对社会理论方面一些作者的著述的第二手研究。但是,"第二手研究"有好几种,在本书中将要看到的只是其中的一种,也许是不为人所熟知的一种。

　　本书的基本目的,不是要确定和概述这些论者就他们研究的论题说了什么和有什么看法,也不是要根据当代社会学知识和相关的知识,直接探讨他们的"理论"中所提出的每一命题是否站得住脚。我们会反复地提出这些问题,但重要的不是提出甚或回答这些问题,而是提出和回答这些问题的背景。

　　本书的副标题似乎已经说明了它的要旨:它是研究社会理论,而不是对各种社会理论的研究。本书所关注的并不是这些论者的著作中那些孤立且无联系的命题,而在于对他们以及他们的某些前辈的著作加以批判性分析就能看出其发展脉络的一个单一却又自成体系的理论加以推理论证。把这些论者集中到一本书里论述,其一致的地方不是因为他们形成了一个一般意义上的所谓"学派",也不是因为他们代表了社会理论发展史上的一个时期或时代,而是因为他们每一个人都从不同方面对这个单一却又自成体系的理论做出了重要贡献,而且对他们的著作进行分析,是阐述这个理论体系本身的结构及其在经验方面的实用意义的便利途径。

　　这个理论,即"社会行动理论",不单单是一些在逻辑上互相关联的概念。它是一种经验科学理论,其中包括的那些概念关联到已经超出了它本身的东西。如果在探讨某个理论体系的发展的时候,不去涉及这个理论赖以建立及其所应用于的经验问题,就会成为一种最无谓的论证。真正的科学理论不是呆滞的"冥思苦索"的结果,也不是把一些假设中所包含的逻辑含义加以敷衍的结果,而是从事实(fact)出发又不断回到事实中的观察、推理和验证的产物。因此,本书在每个关键之处都包含有对于有关作者所研究的那些经验问题的明白论述。只有把理论与经验问题和事实如此紧密地结合起来加以论述,才能充分理解这个理论是怎样发展起来的以及它对科学有什么意义。

本书是作为一部前述意义上的理论研究著作发表的。然而,通过探讨这四个人(指马歇尔、帕雷托、涂尔干和韦伯——译按)的著作来找出一个理论体系的发展始末,却不是作者细致研究他们的著作的本意。因为,无论是作者还是其他研究他们著作的人,都没有认为能够从他们的著作中发现一个单一的和融贯的理论体系。把他们放到一起研究是出于经验方面的原因,即他们每一个人都对解释现代经济秩序——被不同地称之为"资本主义"、"自由企业"、"经济个人主义"——的某些主要特征所涉及的经验问题的范围以不同的方式加以关注。对这些问题进行探讨,即使从如此相互迥异的观点出发,也会涉及到一个共同的概念体系——这一点只是逐渐地明确起来的。这样,兴趣的焦点也正是因此而逐步地转移到阐明这个体系上来的。

从问题的脉络上说,这项研究工作早在作者的大学时代就开始了。在这漫长的研究过程中,作者得到别人的教益极多,而且常常是无法估量的,因此很多是无法致谢的,谨对其中与写成本书直接有关的最重要者鸣谢如下:

在这些有直接关系的教益中,有四个方面具有突出的意义。

最难以估量、也可能是最重要的,是埃德温·F.盖伊(Edwin F. Gay)教授的教益。多年来,他一直积极关注这项研究。在这漫长的、有时甚至是令人沮丧的进程中的许多关键时刻,盖伊教授的指点使作者受到鼓舞,不断激励作者使这项研究达到力所能及的最高质量标准。其次,作者的同事奥弗顿·H.泰勒(Overton H. Taylor)教授同作者接连多次讨论问题(特别是与经济理论有较直接关系的问题),对本书贡献良多,难以一一列举。以上二位教授也都阅读了本书部分原稿,提出了有价值的建议。第三,劳伦斯·J.亨德森(Lawrence J. Henderson)教授对原稿进行了非常彻底的批判性审查,从而使我在许多地方、特别是关于一般科学方法论和对帕雷托的著作的解释两个方面作了重要修正。最后,还要对一批批的学生、特别是研究生们表示感谢。在本书酝酿阶段的大部分时间,作者一直与他们一起就社会理论的各种问题展开讨论。在这些生动的、互相交换意见的讨论中形成了许多富有成果的思想,并使许多模糊的问题明确了。

还有两位批评家对本书特别有所助益,他们是诺克(A. D. Nock)教授和罗伯特·K.默顿(Robert K. Merton)博士。他们在阅读原稿后提出了建议和批判。诺克教授尤其对有关宗教的章节提出了建议和批评。此外,还有其他人阅读了原稿,或校订了全书或部分章节,提出了有价值的建议和批评,其中包括:索罗金(Pitirim A. Sorokin)教授,约瑟夫·熊彼特(Josef Schumpeter)教授,弗兰克·H.奈特(Frank H. Knight)教授,亚历山大·冯·塞廷(Alexander von Schelting)博士,克拉克洪(C. K. M. Kluckhohn)教授,丹农(N. B. DeNood)教授,伊丽莎白·诺丁汉(Elizabeth Nottingham)女士,埃米尔·B.斯马里安(Emile B. Smullyan)先生和爱德华·希尔斯(Edward Shils)先生。斯马里安先生和本杰明·哈尔彭(Benjamin Halpern)博士对研究工作提供了帮助,谨此一并致谢。

以上人士在有关本书的专门内容方面提供了帮助。但是,对于完成这样一部著作来说,得到的帮助绝非仅限于此。在其他方面,我特别要对两件事情表示感谢。一要感谢哈佛大学社会科学研究委员会,由于它的惠准,本书在研究问题当中得以在书目和参考文献方面得到某些有价值的帮助,并且在撰稿过程中在速记方面得到帮助。二要感谢我的父亲、玛丽埃塔学院(Marietta College)荣休院长爱德华·S.帕森斯(Edward S. Parsons),他承担了通读原稿的重担,在文字上加以润饰。在这样一本不可避免地比较难读的书中,任何通达流畅之处大多要归功于他。

承担原稿打印工作的是伊丽莎白·沃尔夫(Elizabeth Wolfe)小姐、艾格尼丝·汉内(Agnes Hannay)小姐和马里恩·B.比林斯(Marion B. Billings)小姐。伊莱恩·奥格登(Elaine Ogden)小姐帮助草拟了文献目录,我一并表示衷心的谢意。

塔尔科特·帕森斯
马萨诸塞,剑桥
1937年10月

第二版序言

自《社会行动的结构》初版以来,已经过去了将近十二年。战后人们对于社会科学相关领域内的理论研究和教学产生了广泛兴趣,但不幸地发现此书已脱销,因此自由出版社将此书再出新版的决定就广受欢迎。

出于很多方面的原因,我们决定按原书重印而不作任何改动。这样的决定并不是说,此书不可能通过修订而取得实质性的改善增色。此书的精神实质和其中许许多多的明确表述[①]都离此甚远。作者本人的理论思考并未止步,而且倘若他此时又再来写这本书,那将会有实质性的不同,我们还可以期望,他会写得更好。

要弄出一个像是1949年新写出来的修订版,任务实在过于繁重。不仅要有许多实际改写的地方,而且在此之前,先得对本书所依据的主要素材进行仔细的重新研究和重新评价。这样做当然会大有收获,然而问题却在于,要对这样一本著作的收获的判断与这样所要耗费的时间和精力所可以有的其他用处之间,怎样作出平衡。

此种平衡中所包含的最为重要的考虑,就是将对于此前一

[①] 见第一章,[边码]第40—41页。

两代人所作的理论工作的批判分析进行进一步的加工提炼,与推进和当前经验研究的兴趣相关的理论问题的直接分析(而不再加工提炼批判取向)所可能取得的成果进行比较,看看怎么做更为有利。不对此书进行全盘修订的决定,就表明了这样一个判断:就社会科学的现状而论,后一种做法对于一桩重大的时间和精力的投资而言,是一个成果更为丰硕的渠道。

《社会行动的结构》旨在主要成为对于系统化的社会科学的、而非对于社会思想史的贡献。它对于其他著作家的研究工作的批判性取向之所以有其合理性,就是因为这是澄清问题和概念、涵义和关联的方便之门。这是一种充分利用我们的理论库存的方法。在当下科学发展的过程中,它使我们暂时停步,重新考虑那些对于在科学研究和其他领域中有助于我们的原则所做出的根本决策,也就是说,"知道你在做什么是件好事";再就是,在我们沉浸于日常工作的情形中,可能有些资源和潜能是往往被我们所忽视的。从汲取库存中得到的清晰明澈,为更大范围内进一步的理论发展开启了可能性,它给人的激励是不会穷尽的。这对于我个人来说是如此,我们也可以合情合理地认定,对于其他人而言,也必定是如此。

《社会行动的结构》分析了一个殊途同归的理论发展过程,这一过程构成了对于社会现象的科学分析中的一场重大革命。这一研究中所讨论的三个主要人物绝不是孤立的,他们都为这个发展的"社会学"方面做出了贡献。我们的视野中又多了十年,但这并没有降低他们在这个运动的高峰上所处的相对位置。在达到一定高度的范围内,不止有三个高峰,然而这三个高峰比之别人要高上许多。

在社会学方面就是如此。本书的一个主要偏向,就是它相对而言忽视了整体概念体系的心理学方面——全面的修订当然会致力于在此取得平衡。在这里,至少同一代人中有一位,也即弗洛伊德,在发展中扮演了一个至关重要的角色、尽管他的研究起点和经验关注对象有所不同,必须认为他的工作构成了同一个一般思想运动的一个关键部分。在第二流的重要人物中,或许心理学比之社会学方面要丰富得多,但没有任何别人能够赶得上弗洛伊德那么要紧。情况既然如此,将弗洛伊德的理论发展置于"社会行动理论"的背景中进行全面的分析——并把本书的其余部分按照这样一种研究的结果进行调整——对于应该进行的那样一种修订来说,就是必不可少的。这显然必定会令一部篇幅已经足够庞大的书更加冗长。

对于是否还有什么大致被划分为社会人类学家或文化人类学家的人物具有类似的理论重要性,也许人们意见不一。我的看法是没有。尽管比如说博伊斯(Boas)对于社会科学而言,或许有着类似的一般的重要性,而且同样是一位伟大人物,但他在同一个发展潮流中对于系统化的理论分析所做出的贡献,与涂尔干和弗洛伊德等人不是同一性质的。在某种更为广泛的意义上来说,人类学思想的贡献有着头等的重要性,应该得到比之《社会行动的结构》中显然更多的强调。对于社会行动的结构与"文化结构"之间的关系而言尤其如此。对于这些问题的进一步澄清,乃是当前基本的社会科学最迫切的要求之一。

这一根本性的理论发展就其紧要之处而论,我们可以说,在二十五年前就已经发生了。但是,这些著作家所围绕的参照系、他们充满争议的趋向、经验兴趣和思想传统,形形色色,各不相同,这就使得他们研究工作的统一性,只有在经过艰苦的批判性诠释之后才能看到。实际上,比这还糟的是,他们之间所确实存在的差异,由于人们第二手的阐释与误解所造成的纷乱扰攘,而变得重重叠叠,难以厘清。《社会行动的结构》的主要作用之一,在我看来,就是清除了很多这种"杂乱之物",使得某种理论体系的大致框架能够较为清晰地呈现出来。

对弗洛伊德的工作和人类学思想的分析所可能带来的、对于心理学方面和文化方面的更好的理解,是我们所需要的。即使表述起来有些为难,想必也是人们所能够容忍的。但是纵然有了这类限定,本书仍然还可以有更进一步的发展。而且,利用它所提供的某些解释方式,就可以更加不受拘束、也更加富有成效地来利用原著。一句话,一个理论体系的纲要和它某些主要创造者的贡献,更多地成为了一个专业群体的公共财产,而不是一小群帕雷托、涂尔干和韦伯学者——他们极可能是相互竞争的不同团体——所能独占的。

假如说,《社会行动的结构》中所发展起来的基本理论纲要大体上是健全的,它不可避免地要经历一个提炼过程,它的意义要从一个更好的视角来进行观察,那么,我们就得谈谈立足于它的发展所应具有的性质和方向。

我们强调过,这一体系是在与经验兴趣和那些著作家所提出的问题的直接关联中发展起来的。这是实情,而且这一实情有着头等的重要性。然而,只有在为数不多的几个地方,我们才可以说,这一经验取向在此阶段接近了"操作上具体化(operationally specific)"的层面。这其中最著名的例证之一(尽管还很粗糙),就是涂尔干对自杀率的分析。在全然不同的层面上的另一个例证,就是韦伯通过对于一系列不同社会中相关因素之间关系的比较分析,而对宗教观念对经济发展所产生的影响进行研究的尝试。但就总体而言,在经验问题上总的做法还是一种宽泛的"澄清问题",驱除混乱和站不住脚的解释,开启各种新的可能性。

8

因此,过去和现在的一个核心问题就是,尤其在使用了技术上更加精致的观察工具以及对于观察数据的整理和经验分析之时,如何使得这种理论更加接近于有可能为专门研究提供指导,对专门研究进行检验,并使之得到提升。

至少在很多地方,沿着这个方向前进的一系列重要步骤,似乎也因为在理论层面上的一个转移——由对于社会行动的结构本身的分析,转向对于社会体系的结构—功能分析——而成为可能。这些"说到底",当然就是社会行动的诸体系。但是,这些体系的结构在较新的情形中,不是直接借助行动来进行研究,而是作为在接近于某个已被描述和检验过的经验概括层面上的"制度化模式(institutionalized patterns)"来进行研究。这反过来,又使得将具体的和可以处理的行动过程孤立出来进行深度的动态研究成为可能。这样一些过程,要作为与制度化角色相关联的行动来进行研究。对它们的研究,要依据他们在符合与偏离社会所裁可的角色界定的预期(expectations of the socially sanctioned role definitions)之间所取得的平衡,要依据施之于个人身上的各种相互冲突的角色预期,以及在这样的平衡和冲突中的各种动力和机制的汇集。

在结构—功能理论体系的框架内,要将这些问题孤立出来,达到可以在经验上加以处理的地步,这可以在一个能够获得一般化动态分析所具备的种种好处的相对较高的层面上得以实现。将动态问题置于它们与体系结构的关系中、以及过程与要将其维持下去所必需的功能性前提之间的关系中来加以研究,这就为判断一桩发现的一般意义、以及系统地弄清它与其他问题和事实之间的相互关联,提供了一个参照系。

在社会学以及与其最密切相关的领域中、尤其是心理学和文化学的领域中,最有希望的理论发展的路线看来是双重的。

一个主要的方向是对社会体系的结构—功能分析(包括相关的动力问题及其与文化模式之间的关系的问题)进行理论上的加工和提炼。在这个过程中,社会行动的结构提供了一个基本的参照系,它的各个方面在许多具体问题上都有着直接的实质性重要意义。这样,主要的理论任务,就不止是对于目前重印的这本书的概念体系进行提炼,而是蕴涵着要转变和过渡到一个不同的层面和理论系统化的焦点。[②]

第二个主要的方向,是就理论上有重要意义的概念发展做专门的操作性的表述,并对其进行适应性调整。经验研究方面技巧的发展,在较近一段时期以来发展异常迅猛,在将来更会是这样。这些技巧取得了令人印象深刻的成果,纵然对它们的使用进行指导的理论不过就是常识。但是这对于它们所允诺的、如果它们能够被整合到一个专门的一般化的理论体系中就能具有的理解力来说,却不过是微不足道的一小部分而已。

正是沿着这些方向的发展能够取得累累硕果的期望,促使我不想在这个时候对《社会行动的结构》进行全盘的修订。实际上,这样的修订看来并非真的必要。自从本书初版以来,作者本人所能够取得的理论进展,都已经坚实地奠定在它的基础之上,当然,这是以研究本书分析了他们的著作的那些伟大理论家而获得的见解为起点的。似乎有足够的理由相信,这不会仅仅是我自己的癖好。这些贡献的进一步传布,即使是以它们目前的形式,也会帮助人们提高理论理解力的一般水准,使我们在自己的专业方面更加称职,并激发其他参与者发展起社会科学理论进步的最富成果的路线,使之达到一个更高的水平,

---

[②] 对于这个焦点及其相关问题的更加充分的论述,见塔尔科特·帕森斯:《社会学疗法论集》(Essays in Sociological Therapy, The Free Press, 1949),第一、二章。

以实现世纪之交③他们的伟大先驱者们在其研究中所提出的宏愿。

塔尔科特·帕森斯
马萨诸塞，剑桥
1949 年 3 月

---

③　即十九世纪和二十世纪之交。——译注

平装本序言

对于一个运气颇佳、在他的著作初版后还活了这么长时间的作者来说，平装本能够在初版之后三十年印行，可以说令他心满意足了。自由出版社的决定和财务方面的问题并非全然无关，这可以由1966年只卖出了1200本精装本的事实得到说明。那只是原先麦克格罗—希尔出版社的版本所售数量的大约八成，而那一版本只在大约十年后就已售罄。

当然，销量的上升，部分是由于美国经济的巨大增长，这其中，包含了对于社会科学书籍的需求的巨大增长。这本书的"余留价值"在众多的评论看来，难以归结为它具有什么引人入胜的文采，或者说它是把一些名声卓著的欧洲著作家的论著通俗化了——而有很多人是希望不必投入太多的智力上的努力，就能对他们有多一点了解。

因而，或许可以有一个较为公平的推论，那就是此书之所以能够留存至今，是有其实质性的依据的；原因之一我们可以用人们所熟稔的"知识社会学"来部分地加以解释。随着社会科学的普遍上升，社会学在现代知识共同体中，变成了相对"时尚"的学科。然而，它理所当然地是追随着经济学、心理学和政治科学，才达到它目前的显赫地位的。正如尼斯比特① 最近所表明的，它的上升与人们对于现代社会的整合问题的新的关注有着莫大的关联——而那种关注在十九世纪和本世纪②早期的经济和政治思想中，却是引人注目地付诸阙如的。由于致力于研究世纪之交③那一代人中关注这些问题的一些鼎鼎有名的著作家——尤其是涂尔干和韦伯，《社会行动的结构》一书，或许有助于向范围狭小的一些高度专业化的美国社会科学家和为数不多的其他知识分子，引介对于该领域内某些问题的分析。本书当然有益于此种关注的持续增长。换言之，社会学的发展，不仅仅与其躬行者的贡献的纯粹科学价值相关，而且也与所处时代更加浩大的思想潮流相关，而那一潮流部分地"在存在上(existentially)"是被决定的。情况既是如此，作者显然就是在一桩"好事"的相对较早的阶段"赶上了趟"，因而有了成功的好运。

对于本书的命运而言，重要的是它从经验上研究了现代工业社会性质的某些最为广泛的问题——尤其是资本主义性质的问题。而且，此项研究的开展，适逢俄国革命、大萧条、法西斯主义运动和第二次世界大战的逼近等等事件和现象，提出了很多根本性的社会问题。就理论方面来说，此书集中讨论了经济学理论的边界和限度的问题。它讨论这一问题，既不是以"经济个人主义"的既定路线的方式，也不是以与之相对立的社会主义路线的方式——甚至于不是英国的民主社会主义的、更不用说是马克思主义的方式了。此书比较早就引起了人们的注意，这些取向也许起了很大的作用，因为许多知识分子觉得自己陷入了

---

① 尼斯比特(Robert A. Nisbet)：《社会学传统》(The Sociological Tradition, Basic Books, 1967)。
② 即二十世纪。——译注
③ 指十九世纪和二十世纪之交。——译注

个人主义—社会主义的两难困境,而经济学在当时似乎是最为重要的理论性社会科学。

近些年来情况好像不再是这样,至少程度不同了。经济学理论在这个时期更加专门化了,在经济学家对他们的专门理论和对经济政策事务的特殊关注的兴趣,与他们对于别的社会科学、尤其是社会学的兴趣之间,似乎出现了某种裂隙。只是在近来,通过各个学科在涉及到所谓欠发达国家的发展问题上的携手合作——在这些问题上,甚至于一个社会的经济方面,也要勉为其难地才能在分析性理论的意义上被作为纯粹的经济问题来加以研究——这两种兴趣之间具有的某种新的密切关联才得到恢复。④

如果刚才所说的这些实质性的考虑——这些考虑既有经验层面的,又有理论层面的,它们都多少超出了那种被以比较愚笨的方式来理解的意识形态之外——对于本书之具有余留价值而言起了一些作用,那么,就有了一个更进一步的饶有兴味的问题。在本世纪的大多数时间里(如果不是在此之前的话),美国的社会科学和行为科学中都有一种想要与严格科学看齐的强烈愿望。这种趋向往往走得很远,以至于产生出科学哲学上相当极端的经验主义观点,实际上把所有理论都贬低为是"软心肠"

---

④ 在以我的名义出版的著作中,卖得最不成功的乃是《经济与社会》(与斯麦尔塞[Neil J. Smelser]合著,1956)——在我看来,这本著作比我其他几本著作的理论贡献更为重要——这或许就是此种注意力发生转移的一个意味深长的征兆。我觉得这本书真是"两头不讨好",社会学家对于它似乎关注的经济学层面不愿理会,经济学家又对它毫无兴趣。好像大多数《经济与社会》的潜在的读者都认为,我就此话题所要谈论的大多数内容都已经出现在《社会行动的结构》中了,然而实情却远非如此。相反,它阐述了在我看来是重大的理论推进的东西。

的结果。⑤ 这种倾向是美国各门行为科学的文化所独有的;确确实实,人们还能够听到,关于最纯粹不过的经验主义(特别是那种量化的经验主义)的优长之处和对于理论思辨(特别是如果会创造出什么"宏大理论"来的话)所带来的危险的喧哗之声。

我一直认为,《社会行动的结构》在双重意义上乃是经验性的研究。首先,它关注于西方社会人所共见的发展所面临的问题——尤其是从此书所讨论的四位主要理论家的角度来看的那些问题。其次,它在对于社会思想的分析方面乃是一项经验性的研究。它所研究的著述就像中世纪采邑法庭上的名册一样,乃是提出了需要我们去理解和阐释的问题的文献档案。涂尔干《劳动分工论》中的某一个阐释是否可被证明为合理,就如同涂尔干关于新教与高自杀率之间的关系的观点是否正确一样,都同样是经验性的问题。

无论如何,《社会行动的结构》本身乃是、而且也一直旨在成为一本理论性著作。此书的撰写得力于与对于严格科学所独具的长处的顽固坚持——尤其是或许在对布里奇曼的操作主义(Bridgman's operationalism)更为通俗的解说中所表达的那种——正相反对的、科学哲学中的一个复杂的运动。在我看来,这一捍卫理论的运动的主要先知乃是怀特海(A. N. Whitehead),他的《科学与近代世界》一直是一个对此无比重要的阐述。这背后则是莫里斯·科恩(Morris Cohen)的著作《理性与自然》。更加直接的影响,则来自 L. J. 亨德森(L. J. Henderson,他本人是一个作为严格科学家而言,具有良好背景的生理学家)关于一般而言理论的重要性和特殊而言体系概念的重要性的著

---

⑤ 在社会学方面,这一趋向的最高表现或许是奥格伯恩(William F. Ogburn)1930 年代就任美国社会学会主席时的就职演讲。

作——这后一方面在他看来,乃是柏拉图最为重要的一项理论贡献。

正如此书中所说,我还受到了反对心理学中行为主义运动的经验主义的个人主义的两种运动——格式塔心理学和托尔曼(E. C. Tolman)的"目的性(purposive)"行为主义——的影响。最后,柯南特(James B. Conant)在科学普及的一般领域中的著述,也鼓励了我。柯南特的一个尤为突出的观点认为,对于某一门科学的推进过程的最佳衡量标准,乃是"经验主义程度的减低(reduction in the degree of empiricism)"。

本书的主要论点是,马歇尔、帕雷托、涂尔干和韦伯的研究(这些研究以种种复杂的方式与其他许多人的研究相联系)所表述的,并非径直就是有关人类社会的四种特别的观察和理论,而是在理论思维结构上的一个主要的运动。与功利主义的实证主义和唯心主义这两种根本传统的背景相反对,这一运动代表了关于人与社会问题的欧洲——在那个时候实际上就等于是西方——思想的一个全新的发展阶段。回过头去看,这种对于思想史的阐释中最严重的缺陷,就是它低估了特殊的法国传统的独立意义,以及法国传统中"自由派"(卢梭、圣西门和孔德)和保守派(博纳尔【Bonald】)、梅斯特【De Maistre】以及[并非最不要紧的]托克维尔)思想观念的复杂的、常常是相互冲突的千丝万缕的关系。

将对于社会现象的分析以最为宽泛的方式推向一个新的轨

道,由此出现的提纲要领显然就会是"宏大的理论"。⑥ 在一定范围内,我想我们可以说,这种"宏大的理论"的视野,最为重要的是它对年轻人(尤其是研究生)而言,有着某种感染力,尽管它逐渐广泛地传播开来了。

然而,有关"宏大理论"的得失之争并没有平息下来的迹象。1948年美国社会学会的会议上出现了一个极其重要的插曲:罗伯特·默顿(Robert Merton)开始提出要把注意力放在"中层理论(theories of the middle range)"上的计划。⑦ 回过头看,这似乎是一个要将专注于经验研究者与更加注重理论者整合起来所必需的一个极具建设性的动议。然而,这一评价并不意味着就可以抛弃在一般理论领域继续工作的研究计划。相反地,在相当漫长的生涯之中,我持之以恒地致力于这样一种研究计划。

我致力于此,是以我认定当时的通行见解——特别是索罗金的《当代社会学理论》(Contemporary Sociological Theories,注意,"理论"是复数)中所表达的那种——令人无法接受为起点的。索罗金认为,我所研究的三位社会学家——帕雷托、涂尔干和韦伯——分属于迥然相异的学派,而马歇尔作为一个经济学家,属于一个更加不同的思想领域。我不把他们的研究视为四种互不相关、相互不同的可供选择的理论,而是认为它们属于一个理论思维的融贯整体,是以那一时期思想史中的主要运动来

---

⑥ 从英语民族、尤其是功利主义的角度,我个人的经历就能表明它的新颖性。1924—1925年,我在伦敦经济学院研习社会学,在我记忆中,我那时从未听说过马克斯·韦伯的名字,尽管他所有最重要的著作在那时均已发表。当然,涂尔干在英国和美国都已知名,但对他的讨论是一面倒的贬低;他被认为是"神智不清的群体精神"理论的传道人。

⑦ 《美国社会学评论》(Amercian Sociological Review),1948,第146—148页;又见其《社会理论与社会结构》(Social Theory and Social Structure),第二、三章。

加以理解的。

这种双重的关切——一方面是作为一种分析图式的经济学理论的地位,另一方面则是对于现代工业社会的阐释——带来了成果丰硕的共同涵义,也即,每一种理论,作为一种分析图式,必定构成为一个更加庞大的、更加一般化的理论工具(theoretical organon)的一个部分。因此,马歇尔——他那代人中最为杰出的经济学理论家——就必定具有一套如果不是明言的、也是暗含的社会学。帕雷托显然既是经济学家,又是社会学家,他提供了一座最有用的桥梁。韦伯作为对于"资本主义"有着深厚兴趣的德国风格的"历史的"经济学家,也可以纳入其中。最后,在完成了对涂尔干"群体精神"理论的讨论之后,我由于把握了这一事实——他的出发点(至少就某一主要方面而言)在于他对于古典经济学传统的核心概念、即劳动分工的批判(因而他也就使其相对化了)——而开始真正地理解了他。

我并不想在这里再重复一番本书的理论观点。我是想要使人们注意到我以下的决定所产生的结果:我不是想要提纲挈领地表述社会学理论四个学派的领军人物的著述内容,而是想要证明,在他们的著述中出现了一个单一的、基本上自成一体的(如果说还有些零碎的话)理论运动。这就使得我有必要独立地构建出这一理论体系的主要结构,以证明该思想运动的统一性。构成本书框架的关于"社会行动的结构"的一般理论——以及为其正名所作出的努力——并不单单是那四位理论家著述的一个"提要"而已。它乃是一项独立的理论贡献,虽然尚不完备、缺陷不少,但绝非在任何简单的意义上是"第二手的"。我以为,本书之所以还具有余留价值,是与此分不开的。

然而,还有着更进一步的重要含义。这样一种情形——任何这种起初是为了特定目的而表述出来的一般化理论体系,被证明是或者号称是最终定案——是最不可能出现的,而且一旦出现也是最自相矛盾的。如果它不想被别人只看做是表明所论述材料之内容的陈列表,它就得经历一个自身内在发展和变化的持续不断的过程。我想,我有足够的理由宣称,这样一个过程确实持续不断地发生了,而且并没有显示出任何将要完结的迹象;实际上,它肯定会在笔者自身不再涉足其中之后还会持续很长的时间。

将《社会行动的结构》一书出版以来三十年里的这一发展过程区分为三个阶段,或许不无裨益。第一个阶段可以说是"结构—功能(structural-functional)"理论的阶段。这一阶段最充分地体现于两本著作——《一般行动理论试探》(Toward a General Theory of Action, 与希尔斯等人合著)和《社会体系》(Social System, 两书均出版于1951年)——之中。这些著作完成了在体系概念中从来自经济学和物理学的(经由亨德森、帕雷托和熊彼特)一种模式的主导地位,向主要来自生物学、其次来自人类学(尤其是在坎农【W. B. Cannon】的著作和拉德克利夫—布朗对涂尔干的解释中)的另一种模式的主导地位的重点转移。就狭义上的"行动"概念而言,这种理论更大程度上是涂尔干式的,而不是韦伯式的,因此这就使得马丁戴尔(Martindale)断定我放弃了全部的韦伯立场,这显然与实情不符。

这一阶段还有一个标志,那就是它致力于与两门关键性的紧邻的学科——也即与人格理论特别相关的心理学和社会人类学——和谐共处。首先,这导致了对于弗洛伊德著述涵义的严肃思考,这在1949年《社会行动的结构》第二版(自由出版社第一版)的序言中提到过。在理解作为人格之一部分的文化规范和社会客体的内化(internalization)时,我赋予了涂尔干和弗洛伊德的殊途同归以极大的重要性。此种殊途同归的发展在较轻的意义上延伸到了韦伯,而对于美国社会学中的社会心理学、尤其是米德(G. H. Mead)而言则有着极其重要的意义。其次,我开始强调后期涂尔干(尤其是《宗教生活的基本形式》时期的涂尔干)与整合的社会—文化体系理论(theory of an integrated socio-cultural system)的关联,因为这一点是为英国社会人类学中的"功能"学派、或许尤其是伊万斯—普里查德(Evans-Prichard)、佛特斯(Fortes)和格鲁克曼(Gluckman)所强调的。我与克拉克洪(Clyde Kluckhohn)以及(多少离得更远些)弗思(Raymond Firth)——我在伦敦求学时的老伙伴,在这些问题上达到了某种既部分一致又部分分歧的"辩证"关系。

这一时期还有另一条主线,只是部分地与社会学同社会人类学以及人格心理学的整合有关。这就引向了一条走出旧有的个人主义—社会主义的两难困境——它主宰了关于现代社会的思想——的道路。这条主线关注各种职业现象、它们在现代社会中所处地位以及它们与文化传统和高等教育的关系。在其他别的兴趣之外,它还为模式—变量图式(pattern-variable scheme)提供了温床,而在《社会行动的结构》中这一图式仅仅有了萌芽。它还是使得对于经济理论的地位问题提出新的攻击得以可能的那种观点的源泉;在我看来,这种观点产生了极为深远的影响。

《社会行动的结构》之后一般理论发展的第二个主要阶段,是由以上所提及的那本《经济与社会》(Economy and Society,与斯麦尔塞合著,1956)发端的。这背后是《行动理论研究报告》(Working Papers in the Theory of Action,与贝尔斯【R. F. Bales】等人合著),此书极大地修正了模式—变量图式。《经济与社会》(其原本是我1953年剑桥大学马歇尔讲座的主要内容)由帕雷托这一观点出发:经济学理论是抽象的,并且部分地与一种关于社会体系整体的理论相关。然而,此书进一步表明,经济乃是一个社会中可以清楚准确地加以界定的次级体系(subsystem),是与其他次级体系系统关联着的。这一分析的关键,是要将"四功能范式(four-function paradigm)"应用于关于生产要素和相应的收入份额(地租、劳动工资、资本利息、组织利润)的旧有的经济学概念。

这种把经济视为一个社会次级体系的看法,已证明是可以一般化(generalization)的。首先,此种一般化开启了一种对"政治(polity)"进行理论分析的新方法,将其视为与经济严格平行的、在分析上界定明确的一个社会的次级体系。这就消除了有关社会体系的一般理论中所存在的经济理论与政治理论之间那种极为严重的不对称情形。这些发展与对于社会互动中的一般化中介的分析紧密地联系在一起,它以货币作为一个基本的理论模型,而扩展到政治权力和社会影响的范围。而这种扩展反过来又促使人们提升对于另外两种主要的社会的功能性次级体系——整合的(近来被称为"社会的共同体")和模式—维系的(pattern-maintenance)——的分析研究。恰恰就是在建立起这些发展框架的背景中,《经济与社会》不仅仅是《社会行动的结构》中关于经济理论与社会学理论关系的讨论的重述,而是代表着一个新层次的起点。

认为我的理论研究在其"结构—功能"的阶段未能恰当地说明政治结构和过程,这可能是一个颇有道理的批评,尽管我希望刚才所扼要说明的那些发展能够多少缓和这种批评。[8] 对于这

---

[8] 参见米切尔(William C. Mitchell):《社会学分析与政治:塔尔科特·帕森斯的理论》(Sociological Analysis and Politics: The Theories of Talcott Parsons, Prentice-Hall, 1967)。

一阶段关于社会及其相关的文化和心理体系中的变化的说明，也可以提出合情合理的反对意见。我的"后—结构(post-Structure)"的理论发展的第三个主要阶段，集中考虑了这些问题领域。其特点是返回到了有别于涂尔干的韦伯式的兴趣上来，因为韦伯毫无疑问乃是后线型社会进化论者(post-linear social evolutionists)中最重要的一位。在最早在《经济与社会》中成型、尔后又由斯麦尔塞在他的《工业革命中的社会变迁》(Social Change in the Industrial Revolution)中大大发展了的那些方面，不仅出现了一个相当一般性的进化图式，而且还出现了一种范式，用来分析极为具体的模式化的变迁过程。这种范式主要与分化、包容、上升和价值—一般化(value-generalization)的过程中的各种关系相关。几篇论文和两本小书——一本已经出版，一本已接近完成——记录了这一发展阶段。⑨

《社会行动的结构》首要地并不是想要成为一项思想史的研究。我给它选择的是一个相当狭窄的时间段，并且，除了作为背景之外，没有提及此前的贡献。回过头去看，在相关的思想发展的广阔范围里，似乎有两位在我的书中不大受重视的人物，在当今的思想舞台上产生了很大的影响。这两位人物都属于比我的四位主人公那一代人更早的阶段；他们是托克维尔和马克思。

在最一般的意义上来说，尤其是着眼于作为社会体系关键类型的社会来看，对我而言，涂尔干和韦伯乃是现代社会学理论的主要奠基者。这两人都公然反叛了经济个人主义和社会主义的传统——鉴于彻底科层制的"理性化"的前景，大概韦伯更首

---

⑨ 《社会:进化的与比较的视角》(Societies: Evolutionary and Comparative Perspectives, Prentice-Hall, 1966);《现代社会体系》(The System of Modern Societies, Prentice-Hall, 即出)。

要地是对后者的反叛,在某种意义上,托克维尔和马克思围绕着这一核心问题的立场,构成了不同的两翼。马克思传播了这样的福音:可以通过理性化在社会主义中的完成,来超越片面的"资本主义"理性化形式的局限性。正如尼斯比特(前引书)所指出的,这是把启蒙运动的教义推向了一个彻底的结论。而另一方面,托克维尔则代表了对于 Ancien Regime[旧制度]的满怀忧虑的乡愁,以及对于它的消逝所带来的损失将无从弥补的恐惧。的确,在很大程度上,托克维尔乃是一个完全贵族化的社会的辩护士。⑩

这两位著作家在当前的讨论中变得非常重要,他们乃是《社会行动的结构》所研究的那代人的前驱,并没有得到相当层次上的专业性的理论分析。对于托克维尔的贡献的恰当描述,似乎更应该是洞见卓识而非理论上的准确严密。马克思专门的经济理论现在必须看做是大体上要被取代的了,尤其是被像马歇尔和凯恩斯这样的人所取代。他的历史"规律"和阶级斗争往少里说,也需要根据现代社会理论和现代社会这两者的发展来加以修正。⑪

因而,我仍旧坚持这样的立场:考虑到欧洲的和宏观社会学的背景,我所作出的包含在《社会行动的结构》的目录中的选择,事实上对于社会学理论的核心发展线索而言还是恰当的。尽管托克维尔和马克思的确很重要,但他们的影响看来仍然属于两

---

⑩ 这段话应该在理论的、而不是政治—意识形态的意义上来理解。特别是,托克维尔远不是博纳尔和梅斯特那样简单的旧制度的"保守的"卫道士。

⑪ 参见《对马克思社会学的若干评论(Some Comments on the Sociology of Karl Marx)》,载于我即将出版的《社会学理论与现代社会》(Sociological Theory and Modern Society, Free Press, 1967),第四章。

翼而非核心。⑫我希望可以说,前面所概述过的我自己在一般理论上的工作,从这一核心所包含的潜能中作出了实实在在的进展,这些进展足够宽宏广大,不至于因为我积极的偏好和消极的偏见而过于剧烈地扭曲了社会学理论所具有的种种可能性。

塔尔科特·帕森斯
马萨诸塞,剑桥
1968年1月

---

⑫ 与美国社会心理学家、尤其是库勒(Cooley)、米德和托马斯(W. I. Thomas)一道,在《社会行动的结构》中、在很大程度上也在我随后的著述中被忽视了的最为重要的单个人物,大概是西美尔。也许值得提一下,我的确曾经为《社会行动的结构》一书起草过关于西美尔的一章,但部分是出于篇幅的原因而最终没有收入。西美尔更是一个微观的而非宏观的社会学家;而且,在我看来,他不是别人同一层次上的理论家。他更是在托克维尔那一传统中的一个极具天赋的散文家,而不是像涂尔干那样的理论家。然而,他对后来社会学思想的影响却很大。

第一部分

实证主义的行动理论

第一章 绪 论

问 题

"现在谁还读斯宾塞①的作品呢？我们很难了解他曾给这世界带来了多么大的轰动……他把上帝叫做进化的原理，他就是这位奇怪而不大能够令人满意的上帝的密友。他的上帝已经背叛了他。我们进化的程度已经超过了斯宾塞。"② 布林顿教授的上述见解也许可以用验尸官的话来解释："自杀身亡或死于一个或几个身份不明的人之手。"我们必须赞同这种见解：斯宾塞已经死了。③ 但是，是谁杀死他的呢？怎么杀死的？这就是问题的所在。

为什么偏偏是斯宾塞而不是别的什么人死去了？这方面当然会有一些特殊的原因，就像当初是他而不是其他什么人曾经引起那样巨大的轰动，也有其特殊的原因一样。本书所关注的不是这些问题。在这里要剖析的这件"罪案"中，结束了生命的

---

① 赫伯特·斯宾塞(Herbert Spencer 1820—1903)，英国社会学家、不可知论者、唯心主义哲学家。——译注
② 克兰·布林顿：《十九世纪英国政治思想》，第 226—227 页。
③ 当然，并不是说他的思想没有一点有价值的东西会流传下来。消亡的只是作为总体结构而言的他的社会学说。

决不仅仅是一位作家的声誉或人们对他的兴趣。纵观斯宾塞的观点，可以说他是关于人和社会的一种思想体系在晚近若干发展阶段的典型代表；这种思想体系，即实证主义—功利主义传统④，在各英语民族的思想史上发挥过非常巨大的作用。这种体系出了什么毛病？为什么它消亡了？

本书将提出的论点是，这个体系是那位嫉妒心颇重的上帝的报复行为的牺牲品。那位上帝就是"进化"，在这里则是指科学理论的进化。本章不打算说明什么东西发生了进化或者它进化成了什么东西；这些将在以后的章节中加以讨论。在此之前有必要先对问题作一番尝试性的说明，并概括地论述一下与本书所采取的研究方法有关的一些总的考虑和应如何对本书进行评价的问题。

斯宾塞的上帝是"进化"，有时也称做"进步"。斯宾塞是最竭力信奉这个上帝的人之一，但他决不是仅有的信徒。与其他许多社会思想家一样，他相信人类处在一个漫长的直线进程的顶点附近，这个进程可以一直回溯到原始人类的开始阶段，但在进程方向上并没有发生过实质性的改变。而且，斯宾塞还认为，现代西欧的工业社会正在逼近这个顶点。他同那些与他思想类似的人确信，进化将使这个进程沿着相同的方向几乎漫无止境地逐渐发展下去。

许许多多学者近来开始对这些主张表示怀疑。难道将来不可能出现某种不同于"更大规模和更美好"的工业主义的局面吗？反之，认为当代社会处于或接近一个转折点的想法在社会科学家的一个学派的观点中占有十分显著的地位。他们的人数还比较少，但其影响却在逐步扩大。

---

④ 参阅下面两章中的分析性和历史性说明。

斯宾塞是一位极端的个人主义者。但他的极端思想不过是夸大了一种根深蒂固的信念。这种信念大致的意思是：我们至少在社会生活的重要的经济方面幸而有了一种自动的和自行调节的机制，而由于这种机制的运行，每个人对自己的私利和私人目的的追求终于会尽可能地满足所有人的需求。惟一需要的就是清除发挥这种机制的障碍；而这种机制的顺利发挥作用，无非有赖于包括在合理地追求私利这一概念中的那些条件。这种学说也已受到来自许多方面的日益严厉的批评，这同本书的论题并不完全贴切。可是，关于社会生活所起作用的另一项信念已经逐渐崩溃了。

最后，斯宾塞认为宗教起源于科学产生以前人们关于自己本性和所处环境的经验事实的想法。它事实上是无知和谬误的产物。随着知识的发展，宗教思想将被科学所代替。这只是把科学广泛地加以神化的一个侧面。这样一来，斯宾塞一类的社会科学家对宗教的兴趣实际上便只局限于原始人——问题在于，科学是怎样从原始宗教发展起来的呢？人们对斯宾塞学派的观点如今也存在着越来越多的怀疑。

以上也许只是就若干问题引述了他们的观点。不过这已经足以说明，在凭经验解释一些最重要的社会问题方面已经发生了根本性的变革。直线进化论逐渐在销声匿迹，循环论已经露头。各种各样的个人主义受到越来越猛烈的批判，代之出现的是形形色色的社会主义的、集体主义的和有机的理论。作为一项行动要素的理性作用与科学知识的地位一再受到攻击。我们已经被形形色色的关于人性和人类行为的反智主义(anti-intellectualism)的浪潮所淹没。除非追溯到十六世纪左右，很难在一代人的短时期内会看到人们原先普遍凭经验对人类社会作出的解释居然发生如此重大的革命。是什么引起这种现象的呢？

当然,这种变化很可能在相当程度上只是某些根本的社会变革在意识形态上的反映。这种论点也许会引起一个问题,而这个问题是很难根据斯宾塞派的思想来找到答案的。可是,如果要充分地论述这个问题,那就会大大超出本书的范围。

同样可能的是,社会理论和关于经验事实本身的知识结构中的"内在"(immanent)⑤ 发展已经起了很大的作用。本书就建立在这个假设的基础上。我们将试图探索和评价这一发展进程的一个具体阶段的意义,这个具体阶段可以从社会领域人数不多的作者(其中多数人要以社会学家而闻名)的著作中看出并加以仔细的分析。但是,在进行这项工作之前,需要就"一套社会理论和关于经验事实的知识"的性质,作一些研究方法上的初步说明。其中各主要成分之间相互的主要关系如何?在何种意义上和通过何种步骤可以认为,这样一"套"理论和知识是处在一个发展进程之中?只有在回答了这些问题之后,才能够明确地说明本书打算进行的是一种什么样的研究,以及可以合情合理地希望从中得到什么样的结果。

理论和经验事实

在下面的讨论中将提出一些有关方法论的基本命题,而不打算说明其基本根据是什么。但是,我们结果会发现,这些观点究竟是什么性质的问题将构成全书内容的一个主要组成部分。这些观点是否正确,不应根据本绪论所列举的为之辩护的论点来判断,而应根据它们怎样适应本书作为一个整体及其结果的

---

⑤ 哈佛大学的 P. A. 索罗金(P. A. Sorokin)教授往往使用这个词。在我看来,他所使用的这个词的含义似乎和我在这里所表示的意思基本相同。

结构来判断。

有一种往往是比较隐而不显的根深蒂固的观点,认为科学知识的进步主要是由于累积地"发现事实"的结果。知识被认为完全是一个量的问题。惟一重要的事情是已经观察到了以前从未观察到的事物。按照这种观点,理论势必仅仅意味着概括已知的事实,也就是表明已知事实能够证实什么样的概括陈述。理论的发展就将完全包含在修正这些概括陈述以考虑新发现的事实的过程之中。首先,发现事实的过程被认为基本上不依赖于现有的那些"理论",是"闲着没事干的好奇心"⑥之类的种种冲动的结果。

显而易见,我们非常需要对于"事实"之类的用语下一个定义。后面我们将这样做。目前可以联系上面粗略地勾画出来的观点举出另一个观点,即:科学"理论"——它的最通常的定义是一套以经验为根据的、在逻辑上互有关联的"一般概念"——在科学的发展过程中不仅是个从变项,而且是个自变项。毋庸置疑,一个理论要正确,就必须符合事实,但并不能够因此得出结论,单凭不依赖于理论而发现的事实就可断定理论将采取什么样的形式,也不能说在将要发现什么样的事实和决定科学研究将朝什么方向发展方面,理论不是一项决定因素。

不仅理论在科学发展中是个自变项,而且一套理论在一个特定时期的一个特定领域,或多或少构成一个完整的"体系"。这就是说,构成一组理论的一些一般性命题(以后我们将看到,这些命题可能是各种各样的)相互之间有着逻辑关系。当然,这并不是说从任何一项命题可以推断出其他所有的命题来——如果是这样的话,那就会把理论局限于一项命题了——而是说,在

---

⑥ 这是凡布伦(Veblen,1857—1929 美国经济学家——译者)说的话。

陈述这个体系的一项重要命题方面发生的任何实质性的改变,都必然对其他命题的陈述产生影响。换句话说,任何理论体系都有一定的合乎逻辑的结构。

显而易见,这个体系的各个命题都与经验事实的内容有关,否则那些命题就没有资格称为科学的命题。实际上,如果事实一词得到恰当的解释,那就可以说,一个理论命题只要在科学上有一席之地,它本身就或者是关于事实的陈述,或者是关于事实与事实之间有何种关系的陈述。由此可见,我们关于该方面事实的知识发生的任何重要的变化,必然会自行改变这个理论体系中至少一个命题的陈述,并由于这种变化的必然逻辑结果,在较大或较小程度上改变其他命题的陈述。这就是说,理论体系的结构发生了变化。所有这种现象似乎是同上面提到的经验主义方法论相一致的。

然而,我们首先会注意到,上面使用的"重要的"一词是标有重点的。在这种场合⑦,我们关于事实的知识发生的一项重要变化意味着什么呢?它并不意味着新的事实笼统地显得"有趣",因而能够满足"闲着没事干的好奇心",也不是说它们证明了上帝的仁慈。可是,关于事实的知识方面发生变化的科学的重要性,恰恰在于它对一种理论体系产生影响。一项在科学上不重要的发现,不管它多么真实和由于其他原因显得多么有趣,对于该领域内的科学家所关注的一种理论体系,却并不产生任何影响。相反,即使从任何其他观点看来都是最微不足道的观察结果——例如,一颗星星被观察到的位置与预测位置发生极小的误差——都可能不仅是重要的,而且具有革命性的重要意

---

⑦ 为什么人们对种种事实感兴趣?除了科学方面的一些原因之外,当然还会有其他许多原因。

义,如果它对理论结构有着深远的逻辑影响的话。我们也许不妨说,已经引起相对论的产生,从而造成理论上一项十分重大的发展的关于事实知识的一切变化,除了它们与一种理论体系的结构有关而外,从任何观点看来都是完全微不足道的。例如,它们没有以任何方式影响工程学或航海术的实践。⑧

但是,这个关于事实的重要性的问题只是事情的一部分。一个理论体系并不单单是陈述已经观察到的事实以及这些事实同其他也已观察到的事实之间在逻辑上可以推断出来的关系。只要这样一种理论在经验上是正确的,它还会告诉我们,在一组特定的情况下,应该有可能观察到哪些由经验得来的事实。提出一项理论命题的人必须考虑到他所能够考察的一切有关的已知事实,这是达到科学完善的一条最基本的法则。验证的过程对于科学来说是十分重要的,但它并不仅仅意味着,由理论的最初提出者以外的其他一些人来重新考虑这个理论是否符合已知的事实,然后简单地等待新的事实出现。验证的过程在于根据该项理论在心中产生预期,而对种种的现象进行审慎的考察,以了解实际上发现的事实是否与这些预期的事项相符合。

这是在考察那些以前根本没有研究过的情况,或者在研究时没有想到这些具体的理论问题。有可能从何处入手对那些情况进行考察,要通过实验才能得到结果和核实。然而,这是个实际方法问题,不是逻辑问题。

如果以理论为根据的预期与所发现的事实相吻合,那么,在扣除"观察误差"等等之后,理论就得到了"验证"。但验证过程的意义决非仅限于此。如果预期与所发现的事实不相吻合(这

---

⑧ 相反,许多具有重大实际意义的发现在科学上都是并不怎么重要的,流行的科研成果报告所强调的通常只是非科学的重要性。

种情况并不鲜见),那么我们可能会发现那些事实与理论上的预期不符,或者可能会发现一些在该理论体系中没有地位的其他事实。不论是哪种结果,都必须对理论体系本身认真地重新加以考虑。于是就有一个交互的过程:先是通过以一种理论体系为根据的预期来指导对于事实的考察,然后这一考察的结果又对该理论产生反作用。

最后,这种意义上的"验证",并不是在理论体系与经验考察的方向之间的惟一重要的关系。并非只有利用心目中明确的事实内容直接表达出来的具体理论命题才需要验证。不仅如此,一个理论体系的含义是逐渐为人所理解的,人们就将发现,以观察事实为本的理论体系对于与该项理论的始创者没有直接注意的事实领域也可得出合乎逻辑的推断。如果一个范围内的某些东西是真实的,那么在另一相关范围内其他东西一定也是真实的。理论的这些含义也需要验证,在这种情况下验证所采取的形式是找出这个范围内的事实是什么。这种考察的结果也会对理论体系本身产生同样的反作用。

因此,一般说来,对经验事实产生兴趣的方向首先将受到理论体系的逻辑结构的制约。与事实有关的某些问题的重要性为该体系的结构所固有。什么事实与解决这些问题的方法有关,在经验方面的兴趣就将集中于这些事实上面。理论不仅阐述我们所知道的事实⑨,而且还告诉我们,什么是我们想要知道的事项,即那些需要回答的问题。此外,理论体系的结构还告诉我们,在对一个特定问题的若干可能答案中,可以有什么样的选择余地。如果所观察到的精确无疑的事实不适合任何可供选择的答案,这个理论体系本身就需要重新加以考虑。

---

⑨ 在某一特定方面。

还有一点对于我们现在讨论的问题是很重要的。不仅理论命题彼此在逻辑上互有关联,因此我们可以说它们组成了"体系",而且这个问题的性质表明,理论体系会试图成为"在逻辑上闭合的"。那就是说,一种理论体系在开始时总是形成一组在其逻辑结构范围内涉及经验考察的相互关联的命题。这些命题的每一个都有其逻辑推断。当每一项能够从这体系内任何一个命题得出来的逻辑推断都在同一体系的另一命题中表述出来时,这个体系在逻辑上就是闭合的了。我们不妨再次说明,这并不意味着其他命题都必然可以在逻辑上从任何一个命题推导出来——恰恰相反,假如这种说法是正确的,那么科学理论就将纯粹是同语反复了。

要理解这种意义上的闭合体系的概念,最简单的办法是研究一下联立方程式的体系这个例子。如果有多少个自变项就有多少个独立的方程式,这样的体系就是有定值的,也就是闭合的。如果有四个方程式而只有三个变项,并且每个方程式都不能用代数方法从其他几个方程式中演算出来,那么就又缺少了一个变项。用一般的逻辑术语来说就是:这四个方程式所表述的诸命题,在逻辑上包含着一个在三个变项的界说中没有得到表述的假设。

这个问题的重要性是很明显的。如果一个理论体系的那些明确的命题并不构成一个在这种意义上的逻辑闭合体系,那么我们就可推断,这个理论体系所提出的诸论点在逻辑上是否有说服力,取决于一个或多个没有表述出来的假设。对各种理论体系作出合乎逻辑的批评的一个主要任务,就是用这个标准来衡量,并且,如果发现有空缺,就揭示那些隐含着的假设。虽然所有理论往往要发展出这种意义上的逻辑闭合体系,但是如果把这种闭合体系与一种体系的"经验方面的"闭合混为一谈,那将是危险的。对这个问题即"经验主义"的问题,以后还需要常常提及。

这些考虑的含义证实下面这种说法是正确的,即所有可以由经验加以验证的知识——哪怕是日常生活中的常识性知识——都即使不是明确地也至少隐然地包含着这种意义上的自成体系的理论。这种说法的重要性就在于,某些就社会问题著书立说的人对此竭力加以否定。他们说,他们仅仅说明事实,让"事实为自己辩护"。但是,不能由于一个人否认自己在建立理论就相信他的话,而不去考察他的言论中所隐然地包含的理论。这一点是重要的,因为在各门科学里,这种意义的"经验主义"一直是一种非常普通的方法论立场。⑩

11　　这样就带来了一个问题:如果某一门科学知识的发展取决于科学本身的内容成分,那么,科学知识的发展究竟具有什么样的一般特征呢?那就是对于经验事实的知识的不断增长,与之密切联系着的,就是人们对于经验事实的解释在不断变化(因而对于该事实的一般表述也在不断发生变化),并且(决非无关紧要的)理论体系的结构也在不断变化。对于经验事实的一般表述与理论体系的逻辑要素和结构之间的这种密切的相互关系,应该特别加以强调。

本书就其一个主要方面而论,可以被认为是试图根据经验来验证这种关于科学的性质及其在社会领域内发展过程的看法。这种验证所采取的论题的形式,同前述对社会的经验性解释中所发生的变革密切相关,而事实上在理论体系的结构方面

---

⑩　马歇尔(Alfred Marshall, 1842—1924,英国经济学家,社会学家。——译者)关于这一点有过一句非常贴切的话:"所有理论家当中最鲁莽和最靠不住的,就是那些声称让事实和数字为他们自己辩护的理论家。"《艾尔弗雷德·马歇尔纪念文集》,A.C.皮古编,第108页。

也已发生了同样彻底的变化。我们不妨提出这样一个假设,随后通过考查加以验证:一方面是对于事实的新的洞见和知识,另一方面是理论体系的变化,科学的发展在很大程度上就是这二者之间的相互影响和作用。二者之间的一方都不是另一方的"原因",二者处于一种紧密的相互依存状态。

本书企图以专题的形式进行这一验证。我们关注的中心问题在于探讨一个可以称为唯意志论的行动理论的一以贯之的理论体系的发展过程,以及对于构成了这些理论的一般性概念的界定。在历史发展方面,主要的重点在于论述这种理论从一个发展阶段向另一个截然不同的发展阶段演变的过程。可以把斯宾塞当做这种理论第一阶段的一个晚期的、在某些问题上持极端观点的代表。然而他毕竟是第一阶段的典型代表。为了引证方便而不抱其他任何目的,我们把这个阶段的理论叫做行动理论的"实证主义"体系,把由此演变出来的理论叫做"功利主义"体系,而后者在本书的论述中是十分重要的。这两个词在本书使用时都含有专门的意义。下一章将叙述实证主义体系的主要逻辑结构,那时将对这两个词加以解说。

然而,引人注目的是,从一个可以称为"唯心主义"的截然不同的理论传统的背景中,通过类似的演变过程,能够产生出一种在所有基本方面都相同的理论体系。我们将要详细论述这后一种演变的一个主要事例——马克斯·韦伯[11]的理论。但这并不意味着这种趋同现象如果能够加以论证,将会是下述见解的一个非常有力的论据:对于事实的正确观察和解释至少可以成为一项主要的因素,用来说明这个具体的理论体系的产生原因。

---

[11] 马克斯·韦伯(Max Weber 1864—1920),德国社会学家和政治经济学家。——译注

如前所述,我们将主要讨论一种具体的理论体系即"唯意志论的行动理论"的形成过程。但是,上述考虑表明,把研究这个形成过程同我们必须探讨其理论的那些人的有关经验方面的论述密切结合起来,是至关重要的。因此,对于每一个主要的思想家,我们将至少举出他所持主要经验性观点的一个合适的例证,并试图详细说明这些经验性观点与所讨论的理论体系的关系。我们在每一处都将保持这样的论点,即如果不涉及所讨论的理论家所使用的理论概念的逻辑结构和逻辑关系,就不可能恰当地理解他们是怎样得到这些经验性观点的。而且,除了讨论马歇尔[12]的理论以外,每一处都要试图表明,我们所研究的理论家总是与某一个传统最紧密地联系着,而如果不考虑到理论家的理论体系的结构与在传统中占主导地位的理论体系的结构相比较所发生的相应的变化,我们就不能理解与传统中所流行的经验性观点相比,他的经验性观点所发生的显著变化。这一点如能证实,将有重要的普遍性意义。它有力地证明,凡是要想得出超出常识的重要的经验性结论的人,都决不能忽视对于系统性理论的考虑。

在这里选择哪些理论家加以探讨,是由多种考虑决定的。本书主要研究一个一以贯之的理论体系的发展过程,把它作为科学本身"内在"发展的一般过程的一个实例。我们已经把这个过程解说为各种理论体系合乎逻辑的迫切需要的问题,这个问题同考察经验事实以及体现这些事实的一般表述密切相关。因此,对于理论家的选择要求尽可能把这些因素同例如一般"舆论

---

[12] 这是因为马歇尔没有能够看清,他自己与流行的体系在经验方面和理论方面出现分歧的含义,从而探求作为一个整体的体系的逻辑结构,因而也就未能看清其经验性含义。

倾向"的影响之类与本书的宗旨无关的其他因素分开。

第一个标准实际上同行动理论有关。在这方面符合这个标准的那些人当中,最好是选取在思想传统、社会环境和个人性格上尽可能有代表性的人。我们有理由把马歇尔包括在内,因为经济理论及其处于何种地位的问题涉及一系列关键问题,这些问题与一般的行动理论以及实证主义体系、特别是实证主义体系的功利主义变种有关。

下文将要表明功利主义的实证主义同行动理论的较后阶段之间惟一最重要的联系。帕雷托[13]也深切地关注同样一组问题,但涉及实证主义传统的一些截然不同的方面,并处在截然不同的舆论倾向之中。把这两个人进行比较是极有意义的。

涂尔干[14]的出发点也是实证主义的,事实上是这三人中最明显的。但是,实证主义体系的这一变种与马歇尔潜心研究的功利主义的个人主义[15]无关,帕雷托也是如此,只是程度稍差。在个性和背景方面,很难想象出有比这四个人之间更大的差异了:马歇尔是坚持道德严苛的中产阶级英国人;涂尔干是法国阿尔萨斯的犹太人,一位反对教权的激进教授;帕雷托是冷漠和老于世故的意大利贵族;最后,韦伯出身于教养水平最高的德国中产阶级上层,在德国唯心论的环境中长大,受过法学和经济学的历史学派的训练。这些智力方面的影响对其他三个人思想的形成都没有什么真正重要的关系。而且,韦伯的个性与其他三个人的个性也截然不同。

---

[13] 威尔弗莱多·帕雷托(Vilfredo Pareto 1848—1923),长住瑞士的意大利经济学家和社会学家。——译注

[14] 埃米尔·涂尔干(Émile Durkheim 1858—1917),法国社会学家,著有《社会学方法论》、《社会分工论》等。——译注

[15] 即我所说的"社会学的"实证主义。见第九章。

选择这四个人进行研究的另一个重要原因是,虽然他们差不多是同时代的人,但他们除了一点例外,彼此并无直接影响的痕迹。可以肯定,帕雷托在阐述其专门的经济理论时受到了马歇尔的影响,但同样可以肯定的是,这对于我们所讨论的任何方面都并无关系。这是他们之间惟一可能有任何直接的相互影响之处。事实上,十九世纪末到二十世纪初在西欧和中欧的整个广阔的文化框架里,要想再找到四个具有共同的重要思想,而在形成这套共同思想的过程中除有关经验事实的理论体系的内在逻辑发展以外更少受到其他因素影响的人,几乎是不可能的。⑯

还有其他一些有关的考虑。本书的主要着眼点是把一个理论体系的轮廓勾画出来,而不去分析理论家彼此之间的次要差异。但是,我们必须用可能达到的最清晰明了的方式来阐明这个理论体系的逻辑结构和分支门类。因此,根据与本书相应的观点对少数最杰出人物进行了深入的分析之后,才作出抉择。在许多与马歇尔从事相同研究的人看来,他是那一代人中最杰出的经济学家。但是,同另外三个人相比,本书对他的兴趣较为有限。其他三位通常都被认为是社会学家。在他们的研究领域中,他们在那一代人中间的声望是毋庸置疑的。如果列举上一代六位最优秀的社会学家而不包括这三位,那就没有人会认真看待这个名单。⑰ 这并不是说同样杰出的只有这三位,但对于本书的研究目的来说,他们显然是再合适不过了。

为了避免所有可能的误解,必须重申:本书目的在于专门研

---

⑯ 按照 Wissenssoziologie[知识社会学]的说法,可以认为有一种影响存在,而这种影响实际上必然是整个西方文明所共同的。Wissenssoziologie 是德国最近常用的术语,指研究那种在"理念"的发展过程中的社会因素的科学。

⑰ 索罗金教授在一次著名社会科学家们的聚会上被问及谁是近代最重要的社会学家时,他举出了这三个人,而且仅仅举了这三位。

究近代社会思想史中的一个具体问题,即被称为"唯意志论的行动理论"这一理论体系的出现。由此可见,很多有关的事情是本书并不提到,也不打算提到的。首先,本书不是一部欧洲上一代社会学理论的历史。它有意避免像历史书那样罗列所有的问题和人物。如果就本书的效果来说带有历史的作用,那便是所研究的过程属于那个时期欧洲社会学理论史中的一个组成部分。因此,本书将在专题论述上对这种历史作出贡献,仅此而已。

其次,本书不是对论及的所有这些学者(或其中任何一位)的理论进行一般性的补充解释。它的目的既不是补充解释,也不是对他们吹毛求疵的评价。[18] 就每一位理论家来说,本书所讨论的都是对他们的整个理论工作而言很重要的、有时是最重要的方面。但在讨论每一位的时候,本书都无意把这种重要性和其他方面的重要性联系起来进行评价——那应该是留给其他著作来做的事。最后,与所有这些安排相适应的是,本书不想讨论这些学者的理论的一切方面,也不想讨论有关他们的全部第二手文献。实际上,所有现存的关于他们的第二手文献都已读过了,但只是在与当前的场合似乎特别相关的地方才加以引证。不要认为未加引用就意味着批判,只不过是没有重要关系罢了。[19] 同样,就引文本身来说,我们不追求周全详尽,并不把可以认为同所涉及的问题有关的每一段落都一一引证,而只是根据理论家整个理论的结构来引证足够的语句以说明所讨论的论点而已。[20]

---

[18] 这二者在本书都有,而且相当多,但它们应当被看做达到目的的手段,而不是目的本身。

[19] 凡是不只一种第二手文献"适合"本书需要时,只引证其中"最适合"的一种。

[20] 因此,若不是明显地影响到这些观点,略而不提的就都是无关紧要的。

关于本书所作的解释，也许还可以再说一句。本书是作为一个有机的整体来构思的，它所研究的是一些在逻辑上相互关联并贯穿全书的观念。读者在可能对本书进行评价的时候应该记住这一点。特别是在这种性质的书里，读者完全有理由要求，不仅从其直接的内在性质和意义上去理解所引证的事实和所作的陈述，而且还联系到它作为其中一部分的整个结构来理解。

16 剩余性范畴

还有两三个预备性的问题需要处理，以便使读者不致对其心中必然会产生的某些问题感到难以捉摸。首先，根据前已采取的观点，还要进一步就科学发展的性质作出结论。人们很可能已经获得一些分散和零碎的知识，并赞同其他一些引起他们注意的零碎知识的"真实性"。但是，这种知识并不构成本书对之感兴趣的那种意义上的"科学"。

只有等到这些零碎、分散的知识在涉及一些十分明确的理论体系时结合在一起，才会出现本书对之感兴趣的那种意义上的"科学"。[21] 如果发生这样的情况，那就有两点可以指出。假如这样一种理论体系的诸命题不是在经验上涉及种种真实的并在概念系统结构内大体上被正确地观察到的现象，那么，这种理论体系就至少是不可能在一个时期里会引导大量具有高度智慧的人们的思想，而起到重要作用的。

同时，这个概念系统本身的结构必然集中注意于范围有限

---

[21] 因此，许多科学上正确的经验知识并不是这种意义上的科学，因为它们是按照并非属于系统理论的其他着眼点结合在一起的。例如，许多有关日常生活的实际"学问"是围绕着实际需要和利益而结合起来的。因此，并非以科学手段了解到的事实只要是真正被正确地了解，也能按照不同的理论体系而结合起来。

的这样一些经验事实。这些事实可以被看做是如同一片黑暗之中在手电筒照射下熠熠发亮的"光点"。问题在于要移动手电筒才能真正"看到"这个光点以外的东西,并且只有在手电筒的光束新照射到的范围以内才能真正"看到"。即使在这中心以外有若干事实可能已被人们所"知识",但还需要有人把它们同一个理论体系联系起来,它们才有科学上的价值。

这一点作为一项解释问题的准则是至为重要的。在研究一个人的经验性成果时,不单单要问他对于某些具体现象持何看法,甚至还不单单要问他一般说来对于我们关于这些现象的"知识"有何贡献?主要的问题倒是在于:他对这些具体问题而不是其他问题感兴趣,是出于何种理论上的原因;他的考察结果在哪方面有助于解决他的种种理论问题?根据这些考察得来的见识又在哪方面有助于重新陈述他的理论问题,并使他由此得以修正他的理论体系?例如,就涂尔干来说,真正令人感兴趣的问题,不在于他已证明了法国军队中的自杀率在某个时期比平民中的自杀率高得多。那些研究自杀问题而对此感兴趣的人可以查考他的著作。本书所要注意的倒是为什么涂尔干设法研究了自杀问题?他关于这个问题的总的理论有什么意义?他在考察这一问题的过程中所证实的其他事实有什么意义?

在事实的诸领域里,这种新的科学兴趣是怎样逐步产生的呢?种种理论问题是怎样发生变动的呢?对这个过程的一般性质,我们也应略加讨论。每一个体系,包括它的种种理论命题及其有关的主要经验见解,都可以被形象地看做是一片黑暗中的光照点。一般说来,这种黑暗的逻辑名称叫做"剩余性范畴"。它们的作用可以从一个理论体系必然要在逻辑上成为封闭性理论这一点推断出来。一个理论体系,无论它在哪一层次上产生影响,㉒都必然包含着关于某些在经验上可以被看做是相同的变项或其他一般范畴的明确界说。既然它们得到了明确的界说,这就意味着它们同其他的变项或一般范畴有所区别,并且,构成其经验参照系的那些事实也因而至少在某些方面同其他事实有明确的差别。

如果该领域中实际上可以观察到的事实或业已观察到的事实并非都适合于清晰明确地界说的范畴(事情几乎总是如此),这些不相适应的事实往往被冠以一个或几个总括的名称,来指明从反面界说的范畴,那就是说,用来解释种种已知其存在的事实,这些事实即使或多或少得到恰当的描述,然而它们在理论上得到界定,是出于它们不能适合该体系的经过明确界说的范畴。关于这些事实,只有从反面加以陈述——它们并非如此这般——才是在理论上有意义的。㉓但是,不能由此推论说,由于这些论述是反面的,那些事实就不重要了。

一种理论体系的平庸的支持者们在其著作中确实往往忽视这样的事实,即:由于存在着这些剩余性范畴,他们必须对理论得出的经验推论进行限制,或者只是十分笼统地将这些限制说明一下,以致在实质上变得毫无意义。至于那些把理论体系奉为教条的人,他们甚至竭力否认这些剩余性范畴的存在,或者至少否认这些剩余性的范畴对于理论体系的重要意义。经验主义的方法论在很大程度上助长着这两种行为。在一种理论体系的才干最为突出,头脑最为清楚的支持者们的著述中,这些剩余性范畴则往往不仅是隐含的,而且是显然可见的,并表述得清清楚

㉒ 本章末尾将指出一些可能具有的区分。

㉓ 本书将要讨论的关于剩余性范畴在理论体系中所起作用的一个最好的例证,大概要算帕雷托的"非逻辑行动"了。"非逻辑行动"是一种剩余性范畴这一点,是理解他的整个理论体系的关键。

楚。在这个意义上,要想了解一种理论体系是从哪里开始瓦解的,最好的办法是从该理论体系本身的最有才干的支持者们的著作中去寻找。许多最伟大的科学理论家的著作之所以"深奥难懂",其根本的原因就在这里。只有那些知识比较浅陋的人才会武断地说,他们自己正面界说的范畴是惟一重要和恰当的。[24]

由此可见,一个理论体系即将发生变化的最为确凿的征兆,就是对这种剩余性范畴产生越来越普遍的兴趣。[25] 事实上,理论工作中有一种进步正在于从尚未说明的范畴中刻画出十分明确的概念,并在经验性研究中加以验证。因此,发展科学理论之显然无法达到但可以逐渐接近的目标,是从科学里面消除一切剩余性范畴,以便有利于产生意义明确的、能够凭经验加以验证的概念。当然,任何理论体系总会有一些关于事实的剩余性范畴,但是,这些剩余性范畴将有可能转变成为一个或多个其他体系的明确范畴。[26] 就任何一个理论体系的经验性应用来说,我们都会发现它们必要的论据中包含着这些剩余性的成分。

从剩余性范畴刻画出明确概念的过程,也是赖以改造种种理论体系的过程,结果这些理论体系可能变得面目全非。但应当说明这样一点:同原有体系的明确范畴相联系着的原有的经验性见解,将以不同的形式重新被陈述出来;但是,除非它们完全经不住理论和重新凭经验来进行验证这二者结合起来的考

---

[24] 在古典经济学的历史中有这方面的一些极好例证,李嘉图无疑是其中最为伟大的理论家,他十分清楚地认识到自己理论体系的局限性。他所加的限制很快被麦克洛克之流的蹩脚的追随者们忘得一干二净。李嘉图的著作中到处都相应地有着如"一个民族的风俗和习惯"之类的剩余性范畴。

[25] 所谓反智主义运动,就其终归还有一致性的地方而论,可以根据其各种倾向与"理性主义"的共同歧异从剩余性的方面加以界说。美国经济学中的"制度学派"也是如此。

[26] 这个问题将在最后一章明确地加以讨论。

核,它们是不会被排除掉的。事实上,如前所述,这种情况是不可能发生的。要证明谈论科学"进步"这个话题是合理的,上述事实是基本的依据。种种理论体系发生变化。不仅"关于事实的知识"有量的积累,而且还有诸理论体系结构上的质的变化。然而,只要验证是正确和完善的,这种变化也会留下正确经验的持久不变的沉淀物。陈述的形式很可能有所改变,但实质将依然存在。一般说来,旧的陈述将表现为新的陈述的一种"特殊情形"。

实用主义思想的功利主义分支历来主要研究一个特定范围内凭经验得出的明确见解和有关的理论问题,这是由它的理论体系的结构所决定的。主要的事实,即一个毫无疑问的事实是:在某些方面、在某种程度以及某些条件下,人类的行动是合理的。也就是说,人们使自己适应于他们所处的状况,并采取接近于达到其目标的最有效的方式来使手段适应于目标。而且,这些手段同达到其目标的条件之间的关系在本质上能够用经验科学的方法加以验证,乃是"人所共知"的。

当然,这种陈述包含很多在一般用法上向来模糊不清并且至今仍然模糊不清的术语。说明这些术语是整个这本书的基本任务之一。对事实的洞察和其中所涉及的理论问题的这个范围,而且仅仅是这个范围,是首先要加以分析的主题。本书的头两部分就是要探索它从一个首尾一贯的理论体系发展到另一个理论体系的过程。探索的方法基本上是前面所谈到的,即把注意力集中在从原有体系的各种说法中找到剩余性范畴,并从中刻画出明确的理论概念来。

在这里也许不妨说明一下或者以稍有不同的方式重复一下解释这类著作的一个重要准则。这项计划的性质要求我们忽略从许多可能的不同观点看来是重要的大量事实和理论问题。前面已经提出了一个有关科学"重要性"一词含意的具体标准,而刚才的论述也足以进一步阐明这个标准的意义。如果有一位批评家要指责我们忽视那些事实和理论问题的重要性,他就应该能够表明:(a)被忽视的问题同本书有意加以限制的那个狭小范围内的理论问题特别有关,而对于所忽略的问题的正确考虑将在很大程度上改变有关那些理论问题的结论;或者(b)此处提出的有关科学及其发展的性质的整个概念是根本错误的,因此关于重要性的这些标准是不适用的。[27]

理论、方法论和哲学

从以上这些考虑中,又直接产生出需要简要地加以论述的另一类问题。人们会问,这种性质的研究是否认为它有可能把自身限制在"科学"的范围之内,或者是否将认为它必然要漂浮于哲学的危险海洋之上。在某些问题上,冒这样的风险的确有必要,因此最好还是概括地阐释一下这两种学科彼此之间适当的关系以及它们与我们在这里企图从事的这种研究之间的适当关系。像本章中的其他陈述一样,它将力求简短,不作有根有据的剖析。

---

[27] 总的来说,很多人已经尽可能努力设法明确地说明进行批评的正当方法,因为我特别是在论述关于这些著作家的第二手文献时体会到,即使是悟性极高的人也很难理解一种或多种不符合目前主要的"体系"或若干体系的想法。这些著作家一直遭到对他们来说在措词上完全不合适的批评。涂尔干所说"社会是一种独特的实体"这一命题仍被主要认为仅仅是个无用的"形而上学假设"(它正是作为一个剩余性范畴来立论的),而韦伯关于新教与资本主义之间关系的理论也遭到同样的命运,就是明显的例证。最近由于帕雷托著作英译本的出现而引起的对他的理论的几次讨论,在这一点上无助于增加任何乐观的气氛。请参看 1935 年 10 月《社会哲学杂志》中的论文专辑,并与本书第五至七章中的论述相比较。

前面已经大致提出了关于经验科学一般特征的一种看法。科学与一切哲学学科之间有着重大的区别。这一点在以下研究的每一阶段都将表现出来。但这并不是说两种学科之间没有任何重要的相互关系，或者说它们可以彼此忽视。就本书的目的来说——对别的书并不一定适用——把哲学划定为一种剩余性范畴是合乎情理的。哲学试图通过经验科学方法以外的方法对人类的经验达到合理的认识上的理解。

　　那种认为只要确定了哲学和科学之间的区别，它们之间便有了重要的相互关系的看法，是从理性本身最一般的性质中得出的简单推断。科学的各个理论体系在逻辑上变成封闭起来的倾向是一个特殊的事例。理性的本性必然力求对其所及范围之内的全部经验作出合情合理而又前后连贯的说明，这是一般的原则。当哲学和科学两方面的命题引起同一个人注意的时候，他就理所当然地倾向于使它们彼此在逻辑上发生协调一致的关系。我们也由此可见，人类的经验中并不存在逻辑上水火不容的东西。理性知识是一个单一的有机整体。

　　已经提出的方法论诸原则产生出一条用于这种场合以及其他场合的准则。既然我们目前研究的是科学中某些具体理论体系的特点和发展趋势，对这些体系的兴趣也是科学性的，我们将要讨论的哲学问题就仅限于按照严格规定的意义来说对这些体系具有重要意义的问题。我们将有意识地限于讨论在这个特定意义上的重要哲学问题。但是，我们同时也不会借口这些问题属于哲学或"形而上学"的范围，因而在一本科学著作中没有地位，就企图避而不谈。这往往是一种避免对关键性的但棘手的问题作出明确决断的投机取巧办法。

　　有必要简单地指出我们将要发现种种哲学问题如何涉及本书所研究的课题的一些主要的形式。首先，科学知识虽然不是人类同他们的经验之间惟一重要的认识关系,却是一种真正的和确实存在的关系。这就是说,这两类学科有着一种互相矫正的批判关系。特别是,从科学资料、对事实的观察以及这些事实在理论上产生的意义等方面得来的证据,只要是正确的,就成为对哲学观点进行批判的确凿根据。

因此,我们有理由认为是正确的而又对重要问题有影响的科学证据,如果与我们所研究的著作中或明或暗包含着的哲学观点相冲突的话,我们就应该将此视为一种迹象,它表明有必要在哲学的层面上探讨这些观点的基础何在。我们的目标在于揭示它们的哲学基础是否如此令人信服,以至于不容其他选择,而只是要修正我们原先以为那些冒充的科学证据充分有效的印象。我们将会遇到这类矛盾的许多事例,在那些事例中,哲学思想确实同极为重要和有重大意义的经验证据发生冲突。然而,在这些事例中,无一能够提供颇有说服力的哲学根据,使我们必须抛弃这种证据。[28]

但是,这种从科学观点批判哲学见解的必要性并不是这两种学科之间惟一重要的关系。每一种科学理论体系都暗中包含一些正反两面的哲学结论。这不过是用理性来统一认识经验的必然结果。因此我们也可以说,每一种科学理论体系都包含着一些哲学假设。[29] 这些假设可能是多方面的,但目前应当特别 23

---

[28] 也许最明显的事例是一种僵硬的实证主义哲学(按照我们的理解而言)蕴涵的观点,即"目的"不可能成为引起行动的真正的(不是附带出现的)因素。这个问题以后将详细讨论。

[29] 不妨指出,这两个词指明同一现象的两个方面。两组体系,即哲学体系和科学体系,在逻辑上是互相依赖的。我们通过科学体系进行推理,得出哲学方面的含义。但是,由于这些含义用经验考察无法证实,它们从科学体系的观点来看,就仍然是一些假设。

注意的是"方法论"方面的假设。也就是说,科学命题的经验有效性的根据问题,按照一般的理由可以预期产生正确知识的那些步骤以及其他步骤,它们都直接涉及逻辑和认识论的哲学领域。[30]

事实上,我们不妨说,大约从洛克以来,现代认识论主要关注的问题,就正是这个论证经验科学命题的有效性的哲学根据问题。有效性问题在这本书里始终十分重要,因此我们决不可以放弃讨论这些问题的哲学方面。这一点在某种情况下显得格外重要。我们将遇到一组方法论的见解,为了便于引述,并且仅仅为了便于引述起见,我们已经把它们用"经验主义"一词概括起来。那些见解的共同特点是,将一种特定科学的若干具体命题(理论的或经验的)的意义,等同于它们所涉及的在科学上可以认识的客观实在总体。也就是说,那些见解认为,可以体验到的具体的实在与科学命题之间存在着直接的对应关系,并且只是由于有了这种对应关系才会有有效的知识。换句话说,它们否认理论抽象的合理性。我们已经可以明显地看出,任何这样的见解,是基本上同那作为本书一项主要根据的有关理论体系的性质和地位的看法不相容的。因此,我们不可避免地要讨论有些人提出来支持这种见解的哲学根据。

本书所使用的"方法论"一词,正是要在这种一方面为科学、另一方面为逻辑学和认识论之间的边界领域的意义上去理解。因此,它所涉及的基本上不是统计数字、事例调查、访问晤谈之类的经验研究的"方法"。我们最好把后者称做研究技巧。方法

---

[30] 参阅 A. 冯塞廷:《马克斯·韦伯的科学理论》(Max Weber's Wissenschaftslehre)之第一部分关于方法论范围的论述。

论考虑的是如何为科学命题及其体系的有效性提供一般的[31]根据。它本身既不是一种严格的科学学科,也不是一种严格的哲学学科。当然,在方法论的领域里,这些体系在其有效性的根据方面要受到哲学上的批判;而提出来支持或反对这样一些命题的有效性的哲学论点,同样也要在方法论的领域里根据从科学本身得来的证据受到批判。哲学有着科学方面的蕴涵,而科学也同样有着哲学方面的蕴涵。

下面的例子将说明这句话的含义。在康德以前,人们普遍提出了这样的认识论问题:我们在哲学上有什么理由相信自己对客观世界有着有效的经验知识?康德把这个问题颠倒过来了,他先说:我们有这样的有效知识是事实。然后他才问:这是怎样成为可能的呢?康德的回答不一定能够完全被人接受,但他提出问题的方法却具有革命性的重要意义。这是事实,是同任何从经验体会中发现的既成事实一样的事实。[32] 这个事实的存在和它的含义,必然成为在哲学上考虑科学有效性的根据的一个主要出发点。

在这种情况下,可以区分出三个不同的考虑层次。首先有科学理论本身。它的重要地位已经比较详细地讨论过了。它所直接关注的,只是具体的经验事实和体现这些事实的命题对于涉及其他事实的其他命题的逻辑含义。其次,理论本身限于系统地说明包含经验事实的诸命题并把它们合乎逻辑地互相联系起来,而那些经验事实同对事实的观察直接有关,因而也同根据经验对这些命题所作的验证直接有关。

---

[31] 这是与所研究的科学领域内具体事实的特殊根据相对而言的。
[32] 假如它不是事实,那就不会有作为本书主题的那种意义上的行动了。也就是说,整个"行动"的图式会被摈弃于科学用途之外。

当我们对此进一步探讨,考查进行这种观察和验证——包括阐释诸命题及其中所包含的诸概念的程序,以及从中得出结论的方式——是否合乎情理时,我们就需要进行方法论的讨论。我们要问,撇开所包含的具体事实不谈,按照一般的道理来说,这样一种程序能否得出正确的结果,抑或我们关于它们的有效性的印象只是出于错觉。在这个层次上检验科学理论,便是方法论的任务。最后,这将导致进入哲学上的考虑。因为在信或不信一种科学程序的有效性的各种(真正的或号称的)理由之间,㉝ 会有某种哲学条理,这是必须从哲学上加以考虑的。因此,这三组考虑是互相紧密地依存着的。但从逻辑上把它们区分清楚,却仍然是重要的。㉞

应该扼要地指出两种必然会引起对上述意义的方法论问题表示关注的主要情况。一种情况是关于经验科学理论的有效性(这是按照在此处使用这一名词的意义而言,不管其中涉及的经验事实的具体种类如何)是根据哪些一般的理由加以说明的问题。任何想要取得科学地位的理论都理所应当地要经受这一方法论的鉴定分析。另一方面,当我们要对有关特定类别的经验事实的命题的有效性,以及包含在这些命题中而有别于其他理

㉝ 请注意,并不是仅有的一些理由。

㉞ 认为互相依存就没有独立性,这是一种最普通但最荒唐的谬见。任何两个实体如果不是在某些方面相互独立,就不会同时互相依存。用一般语言来说,那就是所有独立的变量由于它们是一个体系中的变量,都与其他变量互相依存。如果这是完全没有互相依存关系的独立,那就会使两个变量变成纯属偶然的关系,不能根据任何在逻辑上确定的作用加以解释。另一方面,一个依存的变量与另一个这样的变量处于一种固定的关系之中,所以,如果已知独立变量 x 的值,则依存变量 y 的值就可以依靠表述它们之间关系的公式推导出来,而毋需其他任何经验数据的帮助。在一个具有若干互相依存的变量的体系中,任何一个变量的值也不是完全确定的,除非所有其他变量都是已知的值。

论体系的某种特定理论体系的有效性进行判断时,与此相关地就出现了别样的方法论问题。不能恰当地区别这两种不同的方法论问题,乃是造成许多不必要的混乱和误解的根源。

本书所论述的经验性问题是人类在社会中的行动问题。我们不妨指出能够引起方法论问题的这个题材的几个主要特点。人们为自己的行动规定主观动机,这不管如何解释,毕竟是个事实。如果有人问他们为什么要做某件事情,他们会在答复中谈到一项"动机"。事实上,他们用语言符号和其他方式表现出与他们的行动相关联的主观感情、想法和动机。最后还有这么一个事实:当他们遇到诸如纸片上的墨水记号之类的具体现象时,他们也确实在行动上和科学上都把那些现象解释为具有"意义"的"符号"。

这些事实和其他相似的事实就引起了关于人类行动的科学所特有的一些主要的方法论问题。人类的行动有其"主观的方面"。它是通过带有意义的语言符号表达出来的。这个主观方面包含我们在行动时为自己规定的一些理由。任何一种关于人类行动的科学,如果不停留在表面上的话,一旦它回避了那些与这类事实有关的方法论问题,就不能用科学方法来解释人类行动的其他事实。㉟ 本书将集中研究这些问题。

另外还有与此有关的一点,那就是哲学问题虽然在某种意义上与自然科学无关,但却与那些研究人类行动的科学中的问题密切相关。人们怀有并表现一些哲学的即非科学的"思想",㊱ 这也是无可争辩的事实。这个事实也给关于人类行动

㉟ 往往称做关于"行为"的事实。

㊱ 非科学思想只有在包含存在(existential)命题而不是祈使命题时,才能称之为哲学思想。

的科学提供一些基本问题。因为进一步说,人们确实在主观上把这些思想同他们认为自己的行动所由之产生的动机最紧密地联系在一起。重要的是要了解,人们怀有这些思想以及在某些特定情形下这些思想乃是如此这般这一事实与另一同样明确的事实——也即人们在采取或者已经采取了什么行动——之间的关系。这将构成本书所要研究的实质性的核心问题。

在同哲学的关系中,还应当提到另一个方面。可以设想,一位科学家也和其他一些人一样具有哲学思想,这些哲学思想同他的科学理论之间有着明确的相互关系——这是理性内在地倾向于把全部经验合理地整合起来的必然结果,事实上,这一点对科学家说来比对大数人说来也许更为确切,因为科学理论方面的造诣意味着高水平的智能。很明显,一位杰出的科学家的世界观(Weltanschauung)和科学理论是不能截然分开的。但不能因此就认为科学本身没有内在的发展过程,㊲ 这一点正是我们现在最感兴趣的。首先,科学家着手从事研究的动机只能被看做他据以从事研究的那个理论体系本身的结构所决定的。当然,在这问题背后,一定程度上存在着他对该理论体系之所以发生兴趣的哲学原因和其他原因。探讨这些原因,对于全面论述他的科学理论的发展是必不可少的。然而,我们现在的任务不是作全面的论述,而只是作出有关前述那些范围的说明。全面加以说明将是知识社会学(Wissenssoziologie)的一个方面的内容,因此就不在本书论述的范围之内了。

上述种种当然意味着我们所要研究的有些人的哲学观点中有着当前我们很感兴趣的地方。这就是它们对于我们现在所讨论的理论体系具有重要意义的关键所在。既然如此,这些哲学

㊲ 也就是说,两者的互相依存关系并不意味着其中没有独立的成分。

观点之所以必须加以研讨，并不是因为它们作为哲学观点来说是"有趣的"或"有害的"，也不是因为它们能够阐明持有那些观点的人的一般动机，而是因为它们与目前所要讨论的具体理论问题有关。我们只有在这种情况下才对它们加以考虑。

概念的类型

以上只是笼统地谈到了理论和理论体系，好像在各种不同的理论与理论上相关的不同概念之间没有什么重要区别似的。如果不打算稍稍讨论一下不同类型的理论概念及其与科学知识的诸经验成分之间的各种关系，而贸然着手研讨主题，那是不明智的。下面仅对与本书有直接关系的那些概念的主要形式进行初步的和尝试性的论述。

任何经验知识都在某种意义和某种程度上是由概念形成的，这一点十分重要。所有关于"纯粹感觉材料"、"原始体验"或未成形的意识流的说法，都不是对于实际经验的描述，而不过是一种方法论上的抽象而已，尽管对于某种目的而言它是合理而重要的，但终究也还只是一种抽象。换句话说，按照亨德森教授的说法，[38] 全部的经验观察都是"根据一种概念系统进行"的。不仅复杂的科学观察是如此，哪怕对事实的最简单的常识性表述也是如此。按照这个意义来理解的概念系统是语言结构中所固有的，而且任何一位精通两种以上语言的人都知道，不同语言的概念系统在一些重要方面是互有不同的。

但是，就这些概念系统对于本书所研究的问题的重要性而

---

[38] 参阅 L.J.亨德森:《事实的近似定义》，载《加利福尼亚大学哲学研究论丛》，1932年。

言,它们可以分成三种主要的类型。从刚才提出的分析中可知,对事实的描述包含一个按这种意义来理解的概念系统。它不仅是客观现实的一种再现,而且是客观现实的有选择性的安排。当科学观察开始超出常识并在某种程度上变得在方法论方面复杂化的时候,就出现一种不妨称之为可供查考的描述架构的明确图式。它们在应用方面的普遍性可能大不相同,也许在其他方面也有差别。我们不想在这里对此进行详尽的分析。它们是各种事实之间的一般关系的模式,隐含在人们所使用的描述措词中。

古典力学的时间空间结构就是这样的一种图式。因此,一项与该理论有关的事实必须涉及到一个或多个在空间和时间上能够相对于其他物体而定位的物体来加以描述。社会科学中经济学的供求图式也是这样的图式。一项与(正统)经济学理论有关的事实,必须用一种类似的方式能够按供求关系定位。它必须能够以某种方式解释一种人们对之有所需求以及相对于需求来说在一定程度上稀缺的货物或劳务。

必须阐明,单是根据这样一种图式来定位,本身并不能说明任何问题。但这是阐释问题的一个必不可少的初步措施。表述某一物体在特定时间和特定空间有某种特性(比如有某种速度),并没有说明为什么它有这种速度。那意味着既要涉及这个物体在此刻和以前的其他特性,也要涉及其他物体的特性。对于一项经济事实(例如,芝加哥市场某一品级小麦的某日成交价是1.25美元一蒲式耳)来说也是如此。尤其是,它甚至并不意味着能够根据任何一个理论体系(力学或经济学理论)得到充分的解释。例如,一个人从桥上掉下来碰到水面的速度是个物理学上的事实。但是,如果上述的那个人是蓄意自杀的,那么陈述关于速度的物理事实,当然并不证明产生这一速度的所有前因都能以力学理论来解释。同样,如果一场战争爆发后的头几天小麦价格暴涨,这也不能证明可以对这个事实用经济理论所阐述的因素作出令人满意的解释,虽然这个事实确实是一种经济事实,即与经济学的描述性图式和分析性图式有关的事实。[39]

当我们联系到一项具体事例指出这一点时,情形就似乎可以看得很明显。但是,特别在社会科学中,许多根深蒂固的谬误的根源就在于未能了解或考虑到这一点。这就是怀特海教授以"错置具体感的谬误(fallacy of misplaced concreteness)"之名十分巧妙地揭露出来的谬误。[40]这一点引起在下面的讨论中到处都将具有十分重要意义的一些方法论问题。

前面已经指出,这种可供参考的结构也许范围各有不同。首先要强调的是,按照心目中的科学目标,人们可以用不止一个这样的图式来陈述同样一些事实,这些图式之间的关系不仅意味着一个图式是另一图式比较狭隘的特殊事例,而且意味着它们是互相交叉的。兹纳涅茨基教授的一大功绩[41]就在于他已指出,关于"社会中人"的一些基本上同样的事实可以用这种性质的四种不同图式[42]中的任何一种来表述。他把这四种图式称做"社会行动"、"社会关系"、"社会群体"和"社会人格"。就我们目前的兴趣来说,这些术语实际上本身就能说明它们的含义。然而我们也许可以指出,社会人格这个图式与"心理学"无关,而是与具体的个人有关,因为他是社会的成员,属于群体,并与其

---

[39] 关于经济学方面的事例,请主要参阅第四章。

[40] 参阅 A.N.怀特海:《科学与近代世界》,第75页。(怀特海以此术语指抽空某一概念或理论的具体背景和条件而将其置于并不相宜的背景条件下所引发的谬误。——译者)

[41] 弗洛里安·兹纳涅茨基:《社会学方法》,第四章。

[42] 这种分类可能是也可能不是详尽的。这不是我们现在关心的问题。

他人有社会联系。本书将以行动的图式作为基本的根据,把具体的个人当做能使手段适应于目的的人来看待。在任何这样的图式之下,当然可能有许多次级图式。供应和需求应被认为是行动的一个次级图式。[43]

在这个意义上可供参考的描述结构对整个科学都是十分重要的。但是,这些结构决不能详尽地表达科学概念化的全部内容。除非是纳入这样的图式,种种事实就无法加以描述。但是在这样的图式范围内描述事实,首先就起到那种明确勾勒出一个需要解释的"现象"的作用。也就是说,在大量凭经验可能观察到的材料中,我们选择那些既在这种图式范围内具有意义又"同属一类的"材料。这样,它们就会共同有助于描述一项具体现象的若干基本方面的特性,从而使这一现象成为科学研究的对象。这就是马克斯·韦伯所说的"历史的个体(historical individual)"。[44]特别应该注意的是,这并不是客观现实的简单的反映问题,而是客观现实与科学研究的一个具体方向有关的概念化问题。

只有确定了这样的一个对象之后,关于阐述概念的以后几个问题——即可以说是那些与"解释"有关的问题——才会产生。但是,这里出现的基本的解释程序有两种而不是一种。它们之间的区别是重要的。

我们赖以作为出发点的事实是我们已经有了科学研究的一个明确对象,那就是我们要用上面所说的一种或几种可供参考的描述结构把它解释清楚。理论剖析要求我们必须把这个对象分解成更简单的成分,使它们成为可以用来解释一个或几个理

---

[43] 其原因后面便会明了。特别请参阅第四章和第六章。
[44] 参阅本书第二部分,第十六章。

论体系的单位。这个分解过程至少可以朝两个在逻辑上不同的方向而不是朝一个方向进行。

一方面,我们可以把该具体对象分解为若干部分或单位。在物理学或生物学的层次上,分解成什么部分或单位的意思是很容易理解的。一部蒸汽机包括汽缸、活塞、驱动杆、锅炉、阀门等等。同样,一个有机体是细胞、软组织和各种器官组成的。这种意义上的一个部分就是单位,撇开它与该整体其他部分的关系不谈,它的具体存在就是有意义的和"合理的"。一部机器实际上可以拆卸成各个部分。一个有机体不能同样拆卸开来,否则你至少会永远破坏它的机能,但你可以解剖一具死去的有机体,从而辨别它的各个部分。这两个例子都同样涉及空间的存在,各个部分都是能够名副其实地确定其相互之间在空间的位置的实体。

但这不是关键的问题。对于其各个部分不是在空间实在的事物,也可以使用同样的分析方法,因为空间座标不是所描述的结构所固有的。且不说任何其他事例,一个由诸行动构成的综合行动就可以分析为若干部分,如合理行动和不合理行动,或宗教行动和世俗行动等等。检验的问题总是在于我们是否能够想象这样一种"独立"存在的行动,即不涉及该行动与之实际上有区别的其他行动类型的"单一类型"。大多数实际的具体情况属于"混合类型"这一点,在目前并不重要。这样,我们就可以设想遇到一个纯"北欧人种的"人(不管这种类型的人的定义如何),而不必预先推测他根据定义具有地中海人种或其他任何非北欧人种的血统。

探讨这样一类的"部分"或"类型"概念时遇到的主要困难来自一种情况。那就是科学所必须探讨的具体存在物,都在不同程度上具有一种通常被称为"有机的"特性。也就是说,需要研究的那些部分所组成的整体可能在不同程度上是个有机的整体。在一个极点或极端是"机械的"事例,即可以不考虑各个具体地发挥作用的部分与其他部分或整体的关系而单独地说明前者的所有重要"特性"。最重要的是,在这种情况下,我们事实上可以把那个部分同这些关系具体地分离开来,而它仍旧保持"原样"。例如,我们可以把一部蒸汽机拆开,实际检查各个活塞,记下它们的规格、样式、扩张强度等等。对其他各部分我们也可以这样做,只要观察精确,就可以根据这些观察来推测它们装配到一起时会怎样运行;比如说我们可以推测这部机器的性能。

现在;正是由于整体是个有机体⑮,这样做便不可能了。一个有机整体的定义是:在这样的整体中,各个部分之间的关系决定各个部分的特性。整体的特性并非仅为各个部分特性的组合。不管这个整体是个有机物还是其他某个单位,如一个"人"、一个"社会"等等,情形都是如此。这样一来,"部分"这个概念就具有一种抽象的、事实上是"虚构的"特征。因为,一旦有机整体的某一部分事实上或在概念上同整体分开,它就不再是原来的自己了。亚里士多德的一段话也许是对这个问题的经典论述。他说,一只脱离了活的躯体的手就不再是手了,"除非是像我们说起一只用石头雕刻而成的手时那样要按一种歧义来理解。"⑯

---

⑮ 据作者所知,怀特海教授的著作中有对"有机物"这个一般概念最详尽的分析。

⑯ 参阅 B.乔伊特译:《政治学》,第一卷,第4页。亚里士多德的这个公式本身并不令人满意。固然,一个有机整体的某一"部分"被人从它与其余部分的关系中分离出来以后,就成为一种抽象概念,因而只是"在按一种歧义理解时"才能与起着作用的部分相比拟。然而,不能因此就说,一个机械系统中各个部分之间的关系并不重要。如果一台机器的各个部分不是彼此处在适当的关系之中,它就不是机器,就不能运转。

联系下文将要展开讨论的关于有机系统的"偶发特性(emergent properties)"的

然而,不管这个概念指的是机械的"部分"还是有机的部分——如果那是机械的部分,那么我们就可以看到,它在与其所属的整体彻底地和具体地分离开来时并未从根本上改变其特性;而有机体的部分在与整体具体地分离之后,就变成仅仅按一种"歧义来理解"的部分了——那个概念的逻辑特性仍然不变。它指的是一个实际存在的或假设存在的具体实体。不管"纯类型"这个概念与可以具体观察到的事物有多么大的不同(特别是在"有机体的"事例中),判断的标准是能够合理地把它当做具体的存在物,在叙述它的时候不致在措词上产生矛盾。㊼

机械学中任何具体物体或这类物体的体系的概念,都属于这种性质。即使那是虚构的,例如一种"理想的"气体、一架"无摩擦阻力的"机器等等,也可以这样说。化学元素也是如此,即使在自然界中从未发现有些化学元素不和其他元素化合在一起。一项"完全合理的行动"、一个"完全整合的群体"之类的概念也是如此。这种概念在科学上合乎情理,甚至必不可少,这是毋庸置疑的。没有这些概念,就不会有科学。

而且,这样一些概念在其应用上,也不应限于把它们界说为和在经验上确定为一个单一的具体现象的各个"真实的"部分。这毋宁说是科学概括的第一步——因为这样一些部分可以被认

概念,就能把这种区别讲得比较精确(特别参阅第十九章)。在有机物领域里,仅靠对于诸单位的特性进行所谓"直接概括"而得出的关于各个具体系统的描述,在应用于具体现实时是仍有疑问的。填补其间隙的办法是考虑这些具体系统的偶发特性,即凭经验看到的那些不依赖于"基本特性"而在值上发生变化的特性。在这绪言性质的论述中,想要令人满意地廓清这些复杂问题是不可能的。作这个注解只是表明我们认识到关于有机体的性质的问题很复杂,应当把正文中所作的阐释看做大致近似的论述,以便唤起读者注意本书有关段落中这个问题的重要性。

㊼ 这是马克斯·韦伯关于"理想类型"的主要标准之一,因为它应该是"在客观上可能的"(见本书第二部分,第十六章)。

定为许多不同具体现象所共有。而且,有些时候,关于这些部分在某几种能够具体说明的情况下的表现,我们还可以说很多。这样一些判断可以得出一种具有很高说明价值并在限定范围内极其有效的概括。笼统地陈述具体现象中这类具体的或假设其为具体的"部分"、或二者各种不同组合在特定典型情况下可能有的或者似乎确定有的表现,我们可称之为"经验性概括"。㊹

34 需要一再强调指出的是,"类型—部分"和"经验性概括"这两种概念与另一种严格说来可以叫做"分析性"的概念在逻辑上是有根本区别的,这种概念的形成以前两种概念为先决条件,因为不管一个复杂的具体现象可以分解成哪些具体的或假设其为具体的单位或部分,一旦这些单位的地位得到确定,它们从逻辑上说就必然有一些共通的属性或性质。

不应当把任何具体的或假设其为具体的现象或单位视为具有这种意义的一项特性,而是要把它看做能够根据这些一般特性的某些特殊"值"的一种特定组合加以描述的对象。例如一个物体被描述为在与力学理论有关的各方面具有某种特定的质量、速度和位置等等。同样,也可以把一个行动描述为具有某种程度的合理性、无功利性等等。"分析成分(analytical elements)"一词将应用于一定的描述参照系结构内有关具体现象的这些一般属性,以及这些一般属性的某些组合。

不需要把这种分析成分视为能够撇开同一逻辑体系的其他分析成分而具体地(甚至是假设为具体地)存在。我们可以说如

㊹ 在这个意义上,成为分析问题的"终极"单位的那个"部分"是有些武断的。把现象分解为越来越"基本的"单位的可分性并无内在的逻辑限度。但是,正由于现象是"有机的",单位越是带有基本的性质,它的概念就越"抽象"或"空虚"。这类分析的有效作用能够达到什么程度,似乎要由这种概念与其他两种概念的关系来确定。本书的最后一章将讨论这个问题。

此这般的一个物体具有 x 质量,但不说这物体就是质量。我们也可以说如此这般的一项行动(在某种程度上)是合理的,但决不能按照具体事物的意义来说这项行动就是合理性。具体而言,只有按照存在着重物这同一逻辑的意义来说,才存在着合理的行动。尤其是类型—部分和分析成分之间的区别毫不涉及它们所指现象的"有机性"的相对程度如何。㊾ 如果所指的现象是有机的,则两个概念都有"抽象性",但其原因并不相同。一个有机整体的"部分"是一种抽象,因为我们不能观察到那个"部分"离开它与整体的关系而具体地存在。另一方面,一个分析成分是一种抽象,因为它指一种一般的特征,而我们实际观察到的只是这个特征在特定情况下的特定的"值"。我们可以看到某个物体有一定的质量,但我们绝对看不到这种"质量"本身。用逻辑的术语来说,质量是一个"全称命题"。同样,我们可以看到某项行动有高度的合理性,但我们永远无法看到"合理性"的本身。㊿

㊾ 也同往往与有机体问题互有联系的自然科学和社会科学之间的区别无关。

㊿ 为了防止对这些极为重要的概念产生任何可能出现的混乱,不妨列出如下明确的定义:

1. 一个具体体系中的一个单位是一组关于事实的若干表述形式所共同涉及的实体,而这组表述形式是在一个参照结构之内以这样一种方式作出的,即从所讨论的那个理论体系的目的来看,可以认为这组表述充分描写了一个可以设想为在该参照结构之内独立存在的实体。理论性单位则是这些关于事实的表述所适应的诸逻辑全称命题按照彼此特定逻辑关系构成的特定组合。

2. 一个分析成分是一个全称命题(或一组全称命题),其相应的值(或一组值)可以作为部分地决定一类具体现象的事实来加以表述。此处"决定"一词的意思是,在同一(或同一些)全称命题的结构中这些值发生变化,意味着具体现象在对该理论体系说来是重要的一些方面也发生相应的变化。

单位和成分的区别,首先是一种逻辑操作上的区别。只要问及一个成分的值如果发生一定变化是否会改变具体现象,那么,任何一个事实或一组事实都可以构成这个成分的"值"。这样一些值可能会,也可能不会充分描述那些具体的或假设其为具体的单位或单位组合。已经展开的分析体系中的大多数成分,如质量、速度,只是

36 关于科学的普遍经验是：一旦这样一些分析成分得到明确的界定，它们就会被发现在其相互之间的关系方面有某些不取决于它们任何一组的值的一致方式。(51)诸分析成分的值之间相互关系的这些一致方式将被认为是“分析规律”。这种规律能否用数字表示，对当前的研究来说是次要的。在行动领域的事例中，只要一个行动体系是合理的，不管它的合理性的值或程度如何，它都符合某些规律，即它往往会“把效用提高到最大限度”。

这种意义上的分析成分就是自然科学中的变量。但无论是“变量”这个术语还是它在自然科学中使用的主要类型，都容易在数量和质量这两方面的关系上引起误解。也许，变量的“理想类型”在某种意义上是质量或距离的变量，它是物体或物体之间关系的一种不仅可以观察而且可以测量的特性。也就是说，惟一可以称为质量观察结果的观察结果可以用一个数量标尺根据

部分地描述具体的实体。但是，当这两类概念在经验参照系上重叠的时候，我们往往可以很方便地把结构上的各部分或单位称做“成分”，虽然要用多个事实才能充分加以描述。因而一个目的、一项准则或处境的一个特定条件都可能是成分。只是由于有些成分可能同时也是具体的实体，我们假定所有的成分都必然是具体的实体时，才有可能发生混淆。

在这方面还有另一个可能发生混淆的地方，应该引起注意。有机系统在其任何复杂程度上出现的那些特点，根据定义来说不能离开这些系统的较为基本的单位的适当组合而具体地存在。甚至从概念上说，我们也不能把它们同这些较为基本的单位分离开来而设想其为独立存在。因此，当我们必须用结构分析法来描述有机系统的时候，我们一定要把这些出现的特性或诸单位的关系包括进去。在任何特定的情况下把这些出现的特性也当做变量使用，可能是适当的，也可能未必得当。它们和质量之类的成分有共同之处，即把它们设想为“单独存在”是荒谬的。但是，同样这些概念是否在该理论体系的结构方面和分析方面有它们的地位，取决于该理论体系及其中包含的种种问题的要求如何。

(51) 就是说，这些成分虽然可以独立地发生变化，却是间接地相互依存的。这里指的是它们在一个体系内相互依存的一致的方式。

一个恒定单位的变化来排列。在不可能测量的情况下，例如就有时被称为非测量的变量而言，一切有关的具体观察结果往往仍然可以用一种量的大小的尺度来排列，用这种方法可以说出任何二者之中哪一个的量大些、哪一个量小些。除此之外，测量还包括精确地确定该项观察结果相对于其他观测结果的位置所在，其办法是用一种在数量上可以直接与其他任何一对观测结果之间的间隔相比的方法来确定每一对观测结果之间的间隔。这样我们就可以用非测量的字眼说明这杯水比那杯水热，而用测量的字眼可以说有摄氏十度的差别。

　　作为应用于一些广泛范围的体系的真正变量来说，测量在社会领域里几乎是不存在的，即使按非测量的定量方法来确定大小次序的做法也很少见。幸而对理论体系的逻辑要求允许与一项可测量的简单变量的理想形式进一步分离。

　　应当能够对列入一种科学理论的那些事实作出适应于该体系的理论目的的、比较精确的确定，这乃是一项方法论上的要求。最近几年，在布里奇曼教授的影响下，[32] 通常的做法是把这种要求用这样的形式来表示，即应该通过一种可以明确限定的"步骤"来获得事实。测量和按照量的大小次序排列都是这样一些步骤，但这两种类型并不包括所有在科学上可以接受的步骤。此外还有这样一些步骤，观察所得的资料虽然同样产生于"同一"步骤，却仍然不能按照大小次序的单一尺度排列。这就意味着，如果这样一些事实要采用大小的次序来排列，那就必须根据比单一的变程较为复杂的某种分类来进行。但是，只要那些观察结果是采取同一步骤的结果，即只要它们是同样一般的或在这个意义上普遍的一类范畴的具体的实例，那就可以把它

---

[32] 布里奇曼：《现代物理学的逻辑》。

们都当做同一成分的"值"来看待。我们将要看到,帕雷托著名的"剩余性"范畴就是这种情况——这个范畴不能测量,但它能通过一种明确的步骤达到,并用一种相当复杂的分类方法排出次序。根据本书分析的结果,对这个分类还要进一步指出其中极为复杂的内容。㊝

或许大家都会同意,为了简便和结果的精确起见,一个理论体系的成分最好应该像质量和距离那样,能够用一种统一的尺度精确地加以测量。这样就出现一个问题:为什么一些科学如社会科学必须容忍如帕雷托的剩余物之类的成分?答案一方面在于这些事实的特性,而正如前面已经指出的,这些事实是具体现象的问题,另一方面在于这些事实同该概念体系的关系。本书所研究的是一项具体理论体系在某一发展阶段的情况。它不涉及其他截然不同的理论体系是否有可能作为理解社会中人类行为现象的手段这个问题。但是,假定这个理论体系具有我们在这里研究时所存在的形式,该体系的结构本身就包含某些与事实有关的问题,例如行动的合理性问题或如帕雷托所说的行动的"逻辑性"问题。只有理论体系有可能设想出可以据以回答这些问题的进行观察的步骤,它才有经验上的意义。而事实却是,我们这里所研究的著作家们所采取的大部分步骤,都产生了一些其质上的差异无法被化解为单纯在量上的变化,而又仍然适合于所用根据体系的数据。在这个理论体系的今后发展过程中,完全有可能使用更多的定量方法甚或测量方法。㊞但是,目

㊝ 因此一个"成分"是与任何一项或几项可以通过有步骤的观察而确定为现象的事实相应的一般概念。

㊞ 似乎可以有把握地说,社会范围内几乎所有真正的计量都是在统计层次上的。要想使这种计量按照物理计量的结合方式直接与分析性的理论结合起来,迄今为止还是异常困难的。这种计量所量度的,是根据现有理论挑选出来的许多成分的

前有可能应用定量或测量方法的情况还不多,这并不意味着就没有取得任何重要的科学成果。科学真理不是个全是或全非的命题,它是个不断近似的问题。即使我们所知的真理离科学上的完善还相距甚远,它却是实质上非常正确和重要的。

为了本书的探讨起见,一个"理论体系"将被认为包括前面讨论过的所有三种概念。这三种概念非常紧密地相互依存,以致一个由某几种单位或部分构成的分析性成分的体系,无不具有一个相应的参考系数和一个关于它所应用的一些具体体系的结构概念。但是,关于理论体系的研究可能在其对这三种概念的相应侧重点方面有所不同。这像其他任何研究一样必须包括所有三种概念,但其主要的兴趣将集中于一种概念,即"部分"或单位概念。本书的兴趣将专注于组成具体行动体系的那些单位及其结构上的相互关系。这些具体的体系都是可以用行动参考系数加以描述的现象。本书将在论述各种问题时讨论分析性成分,但无意系统地确定这些具体行动体系中所包括的分析性成分的定义和相互关系。

关于行动体系的部分或单位的论述,自然分为两类:基本单位的定义和分类;体系中那些单位之间相应关系的确定。就目前研究工作的需要,可以把后者叫做结构上的关系。这样,可以把本书的主要框架看做对各种行动体系的结构方面的一项分析,在某种意义上可以说是对各种行动体系作出的"解剖"。值得注意的是,就同样一些具体现象而论,可以在许多不同层次上进行结构分析。前面提到的四种图式的相互关系,主要是据以

合量。最接近物理学情况的,也许就是经济学中企图以统计数字说明供求关系所起作用的尝试了。但即使在这种情况下,要使可以掌握的统计事实适应经济学理论诸因素的定义,尚有一些严重的困难。

描述"社会结构"的不同层次的相互关系。在这四种图式中,本书所关注的一个图式即"行动"图式无论如何可以被当做最基本的。因此,本书下文并不是用一切可能的说法来分析社会结构,而仅仅是按照行动图式尽量加以表达而已。所以,本书的题目是"社会行动的结构"。

虽然一切结构必须被认为可以用多数分析性成分加以分析,因此两种类型的分析有着密切的关系,但不能因此认为,一个特定的具体结构一旦得到了适当的描述,就只能选择一类成分进行分析。相反,确凿无疑的事实是,各种这样的选择似乎是可能的。如果可以作出几种选择,那么它们当然就会显得确实是互有联系了。但是,这种对成分作出不同选择的可能性,说明为什么不应当企图从行动体系的结构大纲直接跳到一个成分体系。本书所研究的这些理论作者正是在前者而不是在后者的层次上几乎明显地汇聚到一个体系上来的。但是在他们的各种著作中,描述这个体系的方式颇有不同,如果不经过冗长而费力的分析,就不可能把那些分析性成分归结为一个单一的体系。这种分析将肯定是很艰巨的,因为只有在帕雷托的著作中才出现一个明显的成分体系。

在绪言中还有最后一点需要说明。即使在本书为其自身规定的有限范围内,它不是,也无意成为一本作出最后定论的著作。这里提出的关于科学的性质的观点,有一条最重要的推论是说,科学如果没有外来的压力就不可能成为一种静态的东西,而是固有地包含在动态的发展过程之中。因此,如果每次发表的研究成果都未涉及在性质上对这一理论的结构没有什么意义的事实的话,那么它在某种意义上就是把发展过程的某一点武断地固定下来。

一项旨在确定恺撒是否在公元前44年3月15日被杀的研

究,很可能取得明确的结果,因为这个事实一旦以某种方式证实之后,将适应几乎任何一个概念体系。对于本书这样的研究,情况就不是如此。像每一项科学研究一样,本书的研究如果是合理的,它就会希望留下一个长久有效的"结晶体",但它不能声称已经得到了可以用来很好地阐述这个结晶体并把它同其他事实十分恰当地联系起来的最终的概念体系。

本书作者诚恳地提醒人们不要这样过早地声称掌握了最后的论断。作者对书中论及的几位学者的主要著作进行程度不同的潜心研究已有六至十年的时间。在相当长的时间从事其他领域的研究以后,我又认真地重新研究了这些著作。每次重新研究都发现了一些以前忽略的重要问题。为了完成本书的研究成果,我对那些问题中最重要的几个问题,虽然第一次阅读时没有理解,却一般都是通过反复思考才了解的。

对于这个事实,似乎可以作这样的解释,即我对这些问题的思考是在一个发展过程中同时进行的。虽然我曾经读了那些重要的论点并在某种意义上对它们有所"理解",但在起初阅读时并不觉得像后来才发现的那么重要,因为开头不可能把它们同一种理论体系以及从中产生的那些问题联系起来。由于没有理由认为思想的这种发展过程已经突然停止,㉟ 这次或在其他任何时候发表这样一种研究的成果的惟一理由是相信这个发展进程已经达到了这样的阶段,即迄今为止已经达到的成果尽管并不明确,却已经可以串联起来而变得相当重要了。

事实上,科学的神祇是进化。但是,对于那些以真正的科学

㉟ 自从这句话最初落笔以来,作者的同仁对本书多有善意的批评,促使本人对各个部分重新加以批判性的考虑,所得教益是证明我所言非妄。这个过程仍在继续,并且毫无疑问在将来还会持续下去。

42 精神向其膜拜的人来说,科学的发展超出了他们本人所达到的范围这一点并不意味着科学背弃了他们。这正是实现他们自己的最高理想的表现。

附注:关于"事实"的概念

为了防止一个产生混乱的极为常见的根源,最好一开始就指出在什么意义上可以使用"事实"这一术语。按照亨德森教授[56]的定义,本书对事实的理解是"依据一个概念体系对现象作出的在经验上可以验证的表述"。关于从何处证明这种表述的问题以及关于把亨德森教授所说的"受体经验(receptor experience)"包括在内是否合理的问题,不是现在所要提出的。这些问题将在本书以后的部分谈到。然而,目前有必要仅仅指出一个对科学抽象问题具有重大影响的特征。在上面的定义中,事实被说成是"在经验上可以验证的关于现象的陈述"。关键在于一个事实本身决不是现象,而是关于一个或者几个现象的命题。所有的科学理论是由一些事实以及这种意义上的关于事实与事实之间关系的陈述构成的。但这决不意味着任何一个理论中包含的事实,是对它们谈及的那些现象所能发表的仅有的一些可以验证的论点。一个科学理论体系一般说来之所以是抽象的,就是因为它所包含的那些事实并不构成一种关于所涉及的具体现象的完整描述,而只是"依据一个概念体系"作出的说明,那就是说,它们只包含那些对于当时所应用的理论体系有重要意义的有关现象的事实。把事实(它是关于现象的命题)和现象本身(它们是真正存在的有形的实体)区分开来并牢记在心,就可以

---

[56] L.J.亨德森:《事实的近似定义》。

避免许多混乱。在这本书里,这两个术语将始终按这种意义来使用。

从以上考虑可以得出这样的结论,即除非为着表达简略起见,任何现象都不是"事实"。一般说来,即便出于单独一个理论体系的需要,也只有通过说明若干在逻辑上独立的事实,才能充分描述一个具体的现象。至于说明的前后和多寡,这是个与据以进行分析的理论体系和所研究的现象的经验特性二者都有关系的问题。对于任何一个概念体系来说,都需要有一种"充分"的描述,即确定一些数量充足的重要事实。一般说来,我们远不具备对于这样一个现象所可能了解的全部事实。即使当我们说"我们并不知道足够的事实"以证明某个结论为正确时,我们也并不是从数量上说,我们不能就该现象作出数量很充足的可以验证的说明,而是说我们不能作出某些作为结论的前提而在逻辑上必需的重要说明。至于哪些事实重要,这要由该理论体系的结构来决定。

第二章　行动理论

前面已经说过,本书的目的是要详细地探讨社会科学中一个单一理论体系的结构发生根本变化的过程。在第一部分的以后各个章节中,我要使用可以合理地叙述它在整个过程中的连续性的措词,概括地论述这个体系的基本特征,勾勒出这一过程开始时所采用的最初的表述形式或相关的几种表述形式的逻辑结构。最后,我要扼要地论述这个体系在西欧社会思潮中的历史,直到第二部分开始深入细致地分析时为止。

为了便于论述,我们把这个概念体系叫做行动理论。前面提到的这个体系的持续性,在整个发展过程中体现为它保持了一个基本的概念模式。尽管在整个过程的各个阶段,这一概念模式的使用及其背景有很大差异,但它在某些要点方面始终保持不变。

行动体系的单位

在第一章,我要求人们注意,在科学的概念化过程中,具体现象被分成若干单位或部分。有待研究的概念体系的第一个显著特点,在于它用来作出上述区分的那些单位的特性。基本的单位可以叫做"单位行动(unit act)"。正如按照传统意义来说,一个物理学体系中的那些单位即粒子,只能根据其特性如质量、速度、空间位置、运动方向等加以说明那样,行动体系中的那些单位也有某些基本的特性,如果没有这些特性就不可能设想单位是"存在的"。这样,接着类推下去,如果认为一个物质单位虽然具有质量但不能在空间确定其位置,那么这种概念在传统力学看来,就是没有意义的。应当指出,这里所谈到的把单位行动当做一个存在着的实体而言,并不意味着它有具体的空间存在或以其他形式独立存在着,而只是说从某个参照系角度来看可以把它设想为一个单位。关于单位行动,必须首先用最简单的说法加以描述,并举出有关它的最少数量的可以证实的事实,然后才能把它说成是一个体系中的一个单位。

按照这个意义来说,一项"行动"在逻辑上包含有:(1)一个当事人,即"行动者";(2)为了说明起见,这个行动必须有个"目的",即该行动过程所指向的未来事态[①];(3)该项行动必然在一种"处境"内开始,其发展趋势在一个或几个重要方面不同于该行动所指向的事态即目的。这种处境又可分解为两类成分:一类是行动者所不能控制的,就是说不能根据自己的目的加以改变或者防止它们被改变;另一类是行动者能够控制的。[②] 第一类可以叫做行动的"条件",第二类可以叫做行动的"手段"。最

44

---

① 按照这个意义并且只有按照这个意义来说,行动体系才是内在地带有目的性的。

② 特别需要指出,此处不是指处境中的具体事物而言。在处境不受行动者控制的情况下,处境才构成与行动手段相反的行动条件。实际上,处境中所有的具体事物都部分地是条件,部分地是手段。例如按常识来说,汽车是从一处到另一处的一种运输手段。但一般人不能制造汽车。然而,如果我们在汽车的机械特性和我们财力允许的范围内对汽车达到了一定程度和一定方式的控制,我们就能够用它把自己从坎布里奇运送到纽约。在有了汽车并假定有许多道路和汽油供应等等的便利条件时,我们就可在某种程度上控制汽车于何时驰向何处,从而也可控制我们自己的行动。正是在这个意义上,汽车才成为行动理论中起分析作用的手段。

49

后,(4)这个单位在用于分析方面时,它的概念内在地包含着这些成分之间某种形式的关系。也就是说,只要该处境允许对于达到目的的手段有所选择,在那种选择中就存在着行动的一种"规范性③取向"。在行动者控制的范围内,所采取的手段一般说来不能被认为是随意挑选的,也不应被认为完全取决于行动的条件,而是必然在某种意义上受一种独立的、明确的选择性因素的影响,而要想了解行动的具体过程,就必须先了解那种选择性的因素。对于行动概念来说,重要的是应当有个规范性取向,而不是它应当属于哪一特定类型。下面我们将看到,如何区别规范性取向的各种可能的类型,将是本书面临的最重要的问题之一。然而,在研究其任何类型的定义之前,必须首先概述一下这个基本概念系统的几个重要的含义。

第一个重要含义是,一个行动总是一个时间过程。时间范畴对于这个系统来说是基本的。目的这个概念总是带有一种将来的含义,指一种尚未存在以及如果没有行动者的努力就不会存在的状态,或者指一种即使已经存在也不会保持不变的状态。④这个过程由于主要与要达到的目标相关,所以有"达到"、

---

③ 关于本书所使用的"规范性"一词的定义和简要论述,请参阅本章末的附注A。

④ 行动现象本来就是暂时的,即它涉及时间过程,但它们并不在同一意义上是空间性的。那就是说,从进行分析的角度考虑,空间关系对于那些行动体系并不是很有关系的。就行动理论的分析效果而言,行动在空间的位置不是主要的,而只是次要的。换言之,空间关系只构成条件,只有在能够加以控制的情况下才构成行动的手段。这样就产生了一种观念,认为行动体系总是并且必然是抽象的。这是因为我们不妨说,人们经历的任何现象、事情或事件就其能够占有空间位置这一意义来说,都有个物质的形态。任何已知的经验"自我"都有一个活生生的生物有机体的一个"方面"或与其"相联系"。因此,行动事件具体地说都是空间的事件,是"发生"于物体身上或者将它们卷入其中的。这样,在某种意义上,没有任何具体行动不属于空间的范围。但与此同时,这个范畴与那被当做分析体系的行动理论无关,这当

"实现"、"完成"等种种叫法。

第二,行动者关于目的和手段都有可以选择的范围这个事实,与有关行动的规范性取向这一概念相结合,意味着有发生"谬误"的可能性,即未能达到目的或未能选择"正确"手段的可能性。谬误一词的各种含义及其可以归属的各种因素将成为以后讨论的主要问题之一。

第三,从某种意义上说,这种概念系统的参照系是主观的。那就是说,它研究现象,研究那些根据我们所要分析和推敲其行动的行动者的观点而看到的事情和事件。当然,"外部世界"的现象在影响行动的方面起着重要作用。但是,就特定的理论体系能够利用这些现象来说,它们必须能够归结为这一特定意义上是主观的名辞术语。这一事实在理解我们所研究的理论结构的某些特征方面非常重要。同样的事实也带来另一种必须时刻牢记在心的复杂情况。我们可以说,全部的经验科学所关心的是对外部世界现象的理解。因此,行动的事实在研究它们的科学家看来乃是外部世界的事实——在这种意义上是客观事实。那就是说,科学家们称之为事实的那些命题的象征性关联物在科学家看来,只有对于现象而不是对于他自己的思想内容才是"外在的"。⑤但在这种特殊的情况下,与自然科学的情况不同,我们所研究的现象具有与科学相关的主观方面。那就是说,社

然就是说,具体现象的"行动"方面并不就能穷尽这些现象本身。行动理论所体现的事实决不是我们所研究的那些现象的"全部事实"。另一方面,当然有许多具体现象就其作为科学研究的对象而言,我们只看它"物理的"、非行动的方面就完事了。例如石头和天体。物质世界所"包含"的行动显然必须被看做我们经验中的终极成分之一。

⑤ 指认识论上的"外在",而不是空间的"外在"。外在世界并非指空间意义上"外在于"认知主体。主观—客观关系不是一种空间关系。

会科学家虽然无意于研究他自己的思想内容,却非常关心他所研究其行动的那些人的思想。这就有必要区分主观观点和客观观点。它们之间的区别和相互关系非常重要。在这种场合,所谓的"客观"将始终指"那些对行动进行科学观察的人的观点",而所谓的"主观"则指"行动者的观点"。

行动理论范畴的"主观性"还带来更深一层的结果。当一位生物学家或一位行为主义心理学家研究一个人的时候,人是个生物体,即世界上可以从空间加以区分的独立单位。我们将其当做行动者的有关单位不是这种生物体,而是一个"自我"或"自身"。这个见解的最重要之处在于,对行动者来说,他的躯体所起的作用正如"外部环境"所起的作用一样,是行动处境的一部分。在制约其行动的那些条件中,有些与他本人的躯体有关;而由他支配的最重要的手段中,有他本人躯体的那些"机能",当然还有他的"智力"。从分析上区别行动者和处境之间的不同,不能与生物科学区别生物体和环境之间的不同相提并论。这不是区分具体"事物"的问题,因为生物体是个实实在在的单位。⑥它倒是由经验证明其有用的理论体系范畴所需要进行分析的问题。

行动体系的第四个含义应当加以指出。行动的处境当然包括按常情的说法称做自然环境和生物有机体(仅举这两点)的各部分。行动处境中的这些成分毫无疑问同样可以用物理学和生物学的方法加以分析,而所讨论的那些现象则可以用这两种学科所使用的单位进行分析。例如我们可以绝对正确地说,一座桥是由铁原子、少量的碳等等以及其要素如电子、质子、中子等

---

⑥ 但不比行动者更其是个完全具体的实体。它所包括的内容只是那些与"生物学"观点有关的这一实体的事实。

组成的。那么,研究行动的学者必须成为物理学家、化学家或生物学家以便了解他所研究的问题吗？在某种意义上说这是可以肯定的,但是就行动理论的目的来说,那就没有必要或不值得进行这样的分析以达到一般科学所能做到的程度。研究行动的学者赖以进行工作的参照系规定了一个限度。那就是说,他关注一些现象,那些现象除非以一种适当的方式——作为条件或手段——涉及行动体系,否则它们的任何一个方面都不能用关于行动的措词加以概括说明。只要能够精确地确定那些现象的特征(在这种情况下,现象的特征是重要的),那就无需进一步加以分析即可把它们当做讨论的资料。毕竟不能把原子、电子或细胞看做用于阐释行动理论的单位。对任何现象的单位分析,如果超出它构成一个完整的行动手段或条件这一点,就会逐渐变成说明另一种理论体系了。为了阐释行动理论,可以设想的最小的具体单位是单位行动。虽然单位行动又可分为前已述及的各种成分——目的、手段、条件和指导性准则——但只有当分解出来的单位能够被认为是构成单位行动的成分或构成单位体系的成分时,对现象(这时目的、手段、条件等又是这个现象的各个方面)的进一步分析才与行动理论有关。

在着手讨论这个概念体系在此将使人发生兴趣的一些更为具体的用法之前,必须提到有关其地位的另一种一般论点。它可能被用于两个不同的层次,即可以称做"具体的"层次和"分析的"层次。在头一个层次,单位行动指的是具体的实际行动,单位行动的"成分"指的是构成单位行动的具体实体。这样,只要具体目的与行动理论有关,它就指全部可以预料的未来事态。例如,一个学生可能把针对某个问题写一篇论文当做他当前的目的。虽然他在行动过程开始时不能够详细地设想出它的内容(对许多具体目的来说,情形大抵是如此),但他将有个总的想法,即对它进行一般性的预期。详细的内容只有在行动的过程中才会产生。但是,这个也许作为"交卷"的预期所产生的结果就是具体的目的。同样,具体的手段是指处境中他可以在一定程度上加以控制的那些东西,例如他私人或图书馆的藏书、纸张、铅笔,等等。行动体系的这种具体应用所起的作用主要是描述性的。凡是适合于行动体系中占一定位置的实体的各种事实,对于采用这种行动体系的科学家来说可能都颇有意义。这些实体包括"目的"或其他规范性成分,种种行动或行动体系的"手段"或"条件"。但在这种场合,它只有助于按某种次序排列数据,不能用来为了解释这些数据而对它们进行必要的分析。

49　　为了进行解释,一般说来有必要采取另一种抽象步骤。这种步骤包括总结概念体系,以便显示出那些在已经加以描述性排列的各种事实中所包含的功能关系。这种转换也许可以通过下面这一点十分清楚地看出来:即认为分析性体系(与具体描述性体系相反)的主要作用之一,必然会把行动的规范性[7]成分所起的作用同行动的非规范性成分所起的作用区别开来。在分析"目的"这个概念时,人们会遇到困难,由此可以很好地证明上述的问题。就至今所下的定义来说,目的是一种预期的未来具体事态。但是,我们完全可以清楚地看出,并非这整个事态而只是它的某些方面或特征能够被认为是规范性成分,从而能够被认为是行动者的作用而不是他在其中进行活动的处境的特征。因此,仍旧用前面的例子来说明,在导致撰写一篇论文的行动过程中,具体目的的许多方面不可能归诸于学生的力量,例如图书

---

[7] "规范"在这里指一种仅根据行动者的观点所说的目的论成分。对观察者而言它不带有任何伦理上的含义。见附注 A。

馆里可供使用的某些藏书以及与行动有关的其他条件。因此，从分析意义上说，一项目的想必可以被解释为预期的未来事态与那在没有行动者干预的情况下处境产生的未来事态之间的差别。按照分析本来可以预料从最初的意义来说，手段将不会相应地涉及那些在行动过程中所"使用"的具体事物，而仅仅涉及行动者在追求其目的时⑧ 只要在其能力范围内就能加以控制的⑨ 事物中的成分和方面。

区分行动体系的具体应用和分析性应用的第二个非常重要的方面如下。前面已经提到了通常使用的关于有机体和环境的生物学体系。具体的行动体系不可能与此完全相同，但它们在某些方面非常相似。那就是说，一个具体的行动者在追求具体目标的过程中，被设想为在一个特定的具体处境中采取行动。

---

⑧ 有关这种一般性区分的一个具体情况颇为重要。前面已经指出，行动者是自我或自身，而不是一个生物体；并且，根据行动理论的主观范畴的观点来说，行动者的生物体是"外在世界"的一部分。关于这一点，必须记住这两种不同区分的差别。一方面，有生物学家们常常用以区分具体生物体同它的具体环境的区分。这样在某一特定行动过程中的具体手段中，区分那些属于行动者的具体能力，也即在他的体力与那些他可以从环境中获取的手段如工具等等带来的劳动技能之间作出区分，往往是必要而又有用的。但分析起来，这种相似的区分就明显不同了；它是生物学理论意义上的遗传和环境的区分。显而易见，任何特定时间的具体生物体都不仅仅只是遗传的产物，而是遗传因素和环境因素复杂的相互作用的结果。这样，"遗传特征"便变成可以被认为是多个生物体所由产生的生殖细胞的结合所决定的那些影响生物体构造和功能的成分的名称。同样，从原则上说，一个发育完全的生物体的具体环境按照分析并不被认为仅仅是环境因素的产物；这是因为，既然我们可以认为生物体的行动已经对具体环境施加了作用，遗传因素就会已经产生了作用。在考虑一个像人这样的生物体时，这一点显然特别重要。由于人的生物形态有非常重要的具体意义，在研究行动的时候使用遗传和环境这些术语往往是很方便的。在这样做的时候经常特别重要的是，要明确地牢记刚才说明的两对概念中哪一对是适用的，并且要就其中恰当的一对概念来进行合适的推断。

⑨ 改变或蓄意防止否则可能会发生的另一种情况。

然而,当试图根据各项有关事实相互间的关系来概括论及总的行动体系时,就会出现一个新的逻辑困境。我们可以再举一个例子来说明识别规范性成分的作用和非规范性成分的作用这个问题。从某一具体处境中某个具体行动者的角度来看,别人的行动所导致的结果,无论是当前的还是预期的,都属于处境之列,因而就会作为手段或条件而与我们所探讨的那个人的行动联系起来。然而,在评价规范性成分在这具体行动者为其中一个单位的整个行动体系中所起的作用时,如果把这些成分作为一个整体包括在这个行动体系的处境之中,那将显然是不合理的。这是因为,对于一个行动者而言是非规范性的手段和条件,至少要依据这一体系中别的行动的规范性成分才能部分地得到解释。一方面是分析某一具体行动者在一种部分地社会性的环境中的行动,另一方面是分析包括许多行动者在内的整个行动体系,这两种分析之间的关系对以后的讨论至关重要。例如,它是理解涂尔干理论体系发展情况的主要关键之一。

功利主义体系

以上的讨论至今只限于思想的行动体系那些最一般的特点。虽然单位行动在一切理论结构中是基本的,但不足为怪的是,以此为基础的那些不同的可能变换和组合本来不应在整个理论体系发展过程的一些较早阶段就得到详尽的叙述。实际上,到了十九世纪,统治西欧社会思想的是一种行动理论的亚体系,或者更确切地说,是若干相互关联的次级亚体系。它基本上是由那种已经叙述过的单位构成的,但其特殊的构成方式与当时正在出现的体系、即我们目前所要讨论的主要问题截然不同。既然我们必须探索后来的亚体系从早先的亚体系中产生出来的过程,我们就应该适当地详细说明这个产生过程的出发点,以便弄清这个变化的性质和范围。

按照一般的行动体系进行思考的方式由来已久,但却含糊不清,因此要在这里详加探讨是徒劳无益的。我们仅需指出,这种思考方式就像古典物理学的体系一样,也深深地扎根于日常生活里人所共知的经验之中,由于它属于这样的经验范围,因此我们可以把它当做全人类的普遍思考方式。这种说法的证据是:各种语言结构都包含着这种体系的一些基本因素,比如普遍存在着一个与英语动词"to do"相应的动词。我们的分析所开始着手的这一情形的特别之处在于,对于成熟的思想家而言,这一常识性经验中的普遍材料被以某种特殊方式有选择地排列成序,这样就产生了一个特别的概念结构,尽管它有许多种变异形式,却仍然始终保持着某些共同特征。这一结构的特异性可以追溯至对看待人类行动的某些问题和某些方式的有选择性的偏重。⑩

第一个主要特点是某种"原子论"。它可能被描述为一种强烈的倾向,主要考虑一些在概念上互不关联的单位行动的特性,并且只是通过对这些特性进行"直接的"概括来推断行动体系的特性。那就是说,只考虑体系中单位行动之间那些最简单、最明显的关系方式,即那些对一种体系的概念来说根本就是必不可少的关系方式。我们必然按照它们是谁的行动和按照作为一个聚合体的行动者来分类。某个人的潜在动作可能作为手段和条件与另一个人的行动处境相关。对于这种倾向没有必要去探本

---

⑩ 下面关于功利主义理论体系的形式可能受到历史性影响的解释,不是系统研究的结果,而是来源于就这个题目积累起来的某些一般印象。并且,它不是本书不可分割的部分,即使省略掉也并不会破坏全书的逻辑结构。介绍它的目的在于帮助读者对于那些看起来异常抽象的命题也能了解它们与经验相关的方面。

求源。在一种理论体系的一些早期的发展阶段,它的支持者自然会利用那种似乎很充分的最简单的概念体系。只有在积累了实际知识,并且比较精密和巧妙地作出了逻辑上的推断和解决了疑难问题之后,才能对更为错综复杂的可能性进行思考。在科学理论最接近于常识水平的那一发展阶段,我们总能在其中看到一种原子论的倾向。

宗教改革以来西欧文化传统的某些特点无疑大大加强了这种自然的原子论倾向。首先,相对的反原子论倾向,特别是处于比较简单明了的分析水平上的反原子论倾向,当它被运用于总体的社会行动体系时,惯常形成那些使个人淹没于一个较大整体的社会有机论。这种倾向已经与一种根深蒂固的个人主义背道而驰,而那种个人主义在大部分欧洲⑪一向有力地遏制了上述的反原子论倾向。固然,这种个人主义的主要责任向来是伦理性质的而不是科学性质的。它关心个人的道德自律和责任,尤其是反对权威。但是千万不要忘记,我们目前严格区分关于事实的思考和关于价值的思考这一行动只是最近才有的,特别是在社会领域内。在促进了我们所讨论的这一思想发展的社会思想家当中,大多数人关心在他们认为是符合道德的行为或政策,这种关心至少类似于他们对客观地了解人类行动事实的兴趣,一般还有过之而无不及。这两种观点在思想史上总是无法分开地交织在一起。

欧洲思想的这种个人主义色彩也许主要起源于基督教。从道德和宗教的意义来说,基督教始终带有强烈的个人主义特点。那就是说,它向来主要地关心个人的不朽灵魂的幸福,特别是来世的幸福。所有的人都追求幸福,仿佛他们"生来就是自由平等

---

⑪ 德国是一个主要的例外。

的"这一点，把全部基督教思想同希腊时代以前的古代传统思想明显地区别开来。一位柏拉图学派学者甚或一位亚里士多德学派学者会认为，个人要在精神上消溶于社会单位之中，这是不言而喻的，但根据基督教的教义来说却是荒诞不经的，虽然所有的神秘概念都把教会看做一个"精神实体"。

然而，在天主教方面，教会的作用在很大程度上已经削弱了这种个人主义倾向对社会思想和社会行为的实际影响。天主教会被认为是人们精神福利全面的保管者，而人们只有通过教会的豁免才能接近精神生活。整个中世纪的精神都有利于共同体观念的加强，并把教会看做人类生活的形式。然而，由于有了宗教改革，这一切发生了根本的变化。在社会思想的精神明显地走向世俗化的最后阶段，新教中所蕴涵的个人灵魂与上帝之间的直接沟通，使社会思想的诸问题发生了特别的转向。对个人作出道德评价和不再把神圣教会当做个人和上帝的沟通媒介这二者相结合，使得个人追求宗教幸福的自由和采取任何实际行动方式作为达到宗教幸福目的的适当手段的自由，都成了头等重要的大事。天主教会和世俗权力对这种宗教自由的干涉，是当时社会生活条件下一种对宗教而言潜在的、事实上也是主要的危险。由于当时民族国家的兴起，宗教自由（这是实现基督教最高生活理想的必要条件）和政治义务之间的关系问题就成了引人注目的焦点。

在中世纪天主教的环境下，教会被普遍认为有权代表一切人的宗教利益，因此这个宗教自由的问题自然就集中在教会和国家的关系上。然而，在宗教改革以后的新条件下，面临危机的是个人的自由而不是一个共同体的自由。虽然除了少数激进的教派之外，大多数人都认为上帝所启示的宗教真理有个客观的实体，但任何一个组织都不能垄断对宗教的合法解释和管理。

"真正"的教会不再是具体有形的教会,而是虔诚信徒或上帝选民的无形集体。有形的教会被降低到对外在的戒律进行启蒙和维护的一种手段的地位。归根到底,个人,也只有个人才对他自己在公认的最高领域即宗教领域的行为负责。因此,这里强调的不是保持社会成员、甚至一切教徒所共有的一种价值观念传统,而是捍卫个人有别于他人的良心的自由,特别是当有人企图强制他屈从于一个组织或一个权威时更是如此。这样,就其中存在着对于人类行动的目的、尤其是终极目的的深切关注来说,那就是强调行动目的的差异,特别是一个个人与另一个个人之间行动目的的差异。这种偏向包含着那种将要被称做"功利主义"思想方式的萌芽。

新教那种认为个人可以直接与上帝沟通的观点,连带地产生了一种影响,人们相应地贬低了自己对于同伴的依存感,尤其是倾向于把这种依存感降低为非人格化和不带情感色彩的范畴。人们评价他人不是着眼于他们本身的价值,而是更多地着眼于他们最终对于上帝的旨意的有用性,更直接地是对于评价人自身目的的有用性。这种态度导致了一种强烈的偏向,它有利于那种"理性主义的"手段—目的的分析方法,而这正是功利主义思想的特质所在。

个人主义当然并不限于基督教或新教,而是在我们的文化传统中有着独立的根源。固然,关于古希腊城邦的思想从其与个人主义相对立的意义来说,主要是有机的,但在嗣后的古代出现了一些酷似近代个人主义的思想流派。毫无疑问,基督教思想受到了古希腊哲学的很大影响。但在我们的社会思想方式形成的近代早期阶段,当然还有一种通过人文主义而发生的独立的古典时期的重要影响。晚期罗马法的影响,即使不是惟一的,也可说是在这些影响中最为完整而明显的,而罗马法的复兴正是那一时期的主要特征之一。

罗马法带有主宰了古希腊社会思想的把国家视为单一的组合体的概念,因此就很难为天主教会这样的团体在整个社会中找到合法的地位了。但罗马法抬高一批自由和独立的个人的地位,以对抗这个单一的国家实体,而那些个人在其私人的范围内是单独的、互不联系的。罗马法的这种做法在柏拉图和亚里士多德的思想里是没有的,但它部分地受到了后期希腊思想,特别是斯多噶派思想的影响。在其后来这方面的发展中,"私"法开始取得越来越显著的地位。

毫无疑问,宗教改革时期的世俗王公们之所以迅速采用了罗马法是有若干原因的,其中之一是他们认识到了关于国家的古典的单一体概念的用处,认为那是反对他们正在与之斗争的本社会内一些组合体,特别是各种封建社团和教会的武器。但在当时存在的特殊宗教形势下,罗马法严峻的二元论的另一面,即关于一个由自由、独立和"未结成一体的"个人组成的社会的概念,必然是非常有影响的。

政治权威越是坚持反对社团的特权,相对于权威的个人权利就越受到肯定,这些单位的独立性和分离性也就越加在思想基础中扎下根来。个人主义这两个互不关联的根源变得相互配合和呼应的方式非常引人注目。

欧洲文化传统的个人主义因素的一般影响,就其涉及我们目前的讨论而言,一向是要强调那些组成一个社会的不同个人的分离性,尤其是在他们的目的方面。其结果是抑制了对行动理论的某些最重要的可能性的深入研讨,即与体系中诸目的的整合有关的,特别是那些涉及多数行动者的可能性。这种倾向毋宁是为了分析起见而集中研讨单位行动本身,而根本不考虑一个体系中不同行动的目的之间的关系,或者在考虑的时候只强调它们的差异和缺乏整合的情况。

现在我们在这里可以探讨一下令人感兴趣的亚行动体系的另一个主要成分、即在单位行动中手段—目的关系的规范性成分的特点。本书的主导思想特别强调一种可以称为"功效的合理规范(rational norm of efficiency)"的具体形式。因此,我们在此描述的这个处于发展中的体系的第二个突出特征(原子论是第一个特征)是"合理性"行动的问题。如果谈的是更宽泛的思想体系的"理性主义",那将是不正确的,因为大部分"理性主义"的特征是把合理规范的作用压缩到最小程度。但是,尽管存在着这种关于合理性的具体作用的分歧,大体上已经有了一个关于合理性的一般标准;并且同等重要的是,关于一个支配着手段—目的关系的规范性成分并没有任何其他肯定性概念。我们一向都用"不合理的"和"非理性的"一类否定性的措词来描述背离理性规范的现象。由于系统思考的较为精微的发展,这些措词有如后文将要指出的那样,已经具有了颇为特殊的意义。但就目前而言,重要的是,我们的注意力已经集中到这一特定形式的规范上来了。

本书不想对那些说明这一特殊思考焦点的影响进行详尽的历史性分析。但这里可以提到以下三点。首先,显然有一个非常坚实的常识基础可以认为行动的合理性是很重要的。我们都在从事各种各样的实际活动,在这些活动中许多问题取决于"正确地"选择适当的手段以达到我们的目的;并且,在当时当地的知识范围内,所作的选择有赖于根据经验正确了解运用手段和达到我们的目的这二者之间的内在关系。每个社会显然都有很多以广博知识为基础的技术性传统做法。也许还有一个问题,即其他可能同样适用于当时当地而只是手段对于目的而言的内在适当性并不那么明显的其他习惯做法,为什么不能用来当做一种模型和样板呢？但是，人类行动的一切体系中普遍都有合理的事例，则是无可置疑的。

由此而遭到忽视的最突出的一类具体行动，是"宗教仪式性"行动。在已经讨论过的我们文化传统的两个成分中，碰巧有一种对于宗教仪式的强烈敌意，因而也有尽量贬低宗教仪式的重要性的倾向。另一方面，新教也激烈地反对天主教会的礼拜仪式。几乎各种仪式都被斥为迷信，它即使存在也是由于人们的无知或乖僻而产生的反常现象，决不是自然的和有益的。当然这一事实正好对应于这么一个社会：它的修道院连同对于宗教仪式的热忱一同衰微了，无论出于何种原因，人们的注意力都猛然转移到世俗生活的实际事务上来了。其次，我们传统中的人文主义成分带有强烈的理性主义倾向的特征，这种理性主义倾向是从同样蔑视迷信的古代世界承袭下来的。他们对宗教仪式的否定评价是清教徒和人文主义文艺复兴时期的人们所能赞同的不多几个观点之一。

无论是什么样的影响导致了人们对于行动合理性问题的关注，毫无疑问，有一种重要影响塑造了那些这一问题在社会思想中所要倚仗的那些名词术语，这就是近代科学，尤其是物理科学的出现。随着宗教兴趣的衰微，科学及其以科学为转移的哲学问题开始形成了带有系统理论化倾向的那种或许是主要的精神关注点。科学也就被广泛地看做最卓越的人类精神在理性上的成就。如此强劲的智力影响不可能不在近代早期社会思想那种有着很大可塑性的结构上留下痕迹。

因此，在积极意义上，科学在当时舆论风气中的突出地位，是导致社会思想家们对行动合理性问题产生兴趣的一个主要影响因素；同时，科学在阐明何谓合理性本身的规范方面提供了主要的依据。不管贡献出多么丰富的常识经验，绝大多数想要达到在智力上深刻阐明理性概念的企图的共同因素是这样的观点：只要行动可以被理解为受行动者根据他对其环境所掌握的科学知识(起码是合乎科学的正确知识)的指导，它才是合理的。

最简单、最广泛流行的概念，是给手段—目的关系确定一种具体的规范，即承认目的是既定的，而不问其是否合乎理性或"合情合理"。这种概念可以表述如下：

只要行动可以在环境条件允许的范围内追求目的，而所用的手段则是行动者所能利用的手段中根据可以理解的并且可以由实证经验科学证实的理由来看是在本质上最适合目的的手段，这种行动才是合理的。

既然科学是最卓越的理性成就，这里描述的探讨方式是根据科研工作者和从事一般实际活动的行动者之间的相似之点确定的。其出发点在于把行动者设想为逐渐了解他在其中进行活动的处境的实际情况，因而也了解那些为实现其目的所必需的条件以及可以采用的手段。至于应用到手段—目的的关系方面，这基本上是个精确地预测有可能用以改变处境的各种可行办法的大致效果(运用可以挑选的手段)，以及由此在其中作出选择的问题。除了与选择目的有关的问题以及那些与"努力"(就行动不仅只是知识自动就会产生的结果而言)相关的因素之外，凡是可以运用这个标准的场合，都很容易把行动者设想为与科学家相类似，因为只要科学家的实际行动过程符合一个观察家(如果他像帕雷托所说的那样，具有"关于形势的比较广泛的知识")的期望，他的知识就是其行动的主要的决定因素。

至今我们已经确定了这个关于行动基础的理论体系(我们最初的注意力将集中在这个理论体系上面)的两个主要特点，并稍稍说明了它们的起源。按照上述的意义来说，这种理论主要是原子论的，它使用"合理单位行动"当做他所认为的行动体系的单位。没有必要进一步探讨这个单位本身的其他特点;现在该是转而研究这些单位被组成体系的方式,并考虑由此得出的一般体系的某些特点的时候了。

前面描述的合理单位行动——虚构与否无关宏旨——是具体行动体系中的具体单位。它是我们在一般行动体系的框架内通过充分重视单位行动的一个重要性质——合理性——而得出的一个单位。由于假定一个具体体系的整体是由这种性质的一些单位构成的,我们就得到一个具体而完整的合理行动体系的图象。这是运用这种概念体系的最简单明了的方式——往往在没有充分理解其含义的情况下,天真地认为我们正在研究的具体行动体系不过是这样一些合理单位行动的聚合体。即使在这个基础上,也会出现某些复杂的变化,这将在下一章看到。可是就目前来说,我们的讨论必须限于这样一种概念体系与具体现实的关系问题中所包含的较为一般的论点。

刚才提到的那种天真的经验主义观点有某些非常重要的推断。如果把这个具体体系当做只能被分析为一些合理的单位行动,那么由此可见,虽然像包含在追求目的过程中的行动概念非常重要,这个理论却根本没有谈到各个目的的相互关系,而只是谈到手段—目的关系的特征。如果概念体系不是有意识地"抽象的",而是旨在如实地描述具体的现实,至少在具体现实带有"重要"意义的情况下是如此,那么这个差距就是很大的。这是因为,如果不能就各个目的之间的相互关系问题作出任何积极的说明,那就只能意味着这些目的之间没有什么重要的关系,即这些目的按照统计学的意义来说是偶然任意的。通过这种间接的推断而不是通过任何明确的原理,我们得到这种体系的最后一个确实的特点:行动目的的随意性,至少是终极目的的随意性。这个特点很少被公诸于众,但我们将要看到它作为整个结构所依靠的隐含的逻辑假设之一,而继续潜藏在背景之中。

以原子论、合理性、经验主义和目的随意性这四项特点为特征的行动理论体系,在本书中将被称为功利主义的社会理论体系。这个名称如大多数这类名称一样,部分地符合一般习惯性用法,又部分地与之不同。可惜习惯用法不是始终如一的,必须作某种取舍。虽然有其他各种学说(一部分同功利主义的社会理论体系相一致,另一部分则不相一致)曾经在历史上同功利主义联系在一起,但前面概述的内容却是这种通常叫做功利主义思想的历史形态的逻辑中心。首先,我们的取舍之所以合理,是由于它与近代经济学中有关功利效用的学说相联系,刚被提出来的情景逻辑(logic of situation)在其中得到了清楚的表述。在为了将这些成分置于一个把别的因素也纳入其中的更宽泛的思想体系而进行必需的修正之后,我们将看到,人类行动中的功利成分实际上在上述意义上的功利主义理论那里,相对而言得到了比较正当的看待。

实证主义的行动理论

前面已经说过,对于功利主义思想体系的一个主要特征——也即它对于合理性问题的强调——的确立,不断发展的近代科学构成了主要影响之一。在涉及更广泛的问题方面,还可在那与最后提出的问题有关的更深的层次上,找到近代科学的影响——关于当做整体来看的行动体系的特性问题。

前面说过,当功利主义同关于理论与具体现实之间关系的经验主义观点相结合时,它不能考虑目的之间的相互关系这一点就隐含着这样一个原理:那些目的并不存在对理论的逻辑结构来说十分重要的相互关系。那就是说,与影响合理选择手段的考虑、即理论兴趣的着重点相应,如果把理论兴趣集中到科学与合理行动的关系上而不考虑其他因素,那就显然会引起其他一些推断,这些推断明确勾勒出一个更广泛的封闭式的思想体系,而功利主义必须被看做这一思想体系的一个亚体系。这一点如果联系到对于制定行动体系而言始终是至关重要的主观观点来看,便是十分明显。从功利主义的实例出发,我们可以看到,行动者被设想为对于其行动的环境具有一定分量的理性科学知识。但与此同时,又爽快地承认这种知识相当有限,不足以完全决定行动的趋向。用功利主义的措词具体地说,它同目的的选择是毫不相干的。但事实是,在选择目的或手段方面并没有可供选择的其他标准,这就使那倾向于在逻辑上封闭的体系陷入杂乱无章的消极概念。于是,在行动者看来,关于其行动的处境在科学上可以验证的知识,便成为行动体系中惟一重要的取向手段。惟有这个因素使他的行动成为可以理解的状况,而不是对那些冲击他的"无意义的"力量的反应。应该记住,这里是把行动者当做仿佛是个科研工作者来考虑的。这样就强调了行动的主观方面的认识因素。现在讨论的这种观点的特别之处在于,它明显地或者隐含地(较多地是后者)包含着这样一种看法:实证科学是人作为行动者与外部(客观)现实之间惟一可以认识的重要关系。只要得出这样的推断,或者所作的推理以它作为前提,该社会理论体系就可以叫做"实证主义的"。根据这个观点,我们已经解释过的功利主义是一种真正的实证主义体系,但决不是惟一可以称做实证主义的体系。相反,人们可能在很多不同方面偏离功利主义,但它们都还属于实证主义的范围。

我们不妨提出这样的论点,即:西欧社会思潮大约在十七世纪世俗化以来,它的主流之一一向是这种意义上的实证主义。在十八世纪,构成这种实证主义潮流的因素往往在很大程度上

62 与其他因素结合到一起,以致我们几乎不大能够恰当地把这个体系称做完全的实证主义体系。但在十九世纪的过程中,这些因素大体上日益趋向于分化开来,形成它们自己的封闭式体系,从而越来越明确地成为实证主义体系。它同另一种思潮即"唯心论"的分化也越来越明显——这种唯心论思潮虽然在德国较为突出,但在整个欧洲文化中也是普遍存在的。我们可以有把握地说,进入十九世纪后,这二者的区别越来越显著,在西方文明的各国中,实证主义理论到最近为止已经变得越来越占优势。实证主义体系已经有了多种变体,但它们都还属于同一广义的概念范畴。在下一章里我们将讨论其中的几种。

  本书第二部分将要探讨的思想运动的主要意义是,它引起由实证主义行动理论向后一种截然不同的概念结构的亚体系、即我们将称之为"唯意志论的"行动理论的转变。为了清楚地了解这种演变的重要意义和性质,我们必须先在概念上弄清在它之前的理论体系的一切主要细节,因为这个体系在一定程度上渗透进了我们在这里将要研究的前三位思想家的思想。这就是我们何以要对这个体系的细节详加评介的理由,这项探讨将包括在下一章关于实证主义社会思潮的基本历史的叙述中。我们所以要作这番叙述,是为了使读者尽量熟悉这种思想方式的结构和细节。如果不了解这个总的逻辑范畴内可能存在的各种偶然出现的论点,不能够通过具体的思想史而领会它们的现实意义,那就很难理解本书主要部分的许多含义了。

  但是,在开始叙述这一扩展了的历史概况之前,有必要更加深入地分析一下实证主义思想的逻辑结构,以便完整地勾画出这一体系。功利主义形式的实证主义不仅就整体而言在历史上出现较早,而且它可以作为一个便捷的出发点,来对更广泛的体系结构内可以作出的逻辑选择进行分析。如果把合理的单位行动的原子论视做它最为显著的特征,很明显地就可以从两个方面来背离功利主义的基础:一个方面是行动目的的地位,另一个方面则是合理性的特征的地位。对于功利主义立场的何种背离在逻辑上是可行的,实证主义框架给这两个方面都做了限制。而且在这两个方面,那些实证主义可以容纳的代替功利主义的理论,无法穷尽更为普遍的行动体系中的逻辑可能性。实际上,从实证主义立场开始的转移,恰恰就在于揭示出那些可能性,它们与普遍的行动体系完全吻合一致,却抛弃了实证主义的形式。目前我们只能概要介绍那些有可能坚持实证主义立场的替代理论。

让我们从功利主义体系中目的地位谈起。在这里,分析意义上的行动目的同属于处境范畴的行动成分之间的区别是至关重要的。与以基督教为背景的唯意志论相一致,行动者的实际作用不曾受到怀疑。实证主义因素仅仅存在于这样的含义,即:必须把目的看成是已知的(不仅在为了某几种分析起见而含有启发性意义上是如此,而且在经验主义的基础上也是如此),并假定目的是相应于手段—目的关系及其中心组成部分——行动者对自己处境的认识——而随意变化的。只有这样才能按照功利主义意图保持它们的分析独立性。但是,当这种假设遭到怀疑而又不放弃实证主义基础时,那会出现什么情况呢?它确实遭到了怀疑,因为归根结底,这样的假设不能被认为在科学上是令人满意的。事实上它表明了对科学研究的一种根本限制,并且科学从来也不愿接受这样的限制,尤其是当这些限制被先验地以专横手段强加给科学的时候。

在实证主义基础上,只有一个途径可以摆脱这种不能令人满意的限制。如果目的不是随意规定的,那是因为行动者必须有可能将他对目的的选择立足于对某些经验现实的科学的了解之上。但是这个原则不可避免地产生了这样的逻辑后果：把目的与行动处境等同起来，并破坏了它们在分析上的独立性，而这种独立性对于功利主义观点来说是很重要的。这是因为，凭经验了解未来事态的惟一可能的基础，就是基于对过去和现在状况的了解而进行预测。这样行动就变成完全由它周围的条件来决定，因为如果没有目的的独立性，条件与手段之间的区别就变得毫无意义了，行动就成为合理地适应这些条件的过程。行动者的能动作用降低为了解其处境和预测该处境未来发展过程的作用。事实上，如果他的行动的决定因素只是知识和知识所形成的条件而没有其他，那么这种合理过程的作用如何以及行动者怎样有可能犯错误的问题，就变得有些不可思议了。

因此，关于目的的地位问题，实证主义思想陷于"功利主义"的困境"之中"。那就是说，或者行动者在选择目的时的能动作用是行动中的一个独立成分，这样一来目的成分就必然是偶然任意的；[12] 或者否认把目的看做偶然任意的那种遭人反对的推断，但这样目的的独立性就消失了，它们被归并到处境的诸条件中，也即被归并到依据那些在生物学理论的分析意义上属于非主观性的范畴（主要是[13] 遗传和环境）可以进行分析的成分中。这种功利主义的困境在读者理解本书第二部分所论述的那些作者的理论方面变得极为重要。就此而论，"激进理性主义[14]实证

---

[12] 这种情况实际上是不可能发生的，因为在偶然任意的目的之间不可能有什么选择。

[13] 在本章附注 C 中可以找到有关这些概念与行动理论的关系状况的论述。

[14] 在这种情况下使用"理性主义的"一词多少有些危险，但又似乎别无更好的选择。它指的不是那种人们通常在心理学意义上所说的、关于决定行为过程的合理性因素和非理性因素的相对作用的那种理性主义。它所涉及的毋宁是根据主观观点分析行动时使用实证科学的合理性方法论图式的情况。在后者的意义上，理性主义极端就是这样一点，人们据以宣称，从主观观点看，行动的一切重要成分都可

论(radical rationalistic positivism)"是一种极端的事例,这里所说明的功利主义在那种事例中消失了,行动完全成为其条件的一种功能。这种激进实证主义拒绝接受从目的地位方面偏离实证主义基础所遭遇的两难窘境的任何一种情况——本书第二部分就要分析的那些理论即将谈到这一点。

第二个问题涉及合理性标准的地位。如前所述,功利主义观点在这里代表一种极端事例,即合理性在其中被强调到最高限度。即使行动者对形势的了解从任何根本的意义来说是不完全的,但也足以⑮实现他的目的。偏离合理性标准的行为必定与某方面缺乏这种足够知识⑯的情况相联系。在这一点上颇有

以嵌入这个图式,即这些成分对行动者来说可表现为有关其处境的可以验证的事实,也可表现为对这些事实之间种种关系的在逻辑上有说服力的陈述。理性主义一词的这两种意义决非彼此毫无关系,但是,把它们区别开来仍然是极为重要的。例如,涂尔干已经被人随意指责为陷入了按前一种意义而言的朴素理性主义;其实时这种印象是由这样的事实引起的,即他进行研究所使用的是后一种意义上的理性主义图式,也就是说,他在早期阶段是一位特殊类型的激进理性主义实证论者。

⑮ 比如,用一个非常浅显的例子来说,最无知、最缺乏科学知识的家庭主妇也知道,土豆煮了一段时间后会变软、变熟,这就算煮妥了。只要这是个大家知道的事实,对于煮土豆来说那就有了完全充分的知识基础了。问题在于,那位主妇并不知道为什么土豆在这些情况下变软("它是煮过的"这一类意思除外),也不知从生化意义上讲由"生"到"熟"的变化意味着什么,但是这一事实与我们对她的行动合理性的判断完全无关。这样的知识可能甚至会满足对于智能的好奇心,但它却丝毫不会有助于增加烹调的合理性,除非它创造出烹调土豆的新技术。知道这些变化是在特定条件下发生这一事实就足够了。同样,如果这位家庭妇女在迁居到秘鲁高原之后说,土豆要多煮很长一段时间才熟,我们知道这一事实也就足够了。没有必要了解这是由于在高海拔的情况下水的沸点低、气压也低等等。不管这些知识细节对于科学地理解那种现象是多么有趣和重要,它们对于判断行动的合理性却没有关系,除非知道了这些知识将使行动改变其进程,与那在不具备这些知识的情况下行动的趋向有所不同。

⑯ 在正确的知识和行动过程之间没有可发现的关系这种起限制作用的情况则是例外。这种情况对于目前的讨论来说在理论上是不重要的。

意思的是,在一个功利主义或更广泛地说在一个实证主义的基础上,没有其他任何种类的标准可以用来衡量对于合理性的偏离。如果把将其特征刻画出来,也必然是完全消极的。当前有两个非常令人满意地描述偏离合理性特点的字眼——"无知"和"谬误"。任何达不到这种合理标准的行动,都必然要归因于这两个因素中的一个或两个。要么行动者根本不知道与其行动有关的某些事实,因此如果他原先知道那些事实就会采取不同的行动;或者他的行动所依据的考虑,经不起渊博知识的检验而证明是谬误的。他认为自己有所了解,但事实上并非如此。

根据常识来说,无知和谬误这两个字眼可以被看做仅仅意味着缺乏足够的知识。但按照实证主义的说法,它们必定具有更明确的含义。由于科学知识被当做人与外界现实在认识上惟一重要的联系,因此对于该行动者为什么受累于无知或谬误,或者兼而有之,只能有两种或此或彼的解释。这种主观的事实可能反映出人们根本无法科学地了解该行动者处境中的那些因素与行动的关系——因此它们是偶然的因素,必须被看做不必进一步探究其原因的基本论据——或者,另一方面,它们是能够得到解释的。这个解释一定是:它们应该属于那些为行动者所未能了解或明显地误解的基本上可以了解的因素。这样,科学工作者惟一可能采取的方针是"绕开"行动者的主观经验,即抛弃行动图式的主观范畴而关注客观进程,这一进程被认为是在行动者对于"实际"发生了什么没有了解和意识的情况下,通过作用于行动者而产生着影响的行动。

可是有一点应该记清。直接从这些考虑得出的结果是:如果并且只要这个行动者开始了解其行动中的这些因素,并且能够参照这些因素合理地采取行动,那么他的行动一定会合乎科学的要求正确地了解这些因素,并消除无知和谬误。这些字眼中所说的要合理,恰恰就是说要成为一个对自己行动而言的科学家。由于科学没有终极的范围,因此,只要行动者并不掌握那种影响人类事务的、在逻辑上可以补充的知识,那么非理性就是惟一可能产生的结果。

还可以引申出这样的道理:如果在实证主义基础上对合理性的解释必须取决于实际上未知的因素,而这些因素在本质上又能够被行动者通过科学的方法所理解,那么,在进行分析概括的过程中,人们一定会发现这些因素属于可以给予非主观性表述的范畴,即属于行动的条件。因此,虽然可能看起来令人惊奇,对于功利主义观点的偏离只要还留在实证主义的范围内,就会在两个主要问题(目的的地位和合理性标准的地位)上引向同样的分析结果:依据最终的非主观性条件(人们可以方便地称之为遗传和环境的)来对行动进行解释。其区别仅仅在于它们对行动施加影响的过程:一种是通过行动者对所处环境所作的合理的和科学的评价这一手段;另一种是放弃这个手段而依靠一项"自动的"步骤,如果这个步骤完全以主观的方式表现于行动者之前,那么它只有在使有效适应和有效控制成为不可能的范围内才是自动的,而实际上这种适应和控制不过是个谬误。这种观点可以叫做激进的反智主义的实证主义(radical anti-intellectualistic positivism)。这样,功利主义的困境便扩大为一种范围更广泛的形式。按照这种形式我们可以表述如下:只要功利主义观点的两个主要原则中的任何一个被抛弃,在实证主义基础上解释行动的惟一选择,便存在于从客观看来而不是从主观看来的行动处境的条件之中,这些条件在大多数实际应用方面,可以被认为是指生物学理论的分析意义上的遗传因素和环境因素。

通常看不到这种含义的主要原因,似乎在于这样的事实,即思想家们一向主要关心所谓行动图式的具体应用,而没有把它们的推理系统地运用于全面的分析。就后者而言,它是不可避免的。

这个引人注目的结果,引起一个重要的方法论问题。本章开始时曾指出,主观的观点是我们目前讨论的概念系统的结构——行动理论——的核心。但是在思想的激进实证主义一端(不管属于理性主义的还是反智主义的形式),对它进行分析的必要性消失了。固然,由于假设行动者开始知道他的无知程度及其错误的根源,那些与解释行动有关的事实,始终能够至少按照具体行动体系来加以说明,这在理性主义形式的确如此,在反智主义形式那儿可能也是如此。但遗传和环境这样的分析范畴,按这里所用的意义来说带有如下特点,即为了作出适当的科学解释,它们能够无需主观范畴。这样,只要这些分析范畴和其他非主观范畴,被证明适用于了解人类行动的具体事实,行动体系本身的科学地位便必然成为问题了。它可能是一种方便的启发式工具,用来建立一种理论的脚手架,但仅此而已。到头来它会被拆掉和搬走,以全面有利于简洁和雅致等科学优点。[17]

---

[17] 就有关行动理论的非主观范畴的一般地位问题,见本章附注 C。对于多数用途来说,使用遗传和环境的概念来总结行动中可用非主观方式系统地表达的各种因素,是很简便的。但这些概念并不成为有关此处论述的行动理论的基本定义的一部分,也没有得出以它们为基础的重要结论。它们是用于说明而不是用于论证的。

但是,这种情况在激进实证主义的一个极端有着某些推断。如前所述,它使行动体系成为另一体系,一般而言是某种生物原理论的衍生物。后者显然比较重要,因为它适用于具体现象,例如单细胞生物体的行动。这种行动是不能用主观方式来描述的,因为任何主观方面都是观察不到的。

以规范性概念(见下面附注 A)为例,如果企图确定主观的方面一般根据本体论来说是"现实的",抑或从其他某种事物如一个"生物"实体衍生出来的,那就越出本书的研究范围了。仅有的几个问题是:行动理论是否可以从已知的非主观体系中衍生出来,以及这样的体系是否能够考虑到所有适用于行动理论的可以验证的事实。回答可能是预料中的:(1)在激进实证主义的一个极端,行动理论的确成了非主当然,这种情况只有在实证主义思想的"激进实证主义"那一端才是正确的,而且只要把功利主义的观点附加上去,情况就不再是这样的了。但在下一章我们将看到,凡是在需要推理的场合,功利主义体系中总有一种固有的不稳定性,可以一般地用来充分解释人类的行动。如果真是如此,人们就只会以激进的方式提出这样的问题:那么许多代明的行动理论思想家殚精竭虑的成果是否建立在错觉之上,或者充其量不过是科学发展过程中一个幸而已经消逝的阶段。这是一项解决困境的办法,也肯定是现时被广泛接受的一项解决办法。但本书将提出另一个解决方法作为它的主要论点之一,即:承认这里讨论的两个主要成分——行动图式和实证主义——不相容的状况,但坚持认为有证据表明,把行动从它与实证主义的牵连中摆脱出来,才能最好地利用它对社会科学最有价值的贡献。下面几页的任务是提出这一论点,并以对这两种可供选择的解决办法中每一种的实际后果进行细致的分析研究来作论证。因为科学理论乃是实用主义的公式所适用的,它之所以合理正确,是因为对于理解经验事实而言它是有用的。

观理论体系的衍生物,主要是生物学理论体系的衍生物;(2)但是下文将要说明,激进实证主义的说法没有考虑到某些极其重要的事实,那些事实另一方面将被发现吻合于其他形式的行动理论,特别是唯意志论的行动理论,而这一理论是不能简化为这里论述的任何生物学理论的措词的。

这样,我们就可以合情合理地得出结论:如果"成效"最佳的行动理论的形式不能归结为这些生物学理论的中的任何一种,那么,提供证明的责任就会落在那个怀疑其独立性的人的身上了。如果想要仔细分析所有当代的生物学理论以求解决这个问题,那就显然会越出本书的范围。

经验主义

在结束本章之前,还应当注意两个将在本书中不断出现的重要问题。在扼要论述功利主义思想体系时,我们已经有机会把它说成是涉及有关理论体系与具体现实之间关系的所谓"经验主义"概念。如果再说几句关于经验主义的一般问题及其与科学抽象的关系,那将使以后的论述更加明确。我们将用经验主义这个名称来指这样一种理论体系——它明确地或隐含地认为,特定理论体系的范畴本身就足以解释有关这个理论体系所研究的具体现象的全部有科学意义的重要事实。第一章已经讲到,所有的科学理论体系都有成为逻辑上闭合体系的趋向。关于这一点,功利主义理论的目的随意性所蕴涵的结果——我们只能这么称呼它——已经生动地作了说明。一种经验主义观点的效果,是把一个逻辑上闭合的体系变为一个经验上闭合的体系。那就是说,在逻辑上闭合的体系中,该体系的所有命题一方面是互相依存的,因为每个命题对其他命题都有推断;另一方面,该体系是有定值的,因为这些推断的每一项在同一体系的另一个命题中都得到表述。但是,如果认为只靠这个体系就足以解释所研究的现象中全部已知的具体重要事实,那么,该体系的命题就必须完全包括所有这些事实以及它们的关系。换句话说,经验主义把所有科学理论中固有的逻辑宿命论变成一种经验宿命论。

虽然实证主义和经验主义事实上历来是非常紧密地联系在一起的,但它们按照这个意义来说并不一定合乎逻辑地相互包含。通常称做科学唯物主义的学说,也许是两者相结合的最重要的例证,其中包括的原理表明:古典力学的那些范畴归根结底本身就足以科学地理解现实;如果其他一切体系是正确的,它们最终都可简化[18]为古典力学的体系。但是,尽管这样的结论并非必然同实证主义联系在一起,就真正认识了科学抽象的作用能使经验主义者(无论是功利主义者还是唯物主义者)摆脱他所陷入的困境而言,实证主义立场的作用十分有限。

这一点在功利主义方面是明显的。前面已经指出,那些与理解人类行动有关、并且除了功利主义形式的行动体系外、在实证主义范围内占有一席之地的体系,是那些在分析上能够脱离主观范畴的思想体系。但是,在可能保留功利主义理性主义观点的范围内,这些已经在功利主义体系[19]本身中被考虑到了。用以指导行动过程的知识,就是关于行动处境的根本条件的知

---

[18] "可简化"在这里,指一个体系的那些命题可以通过逻辑(包括数学)方法转换为另一体系的命题而不改变其意义,那就是说,对变项和它们之间关系的重要定义不变。两个可以相互简化的体系,从逻辑上讲,是对同一件事的两种可以交替采用的说法。

[19] 就关系到行动处境的那些事实来说,"体系"一词一向被用于两种应当加以说清的不同的意义。一方面,它指一组在逻辑上互相关联的命题,即一种"理论体系";另一方面,它指一组在经验上互相关联的现象,即一种经验体系。第一种体系不仅根本不是一个"现实"的体系,它还并不按照普通的意义说明任何事实。它只是界说经验现象的一般性质和说明其价值之间的一般关系。在把理论体系应用于经验现象时,必须提供数据,一般称之为事实。这些数据构成那些形成理论体系的普通范畴的具体"价值"。当然,如果已知一个或多个变项的凭经验了解到的值,那么运用理论就能弄清关于同一经验体系的其他事实。

应该指出,就一个理论体系是抽象的而言,为其应用于经验体系所必需的数据可分为两类,通常在自然科学中称为变量和恒量的值。某一理论体系的恒项当然构成另一体系的变项的值。这样,在行动体系中,只要有关行动者处境的事实分析起来与行动无关,那些事实就是恒项。人们必须了解它们的值,才能得出任何具体的结论,但是对于行动理论来说,它们并不是有什么问题的。处境的那些事实受行动理论影响的仅有的一个方面是:行动理论要求所采取的说明那些事实的方式,能够显示出它们与行动理论的种种问题的关系,那就是要把事实表述为行动的手段和条件,而不是原子、细胞等等的集合体。

识,并且为了实用起见,也就是关于遗传和环境的知识。想必正是由于这个原因,功利主义体系已经经受住了如此长期的攻击。除非你已经超越实证主义的框架,否则即使意识到了理论的抽象性,也并不会打开任何新的理论前景。理论经验范围由于它的抽象性而受到的限制,使它只能用非主观因素的各种形式的影响(近来主要是实证主义的反智主义)来补充,并且,不管它在纠正某些经验错误方面多么有用,它对于社会理论的分析手段却助益很少。这一点就经济理论家的一个学派来说尤为明显,因为他们已经开始意识到传统经济理论的抽象性,但只是企图对它进行补充,而不是对原来功利主义观点的实证主义基础进行任何彻底的批判。[20] 与此同时,直到最近一直受到那些至少声称自己为自然科学权威的人支持的经验主义,是理论进一步发展的最严重的障碍之一。但是,要想摆脱功利主义和下一章将扼要论述的其他实证主义理论所带来的困难,仅仅克服这个障碍是不够的。

行动理论中的个人主义

其次,关于"个人主义"这个概念的一个方面可以适当地补充一些解释。前面已经指出,个人主义作为形成社会思潮的一种影响,其重要性主要在道德方面。但是实证主义社会思潮的主流在科学方面也一向有个人主义的因素存在,这具有十分重要的意义。两方面密切相关,但决不是等同的。

---

[20] 见塔尔科特·帕森斯:《经济学思想中的社会学因素》,载《经济学季刊》,1935 年 5—8 月号;又见同一作者的《略论经济学的性质和意义》,载《经济学季刊》,1934 年 5 月号。

问题在于,把在分析意义上孤立的"个人"同对于事实——即对于某一具体体系的观念而言为最普遍的参照系所必需的别的事实——的直接概括过程结合起来,是否就能说出对于理解一个具体的社会体系而言所必需的全部事实。

这样一个体系是原子论的,但以"个人"而不是以单位行动为原子。任何与较为基本的单位有关的属于原子论的理论体系,对于个人而言必然是原子论的。因此,按照这种意义已经被原子论解释为一项主要标准的功利主义观点与生俱来地就是个人主义的。在实证主义向激进实证主义过渡期间,只要同样的原子论已经被保留下来,而且是在很大程度上被保留下来,我们所谈到的激进实证主义的各种说法也就是个人主义的。

按照这些见解,所有在上文讨论中已经区分过的因素都已被纳入个人主义的模式。很明显,这种说法的任何例外情况都不能从功利主义目的所起的作用推断出来,因为这些因素同其他因素相比,是被设想为偶然的。任何知识,只要是合理的,就并非出于偶然而是由已知的事物所决定,并且是已知事物的"反映"。在一般性分析的水平上,那些可以归因于该体系中其他人所抱目的的事实被排除了。这样就剩下那些能够用非主观方式加以阐述的因素,因为目的知识是功利主义理论仅有的一些不能用非主观方式加以阐述的因素。[21]

---

[21] 按照功利主义解释行动的因素,已经作为偶然目的和关于行动处境的知识被列举出来,因此,只要它们对那种知识起决定性作用,它们就包括在后一类范畴之内。读者可能会想起,知识的决定因素中不仅有已知现象的内在特性,而且还有了解那些现象的人的"官能"。看起来要成为合理性一项必要条件的"理性(reason)"是怎样的呢?当然,这种官能的存在对于一种功利主义理论来说是个必要的假设,并且只有这样,它才会在功利主义思想的范围内通常是隐而不显的,没有成为问题。这一官能的存在,仅仅是用科学方法论的"理性主义"来解释行动的必要的逻辑基础。可是当人们的思想在顺着这个轨道行进时,这种官能是如何获得的,分析社会

但是,对待这些因素的方法与单位行动的原子论有关。它们包括非主观环境的那些事实和行动者自身秉性方面的事实,只要它们与达到一定的孤立目的有关。遗传在这种情况下必然是个人的,因为根据定义它是在个人参加社会关系之前就确定了的。一个非个人主义因素的、惟一合乎逻辑的可能性是在环境中,而原子论的处理方法却排除这种可能性。只要向激进实证主义转变中的惟一差别,是取消目的的独立性和脱离合理性的准则,激进实证论的说法就也是个人主义的。在功利主义观点和激进个人主义实证论的两极说法之间的那一类理论,将在下一章讨论。

在实证主义基础上要避免这种个人主义,是有逻辑上的可能性的。这种可能性的一种形式就是"社会学实证主义",也即涂尔干在其理论发展的较早阶段所持有的那种"激进理性主义的"形式,对此我们将在以后详加探讨。[22]这种观点可能有一个事实基础,因为没有理由怀疑,个人在各个集体中发生联系这一事实所产生的结果,可以用非主观的用语(如生物学理论的用语)加以分析。但是,涂尔干认为是构成"社会环境"而加以讨论的那些关键事实,虽然它们是具体个人的具体环境的一部分,但分析起来,却是十分明确地隐含在行动理论的术语中,它们处于理论结构中的某个位置,妨碍了人们把它们主观地看做是为行动者所掌握的科学有效的知识的那类因素。

除了涂尔干和他的先行者之外,实证主义传统一直主要是

行动是否有助于弄清人类获得理性这一事实或获得理性的程度,这些一些问题却从来没被提出来过。只是在行动理论发展的很晚阶段,在涂尔干的"社会学认识论"中和德国所谓的知识社会学中,这个问题才被提到这样重要的位置——这个事实非常重要,它明确地表现出思潮演变的过程。关于这个问题,以后将进行详细的讨论。

[22] 特别参阅本书第九章。

个人主义的。这已经倾向于自动地把一切有机理论和其他反个人主义理论都抛入对立的"唯心论的"阵营,而这个阵营纵然带有实证主义的思想倾向,却把这些理论以及它们所说明的事实置于不值一顾之列。难怪涂尔干在其社会学实证主义崩溃之后采取了一种唯心主义的观点。他从而徘徊在两种思想方式之间这一事实,在很大程度上足以说明为什么他的著作特别不为人们所理解。他的"唯心主义"使他与实证主义者疏远了,反过来他的"实证主义"又使他与唯心主义者同样疏远了。在摆脱实证主义—唯心主义的困境时,他可能会拿出办法,以超脱旧的个人主义—社会有机论或往往被人称做唯名论—唯实论的困境,而这种困境很久以来一直毫无意义地困扰着社会理论。

附注 A:关于"规范性"概念

由于"规范性"一词通常与同经验科学有别的道德和法律观点有联系,因此,要在一本科学著作中不拘泥于字面地使用"规范性"一词,就有必要稍作解释并给出明确界定。

就目前的研究而言,规范性一词用于行动体系的一个方面、部分或成分,如果(并以此为限)它可以被认为表明或包含一种可以归之于一个或多个行动者的情绪,而这种情绪本身就是一个目的,不管它的地位①对一个集体的成员来说,②对一个集体的某一部分成员来说,或③对作为一个单位的集体来说是其他任何目的的一项手段。

就这些意义来说,目的是一种未来的事态,促使行动趋向那种未来事态的是这样的事实,即行动者(们)认为那种事态合乎心意,但它在一些重要的方面,不同于他们所预期的仅仅让处境可以预计的趋势在不受积极干预的情况下自行发展就能出现的

情况。㉓

规范是对具体行动过程的一种文字上的描述,从而被认为是合乎心意的,可以用一项命令使未来的某些行动符合这个过程。下面的说法是规范的一个例子:"士兵们应该服从其指挥官的命令。"㉔

虽然很明显,但必须加以说明,把一个规范性因素归诸被观察的行动者这种做法,对观察者来说没有规范性的意义。后者可以完全保持一个客观观察者的态度,而不必积极地或消极地参与其观察对象的规范性情绪。在对人类行为进行科学研究的实践中实行这一准则,有它的实际困难,但这种困难并不改变它作为科学方法论的一个必不可少的部分的地位,而这一部分的方法论也可作为指明科学研究工作所应当趋向的一个规范。

第二,上文按严格意义规定的因素可以是规范性的,也可以不是规范性的。另一方面,各种行动体系及其各个部分就整体来说既是非规范性的,也不是非规范性的,但一般可以看出,它

㉓ 这个定义在这里特别加以阐释,以便包括把现有事态作为一项目的来维持以及促使产生一种不同于原先处境的状态这样一些内容。

㉔ 一般说来,一项具体规范除了行动的规范性因素而外还包括其他内容。例如士兵的服从可以是达到一定军事目标的必不可少的手段,或者更概括地讲是提高军事效率的手段。但是至少有两个方面,我们的分析工作可以从中揭示出包含在下列具体规范中的一项规范性因素:①在那些"承认"这个规范的人中间,不管是军官、士兵或平民,可能会有这样的想法,即士兵服从命令这件事本身就是一项目的,而不顾军事效率方面的考虑。②当有人提出为什么要重视服从命令、把它看做一种手段时,它将导致人们"向上"遵循手段—目的这根链条(见第六章)。用这种方法进行的分析最后将达到一个终极目的,不论那是为了军事效率本身的利益,或者是其他目的(如国家安全)的不可缺少的手段。规范因素通常被包括在同一具体规范的两个模式中。另一方面,对具体规范的承认可能部分地取决于非规范性的因素,例如顺从的遗传倾向。一个具体规范可能是行动体系的一个"部分",前面第一章已经指出,这些部分通常可以用各种不同的因素加以分析。

们同时包含以上两类因素,而通过分析来区分这两类因素的办法,将成为一种重要的手段。

行动体系的规范性因素和非规范性因素的区分,像所有科学中其他许多的区分一样,是在方法论的同一层次进行的以经验为依据的区分,例如生物科学中遗传因素和环境因素之间的区分㉟。因此在本书中㊱所采用的并不是一种哲学上的区分。

分析人类行动中规范性因素的作用的逻辑出发点,在于人们所经历的这样的事实,即他们不仅对刺激作出反应,而且在某种意义上力求使他们的行动符合行动者和同一集体其他成员认为可取的模式。这是对于事实的表述,如同一切对于事实的表述一样,它牵涉到了一个概念体系。那个体系最重要的组成部分,是我们在这里所说的手段—目的图式。行动理论,特别是唯意志论的行动理论,是仔细推敲和精心考虑这个基本概念体系的结果。从本书的科学观点来看,惟一的问题就是这种概念体系是否"行得通",以它的术语能否对那些一经分析便能得出重要一致性的事实作出可以证实的表述。我们并不否认,用其他概念体系,尤其是那些不包含规范性因素的体系的术语也可能对同样的事实作出表述。我们已经提出的那种性质的概念体系,例如行为主义体系,据本书作者看来,远不如行动体系适宜于作为对人类行动的事实进行表述和分析的工具。但这对于目前探讨的问题来说仍不失为一种见解。本书无意批判地讨论这样一种可供选择的体系,也不准备在经验性应用方面把它系统

㉟ 这两者相似之处在于往往叫人难以作出分析判断。

㊱ 但是,像其他许多证明在科学上有用的、以经验分析为依据的区分那样,它与某些哲学区分有关,并且它有经验用途这一事实可能在哲学方面就颇有蕴涵。这样一些蕴涵如果超出它们对本书经验问题和理论问题的重要性而有所发挥,那就不属于本书讨论的范围之内了。

地同行动图式进行比较。本书只限于讨论行动的概念体系。我们想要系统地比较的,只是那种体系的各种形式。我们将指出,按照上述意思而言,行动图式是一种确实有经验根据的概念体系,而用这种图式我们就有可能说明许多关于人类行为的确切事实,阐明许多涉及这些事实的重要的一致性。一种规范性取向对于行动体系而言是基本的,就像空间对于古典力学是基本的一样;根据已知的概念体系来说,并没有行动这样的事情,除非那是想要符合规范的努力;正如没有运动这样的事情,除非那是空间位置的变更。在这两种情况下,那些命题是定义或定义的逻辑推理。但是,对于目前的研究来说,甚至没有必要提出人类行为是否有"真正的"规范性取向的问题。[27] 这是因为,本书并不涉及行动理论的哲学推断,除非是否定地批判那些根据先验的理由把它一笔抹杀的企图。本书仅限于讨论行动理论相关于可以验证的事实的科学地位。

附注 B:行动理论中诸体系类型的图式提要

上一章和全书都使用了一种关于行动领域各种理论体系的有点复杂的分类法。为了帮助读者弄清各种类型的理论体系的相互关系,似乎最好是在此把分类的纲要性论述包括在内。这样做的最简明的办法似乎就是,武断地把一些符号给予各种有关的概念因素,这样,任何特定类型的理论体系包括哪些因素和

---

[27] 那就是说,为了便于目前的探讨起见,对于规范性概念所下的定义只参照它在一个具体理论体系中的地位,而不是从本体论角度出发。这就意味着,它在本体论上的地位变成与我们所讨论的整个理论体系的本体论地位有关,而它反过来又是关于各种"行得通的"科学理论体系的地位这一更为广泛问题的一个方面。这个问题不在本书讨论的范围之内。但是,我们将在最后一章稍稍谈到这个问题。

不包括哪些因素的情况,就能用适当的公式毫不含糊地表示出来。这个注释不是要读者"阅读",而是供读者参考之用,如果他在阅读正文时,觉得不容易完全弄清所讨论的应用于各类理论的各种名词术语的意义和相互关系的话。这尤其有它的必要,因为这种分类法以及用以描述它的术语在文献中并不流行,因此读者很可能不太熟悉。在选择用语时,我们尽量不同通常的用法离得太远。然而如果我们所作的区分本身就不是通用的,那么在这一类情况下就不可能采用那些具有直接的明显专门含义的术语了。

这种分类是对行动理论中的亚类型的分类。这里说的行动理论,是指任何在经验基础上与一个可以认为是由本书叫做"单位行动"的各个单位组成的具体体系联系着的理论。一个单位有下列可以辨认的最小特征:(1)一个目的;(2)一种处境,又可以分解为(a)手段和(b)条件;(3)至少一个可以使目的与处境联系起来的选择标准。很明显,这些范畴只有包括了主观的观点即行动者的主观观点才有意义。排除这一主观方面去研究人类的任何理论,如行为主义,都不是本书意义上的行动理论。

设 A = 一个单位行动。一个单位行动包括:

S = 一种处境。直接从它与行动的关系来看,包括:

C = 条件,加上

M = 手段,加上

i = 规范性成分或观念性(ideal)成分,加上

i_e = 规范性成分或观念性成分的符号表示方式

当按照科学的方法论标准对行动的主观方面进行分析的时候,处境和它的成分可主观地表示为:

T = 行动者具有的科学的正确知识,它包括

F = 对可验证的事实的表述,加上

　　　　　L＝从 F 得出的正确逻辑推论

　　　　　t＝对于观察者拥有的知识说来属于可以认为是能够正确地加以科学阐述、而实际上并未被正确地阐述的成分；不科学的成分。它们是

　　　　　　f＝号称为事实的错误表述

　　　　　　l＝逻辑谬误

　　　　　　ig＝无知；客观可知但无主观表现形式的成分

　　　　　　r＝根据 T 和 t 所代表的成分随意变化的成分

　　　E＝目的（定义见前面的注释）

　　　N＝有关 E 和 S 的选择标准

　设 Z＝一个行动体系

　　　　　R_{el}＝体系中单位行动之间的基本关系，即在一个包含了一个以上此种（只要是存在的）单位的体系（只要是用行动参照系表述的）的概念中合乎逻辑地运用的那些关系

　　　　　R_I＝在复杂到如下程度的体系中随之发生的关系：单位行动组合到一起以构成一些更大的和有组织的单位，即诸个人或诸行动者。但不是从这些个人的相互关系中得来的偶发特性

　　　　　R_C＝由作为社会集团或"集体"的成员的个人之间的关系中偶发的关系

因此，行动理论的最总括的公式是：

　　　A＝S（［表现于 T, t, r］＋

　　　　　C［表现于 T, t, r］＋

　　　　　i_e［表现于 T, t, r］）

　　　　　　＋E＋N（以 T, t, r, i 或 i_e 界定的）＋r（起表现 i_r 的作用，不起表现 S 作用）

$$Z = (A_1 + A_2 + A_3 \cdots \cdots A_n) + R_{el} + R_I + R_C$$

除了本书将要分析的唯意志论行动理论以外,这里要讨论的所有体系,都明确地或隐晦地以一处或多种限制条件限定了这一公式的普遍性。这些限制在于对这里以符号表示的某些成分的作用有所压缩,可能涉及对单位行动的分析或对体系内单位之间关系的分析,也许同时涉及到二者。

实证主义行动理论

如果某个理论把正确的科学经验知识作为行动者对于所处处境进行主观取向的惟一有理论意义的方式,那么这个行动理论就是实证主义的。这样,有意义的主观成分要么是(1)正确的经验知识成分 T,要么是(2)包括有在行动者可以获知正确知识的范围内不符合正确知识标准的偏差的那种成分 t,或者是(3)与知识 T 有关系的随意性成分。此处知识一词的定义是关于过去的、现在的和可以预见的将来处境的知识。第(2)项包括的成分因而可以解释为表示处境的主观表现(而不是有关处境的正确知识)对于行动的影响方式。在实证主义体系中,既不构成正确的知识也不构成处境的影响之表现的成分,可定义为随意性成分。处境的定义是行动者所在的和行动者可以取得其经验知识的"外部世界"的一部分。

于是,实证主义体系的一般公式是:

$$A = S(\text{主观地表现于 } T, t, r) + E(T, t, i_r) + N(T, t, i_r)$$
$$Z = (A_1 + A_2 + A_3 \cdots \cdots A_n) + R_{el} + (R_I) + (R_C)$$

这样,在一个实证主义体系中,单位行动可以用这样的方式来描述:它略去了没有实质性理论意义的偶然性可能因素,而有关的每个因素都可以在两极之间进行变动。处境既可以依据正确的科学知识 T 来表述,也可以依据在科学上不完善的主观成分 t 来表述,或依据二者的任何一种结合来表述。对于限定手段—目的关系的选择标准,情形也是如此。如果目的构成了一种分析意义上的独立成分,它一定随着与处境和处境中的知识的关系不同而带有一定的随意性内容。但在一个极点上,目的的分析性意义可能全然消失,具体"目的"变成了对于处境的未来倾向的或正确或谬误的预测。单位行动之间的基本关系必须表现于任何体系之中,但是如以括号表示的那样,两种范畴里的偶发性(emergent)成分都既可能出现,也可能不出现。

实证主义体系可以进一步作如下分类。首先就单位行动来分:

A. **激进实证主义**

只能从主观方面作为分析意义上的独立成分加以阐述的那些成分都被排除。具体目的和选择标准都被包括在处境里面。一般性公式为

$$A = S(T, t, r) + E(T, t) + N(T, t)$$

(用于前面提到的体系的公式)

重要的极端的亚类型是:

A1. 激进理性主义的实证主义

$$A = S(T, r) + E(T) + N(T)$$

所有具有理论意义的成分都可以使之积极地符合于正确的经验知识的方法论标准。

A2. 激进反智主义的实证主义

$$A = S(t, r) + E(t) + N(t)$$

所有具有理论意义的成分都可以消极地使之符合于同一标准。在这两种情况下,随意性成分的惟一位置是在处境之中(例如达尔文主义中的变异)。

B. **"统计学的"实证主义**

严格说来,任何理论只要容纳了随意性成分,就可以冠之以

这个名称。然而,在本书此处的论述中,只有随意性概念能将经验作用纳入规范性成分而又不破坏整个实证主义框架时,这个问题才有实际意义。在单位行动中,这种成分的惟一位置是在 N 和 E 中。因此,它的公式是

$$A = S(T, t, r) + E(i_r, T, t) + N(i_r, T, t)$$

所有上述区分只涉及单位行动的特性。另一个划分亚体系的根据是体系的特征,对此是有争议的。原子论的体系是只以单位加上它们的基本关系来表述的:

$$Z = (A_1 + A_2 + A_3 + \cdots\cdots A_n) + R_{el}$$

下面几种类型也颇重要:

1. "个人主义的"实证主义——与个人主义的实证主义理论有关的,要么是原子论的体系,要么是只包括由于与行动者有关的若干单位行动组合成为较大单位而出现的偶发关系而在其他方面符合实证主义体系定义的体系。公式是:

$$Z = (A_1 + A_2 + A_3 + \cdots\cdots A_n) + R_{el}(+ R_I)$$

2. "社会学的(sociologistic)"实证主义——社会学的体系是一种不但包括由于与同一行动者相关的单位行动组合起来而出现的那些偶发关系,而且包括由于多个行动者在一个社会体系(一个"集体")中组合起来而进一步出现偶发关系的体系。如果组成这种体系的单位行动都是依据实证主义理论表述的,便是社会学的实证主义体系。其公式如下:

$$Z = (A_1 + A_2 + A_3 + \cdots\cdots A_n) + R_{el} + R_I + R_C$$

对本书来说,以下各种类型的实证主义体系将是最重要的:

1. "功利主义",或理性主义的、个人主义的统计学的实证主义:

$$A = S(T, r) + E(T, i_r) + N(T, i_r)$$
$$Z = (A_1 + A_2 + A_3 + \cdots\cdots A_n) + R_{el}(+ R_I)$$

2. 激进理性主义的个人主义的实证主义：

   $A = S(T, r) + E(T) + N(T)$

   $Z = $同上

3. 激进反智主义的个人主义的实证主义：

   $A = S(t, r) + E(t) + N(t)$

   $Z = $同上

4. 激进理性主义的社会学实证主义：

   $A = S(T, r)^{㉘} + E(T) + N(T)$

   $Z = (A_1 + A_2 + A_3 + \cdots\cdots A_n) + R_{el} + + R_I + R_C$

"唯意志论"的行动理论

同所有各种类型的实证主义理论相反，唯意志论的行动理论的基本信条是，无论从积极方面说，还是从消极方面说，科学知识的方法论体系都未能全部囊括行动中所有重要的主观成分。就主观成分不能成其为正确知识中的成分而言，无论是以无知和谬误这样的范畴，还是以这些成分在功能上对于那些能用非主观方式表述的成分的依赖性，抑或是以那些与主观成分偶然相关的成分，都无法将它们囊括无遗。

㉘ 与我们将要加以分析的涂尔干早期思想联系着的这个T，是由"社会事实"组成的，在此处特别重要。社会事实被主观地解释为有关行动处境的事实，在融入了行动者持有的一种经验上正确的理论后，进而决定他的行动。然而，所强调的事实是属于"社会环境"中的事实。毫无疑问，具体的行动者是处于具体社会环境中的。但是从分析性角度来说，这个具体社会环境中的许多成分都肯定可以用即便不是"个人主义的"、起码也不是"社会学的"、而是超出这二者的范畴来加以阐述，这就有了构成为个人（他们又转而构成为社会）的生物原成分。这样，问题便在于：在分析上，到什么程度才有"社会的"成分的剩余物，而这些剩余物的主观表现乃是一些可验证的事实？在什么程度上那些由于联合而产生的现象，在分析的意义上是行动者"精神状况"的成分，而不是在这种意义上的对"客观"现实的反映？只有与此种现象有关的决定性重要事实都能够适合这个体系时，这个理论才能成立。

唯意志论行动理论体系中明确地包含着具有规范特性的成分。激进实证主义把这些成分完全排斥于经验的相关性之外。82 功利主义体系承认这些成分与经验有关,却只把它们放在随意性目的的地位,这些随意性目的因而仅仅成为理论体系在经验应用中的数据。在唯意志论行动理论中,这些成分成为构成这个体系本身的必要部分,以显然不同的各种方式明确地与体系内其他成分互相依存。

唯意志论行动理论绝不否认条件成分和其他非规范性成分的重要作用,但是认为它们与规范性成分是互相依存的。唯意志论行动理论的一般公式是:

$$A = S(T, t, i_e, r) + E(T, t, i, r, i_e) + N(T, t, i_e, i, r)$$
$$Z = (A_1 + A_2 + A_3 + \cdots\cdots A_n) + R_e l + + R_I + R_C$$

唯心论的行动理论

唯意志论类型的理论包括规范性成分和条件成分的相互作用过程,而在唯心论的极端,条件成分的作用消失了,就像在实证主义的极端,规范性成分的作用也相应地消失了一样。在唯心主义行动理论中,"行动"变成了一种"发散"(emanation)过程,一种观念的或规范性的成分的"自我表达"过程。具有时间和空间的现象,仅仅作为"意义"的象征性"表示方式"或"体现"而与行动相联系。合理性的科学标准变成与行动中的主观方面没有关系。手段—目的图式让位于意义——表达图式。非规范性成分则不能"约束"行动,只能多多少少与一个"含义丰富"的体系"结合"起来。这种理论的总公式如下:

$$A = S(i_e, r) + E(i, i_e, r) + N(i, i_e, r)$$
$$Z = 与唯意志论行动理论相同$$

对于唯意志论行动体系和唯心论行动体系,像对于实证主义体系那样再进一步划分类型似无必要,因为这种区分对本书无重要关系。

附注 C：与行动理论有关的非主观范畴的内容

本书中分析的概念体系——即行动理论——的主要特点之一，是用主观范畴来表述，这些主观范畴指的是行动者"精神状态"中的侧面、部分或成分。这就自然产生了一个问题，这样使用主观的观点单纯是一个方法论的手段，还是我们借助行动体系科学地理解我们所研究的那些现象必不可少的呢？本书的结论将是，这不仅仅是一个方法论的手段，并且，如果不涉及主观范畴，就不能系统地在理论上阐述社会中人类行动的某些基本成分，除非是采用另外一种完全不同的概念体系。同时，对于在主观的行动体系中出现的某些成分，无疑可以毫不涉及任何"精神状态"而加以阐述。

最明显的例证是：人们认为，知识当中至少有一大部分对于接近合理性的科学规范的行动起决定性作用。实际上，就这种知识与人无关而言，对于其中包含的一般概念的科学确实性的判断，就可以由观察者在不涉及通常称之为精神状态的具体现象的情况下加以验证。即使这种知识是通过分析人们的精神状态得到的关于人们实际行为或可能行为的知识，它的大部分内容也可以归纳为不涉及主观方面的理论的内容。

于是出现了对这种知识进行系统分类的问题。很明显，用来研究那些不同于人类行为和文化现象的具体现象（首先是物理、化学和生物学）的，正是可以由这些科学理论体系加以验证的知识。对指导人类行动的知识，没有必要以通常用于足以代表这些科学的那些方式表述，而只应该是能够用这些科学已经建立起来的理论加以验证。并且，要使行动成为合理的，行动者的正确经验知识就仅只应该相应于符合事实的知识,对于他来说,并没有必要解释作为他行动的根据的那些事实为什么是正确的。

同时,有充分的证据表明,这些科学中所分析归纳的那些因素影响人类行为具体过程的机制,不同于考虑这些因素的理性过程的机制。不管这些反智主义方式的影响到底是些什么,也不管有多少可能的形式,这种影响在主观上可以观察到的结果有两种:或者仅仅是这些实际因素与意义无关的标志,或者在该范围有限的个例中根本没有任何主观表现。在各种生理过程中似乎就是这后一种情况。

在多数实际运用中,似乎可以很方便地把能够用非主观方式表述的那些行动成分的作用,同时在以上两个方面归纳为生物学意义上的遗传和环境因素的作用。如前所述,这种分析性的区分与具体有机物和它的具体环境之间的区分是交叉的。不管是遗传还是环境,都不能成为对一般理论性学科进行分类的最终范畴。对于分析任何一种生物有机体来说,环境成分都包括其物理的、化学的和生物的方面。同样,对遗传的实际机制的分析虽然仍停留在相对来说是初级的水平上,但是完全有理由相信,这种机制将来是可以变得能够用上面提到的所有三种一般理论体系进行分析的。

所有有关具体行动的社会体系中最基本的单位都是具体的个人。在本书的行动系统理论的特定含义中,这种单位是以"行动者"出现的,我们知道行动者在这里是抽象的。然而就我们所知,所有的行动者都具有一个像是若干个单位组成的总体,而每个单位都有相应的生物体。也就是说,在经验上没有那种作为一个"行动者"而不在另一方面是个活生生的生物体的东西。进一步说,有很多证据表明,这个具体统一的生物化学侧面对于一般生物学的综合性一面说来,同通过知识的作用和其他指定方式影响具体行动的非主观成分对于行动理论说来,其意义完全相同。这样,把形成了或许是生物学理论最一般框架的这一对概念用来作为这些成分作用的一般公式,就似乎是有益的了;因为生物学方面的成分看来才是最直接地作用于这一具体单位——个人——的行动的。可是,不要因为这种方法对于很多方面是方便的,就因而推断说本书已经卷入了生物学理论中的微妙争论。前面已经证明(见附注 B),不用涉及遗传和环境的概念也可以分清行动理论的所有基本类型。遗传和环境成分在本书的主要理论观点中没有什么实质性的作用。它们的作用是:当有必要让注意力超出行动理论的严格范围,而进入某些相邻领域时,可以用来弄清总的含义并使之为人们所理解。重要的界限有两个:区分主观范畴与非主观范畴的界限,区分主观范畴中哪些能够从非主观方面加以阐述和哪些不能够从非主观方面加以阐述的界限。要对可以从非主观方面加以阐述的成分再加以区分或限定,就超出了行动理论的范围。

85　　应该注意一个可能困扰读者的问题。在行动理论里面被我们称之为个人主义的实证主义(individualistic positivism)的庞大思想体系中,有一种主要的限制性类型叫做激进实证主义的反智主义(radical positivistic anti-intellectualism)。一般说来,它意味着把人类行动的理论生物学化,这样,人类行动理论实际上就变成了一种应用生物学。这种倾向已经非常明显,以至于有人强烈地倾向于在本质上是这样的论断,即社会行动中的生物因素对于行动的导因来说必然是个人主义的。但是,似乎不能从经验上证明这种观点是正确的。与此相反,在此处的例证中尤可置疑的是,在行动理论的主观范畴所不适用的动物生活层次上,含有多个生物体的集体的特性,绝非都是可以从那些分析意义上孤立的个别生物体当中直接概括出来的。在"群居"动物如蚂蚁中,这一点更为明显。如果这是正确的,如果说社会体系中同样的偶发性成分在生物学层次上对于人类社会竟然不起作用,就更是没有道理的了。但是如果说人类行动中所有的生物性成分都必然是个人主义的,或者相反,说所有只能从主观方面阐述的成分都一定是社会性的,这两种假设也都很靠不住。许多个人主义的实证主义者犯了第一个假设的错误,涂尔干就是如此;但是,我们将要看到,他恰恰同样犯了第二个假设的错误。

附注 D:心理学与生物学的关系

读过前一章的读者可能会注意到,我们还没有确定心理因素在实证主义社会思想体系中的地位。很明显,这个问题带来了一个困难。因为,既然说人类行动是独立于行动处境的各种成分的,用以解释人类行动的各种成分就一定要么是合乎功利主义的,要么在表示行动导因的意义上就全被排除到个人主义思想体系以外了。这种情况就要求把心理因素设想成是同遗传联系着的,而遗传又要求把心理因素完全排除掉。因为遗传难道不完全都是生物因素吗?问题并不是如此简单。

从逻辑上说存在着两种可能的立场。一种是采用唯物主义形式的还原论。在这些一元论的术语当中,这个问题就消失了,因为在一元论里只有一个概念体系,物质世界的概念体系不管用来解释什么都是最终有效的。于是,生物学和心理学成了不过是应用这些最终原则于特定种类事实的两个领域了。行为主义者固执地坚持这种立场。

另一方面,也可能采取偶发性观点或其他非还原论观点。在这种观点的基础上,出现了一种可能性来区别两种都是通过遗传而起作用的成分。这种区别可以通过用两种不同方法探讨同一具体对象来加以最清楚的表述。

对生物体进行生物学结构分析,就把它分解成了解剖学意义上的各个部分,也就是说,这些部分都是具有空间位置的单位,如器官、软组织、细胞等等。它们在结构方面的关系是空间关系,即一个器官在另一个器官的"旁边"、"上面"、"下面"、"左右"等等。然而心理学却把作为一个整体的生物体的行为方式当成分析的起点。由于行为方式的各个单位都是在心理学层次上进行结构分析的,因此,这些部分根本不是解剖学的部分,而是用非空间范畴的术语来表述的。如果有人问起性本能是否在智力的"上面"或者愤怒感情是否在同情感情的"左面",那显然是荒唐的。当然,由于这两种分析方法都运用于分析经验世界中的同一具体现象,因此它们之间不是没有关系。然而完全互相替代也是没有道理的。

第二个探讨方法是属于另一个层面上的。的确,在生物学层次上的分析包括着目的论的成分。生物体这个概念本身就包含着目的论的成分。但是这些目的论成分的特点是,虽然它们确实包含着作为在某种程度上不只是单纯对生存条件作出反应的积极实体的生物体概念,却不包含与主观有关的东西。另一方面,在心理学层次进行的分析,其中目的论的成分则包含着与主观有关的东西。心理学知识是一种有关"精神"的知识,而不仅仅是关于行为的知识。这并不是说心理学研究的材料只能限于内省的材料,而是说在心理学上对观察的材料(如行为、语言表达方式或其他表达方式)的理解,必须要使用联系到"目的"、"意图"、"知识"、"感觉"、"情感"等主观范畴的那些概念。

这些主观范畴在生物学的层次上绝对没有任何意义,因为它们不能变为具有空间位置的概念。当我们用生物学观点思考问题的时候,我们研究的是人类行动的条件方面;这些条件都是必要的,但并不是充分的。既然发育完成的具体生物体受遗传素质的制约,那么就似乎没有理由说为什么这个生物体的"精神特征"不与它的解剖结构一样受到影响。换句话说,精神特征部分地由遗传来传续,并不就证明这些特征在这个方面可以归纳为生物学的范畴。遗传是一种具体范畴,而生物学理论却是一种分析性概念的体系。

因此,应该认为,遗传和环境(激进实证主义的因素就是从分析行动的观点出发,由遗传和环境里面概括出来的)中包含有生物学和心理学㉘ 两种成分。

不管最终立场是否是实证主义的,这个结论都有效。只有一个重要的限制条件,那就是:在严格的实证主义思想体系中,主观方面的东西只存在于功利主义的成分里,至少处于非附带现象的地位。功利主义立场非常不稳定,它倾向于不断分化为激进实证主义。这种分化的趋势就是排除主观方面的东西——逻辑上的最后结果就是行为主义。这样也就倾向于把心理学的考虑降低成为生物学的考虑了。

这一点确实是本条注释所要解释的难点的根源。我们可以大胆地说,心理学在分析人类行动的各种学科中的稳定地位,与严格的实证主义方法论是不相容的。心理学研究的是人的自然本质中把生物遗传物质同人的意图、目的、情感等联系起来的成分。如果把这些主观成分都排除了(如在激进实证主义中那样),把它们与生物遗传物质联系起来的那些成分也就是多余的了。对各个学科的分类问题将在本书末尾进行一般性的讨论。

㉘ 下面的一段将证明,上文[边码]第 67 页所说的遗传和环境的定义对实证主义体系也是适用的。

第三章　个人主义的实证主义行动理论历史发展中的若干阶段

宗教改革时期,基督教思想的目标是绝对崇敬地维护个人的宗教自由。[①] 由于这个问题容易与罗马法的二重性相融合,国家又是能够威胁个人自由的惟一权威,因此宗教自由问题具有和政治义务问题等同起来的倾向。从新教的观点看来,在此问题上的一般思想倾向是不利于国家的。国家的地位同信奉异教的古代完全相反,国家所固有的神圣地位早已被基督教剥夺了。国家只有在对个人的宗教利益有所裨益或者至少是并行不悖时,才能得到宗教的赞许,因为个人的宗教利益是基督教的最高目标。

政治义务问题当然既包括规范性的成分,也包括解释性的成分。基督教的中心出发点是规范性的,就是要对基督教理想的实施和政策所产生的后果加以推断。同时,这不可避免地又引起要去了解必须在什么样的实际条件下寻求这些理想以及这些条件对于理想又有什么局限的问题。基督教新教把宗教的价值置于个人之中的独特方式,在这方面产生了重要的影响。向权威争取自由的各种论点主要是规范性的,只有具备了良心的自由,真正的基督徒的生活才可能得到保障。相反,限制个人自

---

① [边码]第 52 页注释中的评论也适用于这个观点。

由的论点往往是经验性的和讲求实际的,即强调人类社会生活不可或缺的条件,强调以宗教名义获得的自由,可能以许许多多方式被滥用于危及社会本身的稳定。在很早以前的基督教思想中,亚当偷吃禁果以致堕落和随之产生的人类罪恶,就说明了国家的必要性和国家的强制性权威的必要性。由于人类罪恶的存在,有必要实行比宗教的精神制裁更直接更严厉的控制。后来,人性中的罪恶成分渐渐被引入自然法概念的框架之中,被认为是自然法一些不可或缺的必要成分,任何精神力量都无法克服,至少也是人类力量所不能克服的。

所以,当社会思想在十七世纪前后变得世俗化的时候,它的中心问题是社会秩序的根据问题,特别表现为在与国家强制性权力联系在一起的权威性控制之下的个人自由的范围问题。个人自由的范围倾向于得到一些规范性论点的证明和保护——首先是出自宗教要求良心自由的论点,后来是包含一种规范性的自然法的世俗形式的论点,这种自然法的主要内容是一套合乎道德的绝对的自然权利。② 和它针锋相对的为权威辩护的论点,则试图说明人是绝对必须和他的伙伴一起生活的,而这种观点首先就把罪恶的"自然人"世俗化成为人类的一个决定论的(deterministic)本性。于是出现了根据行动的条件来决定论地思考问题的倾向。这种倾向是与另一种倾向平行的——十七世纪也正是近代物理科学第一次伟大的体系化的时代,是牛顿的世纪。由此出现了一种从逻辑形式和部分内容上把这些人性的

---

② 关于这两个概念以及它们在十八世纪和十九世纪初的思想中的关系,见 O. H. 泰勒(O. H. Taylor)1929 年 11 月和 1930 年 2 月在《经济学季刊》发表的两篇文章。对于自然法概念在基督教思想各个阶段的演变过程以及它在近古思想中的早期形态的演变过程,特罗尔奇(E. Troeltsch)所著《基督教教会的社会学说》(Social Teaching of the Christian Churches)一书作了极好的论述。

89 决定论法则与流行的物质自然界的决定论理论——古典物理学的科学唯物论——等同起来的强烈倾向。社会领域里这种决定论思考方法的第一个典型例子是霍布斯(Thomas Hobbes)[3]。

霍布斯与秩序问题

对于我们现在所进行的讨论说来,霍布斯社会思想的基础,表现在他关于自然状态就是"所有人对所有人的战争(the war of all against all)"这一著名概念。他几乎完全没有规范性的思考。他没有提出人的行为应该如何,而只是单纯地考察社会生活的终极条件。他说,人是受各种情感驱使的。善不过就是任何人所向往的东西。[4] 不幸的是,这些欲望在多大程度上能够实现受到很大限制,这种限制照霍布斯的说法,主要在于人与人之间关系的本质。

人不是没有理性,但理性基本上是为情感服务的——理性是为实现欲望而设计方式和手段的一种官能。欲望是随意的,"从对象自身的本性中得不出善与恶的普遍规则。"[5] 由于行动的终极目的——情感是多种多样的,因此人们在寻求各自的目的时会不可避免地导致冲突。

在霍布斯的思想中,这种冲突的危险之所以存在,就在于权

---

[3] 本章不想按照所有著作家的重要性对他们进行讨论,将只选择几种具体的理论进行讨论,这些理论便于展示我们所关心的总的思想体系的各种逻辑可能性。有许多其他具体理论也是这样。

[4] 托马斯·霍布斯:《利维坦》,人人丛书版,第24页。

[5] 同上书,第24页。霍布斯的一般哲学观点,倾向于在动机的规律中把情感通过机械论的心理学同一个唯物论的基础联系起来。但是这种倾向在他对社会行动的分析中没有什么实质性作用,因此此处无须加以考虑。

力所起的作用。每个人都寻求实现自己的欲望,他们就必须设法掌握实现欲望的手段。用霍布斯的话⑥来说,一个人拥有的权力,就是"他为获得某种将来的明显利益的现有手段。"权力中很大一部分是取得别人承认和使别人为之效劳的能力。在霍布斯看来,这是在必然很有限的手段当中最重要的手段。结果是,什么东西一旦被一个人掌握,作为实现他的目的的手段,别人对此必然不得染指。因此,近似于目的的权力在本质上就是人们之间划分界限的根源。

大自然赋予了人们在体力和智力上的同等能力,虽然某个人有时候会表现出比别人体力上更强壮,智力上更敏捷,但是如果把各种情况都计算在内,人与人之间的差别并不足以使一个人因此而声称有权获得别人不能觊觎的任何好处……由于这种能力是同等的,达到目的的希望也是平等的。因此,如果两个人都期望得到不可能由两人共享的同一东西,他们便成了敌人;在达到目的的过程中,他们便尽力互相摧毁或互相征服。⑦

如果没有任何强制性的控制,人们将采用对于这一直接目的最为有效的可能手段。这些手段最终是武力和欺诈。⑧ 因此就出现了这样的情况,每个人都是所有其他人的敌人,这些人都试图用暴力或(和)欺诈将他摧毁或征服。这完全是一种战争状态。

---

⑥ 《利维坦》,第43页。
⑦ 同上书,第63页。
⑧ 同上书,第66页。

但是这种状态更不符合我们大多数人所共知的人类愿望。用霍布斯的话说,在这种状况中,人类的生活是"孤独、贫困、龌龊、野蛮而短促的。"⑨ 对这种状况的恐惧,使得被所有情感中最基本的情感——自我保全——所驱使的行动至少将带有一点点通过社会契约寻求解决困难的办法的理智。通过社会契约,人们同意把他们的天赋自由奉献给一个拥有至上权力的权威,这个权威则保证他们的安全,使他们免于遭受暴力或欺诈的侵害。只有通过这个至高无上的权威,才能制止住这种所有人对所有人的战争,使秩序和安全得以维持。

按照前一章中的定义,霍布斯的社会理论体系几乎纯粹是功利主义的。人类行动的基础在于"情感"。情感是互无联系的和随意变化的行动目的,"从对象自身的本性中得不出善与恶的普遍规则。"在追求这些目的的过程中,人们在处境允许的限度内选择最有效的手段,采取合理的行动。但是这种合理性是受到严格限制的,理智是"情感的工具",它只涉及方式和手段问题。

霍布斯不仅极为精确地限定了功利主义行动体系中基本单位的含义,他还演绎出这个具体体系的特点(假如基本单位真是他所下的定义那样,具体体系自然就有这种特点了)。这样一来,他又遇到了一个经验性问题——秩序问题。本书到此为止还只是解释单位的定义和对功利主义思想中各个单位之间的逻辑关系加以说明,所以还没提到这个问题。就霍布斯提出秩序问题时的含义说来,这个问题构成了功利主义思想中最基本的经验性困难⑩,它将成为对功利主义体系及其成果进行历史性

---

⑨ 《利维坦》,第 65 页。
⑩ 可以与之相比拟的,主要是在经验上同样不可或缺的合理性的问题,但是秩序问题对于我们目前的分析更为重要。

探讨的主要线索。

在论述霍布斯怎样对待这个问题之前,首先要分清社会秩序一词的两个易于混淆的含义——它们可以分别叫做规范性秩序和实际秩序。后者的对立面是严格说来在概率统计规律中出现的那种随意性和偶然性。而实际秩序主要意味着用逻辑理论特别是科学进行理解的可能性。偶然性变项不可能通过逻辑理论和科学来理解或总结出规律来。偶然性和随意性指的是不可理解的事物,是不能分析清楚的[11]。

另一方面,规范性秩序则总与一定的规范体系或规范性要素的体系联系着,不管它们是目的、规则还是其他规范。在这个意义上,秩序意味着依循规范体系的规定而发生的过程。然而在这方面还有两点需要注意。一点是任何特定规范秩序遭到破坏(从规范性观点来看,那就是一种混乱状态),都可能转化成实际意义上的秩序,即可以进行科学分析的状态。因此,"生存竞争"按照基督教道德的观点是混乱的,但这并不意味着它不服从于科学意义上的规律(也即现象中过程的一致性)。第二点,尽管在某种情况下规范性秩序将沦为"混乱",是逻辑上的固有可能性,下面这一点仍然是正确的:即当过程在一定程度上符合规范性时会出现实际秩序;而为了维持这种实际秩序,规范性要素成为必不可少的。因此,凡是可以进行科学分析的社会秩序,总是一种实际秩序,但这种实际秩序如果没有某些规范性要素有效地发挥作用,以后就不会稳定地维持下去。

如前所述,在功利主义体系中,目的和合理性这两个规范性

---

[11] 只有从实证主义的立场出发,可理解性才被限于经验科学。这就导致了这一僵硬的两性局面:或者在科学上是可以理解的,或者是随意的混乱。因而对实证主义者来说,科学的局限就是人类理解力的极限。

特征起着重要作用。于是,对霍布斯来说便出现了这样的问题:既然人们都有情感,并且都试图以理性的方式来追求情感,那么,在有着许多人互相关联地行动着的社会处境中,是否可能以理性的方式去追求情感呢? 或者在什么条件下才是可能的呢? 另一方面,如果在霍布斯所说的"希望平等"的情况下,关于达到目的的程度和情感得到满足的程度的规范性秩序问题,便成为非常重要的了。因为,按照合理性的假设,人们要采取最有效的可能手段以达到目的。由经验可知,在人们的种种目的中,有些就是要得到别人的承认。对他们而言,在社会条件下,其他人的效劳又总是和必然是他们达到目的的潜在手段之一。为了确保别人的承认和效劳,最直接最有效的手段归根到底就是暴力和欺诈。功利主义关于合理性的假设,一点也不排除使用这两种手段。但是,无限制地使用这些手段,结果就是"互相毁灭或征服"。这就是说,按照最严格的功利主义假设,在社会的条件下,一个完整的行动体系将会成为霍布斯所说的"战争状态";而按照关于人类如何达到目的的规范性观点(这种观点本身就是功利主义的出发点),这种"战争状态"根本不是一种秩序,而是混乱。⑫ 在这种状态中,要在任何起码程度上达到目的都是不可能的;人类的生活"孤独、贫困、龌龊、野蛮而短促"。

我们这里讨论的要点,不是霍布斯自己对这个问题的解决办法——靠社会契约的思想来解决。这个解决办法实际上是在要紧之处把合理性的概念从它本身的范围里扩展到这个理论的其他方面去,直到行动者认识到处境是一个整体,而不再从自己最切身的处境考虑去寻求各自的目的,从而采取必要行动来清

---

⑫ 作为实际秩序来看,纯粹的功利主义体系在本质上是不稳定现象,不可能在经验上存在。

除武力和欺诈,牺牲进一步使用暴力和欺诈会得到的好处,以换取安全。这个办法不是本书所要研究的。但是,霍布斯极为清晰地看到了这个问题,这一点是没有人比得上的;他对这个问题的论述至今仍然有效。这一问题实在是关乎根本,所以在严格的功利主义基础上,从来也没有找到真正的解决办法,剩下的出路要么是求援于激进实证主义的权宜之计,要么是整个实证主义的框架遭到破坏。

在结束对霍布斯的讨论之前,应该再阐述一下在功利性成分实际上支配着行动的情况下秩序不稳定的原因。它的原因归根结底在于,存在着许多种相对于对它们的需求而言过于稀缺的事物,而这些事物如霍布斯所说,是"两个人(或两人以上)都期望的",但又是"根本不可能为他们共享的。"细想一下就会知道,有许多这样的事物,人们或者把它们作为自己的目的,或者作为达到其他目的的手段而期望得到它们。霍布斯以他特有的洞察力看到,没有必要列举这些事物,把它们分类,再把论点建立在如此详尽的考虑上;他认为这些事物之所以极端重要,就恰恰在于社会关系本身的存在。而在社会关系中,人们的行动必然潜在地就是他人目的的手段。因此,作为一种近似目的,所有的人都期望得到和寻求支配他人的权力,乃是从合理性假设中引申出来的直接推论。权力的概念也就在分析秩序问题时占据了中心位置。纯粹的功利主义社会是混乱的和不稳定的,因为这种社会对使用什么手段没有限制,特别是对使用暴力和欺诈手段没有限制,社会自然要分崩离析,陷入一种无节制的权力斗争之中;在为了切身目的(即权力)的斗争中,满足霍布斯称之为多种多样情感的终极目的的一切前景,统统无可挽回地被断送了。

如果上述分析是正确的,就可以设想霍布斯以功利主义逻辑思维进行的早期实验,早已使那种社会思想理所当然地迅速消亡了。但事实远非如此。在十八和十九世纪时,这种思想曾风行一时,甚至于被人当成差不多就是永恒真理的一部分了。这并不是因为霍布斯的问题已经圆满解决了。恰恰相反,正如在思想史上经常发生的那样,它被轻率地忽视了,被某些它所暗含的假设掩盖了。这是怎么回事呢?

重要的是,霍布斯社会思想最直接和实际的主导精神,是保护建立在世俗基础上的权威。一个被社会契约赋予了合法性的强大政府,是维护共同体安全的必要保障,因为重新使用暴力和欺诈的危险迫在眉睫,正威胁着共同体。前面说过,在关于政治义务的争论中,维护个人自由的人都倾向于从规范的而非实际的角度来立论。后来成为功利主义思想中占统治地位的主流的那些内容,很大程度上是在这种背景中发展起来的,因此霍布斯实际上被遗忘了。在发展过程中发生了一个微妙的变化。开始时的一些关于应该是什么的规范性论点,后来却在普遍认为是事实性的、关于人类行动本来面貌的科学理论的假设之中表现出来了。一些人认为这个理论是对现在社会秩序的如实描述;在另一些人看来,它纵然并非全部都是真理,因而多少有些可疑,但至少就其能够有启发性而言还是有合理之处。在以上两种情况中,它归根结底都被看做是一种伟大思想传统的合用的概念工具。因此,采用哪一个主张对目前的研究是不重要的,因为对功利主义的经验性限制体现于剩余性范畴中,而剩余性范畴并不构成为理论体系本身的明确的组成部分,至少在它开始崩溃以前是这样。

洛克与古典经济学

对于古典经济学的讨论,从洛克开始是最方便的。洛克和霍布斯的对比显著而鲜明,恰恰是因为作为他们理论基础的概念体系在很大的范围内是一致的。在洛克的思路中,他也认为社会就是许许多多互无联系的个人,每个人都寻求达到他自己的独立于他人的目的。虽然他没有像霍布斯的著作那样,明确地指出这些目的是随意的,但他显然并不接受关于这些目的之间关系的任何积极模式的明确概念。对目的惟一明确的论述,就是人们不依靠文明社会而"得自自然"的自然权利,而文明社会之所以存在就是为了保护这些自然权利。但是所有这些自然权利——生命、健康、自由和财产⑬——都被认为是达到个人目的的一般条件,并不把这些权利本身当做终极目的。这些自然权利是所有有理性的人们都想得到并用以作为条件或手段的,不管他们的终极目的的性质如何。在洛克的哲学中,人们在追求自己目的的过程中都是理性的,这一点同霍布斯是一样的。

但是,这两人的立场有明显的不同。洛克和霍布斯不同,他一贯把安全问题压缩到最小。虽然人们有上述的那些自然权利,但如果他们在自然状态之中权利受到了侵犯,还是"除自我保护外无处求援;"——而在文明社会里,人们的权利受到政府的保护,这实际上就是形成社会契约的动机之一。于是,这里就有了一个问题,不过是一个非常偶然性的问题。人们的权利可能受到侵犯,但危险非常之小,以至于如果政府不能充分履行保护这些权利的义务,连推翻政府都是完全合理的。所冒的风险

---

⑬ 约翰·洛克:《政府论两篇》,人人丛书版,第119页。

并非像霍布斯可能认为的那样大。因此,在洛克看来,政府并不是防范暴力和欺诈的狂暴洪水淹没和毁掉社会的一道并不牢靠的大堤,而只不过是防止没有什么特殊威胁的意外事件的一种谨慎的保险措施,只不过聪明人都要采取这样的防止措施罢了。情况确实不过如此,防止侵犯的安全确实成了参与文明社会的一个次要的动机,它的地位被联合所带来的积极互利取代了。

这种区别的基础是什么?一般都认为是关于自然状态的概念不同。对洛克来说,自然状态不是一种 *bellum omnium contra omnes*[各自为战,彼此皆敌]的状态,而是一种有益的状态,是受自然法即理性支配的状态。理性"教导所有愿意只诉诸理性的人类说,每个人都是平等和独立的,任何人都不应该危害他人的生命、健康、自由和财产。"⑭ 理性不仅是为情感服务的,而是自然本身的主导原则。

但这又是什么意思呢?从根本上说,"有理性的"人们在寻求达到自己目的时候,应当而且一般说来也愿意使他们的行动,无论是什么行动,从属于一定的规则。这些规则的基本内容是尊重他人的自然权利,并且要有所克制不去损伤他人的权利。这就意味着,在寻求达到目的的过程中,选择手段不是仅仅由考虑切身的合理功效来决定,相反,这个意义上的"合理"要受到另外一个意义上的"合理"的限制。总而言之,人们在达到自己目的的过程中,都不要试图互相征服或摧毁。也就是说,对使用暴力、欺诈和其他权力工具,要有严格的限制。现在,对功利主义合理性的这个限制,已经通过给这个体系引进一个第三种规范性要素而实现了,这个第三种规范性成分不是我们已经阐明了的功利主义体系本身所固有的。正是这一点保障了洛克式的个

---

⑭ 《利维坦》,第119页。

人主义社会的稳定性。它是把秩序问题的重要性减到最低程度的手段。

洛克这样使用理性一词,他的意见显然是指这种理性态度是人们经过一个认识过程才能达到的。这个认识过程包括:承认所有的人都是平等和独立的,承认他们相互之间有义务承认对方的权利,从而承当起对自己眼前利益的牺牲。这些正是最大限度地达到所有人的长远目标的必要条件。这样,这个主张的基础就包含了一个先决条件,就是对阿勒维(Élie Halévy)⑮恰当地称之为利益的天然同一性(natural identity of interests)的理性认可。功利主义思想二百年来能够几乎完全避开霍布斯的学说遇到的问题,就是因为有了这个发明。⑯

虽然看似奇怪,但洛克关于利益天然同一性的多少有些一厢情愿的假设,真的为通往一个科学上高度重要的发展阶段开

---

⑮ 参见伊利·阿勒维:《哲学激进主义的形成》(La formation du radicalisme philosophique),第三卷。它对功利主义思想的各个方面作了最透彻的说明,这对本书是重要的。它对形成我们所作的这个历史性回顾很有价值。

⑯ 这里介绍的洛克同霍布斯相反的主张,到底是不是一厢情愿,这个问题现在不是重要的。在某种意义上,洛克在事实上更接近于正确。但是依照功利主义体系不能恰当地阐述他的下述正确认识,即在政府瓦解以后大多数社会并不会陷于混乱,以及,因此除了对政府的强制力的惧怕之外,还必然有别的规范性秩序。在科学不成熟的情况下,经常发生这样的事,即在经验视野中最接近于事实上的正确的那些思想家,在理论上是最没有洞察力的。洛克的态度虽然比较"合情合理",但他没有能够把他内含的规范性的假设与公认的事实适当地区别开来;与他相比,霍布斯坚定地坚持对功利主义假设的推论加以发挥,则是一个较大的科学成就,尽管霍布斯在理论上的连贯性导致他犯了一些实际方面的错误,如夸大对革命的影响的恐惧。洛克虽然是正确的,但推理错误。应该记住,科学成就是系统的理论分析与经验观察相结合的产物。如果某个理论体系只是部分地适合已知事实,那么只要肯承认理论的谬误和理论的矛盾点,就可以得到更正确和更符合事实的说明。但是事实上的正确性并非科学的惟一目的,它必须与对已知事实的彻底的理论理解相结合,并得到正确的说明。

辟了道路。这个新的阶段虽然实质上是功利主义的,却决不可能以与功利主义理论更为连贯一致的霍布斯学说为依据而产生出来。这个新发展的许多支持者竟至于把这些假设忽略掉(他们的推理之所以在经验上适用是取决于这些假设的),而且他们对于这些假设加以忽略的明显程度,就像洛克意识到这些假设的明确程度一样——尽管如此,这个新阶段还是由洛克的假设开辟的。霍布斯所采用的思维方式像他那样在经验主义意义上使用,就要在经验上把注意力集中到最低限度的安全的问题上。由于过分地陷入这个问题,而最低限度的安全又难以获得,他就忽视了社会关系除了安全以外能够带来积极利益的任何一点可能性。另一方面,洛克则撇开了安全问题,因而得以致力于社会关系的积极利益问题;尤其重要的是,他由此而提出了一个思想框架,对于社会积极利益的分析,在这一思想框架中后来得以发展到比洛克本人所达到的远为精致的程度。

98 应该记住,除了"利益同一性"是惟一例外,洛克的理论都是局限于功利主义基础之上的。人们的目的仍然是孤立的和无联系的。这样,在文明社会里就可能出现某个个人成为别人实现目的的手段,由于强制力量被令人满意地消除了,这将使双方受益。这种双方有利的互相作为达到目的的手段,在逻辑上有两种可能的类型。一种类型是在寻求共同目的(不管两人的目的近似到什么程度)的时候合作,另一种类型是交换服务或财产。由于各种原因,第一种可能性在我们现在讨论的这种思维传统中很少涉及,它的注意力集中在交换服务或财产上。这可能首先是因为,由于注意力集中在目的的多样性和单位行动上,即便是近似的共同的目的的存在,也似乎相对地罕见和不重要了。主要是在向激进理性主义的实证主义的过渡中,这种可能性才得到应有的重视。

与此同时,吸引了注意力的是交换现象。如果要使交换具有超出对各种财富的偶然占有之外的经验意义,那么自然应该把它与专业化和劳动分工的理论结合起来。专业化、劳动分工和交换构成了古典经济学的经验起点和注意中心。在洛克的《政府论》的第二篇[17]中著名的论财产一章里,有关于这些问题的系统论述,这是那些令人敬佩的最初尝试之一。它为劳动价值理论这个主要的古典学说奠定了基础。指出以下这点尤其具有启发性,那就是尽管也许不合于逻辑,但劳动价值论的产生,的确是渊源于洛克关于自然状态的理论中的规范性方面。

因为,最重要的是,这一章是为私有财产辩护的;私有财产被列为人类的自然权利之一——这一点下面还要提及。但是,洛克认为财产应该保护,是因为它体现了人类的劳动;正如他的名言所说,当某物"掺入了某人的劳动"[18]时,就变成了他的财产。"自然状态"为财产关系规定了一个公正原则的规范。财产关系应当从"自然的平等"出发,换句话说,最初的利益应该是平等的。当然,这就包含了一个不切实际的假设:所有的人都有同等机会得到大自然的赏赐,来同他们的劳动混合起来。只有在如洛克所说的"仍旧足够与别人共享"[19]的时候,这种学说才能成立。但按洛克的假设,同一个标准既在公正的意义上,也在理性的人们实际可以接受的条件方面,限定了交换的条件。因为一个人只有在交换中得到比他自己同样劳动所生产的更多的东西,交换才能带来好处,否则就不会有进行交换的动机了。只有在没有强制,每个人可以自由选择进行什么样的交易,并与他

---

[17] 约翰·洛克,前引书,第五章。
[18] 同上书,第130页。
[19] 同上。

人处于平等地位的情况下,以上规定才是适用的。这样,不仅财产的实际分配和交换条件是公正的,货物和服务的交换也将确实与他们所包含的劳动相称。这就是后来受到重视并得到了发展的原理。

这个原理经过发挥和修正,成为一个合用的经济学理论,其中特别是亚当·斯密和李嘉图所作的发挥,包括了很多复杂的细节,不能在此一一评论。除了已经指出的在获取大自然的赏赐上的不平等的可能性之外,把这个原理运用于分析一个复杂的具体社会,还会在许多其他方面出现困难。困难之一是由使用资本引起的,即一个完整生产过程所需时间延长了,而且由于生产的是较巨大的终极产品,消费就要延迟。李嘉图对这个困难的内涵看得很清楚,但是就总体而言,对古典经济学家们来说,它的影响却是模糊不清的,这是由于他们所设想的资本的作用有某种特殊之处,即认为资本是"维持劳动的资金"。[20]另一个困难是由以下这种情况产生的:生产的很大部分不是由独立的个人实现的,而是由一个有组织的单位实现的,这样就产生了这种单位运作过程中的合作问题。对这些问题现在不必作进一步的讨论。

在这里必须强调的只有两点。首先,"交换中的自然平等"对洛克来说本来主要是一个关于公正的标准。到了李嘉图的时代,变成了主要用来把问题充分简化、以使一个可行的概念体系可能发展下去的一种启发式假设。在社会科学的历史上,李嘉图可能是最接近于纯粹科学观点的学者之一。但在他的科学理论化结构中,仍然包括了洛克关于自然状态的假设。虽然李嘉

---

[20] 亚当·斯密:《国富论》(Wealth of Nations), E. 坎南编,第一卷,第74—75页。

图本人并不为任何类型的公正标准辩护,但只要他找不出别的东西作为经济理论的假设的根据,我们就可以认为他还是使用了洛克的观点。他自己极为清楚地认识到了劳动价值理论在科学上的局限性,后来这个理论受到的批评,大多数是他所预见到了的。但是他拿不出其他可供选择的东西。"交换中的平等"即使不是完全令人满意,至少也还差强人意,总比没有要强的多。对于洛克而言成其为对科学见解的道德限制的,对李嘉图则肯定成为一种理论的限制了。直到一个新的理论运动发展起来,这个局限才会得到克服。从经济学角度来说,这个运动有两个趋向。其一是打破利益的天然同一性这个假设,李嘉图也部分地参与了。这一点我们将加以讨论。第二个趋势则出现的晚得多,并且由就绝大部分说来是忽视了第一种趋向的人发展起来的。这就是出现了边际效用(marginal utility)的概念,是由杰文斯(Jevons)和马歇尔在英国提出来的。这个概念虽然还是同洛克的学说相一致的,却在实际上解决了李嘉图所未能解决的主要理论困难。

　　需要强调的第二点是,古典经济学的概念体系之所以能够超出一种纯粹的脑力体操,而作为一种严肃科学理论兴旺起来,恰恰是因为人们把它用于一个被设想为秩序的基本问题已经解决的社会。否则,人们不会一直对它存在的问题有经验的兴趣。古典经济学设想的经济联系只有在有秩序的框架里才能大规模出现——在这个框架内,由于存在着秩序,暴力和欺诈起码受到了限制,其他人的权利也受到某种程度的尊重。㉑ 功利主义理论虽然在一种经验主义的基础上起作用,却没有恰当的方式说

　　㉑ 参见 O.H.泰勒:《经济理论和社会生活中的某些非经济成分》,载《经济学探索——纪念 F.W.陶西格论文集》,第390页。

明这种秩序。由于当时除了功利主义体系之外,找不到其他更适当的概念体系,这就犯了一个幸运的错误:填补这个空档的,是一个现在显然已经是站不住脚的"形而上学"假设,即认为利益的同一性是"事物的本性,"[22]在任何情况下,都没有理由对这种秩序的稳定性提出疑问。在逻辑上完完全全依靠这个"谬误的"前提,发展起来一个也许是社会科学中最高度发达的理论体系,其结果在一定限度内是正确的。这对那些在方法论方面过于纯正的人是一个教训。即便某些成分从方法论的角度考虑是成问题的,只要它们在科学上还有一点有益的作用,那么,除非你有什么较好的东西来替换它们,把它们弃之不顾并不总是聪明的办法。当然,事实上不管在其他方面是否站得住脚,利益的天然同一性的假设是表述一个重要事情的方式,即在某些社会里,在很大程度上确实存在着一种秩序,它使近似于古典经济学理论的假设所要求的条件成为可能。

通过讨论霍布斯的和洛克的两种功利主义思想样式之间的分歧点,可以看到一个区别,这个特征对下面的讨论有重要意义。这就是在理性地寻求目的的过程中两类手段之间的区别,一类是涉及到暴力、欺诈和其他强制方式的手段,另一类是理性地劝服人们通过交换关系来获得利益的手段。如前所述,要使后一类手段发挥相当重要的作用,有赖于在一定程度上对前一类手段加以控制。一旦在事实上实行了这种控制,后者就占据了突出的地位。由于对这两类手段和它们引起的问题所给予的强调不同,可以区别出功利主义思想发展的两个主要阶段,分别叫做政治阶段和经济阶段。从这里也可以大致看出,为什么经

---

[22] "本性"与"自然"在原文中都是 nature,而利益的"天然同一性",则是 natural identity。——译注

济理论的状况在本书讨论的所有理论问题中具有如此重要的意义。因为,如果说功利主义形态的行动理论不靠外加的其他假设就不能说明使社会关系可能存在所必需的秩序成分这个论点是正确的,那么,既然经济行动在实际上和经验上是重要的,只要运用基本的行动体系来进行分析,就必然不可避免地出现一个这种功利主义行动理论是否充分的问题。实际上,中心问题可以这样表述:怎么才有可能仍旧利用一般的行动来解决霍布斯的秩序问题,而又不依靠利益的天然同一性学说这种靠不住的形而上学的支柱?这就是为什么本书所作的主要分析从一位著名经济学家的著作开始,接着又讨论到一位同经济理论形态有非常重要关系的社会学家。再说一遍,本书的分析,主要关心的是一条摆脱功利主义体系固有的不稳定性的道路。但在讨论这个中心主题之前,重要的是先分析一下采取其他逻辑上可能的途径的理论,即向激进实证主义立场的演变。

马尔萨斯与功利主义的不稳定性

在马尔萨斯的主张里,[23] 可以找到一个易于突破的进攻点。他在"乐观的"功利主义这副盔甲上揭露出了一些重要的破绽,这一点可能连他自己都没有意识到。在马尔萨斯卷入其中的论战里,可以清楚地看到,刚才提到的激进实证主义倾向于把功利主义思想分成两种可能的激进实证主义趋势,经济学家们则被抛在中间搁浅了。这个打击并不是致命的,而且古典经

---

[23] 马尔萨斯思想的所有重要之点都详见《人口论》(Essay on the Principle of Population)(第一版),该书最近由皇家经济学会再版,在前面引用过的阿勒维的著作中也有精确论述。

学及其继承者们仍被允准保留原有概念框架而长期活命——这些在此都无关紧要。问题已经明明白白地提到表面上来,这就足够了。这些问题没有得到解决,而仍旧遭到忽视和规避,其中包括马尔萨斯本人也是这种态度——这不应当归咎于理论体系的逻辑,而应归咎于人类作为智人(Homo sapiens)的软弱无力的历史。

实际上,这一困难的根源在于,利益同一性的假设等于对功利主义的基石之一、即目的随意性的否定。由于这两个原则都更其是暗含而未明言的,在两个主张之间存在着摇摆不定的观点就不足为奇了。但利益同一性的倾向符合于实证主义体系中的另一个重要成分,即特别注重关于行动的科学方法论的理性主义体系。一旦推动这种理性主义倾向得出其合乎逻辑的结论,相互冲突的困难也就消失了。这时候,人们的利益确实一致了,因为他们有了一套使自己与之相适应的共同条件。这样,洛克的规范性的理论,便趋向于与可以通过科学方法了解的生存的实际条件结合到一起了。这两种关于自然的概念的分化本来一直是含含糊糊、随心所欲的,自然神论的目的论乐观主义把它理性化以后,才使它得以在现实性上实现自己的本意。[24] 在十八世纪的法国乐观主义哲学和拉马克(Lamarck)的生物学、孔多塞(Condorcet)的社会学思想中,这种倾向都已广泛地成为现实。

但是这种立场的改变是和一种强调其他方面的微妙手法结合在一起的。在当时关于政治义务问题的争论中,这种特殊的理性主义在其反权威主义的方面,很容易发展成为无政府主义

---

[24] 见 L. J. 亨德森:《环境的适应》(The Fitness of the Environment),其中的某些事为这种乐观主义提供了有部分科学性的依据。

的一种形式。把人类制度和自然进行对照,那些不利于前者的方面可能导致提倡废除所有的控制。人们一旦从罪恶制度的腐败影响中解放出来,就可以自发地生活得合乎于自然,生活于和谐、繁荣和幸福之中。人们只要为理性所支配,他们的利益难道会不一致吗?这个观点还有更深远的影响。在实现这些同一的利益的过程中(其中许多是所有人共同的),理性的东西难道不就正是自发的合作吗?经济秩序中已经几乎被当做自然的一个组成部分的互相竞争的个人主义开始受到质疑。人们在这种经济秩序里看到的主要不再是劳动分工的好处,而是强制、压迫和不公正的不平等。于是,这个运动在经济政策方面越来越表现为无政府主义的社会主义(这两个词决不矛盾),马克思后来称之为空想社会主义。当然,部分地是为了对付这种批评,个人主义的经济学家更为直截了当地把他们对于相互竞争的个人主义的偏爱加以理性化。竞争不仅仅是人们独立地寻求各自利益的结果,它也有积极的社会作用。它是一个巨大的调节机制,是对各种弊病的制动力量。因为,如果某人想剥削他人,市场竞争会强迫他采取合理的行动,否则他就得付出代价。如果旁人能够不亏本地杀价抢生意,谁也不能卖出贵价钱。强调竞争的调节机制的时候,同时存在着严重的理论问题。难道能够证明这是从洛克遗留下来的概念盔甲中必然产生出来的吗?

马尔萨斯所致力思考的正是这个问题。葛德文(Godwin)的《政治正义论》(Political Justice)一书刚刚在英国为无政府主义—社会主义的思想戏剧性地亮了相。马尔萨斯就像法国大革命时期所有思想保守的人一样大吃一惊。但是怎样对付这些论点呢?在传统的自然神论—乐观主义的自然法思想体系中,几乎没有什么东西足以和这些观点对抗。洛克和葛德文无政府主义之间的界线模糊得使人为之苦恼。

马尔萨斯与他父亲一起谋划、讨论,终于得出了对葛德文的回答,这就是著名的人口论。不幸的是,对这个著名学说的讨论,一般都局限在马尔萨斯是否"正确"和是否前后连贯的问题上。这些都和本书要讨论的问题无关。马尔萨斯采取这个主张,给洛克和谐的天堂里带进去一条非常阴险的毒蛇,整个逻辑结构面临崩溃的危险。

105　　马尔萨斯对葛德文的回答如下:假设葛德文先生内心的愿望得到了承认,所有人类制度也就突然废止了;并且进一步假设,直接后果如葛德文先生预料的那样,出现的是人类幸福和谐的乌托邦,而不是霍布斯所说的权力之争。那又将会出现什么情况呢?这个幸福的景况不会持久;因为居民们遵从本性的支配,他们的行动方式最终将无可避免地使人口大大增加。随着人口的增加,普遍幸福就会逐渐面临一个障碍,即维持生计的限制。因为,食物供应不可能与耗费在粮食生产上的劳动总量成比例地无限增长。只要不是过于慈善地去看自然界,这种限制就是自然界所固有的。面对饥馑的前景,没有任何理由相信人们会"理性地"尊重别人的权利;或者,当面临吃饭或不吃的选择时,没有理由相信他们会在饥饿中有一致的利益。接踵而来的就是斗争,以求得起码是最低限度的生存。随着斗争的加剧,他会变得越来越残酷,采取越来越激烈的行动。如果没有什么来加以制止的话,这种情况确实会最终发展成为一种战争状态,每个人互相之间都成为敌人。在某种意义上说,洛克并没有忽视生计的问题。只有在"仍旧足够与别人共享"的情况下,保有施加于大自然赠品的劳动的果实,才是公正的。但是,洛克的这个漫不经心的限制性短语,一到马尔萨斯手中,竟隐藏着一条地道道的毒蛇。事实上,不可能有"仍旧足够与别人共享"的情况,大自然的赏赐会被干净彻底地分得精光。这样就使乐观的图景面目全非。人们不仅没有同大自然一起生活于美好的和谐之中,相反,吝啬的大自然对人类闹了一场恶作剧,它赋予人类繁殖的本能,实践这种本能却种下了毁灭人类自身的种子。[25] 霍布斯的学说也充满着同样不和谐的意识。实际上,马尔萨斯只不过把霍布斯学说中的问题重新激烈地提了出来。

可是,为什么实际存在着的社会没有处于为了生计而无限制地斗争的灾难状态中呢? 马尔萨斯说,就是因为葛德文所极力反对的那些制度——特别是财产制度和婚姻制度。这些既不是武断的强加和权威者的恶意,也不是无知的结果。它们是在这种不愉快情况下自发产生的补救办法。[26] 现存的状态可能有诸多弊端,但总比没有这些制度所可能出现的情况要好得多。远在葛德文的乌托邦引起的堕落过程发展到这种终极混乱状态之前,这些制度形式的行动调节方式就会自发出现。婚姻是必要的,这样,每个人都不能逃避对自己后代的责任;财产是给予一个人履行其责任的惟一可行手段。只有在这些制度的范围内,才可能有"道德克制的适当动力";马尔萨斯认为只有这种克制可以替代讨厌的"积极制止"。在伊甸园式的无限的充裕中,无政府主义可能会适得其所,但是在实际生活的艰难条件下,人类应当感谢制度化的管制所给予的保护。

这种情况为马尔萨斯对竞争性个人主义的狂热信仰提供了一个显明的坚实基础,同时又把他从这种个人主义升华进入社会主义合作的令人尴尬的倾向中搭救出来。竞争不仅是有益的,而且是绝对必需的,是一种社会良方。但是,对马尔萨斯为此规定的含义不能不予以注意。竞争不是在任何情况和一切情

---

[25] 马尔萨斯试图把这些事实在神学上理性化,在这里是无关的。
[26] 这一点也许证明大自然由于上面提到的"恶作剧"在良心上感到痛苦。

况下都是慈善的,只有在适当的制度范围之内才是如此。如果不对人口增长进行适当控制,慈善的竞争将堕落成为战争状态。葛德文先生提出警告要出现的那种状态远远不是慈善的,但它的确是高度"竞争性"的。这就给关于竞争的思辨增加了一个新的最重要的提示。对它的研究不再是纯粹功利主义的了。不管马尔萨斯从人口压力出发,得出的那些制度推论最终将受到如何评判,他给了那种认为竞争在任何情况和一切情况下都是所有事物中最合心意的观点所表现出的盲目乐观主义以致命的打击。马尔萨斯关于社会制度的管制职能的学说,大概是功利主义思想发展㉗中超出关于秩序的单纯假设的重要的第一步。这一步还得等到作为本书所要研究的中心问题的那一场思想运动出现之时,才能结出累累果实。

马克思与阶级对抗

对马尔萨斯说来,人口压力除去说明婚姻和财产权自发产生的原因以外,还有第三个影响,展现出为洛克类型的严格功利主义思想所无缘得见的别开生面的远景。那就是说,人口压力将导致"把社会分为雇主阶级和劳动者阶级",其原因是生产效率的压力。在洛克看来,在文明社会范围内进行交换的好处,好比是为人类生存提供了最美味的蛋糕;在马尔萨斯这一方面看来,则只是为无情的必需而供应的黑面包。洛克考虑的是独立的个人之间的交换;马尔萨斯则认为效率需要使用资本和有组织的生产单位,而如果没有一些人在另一些人的指示下工作,组成生产单位是不可能的。

㉗ 无疑还有一些非直系的前驱,马基雅维里(Machiavelli)就是著名的一例。

除了与证明现存的阶级状况的合理性的倾向相关的问题之外,这种观点的含义是什么呢? 它是说,人口数量之多同谋生手段的局限两者之间的不和谐,导致了社会自身中的衍生物的不和谐,即各阶级的利益之间的不和谐。它的进一步的含义是意义深远的,在经济思想结构里面投放下另一桶炸药。李嘉图接受了马尔萨斯的原理,并对它的这些含义作了相当可观的发展。从李嘉图的财富分配理论中的逻辑危机可以看到,马尔萨斯主义起了一个重要的两面作用。一方面,关于大自然吝啬性概念的发展,导致了"报酬递减"的概念——这是李嘉图地租理论的逻辑根据,这个理论解决了大自然赠物被全部占光所产生的理论问题。另一方面,从人口原理得出的劳动力的必要价格不变的原理,使得能够通过著名的工资铁律,在边际产品中划出区分劳动份额和资本份额的一条在理论上难以划出的界线。但是,这样就把双重的不和谐引入了经济体制之中——一方面是吝啬的大自然的开发者亦即地主的利益和一切其他人的利益之间的不和谐,另一方面是雇主和劳动者之间的不和谐。这种双重的不和谐给运转顺利的、自动实行自我调节的竞争机制的概念,压上了一个极为沉重的负担。阿勒维已经尖锐地分析了这些成分与李嘉图价值理论中那些基本上是洛克学说的假设之间的不协调性。㉘

同时,古典经济学体系中的某些特性,至少使前述两种不和谐中的后一种难以充分孕育成熟,达到它在理论上所可能有的全部结果。这主要与古典经济学家们对资本家雇主进行设想的方式有关。他看上去主要不像是一个为了购买劳务而讨价还价的人。的确,出卖这些劳务的条条款款已经由马尔萨斯学说所

㉘ 阿勒维,前引书,第三卷,第一章。

讲的形势实际确定了。他的角色其实是"向劳工献殷勤"——这个观点是在工资基金理论[29]中所表达了的,但却有其宿命的内涵。在这方面,虽然在很大程度上仍旧是古典经济学基础上的问题,结论却留给了马克思去做。在马克思看来,一个有组织的生产单位意味着它本身固有的一场阶级冲突,因为这两个阶级的切身利益完全是针锋相对的。

基本的出发点一旦发生这种转变,这个古典理论中的重要成分就都对马克思有利了。[30]这主要来自于劳动在生产中的作用的概念,它从根本上说是渊源于关于自然状态概念的理论。按照古典理论,惟独只有边际劳动确实是一个生产性因素,而资本只不过是"使劳动者去干活"。这就给资本家雇主在边际产品中的份额留下了一个余额。甚至穆勒这位"自由主义的布道者"也说,"利润的根源是劳动创造了比维持劳动所需更多的东西。"[31]那么,这种观点竟然变成为一种关于剥削的理论,利息和利润竟然被解释成是从劳动的"真正工资"中扣除的,也就毫不奇怪了。

然而,马克思的剥削理论对于本书所作论述的持久的重要性,不在于这些特别的细节上,对这些细节目前只有好古成癖的人才感兴趣。重要的意义在于这样的事实,即马克思从阶级冲突出发,却把注意力集中在交易权力(bargaining power)上。于

---

[29] 关于工资基金理论及其历史,见 F. W. 陶西格:《工资与资本》(Wages and Capital)。

[30] 关于马克思的这个观点,我所见到的最有启发性的讨论是林赛(A. D. Lindsay)的《卡尔·马克思的资本论》(Karl Marx's Capital)一书。在说明背景方面,林赛已经说明主要依靠阿勒维的著作。

[31] 约翰·斯图尔特·穆勒(John Stuart Mill):《政治经济学原理》(Principles of Political Economy),W. J. 阿什利(Ashley)编,第 416 页。

是在一种特定的情况下,他把权力差别的因素重新带入了社会思想之中,这个因素对于霍布斯的哲学本来是很重要的,但却一直遭到严重忽视。这个理论的古典色彩只是次要的,按照现代经济理论对它进行的修改,虽然改变了它的陈述方式㉜和一些次要的结果,㉝却没有改变它的基本之点。

马克思关于交易的权力的论述,还不仅仅是霍布斯关于权力斗争观点的再现。它把在霍布斯和洛克两种立场的冲突中被忽略的成分突出地显现出来了,因为这个冲突设想的是除了战争状态或完全非强制性的和谐秩序之外别无选择。但是现实社会却两者都不是。即使制度的框架作用强大得足以把暴力的作用限制到可以无视的程度(在发生危机的某些时候除外),并把欺诈的作用也限制到一定范围以内,仍然可能需要其他较温和的强制方式,这就是在交易过程中"合法"地利用在全局中所占有的优越地位。对于马克思的主要理论意图来说,这就是足够的了,虽然许多马克思主义者还倾向于认为,政府的行动仅仅是对工人阶级的暴力和欺骗性压迫。在各种制度性的条件下,这个成分可能相当重要,虽然也许不像马克思所说的那么极端重要。

㉜ 参见帕雷托对马克思的论述——《社会主义制度》(Systèmes socialistes),第二卷,第十五章。帕雷托虽然否定了马克思的专业性经济理论,却高度赞扬了他对阶级斗争的重视。然而,在帕雷托看来,阶级斗争是一种社会学因素而不是经济学因素。

㉝ 许多全部否定马克思的现代经济学家的错误是,他们批评了马克思经济学的陈旧形式(这是正确的),而没有回到马克思据以作为他与古典经济学家最主要分歧点的基础的真正重要命题上来。这样,他们"把孩子同洗澡水一块儿泼出去了"。他们这样做,主要是因为他们总的说来是赞同利益天然同一性这个暗含的假设。鲍伯(M. M. Bober)的《卡尔·马克思对历史的解释》(Karl Marx's Interpretation of History)一书是很好的例子。

马克思用这种方式把权力因素重新引入经济制度之中,同时就意味着这个经济制度是不稳定的。但是这种不稳定性不是霍布斯所说的那种混乱,而是在一个确定的制度框架内部的权力关系的结果,这个框架中包括一种特定的社会组织——资本主义企业。正是资本主义企业,使这种经济制度的不稳定性能够成为关于资本主义演化这个特定能动过程的理论的基础。至此为止,还可以认为,根据英国的功利主义思想框架来看,马克思的论点是可以理解的,尽管我们已经说过,那是与其他多数功利主义的方式不同的。然而,就在这里,马克思把他的分析与一种主要来源于黑格尔的"辩证的"进化理论生硬地结合起来,于是他在实证主义传统思想和唯心主义传统思想之间搭起了一座重要桥梁。以后我们讨论马克思与唯心主义的关系时,[34] 再对他作进一步讨论。他是我们在论唯心主义那一章里所要论述的一批作家(其中特别包括有马克斯·韦伯)中最重要的一位先驱者。前面说过的已经足以表明,马克思的历史唯物主义并不是普通观念中的科学唯物主义,而基本上是功利主义个人主义(utilitarian individualism)的一种样式。它和后者主流形态的不同之处,仅仅在于它有一些"历史的"成分,对此本书将在以后再论述马克思时加以讨论。

达尔文主义

前面我们一直在论证,在洛克的学说中占统治地位的功利主义思想样式,就其严格的科学成分来说,本身就是不稳定的。洛克学说只是依赖于利益天然同一性这个形而上学的支柱,才

---

[34] 参见第十三章。

有一点点稳定性。如果在实证主义框架内给予这个同一性的假设一个在任何程度上合乎逻辑(如果不是合乎经验的)的根据，就必然转变成激进理性主义的实证主义，而这样造成的后果是马尔萨斯对葛德文进行抨击时所极力反对的。但是，就在这个抨击过程中，马尔萨斯把这个影响深远的支柱扫荡得一干二净(关于这个支柱的作用，我们刚刚说过一些)。然而，还有一个问题：除去上面刚刚谈过的具体问题以外，这种抨击将导致社会理论的一般体系向什么方向发展呢？

毫无疑问，马尔萨斯思想路线的主要倾向，是用可以称为实证主义的反智主义(positivistic anti-intellectualism)的另一种激进实证主义体系的样式，来反对葛德文的理性主义的实证主义。特别是，可以很方便地把马尔萨斯作为一个标志，表明主要用生物学方法解释人类行动的思想运动的开端，这个运动几乎是在整个十九世纪中稳步发展成为很大规模的。

首先，马尔萨斯认为，所有麻烦的根源都在于一种生物学上的假设，即"人口增长的倾向"之中。人们不得不把这个强大力量归因于遗传。它是一种固有的本能的表现，其重要性恰恰在于对它进行控制是绝对困难的，虽然马尔萨斯认为在某些情况下可以通过"道德限制"对此进行控制。马尔萨斯所说的另一个困难——对维持生计的限制的根源存在于并非人为的环境的某些终极特性之中。就这两个方面来说，只要人口原理决定着社会条件，它就都是行动条件的结果，而不是人们的目的或其他规范性成分的结果。但是如果确实如此，人类意志的可变化范围便狭窄到了极点，并接近了激进实证主义理论所作的限制。马尔萨斯本人没有达到这样的地步，他是一个慈心善肠的功利主义者。但是，部分地是在他的影响下，这种倾向在十九世纪的伟大思想运动之一——达尔文主义中达到了顶峰。达尔文主义发展成为闭合体系并应用于人类社会行动之后,成了所有出现过的激进反智主义的实证主义体系中最重要的一个。

马尔萨斯学说所说的情况,其基本特点是一种假设的事实,即人类的繁衍能力大大超过了环境条件供养人类的可能性。从逻辑上讲,这种情况可以用两种方法中的一种来对付,即马尔萨斯所区分的积极制止和预防性制止。预防性制止,或称为"道德限制",表明了马尔萨斯思想中功利主义成分。在达尔文关心的生物学范围内,必然把这一条勾销了,凡过剩的必须用积极制止的方法消灭掉,达尔文学派把这个过程叫做"自然选择"。

达尔文和马尔萨斯的不同之处在于,他把马尔萨斯只用于人类的学说应用于所有的生物种。马尔萨斯只关心人的数量问题;如果把多余的人以某种方式消灭掉或制止他们生出来,一定数量的人就可以维持适度的生计。但是达尔文开始注意到了这样的问题,即在现存的人之中哪些应该消灭,哪些应该存留下来。这必然意味着在总人口中的个人之间有一个质的差别。但是,一旦这种质的差别确定下来,就不再仅仅是消灭,而是一个选择的过程了——这一点是马尔萨斯没有考虑到的。

为了完整地说明这个体系并使这个体系闭合起来,还进一步需要有另一个因素,也就是对这个问题的答案:生物个体的质的区别从何而来?达尔文理论用偶然变异的假设来回答。在遗传中,对以前的遗传类型有一个持续的偶然变异的过程。在这些变异中,有些在生存竞争中被消灭了,其他的则存留下来并繁衍自己的种。但是那些生存下来的已不再属于"一般水平",而是经过选择的群体了。因此,在这个过程中,模式类型本身也发生了改变。正是这种变异和选择相结合,才使得作为马尔萨斯和其他功利主义者的特征的对稳定因素的静态调节的概念,让位于一种进化理论。

但是从根本上说,这是一种实证主义的进化论。因为,对这个过程的方向起决定作用的是哪些因素?当然是环境条件。正是对这些条件的适应性说明了为什么经过选择繁衍下来的物种是合情合理的。当然,单有环境还不能产生进化;但是另一个因素只是偶然性的,它所起的作用在逻辑上与随意性目的在功利主义体系中所起的作用相似。因此,只有环境是决定性的限定发展方向的因素。

这种"生物学化"的倾向,实际上主要表现为达尔文主义的形式。凡是这种倾向占优势的理论,都抛弃了功利主义立场,而转向激进反智主义的实证主义。环境条件是决定性的,人们认为这种进化是出于什么目的就无关紧要了;实际上,历史的进程是由人类所不能控制的一种与人的作用无关的过程决定的。应该注意的是,经这样一变,目的的主观范畴消失了,合理性的标准也同时消失了。达尔文主义所说的变异,是一种完全客观的成分,对它进行理论说明毋需任何主观的东西。即使合理行动在经验上作为适应环境的一种方式可能具有一定的地位,但是,问题是这种合理行动完全离开了这个理论体系的总构架,变成一种偶然现象,或者严格地说变成了无足轻重的事实。

随着功利主义体系的规范性的方面——目的和合理性——的消失,出现了另一个最重要的结果,即前面讨论过的那种意义上的秩序问题也消失了。㉟ 没有了行动中的规范性因素,在规范性意义上的秩序也就没有意义了。研究人类行动的科学家所惟一关心的秩序,是从主观和客观两个角度看来都是真实存在的秩序。具有讽刺意味的是,统治现实世界的秩序,恰恰是功利主义思想中作为社会秩序的对立面的"战争状态。"它的名字变

㉟ 这个问题之所以得到"解决",是因为它被认为变得没有意义了。

成了"生存竞争,"而所有的基本内容仍然是霍布斯用"大自然的牙齿和爪子都是腥红的"这句话所表述的那种自然状态。但是,由于理论观点发生了根本变化,老问题不存在了,这一点也就很少为人注意了。对它的兴趣充其量不过仅仅是从道德观点出发的,而不是从科学观点出发的,如赫胥黎就是这样。经济学家们的竞争秩序的概念,毫无疑问是确确实实地为生物学中的选择理论提供了一个范本。㊱在这里,那些"不适合的"东西——成本昂贵的厂商以及低效率的厂商都被排除了,或者应该被排除掉——尽管只是在市场上而不是在生活中被排除掉。但有一点不应忘记,即把这个模式应用于生物学理论的时候,它的涵义发生了深刻的变化。因为,马尔萨斯最重要的观点之一是,竞争只有在具备着一种规范性的秩序的具体情况下才是慈善的,才能把那些以社会利益尺度衡量不适合的东西排除掉。但是生存竞争的条件中根本不包括这种秩序的成分。生存竞争的条件,正好是马尔萨斯和同他观点相同的经济学家们所害怕的无政府状态。

因此,把达尔文的生物学经验主义地运用于人类行动的"社会达尔文主义",正如帕雷托所说的那样,在对有关人类行动领域的各种理论体系进行分析性分类中,可以说是起到了重要作用。这种理论或者其他以行动条件(通常是以遗传和环境)所产生的客观的非规范性的结果作为说明原因的终极原则的理论,就是不稳定的功利主义体系在实证主义框架之内、同时又脱离了"理性主义"图式的解体过程在逻辑上的最终结果。对于任何

㊱ "适者生存的原则可以看做是对李嘉图经济学的一个深刻概括。"见凯恩斯(J. M. Keynes):《自由放任主义的终结》(The End of Laissez Faire),新共和版,第17页。

一位作者而言,在他理论体系的逻辑已然完整时,对于解决他所面临的理论问题的可能性持什么立场(无论其为暗含的还是明言的),就总是一个饶有兴味的问题。如果他摒弃了对于问题的解决而又脱离了功利主义的话,则他只可能有两种立场,或者他是一个前面解释过的那种意义上的理性主义者,因而采取了另一种样式的激进实证主义的立场;或者他已经完全抛弃了实证主义的框架。

达尔文主义的思想运动,主要是对人类以外的生物体进行生物学研究的成果,虽然它无疑地受到了马尔萨斯和其他人的社会思想中流行的观念以各种方式给予它的影响。它对社会思想的影响,部分是因为它在十九世纪后期的知识阶层中总的说来占有优势,还因为在应用于人类事务的时候,它非常顺顺当当地就适合了我们所讨论的这些理论在逻辑上的急需。但是,作为一种社会理论,它是间接的,是从生物学借过来的。导致人类行动分类向激进实证主义立场(包括反智主义的、理性主义的和二者的混合)变迁的,还有另外三条尽管不是仅有的也是主要的途径。现在我们可以对这三者加以简要说明。

导致激进实证主义的其他途径

达尔文主义思想运动应用到社会问题时的显著特点之一是,它完全抛弃了主观的观点,而代之以客观的观点。在以偶然变异的功利主义范畴替代随意性需要或随意性目的的功利主义范畴的时候,这种观点的转换是隐而不显的。这些都是客观上观察得到的变异现象,它的概念没有任何主观含义。这种客观主义在上面提到的第一种途径——通过心理学的某些学派——中也可以看到。人类行动的一致性可以归因于人类个体的某些特点,即这一生物体在总体上的行为倾向,而不是直接归因于一般性的生物学因素。由于如前所述已经排除了涉及主观的因素,这些个人特点在进行分析时,必须能够最终化约成为同某些非主观因素结合到一起的形式——一般是同第二章里严格限定了的遗传和环境结合起来。

在这两个因素中哪一个相对更重要的问题上,出现了不同的观点。一种主要强调行为中遗传的倾向性,这种观点可叫做"本能(instinct)"理论。但它不是一个终极答案,问题接着就很自然地出现了:这些具体的本能倾向性的本源是什么？为什么人们具有这些倾向性而没有其他的倾向性？按照遗传因素和环境因素来解释,最终不可避免地只能用某种形式的生存价值概念来回答。一般来说,这就要涉及到自然选择的过程。于是,生物学成了本能理论的终极根据;它导致的结果与社会达尔文主义的结果相同,只是通过一种更间接的途径罢了。

另一种观点是强调环境。自然,可以设想出各种不同的样式来,但最有影响的是行为主义。颇为奇异而又明白无误的是,它同达尔文主义是同一种思考类型的产儿,简直可以把它称之为个人行为的达尔文主义(Darwinism of individual behavior)。达尔文主义生物学终归主要关心的是物种遗传特点的变异。行为主义则设想了一套随意性的动向(movement)作为个人特性的起因。这些动向必须设想为是围绕着行动的遗传的倾向性而随意变化的,而这些遗传性倾向在行为主义观点看来又只限于是一些真正的无条件的反应。这些随意性的动向受适应环境过程的制约。那些满足了生物体在适应环境过程[37] 中官能需要

---

[37] 我们实际研究的是具体的社会环境,从这点上说,作为一种人类行动一般理论的行为主义观点中,显然包含有第二章中讨论过的循环论证。

的动向就在适应过程中长久保持下来,成为条件反射或习惯等等。不能满足这种需要的,则被排除掉。很清楚,行为主义的随意性动向与达尔文的偶然性变异正好是一致的,而适应环境的过程只不过是另一种形式的自然选择过程。

但最初的某些遗传性特性仍然保留下来,就是"优势反应(prepotent reflexes)"。自然选择的生物学理论自然又要反过来被用做对这种现象的解释。因此,行为主义与社会达尔文主义的归宿也是基本相同的。㊳ 实际上,用现在的观点看来,行为主义和它的死敌本能理论之间的差别完全是次要的——只不过一个强调环境,另一个强调遗传而已。此外,行为主义由于其特殊的分析类型,而特别与达尔文主义的思维方式结合得更紧密些。但最重要的是,这两种理论最终都是将对人类行为的解释归结到生物学的选择理论。

可以把这两种理论作为实证主义的反智主义的主要形式放到一起进行研究。在第二章中已经说过,实证主义的社会思想是通过科学知识的作用来探讨行动的主观方面的,也就是说,是以主观的认知方面作为标准的。这种情况迫使对理性主义的反动,只要是不超出实证主义的框架,就不得不求助于遗传和环境因素。㊴ 因此,可以认为社会达尔文主义是在实证主义基础上的反智主义思想运动的逻辑结果。

行为主义在这方面有着特殊的重要性。它不仅一直坚持那种把人类行为的各种因素化约为生物学因素的普遍倾向,而且走得更远。这样子加以化约,就没有任何东西不可以化约成运

㊳ 大多数行为主义者的著作中所实际研究的个人,自然都是在社会环境下的具体的个人。只有在把这个体系扩大应用于对人类行为进行一般性因素分析的时候,才会出现这种激进的生物学的结果。

㊴ 在此重复这个表述的理由是不必要的。参见第二章。

用于所有生物学上的生物体的一般术语,于是,从主观方面来观察问题,对于分析人类行动也就不再是必不可少的了。它使主观的东西成了一种"附带现象"。行为主义在其方法论中吸收了这种化约方法的激进的后果——从主观方面来考察问题,对于这种方法不仅是多条的,而且是不合情理的,是与"客观"科学[40]的准则相对立的。于是,同这种实质性的科学理论结合在一起的方法论原则是,要使所得到的结论不仅在经验上是正确的,而且在方法论上是必然的;因为如果从一开始就排除掉所有与主观范畴有联系的因素,客观主义便成了一个闭合体系。[41] 行为主义在方法论方面所提供的有限度的形式,正是社会达尔文主义在涉及实质性问题时所提供的形式。归根结底,采取激进的态度把实证主义一直发展下去,只能得到行为主义的客观主义立场。

刚才所探讨过的那些动向——都是由于有了它们,行为主义才能彻底排除主观的观点——总体上是以客观主义的方式来加以分析的。我们还有待于去探寻那些主要的动向,实证主义立场的内涵就是将它们以明确的主观方式表达出来的。其中有两个相关的动向可以在此加以讨论。第一点是享乐主义,它与功利主义思想的经济学层面在历史上有非常密切的关系。享乐主义的理论和我们这里研究的大多数理论一样,是在一种经验主义的方法论支持之下发展起来的。因此,在"享乐"和"幸福"这些具体的实体中存在的模棱两可的解释,后来已经突出显露出来,并把享乐主义思想分为不同的派别,也就不足为怪了。现

---

[40] 是在行为主义的特定意义上的。在这种意义上,科学资料总的来说确实只局限于能够以化学和物理学概念体系加以表述的事实。所有其他事实干脆就不被承认是事实,因而就都排除掉了。

[41] 在经验上和在逻辑上都是闭合的。

在只需要讨论其中的一个派别。

认为人们主要是受追求享乐和躲避苦难的驱使,这种理论赖以形成的逻辑背景是不难看到的。首先,科学极少满足于在对某些最终的数据所作的假设面前止步。特别是由于处在一种经验主义的气氛之中,行为的根本动机的问题就不可避免地产生了。也就是说,不能仅仅设想人们有某些需求,还应该努力去弄明白为什么他们有这些需求。有的时候,在环境条件的范围内对于可供选择的可能行动究竟如何选择,有着质的区别,在这种情况被人们认识到了的时候,首先就会产生以上的问题。

其次,功利主义思想一直是集中注意力于生活的经济方面的,这样就指出了可能找到这个问题答案的方向。这是由于竞争性的市场关系机制似乎把人们的动机简化到了一个共同点上,所有的人似乎都遵循着单一的行为方向,即促进自己的经济"利益"。于是,问题在于这种共同的经济动机的基础是什么。这种共同成分的实质是什么?应该注意,这个问题是按照手段—目的图式提出来的:个人行动的"目的"是什么?

在这种情况下,很自然要注意两个问题。一个是,人们追求的事物和他们想要避免的事物是不同的;另一个是,成功地得到前者一般会带来积极的感情色彩,而受到他们所想避免的东西的违背他们意愿的折磨,则一般要相反地带来一种消极的感情色彩。如果我们把这两种感情色彩分别称为愉快和痛苦,这就算是找到了享乐主义理论的根基。

接着就出现了在对行动进行解释的时候,把这些成分放在什么地位的问题。一种可能的解释是适合我们现在所讲情况的真正的"心理学的享乐主义"。它可以表述为这样一种观点:在人类的本性中,某些行动使行动者愉快,其他行动则使行动者痛苦——这个事实便是决定合理行动的行动方向的原因。不管这是遗传性的还是由个人的过去经历所规定的,他所选择的这个行动与愉快或痛苦之间的联系,对这个行动者来说都是他必须加以考虑的一个事实,而不是他的作为(起码在这种具体背景上是如此)。于是,采取某种行动便成为进行享乐或避免痛苦的一种必要手段。

119　　通过这种方法,纯粹功利主义立场的模糊性消失了,而没有妨碍它的理性主义图式。假设这是人的本性,则随意性的需求成分已经不复存在。为什么他寻求某个具体目的的原因已经清楚了:那是一种获取享乐或避免痛苦的手段。用我们的术语来说,这叫做通过把目的由行动中的因素降低为"条件"而由功利主义立场转变到了激进实证主义立场。从根本上说,人性就解释了为什么人们按照他们的行动方式来行动。

同反智主义的心理学一样,这种结论也不是最后的立场。还存在着这样的问题,即为什么愉快同某种行动方式联系在一起,而痛苦同另一些行动方式联系在一起。当然可以把这个问题看做是一套最终的数据,但似乎没有正当理由这么做。自然应该再进一步探讨这个问题。这个行动的手段已经知道了。适应环境的原则是理解人(和任何生物)本性的基本原则。因此,愉快和痛苦之所以发生,乃是由于令人愉快的行为是那些有利于物种生存的行为,而令人痛苦的行为是不利于物种生存的行为。这样一来,通过第三条途径,这种论点又回到社会达尔文主义上来了。㊷

古典功利主义的享乐主义的另一个发展方向,可以留待探

㊷　这样,享乐主义就是两种在逻辑上可能的极端类型的结合体:从应用手段—目的图式来说,是理性主义的;在用来解释其特殊功能方式的人性理论中,则是反智主义的。

讨最后一种途径时再加以讨论。通过这最后一种途径可以得出这样的命题，即对人类行动的最终解释在于人类的环境条件。这个问题在讨论葛德文的时候已经说明过了。

对这条思想线索的起源进行探索，会使我们回到那本身"即是理性"的自然法的规范性概念。前面已指出，把理性视为人性的法则⑬，就意味着理性支配着情感而不是被情感所奴役，直接用我们这里的术语来说，这就意味着，理性不是为着实现目的而筹划方法和手段的官能而已，它就是目的本身的决定者。

只要本性[自然]的概念仍旧是明确的规范性的，理性的功能就是适应自然的功能这个观点，就不在目前讨论的范围之内。用实证主义的话来说，它的基础是一种不属于科学范围的形而上学的成分，与科学的思维方式是格格不入的。但是有一种很强烈的倾向，把这种意义上的本性[自然]和说明经验现象的原因的那些因素等同起来。关于自然法的规范性样式和解释性样式就倾向于合二为一了。只要理性的概念是实证主义的，即理性是"实证科学中表现出来的官能"，这就是不可避免的。于是，我们的理性使我们适应于现实，这个现实就一定是我们经验上的外部"事实"的现实。

在这种情况下，由于是按照行动的终极条件来决定目的，就出现了对这种条件直接理性的适应(direct rational adaptation)这样一个概念。在个人主义的实证主义的"左翼"中，在法国理性主义者中，在葛德文、欧文以及空想社会主义者中，这种思想倾向都很突出。从这种观点来说，既然每个人都使他的行动直接适应于终极条件，而且不必要有使他适应的中介手段，于是竟

---

⑬ "自然"在原文中为 nature，"人性"在原文中为 human nature，因而"人性的法则"亦即"人的自然法"。——译注

争便是无关紧要的了。在社会体系中,竞争是没有用的。因此,这些学派强调的是个人之间自发合作的过程——如果强调的是自由所带来的好处,就是一种强烈的无政府主义倾向;如果强调的是合作带来的好处,就是一种强烈的社会主义倾向。

于是,对霍布斯提出的秩序问题,我们得到了一个极端激进的答案——否认这个问题的存在。但是,只要这个观点还是真正实证主义的,它就实际上仅仅在概念体系的结构方面,在它关于行动决定过程的性质的概念方面,与我们讨论过的其他观点不同——在这个答案里,是通过对事实的理性理解来直接适应的,而在反智主义的结论中,是通过选择去间接适应的。但在这两种情况中,最后结果(或叫做终极决定性因素)都是一样的,即对条件的适应归根结底是由于受了这些条件本身的影响而完成的。确实,分析到最后,即使是过程的不同也消失了,因为既然"条件"最终是行动的惟一决定因素,主观方面就成了这些"事实"的单纯的反映,成了纯粹的附带现象了。[44] 于是,所有实证主义的溪流都汇入同一个海洋之中,那就是机械论的决定论。

效 用

现在回到享乐主义上面来。上面研究的这种形式叫做真正的心理学的享乐主义。也就是说,快乐被认为是行动的真正目的,而成为合理行动的真正原因,而具体目的的各种表面差异,只不过归结成了实现这个真正目的的手段的多样性,仅仅是我

---

[44] 它和达尔文主义的惟一区别是排除了选择的必要性。它的基础成了拉马克的生物学及其后天特性遗传学说。拉马克确实是与这种理性主义的思想倾向紧密联系的,就像达尔文与实证主义的反智主义紧密联系一样。

们固有本性的多样性和我们生活于其中的经验世界的反映。

另一方面,出于同一种考虑,同达到实际寻求的目的联系在一起的快乐的意义,还可能有另一种解释。即可能不把快乐看做真正的目的,而看做是不管什么样的真正目的的满足程度的标志。这种解释不是把快乐看做心理学因素,而最终也许要看做是行动的生理学因素在感情领域里的一种表现形式,是属于要用另一种范畴的术语加以说明的过程。在现代经济学的效用概念中,最近以来这一思想倾向获得了自我意识。

这样说来,我们就可以认为,所有经济活动的动机,都是力争把效用扩大到最大限度。但这就最终意味着,对经济关系中的秩序成分只能作为手段来探讨了。这种命题只是关于经济的合理性假设的一个后果,或是它的一种表述方式。换句话说,所有经济活动的直接目的,只要是经济目的,就都是谋求控制满足需求的手段。正是由于商品和劳务具有可以变换为满足可能目的的手段这种特性,对它们才可以用效用这个共同的指标来加以研究。这种普遍性的特性越强烈的事物,就越是纯经济性的事物。因此,典型的经济手段——纯效用的具体化,就是"一般交易权力(general purchasing power)",也即一种可以满足能够同经济多少连上一点关系的一切需求的手段。

于是,严格的功利主义意义上的效用,便成了衡量合理行动成功与否的一般尺度,即衡量是否成功地掌握了为满足各种随意性目的所需要的手段的一般尺度。但是,需求仍然是行动中的终极主观因素,效用却不是。在效用的概念里把与心理学享乐主义有联系的东西统统除去,就可以逻辑清晰地得出这样的立场来了。要把效用的概念如此净化,是十分棘手的;棘手并不足怪,因为,功利主义的实证主义社会思想在基础上就是不稳定的。因此,凡是真正坚持实证主义的,向激进实证主义过渡就不可避免。对经济学家来说,心理学的享乐主义自然就成了实现这种过渡的最简捷途径。因此,在实证主义语境中,"制度学派(institutionalist)"指责正统经济理论与享乐主义在逻辑上密不可分,⑮颇道出了几分真情。因为,激进的理性主义的答案至少在其竞争方面是不能接受的,这是由于它使竞争成了多余之事;而实证主义的反智主义暗中破坏了经济合理性的假设,带来了更为严重的后果。关于经济动机的效用理论是正确的,而享乐主义则是不正确的。但这意味着要对正统的经济学理论赖以发展的整个实证主义构架进行根本性修改。这种修改的特点,就是我们对头两个深入分析对象即马歇尔和帕雷托进行论述的两个中心论题之一。

进 化

最后,应该明确地论述一下进化概念在实证主义理论中的地位。可以确切地说,从霍布斯起直到十八世纪末,这个强大思潮的主要倾向是以对不变因素彼此之间的静态调适来思考问题的。后来,才逐渐出现了以进化过程来思考问题的倾向。

进化论的第一个重要阶段是在法国激进理性主义的背景下出现的,它的第一个重要人物是孔多塞。这种思想运动把实证科学的方法论最直接地运用于分析行动的主观方面。只要它还局限于实证主义所界定的理性官能的作用的范围内,就是倾向于用静态的方法思考。但是很快人们就弄清楚,虽然理性官能

---

⑮ 见米切尔(W.C. Mitchell):《人类行为与经济学》(Human Behavior and Economics),《经济学季刊》,1914年11月。T.凡布伦:《经济科学的偏见》(Preconceptions of Economic Science),见《科学在现代文明中的地位》(The Place of Science in Modern Civilization)。

是静态的,但它的产物科学知识却不是静态的,而相反地是从属于一个累积增加过程的。于是,行动不是直接由理性决定的,而是通过对条件的理性理解以及把这种理解得来的知识运用于指导行动来间接决定的。这样一来,具体结果将根据知识的充分与否而变化。

从这些考虑出发,出现了一种累积式社会变迁的理论,其中的能动因素就是不断累积的科学知识。这种理论就是社会进化的线型理论。在这个理论的发展过程中,限制行动合理性的那些因素(即前一章中说明过的无知和谬误)起了一定的作用,但这只是在发展的初级阶段才特有的,随着不断的发展它们也就逐渐消失了。任何特定阶段的非理性事物都是过程未完成的标志。

社会进化的理性主义理论是实证主义思想的一个极端。随意性需求本身很显然不足以成为能动的成分。在功利主义的基础上,同样只能由不断累积的科学知识来作为能动的成分——此时是作为手段和条件。因此,在这两种理论中,所强调的都是科学知识及其在技术上的应用。在仍属于实证主义框架之中、而不处在理性主义的极端或功利主义的极端思想中,能动性成分就一定是以某种实证主义的反智主义的术语表述的。

在最终的环境条件中没有任何能动性成分的情况下,能动性成分只能存在于改变遗传形式的因素之中,即只能存在于类似达尔文主义的偶然变异那样的因素之中(这里确定变化的决定性方向的因素是环境条件的因素)。因此,在实证主义思想的理性主义和反智主义的两个极端上,进化性的变迁过程的基本发展方向是同一个,即更好地适应环境条件。在一个极端上,适应是通过使用科学知识来直接地理性地适应,在另一极端则是通过在各种变异中进行选择来间接地适应。但在这两个极端上,适应的过程都是线型的,即不断累积地接近于一个趋近的目标(asymptotic goal)。重要之处在于,在严格的实证主义基础上看来,这些方法是惟一可能的方法。总而言之,只有功利主义的目的才具有积极作用,它不能作为关于变迁的理论的根据。因此,只要不把目的的任何改变作为其他因素的反映,就都应该看做是这种理论中的非实证主义成分的表现。[46]

至此为止,我们已经完成了本书所论述的各种思想的背景交代。下面首先要研究的是一个处于战略性地位的问题,即经济学理论的地位及其与功利主义立场的关系。首先要加以分析的理论家是阿尔弗雷德·马歇尔;从他和科学界其他人的观点看来,他在理论方面的注意力是集中在经济问题上的。在他如何界定这些问题及他对这些问题的研究方式之中,我们会发现一些极为有趣的问题。

第二步我们将分析威尔弗莱多·帕雷托的著作。他也是一位经济学家,但是,他在用一种社会学理论来补充他的经济思想的过程中,关于这两种学科之间的关系以及这两种学科与整个实证主义体系之间的关系的问题被他明确化了。最后,将详细研究埃米尔·涂尔干的思想。涂尔干以多少有些不同的方式提出了同样一些带根本性的问题,包括实证主义传统的又一个可能的逻辑结果——社会学实证主义的地位问题,对此我们将放在讨论过他的著作以后再详细论述。对这三位理论家的研究,就是本书中对实证主义社会思想的全部论述。前面已经提到,这些论述可以认为是,试图根据这三位理论家的著作,来探讨功利主义不稳定性的后果向着与激进实证主义倾向相反的方向发

---

[46] 在第四章中,将论述这个命题对于说明马歇尔思想中的某些成分的意义的重要性。

展下去会发生什么情况——这正是我们的研究所关注的。

在结束这个历史的简述的时候,为了防止出现误解,还需要再交代几句。对前文已经讨论过的理论概念,可以从两种观点出发进行探讨。本书主要对其中的一种观点感兴趣,即这些理论家本人总的来说所持的观点。也就是说,把这些理论概念作为从整体上理解人类在社会中的行为的一般性理论框架来研究。就此意义而言,我们认为,而且本书的论述将相当详细地证明,无论在经验上还是方法论上,所有各种样式的实证主义社会思想的立场,都是站不住脚的。

但这并不意味着同这些理论联系着逐渐形成的这些概念都是绝对错误的,因而对当前或将来的社会科学没有用处。相反,每一种已经形成的主要范畴,一般说来都在研究人类行为问题时有其持久的地位——当然,需要对这些概念加以限定和提炼。对这些概念的批评,不是说对它们不能适当地加以限定和限制,而是说不能声称用它们就可以恰当地形成一般社会理论的基础。如果由于我们这里为着某些理论目的,而严厉地批评了实证主义的社会理论,就认为其中所使用的概念对于任何与所有目的而言都是站不住脚的,那将是一个严重的误解。相反地,我们将力图提出一个一般性概念体系的纲要,那些概念中有价值的重要成分将会在其中得到合理的位置,以免因为对它们运用于实证主义范围内所产生的经验性结果进行总体批判,而丧失了它们中间的合理成分。[47]

---

[47] 制度学派对正统经济学理论的概念工具进行的否定是这方面的好例子。他们使用这些概念进行的批评,在结论方面常常在经验上是正确的;但在理论的层次上,他们照样错得一塌糊涂,因为他们看不到,怎样才能避免把同样的概念使用于不同的概念框架所造成的后果。

第二部分

源于实证主义传统的唯意志论行动理论的出现

第四章 阿尔弗雷德·马歇尔：需求和行动及经济学的范围问题[①]

第三章中已经讲到，以利益的天然同一性为前提的那个功利主义思想流派，着重于从经济关系理论的分析来研究人类行动。古典经济学就反映了这种倾向，其中的几个突出侧面我们已经进行了概要的考察。到了十九世纪最后四分之一的时候，这个思想形态发展到了一个新的阶段。它虽然还属于这种功利主义流派的逻辑框架，在经济理论内部的结构上却发生了重大变化。因此熊彼特教授已经正确地把现代效用学说同古典理论体系明确加以区分。[②]

边际效用原理的发现具有伟大的革命意义，它标志着一个新时代的来临。如前所述，劳动价值理论来源于洛克关于自然状态的概念。从这一点来说，劳动价值理论在古典经济学体系中所处的地位，是可以理解的。但是，至迟到了李嘉图的时候，用这种理论说明问题已经非常困难，以至于引起了李嘉图的严

[①] 本章前一部分的主要内容(只有少量改动)原载于《经济学季刊》，1931年11月号，标题为《马歇尔的需求和行动》(Wants and Activities in Marshall)。感谢季刊的编辑们允许我使用这个材料。

[②] J.A. 熊彼特：《国民经济学原理》(Dogmengeschichte der Volkswirtschaftslehre)；《社会经济学概论》(Grundriss der Sozialoekonomik)，第一卷。

重忧虑。③ 但是在其后的五十年间,古典经济学体系仍然维持了它的科学权威地位,这主要是由于没有找到更好的理论来取代它。

130　　从技术角度来看,主要的困难是对于需求方面的价值④ 问题未能找到令人满意的解决办法。人们都承认,物品的稀缺是价值的必要条件;同时,从"主观"方面来说,古典经济理论中的价值包括两个不同的方面,叫做"交换价值"和"使用价值"。困难在于如何把两者联系起来。在缺乏这个联系原则的情况下,只好转而求助于供应状况。边际效用的观念就弥补了缺少的这个环节。它建立在这样一种见解的基础之上,即对需求的一方来说,与决定交换价值有关的,不是每一单位时间消费的商品总量的使用价值,而是这个使用价值——即"总效用"——以外、可被看做是由于供应方面在最后一个单位时间产生的增长部分;也就是消费率稍有变化时所造成的差别。这种使用价值或效用的增值,就叫做边际效用。这个基本原理一经发现并付诸使用,就合乎逻辑地随之出现了经济理论的具有深远意义的改造,从而把古典经济学体系中的主要特点排除掉了。正是应该在这种背景之下理解马歇尔与本书论点的联系;在英语国家,他是这一进程中最显著的人物。

活动和效用理论

在研究主要论题之前,应该先叙述一下马歇尔思想的一个

---

③　大卫·李嘉图:《政治经济学原理》(Principles of Political Economy),第一章,冈纳(E. C. K. Gonner)编;《李嘉图给马尔萨斯的信》(Ricardo's Letter to Malthus),詹姆斯·邦纳(James Bonar)编。

④　"价值"一词当然是从经济学的专门意义上说的。

重要特征——即它所号称的经验主义。马歇尔对"冗长的演绎推理"⑤非常怀疑。他始终认为经济学研究对象是属于具体现象范围的——是"对人们日常生活事务的研究"。⑥马歇尔虽然没有明确地说经济学是包罗万象的,却一直拒绝系统地说明它与其他社会科学之间的联系。在这种经验主义方面,马歇尔与他在英国经济学界的前辈和同辈是完全相同的。他们谁也不可能采取任何其他立场——但其后果却同样重要。而且,他过分小心翼翼地试图紧紧盯住他所研究的范围(当时的商业和劳动)的具体事实。⑦

尽管持有这样的经验主义立场,马歇尔建立在效用概念上的经济学理论思想的重要性是无可怀疑的。虽然他不是第一个发表边际效用原理的人,但凯恩斯权威性地宣布,马歇尔是独立地发现这个原理的。⑧在作为研究财富的科学的经济学概念里,效用居于中心位置实际上是必然的。因为,现代的财富概念是建立在效用概念之上的;只要财富是一个量,它就包含着"满足"或"效用"。⑨当然这也适用于"生产",生产就是生产效用。因此,物质商品也是以效用概念为基础的,因为它是效用的载体或者能够满足需要。在这个基础上,马歇尔建立了一个庞大的理论结构。在谈到马歇尔发现了边际效用时,凯恩斯把他比做

---

⑤ 阿尔弗雷德·马歇尔:《经济学原理》(Principles of Economics),第八版,第781页。

⑥ 《原理》,第1页。

⑦ 见A.C.皮古编:《阿尔弗雷德·马歇尔纪念集》(Memorials of Alfred Marshall),里面所收录的J.M.凯恩斯写的回忆文章。

⑧ 见前引《纪念集》,第23页。

⑨ 见F.H.奈特:《效用理论与经济学方法的关系》(Relation of Utility Theory to Economic Method);载于赖斯(S.A.Rice)编:《社会科学方法》(The Methods of Social Science),第65页。

瓦特。他说,马歇尔像瓦特一样,"静悄悄地坐下来制造一部发动机。"⑩ 这部发动机很明确地是以他发现的新原理为基础制造的,就像瓦特制造的发动机一样。

在这方面看来,马歇尔经济学理论的两个出发点是效用概念和边际观念。其重要结果之一是消费者剩余(consumers' surplus)的概念。但是他主要的推理思路使他遇到了一般价值的问题;在这个问题里,他本人的另一个概念,即替代原理(principle of substitution)起着很大的作用。这反过来又引起了用效用观点对生产成本加以规定性的解释,这种解释与我们现在常说的机会成本(opportunity cost)基本上是相同的,亨德森称之为转让成本(transference cost)。⑪ 用同样的方法分析生产者的价值,则又呈现出问题的另一方面,即财富分配理论。这个理论中的主要概念——边际生产率(marginal productivity)概念,也是从效用概念衍生出来的;因为经济学意义上(区别于技术意义上)的"生产",就是对满足需要的手段的分配。最后,整个观点被概括为最大限度满足学说(doctrine of maximum satisfaction)。马歇尔虽然以消费者剩余和其他限定对这个学说有很重要的批评,但他仍然承认这个学说是基本有效的。

马歇尔经济思想中的这个方面,形成了依赖于某些假设并且在特定范围内总的说来有效的一个单一的自成体系的整体、一个逻辑体系。对其中最重要的一些假设可以总结如下:(1)整个制度是建立在竞争基础上的。马歇尔也考虑到了垄断,但却是分开考虑的。对他来说,"正常"一词通常意味着"竞争"——

---

⑩ 见前引《纪念集》,第23页。

⑪ H.D.亨德森(H.D.Henderson):《供应与需求》(Supply and Demand)。这当然不是马歇尔对成本问题的最后结论。对这一点的讨论,参见下文[边码]第146页以始。

至少在相对意义上是这样的。[12]（2）这个体系假设需求的产生与满足需求过程的效用方面无关，也就是说，需求在经济平衡问题中是常量。整个概念与满足既定需求是相关的，与这些需求为什么存在则无关。（3）假设所有非固定经济资源实际都是流动的和可分的。（4）行动必须合理地指向满足需求。应该注意的是，所满足的是作为消费者而不是作为生产者的人们的需求；并且，在竞争条件下，暴力和欺诈这两个因素都被排除在外了。这部分地是由于竞争的压力造成的，除此之外，还因为有一个建立竞争规则并对违反规则者进行处罚的合法权威。

效用理论有两个贡献。首先，在以上假设有效和可行的情况下，它说明了经济过程为什么是如此这般的。其次，它提供了一种经济效能的准则，即在一定条件下对资源的最佳分配和最大限度地满足需求。这两种结果都被马歇尔加以应用了。需要注意的是，对经济概念的规范性应用特别依赖于上述的两个假设：需求的独立性和行动的合理性。一方面，满足已知的需求是借以评价一个经济过程的效能或合意性的惟一可行标准。如果目的本身随着达到目的的过程而变化，那个标准也就不复存在了；这个论点就成了循环论证。另一方面，满足需求这个过程本身，就是对行动的合理性的最概括和最明显的说明。合理性这个概念如果不同一定的目的联系起来，它就是毫无意义的；[13]同样，若不是就其与合理的满足需求的不同方面来着眼，不合理的满足需求也就没有意义了。当然，这并不是说所有的行动即使从这种狭隘的意义上说实际上都是合理的；而仅仅是指，行动

---

[12] 这一点主要是在他考虑到时间因素时才得到修正。

[13] 当然，这并不是说目的本身应该是合乎理性的或"合理的"，那将涉及到理性更广泛的涵义，这不在本书讨论范围之内。合理性这个术语现在使用的意思与"效能(efficiency)"一词相同。详见第二章，[边码]第56页以始。

的合理性是衡量叫做"经济"的抽象行动的一个主要标准。下面将讨论马歇尔对这两种假设对于具体世界的正确性究竟信奉到什么程度。

不能认为,马歇尔思想中的这种成分,是在他的著作中脱离他的其他观点形成的一个完整的逻辑体系,而且他自己也并不承认如此。他的经验主义使他不能做到这一点。同时,他在做出上面这些假设的时候也并不总是很明确的。相反,在他的思想体系里,这些成分与其他思想成分紧密交织在一起。这是马歇尔以"冗长的推理"毫无用处为借口,拒绝为他的抽象观点推导出逻辑结论的自然结果。但是,有必要对他的这种未明确表述出来的逻辑体系的概况进行描述,以期通过对照的方法来清楚地了解他的学说的另一个方面(本书对此特别感兴趣)。值得注意的是,凯恩斯列举的马歇尔的《经济学原理》一书的各个主要贡献,在这个体系中都是适合的;⑭ 只有以下几点例外:时间因素,这是《经济学原理》的重大贡献,但是对我们现在研究的问题没有任何影响;⑮ 叙述历史的各个部分以及对李嘉图—杰文斯争论的所谓结论。这两点将在以后讨论。由于凯恩斯把效用成分摆到了显著的地位,并且马歇尔的一些追随者(特别是亨德森)在他们的著作中把它进一步突出了,因此,我们有理由把它称为马歇尔专业经济学理论的支柱。但是,这种理论对马歇尔的整个思想具有怎样的支配作用,这一点我们在讨论过程中必须要搞清楚。最后凯恩斯在列举《经济学原理》的贡献时,根本没有提到马歇尔对于生产要素的供应的论述,这可能是意味深

---

⑭ 《阿尔弗雷德·马歇尔纪念集》,第41—46页。

⑮ 这里指的是凯恩斯所说的某种特定的理论意义。从更深一步的方法论范围上说,时间因素可能有着至关重要的意义。

长的——马歇尔自己对这个问题很重视,而且这一点肯定是他与他的前辈在某些重要方面分道扬镳的标志。

为了剖析马歇尔思想中除了效用理论外的其他成分,最好是从他的经济学的各种定义入手。他在《经济学原理》中给出的第一个定义,是前面引过的这样一句话,即"对人类日常生活事务的研究。"⑯ 这句话当然是够包罗万象的了。接着的一句话对此作了限定:"它考察的是个人行动和社会行动中与获得和使用物质生活必需品有密切联系的那些部分"⑰。但是,马歇尔未能局限于"物质的"⑱ 必需品。在其他场合,他把经济学说成是特别关注用货币来"衡量一个人的动机的力量"⑲ 的一门科学,"正是这种明晰和精确的货币尺度使得经济学胜过了其他所有对人进行研究的科学。"⑳ 然而,不管用货币衡量的可行性对马歇尔来说在某些方面是多么重要,㉑ 他关于经济学范围的概念如此广阔的真正意图却在其他方面。后来,在《经济学原理》一书的开头部分说明经济学的研究范围的时候,马歇尔接着说道:"因此,它一方面是对财富的研究,另一方面更重要的是对人的研究的一部分。因为,人的特性(character)㉒ 是由他每日从事的工作以及由此获得的物质财富形成的,这一点远胜于除了他的宗教理想之外的任何其他影响……"㉓ 马歇尔在此明确指

---

⑯ 《经济学原理》,第 1 页。
⑰ 同上书,第 1 页。
⑱ 马歇尔没有能够把这个在经济学上模棱两可的术语讲得更清楚。
⑲ 《经济学原理》,第 15 页。
⑳ 同上书,第 14 页。
㉑ 对此问题的进一步讨论,详见[边码]第 171 页以始。
㉒ 重点号是本书作者加的。
㉓ 《经济学原理》,第 1 页;又见 A. 马歇尔及 M. P. 马歇尔:《工业经济学》(Economics of Industry),第 4 页。

出,对满足需求的机制(它是效用理论的主题)的研究,仅仅是经济学的一部分,而且是较次要的部分;更重要的是经济条件与人类特性的关系问题。

马歇尔发现这种关系的一个方面,是贫困使人类的品性低下,并从而使工业的效率降低。虽然贫困问题在他的思想中占据了首要的地位[24],他对这个问题的论述仍然可以认为主要是从效用概念出发的。他对人的特性感兴趣的另一个方面也是我们这里最有兴味的。他认为本身在很大程度上即是目的而无外在动机的经济活动类型,是形成人类特性中最高贵品质的主要力量,也是这些高贵品质的主要表现场所。

在马歇尔心目中的这些经济活动类型和人的特性是什么,主要可以在他关于"自由工业和企业"的论述中找到具体的说明,它们是同"自由工业和企业"紧密联系着的。这些美德包括两种:一方面是活力、首创精神、进取心,另一方面是合理性、节俭、勤奋和正当经营。与之相对照的一方面是懒散、迟钝、屈从习惯和庸庸碌碌,另一方面是奢华、铺张、浪费和言而无信。马歇尔深信,人的特性中的这些品质以及培育和表现这些品质的活动,具有绝对的价值和重要的作用——这是他把对人的研究同对财富的研究一起归入他的经济学定义的主要原因,也是他的总体思想中与"效用经济学"并驾齐驱的内容。本书研究马歇尔的著作,主要就是要对此加以证明。

前面已经谈过,按照严格的解释,效用经济学不得不假定它所研究的满足需求中的需求作为数据是给定的。正是在这个假定能否证明属实的问题上,马歇尔对于经济活动的注意点才初次显露出来,其表现形式部分地决定了他在一个重要的专门理

---

[24] 见《阿尔弗雷德·马歇尔纪念集》,第16页。

论问题上的立场。

正是由于马歇尔对效用理论进行了非常深入的研究,他研究需求这个问题时所持的谨慎态度就更显得突出。虽然马歇尔也承认,"需求或消费问题最近遭到了某种程度的忽视"㉕,并且"越来越多的人相信,李嘉图总是不适当地强调生产成本已经造成了危害,"㉖但他仍然勇敢地为李嘉图辩护,说李嘉图主要是被人误解了,而不在于他的错误。马歇尔明确地拒绝把消费理论作为"经济学的科学基础",在他对需求问题的整个论述中,最突出的是要人提防容易产生的误解,而不是强调他对这个研究的积极贡献。

这些容易产生的误解是什么呢?这显然与怀疑边际效用原理或消费者剩余原理的十全十美无关。㉗使他感到担心的不是积极的错误,而是由于疏忽所引起的消极错误。下面这段值得注意的话,暗示了他认为可能受到忽视的问题:"孤立地研究他的[人]生活的经济方面之所以有益,仅仅是临时的权宜之计;在把这个方面作为整体㉘放到一起考虑的时候应该小心从事。现在对这一点需要特别强调,因为有迹象表明,由于李嘉图及其追随者比较而言忽视了关于需求问题的研究,因此所引起的反弹已经走向了相反的极端。重复一下他们有些过于专门地详细论述了的伟大真理㉙仍然是很重要的。这个伟大的真理就是:虽然需求是低级动物生活的支配者,但要想探寻人类历史发展

㉕ 《经济学原理》,第84页。
㉖ 同上。
㉗ 应该记住,马歇尔自己就是发现边际效用原理的人。
㉘ 重点号是本书作者加的。
㉙ 重点号是本书作者加的。

的基调,就必须从人类的努力和活动方式的变化中去寻找。"㉚

很明显,人类活动对需求的影响的重要性,决不仅仅是一个一般的断语。从马歇尔对李嘉图及其追随者的论述可以看出,他同样认为,古典劳动价值理论作为一种专门理论能够考虑到这个事实正是它的一大优点,而强调需求的效用理论却有忽视这一事实的危险。但是从经济学理论的专业观点来看,劳动价值理论和效用理论之间的关系是,后者比前者对某些一定的事实所作的解释范围更广也更准确;也就是说,劳动价值理论作为更广泛的效用理论中的一种特例是正确的,它要依赖于某些附加的假设,㉛ 这些假设在以后的许多理论家看来,比效用理论中的假设更值得怀疑。当然,李嘉图是一个纯粹的理论家。就可以查实的情况来说,他对于需求对动物以及人类行为的作用问题没有什么论述,㉜ 即使有,当然也与他那相对来说比较狭隘的理论范围无关。而且如果有人说,李嘉图主要致力于生产成本问题是因为他意识到了这个问题更为重要(马歇尔就这样说),这似乎纯粹是虚构的。㉝ 虽然他确实意识到了需求的重要性,但他却没有理解它的作用。事实上,正是因为他不能理解总体效用和边际效用的区别,他才不得不转而求其次,以劳动成本作为说明问题的原理,而这个原理的缺点他本人就看得很清楚。假如他知道边际效用原理,他也就不大可能被当做劳动价值论

㉚ 《经济学原理》,第85页。在同一页上,他说他赞成研究需求问题,仅仅是"把需求与人类的努力和活动联系到一起来进行考虑的。"

㉛ 当然最重要的是,劳动以外的成本因素在所有商品生产的边际成本中所占的比例,与劳动成本因素所占的比例一样大。

㉜ 马歇尔提出这个显然荒唐的观点的原因即将在下面讨论,见[边码]第139—140页。

㉝ 《经济学原理》,附录一,第二部分。

的倡导者了——而马歇尔却是这样看的。

马歇尔本人关于效用问题的理论学说,已经足以说明他与李嘉图是分道而驰的,㉞但是为什么他还如此强烈地为李嘉图辩解,甚至在李嘉图那儿看出了他关于非理论性问题的观点(而李嘉图自己是否持有这种观点却是大可怀疑的)?为什么他对为自己辩解的关切,远远超出了在经济理论上对那种认为他过分强调了需求的疑虑进行驳斥的必要性之外?为什么他如此执著于供应问题的重要性?㉟这些问题确实都是非常复杂的,并且对任何范围广泛的经济政策都会产生极其重要的影响。马歇尔就是出于这两方面的原因对它们产生了兴趣。但是现在说来还有一个更重要的原因。马歇尔对供应,特别是生产要素的供应问题感兴趣的主要动机之一——更可能是惟一的主要动机——无疑是:经济生活中表现出来的活力类型、活动类型和特性的类型,同专门的经济理论正是在这个问题上发生了最直接的紧密联系。㊱

如果把经济秩序严格地视为满足需求的机制,就会把满足需求过程中的活动化约为达到某一目的的手段,而在这些活动中表现出来的人类品性也就被化约成同样的手段了。㊲但是马歇尔即使是出于方法论方面的有限考虑,也很不愿意接受这个

㉞ 见前引熊彼特的著作。

㉟ 对杰文斯的个人嫉妒当然很可能起了一定的作用。杰文斯在马歇尔之前发表了边际效用理论,但他可能并没有早于马歇尔发现这个理论。鉴于杰文斯的成就的重要性,马歇尔对他的理论所作的评价确实不够充分。但是用偏狭的个人感情来解释重要的科学观点,这总归是非常值得怀疑的做法。如果有别的更加深刻的解释——我确信马歇尔会是这样的情形——沉溺于用个人性格来说明问题就不过是徒劳的。

㊱ 本章下一节将详细讨论生产要素的供应问题。

㊲ 当然,这只是为了某些科学上一定的有限目的。

含义,因为,对他来说,人类特性的发展变化是人类生活中的主要问题。因此,即使是在更为抽象的经济学问题中,他也主要是对与社会生活的这些方面最有关的问题感兴趣。他的这种兴趣甚至影响到他对需求问题本身的分析,所以他说:"对研究需求的科学的主要兴趣,来自于研究努力与活动的科学。这两方面的研究互为补充,两者之中任何一项研究离开了另外一项都是不完整的。"㊳ 但是,马歇尔毫不含糊地对于这两者的相对重要性表示了自己的看法:"如果可以说两者当中的哪一项研究,无论从经济方面或任何其他方面都更能解释人类历史,那也是关于活动的科学而不是关于需求的科学。"㊴ 即使是在价值理论中,他也明确拒绝对需求不加探本溯源就用来作为终极数据。㊵

139　　而且,马歇尔之断定活动的重要性,不仅是为了消解对需求问题的过度强调,而且直接成为他的积极的消费理论的一部分。这个理论中围绕着边际效用和消费者剩余原理的部分与满足需求的活动无关,但是,就马歇尔提出的任何更为积极的理论来说,都是以需求与活动之间的关系为基础的。先来看看他关于生活标准的学说。马歇尔没有像他的古典经济学前辈那样,把用以限制人口增长的生活习俗都包括在生活标准之内,而是把他所说的"生活标准"和"舒适"的标准加以严格区别。前者的意

㊳　《经济学原理》,第 90 页。

㊴　《经济学原理》,第 90 页。着重号是本书作者加的。

㊵　霍曼(Paul T. Homan)教授只是没有恰当地考虑问题的这个方面,因此他才说马歇尔"对于需求问题的科学研究没有取得什么进展。于是,他后来的分析大都局限于研究供应问题了。"见霍曼:《当代经济思想》(Contemporary Economic Thought),第 226 页。不管马歇尔对需求问题的研究有哪些缺点,那都不是他强调供应问题的主要动机。

思是"随需求调节的活动的标准。"㊶ 提高这个标准意味着"提高智力、精力和自我尊重;将导致在花费方面更加小心谨慎和需要更多的判断力,避免那些只满足食欲但不能给予力量的食物和饮料,并避免对精神和肉体都无益的生活方式。"㊷ 而提高舒适标准"可能意味着只是增加人为的需要,其中最突出的可能是偏于肉体方面的需要。"㊸ 对于提出这个学说的初始理论用途来说,这种区别可能像是没有意义的。但是按照马歇尔对这些满足需求的活动本身的兴趣说来,"随这种活动调节的"需求的变化和"人为的"㊹ 需求的变化之间的区别,就是重要的了。

再进一步说,对于马歇尔关于需求问题的陈述加以仔细推敲,可以发现他把需求分为三类。当他在没有任何限定的情况下使用这个术语时(例如在前引的关于"伟大的真理"那一段里)或者当他说"人类发展的早期阶段的需求所引起的人类活动"㊺时,这种支配低级动物和人的早期阶段的需求,不是一般意义上的需求,而只是生物性的需要。㊻

㊶ 见《经济学原理》,第689页。马歇尔确实在这里讲的是"随需求调节"的活动。然而,在其他段落里,他把主要强调之点放到活动上,总体来说,两者的关系就是交互的了。因此,在解释马歇尔的理论时,按照"随活动调节的"需求和不随这种活动调节的需求来对需求进行分类是很合情合理的。

㊷ 《经济学原理》,第689页。

㊸ 同上书,第690页。

㊹ 很明显,"人为的(artificial)"一词表示一种价值判断,这并非强加于马歇尔,而是在他的整个思想中根深蒂固的。

㊺ 《经济学原理》,第89页。

㊻ 这个意思从上下文看起来很清楚。他在《经济学原理》第87页中提到,"由自然原因引起的对衣服的需要",又提到房屋"满足了遮挡风寒的迫切需要"(第88页)。他在这两处都提请人们注意,实际的生物性需要在衣食住行的具体需求中只是一个微小的因素。从这一点他得出结论说,不能仅仅从"需要"这一点上来理解需求。

毫无疑问，除了那些认为人的所有行动完全是由生物性的生存竞争所决定的社会学家以外，大多数社会学家都同意马歇尔的观点，即这种特殊意义上的需求不能恰当地对行动进行解释。但是为什么这么狭隘地用需求本身来说明需求呢？大多数效用经济学的现代拥护者肯定不会这样做。

第二类指的是"随活动调节的"需求，这些需求是"生活标准"的一部分，满足这些需求可以"给予力量"，即提高劳动效率。[47] 马歇尔说："每一步新提高都应当被看做是产生新的需求的新的活动的发展"时，所指的就是这一类需求。[48] 他只对这类非生物性需求冠之以"自然的"这个形容词。而且这个所谓的自然，部分是由于这类需求不仅仅是随活动来"调节"的，而且更其是由这种活动所引起的。最后，第三类包括与"舒适标准"有关的需求。提高这种需求"可能意味着只是增加人为的需要，其中最突出的可能是偏于肉体方面的需要。"这种需求看来完全是恣意妄为的，在生活中没有坚实基础。[49]

141 至此，已经足以清楚地说明马歇尔的下述观点，即文明人类之所以超过动物和野蛮状态，乃是由于他们全心全意地献身于一些特殊的活动，于是人类的某类特性发展起来。不随这些活动调节的需求，即使从经济学角度来说，也不是最终目的，而只

---

[47] "提高任何行业或等级的生活标准都会提高它们的效率。"见《经济学原理》，第689页。

[48] 同上书，第89页。

[49] 《经济学原理》第89页脚注所说"胡作非为的时尚邪恶地统治一切"和马歇尔在许多场合（例如见《阿尔弗雷德·马歇尔纪念集》，第102页）用非常贬义的方式提到的"放荡之徒"的庸俗，指的可能就是这一类需求。他满意地指出，"闲暇时间仅仅用来呆着的机会已经越来越少了；越来越多的人希望得到那些有助于活动的发展而不是沉迷于感官欲望的娱乐。"《经济学原理》，第89页。这离真正的功利主义的随意性需求大约已经不远了。

是"人为的"。生活的真正目标在于那些本身被当做目的来追求的活动。[50] 马歇尔所说"对研究需求的科学的主要兴趣,来自于研究努力与活动的科学",似乎指的就是这个意思。

生产要素的供应

围绕经济学的范围进行的最大争论,可能是单靠经济学能够在多大程度上说明生产要素的供应问题。古典经济学家们把他们的信心建立在马尔萨斯的人口学说上,他们的主张范围非常广泛。这种观点最近确实遭到强烈的反动。经济学家们正在越来越倾向于把负担转嫁给心理学家或社会学家。但是和他对待生产成本的态度一样,马歇尔在这个问题上坚持传统的观点,试图在自己的经济学的框架内建立起一种完整的人口、劳力(labor exertion)和储蓄的理论。[51]

在论述劳动供应问题的第一个方面,即劳动供应的紧张程度方面,马歇尔认为它与工资有明确的函数关系。他关于这个问题最概括的表述是:"我们可以这样说,增加报酬可以立即引起有效劳动的增加,这是一条规律。这一规律的例外情况很少是大范围的……"[52] 从上下文看来,他很明显地是在考虑报酬对个人努力的直接作用。

当然,马歇尔并不认为这种关系是普遍的。但是,他所提出

---

[50] "从健康地、有创造性地发挥才能是人生目的这一最佳意义上说,工作就是生活本身。"见《阿尔弗雷德·马歇尔纪念集》,第115页。"社会利益主要在于那样健康地实现和发展才能,这样做可以产生幸福而永无厌倦。"同上书,第310页,第367页。后一陈述是对享乐主义思想的一种有趣的曲解。
[51] 这是他的经验主义倾向的一个特别明确的表现。
[52]《经济学原理》,第528—529页,第142页。

的主要例外非常引人注目:"经验似乎表明,如果工资提高到只需较少的劳动就能得到惯常的享受,那么越是无知和迟钝的种族和个人(特别是如果他们生活在南方的话),他们工作的时间就越短,而且工作时也越不努力。但是,那些思想境界比较开阔、性格比较坚毅而开朗的人,则可能报酬越高就工作得越卖力,工作时间也越长,除非他们宁愿转而从事比获得物质利益更高目的的活动。"㊼

对于马歇尔认为是存在着的对增加报酬的反应方式,通常有两种解释。一种是享乐主义的解释。然而,这种解释在说明超过一定限度的追求时便产生了困难,除非把悠闲安逸假设成没有享乐主义的价值,而这是不可能的。马歇尔对于比较先进的民族旨在获取的活动(acquisitive activity)没有加以任何限定,这一事实本身就使得他在说明这种情况时不可能严格坚持享乐主义观点。㊽ 第二种解释是一种获取的本能的假设,它至少有避开这种困难的长处。本能是毫不顾及结果的。但是如果把"思想境界比较开阔的人"说成是受一种本能的支配,而这种"本能"却主宰不了"比较无知"的人,那将是十分奇怪的。恰恰相反,马歇尔也不是这样解释的。"比较无知和迟钝的种族"的行为,使人很容易联想到部分是由享乐思想、部分是由本能引起的;但是较为开化的人们的行为则是因为"生活标准"的提高,包括由于新的活动产生了新的需求所决定的。按照马歇尔的解释,现代人在他们的工资增加以后之所以愿意多工作而不是少工作,就是出于这个原因,而既不是由于享乐思想,也不是由于

㊼ 《经济学原理》,第528页。着重号是本书作者加的。
㊽ 马歇尔未能坚持享乐主义哲学还有各种其他原因。

本能的贪婪。⑤

当然不应忘记马歇尔提出的一个例外情况——有些人"宁愿转而从事比获得物质利益更高目的的活动。"但值得注意的似乎是,他赋予这种情况的重要性是如此之少而非如此之多;他使用的最强烈的措词是这种情况"并不缺乏重要性。"㊌ 这里丝毫没有追求经济利益这种卑劣欲望的意思。我们确实可以说,马歇尔在总体上认为商业领域㊍ 是发挥人类特性中最高贵的品质的主要场所。在这个过程中获得的财富不是目的,而只是一种副产品,并且是一种并非没有危险的副产品。㊎

应该注意到,就马歇尔的"活动"本身即是目标、工作即是"生活的目的"来说,没有理由认为活动的发展会导致劳力仅仅随着工资变化就有更大的回应。恰恰相反,它应当引起对于单纯的工资的淡漠,至少在工资达到可以使体力充分发挥的必要水平以上时是如此。但是在马歇尔看来,活动的发展不是一个孤立的过程,需求总是随之而扩大,这些需求都是随活动调节或由活动引起的。这种回应显然是从活动与随活动调节的扩大需求之间的相互关系中衍生出来的。然而,引人注目的是,马歇尔总把这种回应设想为是向上的,即增加报酬就会导致提高工作效率。虽然他自己没有这样明确地说,但是读者会从而想到只

---

⑤　请与马克斯·韦伯关于传统与"资本主义精神"之间关系的观点比较。见《新教伦理与资本主义精神》(The Protestant Ethic and the Spirit of Capitalism),第二章,另见本书第十四章。

㊌　《经济学原理》,第529页。

㊍　见 D. H. 罗伯逊(D. H. Robertson)收录在《经济札记》(Economic Fragments)中的《关于纪念集的评论》(Review of Memorials)。

㊎　见《阿尔弗雷德·马歇尔纪念集》,第102页。

有生理学的或享乐主义的原因才会导致相反的关系。⑨ 还应该注意到,马歇尔在这里考虑的需求的扩大,涉及到一种非常特殊类别的需求,即"随活动调节"的需求。其他需求("不过是伪需求的增加"),就要导致大不相同的结果。

如此,马歇尔在关于劳力的论述中,保留了他的先辈的基本学说,即努力与报酬之间紧密的函数关系,但是起码在解释现代的情况时他抛弃了他们的享乐主义观点,而代之以他自己不断提高的生活标准以及随活动调节的需求的概念。他对人口问题的论述也与此非常相似,也是在表面上坚持了他的前辈的学说,但用他自己的方式加以重新解释了。他一开始就宣布,马尔萨斯关于人口供应问题的学说是基本正确的。⑩ 并且,在更加具体地探讨这个学说的含义时,他似乎认为马尔萨斯的观点原原本本地适合于历史上的多数时期,甚至今天也适用。他说:"在世界的大部分地区,工资几乎⑪ 都受所谓铁的法则或铜的法则的支配,这个法则把工资水平同抚育和供养一个颇为低效能的劳动者阶级的花销紧紧联系在一起。"⑫ 如其他大多数马尔萨斯主义者一样,马歇尔并不认为在这种时候只有积极的控制才发挥作用,他也多次提到了若干种预防性措施,特别是制度性的措施。⑬ 但是,他仍然坚持那个主要论点,其实质就是固定的生活标准。随着经济情况的变化而变化的是人数,而不是

---

⑨ 这是他的学说的一个突出例子,即如果把许多经济过程倒过来,就不能回到原来的结果。

⑩ 《经济学原理》,第 179 页。

⑪ 在马歇尔的叙述中,很难找到没有加上"几乎"之类的限定词的情形。

⑫ 《经济学原理》,第 531 页。很明显,这里所指的那些人就是前面叙述过的"较为无知和迟钝的种族"。

⑬ 《经济学原理》,第四册,第四章,第四、五、六节。

标准。

但是,马歇尔明确地否认工资铁律适用于现代西方国家。西方世界已经莫名其妙地冲破了这个恶性循环。然而,他总结这个问题时认为,"相当于劳动收入增长额的其他东西提高了劳动增长率。"换句话说,即使在西方国家,劳动的供应一般也是经济原因的反应。但这样一来区别何在呢?除非马尔萨斯的法则丝毫未能废弃,否则只能以前引一句话中马歇尔对劳动一词的说明来解释。从上下文可以看出,它不可能单纯指劳动者的数量;在西方世界,它的"增长"还包括随着生活标准提高而出现的效率提高。他指出,"即使在今天的英国,人口主体的大部分消费都是用于维持生活和精力的——在这些严格说来还不属于提高效率的经济手段的开销中,大部分有助于使人们培养成随机应变的进取习性,使生活丰富多彩——若非如此,人们将变得笨拙迟钝、毫无建树,虽然他们擅于苦干。"[64] 因此,"高效率劳动所得的收入,与供养和培育高效率工人以及维持和充分发挥其能量所需要的最低开销相比,高不了多少。"[65] 于是,随着实际工资的提高,"劳动量"增加了,尽管工人数量至少并没有按同一比例增加。工资除了产生劳动的成本之外几乎没有什么多余,因为效率的提高(直接或间接地由工资的提高所引起的)与产生劳动所需的成本几乎是同步的。

效率的提高又由于活动提高到了更高的水平。因此,马歇尔一方面在形式上坚持古典经济学关于劳动的供应随着劳动的需求价格而变化这一规律,另一方面至少在说明现代西方国家的情况时,又根据他自己关于活动的重要性的中心思想加以一

---

[64] 《经济学原理》,第 531 页。
[65] 同上。

番解释,这是他与马尔萨斯的一个根本性分歧。还应该注意的是,他的解释与他关于需求的分类相一致。当人类受动物性需求(如繁殖本能)或一个固定的生活标准("舒适标准")支配的时候,工资铁律是适用的。人类只有通过提高"生活标准"才能逃脱这个法则,而提高生活水准的基本因素正是需求所据以调节的那种活动。

在资本的供应和储蓄的动机等问题上,马歇尔的论述没有关于劳动的供应问题那样多。但是,他所作出的论述可以用同样方式来理解。他明确地说:"资本利率的提高……将增加储蓄量。……提高利率将促进储蓄的愿望,这几乎是一条普遍规律;它还常常增加储蓄的能力。"⑯ 这样,马歇尔就明确地坚持了利息和储蓄量之间的函数关系。但是,他显然并不认为为了将来利益的享乐愿望是储蓄的主要动机,并不认为凡是超出基本的享乐主义的动机都有助于促使人们去工作。恰恰相反,他认为,储蓄的动机是非常复杂的;替别人着想,特别是家庭感情在这里起着很大作用。⑰ 实际上,下面这段话已经触及了利息主要是吸引储蓄的诱饵这一古老的传统观念:"虽然人性保持不变,利率的每一次降低似乎都会引起更多的人减少储蓄,否则的话他们是不会减少储蓄的。"⑱ 他强调的重点是,储蓄的习惯更是合理性的标志,而不是享乐主义行为的标志。⑲

---

⑯ 《经济学原理》,第 236 页。

⑰ "对其他人的亲情是资本积累的主要动机之一,如果不是惟一主要动机的话。"见《工业经济学》,第 39 页。又见《经济学原理》,第 227 页。他还承认储蓄动机在历史上有相当大的相对性。决定"积累的原因在不同国家和不同时代有很大区别。……这些原因在很大程度上取决于社会的和宗教的约束力。"《经济学原理》,第 225 页。

⑱ 同上书,第 235 页,第 232 页。

⑲ 《经济学原理》,第 234 页。

但是,就这样也没有解释为什么储蓄额就得随着利率的增长而无限增长。如果否定积蓄的本能(马歇尔无疑就是这样),那么只能从他思想中经常出现的那个基本原则中找到解释。随着人们生活标准的提高,"坚毅的品质"就不断增长,随此产生的品格之一是更加清楚地意识到将来,并为未来越来越多的新的需求进行筹谋,而这些新的需求是由新的活动产生出来的。在这个基础上,对提高利率的如此反应就变得可以理解了,尽管储蓄之所以对利率作出较大的反应的决定性原因,是对于将来的意识的清晰程度。更确切地说,储蓄总额的增长是将来的新的需求所带来的结果,它与所得报酬比率的变化无关。

实际成本

马歇尔的实际成本学说与我们刚才研究的问题有密切的关系,因此,有必要简要地加以探讨。很明显,从货币角度来说,他认为价值倾向于与生产的边际成本相等,并且把这个学说扩展到这些要素本身的生产中去了。马歇尔相信生产要素主要是受它们与价格之间的函数关系支配的,毫无疑问,这就是承认下述命题,即劳动、资本和"经营力量(bussiness power)"得到的收入,与它们的实际生产成本是正好成比例的。[70]

前面讲到,马歇尔的替代原理使他对实际成本的解释与他的总的效用学说相一致——这种解释现在一般叫做"机会成本"。但这个概念仅适用于任何特定的生产者为某一目的而使用的成本,而不包括其他可能的使用。它与这种资源本身生产

---

[70] "每一项起作用的因素的供应都要严格受到其生产成本的支配。"《经济学原理》,第 537 页。

的成本无关。⑪但是当马歇尔用生产过程中必需的"努力和损失"来把实际成本同生产的货币成本加以区别的时候,⑫他对生产要素本身的生产的巨大兴趣表明,他并没有把"损失"局限于这个被限定的意义上,当然,"努力"也完全不适合于机会成本的概念。那么,他的实际成本的意思是什么呢？

首先是劳动成本。对实际劳动成本有两种主要解释：生理学的和享乐主义的。在马尔萨斯主义较为戏剧化的样式中似乎包含了生理学方面的含义,尽管生活标准所起的作用对这层含义有所限制。在这种意义上,马歇尔可能认为,在"较为无知和迟钝的种族"中,人口是部分地随着食物供应而机械地变化的,因而劳动供应也是如此变化的。而且,关于"劳动量"的"蒸汽机"理论不仅仅是在劳动者的人数上站得住脚,因为个人工作效率也可能由于纯粹生理学方面的原因随生活标准而变化。马歇尔特别指出,这个因素即使在他所处时代⑬的英国也是相当主要的,对不发达国家当然也是如此。因此,他认为生理学上的原因作为劳动供应的因素绝对不容忽视。

另一方面,马歇尔经常提到(特别在他考虑的是他所谓的"常规必需品"和"习惯性的舒适"而不是严格意义的必需品时),获得必需品和舒适的过程中的努力和损失,似乎是被享用它们时所产生的快乐抵消了。因此享乐主义理论说明了为什么人们工作到"蒸汽机"理论无法解释的程度,也说明了当人们工作到一定限度时起到刹车作用的成本因素。马歇尔的著作中有许多说法都为这种说明提供了似乎可靠的理由。例如,他说劳动者

---

⑪ 在终极资源的构成方面可能会有不同观点。因此在某种观点看来仅仅是"使用"资源的,在另一种观点看来是生产资源。

⑫ 《经济学原理》,第338—339页。

⑬ 《经济学原理》,第196页。

"每小时得到的收入,可以是按照足以补偿他们坚持最后一个也是最痛苦的一个小时的标准付给的。"[74] 这些是认为马歇尔属于功利主义的享乐主义者的主要依据,但是还不能说明他在劳动成本问题上的某些观点。

前面已经试图证明,马歇尔在劳动动机问题上并没有一直坚持享乐主义的基本观点。如果是这样,那么倘若他在实际劳动成本问题上坚持享乐主义理论便是不符合逻辑的了。实际上,除掉刚才说过的生理学含义和一些享乐主义解释的迹象之外,很难看出他会认为劳动里面有任何实际成本是在带来痛苦的努力或在其他情况下不会出现的损失的意义上来说的。的确,当他说"健康地、创造性地使用才能就是生活的目的,从这个最佳意义上说,工作就是生活本身"[75] 的同时,他怎么会这么认为呢?作为生活的目的和生活本身的东西,是不能说成是成本的;成本必须是为了达到在此以外的目的而付出的东西。

然而,他又怎么能够提出这么多的说法来得出"成本的货币尺度与实际成本(在所作的努力方面)是相应的"这个观点的呢?[76] 混乱可能是由在实际成本这一概念下混同了两种完全不同的事物引起的。一种是对于提供经济利益起节制作用的那些因素(不管这些因素是什么),这些因素在自由企业中必须以价格结算。在这个意义上,任何一个像马歇尔一样承认价格与生产要素的总量之间的相互依赖关系的人都必然会说,任何一种劳动的工资都是和产生这种劳动的实际成本相对应的。但是如果实际成本意味着生产所带来的最终损失(它要靠产品的效用

---

[74] 同上书,第 527 页。着重号是本书作者加的。
[75] 《阿尔弗雷德·马歇尔纪念集》,第 115 页。
[76] 《经济学原理》,第 350 页。

149 得到补偿),则这种观点已经超出了机会成本学说的范围,除了用享乐主义解释之外没有任何明确的含义了。⑦

但是,前面已经说过,马歇尔所说的生产要素的数量随"经济原因"而作出回应,在他看来主要不是由于生理或享乐方面的影响(特别在现代西方国家中),而是由于生活水平的提高、特性的发展以及随活动调节的需求水平造成的。主要被作为目的去追求的"活动"本身,广义地说来,意味着效率以同样速度迅速提高。⑱ 这也就是说,道德因素在效率中明确地起着一定作用。可以得出这样的结论,如果实际成本这个术语指的是损失的话,马歇尔对于实际成本理论可以导出的这个后果的含义简直就没有想透。

马歇尔关于工资就是包括劳动人数在内的劳动供应总量的生产成本的概念,也与此相似。养育孩子的成本只是部分地被认为是一种"损失"。同时,它是那些"活动"中的一项,那些活动的发展就是社会进步的目标。

最后,就储蓄中所包含的"等候"因素是资本生产中的实际成本这个含义来说,情况也是非常相同的。储蓄当然就要把当前的消费明确地损失掉,但是马歇尔反对使用"禁欲"一词而赞成使用毫无道德色彩的"等候"⑲一词,"这表明他不喜欢对它

---

⑦ 当然,任何有关实际成本的生理学学说都不能用个人主义—享乐主义中的"损失"等主观方式进行解释。"损失"只有与个人或群体潜在的经济资源的损失联系起来解释才有意义。

⑱ 即使身体方面的活力也不仅仅取决于身体条件,而且"还取决于意志和性格的力量。"这种精力"是道德的而不是体力的"。《经济学原理》,第194页。"自由和希望不仅使人们更加自觉自愿,还增加工作能力。"同上书,第197页,脚注1。

⑲ 同上书,第232—233页。

从字面上过于享乐主义的意义去理解。㉚ 另一方面,节俭是马歇尔理想中的经济人的主要性格品质之一,因此,储蓄习惯的发扬和对将来的清醒认识会导致积累不断迅速增加。这样,虽然从资本的提供随着利率而变化这个意义上说,利息是资本生产的成本,但是很难认为马歇尔当真主张用利率可以衡量等候所招致的损失,㉛因为等候在很大程度上是那些弥足珍贵的性格品质的副产品。

自由企业

马歇尔关于现代经济秩序的描述和分析的主旨,是他所谓的"自由工业和企业。"㉜ 在马歇尔看来,它的发展是当代经济史(如果不是整个经济史)的中心问题。㉝ 理解它的作用、结果、存在条件和效率,是马歇尔经济学分析的主要任务。

自由企业是一种体制,其特点是:规模相当小的互相竞争的企业占优势,每一个企业都在一位有进取心又足智多谋的商人领导之下,由他本人承担风险,不断用各种生产要素的不同组合进行实验。它以用新方法进行实验来取代对拘泥于习俗的社会

㉚ "财富的最大积累者都是非常富有的人,其中有些人过着豪华的生活,他们当然不实行等同于有所节制这个意义上的禁欲。"《经济学原理》,第233页。

㉛ 但是他的确说利息是对等候的酬报。"由于人性就是如此,我们有理由说,资本的赢利是对人们在等候享受物质资源时所受损失的酬报,因为没有酬报就没有人会多作储蓄。"《经济学原理》,第232页。这一段话似乎有相当明确的享乐主义含义,因此必须再说一遍,马歇尔没有把等候的实际成本究竟意味着什么考虑透彻并得出令人满意的结论。但是即使在这里,他所强调的也是对供应的回应,而不是损失。

㉜ 已故的阿林·扬(Allyn Young)教授在《经济学季刊》1927年11月号中,提请注意这个概念中与马克思关于资本主义的观点形成对照的马歇尔理论的特性。比较下面的帕雷托的"蛊惑人心的富豪统治"(demagogic plutocracy)。

㉝ 详见《经济学原理》,附录A;马歇尔:《工业与贸易》(Industry and Trade)。

传统的停滞不前和墨守成规。另一方面,它的自由和灵活性与无论是公共还是私人的科层制(bureaucratic)机构的刻板僵化形成了鲜明对照。㉞马歇尔发现,在重商主义的垄断和管制以及大规模经营、政府控制和社会主义等现代趋势中,都有着与自由企业对立的僵化表现。㉟

他确实发现了在不受限制的经济自由中,特别是有关工人阶级地位的问题上,存在许多缺陷。他关于国家作用的概念绝不是完全消极的。㊱但是,他肯定而明确地是个人自由的信徒。他对于习俗失去了权势毫不感到遗憾,并且,他猛烈抨击大型合股公司的科层制方法,至于政府企业就更不用说了。㊲最明显的事例是,他明确反对进一步扩大国家的经济职能。㊳他认为社会主义是对他那个时代福祉的最严重威胁。㊴

㉞ "如果他(商人)由本人承担风险来工作,那么他完全可以自由地发挥自己的精力。但如果他是科层制的奴仆,他就肯定不会有自由。"同上书,第333页。

㉟《工业与贸易》中很多部分都讲到这个问题。又见《阿尔弗雷德·马歇尔纪念集》中《作为国民财富成分的水》(Water as Element of National Wealth)、《竞争的某些侧面》(Some Aspects of Competition)和《经济学骑士精神的社会可能性》(Social Possibilities of Economic Chivalry)等文。

㊱ 见马歇尔:《官方文件》(Official Papers),第366页;《工业与贸易》,第647页。

㊲ "政府几乎什么事情也做不出来。"《阿尔弗雷德·马歇尔纪念集》,第338页。"在邮局的影响所及的范围内,我们得到的是社会主义的多数弊病,而没有什么社会主义的益处。"1891年3月24日给伦敦《泰晤士报》的信。

㊳ "在需要不断创造、不断进取的生产部门中,政府的工作每一新的扩展都应视为最明显的反社会性。"《阿尔弗雷德·马歇尔纪念集》,第339页。

㊴ "我认为社会主义运动不仅仅是一种危险,而且更是当前对人类福祉的最大危险。"《阿尔弗雷德·马歇尔纪念集》,第462页,1909年写的一封信。现在"比起穆勒写文章的时候,社会主义体系有了更大也更牢固的基础。但是没有任何已经提出来的社会主义的方案准备适当保持高级的企业和个人性格的力量。"《工业与贸易》,前言,第8页。

同时，马歇尔的自由企业决不是如霍布斯理论中的自然状态那种毫无节制的生存竞争。它自始至终都受到道德规范的严格约束。马歇尔多次重申，只有近代人类品质和道德的巨大进步才使得经济发展成为可能。⑩ 虽然在某种程度上这种道德进步会促进政府职能的扩展，但从更大的范围内说，它将使政府职能变得不必要，并将导致建立一种只要有最少一点管制就能够运行自如的经济自由体系。

重要的是，还应该注意到，马歇尔对大规模机构的责难不仅适用于国家企业，也适用于私人企业，虽然适用的程度要差些。它们都不可避免地倾向于成规惯例，缺乏进取精神。他认为垄断集团未能独占全部工业，主要原因不是大规模生产和大规模组织在专门经济方面的局限性，而是由于没有一个公司来得及在开始腐化并腐化到不得不让位于一个新公司以前就达到垄断的支配地位所必需的规模。⑪ 他的这个看法是有意义的。

马歇尔总的来说坚持自由放任政策，有两条主要的根据。第一条是从他的效用理论中明白演绎而来，一般表述为最大限度满足学说。当然，马歇尔也对这个学说提出过一些意义深远

---

⑩ "正直和互相信任是财富增长的必要条件。"《工业经济学》(Economics of Industry)，第 11 页。"如果没有普通人类的正直和道德的巨大进步，商业的巨大发展是不可能的。"《阿尔弗雷德·马歇尔纪念集》，第 307 页。又见《经济学原理》，第 7 页；《工业与贸易》，第 165 页。

⑪ 《工业与贸易》，第 315—316 页；另见第 422 页。同时，马歇尔有某种尽量贬低联合运动的重要性的倾向。在谈到雇主的联合和雇员的联合时，他说，"联合体展示了一系列别致的事情，但是[这些联合体的重要性]很容易被夸大；因为，许多联合体不过是总在进程表面上漂浮的漩涡——运动的主体在目前和任何时候都依赖于正常分配和交换这股深厚、平静而强大的潮流。"《经济学原理》，第 628 页。"正常"一词此处明显地指的是"竞争"。

的批评;他注意到这个学说同财富不均㉜不相一致,他还论证了自由竞争的结果是对倾向于增加成本的工业投资过多,而对倾向于降低成本的工业投资不足。㉝但是总的来说,他在带着这些保留的情况下把这个学说当做他的总的效用理论的基础,认为这个学说是一个以前述各种假设为根据的正确合理的学说。并且更重要的是,他以个人主义的方式对这个学说进行阐述,㉞甚至没有考虑到它是否适用于集体主义的国家——在集体主义国家中,生产的整个过程和资源分配都由一个服务于总利益的单一集中机构掌握。这个忽略确实表明了他的自由放任倾向。

对马歇尔来说,最大限度满足学说的确并不是一种高度抽象的理论思辨的多少有点可疑的副产品,他一贯反对陷入抽象推理,认为这种方法没有任何实际用途。事实上,如果不是这个学说,而是别的假设使得他能够对竞争性社会的主要趋向进行广泛而有效的总结的话,那么他之接受这一学说就是不可理喻的了。

但是这个学说在他的思想体系中的重要地位,从与之密切相关系的替代原理(这可以认为在总体上是同一原理的一种较为局限而缓和的表述)看来,就更加清楚了。马歇尔的著作中有许多地方表明,他认为替代原理导致了在自由企业体制下资源最佳结合的产生。㉟他之所以相信在现代条件下产生出这两条

㉜ 《经济学原理》,第471页。他显然认为这个困难越来越小了:"研究分配问题的主要结果认为,已经起作用的社会和经济力量正在把财富分配问题变得好起来。"同上书,第712页。
㉝ 同上书,第五册,第十三章。
㉞ 同上书,第502页。
㉟ 《经济学原理》,第341页,第355—356页,第405—406页,第597页。但

原理,基本原因是他总的来说相信人类理性的不断增长。考虑到有不容争辩的证据证明他持有这个观点,他能够认为这两条原理对于社会发展的晚期阶段实质上是正确的,几乎就是不足为奇的了。

在主张自由放任方面有争议的问题是它的效率问题。如果把满足消费者需求作为衡量效率的惟一可能标准,则在某些假设下,自由放任的体制可以成为一种有效的组织体制。并且,这些假设中的大多数对马歇尔来说远不只是一些方法论的抽象,它们还在很大程度上代表了自由企业的实际情形,或者说代表了他所认为自由企业正在趋向的那种状况。毫无疑问,对于以上列举的四个主要假设(马歇尔认为它们是自由企业体制区别于其他体制的特征)中的三个——竞争、流动性和合理性而言,情况确实如此。

这是否就是马歇尔坚持自由放任主张的惟一重要根据呢?这个问题的产生与另一个重要假设即需求的独立性是有联系的。马歇尔断然否认这种独立性,他认为那些其本身就是目的的活动影响着需求。再仔细考察一下就会发现,马歇尔高度评

是,即便他相信在自由企业体制下替代原理所起作用意义深远,仅仅这一点还不能证明如下结论,即他认为自由企业接近于最大限度满足学说所期望的那种一般性最佳条件。因为,这个原理直接涉及的,是个别的企业家们作出的调节,并因而受到他们所能掌握的资源的限制。因此,很可能出现这样的情况,即每个企业家都根据他不得不面临的条件作出了这样的最佳调节,而整个体系却没有达到最大限度的满足。这种脱节现象将要归结于在资源流动方面存在的障碍。这些障碍不能归结于个人的行为缺乏合理性,因为那在替代原理中是不言而喻的。

由于马歇尔对资本的流动性没有很大的怀疑,那么还剩下了劳动的流动性问题;在这个问题上,最严重的问题是非竞争的群体的流动性问题。马歇尔对这个问题的观点虽然模糊不清,但他总的看法似乎是,这些群体所具有的任何重要性都在缩小;而且,自由企业借助于义务教育极有可能克服这些障碍。见《经济学原理》,第217页,第310页,第661页;《工业经济学》,第47页;《工业和贸易》,第4—5页。

价的那些活动和品性总是与自由企业连在一起的,而它们的对立物——一方面是懒惰和呆滞,另一方面是排场和奢华——则毫无例外地全是与非自由企业的状况相联系;至少当它们也在同一个社会里出现时,也不会是属于自由企业的。实际上,尽管他深信自由企业是一种高效率的组织体制,他对那些把首创性、事业心同勤奋俭朴以及"性格坚定"集于一身的生意人大加褒扬的赞美诗给人们留下了极其深刻的印象,以至于人们有理由怀疑他是否曾经支持过那个以在效率方面的很大损失为代价而培育了这些性格的体制。他赞美雅典而反对斯巴达与罗马;赞美现代的海上强国如英国,而反对陆上强国如法国和德国——这也能证明上面这个观点。[96] 但是,他以独特的维多利亚式的乐观主义认为这两个方面是互相联系的,即效率的利益与个人品性和修养的利益不是对立的。相反,对他来说,社会主义以及较为缓和的政府对经济自由的干涉措施,都意味着专门经济学意义上的效率低劣,意味着由于人的品性堕落而使企业的活力衰竭。[97] 然而,即使这两方面的动机作用是一致的,也有必要从分析的角度把它们区分开并找出它们颇不相同的根源。

社会进化

经过上面的分析以后,对马歇尔的社会进化学说就只需要进行简短的讨论了。显然他持有社会进化观点,这对于一个在达尔文主义开始在英国产生深刻影响的时候形成其思想的人说

---

[96] 见《作为国民财富要素的水》,《阿尔弗雷德·马歇尔纪念集》,第134页起。
[97] "我认为社会主义的主要危险不在于它具有更为平均地分配收入的倾向——因为我看不出那有什么害处,而在于它要灭绝那些使世界从野蛮状态中逐步进化起来的思想活动。"《给〈泰晤士报〉(伦敦)的信》,1891年3月24日。

来,确实也是很自然的。马歇尔的这个学说基本上是主张线型发展的,虽然他并不认为进化是绝对连续不断的和不可避免的。[98] 他的学说中没有任何社会变迁的本质上是循环论的迹象,没有辩证过程引起变化的迹象,而且也没有任何关于社会发展像是枝叶繁茂的大树的生长的思想的迹象。

在这个连续不断的单线发展过程的总框架里,可以发现有两个成分是与马歇尔思想中的两个因素直接对应的,这两个因素是本书一直在探讨的。前面已经说过,马歇尔的效用经济学中的一个主要假设,是手段适应目的的过程中行为的合理性。但是作为他所描绘的自由企业特征的那种广泛的合理性,并非是一直存在着的;它只是在经过一个相当长的进化过程并使合理行为的范围和力量不断扩大之后才出现。和当时的许多人种学者一样,马歇尔认为原始人的状态(不仅是当代人所说的那种原始,而是指我们自己祖先的那种初始状态)就是对习惯的盲目虔诚[99] 以及遵循行为的带强制性的一律性。[100] 从习惯[101]中解放出来的过程,是逐渐实行分工和个人按照客观合理性[102] 标准的行动越来越具独立性的过程。固然,当把行事的理性方式凝结

---

[98] 《阿尔弗雷德·马歇尔纪念集》,第 305 页。

[99] "在原始时代和落后国家,习惯势力的支配力量是无可争辩的。"《经济学原理》,第 640 页。

[100] 野蛮部落"表现出一种奇怪的共性的一致……它们的生活被习惯和冲动所支配。"同上书,附录 A,第 723 页。

[101] 习惯不一定是终极性的;下面一段话暗示出更深一层的因素;虽然"每一种流传下来的习惯都规定使弱者免于受到最漫不经心的伤害,"但"毫无疑问,大多数习惯都不过是压迫和压制的具体化了的形式。"他进一步指出:"早期文明中习惯的力量,部分地是对个人财产权加以限制的原因,部分地也是它的结果。"同上书,附录 A,第 725—726 页。

[102] 在原始社会里,"商业性观点"是不可能被理解的。它"不过是使手段适应于目的这个趋势中的一股动向。"《工业与贸易》,第 163 页。

成为习惯和传统时,[103] 出现了一个逆向过程。但是,当这种逆向过程对于社会生活产生了稳固的影响并得到承认的时候,从习惯中解放出来的过程就更是必不可少的了;因此,对马歇尔来说,进化就是不断向符合替代原理的行动接近,也就是不断接近经济上的合理行动。[104]

根据以上的观点,对马歇尔来说经济史基本上就是自由企业的发展史。实际上,在他的《经济学原理》一书中,惟一明确地叙述历史的章节——附录 A——就叫做《自由工业和企业的成长》(The Growth of Free Industry and Enterprise)。这个发展过程尽管会遭逢种种挫折,却在原则上被认为是连续不断的,[105] 并且,真正需要进行阐述的,不是行为和组织的具体形式,而是如何排除障碍和如何发展那些便利了交换和交往的安排,如货币和信贷——一般都把这些东西本身包括在不断发展的合理性之中。这种观点总的来说是关于经济史的盎格鲁—撒克逊的正统观点:障碍必然被排除掉,一旦排除以后,现代资本主义或自由企业自然就建立起来了。它不需要任何特别的推动力——如果自由企业完全是合理行为,它为什么还需要推动力呢?

在前引有关李嘉图及其追随者详细论述过的伟大真理的一段引文中,马歇尔提供了关于他的社会进化思想中第二个主要方面的线索。再重复一下,他宣称"虽然需求是低级动物生活的

---

[103] 从这里看出,马歇尔并非完全反对习惯:"习惯的牢固性使得任何得到普遍接受的变化都永久化了。"《工业与贸易》,第 197 页。

[104] "从习惯中解放出来以及自由活动的发展——它们使决定不同事物相对价值的原因变得更准确更突出了。"《经济学原理》,第 5 页。他还说:"时间是站在比较经济的生产方法一边的。"同上书,第 398 页。

[105] 《经济学原理》,附录 A。请注意他对重商主义的阐述。马歇尔承认就集权国家的兴起来说,意味着对企业施行新的限制;但他仍然认为这种状况本身所排除的障碍多于它设置的障碍,因此,从习惯中解放出来的过程仍是连续不断的。

支配者,但要想探寻人类历史发展的基调,就必须从人类的努力和活动方式的变化中去寻找。"[106] 对此可以理解为只是阐述了动物和人的区别;但是作为一位进化论者,马歇尔显然还有进一步的含义:从前一种状况发展到后一种状况有一个发展过程。后来,他更具体地说:"因此,广义地说,虽然在人类发展的最初阶段是需求引起了行动,但是以后人类每向前发展新的一步,都应被看做是新的行动的发展引起了新的需求,而不是新的需求引起了新的行动。"[107]

因此,随着理性的发展,还有第二种进化过程,即新的行动的发展,也就是不断提高的生活水平的发展。按照这个观点,进化将导致和以前一样的目标——自由企业,因为更高级的行动是由这样一种体制培育出来的,在这个体制中是以现代西方文化中的活力和事业心来抵制以前各个时期的懒散和僵化的。这后一种行动的形式有两种——被习惯束缚[108] 的社会中原始的僵化,以及政府部门或者任何大型机构中舒舒服服而无所用心的例行公事。因此,马歇尔认为社会主义和大型机构的某些方面是进化中的倒退。显而易见,这与自由企业之起源于合理性的增长是很不相同的。既然人们关心的只是满足需求,只要能够生效,采取什么类型的行动来达到这个目的本质上便无关重要了。如果集体机构在这个意义上更有效,则没有理由不优先采用它。但是如果这种机构破坏了马歇尔如此深信的、他认为是由自由企业培育出来的那些活动和特点,则它们的"纯粹"效能也就变得远不那么重要了。

---

[106] 《经济学原理》,第85页。
[107] 《经济学原理》,第89页。
[108] 因此,从两种观点看来,习惯都是原始人的主要特征。固执于习惯是非理性的,也是"懒惰"的表征。

但是,不管在逻辑上多么与众不同,马歇尔的社会进化思想中这个第二种成分,在他自己心目中是与合理性的进步紧密联系在一起的。在某种意义上说,生活标准的提高本身就是合理化的过程。马歇尔当然会说,现代人比原始人之受制于"需求"或习惯更富于合理性。但是同样明显的是,不能把这简单地看成是那种所有人都会同意的那种意义上的理性的进步。为什么懒懒散散的"僵化"是不合理的？为什么有些需求是"人为的",有些是自然的？这显然是因为马歇尔相信一种进化的绝对目标——在他特定意义上的那种人类品质的发展。不断提高的生活标准实际上是主要因素,就像一个核心一样,具体的经济需求围绕着它,外在的社会环境也在物质条件许可的范围内适应于它。[109] 商业竞争中的淘汰过程和各种资源的合理组合之所以重要,根本上就是因为它们是为这一目标服务的。马歇尔之所以能够谈到"更高级和更崇高"的生活,原因也正在于此。

而且,他之所以是一个单线型社会进化概念的拥护者,[110] 根本上是因为他假定这些活动本身就是目的。

---

[109] 重要的是,马歇尔总的来说没有把重要性直接归结于客观环境的各种因素。例如,他说(《工业与贸易》,第 158 页),美国应该更感谢她的人民卓越的品质力量,而不是她的资源[同见阿尔弗雷德·马歇尔:《货币、信贷和商业》(Money, Credit and Commerce),第 5 页]。然而,他对炎热气候使人精力衰退也有许多论述——如果考虑到他非常重视精力充沛的活动,这一点是可以理解的。参见下文,第 166 页脚注 122。

[110] 他的这一信仰在社会学上的重要性以及他的社会进化学说与其他人的社会进化学说之间的关系,将在下文[边码]第 278 页起、[边码]第 268 页和[边码]第 563 页起的各段中讨论。

"自然秩序"

从以上各方面的论述中可以明显地看出,马歇尔认为,最大满足原理和替代原理大体上证实了自由企业是合乎需要的。并且,他还大大超出了这个学说的那些较有限度的形式——那些形式的学说只是讨论如何以一定的资源为手段来最适当地满足需求。前面已经表明,马歇尔认为经济资源的数量(当然是除自然力量以外)主要随着"经济原因"而变化,也就是说,直接随着为使用这些资源支付的价格而变化。他是否更进一步认为,起码在自由企业的条件下,劳动和资本的最佳数量将会自动产生出来?当然,这进一步将导致一种"自然秩序",按照这种秩序,整个社会经济的平衡是以有利于人类的方式来确定的。

最明显的例子是一个单个劳动者所能提供的劳动量的问题。马歇尔坚定地认为,自由企业确实使劳动达到非常接近于最适度的数量。在这种体制中的活动,始终与其他社会中的懒散和僵化形成鲜明对照。虽然有这样一种看法,即自由企业有时容易把劳动使用过度,这种恶果几乎总是被归结于自由企业发展起来时所处的社会环境。而且,马歇尔认为,随着与自由企业不协调的社会因素的排除,这些滥用劳动的情况很快就会消失。⑪ 因此,虽然马歇尔自己从来没有明确承认,但有充分理由相信,他认为自由企业使出力(effort)达到一个最佳值。

他对人数问题是什么态度呢?无疑是一个相反的结论。即他虽然相信一种适用于过去的时代和"落后国家"的马尔萨斯学说,却确实认为自由企业已经打破了恶性循环。于是,在自由企

---

⑪ 《经济学原理》,第 748 页;《工业与贸易》,第 72—73 页。

业的体制之下，人口将较为接近最佳值。但它是否真的趋向于这个最佳值？就我们所知，马歇尔并没有回答这个问题。值得注意的是，马歇尔从来也没有试图对人口的最佳值概念作出规定，也没有试图估量实际人口如何接近于这个标准——这是在他晚年的时候开始吸引经济学家们很大注意力的一项任务。对这个命题他没有否认，然而也没有肯定。只有一点是肯定的，他认为自由企业和任何其他体制相比更接近于能够获得这种最佳值。

在储蓄问题上，类似的否定性结论似乎被认为是合理的。在自由企业的情况下，对于将来的意识更加清晰，使得储蓄方面的条件更好。实际上，没有迹象可以令人设想到储蓄会过多。因此，总的来说，自由企业似乎比其他体制更接近于实现储蓄的最佳值。他曾明确指出，社会主义的最大危险之一在于它可能使积累量减少。马歇尔思想中这个方面的迹象，再一次说明了他有信仰某种"自然秩序"的倾向，[112] 虽然这个信仰并没有明确地建立起来。

但是，从另一方面来说，这个阐述却是非常可疑的。最佳值基本上是一种固定的概念，它是对一些固定因素的最佳调节。在一个社会里，这些因素必须或者完全在外部环境之中，或者是外部环境再加上某些特定需求。但是马歇尔认为二者都不是。特别是他不承认需求是给定的。他的主旨乃是由新的活动所产生的需求的逐步增长。按照这种观点，信仰最佳调节的强烈倾向，只能适用于依活动而调节的需求的各个发展阶段。

马歇尔对自然秩序的信仰是否超出了这种相对意义，取决

---

[112] "在静态的情况下，每一生产设备取得的收益……将是制成这一设备所需努力和损失的正常尺度。"《经济学原理》，附录 H，第 810 页。

于他是否认为整个过程趋向于某种固定目标。这里又有一些迹象。[113] 按照他对那些品质类型(他以为他看到了这些品质正在发展)的主要描述来说,总的方向当然是固定的。但是,在这些局限的范围以内,似乎可以公道地说,他认为这个过程是无止境的。

马歇尔与他的杰出前辈约翰·斯图亚特·穆勒有一个引人注目的分歧,加强了这种推断的可能性。在穆勒论述静止状态的章节中有这样著名的一段话:"我很倾向于相信,它(静止状态)对我们现有条件将是一个巨大的改善。我承认,我没有被那些人提出的生活理想所陶醉——他们认为以斗争求发展是人类的正常状态;认为成为现存的社会生活形态的互相倾轧、互相排挤、互相践踏和争相仿效是人类最称心如意的事,或者认为它们决不是工业发展的可憎症候。"[114] 另一方面,马歇尔却说,"完美无缺的调节是不可想象的,也许甚至是令人反感的。因为,归根结底人是生产的目的,[115] 完全稳定的事务可能将要使人变得比机器强不了多少。"[116] 要表明马歇尔与那些持有本质上是静态的理想的人[117] 之间的分歧,难道还需要再说什么吗?

---

[113] 他说:"对人类来说,这个自然组织[自由放任]学说中包含的对于人类具有最重要意义的真理几乎比其他任何学说都多。"《经济学原理》,第246—247页。但是这种学说的传统形式"阻碍了人们探讨是否现代工业中连许多主要特点都不会是过渡性的",而且最终它"忘记了人是乐于为了自己的才能本身使用自己的才能的。"最后这句话体现了他反对仅仅建立在最大限度满足学说基础上的自由放任哲学的典型态度。

[114] 约翰·斯图亚特·穆勒:《政治经济学原理》,W.J.阿什利编,第748页。

[115] 这当然不是说满足人的需求是生产的目的,而是指人的品质的发展。

[116] 《工业与贸易》,第195页。

[117] 功利主义的理想当然是静态的。

经济动机

　　经济学理论主要是在实证主义思想框架内发展起来的,这一事实大概可以说明,人类的动力基本上是利己主义的这个概念已经在多大程度上同经济学理论联系在一起了。对自我利益的合理追求这个套话确实已经被广泛运用,以致利己主义似乎已经成了经济学家对人类行动看法中必不可少的要素。由于心理学的享乐主义已经代替了纯粹功利主义的目的随意性假设,这种倾向变得更强烈了。因为,如果行为的一致性归根结底来源于人类追求享乐的癖好,那么,就这种情况的性质来说,行动的终极原因与其他人的福利是无关的。这样一种强烈倾向把这种功利主义与行动的合理性紧紧联系起来,使它们显得不可分离。

　　另一方面,仔细研究一下成为马歇尔思想中一个方面的逻辑基础的效用概念,就会发现在效用理论的严格经济结构中,并没有那种利己主义动机的含义。因为,效用概念只涉及运用满足需求的手段,而与可以运用这些手段的终极目的的具体特性全然没有关系。不管渴望达到目的所作的努力获得的收益,是用来纵情于口腹之欲还是用于解除穷人的痛苦,经济行为的标准都是完全一样的。

　　马歇尔把利己主义和行动的合理性相当清楚地区分开来,这是值得注意和有代表性的事情。他对人类行动的合理性确实是非常始终一贯地坚持的,但他非但没有断言这种合理性在本质上是利己主义的,还给利他主义的成分留有广阔的余地;最重要的是,他又坚持认为,在进化的过程中,即随着"经济力量"的影响力不断增加,利他主义发挥作用的范围正在迅速扩展。在马歇尔的思想中,似乎利己主义和合理性反而有一种相反的联系,即随着合理性的不断增加,人们会变得越来越不利己,而不是相反,[119]这是什么原因呢?

原因仍然在于他所认为的"活动"的作用,这些活动在他看来,在人的品质发展中是非常重要的。这个行动成分的关键之点,是为着经济生产的技术过程本身的缘故而"无功利心地"致力于这一过程,而并不带有"外在的动机"。由于非常坚定地主张这种观点,马歇尔当然不能认为他说的"经济人(economic man)"是在传统的经济思想中曾经占据如此支配地位的利己主义者。不能把经济人富有成效的活动简单地看做是单为获取他自己的个人目的的手段。一旦决定性地突破了强调利己主义的功利主义—享乐主义倾向,更能够同时看到动机中的"利他主

---

[119] "不管我们什么时候看见经济人,他都不是自私的。"《阿尔弗雷德·马歇尔纪念集》,第160页。"促使商人竞争的动机并非完全是卑劣的。"同前书,第281页。

"今日的经济学家比他们的前辈走得更远,他们认为,人们要求证实自己的良心和得到别人的尊重的愿望是头等重要的经济力量。"同前书,第285页。注意,对他来说这是一种经济的力量。

历史并没有证明下面这种说法的正确性,即"人比以前更严厉更苛刻了。"《经济学原理》,第6页。他还提到"最近以来在商业事务中诚实和正直的精神有了很大增长。"同前书,第303页。

同十七世纪相比,人类"已经获得了认识未来的不断增强的能力——他们更谨慎,更富于自我控制力——更加无私——而且,已经有迹象表明一个更加光明的时期正在到来,在这个时期里,人们将要普遍乐于工作和节约,以增加公共财富的库存。"同前书,第680页。他还进一步说,"当代的特点是深思熟虑,而不是自私自利。"同前书,第6页。

凯恩斯说(《阿尔弗雷德·马歇尔纪念集》,第9页):"我认为,马歇尔从来也没有明确地脱离在他前一代的经济学家中占统治地位的功利主义思想。但是对他来说,解决经济问题不是把享乐主义的算计付诸实施,而是人们发挥更高才能的先决条件——不管我们认为'更高'一词的含义是什么。"但是马歇尔非常清楚他用"更高"一词意味着什么。并且,对他来说,对经济学的研究不仅是探讨发挥才能的"条件",而且是研究这种才能的实际发展和发挥的情况。

义"成分也就是不足为奇的了。但是,不能认为流行的利他主义概念就适当地标志着无功利心地致力于这些活动(这些活动是他主要关心的事情)。在这里我们不可能深入讨论这个问题。⑲

马歇尔的立场决定性地使他否定传统经济人的利己主义,相反却决定性地使他肯定他对合理性的主张。人不仅是理性的,而且一定发展得越来越具有理性;这是自由企业发展的主要标志。当然,合理性的前提确实对各种功利主义思想都是首要的,对于同功利主义有血缘关系的享乐主义也同样如此。这与马歇尔经济学理论中对效用成分的各种假设也完全一致,是这种效用成分必不可缺的。但与此同时,值得怀疑的是"效用"层次上的合理性概念,也即对于有效地获得所需的货物和劳务必不可少的那种合理性的概念,是否全部囊括了马歇尔思想中合理性所起的作用?确实,又是活动这个成分起主要作用。但是这次它没有导致马歇尔改变传统的观点,而是大大加强了这种观点。自由企业体制下的人决不仅是由于"谨慎"的原因而具有理性。具有理性更加是一种道德义务。谨慎小心,对他的资源和力量的系统管理,对未来可能发生的事变的清晰理解,以有利于他的生产能力的方式即"提供力量"的方式来精心控制他的消费和生活习惯——这些就是作为马歇尔心目中理想的经济人的品质的不计功利的道德态度的一部分。这些特点在总体上的确有助于提高富有成效的活动的效率,但是从道德观点考虑,这种效率是道德态度的副产品,而不是道德态度存在的目的。当然,这二者是一致的。人类是靠合理的行动来获得满足他不断增长

---

⑲ 这个问题将在下面讨论涂尔干时进一步展开(见第十章,[边码]第387页)。

的需求的必要手段的。但是,马歇尔坚持说,这一事实不应该使我们无视他对于这个过程中此一成分的描述与传统经济学中流行的说法之间的根本区别。

如前所述,马歇尔是作为一种社会政策的经济个人主义的忠实信徒。这一点最终要回溯到那种极为强调个人道德责任的道德观。但是,必须搞清的是,此处在他本人思想中作为这种态度的基础的理由,与本书至今所详细探讨的那些流行于传统思想中的"个人主义"并非全然相同。现在,必须转入讨论作为马歇尔思想的基础的更为一般性的理论性问题了。[20]

经济学理论的范围问题

我们刚刚分析指出的马歇尔思想的情形对于这个问题来说,有什么重要意义呢? 被称做是他的"效用理论"的那个成分,可以相当合乎情理地被视为是对前面我们已经详加讨论的那些按照实证主义思想的功利主义体系来解释的因素的发展。它基本上存在于那些原来同心理享乐主义有密切联系、后来分离开来又以边际效用原理加以修改和提炼过的成分之中。同时,他的效用理论是在人们熟悉的一种看来把起码是强烈倾向于利益

---

[20] 在讨论这些更一般性的理论问题之前,可以指出一个最突出的事实:马歇尔以"活动"一词加以概括的那些互相联系的态度,与马克斯·韦伯所提出的"资本主义精神"非常相像。这种精神也需要在日常事务范围里有同样的道德义务发挥作用而不计较报酬,它完全脱离了"功利主义的动机"。像马歇尔一样,韦伯认为这种态度对于个人主义经济秩序的发挥作用来说是必需的。本书下文(见第十四章)对韦伯就此问题所作的论述有简要介绍,读者阅过自会明了马歇尔同韦伯建立在经验基础上的这个一致之处。对于我们就要讨论的那些从充斥于马歇尔的"经济学理论"之中的"活动"成分导引出的理论推论说来,这是最重要的出发点之一。本书将在多处涉及这一问题。

同一性的个人主义思潮中发展起来的。最大满足学说被认为是基本合理的;竞争总的来说是有益的;并且变得越来越有益。它不像霍布斯那样严重地关注秩序问题,也不像马克思那样严重地关注阶级对抗问题。

但是这个效用理论不是孤立存在的,它处处与行动理论交织在一起。并且,活动中的这种成分使马歇尔思想中的任何第三种成分都相形见绌。虽然马歇尔的思想中也有一点享乐主义,时而又乞灵于环境因素或种族的品质,但与他思想中两个主要成分相比,这些就都可以认为是附带的了。

值得注意的是,马歇尔作为具有附带的重要性意义而加以论述的所有这些其他成分,正是构成实证主义思想的其他可能样式的那些成分。在他认为效用因素是不合适的那个范围里,可以想见,他将像他的前辈那样求助于享乐主义。在马歇尔的著作中确有几处存在这种迹象,某些注释家甚至认为这是他的思想的主要逻辑基础。[22] 然而,情况不可能如此。他如果真是享乐主义者,他对前面提出的大部分问题一定会作出全然不同的回答了。在马歇尔的思想里,没有什么以本能的心理来考虑

---

[22] 对那些把马歇尔和古典经济学家放在一起,认为他们都是享乐主义者,并且以他们在心理学方面的假设是错误的作为充分理由,而认为对他们可以不作考虑的观点,显然是我们所不能苟同的。米切尔教授这样说:"事实是,马歇尔把快乐和痛苦作为经济动力的最终解释……。"(《政治经济杂志》,第18卷,第111页。)他还说:"……他[马歇尔]主要把金钱作为衡量人类动机的客观尺度[这是对的],然后在金钱下面归结到享乐主义的基本原则"[这又是另外一回事了]。同上书,第207页。霍曼教授提到马歇尔时也说:"他认为人类动机是非常简单和明显的享乐主义的。他只是成功地避开了享乐主义的道德问题,而没有避开享乐主义关于人类动机的理论。"《当代经济思想》(Contemporary Economic Thought),第236页。但是,如果他是一位享乐主义者,他怎么能够如此强烈地反对杰文斯的效用理论? 现在应该充分弄清的是,马歇尔从根本上说,不是享乐主义者,他并没有把快乐和痛苦作为经济活动的最终解释。

问题的迹象,他的重要观点的确没有依赖于这种本能心理。最后,他对于人类离开遗传条件和环境条件而掌握自己命运的力量虽然不持激进的观点,却也没有强调遗传和环境因素。他肯定没有把效用理论本身的不适用性,归结于这个理论忽视了这些因素。在他的各种学说中,没有一个依赖于假设遗传或环境严重限制着人类行动自由的边际这样一个前题条件——只有一个重要的例外。[122]

这样,马歇尔对纯粹效用理论的不满的真正根源,并不是确认实证主义各个组成部分中其他因素的重要性,这一点就清楚了。事实是,他的"活动"在这个体系中根本没有地位,它们毋宁说是一种"价值"因素。[123]具体的经济行动不仅仅被当做获得购买力的手段,而且它们有自己的意义。它们是对行动的终极价

---

[122] 这个引人注目的例外就是:他反复强调炎热气候的影响,这种影响使人精力衰竭,容易变得懒散。为什么他提出这个例外呢?很明显,他想到了印度。由于他对他提出来的"活动"绝对相信,使他看不到在不同的观念支配下,印度文明与欧洲文明可能完全不同,反而试图在他的进化论体系里给这个例外以栖身之地。他的理由是:印度人显然是一个聪明的民族,他们之未能够发展自由企业不能说是因为他们天生愚笨,而应归结于由于气候引起的某种抑制力量。印度与欧洲没有根本的差别,只是在相同的发展过程中正处于一个被抑制的阶段。印度人属于比较愚昧和迟钝的人种。(他也在一定程度上试图把这种差别减到最低程度:见他反复提到的如下观点,即在印度"经济力量"的效力比一般设想的要大得多。)

把马歇尔的这个观点与马克斯·韦伯的观点相对照是很有趣的。韦伯在研究印度教的社会意义时说(《宗教社会学》(Religionssoziologie),第十一卷,第 133 页):"相信印度人的特性乃是由于气候而造成的'懒散',并且认为这就能够解释他们那种被人视为是对活动的厌倦,这样的观点完全没有根据。世界上很少有别的国家像印度那样经历了如此持久而野蛮的战争,如此残酷无情的征服,如此之漫无节制。"考虑到韦伯的完全不同的社会学方法,他得出与马歇尔截然相反的结论是不奇怪的。这使得他们在资本主义问题上的一致之处更有意义了。

[123] 这就要引入了一个在以后的讨论中具有重要意义的新术语。最好现在不给它下准确的定义,而让它的含义和意义在行文中逐渐变得明确起来。以后将对此进行明确的讨论。

值态度进行直接阐述的方式,是说明目的或需求的。但是这个需求与效用理论中的需求不同。后者对于效用的分析只是在构成需求功能的终极基础时才有意义,而马歇尔的行动价值却直接体现在与需求根本无关的行动的具体方式中。这就是他为什么急于把这种需求与纯粹的功利主义需求相区别的原因——正是因为急于加以区分,他才给它们定了一个"活动"的名称。马歇尔把需求分为三类的观点是很有启发性的,我们已经看到在他的论述中包含着这种分类的观点。第一类是生物性需要,这是一种激进的实证主义因素;第二类是人为的需求,只能看做同真正的随意性的功利主义范畴是相同的。"为所欲为、变化莫测的风尚"一类词语,当然不足以鲜明地表示出随意性的意思来。以上两类都非常适合于实证主义体系。但是,第三类——"随活动调节的需求"却不是如此。这种分类法把这个第三类需求与另外两类需求截然区分开来,而另外的两类都在实证主义思想中有自己的位置。

然而,随活动而调节的需求并非完全撇开需要的中介而在行动中直接表现出来,它们也显然不是随意性的。它们之所以不是随意性的,不能归结于遗传的或环境的因素,否则,它们与生物性需要就无法区别了。事实上,这类需要是一套完整的体系,一种自成一体的行为理想;它们不仅只是散乱的伦理价值,而是表达了一套单一的伦理。事业心和诚实这两种"经济美德"不完全是单个孤立的美德,而是道德行为的一套体系。

第三章曾指出,建立在实证主义基础上的社会进化论必然是线型的。马歇尔的理论的确也是线型的,但却不是出于同样的原因。除了知识和技术积累的因素之外,还有一个与之融为一体的第二种能动因素,即这种价值体系和自由企业的活动的发展和对它逐步深入的理解。马歇尔的理论仍旧是线型的。因为他认为只有一种这样的价值体系,他从来也没有考虑过会有其他价值体系的可能性。

第三章中还提到功利主义立场从根本上就是不稳定的,很容易向这一方面或那一方面分化。重要的是,马歇尔没有由此转变为激进实证主义的明确趋势。惟一严重的问题是享乐主义,但它在马歇尔思想中只表现为一种次要成分。毫无疑问,功利主义中的非实证方面的某些成分,是对他思想中功利主义成分的主要补充——它是一种"价值"因素。它在马歇尔思想中所起的作用,与利益天然同一性的假设在早期"乐观主义的"功利主义中所起的作用,或关于制度的假设在马尔萨斯思想中所起的作用相同。竞争之所以是有益的,乃是由于有了活动这一因素。马歇尔认为,纯粹的竞争有利于"在环境中兴盛起来"的能力,但是还有一些"有益于环境"的力量。[128] 很明显,这些力量就是"活动"。

但是,这里与那些有关概念的早期用法有一个重要区别。马歇尔所说的活动,不是像利益的天然同一性那种对同一秩序的假设。它与其说是一种假设,不如说是一种理论——是一种认为某些因素对于决定人类的行为是作为变项而起决定性作用的论点。它是一种自称可以由经验观察加以证实的定理,尽管由于它把注意力毫无道理地限于仅仅一种价值体系上,因此不是完全站得住脚的——但这不是马上就要加以探讨的问题。问题在于,马歇尔把这种因素明确地引入经济理论的逻辑体系之中。它不仅仅是一个假设数据或常量的问题,不管这指的是功利主义需要中的随意性数据还是更早以前那些著作家的形而上学的假设。

---

[128] 《经济学原理》,第396页;《工业与贸易》,第175页。

并且,在马歇尔看来,活动因素的作用是独立的。它与马尔萨斯理论中的制度不同,不是从另一个因素——生物性因素中衍生出来的。

最后,马歇尔远不止于仅仅认为对这个因素一般来说应给予一定的地位,他还给了我们一些关于应该是什么样的地位的明确观点。他主要强调了它的一个方面的作用,即独立于需求的行动所直接表示的价值观念,因为与功利主义模式的分道扬镳正是在这一点上表现得最明显。但是,这同一个价值观念也确实通过需求发生作用。有一类"随活动而调节的"的需要,对这种需要也可以叫做"与活动同源的需要。"这引起了一个非常重要的方法论问题。对马歇尔的经济理论来说,只要以需求的形式表现的那些需要是这个完整的价值体系的一部分,它们就不是随意性的需要。当然,这一点是包含在如下观点之中的:不能把这些需要设想为独立于获取为满足它们所需手段的过程之外。因此,从另一种多少有些不同的角度看,马歇尔思想中的这个因素向着一个非实证主义的方向突破了功利主义的框架。

前面的论述已经充分表明,马歇尔引入了一个与功利主义体系或任何其他实证主义样式中存在的任何因素都在逻辑次序上完全不同的因素。但是,这个事实在理论上的重要性,在他的著作中被一系列特殊情况掩盖了。

首先,马歇尔同他的前辈和同辈所共有的那种经验主义,使他不去试图在逻辑上区分具体经济生活中不同种类的因素。这种区分需要马歇尔所非常怀疑的"冗长的演绎推理"。

其次,马歇尔所说的活动的经验性特点,模糊了它的根本性的理论含义。一方面,由于他局限于一种价值体系,就使得他必然持有在当时实证主义占优势的思潮中居于统治地位的线型社会进化论观点。另一方面,这种价值体系的具体特点就是很容易与功利主义思想中的理性主义成分结合起来,形成一个有机整体。因为,那些有关的特定价值观特别强烈地要求行为的合理性,要求谨慎而有条理的工作以及全盘选择实现特定目的的最有效的手段。确实,对合理的效率的评价只是在一定范围内才有效,例如在正直、诚实、公正一类词语所规定的范围内。马歇尔认为,在自由企业体制里蓄意剥削和欺骗不会带来高效率,更不要说动用武力了。但是,这些限定不是很惹人注意的,因为它们与早期包含有利益天然同一性这个命题的主张自由放任的经济学理论的假设总的说来是符合的。马歇尔不是通过假设的方式排除了对自由企业最佳状况所可能发生的偏离,而是通过一种明确的理论这样做。⑫

因此,马歇尔的新观点的某些理论意义,还没有被他的追随者们意识到。这里只能指出有这些激进蕴涵存在的逻辑依据。但是在以后几章里通过其他几位经典作家(他们的背景和经验性理论与马歇尔明显不同)的著作中有关这个一般秩序的概念问题就其细节来进行探讨的时候,这些观念的完整涵义就会更加清楚了。

然而,在结束对马歇尔的讨论之前,最好把马歇尔的著作考虑的问题所引起的一个特殊的方法论问题搞清楚。到目前为止,我们一直把马歇尔的思想主要看做是一般性社会理论的各种逻辑可能形式的一种例证,如在导言各章中所指出的那样。但是马歇尔自己全然否认他有发展社会理论的任何打算。他是一位经济学家。因此,出现了在与一般性社会理论的关系中经

---

⑫ 并且,引人注目的是,他未能认识到他在道德方面对这些价值的偏爱会导致不适当地强调它们是广泛起作用的,因而忽视了其他可供选择的可能性。

济学处于什么地位的问题。[126]

正如本章开头时所说的,马歇尔的经济学概念有很强烈的经验主义色彩。它是"在日常生活的事务中研究人类。"用现在我们分析问题的术语来说,这是什么意思呢?"日常生活事务"可以假定为一种具体现象的范畴。马歇尔无意在这个具体范围内把经济的成分区别开来。

当然,他对通过"日常生活事务"的研究方法作了进一步限定。他告诉我们,经济学特别关心的是"用货币方式衡量一个人动机的力量。"[127] 用更一般的方式大致可以这样说,经济学在其长期的传统进程中已经建立起一种分析体系,它的主要特点是使用供求图表或供求曲线。货币具有关键性地位,因为它是一种表示数量的手段,供求关系一般就是以这种手段来表示的。因此基本上可以这样认为,马歇尔的观点是,经济学特别关心的是能够同供应和需求联系起来的那些日常生活事务。

但是,对这个问题的含义需要弄清楚。供求关系图式是排列有关事实以进行经济分析的一种方式。[128] 然而,以马歇尔使用的供求图表表示的那些现象是具体的现象,一方面它们是许多个人的具体需要的记录,而不是作为分析他们行动的一个个成分的目的的记录。另一方面,供应图表表达的是供应量随价格变化而起伏的具体关系(部分是假设的)。

这就产生了一个如何确定这些具体范畴与对行动结构的一般性分析(这是本书的主要任务)之间的关系的问题。只要仅仅

---

[126] 阿道夫·罗维(Adolf Löwe)最近出版的著作《经济学与社会学》中有对这个问题的最精彩的论述。但是,罗维教授的观点与这里表明的有些不同。

[127] 《经济学原理》,第 15 页,第 134 页。

[128] 用本书使用的术语来说,这是一种"描述性参照系。"见第一章,[边码]第 28 页以始。

把这些事实作为数据对待,并且对只局限于从它们与市场机制有关的含义来进行分析,就可以说,对现象的解释是把它们作为因素而保持在经济学的范围以内的。于是,经济学的问题便局限于供应与需求的各种数据的一连串的关系问题,而不涉及到如何确定这些数据本身。这就是以后一些经济学家所采用的方针,其中帕雷托可被认为是代表人物。

但这不是马歇尔的方针。在他看来,把经济学的定义说成是与以货币作为衡量尺度有关的学科,意味着它所关注的是人类行动中与价格有着函数关系的所有因素,而不仅仅是恒定的数据(那是很成问题的)。这个观点在他对生产因素供应问题的论述中也许表现得最为明显。[12] 很明显,他不是完全按照,甚至也不是主要按照行动的功利主义成分或他自己的效用理论来解释的。例如,人口肯定是部分地受生物性因素制约的。在任何具体实例中,资本货物都受到环境等方面与技术发展相应的特点的限制。在劳动和资本两者的供应问题上,他都引进了他提出来的活动的成分,并赋以主要的作用,而这一活动的因素尤其是他的效用理论以外的因素。

他把这些问题作为经济学问题对待的原因是,它们都受到(他所谓的)经济力量的制约。也就是说,这些供应通过价格的作用随着对它们的需求的变化而变化。引入活动成分的根本原

---

[12] 这个观点决不是马歇尔特有的,在许多也许是大部分经济学推理中都可以发现这种观点。举一个最近的例子,沃尔什(J. R. Walsh)在《经济学季刊》1935年2月号上发表的文章《应用于人的资本概念》(The Capital Concept Applied to Man)就有这种观点。沃尔什博士在文章中试图说明:(1)专业训练的成本和专门人才的收入之间有一定的函数关系;(2)这表明,对专业训练的投资是出于"一般的经济动机"。即使他的第一个观点得到承认,第二个也并不就随之而成立。第一条是对具体事实的阐述,沃尔什在阐述中没有对它加以解释。

因在于,如果仅仅以效用为根据,这种回应性已经值得怀疑了。例如,他比他的前一辈经济学家更怀疑"人口原理"。对"随活动而调节的"需要也是如此。马歇尔正是以这个概念来把他的独特的价值体系通过需求加之于经济现象的。

从以上分析中必定得出这样的结论:即使使用了供求图式,也不能否认马歇尔的经济学观点在根本上是经验主义的。因为,尽管有这样一个局限,它们仍然试图对它所描述的具体现象进行全面解释。⑬的确,马歇尔自己对供求图式的使用说明,在这个基础上,使用行动的效用成分以外的其他成分是必然的。一方面,他没有说明为什么从经济学中排除掉实证主义体系的其他成分,如遗传和环境。另一方面,他自己又把活动的成分摆到了突出的地位。

确实,尽管供求关系图式带来了局限性,在经济学的发展进程中,人类行动中的每一个主要成分都出现了,并都被当做在经济学理论中起重要作用。⑬马歇尔又给添上一个活动的成分,只不过是补齐了这个花名册而已。从这一事实中不可避免地得出的结论是,从经验主义的观点来看,逻辑上与社会学分离的经济学原则上是不可能存在的。经济学应该仅仅是理解人类行为所必需的一般原理对于某些特定具体现象的运用。如果可以给这种理论取个名字的话,它可以叫做"包罗各种学科的社会

---

⑬ 也就是说,即使是从对经济理论进行分析的目的上说,马歇尔也拒绝把已知的有关这些现象的任何重要事实看做是固定数据或常量。他试图把它们全部纳入他的整一的理论体系中去。

⑬ 关于这个问题的完整证明,请见塔尔科特·帕森斯:《经济思想中的社会学因素》(Sociological Elements in Economic Thought),《经济学季刊》,1935年5—8月号。

学"⑬,也就是说,它是与社会中人类行为的具体事实有关的所有科学理论的综合。经济学就这样变成了应用社会学。

主要是由于对供应与需求的分析在经济学中的作用,使得这一结论变得模糊不清了。而"制度学派"对供求分析的攻击则使这个结论比较明显了。这种图式和经验主义方法论结合起来,已经产生了一些潜在的、相当不利的后果,马歇尔的某些学说就是很好的例证。

可以说人类行动中有一个可以在分析上独立出来的侧面,这个侧面可以很好地称做经济学的侧面;当然,关于它的准确定义,可以推迟到在有关帕雷托的章节里把经济学的地位问题放到一个较为广阔的背景中加以讨论时再说。现在只要明确,这个侧面可以在有某些限定的条件下,看做是由实证主义思想中的功利主义衍生出来的,这就够了。而且,粗略地讲,它就是在所谓马歇尔的"效用理论"中提出来的那个侧面。这种逻辑上能够分离出来的效用侧面,可以形成一种逻辑清晰的学科的基础,即通常所说的经济学理论。但在这种情况下,应该认为,与经济学理论有关系的是人类具体行动中的一个成分或一组成分,而不是人类行动现象的一个具体地可以分离出来的范畴,不是一种或一类行动。这种观点避免了马歇尔的观点必然导致的经验主义后果。

但这只是期望。供求图式在以上这种意义的经济学中是固有的,其原因以后将讨论。同样,这种经济学不仅仅局限于在这种抽象的经济学理论中占有一定地位的那些成分。从原则上说,任何影响人类行动的因素确实都可能影响供应和需求的具

---

⑬ 本书作者不同意这种关于社会学范围的观点。本书最后一章中将明确讨论这个问题。

体条件。因此,在经验主义基础上对供求图式的分析,将产生两个潜在的不利后果。

一方面,有这样一种趋势,即对非"效用"因素,或不属于行动中的经济方面的因素来说,只有当能够使它们与供求图式发生联系时才对它们加以研究。这将导致把这些非经济性因素的作用压缩到最小,甚至把它们对"日常生活事务"、即具体经济活动的作用也压缩到最小——只要它们不通过影响供应数量或需求数量起作用。我们以后将会看到,这一点首先对"制度性"成分是适用的。任何不能在供求图式中按这一图式的固有要求进行量化的成分,其作用都倾向于被减到最低程度。这个生物学方面的成分(和其他成分一起),大大有助于说明马歇尔为什么只以"活动"这个独特的形式研究价值因素,并倾向于把它的作用局限于一个特殊的方向,即促进自由企业的方向。这并不是说他的论述没有任何经验证明——恰恰相反,有相当多经验上的正当理由——而只是说,他的论述在看待现实事物方面有严重的偏见。对其他经典作家的研究表明,如果将这些偏见抛弃或改变一些,情况将会变得大为不同。

另一方面,那些需要以与供求图式的直接关系加以阐述的非经济性成分,其重要性则倾向于被夸大。可以这样公正地说,马歇尔觉得,在逻辑上有必要把资本和劳动的全部具体供应说成同它们的价格有函数关系,这就使得他把他赋予了特殊意义的活动的重要性严重地夸大了。看来确实很可能是,劳动的供应总量只在很小的程度上是所付工资的函数,[13]对资本供应来

---

[13] 困难部分地在于"函数"一词是模糊不清的。从真正的分析意义上说,只有在两个变项的值的变化以及具体处境中的其他因素的值的变化中,有一种可以界定的关系模式在很广泛的范围内始终有效,这时,两个变项才有函数关系。另一方面,

说恐怕更是如此。

当然,存在于一个特定时间的特定组合中的非经济的因素,究竟在多大程度上对于"经济力量"(在马歇尔说来,就是价格的变化)更容易作出反应,这只能通过经验研究才能确定。马歇尔提出的假设是值得检验的,但这并不意味着,就应该从逻辑上有必要把这种关系的重要性夸大到极点。

总而言之,不应把它的重要性尽量夸大而先入为主地看做是社会进化中一个高级阶段的标志。马歇尔的观点确实包含了这样的意思:不能促进对经济力量的反应的非经济性因素,仅仅是属于原始阶段的,对它们可叫做"习俗(custom)"。这实际上包含着一种很深的自由放任主义的偏见,是需要非常认真地加以纠正的。

在社会思想的发展过程中,存在着一条与物理学中的"最小动作(least action)"原则类似的原则。当新的成分出现在它的发展过程中的时候,不管它们是来自新的经验观察还是新的理论设想,它们都必须在一种现存理论的逻辑框架中找到一个位置。这个原则就是,对于能够明确地认可这一新成分的原有理论框架,所作的修正要尽可能地少。

马歇尔对这个原则作了一个出色的说明。在他的思想背景中,可以说存在着一种我们已经叫做"个人主义的实证主义"的框架,这个名称特别强调它是功利主义的一个变种。从这个体系的逻辑结构可以看出,他的"活动"形成了一种新的成分。但给它定位的方式只使整个体系的轮廓发生极小的扰动。这一点是通过两种方法做到的。首先放入这个新成分的位置,正是这

马歇尔充其量只不过证明了,在某个时期和有限地区内的工资和人口都增长了。他为分析意义上的一种重要的函数关系提供的例证当然是不恰当的。

个体系从出现以后不久就需要有一个超出实证主义的支柱的位置,即利益的天然同一性的位置。第二,这个新成分有一种趋势,即只有以与旧体系直接有关和实质上与旧体系融为一体的方面和从这样的方面才能加以理解和论述。活动变成了一种"品质不断发展"的理论的基础,这种理论有助于一种个人主义经济、即自由企业的具体实现。它给"经济力量"开辟了新的作用范围,使越来越多的人类事务成为随价格体系变化的。

这种融合的确是非常彻底的,以致虽然不止一代经济学家对马歇尔的著述怀有强烈偏见,但在经验主义的"舆论气候"的帮助之下,这个新成分的逻辑特点和它与整个体系内其他成分的不同之处实际上竟未被人觉察。

本书下一步将讨论威尔弗莱多·帕雷托的著作。尽管所有的分歧之处从表面上看来,使帕雷托成了一个与马歇尔的思想全然不同的思想领域的代表,但是他们在背景方面,却有一种使这些分歧对于本书具有特殊意义的延续性。从经验主义观点的这种截然不同的语境之中,可以探讨两个十分重要的问题的某些进一步的细节。帕雷托与马歇尔一样,也是从接近于实证主义理论体系的一种论点出发的。然而,同马歇尔的活动中所包含的一样的"价值"因素,在帕雷托的著作里以不同的形式和在不同的前后联系中出现。因此,对它的地位和含义可以再进一步分析。同时,帕雷托也再次(这一次是明确的了)提出了关于经济学的范围这一经验主义的问题。对帕雷托思想进行分析,将使我们有机会以较前广阔得多的视野,来理解马歇尔的活动学说闯入实证主义的伊甸园所引起的问题。

第五章　威尔弗莱多·帕雷托（一）：
　　方法论与主要分析框架

　　帕雷托有关社会现象的经验性观点的主要轮廓，与马歇尔形成了鲜明的对照。在讨论这种区别的理论根据和方法论根据之前，需要对若干问题作一简要说明。①

　　首先，帕雷托明确地和断然地反对社会线型进化理论，这种理论在马歇尔以及他那一代人（首先是在英国）的思想中起着巨大作用。帕雷托提出了一种循环理论，按照这种理论，社会形态经历着一系列的阶段，而这些阶段几乎按照相同的顺序不断重复。帕雷托确实并不从根本上否认在总的过程中可能存在着一种趋势；但是相对于那些依从于循环模式的因素而言，他把这类趋势的因素急剧地减缩到了最小的地步。因此，当然可以合情合理地说，帕雷托关于社会变迁的理论与马歇尔和其他进化论者的理论是根本不同的。②

　　循环理论对当代社会境况的解释与马歇尔的观点全然不同。当代社会的境况不再是有史以来连续不断的定向发展过程

---

① 对帕雷托的这些经验性理论将在我们论述必要的有关理论问题之后再加以讨论（第七章）。目前的简要说明只是初步的。

② 当然，循环的周期和幅度可能有所不同。帕雷托还谈到了分枝式进化的可能性，见《普通社会学通论》（Traité de sociologie générale），第216节。但是，他的具体分析局限于循环理论。

的顶点,而只是说明了循环运动中的一个阶段,一个在过去曾多次出现过、今后无疑也将不断重复的阶段。首先,十九世纪末和二十世纪初的发展趋势不会朝着原来的方向——如工业技术"进步"和不断增长的经济繁荣的方向——无限地继续下去,甚至也不会持续很久。恰恰相反,帕雷托认为,我们现在正处于一个社会进程的方向迅速变化的阶段。不久之前曾出现过个人主义、人文主义、思想自由和怀疑主义的全盛时期,而在不久的将来很可能会出现对个人自由(思想的、经济的和政治的)的限制,信仰的复活会取代怀疑主义,暴力的使用也会增加。马歇尔曾认为,所有这些——只有信仰问题可能是个例外——都已经随着我们的发展而永远不复返了,有的只是很少的"遗迹"。

马歇尔还曾强调社会中个人之间与群体之间必不可少的利益协调。首先,他极度贬低阶级差别的重要性,把机会均等所受到的局限降低到遗迹的地位,认为注定要被逐渐消灭。在另一方面,帕雷托则特别强调阶级利益的不一致性。他高度赞扬马克思把这个因素摆到了显著地位,③ 虽然在严格的经济学领域内,他与在英国占统治地位的观点一样,认为马克思理论中的大部分东西是站不住脚的。最后,帕雷托还非常强调暴力和欺诈在社会生活中的作用——这与马基雅维里和霍布斯的看法一样。这一点又是同马歇尔的观点最为针锋相对的,把任何重要作用归之于这些现象,都是与自由企业的环境完全不相容的。如同帕雷托所强调的其他因素一样,这些在马歇尔看来只不过是社会进化早期阶段的现象,它们注定要随着效率的不断增长而被弃绝,并且被永远弃绝。

---

③ 见威尔弗莱多·帕雷托:《社会主义体系》(Systémes socialistes),第二卷,第十二章。

受过科学思维训练的人们在观点上如此分歧,不可能完全是偶然的,不可能完全是某个人"偶然地"观察到了其他人没有观察到的事物。它们也不可能是这些人纯粹私人和个人感情的表现,而与他的科学研究毫不相干。恰恰相反,极有可能的是,这些分歧与他们思想的主要理论架构有着密切的逻辑联系。一般来说情况正是如此,这乃是本书就整体而论的一个重要命题。这种经验上明显悬殊的差别引起了下面的疑问:与之相应的理论分歧在于何处呢?为了回答这个问题,必须对帕雷托的方法论立场和理论结构进行一番分析。

方法论

虽然一般地说本书并不关心个人经历④ 方面的事情,但是,有必要注意到下述事实,即在写作《普通社会学通论》⑤ 一书之前,帕雷托曾经历过两个主要阶段。他曾在都灵工学院学习自然科学,以后实际担任工程师多年。他从来也没有放弃对数学和其他自然科学的爱好。在对他的著作进行解释时,应该总是把这种爱好作为他思想中的一种方法论模式和实质性成分加以考虑。其次,政治论战使他对具体的经济问题产生了兴趣,由此又对经济理论发生了爱好。他在这方面的著作给他带来了名望,于是在四十五岁的时候被任命为洛桑大学的政治经济学教授。他是他那一辈主要的经济学家之一。他对社会学的研究

---

④ 关于帕雷托的简略经历,见 G. H. 布斯凯(G. H. Bousquet):《威尔弗莱多·帕雷托:生活和事业》(Vilfredo Pareto, sa vie et son oeuvre),第一部分。

⑤ 所有引自该书的文字都注出法文版的节数而不是页数,因为前者在各种版本中是统一的。英译文是我翻译的,因为本书最初写作的时候尚没有该书的英文版。但我曾按照英文版检查了我的译文,并做了适当修改。

和对社会科学一般方法论的探讨,始终是由与具体现实及其他理论框架两者有关的传统经济理论概念的地位问题决定的。自然科学与经济学的密切结合(对此将在后面讨论),决定了在帕雷托的思想中有两条主线。

像他的许多前辈一样,帕雷托努力使经济学和社会学成为以物理科学为范型的实证科学。但他的具体做法有所不同。早期的物理科学大都包含着那些粗略概括起来算是构成"科学唯物论"的学说,把它们作为实质性学说;认为这些学说不仅仅是工作假设或近似值,而且是有关现实世界的必然真理。这些真理都是带根本性质的,以致任何不承认它们的理论,都不能成为科学的理论——实际上,这些真理被看做是在方法论方面必不可少的。就是说,早期的科学(特别是物理科学)方法论,大多数是激进的经验主义的实证主义(radical empiristic positivism)。

帕雷托反对这种观点。他代表着一种对科学的范围持远为节制和怀疑态度的观点。他的观点并非都是他自己的创见,而是属于包括马赫和彭加勒在内的一群人的。他本人具体指出:孔德和斯宾塞都犯了僭越科学界限的错误,不管他们如何进行相反的辩护。⑥ 首先,帕雷托把他自己的概念局限于非常一般的方法论要求的范围之内。⑦ 他十分谨慎地不再坚持把物理科学中的实质性概念带入社会科学之中的必要性和适用性。科学理论要建立在对它们各自领域里的事实进行观察的基础上。即使是"体系"、"平衡"等一般性概念,最初也只是在类推中使用

---

⑥ "孔德赋予其哲学思想的'实证'这个名称不应使我们做出错误的归纳,因为他的社会学同波舒哀(Bossuet)的人类通史教程一样全然都是一些教条。"《普通社会学通论》,第 5 节。"斯宾塞的实证论纯属玄学。"同前书,第 112 节。

⑦ 关于帕雷托的方法论程序的最好总结,请见 L. J. 亨德森:《帕雷托的普通社会学通论》(Pareto's General Sociology)。

的;而且帕雷托还谨慎地指出,类推并不是论证。⑧ 因此,他至少一开始摆脱了在旧的实证主义中占有显著地位的"化约"倾向,这是具有重要意义的。

帕雷托实际上在极大程度上把自己局限于对最一般性的方法论的思考之中。他认为,科学的最大特点是"逻辑性—实验性"。也就是说,科学中包含两个必不可少的成分:逻辑推理和对"事实"的观察。逻辑推理本身不能产生同义反复以外的必然结果,⑨ 但它仍然是一个基本成分。然而,它被当做是隶属于另一个成分——实验性的或观察到的事实的成分。

值得注意的是,帕雷托从不试图对科学事实的范围加以具体划定——至少在关于方法论的明确论述中他没有这样做。就已经可以断定的范围而言,他没有使用过"感官材料(sense datum)"这个术语或任何与之有关的术语。他最常用的术语是 *expérience*[经验],这个词意味着可核实性以及与观察者的主观感情无关。他把经验等同于观察。⑩ 它常常被说成是人们能够据之对不同的观点进行"判断"⑪。因此我们可以合理地推断,帕雷托的概念显然是广义的。在下面这两种意义上,事实要包括对观察者来说是外部的和独立于观察者的"事物"或"事件"的可加以验证的陈述:(a)它的存在和特性不依据观察者个人的感情好恶而变化,也就是说,是"给定"的;(b)作为对这种独立性的

---

⑧ 《普通社会学通论》,第121节以始。
⑨ 同上书,第28节。
⑩ 最接近于一种定义的话是:"我们是按照其在天文学、化学、生理学等自然科学中的意义来使用这些字眼的,并非指基督教的内心感受。"《普通社会学通论》,第69节。
⑪ 合理的解释是,帕雷托的头脑里经常存在着现在常常称之为"操作(operation)"的那种过程的作用。由于进行相同操作的几个科学家得到相同的结果,因此,经验便成了判断的标准。

验证,当两个或更多的观察者面对同一事物或事件时,他们对它的陈述应当在根本上是一致的,或是从理论上加以解释和说明之后能够达到一致。

从帕雷托的用语中可以清楚地看到,语言表达中有意义的部分被包括在经验事实的状态之中。在他开始论述这个问题的时候,[12] 他把"命题和理论"作为实验的事实(experimental facts)[13]。指出下面这一点就足够了:当我们说一个口头的命题和一个书面的命题是"相同"的命题——即是相同的事实,或更严格地说是相同的现象——的时候,这种相同不是以(a)声波的组合和(b)墨水符号——它们分别构成了表示这一命题的符号中介——这两者所共有的内在成分加以概括而得来的。从内在本质的层次上说,究竟在多大范围里存在着有任何重要意义的共同成分,是难以确定的。[14] 这两套东西之间的共同之处,不是任何具体意义上的"感官印象",而是这些符号的"含义"。把含义包括在实验事实或可观察的现象范围之内,是帕雷托关于事实的概念中最值得注意之点。没有这一点,任何命题都将是无法观察的。虽然帕雷托从来没有明确地指出这一点,但是没有它,帕雷托关于社会学的大部分观点都将变得毫无意义。

帕雷托对于第二个重要论点的论述要明确得多:一个实验事实不一定能展现某一具体现象的全部。逻辑—实验科学的理论,就是由逻辑推理贯穿起来的一些对事实的表述。但是,理论形成过程所涉及的事实是在分析过程中得到的,又未必是对那些具体现象的完整表达。帕雷托确曾说过,"不可能了解到一个

---

[12] "所有这些命题和理论都是实验的事实。"《普通社会学通论》,第7节。

[13] 显然不是前面用的那个"事实本身总是命题"的意义,而是说这些陈述所指的现象可能就是"理论和命题"。

[14] 可能存在的这种范围,主要得在各种成分相关连的序列里去找。

具体现象的所有细节。"⑮ 如果因为一个理论不能充分完整地解释一个具体现象而对之进行指责,那是不合理的。⑯ 理论中包含的事实是描述具体现象中的成分、侧面或特征,但不是描述现象本身的全部。因此,帕雷托的方法论观点显然是反对见于马歇尔思想中的经验主义的。科学必须首先对复杂的具体现象进行分析,只有在分析性的理论建立起来之后,才能通过一个综合的过程上升到对于具体现实的任何部分作出完整的科学说明。

这虽然是一个一般性的科学学说,而有意义的是,帕雷托给出的主要具体例子却是经济学理论的例子。他说:"假设 Q 为政治经济学理论。一个具体现象不仅包括经济成分 e,还包括其他成分如社会学成分 c、g 等等……如果像许多人那样试图把 c、g 这些社会学成分包括到经济学中去,那将是错误的;从这一事实中得出的惟一合理的结论是,必须把说明 c、g 等等的其他理论补充到说明 e 的经济理论中去——我说的是补充,不是替代……"⑰ 帕雷托为经济理论形式的抽象分析理论争取一席之地所采取的方式,并不是把理论置于事实之上,而是把理论抽象成分包括在他关于事实的概念本身之中。正如他经常说的,如果在逻辑—实验科学中原理完全依赖于事实,其所以站得住脚的原因只能是——用亨德森教授的话说——这些事实本身是"根据一种概念体系而取得"的观察结果,因而不是对那些具体现象的完整描述。

与某一特定理论相联系的具体现象中的各个侧面,在经验

---

⑮ 《普通社会学通论》,第 106 节。
⑯ 同上书,第 33、39 节。
⑰ 同上书,第 34 节。

的原材料中一般并非以任何可以适用的形式出现。如果能够把与某一理论有关的那些事实同其他事实分离开来加以观察,那当然是人们所希望的。某些(虽然决不是所有的)[18] 自然科学可以通过实验的方法做到这一点。但是帕雷托明确认为,这只能算做对科学的实用的帮助,而并不是科学的逻辑需要。社会科学中的抽象过程必须主要是通过分析,而不是通过实验进行。当然,这并不是说实验就不那么合理了。

逻辑—实验科学的目的是阐述"规律"。在帕雷托看来,规律不过是"实验的一致性(experimental uniformity)",[19] 即各个事实之中的一致性。但是,如果要对这个意思作出恰如其分的阐述,必须要考虑到刚才讨论过的实验事实的特殊意义。规律是事实中的一致性;但是,由于事实是具体现象中按照一种概念体系观察到的若干"侧面",因此,规律不是对这些现象中必然性的具体变动的概括。在这方面,必须进行两点说明:第一点也是较为重要的一点是,在社会科学中,任何特定的具体现象都是若干不同规律的聚合点,帕雷托称之为交织(entrelacement)点。[20] 因此,只有综合运用所有有关的理论,才能对这个具体现象作出完全科学的解释。除了在某些被限定的例证下,任何一条规律都不能直接适用于充分解释具体的事项。第二点,正如帕雷托所说,我们无论如何也不能了解到具体现象的所有细节,所以,即使是综合使用有关的理论,也只能给出部分的而不是完整的说明。科学永远是一个不断接近的过程。[21]

---

[18] 因此,从对所观察的现象能够进行控制这个意义上说,天文学这种最地道的自然科学不能算做实验科学。它完全依赖非实验性的观察。

[19] 《普通社会学通论》,第99节。

[20] 同上。

[21] 同上书,第106节。

因此,科学规律中的"必然性"成分仅仅是它的逻辑中所固有的。如此说来,规律是没有例外的。㉒ 人们常说的"例外",实际上是"一条规律的结果叠加于另一条规律的结果之上。"㉓ 从这个意义上说,所有的规律都有例外情况。但是,不能仅仅由于这种考虑就不能把逻辑必然性(前面曾称之为"逻辑决定论"㉔)运用于具体现象。不能武断地把科学理论的逻辑上闭合的体系变为经验上闭合的体系。恰恰相反,理论在经验运用中只能产生可能性,不能产生必然性。㉕

以后讨论帕雷托的实质性分析的某些含义的时候,我们将继续探讨他的方法论中的某些侧面。现在,有必要研究一下他用这种方法论工具做了些什么。前面提到的两种影响已经显露出来了。一方面,在方法论上成熟了的现代自然科学已经提供了一般范型,另一方面,经济学理论提供了人类行为科学的最主要例证,这种人类行为科学所建立起来的一套抽象理论,如果不同其他"社会学"成分结合起来,就不能直接运用于具体社会现象。这后一个情形为帕雷托的实质性分析提供了出发点。

逻辑行动和非逻辑行动

尽管经济学理论在其表述中在很大程度上起到了样板的作

㉒ "论述不一致的一致性是没有任何意义的。"同上书,第 101 节。
㉓ 同上书,第 101 节。
㉔ 见第二章,[边码]第 70 页。
㉕ 帕雷托所使用的方法经常被称为归纳法。在适当限定的范围内,这种说法是可以接受的。但是应该注意,这种方法是兹纳涅茨基(F. Znaniecki)所说的与"列举归纳"相对的"分析归纳"。参见兹纳涅茨基:《社会学方法》(The Method of Sociology),第五章。

用,但它也是帕雷托用来为他的分析体系也即"逻辑行动"奠定基础的多少要更宽泛一些的范畴。㉖ 在帕雷托看来,由于经济学理论把某些变量(严格意义上的成分)分离出来用另外的体系进行排列和阐述,所以它是抽象的。但是,行动理论的这个次级体系并不是与具体完整的行动体系的各种类型或所有侧面都有相同的联系,而特别与其中某些方面、即帕雷托表述为"逻辑性的"那些侧面有联系。

在这个问题上,需要把以帕雷托的结论为基础继续进行的分析,与明显地形成了帕雷托本人对《普通社会学通论》一书中的思想加以发展的主线的那些分析之间的关系说清楚。虽然这两种分析绝非无关,但它们也并不相同。搞清楚它们之间的区别是很重要的。它们都是以逻辑行动的概念为出发点的,所以特别容易搞混。

逻辑行动不是帕雷托理论体系中的一个成分。他使用这一术语显然是出于一种实用主义目的。似乎有理由这样推断:他的目的是建立一种对被经济学理论忽视了的某些行动成分进行定义、观察、分类和系统论述的方法。最接近于严格符合"逻辑性"标准的行动,是比较而言最适于用经济学理论进行阐释的行动。因此,有理由假定,对脱离这些标准的情况的研究,将会导致分离出至少是一些重要的非经济成分。因此,给逻辑行动进行精确定义是帕雷托进行的研究工作的第一步,由此他得出了某些非经济成分。下面将简略地探讨他的研究步骤。然而,如亨德森教授所指出的,一旦这个概念这样使用之后,它和与它相

㉖ 除了经济学以外,他还把"艺术和科学——此外还有某些军事、政治和法律等活动"也包括在内。《普通社会学通论》,第 152 节。

关的非逻辑行动概念都将被排除掉,㉗在最后完成的这个体系里没有它们的地位。

但是,在以这种方式规定和使用逻辑行动这一概念的过程中,帕雷托顺着这种方式进行了一些可以适用于另外一种背景的观察和区分,这另外一种情况正是我们在此处最感兴趣的。因为,帕雷托的逻辑行动概念可以认为是,对适用他那诸种成分所构成的体系的那些具体行动体系的结构进行系统分析的出发点。他自己并没有从事这种分析,但是,他自己的程序引出的后果,在许多不同方面直接包含着或接触到了这种分析。的确,帕雷托通过一种与之不同的步骤所取得的研究成果,引人注目地证实了形成下面论点的主要思路的分析的正确性。为了明确地阐述在结果上的这种巧合,有必要从某些方面相当深入地探讨一下帕雷托本人的概念结构的细节。

首先,重要的是应该注意到,帕雷托径直断言可能以两种不同的观点、即帕雷托所说的主要观点和客观观点,㉘来研究社会现象。客观观点的第一个特征,是照"在其现实性"中的方式来看待现象,而反对把现象看做是"在某些人的心目中"所呈现的样子。把这种区分进一步展开,特别是把客观观点和"具有比较广博知识的人"㉙观察行动的方式联系起来,使我们有理由这样推断:客观的观点是科学观察者的观点,而主观的观点是行动者的观点。帕雷托的实质性论述一开始就把主观的观点包括在内,这具有重大意义。

他对逻辑行动所作的定义,实际上明确地包括着主观的观

㉗ 《帕雷托的普通社会学通论》,第100页。
㉘ 同上书,第149页。这种区别在第二章中就已指出过了。
㉙ 《普通社会学通论》,第150节。

点。他说:"我们把不仅从实施该项举动(operation)的主体的观点看来,而且在那些知识较广博的人看来也是与其目的在逻辑上相一致的那些举动叫做'逻辑行动'。"[30] 在下面的一段话中,他用了另外一种稍微不同的方式来表达这个思想:"逻辑行动是那些主观目的与客观目的相一致的行动。"

用来作为客观观点特征的"如其所是"这个词组,包含了这样的意思:"举动"(即手段)与目的之间的关系可以由一种科学的理论在内在的基础上加以确定。也就是说,帕雷托的企图是,把在特定的观察者有关手段与目的之间的关系所能掌握的最广泛知识来说是可以论证的内在的"手段与目的的适应性",作为他的行动逻辑性的标准。[31]

---

[30] 《普通社会学近论》,第150节。

[31] 在这里重新提及一下"合理性"这一概念的两种不同的含义(见[边码]第64页脚注),将会有助于避免读者头脑里可能引起的混淆。帕雷托关于逻辑行动的概念是以我们称之为"方法论"标准的方式阐述的。如果行动在某些具体方面符合一种从科学方法论推导出来的标准,它就是符合逻辑的。重要之处在于,以这种方式来为逻辑行动的概念下定义,使得与"机械论"的性质有关的任何做法都变得明晰了,而与标准的一致性正是导源于此。

特别是,它避免了与习惯有关的一系列极为复杂的问题。我们都知道,我们许多不断重复的行动(在常识上叫做"合理"的行动)实际在很大程度上是"自动地"进行的;在每进行一步的时候,我们并不是非得考虑下一步是不是达到目的的适当手段不可。对于所有高度发达的技艺来说,当然都是如此;没有这种习惯,这些技艺是不可能的。

值得注意的是,帕雷托在他的概念中,既没有肯定也没有否定这些事实的重要性,特别是也没有试图对它们进行分析。一项行动只要符合他制订的标准,对他来说就是"逻辑的",不管它是不是自动的习惯性行动,只要在观察者看来这些动作在逻辑上是同其目的联系着的,那它们就是符合逻辑的;如果在行动者看来也是如此的话(如果他考虑这个问题),那么它们也同样是符合逻辑的行动。如果行动者在某些场合下需要使自己适应于本已习惯了的环境发生的变动,他可能会首先意识到这种标准。行动逻辑性的概念中,当然包含有一定范围内的适应性的含义。

但是即使在这里,帕雷托的问题也不是适应条件变化的机械论问题。那可能是在帕雷托关于逻辑行动的第二个定义中,他对主观目的和客观目的进行了区别,并认为它们的一致是行动逻辑性的标准。对他的含义很难进行说明,但下面的解释似乎是最合理的:主观目的显然就是行动者本人主观上期望并设定为自己行动目标的那种预期的(具体)事态,在行动过程中,他选择并使用某些他认为有助于实现主观目的的某些手段(用帕雷托的话来说,叫做某些举动)。但是,只有当行动者对他打算使用的手段与目的之间关系所作的判断正确时,他的主观目的才能真正成为预期的客观目标。这种判断包括了以可以验证的知识为根据,对初始处境发生变化造成的可能影响及其"自动的"后果的预计(这些都被当成是手段)。但是,在知道了主观目的和打算实际使用的手段之后,"对情况具有比较广博知识"的观察者就有可能判断,实际作出的具体举动是否有助于目的的实现。很明显,帕雷托所说的行动的客观目的,指的就是这种在可能获得的最完备的知识的基础上,对使用那些准备采用的手段所要产生的效果的预计。这样便很容易看出,只要指导行动的理论在手段—目的关系方面从科学角度来说是正确的,主观目的同客观目的就是一致的。㉜并且,除了某些出乎意料的偶然情况(关于客观目的的

一个属于有时叫做心理学方面的合理性问题的领域了。当然,这两类问题绝非毫无联系。但在某一时间内只研究其中的一类问题,这种科学抽象程序是无可非议的,并且,在这样做的时候,重要的是严守所考虑的这一种类的内容,而不要让只适合于另一类问题的内容在未经觉察的情况下混杂进来。

如分析的进展将要表明的那样,帕雷托理论中的某些不能克服的困难,使他不能严格地止步于行动合理性中"方法论"方面的问题,而由于掺进了另一方面的内容,他的阐述有时引起了严重的混乱。大多数帕雷托思想的研究者对他的理论的确都是既批评又赞许,就好像他的理论完全是以心理学方面的内容来表达的一样。

㉜ 在谈到逻辑行动的时候,帕雷托局限于"直接"目的,间接的可能后果未予考虑(《普通社会学通论》,第151节)。

表述能够以可能性而不是必然性的方式,来分析和处理这些偶然情况)之外,两者都会符合于对作为行动的结果所实际达到的状态的正确描述。可能就是出于这一原因,在帕雷托的有些说法中,行动的结果似乎就是客观目的。如果不考虑更细微的差别,在一种简略的意义上说,他这样做也是相当有道理的。当然,作为专门术语来说,最好还是像帕雷托那样把目的这个词限定为预期的将来状态——不管是由观察者还是行动者自己所预期的——并且用其他的方式去表达行动的"后果"或"结果"。

以上分析解释了帕雷托的一个重要论述,即客观目的必须是"在观察和经验范围之内的真实的目的,而不是在那个范围之外的想象的目的——虽然后者可以作为一种主观目的。"[33] 客观目的通常是通过对在一种处境下采取特定的举动所可能产生的效果进行经验上有根有据的预期而实现的。为了使这种预期成为可能并为结果所证实,它必须要"在观察所及的范围之内"。但是,对行动者来说,就得靠行动的逻辑性来要求他的主观目的永远具有此种特性。因为他主观信念中的目的—手段关系很可能偏离科学的客观标准。只要某项行动由于有一个目的不在观察所及的范围之内而偏离了科学的客观标准,这项行动从定义说来当然就是非逻辑行动。

需要注意的是,逻辑行动和非逻辑行动的不同标准,实际上就是把主观观察的结果和客观观察的结果相比较的问题。手段—目的关系应该首先看做是对行动者来说的:他认为自己手段的效果会是什么;然后才是"在现实中是什么"——对于观察者而言,由于具备较广泛的知识而认为将是或应是怎样的。像行为主义者那样仅仅把注意力局限于观察事物的外部过程是不

---

[33] 《普通社会学通论》,第151节。

够的,这样做根本不可能了解行动的主观目的——从严格的定义来说,主观目的是行动者的主观预期。它所能了解的仅仅是客观目的,或行动的结果。而这种结果在这种情况下就本质来说,应该总是实际采取的举动的"逻辑"结果。因为,按照帕雷托的观点,只要一个事件的过程不管从任何一种意义上来说是可以科学地理解的,它后期的各个阶段必然总是与前期的各个阶段是"逻辑上统一的"。这样,单单从客观的观点看来,所有的行动都是逻辑的。[34]

因此,区分的标准包括了主观的观点,可以用两种方式阐述:(a)无论从主观的还是客观的观点来看,只要所采取的举动与目的在逻辑上是统一的,则这个行动就是符合逻辑的。也就是说,就手段与目的的关系而言,在行动者的心目中必须以一种科学上[35]可以验证的理论确立起这样一种关系;如果行动者不知道这样一种理论,这些手段和目的放在一起所产生的结果也必须是能用这种理论加以证实的。(b)主观目的必须与客观目的一致。主观目的在这里可以仅指行动者希望或试图实现的状态。必须是在实施那些"举动"之前就预料到的实际结果,才能作为目的。于是,所谓主观目的符合客观目的,就是说,主观目的是能够以科学来论证的、作为行动者打算采取的行动的结果

---

[34] 对帕雷托的科学"客观主义"的这种解释,从表面上看似乎牵强附会得近乎于荒谬。然而,上面一段分析实际就是对帕雷托下述观点的批判:区别逻辑和非逻辑行动毫无意义,因为正是出于刚刚陈述了的原因,所有的行动对科学来说都一定必然是"合乎逻辑"的。这生动地表明了这里作为极端来阐述的许多全然无视常识的观点,实际上对于决定人们的思想确实是起作用的。见卡尔·默奇森(Carl Murchison):《帕雷托与实验社会心理学》(Pareto and Experimental Social Psychology),载《社会哲学杂志》(Journal of Social Philosophy),1935年10月号。

[35] 一般来说要使用这个措词,因为它不像逻辑—实验—词那样啰嗦。但是,用在这里,它的含义与帕雷托用的那个术语是相同的。

而将要实际产生的那种状态。

现在就出现了逻辑行动这个概念的理论意义是什么的问题。正像其他许多概念一样,逻辑行动这个概念的意义表现在不止一个方面。首先,帕雷托以它作为一种标准,可以把他不想研究的一类具体行动丢在一旁——粗略地说就是那些适合于用经济学理论和与之密切相关的学科进行研究的行动。第二,它可以作为一个标准来对帕雷托在此种情况下所谓的具体行动的"成分"[36] 加以分类。这些成分与化学成分相似,它们能够以"纯粹"的形式存在,但主要地还是与其他成分结合在一起。以上就是帕雷托使用逻辑行动这一概念的主要方面。

但是还有另一种稍有不同的使用方法,对本书来说,这一点也是重要的。按照帕雷托的观点,行动符合某种形式的规范,就是符合逻辑的。从这种分析看来,帕雷托所做的重要工作就是为支配手段—目的关系的一种主要规范形式确定严格的定义。但是,他的定义只适用于这个规范。进一步需要探索的最重要的问题是,行动和行动体系的结构(这种性质的规范可以作为这个结构的一部分)的其余部分是什么?"逻辑"规范处于这种结构的何种地位?

应该弄清的是,这种规范在实证主义思想传统中起着重要的作用。不管它在实证主义框架中的什么位置出现,这个实证主义框架就一定对它与其他成分的组合、以及可以认为同它结合到一起的其他成分的形式有了某些限定。但是,帕雷托对这个概念所作的定义并不包含这样的限定。因为,对与之相关的范畴——非逻辑行动根本没有明确定义,而只说成是不在逻辑行动的定义之内的剩余性范畴。如果行动总体设为 A,逻辑行

---

[36] 严格地说,它们显然不是分析性成分。见《普通社会学通论》,第 150 节。

动设为 L,则非逻辑行动便是 A—L。这便是帕雷托给出的惟一的定义。如果想确定帕雷托把"逻辑性"(用以前的术语叫做合理性)放在了什么位置,必须首先弄清楚他从逻辑行动概念到对非逻辑行动的论述的分析过程。在这样做的时候应当记住,他要引向一种由分析性成分组成的体系,而我们所关心的却主要是另外一个问题,即行动体系的结构,虽然这二者是密切相关的。

虽然帕雷托没有明确地为"行动"规定定义,但行动似乎指的是,从主客观结合的观点来看构成了在相互关联的社会中人类生活的全部具体现象的总体。在初步的分析当中,帕雷托对逻辑行动没有更多涉及到。直到在《普通社会学通论》的后半部分对社会现象进行综合论述时,他才重新对此加以考虑。在对逻辑行动加以抽象之后,他才深入探讨非逻辑行动。理解他进行研究的这种特殊方式是很重要的。

他在一开始时就提出了这样的论点:"逻辑行动是推理过程的结果,至少从它们的主要成分来看是这样,非逻辑行动则主要出于某种心理状态[*état psychique*]、情感和无意识等等。研究这种心理状态是心理学的任务。"[37]

帕雷托的观点至少在开始时似乎是这样的:"心理状态"不是一种可以观察得到的实际事物,而是用来说明可以观察的事实的假设的(hypothetical)[38] 实体。对人类来说,恰恰相反,存

---

[37] 《普通社会学通论》,第 161 节。最后一句话中关于心理学作用的概念并不明确,帕雷托从来无意于对有关人类行动的各种科学之间的关系进行系统的讨论,他只是坚持经济学理论的抽象性。所有其他科学都一定是被当做剩余性范畴了,在他的著作中看不到它们之间(如心理学和社会学之间)的明显界限。因此,深入探讨这个问题是毫无结果的。在最后一章中将对这个问题进行一般性讨论。

[38] 同上书,第 162 节。

在着可以大致具体分开的两种可观察的事实：帕雷托用 B 表示的"行动"㊴和"常常表现为道德、宗教和其他理论（theories）形式的情感表达 C"。他用 A 表示心理状态。于是，对非逻辑行动可以用以下三种成分进行分析：前面两个成分，即"外露的行动"B 和"理论"C，都是具体的可观察的事实；除此之外还有"心理状态"A，是从 B 和 C 中推导出来的。所有这三个成分的定义都不够严格。最明确的解释大概就是：B 包括"外露的行动"，即那些有时间和空间的活动的行动；C 是与这些行动联系在一起的语言表达㊵；而 A 却更加不明确。应该明白，整个这个图式只涉及非逻辑行动，即具体行动减去逻辑成分。因而，语言表达只有在它们不是科学上有效的关于目的与手段关系的"理论"时，才被包括在内；外露的行动只有在它们不是以"适宜"的手段用之于目的的举动时，才被包括在内。

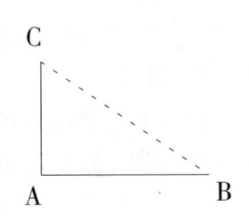

在这个分析阶段上，帕雷托所关心的是这三种成分的一般关系问题。为了和逻辑行动相区别，我们可以说，C 不是 B 的原因，虽然"人们把非逻辑行动当做逻辑行动的十分明显的倾向，使他们相信 B 就是 C 作为'原因'的结果。"㊶ 然而，实际上所

㊴ "行动"一词的用法在这里混淆了。因为"行动"这个词是被用于前述那个广义范围的。"行为"更合适一些。

㊵ "在这些人身上，我们也观察到某些现象是由于人类使用语言而产生的结果。"《普通社会学通论》，第 1690 节。

㊶ 同上书，第 162 节。

有三个成分都是互相依存的。于是就存在着 C、B 之间的直接关系。但是,一定得要行动是非逻辑的,A 与 C 和 A 与 B 的关系才更为重要。C 作为 A 的"表现"比作为 B 的原因更重要,A 基本上是 B 和 C 的共同起因。

这样,A 和 C 便是互相依存的,但它们不完全是"原因和结果"的关系。在非逻辑行动中,C 更其是结果而不是原因。正是由于这个原因,可以认为 C 是 A 的变化的可靠指数。由于 A 是不可观察的实体,⑫ 因此不能直接对它进行研究,而只能通过它的"表现"来研究。在"理论"和"外露的行动"这两种表现中,使用前者更为便利,因为它与 A 的相互影响比 B 与 A 的相互影响要小。⑬ 它的变化因而可以更精确地反映 A 的变化,因为这些变化只在较轻的程度上是由它本身的影响造成的。

帕雷托认为,"推理过程"是逻辑行动的主要原因,与此相对应,他提出了心理状态 A 这个概念。如果理解这种推理是阐述逻辑行动的最好手段,那么理解 A 则是理解行动中的非逻辑因素的途径。但在前一种情况下,推理过程是用可观察的事实即支配逻辑行动的科学理论的方式给出的;而在后者中就不是这样,所以就需要间接地来分析。但是,由于以上提出的原因,帕雷托认为应该在分析上把注意力集中到 C 上。这样一来,他不仅撇开了逻辑行动,也撇开了成分 B 中的非逻辑行动。直到进行综合性研究之前,他的注意力一直集中在与非逻辑行动有关的"理论"上。

以上分析解释了一种使某些学者不能不感到茫然的情况。

---

⑫ 同上书,第 169 节。
⑬ 这种分析只是初步的,因为人们切身环境具体的迫切需要对人们行动的影响,比他们的语言表达的影响要大。帕雷托此时并不关心"条件"对行动的影响。

这些学者像其他许多对帕雷托的理论有所著述的人一样,把他以后的分析看做是对大体上当做一种具体形式的非逻辑行动的分析。因为讨论这种图式的那一章之后的三章都是研究理论问题的。其中第一章叫做 *les actions non-logiques dans l'histoire des doctrines*[学说史上的非逻辑行动],它主要分析非逻辑行动的重要性是如何被埋没的;第二章叫做 *les théories qui dépassent l'expérience*[超越经验的学说],它主要研究神学理论和形而上学理论;第三章叫做 *les théories pseudo-scientifiques*[伪科学的学说],它主要研究自称为科学的那些学说,帕雷托通过分析否定这些理论是科学的。

贯穿于这三章、特别是后两章中的是一个共同的思想脉络,即对这些学说的分析都是从它们能否作为在逻辑和实验方面合理的理论这个观点出发的。回答一般是否定的。于是出现了这样的倾向,即认为对理论问题的这种讨论,是第一章中关于方法论问题讨论的继续,并且是为以后的"意识形态"问题开辟了道路。然而,这并不是帕雷托论点中的真正任务。他研究的是理论,而不是"行动",因为他决定把自己对非逻辑行动的实质性分析局限于 C。这三章就是这个分析的归纳部分。在讨论剩余物的第六章中,他转而使用演绎法。㊹ 其中涉及的方法论将只是附带的问题,只是完成分析任务的工具。

但是在探讨这种观点的主线之前,需要谈一谈另外一个有趣的问题。在建立起 A、B、C 图式之后,帕雷托立即对 B 作了进一步划分。他说:

> 在希腊诸神侵入之前,古罗马宗教中不存在神学 C;它

㊹ 同上书,第 846 节。

只局限于某种崇拜 B。对 A 发生作用的崇拜 B 对罗马人的行动 D 产生强烈影响。不仅如此,如果举出 BD 之间的直接关系,在我们现代人看来显然是荒唐的。然而恰恰相反,BAD 关系在某些情况下对罗马人是非常合理、非常有用的。总而言之,神学 C 对 D 的直接影响,还不如对 A 的直接影响重要。⑤

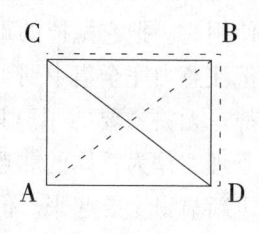

在这里,帕雷托把原来"外露的行动"B 又划分为"崇拜"和"其他行动"。他没有对这些概念进行更精确的阐述,但我们可以推测出,崇拜 B 就是更一般性地称之为的"仪式化(ritual)"⑯行动,而 D 是有"本质"意义的行动范畴。并且,可能有意义的是,帕雷托是出于研究非逻辑行动的目的,才把最初的符号 B 为崇拜保留下来,而对其他各项都起了新的名目。他可能考虑到,仪式是主要由非逻辑成分决定的外露行动的主要范畴。无论如何只要在他用外露行动作为具体素材时,大部分都带有仪式的性质。这一点从对仪式化行动的实际描述中可以部分地看出。但是更多地见于下述事实,即他所论述的理论大部分都是使用仪式的手段"可以干某种某种事情的"理论。例如,他加以发挥的关于"情感"可以神奇地控制天气的第一个范围广泛的实

---

⑤ 同上书,第 167 节。
⑯ 关于仪式问题的更深入讨论,请见下文第十一章,[边码]第 429 页以始。

例就是如此。

但是,帕雷托作出这个区分之后就把它抛到一边,并且再也没有使用它。把它抛掉的重要原因之一是,他从那以后在分析方面把注意力完全集中到了 C 上,因此 B 的各成分之间的任何区别都是无关紧要的了。只是在对 C 的分析结果加以说明并运用于理解作为整体的非逻辑行动之后,这种问题在他的论点中才重新显得重要起来。但是,下面的分析将要证明,以此作为一个线索加以探索会是富有成果的。

帕雷托严谨的归纳研究从这里才算开始。他首先把行动中的各种逻辑性成分抽出来,而把非逻辑成分留下来。然后在非逻辑行动中,他又把外露的行动 B(或者 B 和 D)抛开,只留下非逻辑行动的语言表达或理论。因此,帕雷托著作中分析性部分的核心(和综合性部分截然不同)就是,对非逻辑行动中的理论或语言表达进行的归纳性研究。

剩余物和衍生物

帕雷托采用的归纳性研究方法是,对大量相似的[47]事实进行比较,把相对恒定的成分与相对可变的成分区分开来。但在这样做之前,他必须先对事实进行鉴别。他所关心的并不是与行动一般有关的理论,而是与非逻辑行动有关的理论。也就是说,既然已经在总的方面把逻辑行动抽出来了,他就得从具体理论当中把逻辑行动的"理论"的侧面再抽出来。在这样做的时候,他转而以他的逻辑行动概念作为标准。只要逻辑行动中的理论涉及到手段—目的关系,它们就算是符合逻辑——实验科学标准的

---

[47] "相似"当然是就含义而言的。

理论。"在逻辑上与其目的一致的举动"的含义原来如此。

因此,帕雷托感兴趣的理论是那些脱离逻辑—实验科学标准的理论,因为这个理论一符合这个标准马上就成了只能表现逻辑成分的理论了。只有那些脱离这个标准的理论才与他的分析有关。这就是为什么帕雷托在他的分析中始终致力于区分科学的理论与非科学的理论的原因。科学标准就是他用来作为选择事实的标准之一。

但是还不止如此。前面已经表明,行动只有脱离了逻辑标准才是非逻辑的。帕雷托研究的那些理论也同样只是消极地作为剩余性范畴来下定义的,它们之所以成为理论只是因为它们不符合科学标准。于是,帕雷托在方法论方面的出发点为他提供了分析科学的理论的依据:科学的理论是逻辑—实验的理论,即能够分解为陈述事实和逻辑推理两个成分。

帕雷托把归纳研究的结果与这种图式联系起来了。他发现,非逻辑—实验性的理论同样可以分解为两个主要成分,即(相对的)恒定成分与可变成分。在他的理论性论述的末尾,他把这些成分直接与具体的逻辑—实验的理论中的成分进行了比较。后者以 C^{48} 来表示,它"可以被分解为包括实验原理、描述、对实验事实的肯定等的 A 部分;和包括逻辑推理以及用以对 A 进行推理的其他原理和实验表述的 B 部分。"这样,帕雷托在科学的理论的范围内进行的区分并不完全如以上所表述的那样,而是出于他的目的稍有改动。A 只包括理论中的主要的事实性的成分,即大前提;而 B 则既包括对 A 的逻辑推理,又包括次要的事实性成分。

---

⑱ 《普通社会学通论》,第 803 节。它与在前一个容易造成混淆的图式中的用法不同。

情感在其中起着作用的、对经验给予某些补充、属于经验以外的…那些理论 c[49] 可以分为 a 部分,组成它的是某些情感的表现;和 b 部分,其中包括逻辑推理、诡辩和用于对 a 进行推理的其他情感表现。在这种情况下,a 和 A、b 和 B、c 和 C 之间都有一致之处。这里,我们只注意理论 c,而撇开科学的实验性理论 C。

关于帕雷托的程序的这段说明是再清楚不过的了。a 在定义上不可能是对事实的表述,因此,(对行动者来说)它必定反映了某些不属于外在于行动者的现象的特性的什么东西。就是对 a 表示的这个别的什么东西,帕雷托取了个名目叫"情感(sentiment)"。它就是我们一开始分析的"心理状态"的一个方面。a 总是[50]以作为某一套理论共同的大前提的命题形式来表现某种情感。[51] 另一方面 b 则可以或是逻辑推理,或是诡辩推理。它是"人们需要合乎逻辑的解释的表现。"[52] 但是,只要与一种 a 联系着,不管那个逻辑正确与否,它仍然还是 b。"a 是人们心灵中存在的原则,b 是对它的解释,是从这个原则演绎出来的。"[53]

"在进一步分析之前,也许最好先给 a、b 和 c 三者起个名称。因为,只用字母来表示会给阐述带来麻烦并使之模糊不清。

---

[49] 《普通社会学通论》,第 803 节。这里小写的 c 显然与以前图式中的大写 C 相同。

[50] 帕雷托在实际应用中同它所下的明确定义保持一致时才是如此。遗憾的是,情况决非总是如此。

[51] 如果原来的 C 是对 A 的适当表现,则 a 是它的更恰当的表现,因为 a 是持久不变的。

[52] 《普通社会学通论》,第 798 节。

[53] 同上。

出于这个目的,我们将完全不顾所有其他成分,把 a 称做剩余物
(residue),把 b 称做衍生物(derivation),把 c 称做衍生物(deriva-
tive)。”(54) 这是帕雷托关于剩余物和衍生物的惟一和明确的定
义。毫无疑问,它们是伴随着非逻辑行动的非科学理论的成 199
分。(55) 非常奇怪的是,在关于帕雷托理论的大多数第二手论著
中,(56) 都把剩余物同以前图式中的 A 等同起来,(57) 把衍生物同 200
以前图式中的 C 等同起来。(58) 在帕雷托的完全明明白白的文字
中,一眼看去就有这样一种执拗的倾向,这就带来了一个问题。
因为单纯的错误是偶尔为之,而总是朝着一个确定的方向错,就
必定在错误本身之外另有原因了。这正好是对本书要研究的问
题有意义的所在。(59)

---

(54) 同上,第 868 节。

(55) “应该注意不要把剩余物(a)同与之相应的情感、本能混为一谈。剩余物(a)是这些情感和本能的表现,正像温度计内水银柱的上升表示温度上升一样。如果用一个普通词来解释,只是通过一种‘省略’的方法才使得剩余物在确定社会平衡中起着主要的作用。”同上书,第 875 节,另见第 1690 节。

(56) 主要的例外是霍曼斯(G. C. Homans)和柯蒂斯(Michael Curtis)所著《帕雷托引论》(An Introduction to Pareto)和 L. J. 亨德森所著《帕雷托的普通社会学通论》。但是,这三位作者都认为帕雷托在实际使用剩余物一词时有某些地方不严谨。

(57) 《普通社会学通论》,第 162 节。

(58) 例如,索罗金教授因此曾说:“整个结构是:A(剩余物)将同时导致 B(行动)和 C(语言反应)。帕雷托把所有这些语言反应和各种意识形态都称做衍生物。”见 P. A. 索罗金:《当代社会学理论》,第 50 页。

(59) 对这一点最好进一步展开,以避免误解。把剩余物概念解释为帕雷托早期分析体系中的 A,按照他起初原原本本的意思来说是错误的;他从未明确下过定义说剩余物是 A,而明确下过定义的是说,剩余物等于后来那个图式里的 a。但是,这样的解释实际上是部分正确的,即——如我们多次指出的那样——他在使用过程中没有严格地坚持自己的概念,对它的使用是相当模糊的。为了避免不必要的故弄玄虚,这样做在某种程度上是无可非议的。但是,更重要的是这样做的话,这个概念使用起来就有一种明显的倾向,变得与帕雷托所下定义的 A 含义不同,而符合于把 A 当成心理学专门意义上的各种“本能”的那种特殊解释了。要记住, 原来的“心理状

可以这样说,剩余物是从其运作来加以定义的一个范畴,是遵循某种程式而取得的结果。最初的事实是一些与行动有关的"理论"。对这些理论按照逻辑—实验科学的标准进行严格分析之后,把其中符合这个标准的成分分离出来,再把剩下的成分分解为恒定的和可变的。[60]在把可变的成分分离出来之后,剩余物就是剩下的那些恒定成分。它们被帕雷托用来作为他的理论体系中的成分。

在不同的情况下多次重复这一过程所得到的事实是不能在我们讨论过的意义上来加以量化的。因此,在为这个概念规定了明确的定义之后,帕雷托对剩余物和衍生物进行了分类。他把剩余物分为六大类和若干小类。在本书中没有必要对这种分类进行分析或评价。出于一种特定目的,下面将简要地对前两类加以讨论。[61]

态"仅仅是以剩余的方式界定出来的。帕雷托本人思想中的这种倾向是最重要的迹象之一,说明他在某些方面没有把自己的分析体系坚持到能够解决某些基本问题的地步。我们现在所作分析的主要目的之一,就是指出他的这个缺陷,指出它如何造成帕雷托研究各种问题时的偏见,并带来了他自己明确提出来的分析体系所无法解决的一些困难。

这样,关于对帕雷托的这种流行的解释,有两点是需要提出的。首先,它忽视了作者本人对他自己的重要概念之一所下的定义,因而破坏了必须小心谨慎根据文本进行批评的准则。此外,它只挑选出帕雷托在使用概念过程中的一种实际倾向,而显然未能对帕雷托著作中所有理论问题的复杂性作出公正评价。假如他真的像人家常常说起的那样是一种明确的理论——应用于社会现象的心理学反智主义——的旗帜鲜明、确定无疑的代表人物,则他为自己的基本概念所界定的是一种意思,而在使用中又是另一种意思,这就是不可理解的了。这种明显的不一致性是引出一系列问题的最主要原因;帕雷托当然没有解决这些问题,却起了把它们摆了出来的作用。在这一点上他大概比其他任何一个社会学家起的作用都大。本条注解所批评的那种解释问题的教条主义,只能起到掩盖这些问题的作用,使思路回到帕雷托正想摆脱的那种习惯性常规之中。

[60] 《普通社会学通论》,第789节。
[61] 见第七章。

非逻辑行动的两个结构性层面

讨论到此处,从逻辑上来说,应当把帕雷托所作的明确分析暂时放下,先把前面已经提到的那个在此处有重要意义的问题是什么意思说清楚。帕雷托本人不是按照这个特定的思路走下来的。关于剩余物概念,他只是泛泛地说"它们是情感的表现",并应把情感而不是剩余物看做是决定社会平衡的力量。下面的分析就是要表明,在这些剩余物所表现的情感之中,如果加以探索,似乎也有一条区分成两类的重要界线,这对于剩余物与行动体系结构之间的关系有着深远的意义。

帕雷托所以在自己的论述中没有明确地提出这种区分,显然是因为他所做的是另外一件事情。出于某种目的——主要是为了对能得到剩余物的运作(operation)进行界定,他建立了逻辑行动和非逻辑行动的概念。然后,在得到剩余物概念之后,他着手对它们进行分类,却暂时没有进一步考虑它们与行动体系的关系问题。然而,当他论述行动体系问题时,他的一些看法与我们此处通过另一条途径得到的结论恰相吻合。在下一章中我们将讨论这个问题。现在,我们必须说明一下,他赖以得到这些看法的分析的出发点及其与本书前面讨论的问题的关系。

前面已经说过,帕雷托为逻辑行动规定了明确的定义,而把非逻辑行动作为逻辑行动以外的剩余性范畴。然后,他以与非逻辑行动联系在一起的、被定义为非科学理论的"理论"的方式来处理界定某些非逻辑成分的问题。剩余物是这些理论中的恒定成分,而衍生物则是其中的可变成分。问题在于,采用帕雷托本人对每一范畴再进一步加以分类的方法以外的其他方式对这些理论中的各种成分再进行分类,是否可能和是否恰当。

前面的分析可作为一种分类的基础,对此需要在此考查清楚。因为,如前所述,帕雷托关于逻辑行动的概念所表达的,显然正好是在我们论述过的属于实证主义传统的各种理论中占显著地位的合理性标准,即行动的主观方面要符合正确的科学知识。非科学理论在某些方面脱离了这种标准。问题在于是在哪些方面呢?

　　前面已经表明,对于一种实证主义理论,至少就能够把行动的主观方面当成认识的形式这一点来说,所有不符合科学有效性标准的行动的主观方面必定能够被解释为"不科学"的成分,即可以归之为无知和谬误。毫无疑问,某些不符合帕雷托据以分析的那些"理论"的逻辑—实验标准的就属于这个范畴了。但同样显而易见的是,还有一些不符合逻辑—实验标准的行动的主观方面属于这个范畴,理论或理论中的成分不仅可能是不科学的,它们还可能是非科学的,因为它们包括了一些完全超出科学所能胜任的范围之外的事物或考虑。即使是帕雷托所说的"具有较广博知识"的观察者也无法证明这些事物或考虑的合理性,它们并非"错误",只是无法证实而已。

　　这样就产生了一个问题:以已经讲过的行动概念体系的那些方面来看,偏离了"逻辑性"标准的这两种不同形式之间的区别,会带来什么后果。前面已经指出,在决定行动时起最明显作用的科学上正确的知识,就是关于行动手段和条件方面的知识。我们还曾指出,只要具体的手段和条件构成了由同一社会体系中其他人的行动(实际的或潜在的)所组成的"社会环境",他们那些需要以主观范畴来加以阐述的行动中的各种成分的地位,从分析的角度考虑就是悬而未决的。因为,对于某一具体行动者来说是知识对象的东西,在对整个行动体系进行分析时,就有可能被归结为"目的"或者与全部行动者相关的其他主观成分了。除了涂尔干试图把这种社会环境当成是可以单独分析的之外，无论如何，对客观知识的强调都主要表现在对行动处境中那些可以表达为非主观内容的方面的强调——对于大多数实用目的来说，就是强调遗传和环境。这意味着沿着某种方向，即激进理性主义的实证主义的方向，把社会理论"生物学化"了。

但是，我们还已指出，行动的某一主观方面从认识的角度来看，是不能符合"理性主义"图式的，但是仍然符合实证主义的图式，这样的主观方面是"不科学"的，包含着无知和谬误。根据同样的道理，无知和谬误的根源，即谬误和无知所构成为"表现"的那些成分，就是这些相同的非主观成分。对这个方面的强调，形成了一种倾向，将行动化约成为可以由遗传和环境就能够得到说明的，这就将行动理论生物学化了。只不过是朝着反智主义的方向。

只要分析仅仅局限于以上这些考虑之内，这种理论体系就不得不陷入所谓功利主义的两难困境的结构之内。因为，如帕雷托所下的定义那样，行动的逻辑性中只包含手段与目的的关系，而不包含目的与目的之间的关系。并且，只要局限于用无知或谬误这些词语来考虑非逻辑性，行动的决定性因素就会在非主观体系的范畴中找到，那首先就是遗传和环境。只按照这种分析，如果不特别地注意整个行动体系的结构(但明确地或含蓄地存在着对我们已经阐述的那些成分进行直接概括的过程)，逻辑行动体系将要成为一种功利主义的或激进理性主义的实证主义体系，而非逻辑行动体系将属于反智主义的实证主义这另一个极端。

如果仅仅考虑我们已经讲过的这些概念成分，就有一种尽管不是独一无二的，但却是强烈的倾向，即在经验上把可以称做理论与实际的脱节加以强调，并将其作为非逻辑性的主要标准。

当理论阐述实际力量的作用方向的时候,它必须反映这些实际力量引起的变化情况才有意义,而知识本身不是独立的成分——理论应该以此种方式来"表现"非主观的非逻辑成分,这个道理是可以想见的。然而,帕雷托的分析步骤不是强调这种理论上可以理解的情况,而是强调理论随着实际状态变化。当然,帕雷托提供了大量的论据来证明这样一个命题:虽然我们自以为在做某件事,而实际做的却完全是另外一件事。作为一种重要的现象来说,他无疑可以证明这一点。但是,我们将要看到,帕雷托的论点决不仅是把这当做一种现象。

大多数关于帕雷托概念结构的第二手论著把它说成完全符合上面讲的这种观点,这是引人注目的。他对与行动相伴随的"理论"的批评,被用来确认这些理论是不科学的。剩余物于是被解释为这些不科学的理论中的恒定成分。这些剩余物所表达的情感是可以用非主观范畴加以理解的、具体个人的那些方面。最重要的是,剩余物概念的主要基础成分被认为是一种"非理性"的本能。帕雷托被认为是提出了本能心理学的又一种样式,这种心理学在上一代人中是非常流行的思维方式。如果在他的思想中可以分辨出一种更广泛的概念框架的话,那就是实证主义的反智主义。

当然仅仅就定义来说,在逻辑上所可能发生的理论不符合逻辑—实验标准的情况中,就有我们这儿划分为不科学的一类。大量证据表明,违背逻辑—实验标准在经验上是非常经常的,也是重要的。帕雷托自然要研究这些现象。这种思想方法所导致的诸种因素因而对他的思维产生了重要影响。有时,他的说法竟然可以理解为这些因素是理论上惟一的重要因素。虽然如此,不管他是不是始终如一的,在他的思想中有一种与这种框架不一致的基本趋势,这一点却没有变。这就是他的以下观点所包含的那个趋势,即违背逻辑—实验标准的理论中不仅有不科学的成分,而且有非科学的成分。

在帕雷托著作中,这个早期的分析部分没有对整个行动体系的明确论述。在他看来,对孤立的单位行动进行分析,就足以得出他在这一阶段所需要的定义和进行讨论。但是他几乎从一开始就提出了一项区别,从中至少可以看出他还有另一种思想方法。这就是:他说客观的目的必须是"现实的"目的,"属于经验的范围之内",而主观目的却不一定如此。恰恰相反,主观目的可能是一种"想象的"目的,是在经验范围之外的。从这种把经验范围或经验观察范围之内和之外的事物加以对比进行区分的方法,可以清楚地看出:想象的目的当中的空想性,至少不必定单纯地是行动者错误地把"现实性"赋予这个目的。这同他的以下说法是完全一致的,即认为与之有关的是科学观察根本无能为力的一种状态,因而行动者的"理论"从这个方面来说在经验上就既非正确也非错误。

但以上这种区分不是孤立的。在帕雷托关于剩余物与衍生物的分析和讨论之中,始终贯穿着一种同这种情况一致的论点。被如此加以分析的"理论"也有分属两类的趋势,现在最好对它们分别进行研究(虽然帕雷托没有这样做):一类是,为什么应该从事某种行动的"理由";另一类是,进行这些行动的适当方式和手段的指导思想。

在第一类理论中,非科学的方面(不是不科学的方面)特别显著。关于在他的经验讨论中占据了极大篇幅的"理由"问题。帕雷托的论点是,在大多数情况下,不是行动者提出一种观察者凭借自己较为广博的知识可以证明是错误的理由;而是或者根本没有提出理由,或者给出的理由是无法验证的。在第一种情形中有他引用赫西俄德(Hesiod)的格言"不要在河口小便",因

205

为赫西俄德对此没有提出任何理由。在第二种情形中包括关于因"正义"或"上帝的意旨"或其他诸如此类的原因要求采取某种特定行动的大量说法。

当然,如同帕雷托列举到几乎令人生厌的程度那样,全部的这后一种理由中(在通常的而非例外的情形下),不仅包含了无法加以验证的种种陈述,而且包含了从逻辑—实验观点来看的种种不完满之处。特别是包含有大量模棱两可以及逻辑错误和事实错误的成分。但是在这里,剩余物和衍生物之间的区别变成重要的了。因为帕雷托认为,这些其他不足之处主要是属于衍生物的,不属于剩余物,因此虽非总是可以忽略不顾的,也毕竟是次要的;关于剩余物与衍生物的区分,可以说就是他的这个分析的杰出成果之一。

从剩余物所赖以出现的那一程序的本质来说,剩余物应当是某一套这类理论所共有的根本前提或信仰。正如帕雷托曾经说过的,它们是行动所赖以作为基础的原则。

由于我们目前讨论的"理论"中构成了行动过程的理由,因此,起码可以把一种以目前的观点看非常重要的剩余物概括地阐述为"觉得某种某种情况是要得的状态的情感"。这种陈述之所以是剩余物,不是因为它们错误地陈述了可以正确阐述的事实,也不单单是因为它们暴露了那些进行这种陈述的人的无知。恰恰相反,它们之所以是剩余物,是因为它们体现了不能用任何科学理论证明的一些或若干类行动目的,也就是说,不是因为它们是谋求其他目的的适当手段,而是因为它们本身就被当做是要得的目的。按照前面规定的规范一词的严格定义[62],这种剩余物可以叫做规范性剩余物。帕雷托的剩余物中这种类型的成

---

[62] 见[边码]第75页。

分的出现有什么意义,将在下一章中进一步讨论,现在只有一点或两点是需要说明的。首先,把剩余物分为规范性和非规范性的,是一种明显地与帕雷托的分类法纵横相交的区分线。这样在一个与帕雷托本人进行区分的层次不同的层次上来分类,因而使这项分类具有深一层的意义。本书目前无意进一步探讨如何将这种分类法应用于帕雷托的概念结构。但可以说明一点:不管剩余物分类的细节究竟如何,帕雷托提出的一个明确的分类就表明了一个重要的原理,即剩余物不是行动理论中偶然性的事实,相反,它是行动体系中的一个确定的成分,同其他成分存在着可以理解的互相依存关系。如果这个原理得到承认,则必须把它既用于规范性剩余物,也用于其他剩余物。于是,这个观点与功利主义关于目的随意性的假设形成了尖锐矛盾。只要目的作为独立成分列入剩余物范畴,它们就不是随意性的目的,而是与同一体系中的其他目的以及行动的其他成分都有着可以界定的明确关系。因此,适用帕雷托概念结构的具体体系不可能是功利主义或激进实证主义的。

还有第二个重要的含义。帕雷托出于某种方法论目的把逻辑行动概念作为区分的标准。某个具体行动或某类行动,甚至整个行动体系符合了这个标准,因而被称做是"合逻辑的体系",这在逻辑上是相当合理的。但这并不是说这个行动、这类行动或行动体系从分析目的看来,应当只包含有那些可以用逻辑行动概念进行表述的成分。恰恰相反,逻辑行动只规定了在假设目的是给定的情况下的手段—目的关系的特点。逻辑行动概念确实毫不排除如下的可能性,即"逻辑行动"的目的不是对事实的陈述,而相反是"情感的表现"。下面我们将看到,这不仅仅在逻辑上是合理的,帕雷托实际上在某些关键之处明确地表示了这种观点。只要把剩余物当成如此一个具体体系中的重要成分,就确实必然如此。因为,即使手段—目的关系是完全符合逻辑的,仍然会有(按照帕雷托的说法就是有)某些目的不能用科学理论来证明是合理的;要证明这些目的的合理性,即便不使用衍生物,至少也要使用剩余物。这一点之所以能够被(明确地或暗含地)当成是一个定理,是因为在帕雷托看来,任何形式的实证主义行动体系也不能把剩余物包含进去。下一章中将进一步探讨复杂的行动体系中目的的地位及列为规范性剩余物的那些成分的地位。只有在此之后,上述命题才能完全明确起来。

从分析的意义上说,目的的显著特点之一就是,它必定是一个主观范畴。仅用客观的观点,不可能把目的与由行为造成的任何其他可以客观观察到的后果区分开来。然而,通过上面的讨论,非主观成分毫无疑问也表现在帕雷托的剩余物之中了。那么,为什么规范性剩余物不就是这些非主观成分的表现呢?这个问题涉及到许多考虑,此处应该引起注意的是其中最一般的一种考虑。没有任何理由把作为行动体系成分的剩余物加以分类,除非它们是互相独立地变化的。只要帕雷托坚持下述立场,即剩余物不仅从主观上看不是对事实可以验证的阐述,而且从客观上看也不能被这种阐述所取代或改正,即剩余物是一种不能证实的命题,那么,他实际上就是在区分不同种类的剩余物了。因为,从客观观点来看,表现非主观成分的剩余物是能够在这种阐述之中得以体现的。

当然,不仅帕雷托本人对剩余物的这种分类方法,所有为了当前目的对这种方法的修订和详细阐述都是暂时性的。不能断言,把某些、甚至所有规范性剩余物都化约为非主观的东西的可能性总是不存在的。然而,重要的是,只要这种化约还没有实现,帕雷托的理论体系就不是实证主义体系。他的理论体系中包含着在实证主义体系中没有地位的成分,并且如我们将要指出的那样，它所包含着的具体行动体系的结构，乃是与任何实证主义体系都无法调和一致的。我们目前所关心的是，帕雷托的实际体系以及他的实际体系是否能够充分说明实际上所要研究的事实。至于对他的理论体系加以深入考察批判会得到什么结论，就不在本书讨论的范围之内了。

到目前为止，关于理论中与不科学方面相对的非科学方面的讨论，一直局限于证明到底为什么非得沿着一种特定进程而行动不可。我们已看到，某些目的——即以后将被称为"终极目的"的那些目的——符合这个范畴。剩下的问题是，在与方法和手段有关的各种理论中是否也能找到一种非科学成分，或者说，与逻辑—实验标准的歧异是否可以仅仅被简化为无知和谬误。

帕雷托对某一类具体行动的研究正好在这个问题上是非常重要的——那就是前面讨论过的 B 类行动，[63] 一般称做仪式化行动。仪式化行动在他的论述中占有如此突出的地位，以至于我们可以有把握地说，他关于非逻辑行动的重要性的论点的主要经验根据之一就是仪式的盛行。

如果我们仔细考察帕雷托对仪式问题的论述方式，就会发现某些重要的问题。就可以觉察的范围来说，从他对仪式的所有论述中，根本看不出他所重视的是人们认为是正确的行动进程与实际发生的进程之间的差异。[64] 恰恰相反，他在任何地方都没有强调过理论与实践之间的差异。他始终设想人们是严格按照仪式传统的惯例履行仪式的。帕雷托对考查可能存在的这

---

[63] [边码]第 195 页（与 D 类相区别）。

[64] 帕雷托在许多场合把采用的手段同衍生物直接等同起来。在这种情况下，理论与实践的差异确实在很大程度上不是关键问题了。只有当衍生物（我们还记得，它是与行动联在一起的理论中的成分）准确地表达了实际进行的"运作"时，这种等同才是可能的。参见《普通社会学通论》，第 863、865 节。

种差异丝毫不感兴趣。更为引人注目的是,他的论述在极大程度上是以"理论"的特点来论证的。但是,与前面提到的理由的情形相反,这里使用的不是我们讨论的大前提的特性,而是手段和目的相"结合"的特点。这种结合并非本身是来自可以验证的经验知识的,而是任意的。

按照帕雷托的公式,"任意"一词在这里表示"在逻辑上与目的不是统一的"。也就是说,如果由一位拥有科学上可能达到的最完备知识的观察者对此进行考察的话,他会觉得所研究的那些举动没有任何适合于实现主观目的的道理;客观目的与主观目的不能达成一致。帕雷托对手段和目的这种任意的结合确曾进行了分类,可以简化成相同的产生相异的、相同的产生相同的等等诸如此类有限的几条原则。但他没有给出任何有关仪式的一般特点的描述。他只是从消极方面指出,从"逻辑"的观点看,手段—目的的关系是任意的,因此,不是把仪式化行动看做是达到目的的手段,而看做是"情感的表现"。因此,这样一来,他确实赋予仪式以非常重要的意义,他的论述比起流行的实证主义倾向——即完全以某种形式的谬误来解释仪式——要进步得多。

帕雷托既通过分析仪式的习俗,也通过分析其他行动的理由而得到剩余物。问题在于,作为这些剩余物之基础的情感具有一些什么特点呢?在帕雷托本人对剩余物的分类中可以看出,这些情感在不同方面占有一定地位。但是,在帕雷托的论述中找不到任何理由可以假定没有涉及规范性的情感。这些习俗表现的具体形式,实际上就相当明确地是规范形式。例如,用帕雷托的例子来说,希腊水手们相信在航行之前最好先祭祀海神波塞冬。把这些习俗分解成为剩余物和衍生物,不能作为根据来区分作为习俗基础的情感中的规范性和非规范性两种成分。在这种事例中,说两种成分都有,显而易见是合乎情理的。

的确,从逻辑—实验的观点来看,仪式的习俗中所包含的理论,或者包含着谬误,或者包含着无法验证的说法,也可能二者都有。前一个成分绝非是微不足道的。但是,在实证主义的语境中,就有一种倾向,从证明存在着错误直接跳到这一结论:错误之所以存在是由于某种非规范性的、非主观性的本能冲动或者类似的东西。但是,并不能得出这个结论,而且在帕雷托的论述中并没有为这种解释提出理由。他把什么是谬误或非科学成分的根源的问题完全抖了出来,但没有解决。

但是,我们可以超越帕雷托的论述一步,指出他对仪式问题所作的解释引申下去的可能结果的方向。帕雷托关于逻辑行动的概念,可以被认为是界定了一种有些时候支配着目的—手段之间关系的规范形式。如前所述,按照实证主义的逻辑,这是惟一具有理论意义的规范形式。所有不符合这种规范的都应被认为是非规范性成分的表现———一般说来是生物学方面的成分。但是,帕雷托的概念体系与任何一种实证主义观点都不一致,于是便出现了一种可能性,即:有另外一种或几种规范性成分可以既与选择手段有关,又与选择目的有关。

逻辑行动所具有的规范可被称做是"内在合理性"的规范。选用"内在的"一词,是因为它意味着有一个对立面——"符号的"。这又意味着,选择用于一种目的的手段,可能涉及到一个由不同于逻辑—实验标准的以内在适宜性来规定的标准。选择标准可以是一个符号方面的适宜性的标准,这种适宜性是用来"表达"(在这种意义上是表现)有关的规范性情感的。这种解释符合于帕雷托对仪式所作论述中隐含着的经验标准。因为,根据定义,符号和它的含义之间的关系,从内在的观点看来总是"任意"的。没有任何内在的理由说明为什么"书"这个语言符号应该具有它所具有的含义。这一点可由下述简单的事实证明:

在其他语言中,与此完全无关的符号(例如法语中的"*livre*")也有着同一个含义。这就是说,在仪式活动中占支配地位的手段—目的关系的规范性方面所从属的次序,就像是符号同含义的关系,而不同于科学理论所表明的原因与结果。

这种解释框架可以在两个不同的层次上加以运用,应该注意这两个层次的区别。较为明显的行动者的行动或"举动",对行动者来说可以认为是具有明确意识到的象征性含义的那个层次。我们习惯地把按照许许多多的礼仪规定来行事解释为情感的表现,因此,把在街上亲切地问候他人当成友好的表示。但是,与此同时,有些时候行动者并没有明确意识到其中的象征性含义,这时,符号—含义图式可能作为观察者进行理解的便利工具。这样,在巫术活动中虽则行动者的主观态度一般都接近于相信这种动作具有固定的灵验,但对观察者来说,把这解释为行动者情感的表现却更为便当。如前面引用的赫西俄德的习俗就是如此;并且,行动者本人对它的主观意图经常与观察者所加之于它的不一致。

目前没有必要对符号体系(symbolism)与仪式化行动之间的关系作进一步的分析。提出这个问题是因为它说明了规范性成分在手段—目的关系中可能以不同于与合理性规范有关的各种方式的另一种方式起作用。帕雷托本人的体系就提供了这种方式,而这种方式能够导致对于本书有重要意义的明确的理论后果。对这个问题将在下面研究涂尔干关于符号体系在宗教中的作用的论述时进一步讨论。⑥

212　既然符号—含义关系有可能进入直接的社会应用领域,就要重新探讨一下本章一开头顺便提到的一系列方法论方面的问

---

⑥　[边码]第十一章,第 429 页起。

236

题。那里曾经指出,帕雷托本人对科学事实所规定的概念,并未涉及符号含义可否观察的问题,但在他自己的经验程序中,却始终都是把符号的含义当成可以观察的。为什么这样？现在一定很清楚了:他进行的分析主要任务在于对与行动相伴随的"理论和命题"进行归纳性研究。而且在研究这些理论和命题的时候,他主要关心的是在认为它们具有意义的层次上进行分析,是把它们当成可以从它们的科学性、逻辑连贯性以及包括了多少对可验证的事实的阐述这些观点来加以考评的。在这种分析完成之后,这些理论为什么产生和为什么被许多人接受的问题才能提出。

于是,帕雷托承认,把符号的含义作为可以在科学理论中寻得位置的事实,并因而把这种事实当成可验证的[66]是合乎情理的,这在一个层次上来说毫无疑义地是方法论上的必需。但是,在更深的层次上,问题又来了。我们还记得,帕雷托声称:符合逻辑的行动可以理解为"推理过程"的结果;不符合逻辑的行动则是由一种"心理状态"造成的。这句话前半截的意思是,只要与行动相伴随的理论,以逻辑行动的范畴看来是可以理解的,那么了解了推理过程即这个理论,就算是具有了理解这个行动本身的足够基础。这在方法论方面意味着,对于一个"了解这种语言"的人说来,了解了表达这个理论的符号的含义,就足以了解这个外露的行动的过程。无需借助于任何其他的东西、任何的"心理状态"——这些虽然与该含义有功能上的关系,但就我们现在的科学目的而论,它们与这些含义并不是紧密相关的,因而

---

[66] 有趣的是,仅此一点就足以否定不时有人提出的关于帕雷托基本上是一种行为主义观点的论点[见 S. A. 赖斯编《社会科学方法》一书中 M. 汉德曼(M. Handman)所写关于帕雷托的论文]。帕雷托的客观主义不是行为主义的变型,它只是与认为在科学中能够具有地位的事实具有可验证性的观点有关。

作这种区别也是不必要的。

帕雷托在这段话的第二部分中推断说,对于非逻辑行动来说情况并非如此。于是,就很容易得出这样的结论:符号的含义与理解非逻辑行动没有关系;非逻辑行动的真正原因是一类与此完全不同的成分。这个推论是否正确？第一种分析图式即ABC三角形的结构就明显地包含着这样的意思。它把C和A截然分开,把C看做是具体现象范畴,把A看做是决定C的不可观察到的、假设性的事物。换句话说,问题在于帕雷托用以表示剩余物(它是C的一个成分)和"情感"(它被假设为A的一个成分)之间关系的"表现"一词的含义是什么。

这个问题与行动中那些规范性成分的状态有密切联系。只要行动中表现出了规范,即如果它们是可以观察到的事实,那就只能以符号体系形式而出现的。那么,如果行动符合一个规范,并且在这种意义上可以认为是由该规范成分所决定的,这种区别便是无必要的了。于是,在此范围之内便可认为理论是对行动的真正决定因素的适当表达。前面已经表明,在帕雷托的观念中,这种情况对于逻辑成分是适用的。照此推理,如果行动离开了规范所指示的进程,则理论也就不再是对决定行动的真正因素的适当表达,而必须引入别的成分对它进行解释。这当然是区分A和C的主要原因之一。

规范和行动的实际过程之间的不一致,确实是行动的非逻辑性的一个主要方面,但前面已经指出,绝不是惟一的方面。此外还有一些规范性成分,它们不包括在逻辑行动的范畴之内,却可能存在于逻辑行动之中。前面指出,在行动的终极目的中就有一个这样的成分。这样说来,只要剩余物是用以说明这种终极目的的,帕雷托的论述中,就没有任何理由不认为剩余物概念正好是对行动的真正决定因素的适当表达,就像逻辑行动中的

"推理过程"那样。有些行动具有具体、明确和毫不含糊的目的,而且从这些目的中来对方式和手段加以推导,所得结论都严格地符合逻辑—对这些极端类型的行动,情况就是如此。下面将看到,这并没有包括问题的全部,但作为极端情况并不排除其理论方面的重要意义。这确实就是帕雷托作为他的"合理的"抽象社会的极端情况,对此我们将在下一章中详细讨论。

因此,确实有理由把作为非逻辑行动决定因素的一类力量与逻辑行动概念中所包括的那些力量加以区分,但这个理由与适用于以理论与实际相矛盾为显著特点的情况的理由不一样。这不是由于构成理论的符号与实际力量之间关系的特点有所不同,因为这些符号都是对实际力量的适当表达;而是由于这些符号所指的那些事物的特点不同。对于逻辑行动,这种事物指的是行动者的外部世界的事实,而对于非逻辑行动,它首先[57]指的是行动者自己的情感。区分 A 和 C 的必要性在于,C 中的某些符号指的是在符合科学的理论中没有地位的那些成分。因此,不能认为行动仅仅是由推理过程、即可以由科学理论进行表述那些成分决定的。除了这些成分之外,还需要再加上另外一个成分:行动的终极目的。帕雷托的第二种分析图式中非常明确地提出,这种终极目的是"情感的表现",它与对事实的陈述是正相对照的。

这样一来,始终贯穿于这一分析之中的基本的非逻辑成分的两种类别,便以另一种形式显露出来了。从一方面看来,行动之所以是非逻辑的,是因为它未能符合行动者所接受的那些规范。在这种情况下,行动者自己的"理论"中的符号是行动的真正决定性力量的不充分表达,因此,有必要在符号的"含义"之外

---

[57] 对这个问题的进一步分析,见第十一、十七章。

求助于另一类包含在 A 中的成分,即"情感"。但是在这种情况下,情感主要是指不依行动者的主观愿望而发挥作用的成分。因此,从主观上说,行动者的理论以无知和谬误为其特点。这种无知和谬误的根源,分析起来归根结底在于遗传和环境因素,特别是"本能"。以这就是非逻辑行动中的重要之点而论,它就是表现了起决定性作用的本能的情感。从二者互为标志㊳的意义来讲,则情感表现本能,剩余物又表现情感。剩余物作为一个命题,其重要性不在于它的含义,而在于它是一些完全不同种类的成分的标志,这些成分与行动的关系根本不能用符号—含义关系来阐释,而只能用因果关系阐释。并且,这些成分对行动者来说是"外在的",因而从原则上说,他有可能正确地理解这些成分并使自己的行动与之相适应。这就是为什么在这种情况下理论之脱离科学标准是由于无知和谬误。

在另一种情况下,情形就全然不同了。在这里没有未能符合规范的问题,却存在着规范本身赖以表述的"理论"中的某些成分在科学中处于何种地位的问题。这里,规范同行动的关系与在逻辑行动中的关系基本相同,不同之处是规范成分的根源。在这里,它不是来源于行动者对其外部世界的事实的准确观察,而是来自某种他"主观"方面的东西,即他的情感。在这种情况下,剩余物(请记住这是一个命题)是对于此种主观成分、对于行动者的终极目的或意愿,或者更确切地说是对于行动者的终极目的或意愿中不能从对其所处处境的科学知识中引申得出的那个方面的充分恰当的语言(即符号)表达,从这个意义上说,剩余

㊳ 也就是说,一个以另一个作为自己的导因,就好像温度计中的水银柱变化取决于水银球所侵入的液体的温度一样——它们是同一物理体系中的不同部分,是互相依存的。见《普通社会学通论》,第 875 节。

物表现了情感。这里,表现(manifestation)的意思准确说来是表达(expression),而不是标志(index)。在这个意义上,剩余物表现的是在同一意义上的情感,而且其表现之充分恰当尤如对事实的陈述之表现外部世界的一个方面是相同的。问题的实质在于符号—含义关系方面,而不是在因果关系或在一种内在层次上的互相依存关系方面。

然而,基本的非逻辑成分的这种分野为什么总是模糊不清呢?其原因之一是,帕雷托的大多数解释者怀有一种偏见,他们只愿意看到其中的一个侧面。但另一个原因是,我们刚才分析过的另一极端的情况确是一种极端情况,出现在具体行动体系中的充其量只不过是有几分相似而已。这种情况是如此极端,它的含义直到帕雷托在他的论著中使用了分析一种抽象社会(同假定物体处在真空之中加以研究的手段正相似)的方法时方才清楚地显露出来。这种情况非常近似于假定地球上所有物体的密度同空气的密度相比都轻若鸿毛时力学所处的情况——在这种情况下,通过对它们在自然中的实际运动进行经验概括或把它们从高处抛下,是几乎不可能得出重力定律的。但是,这不能成为重力定律在这样一种情况下不起作用的理由。

现在,让我们重新回到原来的主题上来。同行动联系在一起的非科学的理论之脱离科学标准,不仅在于它们的大前提是情感的表现而不是对事实的阐述,还在于它们所包含的推理或多或少是似是而非的,而且前提本身也是模糊不清的。对于这里正在讨论的剩余物来说,这最后一个特点是特别重要的。如果理论的前提不具有逻辑的明确性,就不能从这些前提中推导出明确的行动进程。帕雷托正确地特别强调了这一点。但这并没有消除摆脱了所有含糊之处的极端类型情况在理论上的重要性,就好像羽毛缓慢而无规则的降落没有消除真空中落体运动

216

理论的重要性一样。更重要的是,没有任何根据证明所有对这种极端情况的偏离完全是由行动中的非规范性成分造成的。总而言之,像帕雷托那样小心翼翼的科学方法论者,都会谨而慎之地认定,科学的陈述是近似的,而不是过分准确无误的。科学的发展就是一个不断接近的过程。因此,科学理论中所使用的符号的含义,从来也不是对科学家试图加以系统阐述的具体现象各个方面的完全充分的表达。没有理由认为为什么这一点不能适用于作为情感表现的剩余物。但是有一点是不同的。情感是一种人类的产物,它本身可能是比较模糊和不明确的,如果多少有一点明确的意思,也必须是经过了一番引申。此外,还可能有一些情感冲突是只能在相对程度上理清头绪,并且可能被不明确的剩余物掩盖住。一加分析就会发现,帕雷托如此敏锐地分析的情感,可能以无数方式发生种种复杂情况,而仍然保持在规范性的层次上。

因此,帕雷托对逻辑行动和非逻辑行动的区分,可以用以作为出发点,去勾画适用帕雷托的成分体系的各种行动体系结构的轮廓,而不能像他本人那样用来对举动加以界定以辨别剩余物。把他对非逻辑行动的探讨方法加以推敲,就会得出被分解为剩余物与衍生物的那些理论偏离逻辑—实验标准的两个不同的可能方式之间的区别;它们既可能是不科学的,也可能是非科学的。就这种衍生物符合第一个范畴而论,作为这种衍生物的基础的那些成分就能够纳入反智主义的实证主义框架,情感则是遗传和环境的非主观因素决定行动的途径。另一方面,如果这种衍生物是由理论中的非科学的成分引起的,那么以上分析就是不可能的,因为剩余物可能是行动的终极目的,在这种情况下,情感仍然是"主观"的,不可能化约成为生物学方面的内容。这一点至少也可以适用于像仪式中那样的手段—目的关系中的选择因素——从逻辑的观点来看,这种关系的结合方式虽然是武断的,但还有可能解释为规范性情感的表现,而不是本能的驱使。

　　本章中所做的工作,就是提出了这类行动体系的结构这个题目,并表明从帕雷托对逻辑行动与非逻辑行动的区分出发,可以朝两个主要方向建立起行动体系结构的轮廓。在一个方向上,"处境"的成分、体系中的非规范性方面在行动体系结构中占有位置;在另一个方向上,则是目的和作为目的的基础的情感以及这种体系中其他规范性方面。帕雷托本人的阐述明显为第二种方向的分析留下了余地,这标志着他的立场同实证主义体系截然不同。在下一章中,我们将继续进行三个步骤。我们将联系到他对此问题以一般术语明白展开的某些关键性论述,来验证认为他本人实际上主张对于非逻辑行动两个不同层面作如此区分的观点是否正确。还将特别表明,帕雷托在这些方面不可能持有激进的观点,这种观点是他的许多解释者硬塞进他思想中去的;简而言之,帕雷托的"情感"不是心理学中的本能。

　　第二,在本章的基础上,对行动体系的结构将进一步加以论述,特别将探讨一个行动体系中各个单位行动之间的关系问题。帕雷托根本没有以我们将要采用的这种方式来深入探讨这个问题。但是,他在完成了对剩余物和衍生物的分类之后,在他的著作的综合分析部分里考虑了它们之间的相互关系及其与社会体系中其他成分的关系。在讨论这种关系的时候,他大致描述了社会体系本身的某些特点,这些描述能用来验证我们在构造层次上所要作的进一步分析是否正确。第三,我们将证明,按照他的程序得出的结果,同本书就相同问题采取的两个步骤所得结果是完全一致的。

218

第六章 威尔弗莱多·帕雷托(二)：结构分析的展开与验证

帕雷托与社会达尔文主义

在进行本章的主要分析之前，可以进一步举出证据，说明帕雷托对于非逻辑行动所作分析的惟一重要理论结果，不可能是心理学方面的"本能"理论或源于实证主义的反智主义的任何其他理论。前面已经提到，① 如果持功利主义立场的理性主义在功利主义的逻辑二难的两种可能性之中，朝着实证主义的反智主义方向演化，"本能"理论或其他有关理论不能成为可靠的立足点。人们总是不愿把这种本能或者冲动简单地作为终极事据而不去进一步探讨决定它们的力量。如果在实证主义基础上进行这种探讨，迟早会导向某种生物学上的生存主义(survivalism)。假如这是帕雷托思想中的主要问题，那么，在他那里就极不可能连起码的一些生存主义的重要倾向也找不出来。

在帕雷托思想形成的时代，生存主义的最著名形式无疑是达尔文主义。因此，帕雷托对于应用于社会的达尔文主义持什么态度，是很令人感兴趣的。我们可以重复一下，达尔文主义的实质是两种成分的结合。一方面，生物体的遗传模式被认为是

---

① 第三章,[边码]第 115 页以始。

大体以以前的模式为样本而处于不断的偶然变异之中。另一方面,这些变异会依据它们对环境条件的适应性而经受一个选择过程。这个选择过程通过影响这些变种的生存和繁殖比率而改变范型,使下一代更富于适应性。由于变异的成分是偶然的,因此,只有环境决定进化过程的方向。把这种进化论应用于社会,则"社会形式"可以认做是在发生变化的。然而在严格的实证主义框架之内,除非这些形式是直接适应环境的(一般包括着一个理性过程②),它们将被认为是随人类遗传形式而变化的。因此,社会达尔文主义成了生物学理论在一个具体实际领域中的应用。

帕雷托受到社会达尔文主义的强烈影响③,还有明确的次要证据。然而到了最后,他却断然否认它是一种适当的一般性社会理论。关于这一点有一段极为明确的表述:

> 社会达尔文主义就是这些理论中的一种。如果认为,社会制度总是最适于它[社会]所处的那个环境的制度(某些暂时的摇摆除外),而且不具有此种性质的制度的社会最终将销声匿迹,那么,我们就有了一种可以在逻辑上广为引申以形成一门学科的原则……但是这个学说随着它所由之产生的那种理论——达尔文关于动物与植物物种起源的理论——而没落了……它并不决定这些制度的形式,而只决定了一些它们不可逾越的界限。④

---

② 或一种拉马克式的进化理论。
③ 布斯凯:《威尔弗莱多·帕雷托:生活和事业》,第205页。使用帕雷托的术语是方便的。
④ 威尔弗莱多·帕雷托:《普通社会学通论》,第828节。

这样，帕雷托认为社会达尔文主义不适合作为一种一般性的社会理论。环境条件并不完全决定社会形式，而只是对得以存在下去的各种社会形式的变形加以若干限制。要想使这种理论在这些限定的范围之中起更为彻底的决定性作用，就必定得悄悄给它引进一个终极的原因[5]，而这就破坏了这种理论。这个观点的含义很明确：除了环境条件之外，必然有某些不是偶然变异的其他因素决定社会形式[6]。如果不是这样，帕雷托就没有根据来否定达尔文的理论了。

221 　这样明确的阐述，不可能简单地是由于对这个问题没有考虑到而引起的单纯的失言。然而，如果人们认为这还不足以证明帕雷托在此问题上的真正立场，可以再提出两个证据。在他关于社会效用的论述（在讨论其他方面问题时将详加叙述）中，帕雷托提出了一个关于社会的两种抽象理论形式的对比。这里最令人感兴趣的是第一种，即"情感完全单独地发挥作用而没有任何一种推理[参与其间]的社会"。[7] 第二种是"逻辑—实验推理决定一切的社会"。[8]

关于第一种抽象社会形式，帕雷托有如下一段有趣的论述：

在第一种情况下，如果我们给出了情感和社会所处的外部环境，或者——如果我们把环境加到决定感情的因素里面去——即使只给出环境，就确定了社会形式。达尔文主义推至其极，通过最适应环境的个体得以生存的原理对

---

[5] 《普通社会学通论》，第828节。
[6] "形式不是偶然产生的。"同上书，第206页，第1770节。
[7] 同上书，第2141节。
[8] 同上。

这个问题作出了完整的结论⑨。

对这个论述需要作两点说明。首先,上面提到的抽象社会不是人类社会⑩。人类社会是"刚才提到的两种社会形式的中间状态"。⑪ 下面紧接着就要讨论第二种抽象社会。这里惟一需要提及的是:"即使给出了外部环境,它也完全不能(pas du tout)确定。"⑫ 这样,即使达尔文主义的结论对第一种形式是适用的,它作为社会理论就不恰当了,因为人类社会在第二种形式方面与它不一致。这是帕雷托对达尔文主义理论应用于人类社会的又一个批评。

第二点是较为重要的。如果情感构成了非理性的心理因素以及其他能够以非主观形式表述的因素,那么,很明显,第一种抽象社会形式中提到的"情感",正好就是前述这种意义的情感。222 帕雷托原先说过,"动物社会可能接近于这种形式"。⑬ 但这种社会的特点就是没有任何形式的推理。如果理论即其主观方面无助于理解这种社会形式,那么,前述意义上的情感就正是对于行动起决定性作用的因素了。就具有此种性质的情感而论,如果说,起码就达尔文主义在生物学层次上是正确的而言,这种情感是由外部环境通过选择的中介而确定的,这种说法在原则上是讲得通的。

然而,帕雷托在这里否定达尔文主义,主要并非从达尔文理

---

⑨ 同上书,第2142节。

⑩ 其实,即使在生物学的层次上,帕雷托也对达尔文主义结论是否完全适用表示怀疑。同上书,第2142节。

⑪ 同上书,第2146节。

⑫ 同上书,第2143节。

⑬ 同上书,第2142节。

论在生物学层次上的缺陷出发,虽然他曾提到了若干这方面的问题。⑭ 他之否定社会达尔文主义,更确切地说是因为人类社会接近于第二种抽象形式。考虑到这一点,就能看出关于情感的心理学概念或"冲动"概念的主要局限性的性质了。关于这种特点他有如下一段著名论述:

> 给出外部环境根本不能确定社会形式。除此之外还需要通过逻辑—实验推理的手段来指出社会应该寻求的目的。因为,不管人文主义者或实证主义者愿意与否,完全由

---

⑭ 从本章写出以来,我就注意到,在英文版中没有从法文版中"le but que doit atteindre la société au moyen du raisonnement logico-expérimental[通过逻辑—实验推理的手段来指出社会应该寻求的(目的)]"这句话直译过来的"社会应该寻求的"这几个字,而只是说,"通过逻辑—实验推理的手段来寻求的目的"。经过检查后发现,英文版是忠实于意大利原文的,而"社会"等几个字是悄悄溜进了法文译本的。由于这几个字的出现受到强调,需要准确说明以下两点:(1)法文译本虽然不是帕雷托自己译的,在首页上却有"revue par l'auteur(已经作者审阅)"几个字。并且,有足够证据认为,帕雷托对法文甚至比对意大利文还要精通。他的母亲是法国人,他自己的整个童年都是在法国度过的,从四十五岁起直到逝世他一直生活在瑞士的法语地区。此外,他在洛桑的时候用法语讲课,并用法语撰写了大量著作。这几个字加在帕雷托不能不认为是关键之处。考虑到上述情况,很难说这是一个与他的含义根本不相协调的单纯笔误。下面的观点较为合理,即帕雷托认为加上这几个字比原文更精确地表达了他的含义,所以没有删掉,或者说这几个字甚至可能就是帕雷托本人加上去的。(2)比从字句上加以评析更重要的是,加上这几个字以后与他在这一问题上的思想主线更直接地协调一致了。以后将表明,原书在紧靠这个问题的前面讨论了社会效用问题,其主旨就是建立一种社会成员的共同目的或共同目的的体系的构想。帕雷托已经说过,社会"即使不像一个人那样,至少也应该是一个统一体"。并且,重要的是,"目的"一词在意大利文版中和在法文版中一样,用的是单数形式而不是复数形式。由于全文指的是作为整体考虑的一种抽象社会而不是指一个个人,因此,可以合理地推断,译者只不过是把帕雷托在原文中隐含着的主语明确地标明了而已。出于这些考虑,在指出本书作者意识到了两种文本之间的歧异之处之后,似乎没有理由改动这里引用的文字。

"理性"确定的社会是不存在的,也是不能存在的;这不仅是由于人们的"偏见"妨碍他们接受"理性"的支配(enseigne-ments),而且还是由于他们要以逻辑—实验的推理加以解决的问题的数据不足[15]。这里,又一次暴露出了效用概念的不确定性。[16]

毫无疑问,这是帕雷托著作中的关键段落之一。以后在另外一个问题里面我们将再次讨论它。在目前来说,下面几点是应引起注意的重要之点:第一点是已经讲过的,即达尔文的结论之所以既不适用于这种抽象社会也不适用于具体的人类社会,主要是因为它忽视了这里所阐述的那个成分。不适用的原因,不是由于这种抽象社会中的"逻辑—实验推理"的作用在原则上有所限制,而是由于没有通过这种推理解释"行为问题"的必要数据(data)。具体地说,达尔文理论之所以不适用,就在于缺乏这种数据,而不在于人类理性本身所固有的局限性,不在于人们的"偏见"(即不在于心理学意义上的人类本性中的非理性引起的无知和谬误)。把这些设想为通往"理性决定一切的社会"、即由科学知识决定的社会中的仅有的障碍,恰恰是人文主义者和实证主义者的谬误。

然而,帕雷托不但告诉我们,通往一种科学社会的最重要的障碍不在于人类本性中的非理性,即第一种抽象社会中的情感,而且告诉我们这种障碍在于决定行动所必需的科学的数据[17]中有一个空缺。他告诉我们这个空缺就在此处:所缺乏的数据

---

[15] 帕雷托在此处指出,可参照第1878、1880—1882节。这几节讲的是理想目的(ideal ends)在社会中的作用问题。

[16] 同上书,第2141节。着重号是本书作者加的。

[17] 当然是对行动者而言的数据。

是"社会通过逻辑—实验推理的手段所应追求的目的。"为了进一步证明这个解释,他还直接联系到自己前面关于理想目的的论述,那段论述说明,"理想目的在社会生活中起着主要作用",毫无疑问就是他的观点。

这样一来,第二种抽象社会形式的重要意义,便在于它揭示了帕雷托的下述观点,即在分析意义上的行动目的,对于行动者来说,并不是逻辑—实验科学的数据所要求的那种意义上的经验事实。但是,正是这些行动目的对于决定行动起着重要作用,致使"理性决定一切"的社会不能存在。这就是帕雷托所说的行动的主要非逻辑成分之一的关键性的非逻辑性质——对于行动者来说行动的终极目的的科学地位的局限,而不是人类使手段合理地适合于给定目的的能力方面的局限问题。虽然在这里没有特别提到剩余物,但是,几乎无可怀疑的是,剩余物概念中包括了这些理想目的,它们所表现的情感则是理想目的的根源,并且就这样把这种情感同非理性的心理因素具体地区别开来了。

应该进一步指出,帕雷托把"理性决定一切的社会"与实证主义者的理想联系到了一起。这正是我们说过的那种激进的理性主义的实证主义立场。⑱ 于是,帕雷托所持的见解就包含了这样的意思,即认为激进的反智主义的实证主义(社会达尔文主义)和它的理性主义形式都不足以充分地说明人类社会。如果他的理论属于实证主义的构架,那么剩下的惟一可能性就是功利主义。下面将讨论能否把他的理论划入这个范畴。

同时,把人类社会说成处于两种抽象社会之间的一种中间状态,这种观点看来似乎证明了下面的结论,即:剩余物所表现的情感已经确实分成两类了——这种分类对我们现在讨论的问

---

⑱ 第三章,[边码]第 119—121 页。

题很重要。第一类,即第一种抽象社会中的"情感",包括了非理性心理因素,主要是"本能"。第二类,即"社会应该追求的目的",它与第一类完全不同。这两类情感的共同之处仅是,它们都不包括在以内在合理的手段—目的关系作为定义的逻辑行动的概念之内。帕雷托把他们的最初出发点即非逻辑行动算做剩余性范畴,因而没有对情感加以区分,这种区分也因而在他的正式体系中没有地位。但它们仍然是帕雷托自己的研究所显示出来的。对这一事实的含义,将在对他的理论继续进行的讨论之中以大部分篇幅加以论述。[19]

但在讨论这个问题之前,还可以指出帕雷托否定社会达尔文主义的另一个间接佐证,这一点也揭示了帕雷托思想中的某些成分。他曾经多次[20]提到剩余物是否"符合事实"或"符合经验"的问题。首先,这肯定地证实了前面关于剩余物概念起源于非科学理论的一个成分的论述是正确的。因为,如果按照索罗金教授和其他许多人那样把 état psychique [心理状态]A 解释为本能或冲动,这个问题简直就毫无意义了。冲动既不能符合也不能不符合事实——它不是一种命题,而是一种现象,至少是现象中的一个成分。只有命题才能用提出这样一个问题的方式来作出判断。为了使这个问题有意义,剩余物必须要成为一种命题。

但是,这样一解释,这个问题的起源就变得完全清楚了。帕雷托一直把非科学的理论 c 与科学的理论 C 相比较。在关于衍生物的讨论中,他把第一种理论的逻辑含混性与科学的理论的

---

[19] 应该注意到,在关于两种抽象社会的讨论中,根本没有涉及仪式问题。仪式的地位问题将对此作出解释,但为了行文方便,把这个问题放在后面讨论为好。见下文[边码]第 256 页以始。

[20] 例如在《普通社会学通论》中的第 1768—1770 节、第 1880—1881 节。

逻辑严密性进行了对照,进而详细地分析了它的根源。科学的理论中的成分 A(它与剩余物相对应)被特别规定为是对"实验原则"的阐述。但是,剩余物总是情感的一种表现。因此,从定义来说,它本身就不是在同一意义上"符合事实"的——如果符合的话,它只凭这一点就变成属于 A 的范畴了。

但是,非常有趣的是,帕雷托没有停止于这个否定性的结论。他指出,剩余物与事实之间有某种关系,对此应该进行研究[21]。在研究过程中,他说:"如果它们[非科学理论]导致了一般来说不符合事实的结果,则所有的社会早就毁灭并被遗忘了。"[22] 这就是这些理论在社会生活中的重要性。首先,这种说法似乎假定这种理论不仅是支配社会的力量的标志,而且实际在某种程度上体现了这些力量。但是,同时它也指示了找到与本研究有关的事实的方向——求助于为什么得以生存下来的问题。果不其然,在下一页[23]中他就给出了回答:"首先,这些[社会]形式和剩余物不能处于与产生它们的条件过分公然矛盾的状况之中,这是达尔文结论中真理的成分。"[24]

帕雷托假定这种理论在一定程度上实际指导着行动,这就把真理的科学标准歪曲成了能否成功地实现目的的实用主义标准。本身即是一种目的的剩余物不是在与"实验原则"同一意义上"与事实相符",因为行动处境的条件不是确定的,这些条件给客观上可以达到的目的留有很重要的变化余地。但是,如果选

---

[21] 同上书,第 1768、1769 节。
[22] 同上书。
[23] 同上书,第 1770 节。
[24] 着重号是本书作者加的。这段话可作为前引他关于社会达尔文主义最初正面评论(《普通社会学通论》,第 828 节)及刚刚讨论过的他对第一种抽象社会的最初正面论述(同上书,第 2142 节)的参考。

择目的时不考虑在特定条件下实现它的可能性,其后果对行动者来说可能是致命的。剩余物"不能处于与产生它们的条件过分公然矛盾的状况中",社会将继续存在下去。于是,这就肯定地证实了下述观点,即某些剩余物是对行动目的的阐述,它们本身对行动者来说不是事实,但在实现的过程中仍然受到行动者所处的处境条件所加限制的制约。

但这还不是帕雷托关于这个问题的观点的全部问题所在。即便如此,也不能保证人们不会选择与社会生存条件不相容的目的。如果发生这种情况又会如何呢？如果选中了这种目的,可能发生的情况之一当然是毁灭。但是还有另一种可能：人们可以不按照这种目的在逻辑上的后果亦步亦趋地走到底,而可以在这种后果威胁到社会(或个人)时马上停止。但是,对这一点必须要进行合理化。以衍生物并不严格地符合于逻辑这一点而论,这种合理化正是衍生物的主要作用之一。"可以用不符合逻辑的衍生物来对不符合经验的剩余物加以纠正,这样,其结果就接近于实验的事实。"⑤

这第二种观点的重要性在于,它表明即便是衍生物中最显著的不合理的那一面,即其逻辑缺陷,帕雷托也在很大程度上认为不是由于行动不受主观目的约束的结果,而是由于这些衍生物有着重要作用造成的。不管衍生物纠正剩余物的根源是什么,情况都是如此。即使是纯粹出于本能进行纠正,这种纠正本身存在的必要性已经足以证明帕雷托并没有把剩余物完全当做是一种心理因素。然而,虽然本能无疑起着某种作用,关于纯粹出自本能的这种极端的假设是没有根据的。不合逻辑的衍生物

---

⑤ 同上书,第 1769 节。

也很可能成为解决互不相容的目的之间的矛盾的手段。㉕

　　对帕雷托与社会达尔文主义的关系所作的分析已经无可怀疑地证明，按照与此论点相应的思路说来，作为根据来阐明剩余物是非逻辑行动之主要决定因素的，不是一种严密界定的单一因素——冲动或本能的因素，而至少是两种完全不同的因素。对社会达尔文主义所持的态度，已经显示出第二种因素的存在及其一般特点，即它与行动的主观目的有密切关系。这两种因素的区别是如此显著，如前所述，它已经在帕雷托的著作中显现出来，虽然他在自己的主要概念体系中难以为之安排一个适当的位置。本书不想在理论上继续探讨冲动因素。把这个问题抛到一边，我们就可以转向另外一些因素、即目的或价值因素的理论含义问题，以及对它们进行论述所需要的概念体系。在分析中我们将看到，帕雷托即便在这些问题上也绝非没有给我们留下重要的线索。

行动体系的"逻辑"方面

　　前已说明，帕雷托用来对举动进行界定以得出剩余物时所作的一系列区分，都可以根据在分析角度看来是孤立的一些单位行动来进行，而不必考虑它们在体系内的相互关系。帕雷托本人就是从界定这种举动出发，进而对剩余物和衍生物费尽苦心地进行分类，然后把这样分类的结果直接应用于行动体系。在他的论述中，完全没有逻辑行动的概念。他没有试图把逻辑行动对于适用他提出的各种成分的行动体系结构有什么含义加以展开。现在我们打算这样做。在简要论述这种体系的结构之

㉕　毫无疑问，现代病理心理学的合理化就在很大程度上适合这种情况。

后,将以之与帕雷托本人对他所论述的社会体系的描述进行比较。

我们从逻辑行动这个概念开始。需要记住,这个概念只与支配手段的选择的挑选标准的性质有关。如帕雷托对抽象社会的讨论中所表明的那样,只有根据一个已知目的加以阐述的逻辑行动概念才具有分析上的意义。㉗ 这个道理来自前面对行动图式的最初分析。因为,假如目的成分如帕雷托所阐述的那样包括在"逻辑"行动之中的话,不管行动是否受科学理论的指导,结果不可能有什么区别。只有一种单单使用科学手段就能达到行动目的的方式,就是根据关于过去情况的已知事实预言未来事态。精确地形成分析意义上的目的的特点的那个成分,即行动者试图造成或保持的事态情况与他倘若不去行动则可预见到的他所处处境会演进到的事态情况的差别,在用以对行动进行主观分析的科学方法论图式中是没有位置的。用帕雷托的公式说,它必定不是一个事实,而是一种情感的表现("某种某种事态是称心如意的")。

为了使逻辑行动概念能够在分析意义上成为可以适用的,必然要把它同一个特定的目的联系起来,这个目的分析起来又是不受关于方法和手段的"推理过程"约束的——我们就从这个必然性着手在理论上展开。虽然帕雷托没有如此深入地涉及这些问题以消除出现混乱的所有可能性,但他的谨慎而又明确的种种阐述与之完全协调一致,因此适合供我们现在在理论上展开使用。

㉗ 在讨论目前这个问题的时候,不一定得出一个严格意义上的"成分",而是一个行动或行动体系在结构上的组成部分,对这种组成部分的描述是不能简化成其他组成部分或其他单位或它们的结合的。

帕雷托根本没有进行下一步，因为他对体系中的行动没有分析地加以考虑，而是综合地考虑——这是由于对他的直接目的来说，考虑孤立的行动就足够了。然而，这里有必要说明以下这个毋庸置疑的事实，即行动不是孤立地发生的，也不是每个行动都有与其处境孤立的、互无联系的目的。恰恰相反，行动是如此安排在漫长而复杂的"链条"中，即从某种观点来看是使用手段去达到的目的，从另一种观点来看则是某个更深一层目的的手段，反之亦然，而且朝着这两个方向还有着许许多多的环节。此外，作为分析的出发点还必须有一种含义，即任何具体行动都可能成为若干此种链条的交点；所以，从不同角度来说，它可以同时是若干不同目的的手段。同样，某一特定目的可以使用许多不同的手段。我们经常"一箭双雕"或"一箭多雕"。换句话说，不要把整个手段—目的的复杂关系想象为许多互相平行的线，而可以比做一个复杂的网络（如不是乱作一团的话）。说起一根链条，就要从这个网络上摘出一条单根的线来，这根线通过许许多多的点，它在这些点上与其他线交织在一起。这些交织点就是具体行动。很明显，这种链条是一种分析上的抽象物。

我们下面举例进行说明。在从原料到工业成品的发展链条之中，采矿是获得煤炭的手段，而煤又是获得焦炭的手段，焦炭又可以把铁矿石熔化而产生生铁，生铁是炼钢的手段，钢是制作机器部件的手段，也是制造汽车去完成各种各样运输任务的手段。整个链条中的每一个行动都是更深一层目的的手段。如此，冶炼是生产生铁的手段，而焦炭本身则是链条中较前一个环节的行动目的——它是在炼焦炉中处理煤炭的直接行动目的，又是采煤的长远目的。并且，在发展过程中的任何一个阶段上，还需要有在本环节中占有位置的手段之外的其他手段，来实现这个环节的直接行动目的。为生产生铁，不仅需要焦炭，还需要铁矿砂、石灰、复杂的高炉设备和劳力等。同样,在链条的任何一个环节上得到的产品,都会进入若干深一层环节,例如可以用钢来制造汽车的汽缸盖、其他汽车部件、钢轨、铁路设施、钢制构件、军火和其他成千上万种产品。把任何一个具体环节分离出来,都包括了要脱离许许多多不同环节的纵横交错的结点。一般说来,处在这一过程中任何比较靠前的阶段上的生产者,只是最笼统、最一般地了解自己这个阶段的产品的终极用途。

然而,对这种链条仍然可以提出某些一般性命题。第一个是,只要目的在分析的意义上是行动中的独立成分,这些链条就必然是"开放式"的而不是"封闭式"的。也就是说,朝一个方向——从手段到目的,而这个目的又成为下一个目的的手段,如此等等——沿着这个手段—目的关系的链条一直探索下去,它的逻辑必然性早晚要导致一个终极目的,也就是,例如按照逻辑行动概念来说,这个目的在本质上不能当成任何更深一层目的的手段了。同样,朝反方向(即从目的到手段,这个手段又是使用另外一个手段的目的,等等)探索下去,早晚也会碰到一些必然看做是终极手段或终极条件的成分。[22] 对于逻辑行动来说,情形必然如此,除非看来是终极目的的,对行动者来说仅仅是一种"实验事实"。不过在那种情况下,就得认为逻辑行动中包括目的成分了,而这正好同刚才说过的那个假设[23] 相抵触。

关于这种意义的逻辑行动能够提出来的第二个命题,是关

---

[22] 需要注意,此处不是指具体事物,而是指分析性范畴。是否可能举出一个其本身完全是目的、而决不是更深一层目的的手段的具体事例,这是没有关系的。大多数具体事态和具体行动都包括以上两个方面,虽然所占比重大不相同。把终极目的和终极手段分离开来是一个分析逻辑问题,而不是对行动中包括的具体事物进行分类的问题。

[23] 见前文[边码]第 228 页。

于多个链条中的终极目的之间的相互关系问题。这个命题是：即便假定目的是行动中的一个独立成分，各个链条中的终极目的之间的关系不可能是随意性的，而必然是在相当程度上构成了一个连贯的体系。因为，如果目的是一种因素，在两种可供选择的目的中到底谋求的是哪一个，这在经验上就必然产生了一个区别。在两个可供选择的目的中谋求其中一个，这就包括了在两者中进行选择。但如果这两种目的之间的关系纯粹是随意性的，那就不会有选择了，或者更确切些说，选择本身必然也成了随意性的，成了偶然的结果。如前所述，㉚ 随意性概念除去作为"无意义"一词的定义以外，一般来说是毫无意义的。随意性必须和某种确定的因素联系起来才有意义。但是按照逻辑行动概念提供的两种选择，如果在目的成分中找不到确定的成分，那么它必须是在条件或手段—目的关系的成分中，最终在这些条件的成分中。㉛也就是说，如果目的之间的关系纯粹是随意性的，它们就不能互相区别。㉜ 于是又出现了一种两难：或者接受逻辑行动的分析性概念的含义，包括目的之间的有条理的关系；或者再一次破坏了刚才的假设。换句话说，如果接受了逻辑行动的概念，则合理性的含义应该从手段与某种单一的已知目的之间的关系，扩大到把在不同目的之间进行挑选的成分也包括在内。

㉚ 第二章，[边码]第 61 页。

㉛ 指对目的的选择，因为手段—目的关系逻辑上说是来自这种选择的，而且如果不消除终极目的的概念，手段—目的关系对于选择而言就不成其为决定性的了。

㉜ 或者说，引进选择概念只是一种循环论证，因为体系中惟一确定的成分就是条件。这是以另一种方式表示下面这个说法：行动中的主观方面成了一种附带现象，从分析意义上说不是独立的。

这只能意味着目的之间有着可以认识的联系,即这些目的成了同一个有目的论意义的体系的组成部分。于是,如果行动在这种意义上合乎逻辑,一个个人的整个行动体系必然在某种程度上与一个最终目的的连贯体系相联系。下面将讨论在社会体系中不同个人彼此的目的之间的关系问题。

在讨论这个问题之前,首先要讨论一下内在的[33] 手段—目的链条内部可能发生的分化问题。在这个问题上,关于帕雷托有三点可以提一下:第一,他明确地把通常称为"经济的"那一类行动(至少部分地)作为他的逻辑行动的方法论方面的样板。第二,他承认经济行动并没有穷尽逻辑行动的整个范畴,"逻辑"行动在两者之中是包括的范围比较广泛的一个。[34] 最后,第三,他没有对其他逻辑成分与经济行动的关系作任何系统说明,而仅仅把它们列举为"艺术和科学的工作,以及一定数量的军事、政治、法律行动,等等。"[35] 这与他试图系统地说明逻辑行动和非逻辑行动之间和非逻辑行动中不同成分之间的分析关系时的郑重其事,形成了鲜明的对照。这种马马虎虎的劲头是从何而来的呢?

它似乎来自下面这个事实,即他是根据孤立的单位行动来阐述自己的分析,没有涉及它们在行动体系中的相互关系。当然,这对他的目的来说已经足够了。因为,如果只考虑孤立的单位,则逻辑成分可以说是完全一致的。也就是说,只存在单一目的与有关手段之间的简单关系。不过,一旦把行动体系也考虑进去,就会出现两条重要的界限。

---

[33] "内在的"在此处是在前面提出的那个意义上的,即包括着可以用经验科学揭示的因果关系或相互依存关系。

[34] 逻辑行动概念中包括的成分没有囊括所有的经济行动也是可能的。

[35] 《普通社会学通论》,第 152 节。

不管怎样，逻辑行动必须要包括这种手段与单一目的之间的简单关系，因为这是整个行动体系结构所由以建立的基本"原子"。在应用于基本原子的合理方面的时候，可以把这叫做行动技术成分，或按照一般说法，可以更好地叫做固有的手段—目的关系。但是，如果就此为止，就正好意味着，从结构的观点出发用一种大有问题的"原子论"对事物进行说明，而帕雷托在他对这个问题的正面论述中，就是在这里停止的。他继而就展开一种成分体系去了。

然而，一考虑行动体系，马上就带来了复杂的情况。存在着多种目的这个事实意味着，某些手段是多个目的的潜在手段。由于这样的手段同它们的潜在用途比较起来是稀缺的，因此行动者便面临着一种不同于如何最大限度发挥技术效用（maximizing technological efficiency），也即如何选择"最适于"某种单一特定目的的手段的问题。这个问题就是，稀缺的手段如何在它们的各种潜在用途当中分配的问题，也就是可以最实用地叫做逻辑行动中的具体经济成分的㊱问题。必须记住，每个具体的经济行动从定义上说，都包括着一个技术的成分。

举个人支出的例子，是说明这个观点的最简单的方法。在权衡谋求一个特定目的的方式和手段时，这个人至少要考虑到

㊱ 关于这个问题的全貌，请见塔尔科特·帕森斯：《关于经济学本质和意义的一些看法》(Some Reflections on the Nature and Significance of Economics)，载于《经济学季刊》，1934年5月号。不能说此处的论述把一个微妙的问题详尽地说清楚了，而只是把对现在讨论的问题至关紧要地区分为：一个一般性阐述。在某种意义上，技术的效用涉及到"经济"，例如，衡量水轮发电机功用的尺度，就是落水的动能转化成可以使用的电力的百分比。从物理学角度讲这是一个节约能源的问题。但是，必须在涉及到具有这种获取电力的特定方式的具体经济意义上的成本时，它才是一个经济问题。并且，此处使用的技术概念的效用不能进行物理学衡量。例如，神秘的冥想的技术就不能以物理方法检验其效用。

下面的两点:第一点,通常说的一种特定步骤的"效能";第二点,这个步骤的"代价"。因此,在盖房子的时候,就会出现安装何种取暖设施的问题。我们可以假定供使用的热源有电力、天然气、石油和煤。从行动考虑,头两项的效果最令人满意,而且对操作者来说麻烦最小。但是这两种比其他各类能源要贵得多,特别是比煤贵得多(至少在新英格兰是如此)。因此,出于这个原因,许多人都放弃了使用电和天然气,虽然他们很愿意用。在这种情况下,假设人们的财力是有限的,代价便意味着把多花钱可以得到的效能牺牲掉。许多经济学家把这种现象称做是机会成本。因此,对成本的考虑常常与对技术效能的考虑发生冲突[37]。有时候做一件事情必须要选择效能较低的方式,因为这种方式比较省钱。

当然,市场上可以买到的商品和劳务的货币代价不是经济学的最终素材,但它多多少少准确地反映了同整个社会上的需求情况相比的稀缺程度。价格是社会的主要节约工具,也是保证稀缺资源不致滥用于次要用途的主要手段。

在本文中这个问题的实质是,在技术考虑之外再加上经济考虑,就不仅仅涉及到单位行动,而且还涉及到单位行动可能置入的每一根链条同与之交织在一起的更广泛的链条网络之间的关系。经济概念是特别根据其他链条在"向上"方向(即朝着终极目的方向)的重要性而构成的。[38]

如果只把注意力集中在分析孤立对待的个人,那么对逻辑

---

[37] 在这种情况下,"技术"的意思与行动有关。而效能指的是,在行动者看来以最低限度的"牺牲"来实现目的,或者说最小限度地去做那些倘若不是为了实现这个目的就不会去做的事情。它不同于(比如说是)机械的效能。

[38] 关于技术范畴和经济范畴的关系,请见 O. H. 泰勒:《经济学理论与社会生活中的某些非经济成分》(Economic Theory and Certain Non-economic Elements in So-

行动的分析就被囊括无遗了。为了合理地行动,这个人不仅必须分配他所处环境的资源,还必须分配他自己的"力量":这样,他就不仅面对技术问题,还要面对经济问题。这就是所谓"鲁滨逊经济学"㊴。但是,在社会的条件下,经济方面的重要性由于下面两个原因而大大增加了:一个是资源不仅要在同一个人的不同目的之间分配,而且还要在不同个人的不同目的之间加以分配。另一个是从任何一个个人观点所看到的资源,不仅包括他自己的力量和非人为的环境,而且还包括其他人的潜在劳务。因此,在实现任何人的目的的手段中,都包括有其他人的行动。通过劳动分工和由此产生的交换过程,㊵以上这些成分都变得重要起来了。

首先,不同的个人都要求占有可供使用的稀缺的自然资源,在任何社会里显然都必须有对此进行裁决的某种机制。可以用来使这些要求得到能够设想出来的调节的方法,有两种基本的可能选择。或者可以简单地以每个人在特定条件下尝试实现自己目的的结果作为裁决,或者可以在竞争进程本身以外强加某种可以实现在此方面相对稳定局面的原则。㊶但是,把第一种选择作为彻底解决办法而大力推行的人,肯定会遇到一个问题。这样做无法解释,为什么对于任何个人或集团在牺牲别人的要求而企图自己控制资源时所采取的手段应该有所限制。因为,

---

cial Life),载于《经济学探讨:纪念 F. W. 陶西格文集》(Explorations in Economics, Essays in Honor of F. W. Taussig),第 380 页以始。

㊴ 原文为 Crusoe economics,借用了笛福的名著《鲁滨逊漂流记》中主人公 Robinson Crusoe 的名字,意指孤立的个人。——译注

㊵ 还有生产组织。

㊶ 这二者当然都是成分。在同一具体处境中同时包含这两种成分是没有问题的。

如果没有这种限制,就无法防止滥用这些手段当中可以总称为"强制手段"的非常重要的一类手段。

只要任何一个人或集团控制了别人行动所处的情势中的成分,而这又影响了他人目的的实现,他就能够以损及别人地位的方式利用这种控制。首先就是以使处境变得对他人不利相威胁。他能够把做他想做的事,弄成对于别人说来为了避免威胁中的事变或避免"制裁"而是"值得"的。用霍布斯的经典方式能够很容易地表明并且已经表明,[42] 强制手段的潜在用途会导致一种冲突,在没有约束力量的情况下,这种冲突演变为一场"一切人针对一切人的战争",即暴力和欺诈盛行于世。因此,根据这一点,就目的是行动中的实在因素而论,如果要有一点社会秩序[43] 的话,必须对某些人以强制手段施之于人加以某种限制。

从本质上说,同样的情况还可以表现为更激烈的方式,即把个人直接当成是相互之间实现各自目的的手段,而不是控制自然资源的竞争对手。霍布斯心目中所想的,实际上主要是这种情况,并把它作为两种情况中比较要紧的一种[44]。

因此,当考虑一个行动体系中多个个人之间的关系的时候,不同个人的目的之间的冲突,意味着分配的经济过程变得受前文中对行动的经济成分最初概念所作阐述未包括在内的一个外来因素的影响所制约。这是因为,所有交错关联的需求(或目的),并没有能够像是个人的情形那样形成一个单一的控制者。因此,在这一个层次来说,问题不只是如何进行分配,而且还要确定某种进行分配的条件。对于在社会中进行的经济过程而

---

[42] 第三章,[边码]第90页。
[43] 这是规范意义上的。但是我们所实际了解的社会中具有规范秩序的成分,是它最主要的显著特点。于是产生了一个问题:这种秩序的根源是什么?
[44] 第三章中已经对此充分讨论过了。

言,必须有某种机制来对个人和集团之间的力量关系作出相对稳定的裁决。

只有在这种相对稳定的控制框架或秩序的范围内,一般所谓的经济体系才能够形成起来。但是,这种框架一旦存在,劳动分工就得到了广泛发展的机会。首先,对使另一方可能同意进行交易的那些手段加以控制,稳定而有规律的交换就得以进行下去。伴随着这个过程的是,使交换过程更加便利的方法也发展了,首先是货币、银行和信贷。但是,决不要像经济学家们那样经常地忘记,所有这些都依赖于一系列的控制条件,如果改变这些条件,可能给具体过程带来无比重大的后果。许多经济学家经常忘记这一点。下一章中将表明,帕雷托的最大功绩之一就是没有忽视这些考虑,并且给它们派了非常重要的用场。

统一价格制的作用,是对这种秩序因素的重要性的最好说明。大多数美国人认为,他们想要购买的大部分商品,都以一种限定的统一价格出售(这是从与一种特定的交易有关的意思上说的),而且买方所要做的不过是决定以这种价格买不买或买多少,这些都是理所当然的事。但是,这就是一种秩序成分,如同任何到过不通行这种制度(至少在某些领域内)的国家的人都了解的那样,它决不是买卖双方的关系中固有的。因此,意大利的出租汽车司机经常激烈地讨价还价[45],而可怜的美国人由于习惯于按计程表上的指示付钱,将对此感到茫然不知所措,并经常是照付昂贵的索价以尽快摆脱困境。这样来说,统一价格制可以使在与精明而贪婪的卖主讨价还价时显得无知而笨拙的购买基本必需品的买主免遭剥削。卖主的精明在我们的社会里并非无用,但它应该在别的方面去发挥,应该离买卖消费品这种最终

---

[45] 墨索里尼大概把所有的秩序都改变了。

的交易远一点。

我们对所有这些后果的论述中,还没有提到在同一社会中不同个人的终极目的体系之间的关系问题。关于这一点也有两种可供选择的基本见解[46]。一种是认为这些价值体系是随着外界条件而随意变化的[47]。这种假设是霍布斯的出发点,他在这方面的体会也是颇具启发性的——为了防止陷入"一切人针对一切人的战争",必须要有一个控制者。为了严格地坚持这个假设,这一控制者必须要处于社会之外。霍布斯对于这一控制者——在他的思想中这就是主权者——的起源的描述方式,实际上破坏了他自己的假设,放进去了一种暂时性的利益一致(在安全方面的),社会契约就是从这里产生的。

第二种见解是设想把终极目的在相当程度上整合到一个共同体系之中[48]。在本书的以后各部分中,将充分论述这种可能性的细节和含义。这里只需要指出,有了这种假设,就可以把社会中的秩序问题的基础解释为"内在的",是由社会本身的特点决定的。这种因素是否具有经验意义,要靠事实来决定,仅用目前的抽象分析不能回答这个问题。

对这种论点可以概括如下:把帕雷托的逻辑行动概念的含义,在其对社会行动体系结构中的运用加以展开,就会导出一个比我们已经碰到的或任何原子论的理论中所能推导出来的体系还要复杂的体系。不能用单个的孤立的单位行动进行思考,而必须用复杂的相互交织的手段—目的关系的链条进行思考。不过,可以根据有限数量的主要成分对它们加以分析。

---

[46] 当然这是从原则上说的。我们分析的是与帕雷托的抽象社会类似的抽象情况。
[47] 按照霍布斯下的定义,这是一种只包括行动中的功利主义成分的体系。
[48] 此处只讨论"完美的整合"这种限定的极端情况。

首先,如果要让目的成为行动中具有分析意义的成分,那么从逻辑上说,必须把这种链条分为三部分:终极目的、终极条件和手段,以及处于二者之间的中介部分。这中介部分中的成分按照观察角度不同,既是手段又是目的——从"上"看,即从目的到手段来看,它们是手段;从"下"看,即从手段到目的来看,它们是目的。

其次,关于终极目的的相互关系,在这些体系的三个不同层次的延伸上存在着问题。在单一的目的—手段链条中没有任何问题。然而,当考虑到某个人总的行动体系的时候,由于在经济上有必要把稀缺资源在各种可供选择的用途当中进行分配,这就意味着,如果行动体系要具有逻辑性,那么必须把终极目的结合在一个一贯的体系之中。最终目的的随意性,不能存在于这个意义上[49]的逻辑行动概念所能适用的具体行动体系中。

第三,在涉及许多个人的体系的社会层次上,又出现了同样的问题。按照有一个外在的控制者的假设,这些个人的体系不整合成一个共同体系,在逻辑上也是可能的。然而,这种"*deux ex machina*(急救神)"[50]一被抛掉,这种整合对于一种自足的逻辑行动体系也是逻辑上必需的。

从另一种稍许不同的观点看来,同样的考虑基本上也把目的—手段链条的中介部分再分成三层。第一层(如果只涉及到一个单一的直接目的)有一个技术成分。但是,考虑到同一个稀缺的手段可能适用于多个不同目的,就引进了第二个成分,即经济成分。以逻辑行动是这种意义上的经济行动言之,它的直接

---

[49] 这是功利主义理论的基本逻辑缺陷之一。苏特(R. W. Souter)所著《相对经济学导论》(Prolegomena to Relativity Economics)对此作了精辟的论述。

[50] 把霍布斯的社会理论叫做"社会的自然神论"并非全无道理。它与上帝角色的至高无上在逻辑形式上是相同的。

目的有两个:获取对于这些稀缺的手段的控制,以及对这些手段的合理分配。

但是,在社会的层次上,特别是它们中的第一个[51],即经济行动中的"获取"的方面包括有一个第三种成分。在涉及到别人的地方,强制是获取所想往的控制的潜在手段,在经济概念中却没有如此地包括这一点。[52] 这个问题也有一个同样的两重性——作为一种手段的实施强制力量和作为一种直接目的的获取强制力量。因此,可以说,在中介部分里有三类直接的或近似的目的:谋求技术效能,谋求对财富的控制和谋求对强制力量的

---

[51] 从某一特定个人的观点来看是获取,从集体的观点来看变成了分配。

[52] 对于这个论述的根据需要进一步澄清。对经济概念的阐述是根据在一个个人的不同目的之间分配稀缺资源这个问题作出来的。问题是要把这种考虑扩展应用于由许多人组成的社会中去。

首先,从头至尾都存在着一种合理性的假设。每一个行动者都被设想为具有对于所处处境和任何可能的行动的充分知识。因此,除了其他方式之外,任一个行动者A,还能够向行动者B的行动施加影响,使之按照自己的意愿发展,从而达到自己的目的。按照所假定存在的合理性来说,他可以用两种方法做到这一点:A可以利用他所掌握的对于B必置身其中的处境的控制,以B做他需要的某些事情为条件,表示愿意使B的处境以一种他知道将要有利于B的方式加以改变。或者另一方面,他可以利用他的控制威胁说,如果B未能做他需要的事,就要利用他的控制使B的处境变得不利于B。在这两种情况下,都让B来作出他认为是合适的选择。前面对个人资源的分配所作的分析,基本上也适用于这里的第一种影响他人行动的方法,因此,这种方法可称之为经济交换。但是,为了把它在一个社会体系中推广开来,必须有某种方法对第二种方法即强迫的方法加以限制;因为,在直接的处境当中,这个第二种方法非常普遍地是二者之中比较容易的一个,并且从A的观点来看也因此是最有效的方法。欺诈在具体行动体系中起着很大作用,它却没有包括在现在所作的分析之中;因为,只有在B对处境的了解不够充分时,才有可能对他进行欺诈。然而,很明显,要使经济行动具体地得到高度发展,欺诈也是必须制止的。在假设A不会对B进行欺诈的情况下是充分的知识,在加入了欺诈的可能性之后,就变得不充分了。影响他人行动还有各种其他可能的方式,但它们过于复杂,不宜在此探讨。

控制。其中每一种都可以转而具体地成为其他两种目的的手段。强制权力的成分可以被叫做"政治的"成分。[53]

但是,尽管它们可以互为手段,相互之间却是一种等级关系——包括的条件一个比一个范围广,每一个也就成了谋取前一个的条件。这样,在不涉及其他目的的情况下,技术性目的是自足的。但是,达到技术性目的的潜在手段一旦有了其他方面的用途也来竞争,这些手段的"经济"方面,就成为把它们用于这个技术性目的是否合理的必要条件。这种在某种意义上比较广泛的情况,使得效能的技术成分从属于"经济"成分。而同他人有关的"经济"成分,同样包括着与他人的权力关系如何决定的问题。权力关系不解决,他只考虑在单纯经济情况下这些手段的作用,就是不合理的。

社会效用理论

在前面冗长的讨论中,似乎帕雷托已经被遗忘了;然而情况却不是这样。我们必须这样煞费苦心地制订出一个框架,以便为论述帕雷托的著作中对本书说来最有意思的理论部分——社会效用理论——提供根据。的确,帕雷托自己并没有把自己的分析体系朝这个方向延伸到我们所做的这样深入。但是,有一个论点是要坚持的:只有认识到,从一种稍许不同的观点看来,他对社会效用问题的论述基本上就包括着前面刚刚描绘过的框架,才能恰当地理解他对这个问题的论述方式。

---

[53] 很难说,这种意义上的政治成分,如同前文下了定义的经济成分是经济学的主要题材那样,确切地就是政治学中公认的主要题材。但是,权力成分却一直是政治思想中的主要组成部分之一,并且远比在任何其他社会科学中都要突出。因此,此处的用法并非没有先例来作为根据。

这种理论来源于经济学理论问题,这是很明显的。可以说,帕雷托试图在社会效用理论中,建立一种相当于经济学中的最大限度满足学说(对此我们已经在论述马歇尔的学说时讨论过了)的社会学学说。我们还记得,最大满足学说是这样的一种观点,即在某些谨慎规定的条件下,每个人追求自己个人的自我经济利益(即试图最大限度地扩大获致自己目的的手段),将要导致同一集体中所有其他个人可能得到的最大限度的满足。这里,主要的条件是:行动的合理性,资源的流动性,需要对于满足需要的过程的独立性,竞争以及交换中的实质性平等(这只有在根除了暴力、欺诈和其他形式比较缓和的强制性手段,甚至连不具有强制性的权力也不行使之后,才成为可能)。⑭

从这一点出发,帕雷托通过四个步骤达到了他的论点的高潮。前两个步骤关系到经济学方面的最大效用,后两个关系到社会学中的最大效用。这两者之间区别的性质就是我们将要讨论的最重要问题之一。他把经济学方面的效用称做"ophelimity[最适享用度]",这是他自己杜撰的一个词。⑮沿袭他这个用法是便利的。

帕雷托说:

> 在政治经济学中,我们可以把平衡状态的定义称做是每个个人都获得了最大限度的 ophelimity[最适享用度]。我们可以假定一些条件,使这种平衡成为一种完全确定的平衡。不过,如果我们去掉其中某些条件,则平衡不再是明

---

⑭ 这个问题过于复杂,此处不好加以考究。幸好这个问题的结论如何,并不影响我们现在的论点。

⑮ 《普通社会学通论》,第 2128 节。[此词由 optimum(最适于的)、hedonic(享乐的)和 limit(限度)三个单词拼组而成,意为"最适享用度"。——译注]

显地确定的,可能在对于个人来说达到了各自的最大限度效用的无数不同的点上形成平衡。在第一种情况中,可能有所不同的只是到底在哪一个确定的点上达到平衡。在第二种情况中,则不但在哪一个点上达到平衡有所不同,而且其他方面也可能有变动——有两个显然不同的类型:第一类平衡(我们把它叫做 P)的各种变化都有这样一个特点,即在采取有利于某些个人的行动时,他们必定会伤害他人;第二类平衡(我们把它叫做 Q)的各种变化则都是这样的,即人们的行动都毫无例外地或者有利于、或者有损于所有个人。[56]

在 Q 的变化过程中的某一点上,随着集体当中每一个成员的 ophelimity[最适享用度]不断提高,这种平衡可能朝着一个特定方向进一步变化。根据纯经济学的考虑,就可以"证明"这种变化的合理性;因为,在不同个人的 ophelimity[最适享用度]之间不会有数量的比较。另一方面,这种发展终究会达到一个限度 P,超过这个限度再朝这个方向变下去,就会以损害别人为代价而提高某些人的 ophelimity[最适享用度]。不管[57]每一方涉及到的人数多少,"为了决定到底是就此止步还是继续发展下去,必须求助于非经济学的考虑。也就是说,必须根据社会效用的考虑(道德的考虑或其他考虑),来决定应该按照哪些个人的利益去作出停止或不停止的决定,应该牺牲哪些人的利益。从纯粹的经济观点看来,一旦集体到达了 P 点,就应该停止。"帕雷托把这个点叫做适合于(for)集体的最大限度的 ophelimity[最适享用度];从分配方面理解,可以把它的意思解释成适合于

---

[56] 同上书,第 2182 节。
[57] 同上书,第 2129 节。

集体的成员们的。

于是,"如果可以把集体看做像一个人一样,那么它也会有一个像个人有的那种最大限度的 ophelimity[最适享用度],也就是说,会有属于(of)集体[作为一个统一体]的 ophelimity[最适享用度]达到最大限度的各个点。"㊽ 然而,这种属于集体的 ophelimity[最适享用度]的最大限度是不存在的,除去其他方面的原因之外,还是由于不同个人的 ophelimity[最适享用度]是一些不同质的、无法比较的量。仅仅由于适合于集体的最大限度不涉及这种比较,它才具有经济学的含义。

这到底意味着什么呢?诚然,对帕雷托来说,经济层次的分析,只涉及实现特定个人的目的的手段的获取过程和分配过程。某一特定的变化,不管对于集体的后果㊾是使之提高或降低,只要对于所有个人的影响都是同一个方向的,总的 ophelimity[最适享用度]就可以用纯粹经济学的内容来确定。但是,这种变化的条件一旦与此有异,因而有必要对不同的个人的 ophelimity[最适享用度]进行比较以判断出这个变化的最后结果时,就必须求助于超经济学的考虑——社会效用的考虑了。注意,帕雷托没有说不能进行这种比较,他只是说不能从经济学方面来比较。各个 ophelimity[最适享用度]是不同质的量,效用却不是如此。在技术的层次上说,根本无所谓对目的进行比较的问题。在经济层次上来看,就出观了这样的问题。但是,单靠经济考虑不能证明超越个人自身的目的体系,而把它与其他目的相比较是有道理的。这与前面的分析完全吻合。

㊽ 同上书,第 2130 节。

㊾ 指这种意义上的后果,即这个变化意味着适合于集体的 ophelimity[最适享用度]净增了或净减了。如果不另外加上一些包括着对不同个人的 ophelimity[最适享用度]加以比较的假设,就不可能对比得出绝对的或能用百分数表示的数值。

然后,[50]帕累托把他的分析扩展到"社会学"的更广泛领域中去。在这里,他主要强调的是,某些变化确实朝着不同方向对不同的个人集团产生影响,而且,这种区别对待是被公共权威的法案批准或禁止的。这种法案的"主旨",就是把当局所了解的所有个人的效用"不管三七二十一地"加以比较。"简而言之,它虽然由于使用了某些系数而把一些异质的量变成同质的量,却大致上完成了经济学所作的精确推断。"[51]帕累托接着说:

> 在纯粹的经济学中,不可能把集体当做是单个人来考虑;在社会学中,如果不把集体当做是一个人,至少也可以把它当做是一个统一体来考虑。属于一个集体的 opbelimity[最适享用度]是不存在的,但是,我们可以以一种精确的样式来设想一种属于集体的效用。这就是在纯粹的经济学中为什么不存在把适于一个集体的 ophelimity[最适享用度]的最大限度同属于一个集体的 ophelimity[最适享用度]的最大限度混淆在一起的危险的原因,即后者是不存在的。而在社会学中,则必须十分注意不要混淆适于集体的最大效用和属于集体的最大效用,因为二者都是确实存在的。[52]

那么,这两种"最大效用"是什么呢?它们与最大限度的ophelimity[最适享用度]的区别以及它们之间的区别是怎样的呢?最后,"二者都存在"在理论上包含着什么意思呢?

我们再引用他的话:"如果无产阶级说他们不愿意要孩子,

---

[50] 《普通社会学通论》,第2131节。
[51] 同上书,2133节。
[52] 同上书,第2133节。

孩子将有助于增加统治阶级的权力和财富——他们实际上谈的是适于集体最大效用的问题。"㊳ 也就是说,在这个层次上的问题是分配问题,即裁决一个群体之中不同的个人和集团对占有那些不管因为什么反正是稀缺的商品的互相冲突的要求——一个人(集团)得到的商品越多,给其他人(集团)剩下的就越少。在每一个社会里都存在着在不同个人或集团谋求他们各自目的的要求之间进行分配的问题(这些目的有些互不相关,有些互相冲突)。

这个问题与经济学中的分配有何不同?不同之处在于,它牵涉到更广泛的考虑。就经济学理论扩展进入到社会关系的范围而言,它只阐述了这些关系中的某些成分,即涉及到决定如何合理分配可购买的手段的那些成分。但是在社会层次上,如前所述,这只有在存在一种赖以把强制根除掉的社会秩序的相对稳定结构时才会成为可能。这种结构主要不依赖于经济因素,就目前的讨论而言,适合于集体的效用与适合于集体的 ophelimity[最适享用度]之间的区别,正在于它涉及到了这个结构中的分配方面——它是一个一般地解决人们之间分配关系的问题,而不是单纯地在经济方面加以解决。首先,这不仅涉及到财富分配,还涉及到权力分配,而没有这种相对确定的权力分配,就不会有社会制度。

帕雷托进一步说道:"我们应该得出这样的结论:不是说同时考虑不同质的效用的那些问题不可能解决,而是说论述这种问题时必须采用一个使那些效用成为可以比较的假设。"㊴ 在这里,帕雷托似乎把问题的两个方面放到一起考虑了,而把它们

㊳ 同上书,2134 节。着重号是本书作者加的。
㊴ 同上书,第 2137 节。

区分开是重要的。这里,他主要关心的似乎是公共政策,即根据怎样的前提,才能决定两种可能采取的措施中的哪一种可以对适于集体的总效用作出较大的贡献。回答是,这取决于当局据以行使权力的分配标准是什么。只有在这个标准中已经采用了这样一个前提的时候,问题才变成确定的。但这种前提不是基于实验性事实的,因为在社会赖以生存的条件中没有这种意义上的确定的事实。更确切地说,这是一个当局的终极目的问题,而在观察者看来,这些目的都是武断的。"除去情感我们别无标准。"⑥

但是,这个"实质的"方面并不是问题的全部,甚至对现在研究的问题说来也不是最重要的部分。因为,如果对公共政策的可能的"科学"根据的这种局限性得到承认,它对社会的经验特征关系极大。要求这样一个前提,不仅是为了决定采用哪一种措施,而且,只要(a)人们的行动是受主观目的指导的,并且(b)他们的效用(即目的)是不同质的,就必须要有一种原则(如果不是或许被"公认"的形式,就是以某种"强制"形式)据以把这些不同质的效用大致化约成一个共同的指标以供实际需要。也就是说,公共政策不可能完全由科学指导,因为,人们在社会中的行动,即使按照特定目的来说是合理性的,在确定它们相互之间实际存在的关系的时候,也都包括着非科学的考虑。但是,不管这些关系的根源是什么,它们是确实存在的,人们各自的效用在相当程度上是被看做为同质的。否则,就不可能有社会了。

不过,这很明显不是问题的全部。属于集体的最大效用的的概念以及它与刚才讨论的那个最大效用之间的区别,都还没有进行说明。帕雷托说:"在社会学中,如果不把集体作为一个

---

⑥ 同上书,第 2135 节。

人来考虑,至少也可以把它作为一个统一体来考虑。"⑥⑥ 既然帕雷托非常强调适于和属于两者的区别,⑥⑦ 那么,在适于集体的最大效用当中牵扯到的那个统一体以外又来了一个统一体,这又是什么样的统一体呢？对现在讨论的问题来说,⑥⑧ 具有重要意义的回答,是帕雷托著作法文版⑥⑨ 中有关已经讨论过的两种抽象社会当中的第二种说法,对两种抽象社会的讨论是紧接着对社会效用问题的讨论的。

我们还记得,这个说法就是"逻辑—实验推理决定一切的社会。"⑦⑩ 帕雷托在这里说:"给定外部环境根本不能确定社会形式。除此之外还需要指出社会通过逻辑—实验推理的方式所应寻求的目的。"⑦⑪ 在反复强调适于集体的效用问题的分配方面之后,他不是说"社会成员[在分配方面]所应寻求的目的",而是

---

⑥⑥ 同上书,第2133节。

⑥⑦ 他是这样说的:"即使在个人效用与集体效用并无矛盾的时候,两种(适于集体的和属于集体的)最大效用也是不一致的"。同上书,第2138节。

⑥⑧ 社会是一个统一体这种说法还有另一个含义,即它的成员是在同样的生存条件下作为一个团体而结合在一起的。外来侵略之类或干旱、洪水、地震等自然灾害的影响,使他们在或大或小的程度上像一个整体。这些考虑对于具体理解帕雷托的论点很重要。但从本书的分析层次来说,它们却可以不计在内,因为它们引不出任何新的理论问题。它们可以包括在任何群体由于环境条件而发生变异的过程中造成减员的那些情形之中。帕雷托关于这些条件与确定社会"形态"的关系的论点,在前面讨论社会达尔文主义的时候已经探讨过了,此处没有重复的必要。另外一条思路在我们的讨论中有理论上的意义,所以单独加以探究。

这种可以在用非主观范畴的层次上进行分析的统一体,完全合理地包括着一个由社会产生出来的成分,这个成分的由来,可以归之于集体中单个的人类有机体的结合。我们现在讨论的问题关心的只是集体中的"统一性"的方面,这个方面分析起来可以归结为价值因素。只要确乎如此,就可以满有道理地说这些价值是得到"共同"承认的。

⑥⑨ 见[边码]第221页脚注⑧。

⑦⑩ 《普通社会学通论》,第2141节。

⑦⑪ 同上书,第2141节。着重号是本书作者加的。

说"社会所应寻求的目的",这一点就不能不具有重要意义了。很肯定,这就是把集体作为一个统一体来考虑,即在整个社会被设想为寻求一个单一的共同目的(或目的体系)而不是纯然孤立的个人目的意义上的统一体。

帕雷托的这个概念意味着什么,为什么必须把它与其他概念加以区别,似乎不可能再有其他解释了。当然,第二种抽象社会不是具体的人类社会,但这并不是说它在经验上是毫不相干的。恰恰相反,人类社会是被认为处于这种抽象社会和另一种抽象社会之间的一种中间状态。照此推论,帕雷托的观点必定是认为,"社会(作为一个统一体)寻求的目的"是具体人类社会中的一个重要成分了。

在帕雷托此处所探讨的抽象理性主义的社会类型中,这种属于社会的目的的存在,对个人目的有着某种重大的意义。因为,如本书中所使用的那样,目的这个概念是一种主观范畴,它与行动者心理状态中的某些东西有关。社会目的这种概念能够在这种概念体系之中具有意义,必须根据一条原则,即它是社会成员的共同目的。在这种情况下,不同成员的不同目的体系,不仅在"公平分配"的原则已被包括在实际社会秩序内的意义上,一定程度地"变成同质的",而且这些个人的目的体系的某些方面,也可以说是社会成员所共同承认的。如果这个分析正确,那么便可以说,这些目的体系是整合的(integrated)。出于这些考虑,并且由于主观的目的—手段图式对于他本人的分析是非常重要的,因此,可以合情合理地推断,这个说法可以适用于帕雷托的抽象社会。

当然,这种完全意义的"整合"只适用于抽象社会,这显然是不言而喻的。它在这一方面与在其他方面一样是有限的。无论是帕雷托还是本书作者,当然都没有认为,具体社会一般而言会在这种意义上是近乎完美地整合在一起的,也没有认为,通常社会成员中的大多数会意识到存在着任何共同的目的体系。然而,不管这种目的体系是明白可见的还是隐含着的,也不管是紧密整合的还是仅仅松松散散地整合的,对社会目的是社会成员的共同目的这条原则的理论意义都没有任何影响,就好像羽毛缓慢而无规则地降落,对物体在真空中的降落规律的重要意义没有影响一样。与这条原则的实验条件比较相近的一个具体实例是:在加尔文本人在世时,日内瓦的加尔文派基督教徒企图建立一个世间的上帝天国,这可以说成是他们寻求一个共同的目的。但这种例子是少见的。本书以后的若干处将继续讨论这种例子以及这条原则在经验上有什么关联的一般问题。

帕雷托的论述中,关于这个成分的地位问题确实包括着不同的两点。首先,它和分配原则一样,是不能用逻辑—实验科学加以"证明"的。另一点是,它确实与说明为什么"完全根据理性的社会不可能存在"⑫的那个主要的欠缺的(对行动者而言)论据有关。但是,另一方面,这不能作为贬低它的经验重要性的理由。这是帕雷托以下这条原则的最重要的运用之一,即必须把一个"学说"(此处即目的)的(逻辑—实验的)真理性和它的社会效用加以区别,指出它在因果关系方面的重要作用。

作为这个观点的伴生现象,在帕雷托的思想中出现了可称是社会学原理的最重要的说法之一,即社会是一种 *sui generis* [独特的]实体;它的某些特性不能用直接概括的方法从构成它的单位的性质中推导出来。这个说法在此处以这种形式出现:作为这个原理的基础的主要事实之一是共同目的(或共同目的体系)的存在(如果把个人的行动作为互相孤立的来加以考虑,

---

⑫ 同上书,第 2143 节。着重号是本书作者加的。

这个共同目的也就消失了)。它只出现于帕雷托关于一般社会行动体系的论述之中,而不出现于他在前面对分析体系的论述之中,这不是偶然的。在以后讨论涂尔干的时候,[73] 我们将有机会用各种不同的形式详细地探讨这个原理的细节。其中有一个观点可以在这里先说一下,即涂尔干最终也得出了一个与帕雷托基本相同的说法,而这也是最接近于正确的说法[74]。

　　理解帕雷托的效用理论的主要构造原则是很重要的。分别处于经济学分析层次上和社会学分析层次上的两种最大效用不是平行的,而是处于一种等级关系之中。这个等级关系的原则是,每一个新的级别,都比前一个级别包括一系列更广泛的考虑;它断定整个体系具有一种复杂性,这种复杂性在比较狭隘的分析基础上是无关紧要的。每一个新的级别的具体特征是,像前面说过的那样,包括手段—目的分析中的另外一个基本结构成分,因此,到最后就可以得到一种位于合理性一端的内在的手段—目的关系的完整社会体系;整个这个体系对于理解具体社会实属必需。

　　如此,在技术层次上来说不存在着效用问题,因为它没有涉及目的之间的比较。效用问题首先出现在经济层次之上,而此处只有分配问题。解决个人之间相互冲突的经济要求的问题,不止涉及经济考虑,因为这里的经济考虑是从属于政治考虑即强制性权力的。这样,只有在合理分配的总框架之内,每一项经济分配才成为可能。但是,所有的分配问题都只涉及解决人们对占有财富和权力的要求之间潜在的相互冲突,而没有说明作

---

[73] 第八至十一章。
[74] 指直接用行动参照系的方式表述的。例如社会关系方面的图式将要求以不同形式来表述。

为整个结构的基础的统一性是根据什么。帕雷托认为,这个统一性的根据归根结底在于必须有一个"社会谋求的目的"。也就是说,把各个个人行动体系的终极目的整合起来,形成了一个单一的共同的终极目的体系,这种体系是把整个结构结合到一起的统一性的最高成分。因此,帕雷托的分析在每一点上都是与前面论述的手段—目的关系相吻合的。这种吻合难道仅仅是巧合吗?

社会体系的非逻辑方面

读者现在很可能不无道理地有些恼火——帕雷托主要关心的是非逻辑行动,为什么在前面近二十页的篇幅中只是讨论逻辑行动呢?这不等于是演《哈姆雷特》时少了丹麦王子吗?但是,前面的讨论是对逻辑行动和非逻辑行动在结构方面的区别进行明确解释的必要准备。现在我们就来进行这种解释,以说明刚刚讨论过的体系与帕雷托论述的某些其他成分的关系。

在开始分析的时候,我们最好先回顾一下帕雷托下面这个论述。"人类社会是处于两种抽象社会之间的一种中间状态"。[75] 这句话的含义是什么?为了回答这个问题,必须首先考虑一下由逻辑行动概念引申出来的图式的另一个含义。那就是,由于这个概念的分析意义主要依赖于下面这个假设,即主观目的是行动中的有效因素[76]——所以只有在这个基础上,说经

---

[75] 《普通社会学通论》,第2146节。
[76] 帕雷托最初是把它作为对得出剩余物和衍生物的演绎过程加以限定所必需的一个标准来使用的,所以,这里的假设是没有必要的。

济学和其他集中研究行动的科学具有解释性意义,[77] 才是站得住脚的。这种观点意味着,逻辑行动概念不仅不必指某类具体行动(连假设它指某类具体行动也是不需要的),而且它的抽象性也可以是一种特殊的抽象性。它可以规定一个规范,要求在某些前提下应该如何行动。[78] 这样的规范可以纯粹是一种合乎理想的规定,也可以是与对具体人类行动进行因果分析相关联。而且,就经验上可以看到的而言,这种联系是如此密切相关,以致人们确实都努力使行动合乎逻辑以求符合这个规范。于是,不管人们的行动具体来说离完全符合这个规范差得多远,这个规范本身仍旧体现了实际行动体系中在结构方面的一个必不可少的成分,因而对确定导致行动结果的进程起着一定作用。

这个规范与行动的实际进程之间,在逻辑上存在着三种可能的关系。第一种是,规范本身的存在(即行动者把它作为有约束力的而接受下来)就意味着人们将会自动地按照它去做。第二种与此相反,即这个规范作为一种标志,单纯表现着支配行动的实际力量,而根本没有任何引起某种结果的意义。于是,行动便是一个自动的进程。最后有着这样一种可能,虽然这个规范构成具体行动中的一个结构性成分,却只是其中之一。在达到规范的过程中有一些必须加以克服的障碍和阻力,[79] 而且实际上只有一部分被克服了。因此,行动的具体进程未能完全符合

---

[77] 也就是说,包括了这样一些具有分析意义的成分,即它们的"价值"的改变将导致具体现象的改变。在解释性意义一词的这种用法中,没有帕雷托所有力地反对的那种单向的因果关系的含义。

[78] 在此处,它即使对行动者来说也没有任何道德上的含义,当然也没有对于观察者来说的道德含义。它可以仅仅是一个效率问题。

[79] 可能还会有其他因素也朝着规范所规定的方向起作用,而不依赖于这个规范。

规范所规定的,并不能证明规范就不重要,而只是表明,重要的不仅是规范本身。存在着阻力和克服阻力(即使只是部分地克服)的过程,意味着还存在着另外一个成分——"努力",在另外两种可能的关系中都没有这个成分的位置。㉚

除非本章中对帕雷托著作已经作过的分析全都不能成立,这第三种可能关系就必须得扣在他头上,这几乎是无可置疑的。手段—目的关系之间的等级关系,就是一些互相叠加的规范性性结构。但是,这种规范结构不是自己存在的,只有与另外一系列阻力因素联系起来才对行动有意义。这些规范性结构关系着此处关于两种抽象社会的观点,以及人类社会处于它们之间的中间状态的说法。就此而论,刚才这种解释似乎是最恰当的了。包含有"社会应当寻求的目的"的第二种抽象社会,抽去了形成阻力的和其他非规范性的方面,来阐述行动体系的某些规范性方面。而构成这些非规范性因素的,又有第一种抽象社会中的情感和条件。只有把这两类成分结合起来,才能对人类社会作出合用的结构分析。因此便出现了人类社会所处的中间状态。

先简单说一下非规范性因素。可以方便地认为它们是前面讨论过的㉛遗传和环境的因素。当然可以从客观的观点来研究它们的影响,但是它们与主观的观点也不无联系。在这里,只要把主观方面作为"理论"来加以考虑,它们在某一方面就可以被视为对外部现实的"反映",被视为外部世界的"事实"。对行动者来说,这些因素都是"给定的",是独立于行动者主观"情感"之外

㉚　预先说一下,只要规范是一个真正独立的变量,而不依赖于其他成分,那么,第一种可能的关系是唯心主义行动理论的一般主张,第二种是实证主义行动理论的主张,第三种是唯意志论行动理论的主张。本书最后一章中将正面讨论这些问题。

㉛　第二至三章

的"。㊆在行动的因因果果之中,所有实证科学的方法论者都一直强调的这种独立性变成了对行动者"武断的"意愿的"阻力"。行动者必须把这些因素作为他的行动的必要条件来加以考虑。就像外部环境特性之落入主观范畴一样,一个个人自身的遗传也属于这个范畴,这是很明显的。主观的观点是从自我㊆出发看问题,而不是从具体的㊆生物—社会的个人出发看问题。

以这个(类)因素就是构成了作为剩余物的基础的那种心理状态的成分而论,帕雷托的下述观点是非常正确的,即对它的考察首先是心理学的份内之事,在更深层次上属于生物学与研究自然环境的科学的范围。但是,只要前面对帕雷托思想的发展方向——趋向于唯意志论的㊆ 行动理论——所作阐述是正确的,这种解释就不能成其为对心理状态或情感的完整说明了。相反,问题的真正实质在于,在这种情况下应该把行动看做是这些因素给与规范性因素合在一起产生的结果。一旦明确了非规范性因素的地位,对它就不再需要任何进一步的具体分析了。

如前所述,非规范性成分与行动之间的关系主要有两种方式:如果行动是合乎逻辑的,它就是行动者所考虑的事实来源;

㊆ 当然,这是以"得到正确理解"而论。如果理解不正确,从主观观点看来它们就成为无知和谬误的根源了。

㊆ 而客观的观点有一种强烈的倾向,即把具体的生物—心理—社会的个人作为它的单位,因此也就与经验主义的谬论混淆到一起了。见[边码]第45页脚注④。

㊆ 对于这个问题的另一方面有必要再提请注意。此处的问题是要说明有时称做社会环境的某些特点。对于社会中的任何具体个人来说,他所处的社会的特点对他来说当然是"事实"。但是,这里所说的"环境"和"个人"都是分析方面的抽象观念。把它作为具体东西对待,就等于是用未经证明的假设来讨论问题。这一点在讨论涂尔干时将详细论述,因为这也是他面临困难的主要根源之一。详见第十章。

㊆ 之所以是唯意志论的,是因为它把努力这个成分作为行动体系中规范方面和非规范方面之间的中间环节而包括在内。这一点与实证主义行动理论和唯心主义行动理论都不同。

如果行动是非逻辑的,它就起到一种驱动力的作用,行动的主观方面与之无关或者至多是其间接表现。

登山者使自己适应所经过的地形特点的情形,足以作为例子说明第一种影响方式。随着坡度的变化,他的行进速度也有所不同。一般来说,坡度越大,他爬得越慢;他将根据脚下是岩石、积雪还是坚冰,而采取不同的技术和不同的防护措施。并不是说在这个过程中不涉及其他因素,例如,在攀登陡峭的山坡放慢速度时,就包括了由于心脏、肺部和肌肉过度疲劳而产生的自动生理反应。但是,除此之外,用行动体系的术语来说,还有一个考虑处境中的各种事实的过程。对于第二种影响,也可以举出无数个例子。在有些事例中,行动的结果如何,在科学来说完全是一清二楚的,可是对特定的行动者来说却不清楚——用这种事例最容易说明。例如,众所周知,在水下通道工作的工人离开高压舱时,如果不经逐步降压而过快地降低气压,将引起极为痛苦、有时甚至是致命的所谓"潜水病"。一位外行的参观者很可能不加考虑地就直接地从高压舱走出来,并且不得不经受这种后果的折磨。假如他了解这种情况,或者他本来了解而又没有忘记,他都同样地不会那样直接走出来了,他行动的后果同样地会是不同了。

除了断定社会行动体系中存在着规范性方面以外,现在有必要对结构方面的各种成分加以区别,说明它们在结构方面的某些相互关系,它们与非规范性成分的关系,以及它们与区分逻辑行动和非逻辑行动的关系。社会行动体系中包含的内在手段—目的链条网络,就其是"整合"的而论,在这些链条的终极目的的终端,部分地最终形成了一种多多少少是共同的终极目的体系。但是,这个体系中的所有行动,凡是可以认做是由内在的目的—手段链条组成的,就可以认为是以采取达到目的的手段

254

283

的合理性规范为取向的行动,并且是或多或少符合这种规范的行动。同样,凡是合理地整合起来的个人行动体系,也是经过调整适应于一个整合的终极目的体系的。可以认为,与此相应的社会共同目的体系的概念与具体行动的关系,基本上也是这样。它阐述的是这样一种状态,所有的社会成员(就他们自己的体系与社会共同目的体系是结合在一起的而言),都感到这种状态是称心如意的,并且因而都使自己的行动朝着这个状态去努力。无论是在社会的还是个人的实例中,对目的体系即便只是从逻辑上加以清晰而准确的阐述,都必须认为很有局限,更不要说就其实际加以阐述了。帕雷托所说的第二种抽象社会,可以认为指的是一种"完全合理地整合的社会;"在这样的社会里,个人目的就是与社会的共同目的体系完全整合的,并且这些个人目的本身,就是准确地按照共同目的体系的要求而确定的(按照帕雷托的说法,个人目的可以是这样的)。经济学中的最大满足原理所可以不加限定地适用的,就是这种类型的社会,尽管这还不是惟一可能的例子,因为它涉及到一种特殊的终极目的体系。[86]

至少从两个方面可能出现偏离这种抽象形式的情况。一方面,可能由于不同个人的终极目的未能相互整合,因而社会没有完全整合起来;这样就存在着冲突。这种偏离,只要个人的合理性不成问题,将向功利主义形式的体系发展,同时带来前面已经充分讨论过的一个后果,即为了权力而互相倾轧的倾向。只要存在着在合理性的层次上可以解释成个人在对想做的事情和所做的事情认识清楚的情况下作为实现本人目的的手段的那种实际权力斗争,都可以把这种实际体制看做为属于合理地整合的

---

[86] 见泰勒:《经济学理论与社会生活中的某些非经济成分》;罗维:《经济学和社会学》。

社会与功利主义社会之间的中间状态。试图通过游说立法机构来施加影响的那类利益集团之间的冲突，就是这类现象。

另一方面，另一种偏离也同样是重要的。就终极体系而言，这种偏离涉及到对个人终极目的的体系所作阐述根本就不准确，甚至不准确到连存在各种冲突也没表示出来。在这种情况下，任何可以观察到的终极目的都必然被解释为情感的表现，而帕雷托总是把这种情感描述成模糊的和不确定的。就这些情感中包含有规范性成分而言，可以把它们叫做"价值态度(value attitudes)"，以与那些非规范性成分在其中占决定地位的情感相区别。那些有利于"自由"、"正义"等等的情感就属于这个范畴，因为众所周知(而且帕雷托也进一步证明了)，即使那些成熟老到的学者在著作中使用这些情感时，也远没有达到高度准确。但是，对这些相对模糊和不准确的价值态度，可以分成几个包含范围较广的类型，来进行一般性描述和分类，并且因此可以将它们作为变量使用。越是从广泛的比较观点加以考察，这些不同种类的价值态度的区别就越清楚。这个命题以下面对韦伯的比较宗教社会学的讨论为例可以看得很清楚。实际涉及到的价值态度，一旦在被"合理化"以后，会把行动者导向作为一个自觉而明确的规范的这种终极目的体系的方向；就此点而论，即便在此种类型的偏离可以清楚表明的场合(一般情况下是可以在很大程度上表明的)，也可以认为合理整合形式对于具体体系有着规范上的重要性。但是，错把这种合理化的体系看做实际存在的可能性很大，因此，使用这个概念时需要极为谨慎。

目前，最重要的问题大概是应该认识到，具体行动体系中的规范性的方面，不仅仅限于那些可以明白阐述的精确的终极目的和终极目的体系的范围。这一点正如下面这个同样的道理一样正确，即知识只有在它正好有关和完全充分的情况下才能发挥作用。一般说来,除了为引出某种理论结果而作为一种方法论工具之外,合理化的终极目的体系概念,在经验上还不如含糊不清的价值态度概念重要。

现在可以对"终极价值"的复合体作进一步区分。我们还记得,帕雷托在他著作最开始的时候曾区分了实在的目的(real end)和想象的目的(imaginary end)[87]:实在的目的是"在观察和经验范围之内的",而想象的目的则是在这个范围之外的。想象的目的从定义来说,是一种至少有某些方面不能观察到的状态。如果主观目的是这种意义上的想象的,则客观目的也不能确定。因此,只要想象的目的起着作用,主观目的和客观目的就不会一致,并且按照帕雷托的标准,行动在此范围之内也是非逻辑的。

很明显,内在的手段—目的链条上的终极目的,在这种意义上来说必然是实在的目的,或者,用本书的话说,是"经验的"目的[88]。因为,只有客观目的可以明确确定的时候,才能适用帕雷托关于逻辑行动的两个标准之一——即主观目的和客观目的的吻合,或者举动与它们的目的在逻辑上的一致。如果目的是超验的(transendental),并不能说行动者关于所用手段适应他的目的的推断是弄错了,而只能说缺乏在逻辑—实验上确定手段是否合适的标准。因此,如果目的是开着汽车从波士顿到纽约,关于"正确"的路线就会有一个客观标准。可以毫无失误地预言,如

---

[87] 《普通社会学通论》,第151节。

[88] 如果说作为主观目的的想象的目的能够起的作用是想象的(显然这不是他的意思),那就会混淆帕雷托关于这两种目的的区别。在这个意义上,两种目的都可能是实在的。帕雷托心目中的区分界限不是这样的,而是以观察者能否提出一个确定的客观目的以与主观目的相比较为标准。"经验的"一词似乎适于表达可能这样做的情况,而"超验的"一词则通常用以表示经验观察范围以外的领域。为了避免引起这种混淆,在目前的论述中最好是用经验的和"超验的"来代替帕雷托用的术语。

果司机一开始就朝着东北方向的波特兰开,并且一直朝着这个方向走,他就不可能到达纽约。但是,如果把"永恒的拯救"作为目的,那么就不可能确定行动者宣称的那些将把他引导到自己目的的做法(例如祈祷、行善等等),是否真能把他引导到目的,因为"得救"这种状态是不能在经验上观察的。在这种情况下,观察者被局限于做两件事:⑧他可以指出,行动者说他已经或将要被"拯救";就可以观察的方面来说,他可以指出说这种话的人是处于一种特定状态之中。但是,从科学的角度来说,他是否"实际"实现了他的目的,严格说来是毫无意义的问题,对此既不可能否定也不可能肯定。

如果像帕雷托那样,承认想象的目的或超验目的的范畴具有经验意义,就会出现这样的问题,即它们与手段、特别是与手段—目的链条的关系是什么性质的?从逻辑上说,似乎存在着两种可能性。第一,行动者可能认为一个超验目的例如永恒拯救之类包含有一个或多个终极经验目的,并以后者作为实现前者的必要手段。在有限制性的情况中,这可能是从这一超验目的所据以构想出来的那个哲学体系中完全合乎逻辑地演绎出来的,但是,也可能是以不同方式和在不同程度上脱离了严格的逻辑准则。然而,不管情况如何,由于至少有一个成分(即超验目的本身)是不能观察的(甚至在行动过后也不能加以观察),因此,这种"理论"也不可能完全符合逻辑—实验标准。这样,如同终极经验目的的情况一样,不仅这种理论本身提出的目的是非逻辑的,而且手段—目的链条的最后一个经验环节与终极超验 258

---

⑧ 在讨论理想目的的时候(同上书,第 1869 节以始,特别是第 1870—1871 节),帕雷托在"想象的目的"的标题之下把以下两者同他所作定义正相矛盾地混淆起来了:(1)由于行动者没有适当估计到的不可克服的障碍而不可能实现的目的,(2)实现与否不能加以验证的目的。这里只把后者作为超验的目的。

目的之间的联系也是非逻辑的,因为只有在两个都可以被观察的事物之间,科学理论才可能确立起一种内在的关联。

第二,在没有某一经验目的和导引到它的内在手段—目的链条介入的情况下,可以直接寻求的超验目的。这样一来,手段—目的关系从定义说来就不可能是内在合理的。于是就出现了一个问题,这种手段—目的关系是纯粹任意的,还是有一种选择有关手段的标准。在前面的讨论中[30]已经提到,至少有一个可替换的选择标准,即已被称为"符号式的"的标准。在观察者能够便利地把手段—目的关系[31]解释为包含有以"符号的适用性"作为依据的选择手段标准(即把符号和意义的关系作为标准,而不是把因果关系作为标准)的场合,就使用"符号式的手段—目的关系"这一术语。这种符号式的关系只是一个分析概念,不是非得行动者明确意识到这种关系不可。符号式手段—目的关系中可能包括若干小类,其中有一种对本书以后的讨论来说非常重要——仪式。按照涂尔干的定义[32](我们这里接受他的这个定义),除了符号的象征作用以外,仪式中还包括一个尺度,即与圣物[33]有关的行动。因此,可以认为它的定义是对符号的使用,这些符号在某些方面被认为是神圣的,而使用这些符号则在主观上被认为是实现一个具体目的的适当手段。不能由此得出结论说仪式这种手段只适用于超验目的,以后[34]将把

---

[30] 第五章,[边码]第 210 页。

[31] 注意此处是说手段—目的关系可以用符号表示。符号经常足以作为实现某个目的的有效的固有手段,例如语言符号是交流思想的手段。

[32] 见第十一章,[边码]第 429 页。

[33] 对"神圣的"这个术语将在研究涂尔干时进行探讨(第十一章,[边码]第 411、414 页以始),因为它在目前尚不重要。

[34] 见第十一章,[边码]第 432 页。

巫术定义为仪式的手段之应用于经验目的,这样就把巫术的仪式与宗教性的仪式区别开了⑤。在讨论涂尔干的时候,我们将继续对仪式的作用进行具体分析。现在,只笼统地谈一下它与帕雷托的关系。

如果行动目的是经验的,或者所包含的手段—目的关系是符号式的,或者两种情况同时出现,那么按照帕雷托的标准,这样的行动就一定是非逻辑的。但是这里的推理与涉及本能和其他非主观因素的行动中的推理多少有些不同。在后一种情况下,行动是适应性的,生物是在做在所处处境中的"正确的事",但却没有主观动机。这个标准不适合现在讨论的范围。在这里,主观方面是决定因素,但是支配行动的理论是非科学的(nonscientific),而不是不科学的(unscientific),因为这种理论涉及到的事物和关系都是不能验证的,或不能用科学来观察的。应把它们与错误地观察到的那些事物和关系以及从诡辩逻辑出发的理论明确地区分开。

从行动者的观点来看,这些行动属于手段—目的的图式。但是科学观察者把它最恰当地设想为另一种形式。按照这种设想,社会学家必须设法把在自己视野观察所及的一切事实与经验事物联系起来。按照这种方式,为了某种目的,可以把包括有

---

⑤ 关于巫术仪式的一个好例子,是前面提到的希腊水手以祭祀海神波塞冬作为保证航行中遇到好天气的手段。很明显,好天气非常肯定是一种可以从经验上观察到的状态,但是波塞冬是一个神圣之物,并且整个行动的其他特点无论怎样看也都带有某种神圣性。除此之外,在那些实际操作中至少有两点与符号有关:(1)祭祀、奉献食物是为了得到报答而表示善意的符号;(2)寄托着对波塞冬和他的神力的信仰的行动,是表示水手们的态度即希望得到好天气的符号。行动者容易只对第一种符号有自我意识。天主教洗礼是一种典型的宗教性仪式,它的目的根本不是经验的,而是为了使孩子合乎获得拯救的条件。在使用的手段中至少有一些具有明显的神圣性,如圣水等。

超验目的和仪式的行动看做是终极价值态度的"表达（expression）"[从某种意义上说是表现（manifestation）]。也就是说，它们同作为原因的因素的关系如同符号的表达方式一样——它们与所表达的事物的关系与语言符号和它的含义的关系一样。这大概可以算是对前面㉟提到的那种倾向——即应把仪式包括在衍生物之中（衍生物归根结底也是一种符号表达成分）——的一种解释。在经验上有充分的理由认为，在用超验目的和仪式㊲"表达"的各种价值态度中，共同的终极价值态度（共同的终极经验目的也表达了这种价值态度）起着主要作用。

因此，对终极共同目的体系的意义加以考虑，就确实出现了由它与内在手段—目的链条的关系产生出来的颇为复杂的分支问题。但是，再一考虑包括终极目的在内的整个内在手段—目的链条的规范性特征的含义，就可以看出，必须把这种手段—目的链条看做是一种极端合理化了的更为含糊的各种成分的复合物，这些成分可以叫做价值态度，但不是前面提到的那些阻力因素，而是一些具体的价值㊳因素。可以把经验的和超验的两种终极目的以及仪式都看做是这些价值态度的不同"表达"形式㊴。

㉟　[边码]第209页，注㉞。

㊲　在我看来，仪式行动不是对这种价值态度的惟一重要的符号表达形式，而只不过是包括有比较明确的主观的手段—目的关系的那些表达形式中的一种。从这个意义上说，还有其他若干种表达形式在同样是作为达到目的的方式的意义来说，没有重要意义或者与之不同。对这些将在以后讨论。当然，共同价值态度体系也不是具体仪式行动所表现的惟一行动成分。

㊳　这个术语指来自帕雷托最初说的"心理状态"的行动结构中所有的规范性成分。

㊴　从分析意义上说，此处把价值态度作为一种独立变量，但它与其他成分（前面讨论的那些成分除外）有着函数关系。关于这种关系将在讨论马克斯·韦伯对宗教问题的论述时予以明确讨论。见第十七章。

此处,目的本身分为两种范畴。用帕雷托的话来说,它们叫做"实在的"和"想象的",在本书中叫做经验的和超验的,它们与行动的关系各不相同。只有经验目的才能直接作为内在的手段—目的关系中的终极目的。如果体系中包括有超验目的,就会出现另一种非逻辑成分。这反过来又可能使所包括的手段—目的关系成为另一种方式的,即作为仪式行动的特点的符号方式。所有这种用仪式手段去寻求超验目的的行动,都可以被大致[⑩]看做是终极价值态度的表达方式。在这里可以看出仪式在帕雷托的具体论述中占有突出位置的可能意义。[⑩] 它不仅[⑫]是本能和冲动的表现,而且是表达终极价值态度与行动的关系的主要形式之一[⑬]。

现在我们可以解决逻辑行动和非逻辑行动的界限这个问题了。如果按照帕雷托的下述两个主要观点——即逻辑行动是行动体系中具有结构意义的成分,并且它是以手段—目的的逻辑联系为特征的,那么在上面的图式中将会出现这样一个可以明显加以区分的部分,对此可以适用内在手段—目的链条中的中介部分这个标准。

我们再引用帕雷托的另一个说法:如果行动是"由推理过程确定的",并且这种推理过程或科学理论不仅仅是对真正的决定因素的反映,那么,必须把遗传和环境这两个"终极手段和条件"

[⑩] 在带有明显仪式特点的具体行动中,当然没有任何理由不包括其他成分,首先是阻力成分。

[⑩] 对仪式问题,将在第十一章分析涂尔干的宗教理论时进行更广泛的讨论。

[⑫] 帕雷托当然没有坚持说它是本能的表现。假如把这个论述用"本能"来解释是确切的(这里把它看做是不正确的),就会那样认为了。

[⑬] 价值成分与行动的另一种关系模式,即"制度性(institutional)"关系也是很重要的。帕雷托没有详细论及这个问题,我们将在下面研究涂尔干时讨论这个问题(见第十章)。

的因素排除在外。即使从另一种观点来看也必须把它们排除，因为从另一方面看，它们是无知和谬误的根源，因此是非逻辑因素。非逻辑行动作为一种结构性因素与逻辑行动重合到一起（两种范畴以同样的成分作为标准），当然是不能允许的。

另一方面，终极目的也同样应被排除在外。如前所述，终极目的可被认为是价值态度的表现，而价值态度可以表现为若干种其他形式，明显的有仪式和寻求超验目的。这样，价值态度的因素就形成了一个复合体的核心，对这个复合体最好放到一起来研究。帕雷托实际上就是大体这样将其作为非逻辑的来进行研究的。

如果在逻辑行动就其与非逻辑行动的关系中所处地位的问题上发生了困难，这可以说是由于帕雷托没有把它们之间的区别用行动体系予以界定。孤立的单位行动只能有一个目的，对这个目的必须要么排除，要么包括进来。如果包括了这个目的，就很容易按照逻辑行动的成规，滑到对与价值态度有关的那许多问题的考虑上去，这将导致对主观东西的忽略，只剩下作为非逻辑成分的遗传和环境因素。另一方面，如果不考虑更广泛的行动体系而坚持以手段—目的关系的特点表示的本来的定义，这种目的就得不到单独考虑，而被纳入手段—目的关系，并且带来了已经反复讨论过的那些后果。

然而，只要牢记住广泛的背景，对帕雷托的定义可能产生的反对意见——即说这个定义取消了目的的作用并把行动的整个主观方面变成了从属的变量——就会全消失了。不过，要使这一点成立，必须认为作为结构范畴的逻辑行动是整个链条或链条网络中的一部分。出于某种分析上的需要，可以把逻辑行动作为一个成分或一组成分从整体中抽象出来。但是，如果认为

(即使是假设)逻辑行动是独立而具体地存在的,[104] 就很容易陷入谬误。因为,这只能或者导致引起非议的功利主义立场的理性主义,或者导致把目的完全排除于行动因素之外。

如果如此认为逻辑行动是对内在手段—目的链条中的中介部分的表述,那就会产生另一个重要的后果。就一个特定的终极目的体系来说,在这个中介部分里面的行动的直接目的,对行动者而言乃是给定的事实,恰如条件和潜在手段都是给定的一样。这主要是因为这些直接目的同时又是某些其他目的的手段。这种情况首先适用于在经济分析和政治分析的层次上分别作为财富和权力出现的那些广义的手段。在其他条件都相同的情况下,不去最大限度地扩大财富和权力永远是不合理的。这个问题根本不涉及确定行动的终极目的。财富和权力可以作为内在的手段—目的体系中任何一种终极目的的潜在手段[105]。因此可以说,在经济和政治的分析层次上,直接目的在终极目的体系的框架内都是"给定的",因为合理性的假设中包括了对这些目的的追求。[106] 考虑到这一事实以后,就可以理解为什么帕雷

---

[104] 关于这种谬见会引起什么后果的一个实例,请见本书作者在《关于经济学的特点和意义的一些见解》一文中对莱昂内尔·罗宾斯(Lionel Robbins)教授的著作的讨论,《经济学季刊》,1934 年 5 月号。

[105] 惟一的例外是下面这种类型的情况,即终极价值在性质上意味着对财富和权力的根本否定。某些无条件地主张贫困和不抵抗的宗教体系就是这种例子。但是,这并不是说,在量的方面毫无节制和对"合法"手段不作限制的情况下追求财富和权力就总被认为是"合理的"。只要一个人接受了一种价值体系,它就包含着这两个方面的含义。例如,我们谴责那些超出"诚实"范围的攫取行动,这就是一种限制,不管流行的诚实概念的含义可能会多么不精确。对前面讲到的"其他条件都相同"必须这样理解,即在要去采取的行动不与指导该行动者个人的行动的那个特定价值体系的要求相冲突的限度之内,不最大限度地扩大财富和权力是不合理的。

[106] 在终极目的的体系所规定的范围之内。这种范围随着这个体系的变化而发生具体的变化。

托和其他许多学者都把逻辑行动中的目的设想为行动者的实际依据了。

帕雷托称之为"利益"的,主要就是这两种用于任何终极目的或合理行动的直接目的的广义的手段。本书主要是根据它们在作为一个单位的社会的规范性手段—目的体系中的地位来加以研究的。这样,财富和权力便成了获得共同终极目的的手段。但这并不是它们在具体社会生活中惟一的作用。整个行动体系与共同终极目的的体系结合到一起,便构成下面这种极端类型的体系:它不是对普通具体事态的概括描述,而仅仅是阐述了一种极端的具体事态的有限形式。

具体状态之偏离这种"完美整合"的有限形式的一个极其重要的方面,即不同个人的目的和价值态度未能完全整合于任何共同目的体系的程度。但是,就此而论,并不必要按照这种未能完全整合的比例,把这些个人的一部分行动排除于逻辑行动之外。恰恰相反,正是在这两点上缺乏整合,就集中表现为不同的个人和集团为财富和权力而斗争的形式。因为,对于实现他们的终极目的的这些广义手段,大家都有"相似的兴趣",[10] 即便他们的终极目的可能是各种各样的和不一致的。只要终极目的之间不发生直接冲突(有时是会发生直接冲突的),它们之未能完全整合便集中表现在利益问题上。因此,如霍布斯所说,对这些利益加以控制是任何一种社会制度获得稳定的关键。

---

[10] 这是麦锡维(R. M. Maciver)使用的一个有用的术语。见《社会的结构与变迁》(Society, Its Structure and Changes),第8页。

再论经济学理论的地位

通过本章中前面的分析,我们已经进一步接近于经济学理论的地位这个非常重要的方法论问题的结论。要记住,马歇尔关于经济学范围问题的观点是经验主义的,他认为至少就其能够与供求图式相联系而论,经济学所关心的是"日常生活事务"。但是在他具体的论述中,包括有两种不同的考虑:有关效用理论的考虑和有关行动的考虑。帕雷托与马歇尔的出发点不同,他认为,"纯粹经济学"是从分析意义上抽象出来的理论体系,如果要使之能够具体运用,需要另外用社会学成分加以补充。

从以上分析中可以明显地得出这样的结论,即马歇尔说的那些活动,就属于帕雷托所说的社会学成分之列。它们主要包括具有价值特征的非逻辑成分。只要目前所说的概念体系行得通,可以说马歇尔说的活动中的主要成分就是一种终极价值态度的共同体系(a common system of ultimate-value attitudes)。马歇尔之在经验上遇到严重困难,很大程度上是因为他未能认识到这种价值态度体系的变化与效用理论的成分、对处境的了解、资源的稀缺和最大效用(帕雷托称之为 Ophelimity[最适享用度])等没有关系。这样,马歇尔的体系中的两个主要成分,在对社会行动体系结构的分析中处于全然不同的位置。帕雷托的概念体系中考虑到了这种情况,而马歇尔却没有;因此,帕雷托没有歪曲马歇尔视野的那些偏见。

但是,前面的讨论除了为区分马歇尔思想中的两种主要成分提供比以前更为明确的分析根据之外,还比前文提供了更大的可能性来规定一个定义,即效用理论的中心着眼点同与之最接近的那些东西相比起来究竟是什么。很明显,只要行动是合逻辑的,它就是经济学理论的主要着眼点。经济学理论加以具体运用时的"理想实验条件",则部分地是由于要求把行动体系的逻辑性扩大到最大限度所决定的。这就是已经详加讨论的经济合理性的假设。但是,对行动体系的结构性分析已经表明,经济学理论绝非对这种体系所有的结构成分都同样关切,即使在完美的合理整合的有限情况中也不是这样。前面曾经说过,只有符合逻辑的行动才能用经济学加以解释;因此,所有造成脱离固有合理性规范的因素,都可被看做是非经济性的而排除掉。第二,很明显,作为变量的终极目的体系也是非经济性的。经济学理论所适用的每一个具体体系中都有这种终极目的,但它们对经济学理论来说是给定的数据。第三,行动中的终极手段和终极条件都是非经济性因素。由于与这些因素相关的理论可以用非主观的方式加以阐述,因此,经济学理论中就不涉及任何与非主观理论体系有关的独立变量。由此可以推断,经济学理论的主要着眼点,在于内在的手段—目的链条中的中介部分。

但是,按照本书的观点,这个中介部分可以很方便地再分为三个小部分。在马歇尔的经济学理论和许多其他"正统"理论家的经济学理论中,都没有试图去说明一定社会制度下的分配秩序框架,而只是提到了在这种秩序之中进行并服从这个秩序规定的某些规则的过程。这些经济学理论也没有研究试图用暴力和欺诈之类的手段突破这种秩序的束缚的倾向,而是仅仅在使用哪类手段的范围之内来考虑行动。另一方面,它也并不特别关切手段—目的链条中的技术方面,尽管要使经济学的推理有意义,具体说来就必须假设技术问题以某种尺度来说是已经解决了的。这样一来,作为主要的着眼点,便剩下了手段—目的关系中介部分的一个主要的小部分,而对在稀缺的资源当中对稀缺的手段进行分配的问题,正是包括在这一部分中加以考虑的。

这样一来,出于我们现在讨论问题的需要,可以把经济学解释为"研究通过生产和经济交换合理地获得行动者为谋求自己目的所需要的稀缺手段的过程、以及在可供选择的用途间对这些手段进行合理分配的过程的科学"。为了达到这个目的,经济学理论体系是由这样一些变量组成的,这些变量最直接地说明,任何特定的社会行动体系,到底在多大程度上实际包括着以指明的手段获取和分配稀缺资源的合理过程。这种关于经济学地位的概念,符合帕雷托对这个术语的使用,这一点从他在更概括的社会效用理论中引进经济效用(ophelimity[最适享用度])这个概念的地方就可以看出来。

最后,让我们对本章中的观点作一总结。首先,在前一章中已经得出了这样的结论,即:除了帕雷托自己对剩余物的分类中所进行的那些区分之外,为了本书的研究目的,还有必要区别剩余物表现的情感中所包括的两种不同的行动体系的结构成分。考虑一下帕雷托与社会达尔文主义的关系,就明确地验证了这个结论。他对社会达尔文主义有保留的否定,清楚地表明,不能把非逻辑行动所包括的情感完全归结为反智主义心理学中的驱动力。他使用两种假设的抽象社会,而达尔文主义的理论只适用于其中的一种,这进一步印证了他对社会达尔文主义的正面论述。对另一种抽象社会的论述表明,他对达尔文主义理论的主要保留之一,是由于他承认价值成分作为行动中的因素而起作用。从帕雷托提出的"剩余物与事实是否相符"这个问题以及他所作回答的方式中,也可以得出相同的结论。

然后,我们试图通过把逻辑行动概念对于包括许多个人的行动体系的含义加以引申,来对帕雷托的正面分析进行补充,以使之适合本书研究目的的需要。其结果导致了一个内在的手段—目的关系的整合链条的概念,在这些链条的一端是(既是个人的也是社会的)终极目的的整合体系,另一端是终极手段和终极条件,即遗传和环境。同时,两端之间的中介部分又依照所考虑的条件范围广度不同而分为三个主要的小部分,即技术的、经济的和政治的。

把这个图式应用于帕雷托的社会效用理论之后,可以看出,它不是一种武断的结构。用这个结构可以说明效用理论中所有的主要成分,而其中的大多数是帕雷托在他最初的分析框架中没有明确地论述的。首先就是"社会所应谋求的目的"这个概念——帕雷托认为它对属于集体的功效非常必要,但是若不假设社会行动体系都要归结为终极目的的共同体系,就无法对这一概念进行解释。这就是帕雷托式的社会学理论,这个概念的出现,标志着与实证主义传统中常见的社会学个人主义有根本上的区别。

最后,有一个问题是,这种合理类型的体系与行动体系中的其他部分是什么关系。我们发现它是一种规范体系,这些规范形成了行动结构的一组(仅仅是一组)决定因素。它把遗传因素和环境因素归结为终极手段和终极条件二者的作用,以及无知和谬误的根据和实现合理规范的阻力因素。这些都与其他因素一起包括在情感之内。

另一方面,我们发现终极目的不过是一个更大复合体中的一个成分,这个大复合体的核心是价值态度体系[10],这些价值态度也包括在情感之中。这些价值态度被包括在行动之中,不仅是由于其与内在的手段—目的链条的终极目的有联系,并因而

---

[10] 由于帕雷托的"情感"一词中,既包括终极目的又包括心理成分,因此对本书所作研究而言最好是用"价值态度"来代替它。价值态度可以通过它所据以取向的一种在某一方面与终极目的的体系有关的价值体系来理解。就此而论,价值态度是一种具体的态度。

与终极经验目的有联系,而且还由于其与超验目的有联系,并且如同作为仪式行动的成分一样,它们也是制度控制以及艺术、戏剧[109]等等其他形式中的成分。整个这一终极价值复合体包含一套定义比较明确的结构成分,这些成分与手段—目的关系的中介部分以及遗传和环境因素两者之间的区别,都很明显。

在目前的结构性分析中,帕雷托的逻辑行动概念完全适用于内在的手段—目链条的中间部分。非逻辑行动(帕雷托称之为剩余性范畴)包括主要的两组结构成分:一组是可以用非主观体系(特别是遗传和环境)进行阐述的成分,另一组是价值复合体。帕雷托本人对非逻辑行动的分析,如同他导出剩余物和衍生物概念以及它们的分类时跳越了我们目前的分析程序一样,也跳越了我们的分析程度。所以,以上两种结构成分的区分(这对我们的讨论非常重要)在他的论著的分析部分中没有出现。然而,这个区分确实存在于他的论著的综合部分之中,特别是在讨论两种抽象社会的部分。他没有从分析意义上对此进行论述,主要是由于从他本人的研究目的来说没有机会对超出孤立的单位行动以外的整个社会行动体系的结构方面加以考虑。

经过以上冗长而艰苦的分析之后,在下一章中我们可以研究帕雷托的若干经验性总结了。这样做的理由有两条:第一,通过经验论证可以落实前面的分析同帕雷托的概念体系的关系。在这方面需要强调的是,如果不与这个理论中的价值成分联系到一起,就不可能理解他的研究和分析。第二,它可以提供一个机会,来说明这种性质的理论观点带来了对具体现象的解释的根本变化。在这一部分的最后,我们将简要地分析帕雷托的分析结果对本书研究各个问题在总体上的意义。

---

[109] 对这三种成分以后将详细讨论。

第七章　威尔弗莱多·帕雷托(三)：
经验概括与结论

意识形态问题

　　帕雷托的著作中需要予以简要讨论的第一个经验的方面，是他对"意识形态"、① 即对与非逻辑行动联系在一起的"理论"的论述。出于前面说过的方法论方面的特殊理由，本书罗列出了他本人的分析性论述里面的中心成分，但是这个成分也有其直接的经验运用，这就是此处要加以讨论的问题。

　　如前所述，帕雷托得出逻辑行动和非逻辑行动的区分所使用的概括研究方法包含了这样的推理：只要行动是符合逻辑的，那么，和它联系在一起的"理论"也就是逻辑—实验理论；因此，与行动相联系的理论如果偏离了逻辑—实验标准，就可以认为这种偏离标志着行动本身之中起码有某些非逻辑的成分起了作用。帕雷托的第一个功绩是，他对这些理论进行了详尽的批判，指出了它们包含的范围是非常广泛的。首先，他通过拆穿许许多多这种理论所自命的科学地位，大大改变了各界许多人② 认

---

① 此处不便于讨论这个经常使用并遭到滥用的术语的多种含义。这里选用这个词仅仅是出于方便。
② 持有在这种意义上的反智主义思潮观点的，绝非只有帕雷托一个。

为行动的逻辑成分和非逻辑成分相对说来都很重要的观点。但是,仅此一点还不能解决这些非科学的理论与外露的行动的关系问题。通过前面的分析,有一点是可以肯定的:这是一个十分复杂的问题,但无论如何关于解决这个问题的方向已经有了一些线索。

逻辑—实验理论在与行动的关系方面的显著特点,表现在它所表述的手段—目的的关系的性质上,即这种手段—目的关系是以"实际"形式的在科学上可以验证的理论为指导的。因此,背离逻辑—实验规范的成分可以分为两种基本类型:一类是关系到从主观观点看来是手段—目的关系的东西的状况的那些成分,另一类是与那些本身就不属于逻辑手段—目的关系之内的成分有关的成分。

第一种类型的背离又包含两种成分,即对事实的错误观察和从观察中得出的似是而非的推理。任何一项具体理论都可以同时包含这两种成分或其中之一。如果一种理论之不合逻辑具有此种特点,如前所述便有一种倾向把理论中有意义的部分看做无关紧要的,并把这个理论本身看做是作为其他什么东西的"标志"的一种"表现"。这样,理论不仅没有表现出行动的"真正力量",反而成为掩盖这种实际力量的东西,成为要由社会学家来把它揭掉的东西了。从这个意义上说,理论中所表现的力量就成了遗传和环境这样一些"无意义"的范畴。只有在遗传和环境能够说成是实现主观目的的手段和条件时,它们才变得对行动的主观方面"有意义"。但是,从这种观点来看,在同样情况下,如果对于行动者存在着这种关系,那么它就是"荒谬的"。因此,非逻辑行动中的这些决定因素的"真正"意义是在另一个层次上的。这种理论是作为对真正决定行动的力量的第二手表现的贬义的意识形态。这样做导致的实际经验结果,是对这些理论进行"揭露",以得到下面的结论,即它们本身并不重要,而只是具有"像温度计上的读数"那样的一些第二手现象的意义。③

第二种类型的背离所包括的各种考虑,与第一种大相径庭,也可以再分为两部分。分析意义上的行动的终极目的,不管是经验的、超验的或二者兼具的,都总是"情感的表现",而从来不是对行动者的外部事实的陈述。因此,仅仅出于这个原因,每当包含有一种终极目的的时候,与行动相伴随的理论从定义说来就必然是背离了逻辑—实验标准的。不过,此处所说的理论作为行动中的一个因素,并不因其背离上述标准而在价值上有所降低。所被揭穿的,仅仅是它自命的科学性。当然,这并不是说剩余物干脆就是行动中的有效力量。正如帕雷托清清楚楚地意识到的那样,问题绝不如此简单。剩余物(原则)是作为其基础的那些价值态度的表现;它不仅是一种标志,在它的含意中至少体现着这些价值态度的某些方面。在它与行动的关系方面,它同一个合乎逻辑地④阐述的目的或规律有规范性的关系,这些目的在有限定条件的情况中,是对真正力量的完全充分⑤的表达。但是,首先在终极目的方面,这种有限定条件的情况几乎是不可能得到的,甚至连很接近这种情况也不可能。因此,在剩余物和情感以及合乎逻辑地阐述的目的与价值态度的关系中,出

---

③ 值得注意的是,帕雷托谈起这种掩盖实际力量的东西时,常常滑过去谈起作为"衍生物"的这些非科学理论的总体去了,而他正面下的定义却全然相反。这似乎是因为衍生物作为一种变量和为了分析目的而定的成分是不重要的,而剩余物却是(或表达了)真正的决定力量,于是出现了把衍生物等同于全部理论的倾向。在此种情况下是出于应付需要的,在别的情况下却不是。参见《普通社会学通论》,第2152—2153节。

④ 根据其精确程度也可能是以伪逻辑的方式阐述的。

⑤ 从目前所作分析的目的上说,这种充分性在意义上与适用于逻辑行动的充分性相同。见前文[边码]第215页。

现了一种"不确定"的成分,帕雷托正确地对此特别强调。但是,这并不影响我们目前讨论的主要之点——剩余物确实表达了一种情感,一种价值态度,不管这种表达如何模糊不清。这种关系与前面提到的那种情况是根本不同的。⑥

第二,从价值观念的层面来看,这些理论与逻辑—实验标准相背离,可能是由于所包括的手段—目的关系的特点造成的。也就是说,所规定的关系从一种内在的观点看来不是纯然"荒谬的",而且也具有某种特殊的确定性——它们可能是符合关系或仪式关系。如同对于终极目的说来手段—目的关系必然有背离逻辑—实验标准之处一样,从说它们具有特殊明确性这个观点看来,这些理论中的手段—目的关系是任意的。但是,也如对终极目的来说那样,这并不意味着这些关系与理解决定行动的力量无关。

恰恰相反,对这种学说可以表述如下:只要这些理论以它们自己的标准衡量,符合严格的逻辑阐述的规范,就此点而论,可以认为它们是对这些力量的"适当表达",或者为了实际的科学目的可以说二者是能够互换的。这就是说,可以认为行动是由理论即"推理过程"确定的,这种意思就像逻辑行动是由推理过程决定的意思一样。在这种情况下,行动中的逻辑成分和非逻辑成分的区别,不在理论与行动的关系本身有所区别的层次之上,而在于可以认为决定着行动的理论的性质。在这里,"意识形态"一词的含意发生了根本的变化,这不是表示无关重要的理论,而是表示与行动有关的非科学理论。⑦

---

⑥ 能够以有意义的符号来"表达",这大概是把"价值"成分同遗传和环境因素区别开来的最好的单一标准。

⑦ 在帕雷托理论体系的主要逻辑结构中,对于思想在行动中的作用没有明确的或暗含的确定的定理。毋宁说他把这个问题留待在具体情况中根据经验分别作

但是,以上分析只有从合理化的极端来说才严格地是正确的。如不是在合理化的极端(大多数具体理论都如此),理论因为其不确定性就不是对决定行动的真正力量的完全适当的表述,甚至也不是对价值因素的完全充分的表述。因此,不能以一个理论的表面价值来理解它,而必须对它进行详细的研究以区分其中的基本成分和偶然的成分。这种研究就是要进行归纳性分析,分出剩余物和衍生物来。正是由于理论的模糊不清,不符合逻辑规范,因此,社会学家要想深刻洞察社会平衡的决定力量,采取以上步骤是必要的,虽然这是一个费力的步骤。但这种必要性并不意味着价值因素是不重要的。即便理论不再是对价值态度的完全充分的表达(未能完全合理化的情形就是这样),它们仍然是可能得到的最佳表达。特别是在进行分析从中划分出剩余物以后,它们比其他任何表达方式都合用,因为它们受外部因素的影响比外露的行动受到的要小。

帕雷托从来也没有试图根据这些非科学理论与合理化极端

出决定。然而,在帕雷托引出对其体系的表述的程序中,有一个产生可以称为反智主义的偏见的根源。对此,需引起注意。

在阐述逻辑行动概念时,出发点是实证科学的方法论。从这一点出发,帕雷托得出结论说,只要行动是合逻辑的,就可以认为它是从"推理过程"出发的,即与行动相伴随的理论的文字含意为理解行动本身提供了足够的根据。一般来说,这一点不适用于非逻辑行动,因此有必要对"心理状态"A进行分析,A与"理论"C是相区别的。由于非逻辑行动是一种剩余性范畴,因此,得不出结论说有这样一种类型,其中理论和行动的关系与逻辑行动中的此种关系实质上相同,惟一的区别仅是理论的特点不同。更确切地说,倒可以这样推断:只要行动是非逻辑性的,就根本不可能从构成其理论的字面含意来加以理解。

上述分析表明,在帕雷托体系的主要结构中,没有进行这种推论的根据。但是,在他的出发点里已经表明了这一点,这有助于说明他可能真正表现出来的反智主义的偏见,也有助于说明为什么他的解释者们都非常普遍地倾向于认为他持有一种极端的反智主义立场。

的接近程度来对它们进行分类。他只是通过区分"神话(myth)"和"教条(dogma)"而非常粗略地进行了一下分类。⑧ 神话主要是一种"表达",而教条却包括对于制定来作为行动准则的原则的明确表述。后者的范畴里包括一般称做伦理学、形而上学和神学的那些体系。

在"教条主义的"意识形态中,"意识形态"与科学理论之间的关系问题是非常尖锐的。把科学理论和形而上学理论加以区分,可以在欧洲思想史中追溯到很远。举一个明显的例子,它被认为是孔德思想的主要基石。帕雷托的创新之处,不在于从形态上加以区分,而在于提出了两个主要用法。

首先,帕雷托通过深入的批判分析表明,或多或少是公开传播的那些非科学的理论所自诩的逻辑准确性,一般都是大大夸大了的。⑨ 不仅它们的基本前提是超出经验之外的,而且这些前提本身在大部分实例中也缺乏准确性,以至于不能从中得出对行为的明确而不模棱两可的界定。⑩ 因此,帕雷托对它们与行动的关系作迂回式研究,比最初看起来显得更有必要了。

其次,帕雷托对许多声称要给行动提供指导的实证主义理论提出了批评。对于他的研究目的来说,进步、民主、人道主义之类理论的地位,与因果报应和轮回的教理,以及天主教教义和爱斯基摩人的神话等等的地位是完全一样的。它们是伪科学理论,在形式的准确性方面和所包括的许多事物的实际地位方面

---

⑧ 某些此类区分在文学中很普遍。这里的说法主要来自诺克(A. D. Nock)教授在哈佛大学的演讲,此演讲稿尚未印行。

⑨ 详见《普通社会学通论》,第四章:《Les théories qui dépassent l'expérience》[超越经验的理论],第五章:《Les théories pseudoscientifiques》[伪科学的理论]。

⑩ 如帕雷托所说,它们像橡胶一样。

都不符合逻辑—实验标准。⑪

帕雷托的批评是具体地直接针对这些时髦理论的,但从中(起码从其含意中)得出的结论却包罗更广:所有表达行动终极价值成分的理论,如此说来都是非科学的理论。只要行动中的主要成分保持下去,这些理论也将持续下去,不管它们的形式怎样变化,不管怎样加以科学伪装,它们的基本特点都不会改变。⑫ "如同我们已经经常有机会注意到的那样,从人类总的情况来看,各种神学和形而上学体系是持续不断的,这些现象的总体并没有削减。⑬

主要由于帕雷托采取了一种怀疑论成分较多的实证科学方法论而得出的这个结论,给关于社会变迁的实证主义理论带来了真正革命性的经验后果。因为,前面已经提到过,⑭ 实证主义理论主要是一种线型进化理论。在它的反智主义形式中,它已经与生物学的进化理论同化了,已经把社会变迁作为一种对于环境条件的渐进适应过程来观察了。如前所述,⑮ 帕雷托毫不含糊地反对这种形式。另一方面,在理性主义的形式中,社会变迁中的能动成分就是科学知识的积累发展。

虽然这种能动成分仍然有利于帕雷托的观点,它的社会影响却仅仅局限于逻辑行动的范畴。不管终极价值成分受到什么样的能动过程的制约,我们也无从断定它必然像科学知识那样

---

⑪ "所谓'理性'与实证宗教之间的论战实际上不过是两种宗教之间的论战。在'进步'的神学中,历史被看做是称为'迷信'的'恶'的原则与称为'科学'的'善'的原则之间的斗争。"《普通社会学通论》,第1889节。

⑫ "不存在一种信仰比另一种信仰更为科学的事情。"同上书,第1889节。

⑬ 同上书,1881节。

⑭ 见本第三章。

⑮ 见本书第六章,[边码]第220页以始。

是一个线形累积的过程。⑯在上一段中,帕雷托说的是"各种神学体系和形而上学体系是持续不断的",而不是说某种单个体系的不断发展。事实上,这种关于意识形态的性质和作用的观点,与帕雷托明确地从总体上否定⑰线形进化理论并赞成用一种周期概念(a cyclical conception)取而代之的立场,似乎非常可能有着密切和重要的联系。因此,对这个问题的考察可以与讨论周期理论结合起来。

在结束对意识形态问题的讨论之前,还可以注意到,上述分析还解释了帕雷托所一再重申的一种学说中所包含的"真理"与其"社会效用"之间的区别。⑱他说,把这二者混淆起来,就是那些只看到行动中的逻辑成分的人所犯的一种典型错误。他所一直使用的真理的标准,是逻辑—实验科学的标准。于是,不是真理的学说就是不符合这个标准的。但是,在这个意义上,只有真理的学说才是有用的这种观点,就意味着社会应该是"建立在理性的基础上"。不过,如前所述,帕雷托认为这是不可能的,因为缺乏基本的论据。因此,只要价值成分还起作用,社会的特点就总是非真理的或非科学的学说的盛行。此外,这些学说还既表现又构成了保持社会平衡所必需的那些成分。因此,对它们进行抑制只能是对社会有害。

这些"非真理"的理论要想灵验地起到行为动机的作用,它们就必须"被信仰"。⑲然而,由于它们不能从科学上得到证明,

---

⑯ 要记住,这是马歇尔的看法,但是他自己没有从方法论方面意识到这一点。
⑰ 《普通社会学通论,》,第一卷,第343—344节;第730节。
⑱ 威尔弗莱多·帕雷托著:《政治经济学手册》(Manuel d'économic politique),第31页;《普通社会学通论》,第一卷,第72、167、219、249、568、843节;第二卷,第1621节。
⑲ "对不相信的使徒来说极少或没有诱导力,相反,对相信的使徒经常有很大

因此,"真理"(即按照逻辑—实验标准提出的批判)只能像一种溶剂一样起着削弱这种信仰的作用。㉑帕雷托经常说,怀疑主义不是恰当的行动根据。㉑因此,了解"真理",就是对价值问题采取怀疑主义的科学态度,完全可能使社会成员丧失从事追求社会目的的行动的能力。㉒

同样一种考虑,基本上也适于用来理解帕雷托的另一个观点的含意,即非常容易夸大逻辑作为一种诱导他人(即让别人按照你想要他们所做的那样去做)的手段的效验,这种观点的根据之一是一种反理性心理学的共同论点:从任何意义上说,人们都不会按照理性去行动。他们受习惯、建议、人群影响等等或本能

的诱导力。"《普通社会学通论》,第一卷,第 854 节。

"那些从先知的预言中只看到骗子和冒名顶替者的人离真理是遥远的,他们混淆了例外和规律。"同上书,第 1101 节,又见第 1124 节。

"愤世嫉俗的不可知论者是很少的,纯粹的伪君子也同样不多。大多数人都努力去把个人利益与社会性的剩余物协调起来。"同上书,第 1884 节。

"不言而喻,每个有信仰的人都认为自己的信仰是合理的,而其他人的信仰都是荒唐的。"同上书,第 585 节。

㉑ "理性总是削弱上层社会的宗教情感。"《政治经济学手册》,第 87 页。对苏格拉底的指控是合理的。同上书,第 91 页。又见《普通社会学通论》,第一卷,第 616 节;第二卷,第 2341 节。

下面是对此处涉及的主要思想的一个相当有趣的陈述:"[在怀疑主义和信念之间的](见下文[边码]第 284 页以后各页)摇摆是两种对立力量——即衍生物与现实的对应和这种衍生物的社会效用这两种力量——敌对的结果。"《普通社会学通论》,第二卷,第 1863 节。下一节所要讨论的基本的社会不稳定性(因而也就是导致周期运动的一个主要原因)就存在于下面这个两面性事实的含意之中:信念亦即广义的宗教信仰对于社会稳定是必不可少的,但它经受不住理性的科学的批评所带来的瓦解性后果。因此出现了这种悲剧情形:社会注定永远在狂热的蒙昧主义和致命的不稳定中摇摆。"同上书,第二卷,第 2341 节。

㉑ "讨论道德问题能对社会造成危害,甚至摧毁它的基础。"同上书,第 2002 节。

㉒ 同上书,第 2147 节。

冲动的支配,与他们争论也毫无用处。帕雷托认为,你必须把他们置于一种这些机制将以合乎愿望的方式起作用的处境之中。278 但这仅仅是他的观点中的一个组成成分。理性的诱导力量也是很有限的,因为在说服某人做某事的时候,你不仅必须告诉他怎样去做,还要使他明白到底为什么应当这样做。在涉及到价值的场合(这些价值不是每个人都必须承认其或为真或为假的事实,而是"主观"的),没有任何合理的手段可以使别人接受你的目的。㉓一个印度的神秘主义者可以告诉一个美国商人说,他在此世献身以求的东西——金钱和成就——纯属虚幻,只有坐到树下冥思苦想才能触及实在。他不大可能通过论证使那个美国人心悦诚服。在这种情况中,惟一能指望的只能是诉诸情感。价值是人们接受或拒斥的,而不像事实那样是证实或否定的。㉔

于是,帕雷托对意识形态的论述进一步证实了他的一般性分析。其中的一条思路导致贬低观念在行为中的作用,另一条思路则不是如此。在后一条思路中,帕雷托所批判的谬误是笼统地把观念与逻辑—实验性理论等同起来。他所非难的只是逻辑—实验理论的作用。可以称做价值观念的则恰恰相反,对理解社会均衡具有最为重要的意义。㉕

㉓ 多种表述之一是:"没有任何人是通过论证而成为信徒的。"《政治经济学手册》,第77页。

㉔ "宗教"不仅是不能"论证"的,就从这一点说也是不能用"事实"把它驳倒的。"有一次,一群好人企图通过证明耶稣是根本不存在的而推翻基督教。他们纯粹是以刀击水。"《普通社会学通论》,第1455节。

㉕ 见《政治经济学手册》,第128页。虽然从逻辑—实验科学的观点来看,我们承认宗教和伦理学的理论"完全没有精确性,与事实也不完全吻合,但另一方面,我们也不能否认它们在历史上的重要意义和在决定社会均衡中的重大作用。"《普通社会学通论》,第843节,又见第541节。

"因此,情感及其表现形式[即观念]对于社会学来说,是至少与行动具有同等重

社会变迁的周期

帕雷托在实际上发展起来的周期理论，并不是作为一个囊括社会变迁的全部过程的理论，而主要是关于六类剩余物中的两类的相互关系，以及这两类剩余物与社会均衡中其他因素的关系这二者变化过程的理论。㉕第一类，"组合本能（instinct of

---

要性的事实。"同上书，第219节。"这个推理不仅适用于天主教，而且也适用于其他宗教，甚至适用于所有形而上学的学说。如果认为直到我们为止的人类社会生活的一个主要部分是荒唐的，这是不可想像的。"这实际上是一种虽然不认为观念起着独一无二的作用，但承认观念有一种实际作用的理论——这一点可由下面一段话的说法中得到证明："把剩余物视为事实的起因的唯心主义理论是错误的。但是，把事实视为剩余物的起因的唯物主义［难道不能称之为实证主义吗？］理论也同样是错误的。实际上，它们是互相依存的。"同上书，第1014节。

㉕ 本书还没有对帕雷托的剩余物分类进行评述。这虽然是一件艰苦的工作，却是值得做的。本书作者尚不知有人已经认真去做这件事。不过，有一点是可以引起注意的，即在《普通社会学通论》一书的前面部分中帕雷托通过分析讨论得出的"剩余物"概念，指的是一种可以通过一个分析归纳过程从具体的非科学理论中分离出来的命题，因此，它也是这些理论中的一个成分。即便不是严格地从剩余物来说，而是从它们所表现的内容来说，这些内容也必然是在分析方面可以开的行动成分。

帕雷托本人对剩余物的分类，不像是以这种分析为基础而做出来的，因为在谈到诸如组合或聚合韧性的那些（或那些种类）剩余物时，他所用的措词使读者得到的印象是，他指的是行动的一般具体倾向（例如创新或敌视创新）。帕雷托在他的文章中没有说明他得出这种分类的步骤，他只是提出了这种分类并予以说明。然而，可以这样大胆设想，他使用的是一种经验概括的过程，在这个过程中他的丰富的古代历史知识起了重要作用。在他最初对这个概念所作的分析性研究和他所提出的分类之间，我们找不到适当的理论过渡。除了上一章中对他最初的体系所作的结构性分析之外，以帕雷托的出发点为基础的一条最为重要的理论化线索，就是要试图构筑起这一过渡来。帕雷托自己没有这样做，这当然是使对他的著作的一般立场的解释陷入混乱状态的原因之一。

combinations)"；㉗ 第二类，"聚合韧性（persistence of aggregates）"。但是，他选择这两类以及他研究它们的方式，使我们完全有理由设想，他认为这两类是头等重要的。

他对这两类剩余物下的定义并不严格，但分别受它们支配的人的某些特点却经常出现。组合本能一类的剩余物，使人倾向于在对内在联系毫无必要的预先了解的情况下就把各种各样孤立的成分组成不同的组合。㉘ 同这一类剩余物联系着的有革新精神、创造性、标新立异以及智谋多端。这种倾向是，通过聪明和机敏而不是通过坚韧和执著来达到目的，使用迂回的而不是直接的方法，避免公开冲突，对出现的障碍以智取胜而不是压服。

聚合韧性类㉙的剩余物却同完全不同的一些特点联系着。其中包括一旦结合就稳定下去，坚定不移和直截了当，乐于接受公开的冲突，倾向于制服障碍，强调制服和因此而使用武力，因循传统而不是革新，缺乏聪明和机智。与这种一般性对照相应的乃是一桩对社会极其重要的事情。"组合"占优势的人们㉚认为现在比将来重要，眼前比遥远的以后重要，"物质"利益比"思想"利益重要，个人的利益和满足比任何集体（家庭、地方社区或国家）的利益和满足都重要。聚合韧性占优势的人们则认为将来比现在重要，理想比物质重要，并且更多地使个人利益服从于他们所属的集体的利益。因此，按照帕雷托的理论，任何特定社会的最重要的特征都取决于该社会成员中这两类剩余物所

㉗ 从前面的讨论来看，"本能"一词用在此处颇为不当，但不好为了眼前所作的讨论而修订帕雷托的术语。

㉘ 应该记住，这是一个非逻辑行动的成分。

㉙ 参阅《普通社会学通论》，第 991 节起。

㉚ 同上书，第 2178 节。

占相对比例。[31]

但是,在帕雷托看来,这种情况的重要性,由于它与社会阶级结构的联系而大大增强了。他认为,阶级区分是如此具有根本的性质,以至可以把社会定义成是一个等级制度的实体。[32]但是,为了他自己的研究目的,他只粗略地把阶级分为两类:精英(elite)阶级和非精英阶级。精英阶级就是那些在任何方面都大大优于一般大众的人——他们总是相对来说很小的少数。精英阶级又可分为当政者和不当政者,前者是那些直接或间接地对政府行政事务有重要影响或参与管理政府事务的人。这两类剩余物在精英阶级中各占多大比例,是一个非常重要的问题。

在整个社会中,剩余物起着变化,但是很缓慢;两类剩余物之间比例关系的变化则更缓慢。但是,因为精英阶级相对来说人数很少,对他们来说情形却并非如此。在大多数社会中,都存在着有些人上升到精英阶级中来、而有些人则被淘汰出去的连绵不断的"精英轮换"过程。在这个进程中,精英阶级的特点可能在相对来说很短的时间内发生根本变化。

帕雷托认为这个过程基本上是周期性的,它包括三个互相密切联系的方面。第一个方面指的是当政的精英地位的轮换。帕雷托分析的出发点,是假定一般都存在着某种程度的阶级对立,因此,政府不仅是日常的行政管理机构,而且包括执行旨在获得和维持权力的专门措施。他认为,这些措施分为"暴力"和"计谋"两类。[33] 暴力是无需解释的,它指的是在可能面临的紧急关头行使或威胁行使实际的强制,以作为使别人同意和服从

---

[31] 或更严格地说,是这两类剩余物所表达的情感的比例。
[32] 详见《普通社会学通论》,第 2025 节起。
[33] 同上书,第 2274—2275 节。

的手段。计谋中包括机敏的策略诡计、用情感和利益作诱饵直至赤裸裸的欺诈等所有方法。很明显,只要现在讨论的两类剩余物是互相排斥的——帕雷托认为它们在很大程度上就是互相排斥的,"韧性"的人们将倾向于使用武力和直接诉诸他们本身所具有的韧性情感,而"组合"的人们将使用计谋、诉诸利益和利用他们所不具有的情感。

于是,所谓周期就是这两类剩余物所支配的当政的精英轮换占有统治地位。帕雷托一开始就指出,不愿意或无能力使用暴力以维持自己地位的当政的精英阶级,很容易成为人数不多却组织和领导都很得力的、那些随时准备以暴力实现自己目的㉞的人的牺牲品。帕雷托称那些人为"狮子"。周期就从这样一群人的权力通过使用或威胁使用暴力得到承认而开始。这些人一般都是聚合韧性占优势的人,他们有着和他们的追随者共同的坚定"信念"。

但是,不管这些特性在使具有这些特性的人们掌权的过程中如何灵验,对他们保持权力就不是那么有效了。在反对"在朝者"以取得权力的过程中,使用暴力或以暴力相威胁是有利的,但是在当权以后维护纪律的过程中,用来制服自己的追随者和其他"臣民"时,暴力却不是那么有利的了。因此,就越来越倾向于"组合",倾向于使用计谋。这一背景也改变了精英阶级的轮换条件。计谋作为政府的一种手段得到重视,就导致了那些擅长使用计谋的人上升到当政的精英阶级之中,而这些人却根本不具备这个政权的最初缔造者们的那些信念。这样一来,当政的精英阶级中的韧性剩余物由于两个方面的原因遭到了削弱,即这些当政者处境的当务之急越来越无求于与这类剩余物相联

㉞ 同上书,第 2178 节以始。

系的那些特性,而且从底层进来的另一种不同类型的剩余物也冲淡了原有的类型。如果不以暴力去镇压国内或国外的反抗,而代之以用计谋去战胜,则首先会使维持统治所需要的开支越来越大。这就使那些适合于找出非暴力方式手段的能力得到高度重视。

最后,在结合到一起的各种成分当中,单单从坐享权力的轻松舒服这一点,就倾向于削弱当政的精英阶级的聚合韧性。直接目的(权力)已经得到了,终极目的更容易被人忘记,精英阶级的成员们躺下来享受他们的胜利果实。这一点尤为确定无疑,因为,韧性剩余物的削弱过程,常常伴随着"文明"的美好果实的全盛期,这在精英身上尤为显著。

但是,这个过程在被统治者看来也有其相反的方面。当政的精英阶级赖以取得权力的那些情感,可能由于韧性剩余物的稀释过程的副作用而遭到亵渎——其中包括计谋变成欺诈。再者,精英轮换条件的变化,使台下具有这种情感并愿意使用暴力的那些聚合韧性占优势的能人们积聚起来。局面在多大程度上变得不稳定,主要地取决于精英阶级能够在多大程度上使被统治者失去领袖。如果精英阶级是开放的,并允许这些人上升为精英阶级,这个过程将持续很长一个时期。但是,在这种情况下,组合本能占优势的人("狐狸")㊱ 在精英阶级中越来越占支配地位,坚定地削弱着被统治者对暴力的反抗;而另一方面,来自台下或可能来自外部的暴力反抗的可能性也在不断增长。结局一定是最终推翻当政的精英阶级,并开始一个新的周期。

周期中这一严格说来的政治方面,与之紧密相联的是一个

㊱ 同上书,第 2178 节。

经济方面。在这个方面中,组合本能类型的人("投机者")[36]在经济上是与政治上的"狐狸"相对应的。当政的精英阶级特性的总变化当然影响到在野的精英阶级,使一个组合本能类型的企业家阶级成为经济事务方面的精英——他们长于标新立异,在创业方面更是智谋多端。由于这些人从较为因循守旧的人们手中夺走了对于经济事务的指挥权,因此,直接的后果很可能是出现突发性的经济繁荣。这个阶级的兴起与"狐狸"的兴起很容易重合,这部分地是因为社会背景对二者都有利,但也部分地是因为存在着一种直接的互惠关系。一方面,政府对经济上获利的各种机会拥有巨大的权力,它的行动可以是向投机者打开大门的极其重要的手段;另一方面,统治费用的不断扩大使投机者对"狐狸"同样也有用处。因此,他们二者占居统治地位很可能是重合的。

在严格的经济活动中,"狮子"是没有地位的,因为如果使用暴力作为攫取手段,就使经济领域内的行动变成政治领域的行动了。但是,仍然有一种以韧性剩余物占支配地位为特征的类型——帕雷托把这些人叫做食利者。[37]这些人并无"势力",他们同投机者所具有的革新精神相反,是保守的因循守旧者。他们在社会中带根本意义的重要性,在于他们是储蓄者,而投机者虽然常常是较大的生产者,却奢华无度,利用储蓄,而且投机者在周期中的作用也是依靠储蓄的积累的。帕雷托非常强调投机者和食利者——即企业家和储蓄者——之间的这种区别和他们之间的冲突,指出这种区别和冲突有时甚至比传统上所强调的

---

[36] 同上书,第 2178 节。
[37] 同上。

劳资之间的区别还重要。㊳

食利者们以储蓄为特点,这不是出于合理的经济算计,而是非逻辑力量驱使的结果。因此,他们很可能不是一个意识到自己利益的阶级——帕雷托认为事实就是这样。实际上,他们很大的弱点就是太容易被投机者所利用,㊴ 以至于在周期继续循环过程之中,其投机的方面却面临因储蓄耗竭而陷入停顿的危险。在政治方面,周期中组合阶段的总期限是由"狐狸"的政权不能抵御暴力决定的;在经济方面,组合阶级的总期限是由投机者不储蓄造成的。然而,这两种成分可以非常紧密地联系起来,因为虽然食利者一般来说是怯懦的并容易受人利用,但在某种情况下,他们也会被发动起来投入政治活动,成为在政治上支持"狮子"反对"狐狸"的一个重要成分。㊵

最后,这个周期还有一个第三个方面,即在其理论阐述中给重要成分指明了方向的"意识形态"的方面。㊶ 这些意识形态就是以前分析所说的"理论",可以分别从内在和外在两个观点出发来进行考察。从内在观点出发,是讲它们如何与事实相对应。从外在观点出发,则是关于那些使它们在特定社会条件下得以产生和被人们接受的种种力量。

尽管所有有关的理论都是非科学的,但在两种不同类型的理论之间仍然有一个重要的区别。有一种类型就明显是非科学

㊳ 同上书,第2231节。

㊴ 同上。

㊵ 帕雷托在《普通社会学通论》第2336节中有一个极为有趣的说法。他说,反犹太主义的"底蕴"乃是反对投机者,而犹太人是这种投机者的象征;因此,食利者阶级生性就是持反犹立场。纳粹德国的历史绝妙地证明了帕雷托的这个二十余年前的观点。

㊶ 《普通社会学通论》,第2329节以始。

的。这类理论倾向于贬低实证科学的价值和重要性,而强调"更高级"的事物,例如"直觉"、"宗教体验"、"绝对"、"纯科学"等等。这些理论总是在外表上就明显地涉及一个与实验性事实不同而又被当做更高级的领域,它们用以作为根据的原则是"支配"事实的原则,而不是像科学中那样,原则被事实"支配"。另一种类型的理论虽然不是真正地符合科学的,却都尽量把自己打扮成科学的,并借助于理性和一些号称是真实事物的东西的权威,因此是伪科学的理论。它们一般还带有一种否定前一类型理论的论战味道。因此,帕雷托把前者占统治地位的时期称为"信念"时期,而把后者居于统治地位说成是"怀疑论"时期的特点。

从外在的观点来看,这两类事理分别与韧性剩余物和组合剩余物以及与它们相应的情感联系在一起。"狐狸"和投机者占统治地位的阶段就是怀疑论时期,而"狮子"和食利者占统治地位的阶段是信念时期。

以上分析为从理论上解释一般周期提供了主要线索。这两种理论在类型上的区别表明,对于我们现在研究的问题说来,分别与它们相应的两类剩余物不处于同一分析层次之上。更确切地说,剩余物的分类是根据其中是否包括某种特点,例如是否包括对于某种非实验性事物的现实性的"信念"。聚合韧性剩余物中起码有一个主要成分是理想目的,可以设想这种目的常常是超验的目的。可以认为这些理想目的对行为起着一种约束作用。[42] 这些理想目的所表现的情感,一般也在大量仪式行动中表现出来——并非出于功利主义动机[43]搞的仪式活动就包括

---

[42] 《普通社会学通论》,第 2420 节。
[43] 例如,一个人为了取得有利于做生意的教徒身份而加入某一教派并参加其礼拜活动,就是出于功利主义动机。

着"信念"。

285 　　另一方面,组合本能占据支配地位,在很大程度上㊹来说是这样一种状态,即这种理想目的和价值因素不能对行为施行有效的控制。㊺ 在这种状态下,注意力集中在眼前而不是终极,是满足欲望和追求财富及权力。换句话说,这类剩余物的高度发展特别重视"利益"。

　　于是,这两类剩余物的循环周期就成了(特别是精英阶级的)的信念和"宗教"的整合和分解的过程。周期曲线也能说明这一点㊻——不是平缓的,连波浪形也不是,而是韧性剩余物相当突然地增强起来——帕雷托称之为"革命"。然后就是逐渐分解的过程,这个过程的时间长短随不同的情况而变化,但决不是革命性的变化。

　　同样,周期所包括的社会不稳定成分,最主要的原因在于精英阶级的聚合韧性是不稳定的。按照帕雷托的观点,这种不稳定性主要有三个原因。第一个原因是"外在"原因——维持权力的迫切需要,重视计谋以及使用暴力过程中的困难。这种外在原因既通过影响原本由"狮子"组成的精英阶级的行为而起作用,也通过垂直流动性的㊼变化了的条件而起作用。另外两个原因都是"内在的",即有关聚合韧性这种本质的原因。一个是难以维持纪律以抵制欲望和利益的压力,也就是说,在进行控制

　　㊹ 同帕雷托的总的程序相一致,这些种类的剩余物可以包括或表现非逻辑行动的剩余性范畴中剩下的任何成分。只是他对剩余物加以分类的那些界限这里不能涉及。因此,一个特定内容之被归于任何某一种类,都必须是被限定为"里面的一个成分"。

　　㊺ 《普通社会学通论》,第 2375 节。

　　㊻ 是 ⌢‿⌢ ,而不是 ‿⌢‿ 。

　　㊼ 垂直流动性(vertical mobility),指社会上层与下层的精英可相互流动。——译注

(使利益服从于终极价值体系)的方面似乎存在着一种固有的困难。[48] 这种首先是以制度性[49] 规范体系的方式出现的终极价值体系受到不断的"利益冲击",而在缺乏特别强有力的控制的情况下,"利益冲击"可能最终将这个体系破坏到相当程度,致使其严重地威胁社会稳定。[50]

第二个内在原因是表现韧性情感的"理论"的不稳定性,而至少就关系到剩余物来说,这些理论与情感在很大程度上是互相依存的。[51] 也就是说,帕雷托显然认为,智力过程即理性的惟一稳定产物是逻辑—实验科学。这自然就要求对理论用这个标准进行批判,而且由于理论从定义说来就不能符合这个标准,因此就是有缺陷的,而批判的结果也将是破坏性的。它将成为促使聚合分解的一种力量。[52]

但这个过程不能发展为稳定的均衡。行动是以前提为基础

---

[48] 这里,帕雷托的概念在经验层次上接近于一种同涂尔干和韦伯都极相似的利益与价值关系的概念和它所涉及的能动过程的概念。从理论上说,这样就要对行动体系的"制度"方面加以考虑。这个问题将在讨论涂尔干时进行探讨(见第十章)。

[49] 见前面的注解。

[50] 见下文《暴力的作用》一节,[边码]第288页以始。帕雷托关于周期的所有经验例证都取自希腊、罗马和西方社会,这一点可能有某种意义。他没有考虑中国、印度和古代埃及这样的社会,这些国家的社会长时期内看上去都要稳定得多。将他与韦伯的《宗教社会学》(Sociology of Religion)一书(尤其是他对中国和印度的论述)相比较将是有趣的。

[51] 同上书,第276页。

[52] 值得指出的一点怀疑是,正像制度性控制的不稳定性一样,帕雷托之所以强烈地意识到非科学理论的固有的不稳定性,部分地是由于他在经验上把精力集中在两种特殊文明上。例如,在长达两千多年的印度历史中没有出现过怀疑因果报应和轮回这两种基本的形而上学学说的重要思潮。在希腊和西方社会中,"怀疑主义"的社会作用却可以完全有理由与"理性"和"科学"的极其重要的社会作用联系起来。当然,不能把这个问题与非科学理论的认识论地位的问题混淆起来,但它确实影响了帕雷托的结论在经验上的总的适用性。

的，而前提的实际证据必然不足。(53) 因此，与行动相伴的理论不能成为真正的科学理论，它最多只是表面上科学的，也就是，是
287 伪科学的。这些伪科学理论（即"怀疑主义"）同超经验的理论一样不能指明稳定情感的状态，因此出现了回到"信念"这个极端的另一种反应。(54)

帕雷托对这个问题的讨论很有启发性，这也说明了他的观点所由产生的特定思想背景。特别是在提到中世纪的唯名论—唯实论的争论时，他指出唯实论的立场完全不符合事实，而唯名论虽然更接近于事实，却走得太远了。从科学的角度来说，如果对维克托·库曾（Victor Cousin）使之恢复生机的"概念主义（conceptualist）"立场加以适当的解释和限定，则比它们二者都易于被接受。(55)

帕雷托对这个问题的思考有两个不同的层次。一个是在一般认识论和科学方法论的层次上研究整个问题的一般状况。另一条思路则对目前的讨论要重要得多：唯实论哲学中涉及的那些事物乃是"理论"中有代表性的成分，而聚合韧性一类的剩余物则构成为"理论"的一部分。从一般批判观点来看，这些事物是形而上的，是在"经验"范围之外的，而经验只包括特殊性。但在下面的意义上说它们又是实在的：人们相信这些事物，这是一项事实，而这一事实与其他社会事实又互相依存，如果丧失了对

---

(53) 见第六章。

(54) 这种情况为前面的分析提供了一个最为重要的证据，因为它必然以价值成分的作用为基础。从原则上说，没有任何内在的原因可以说明行动者不可能对他本人的心理状况具有一种科学的理论——这种理论受到的局限无非就是无知和谬误的局限。但是，使这些理论的怀疑主义方面成为伪科学的那些东西——"理性"、"进步"、"科学"、"人道"等等——不仅仅是谬误，它们是"超出经验之外"的形而上学的东西。这一点从帕雷托的论点来看是很清楚的。

(55) 见《普通社会学通论》，第2367节以始。

这些事物的信仰,将会引起社会均衡的变化。所以,社会学家不能认为这些事物只是纯想像中的,以至忽略它们的存在。在帕雷托的问题中,它们是基本的成分。这一点恰恰是唯实论和类似学说所包含的真理的内核。

  以上分析从另一方面证明了价值成分在行动中的重要性,同时也注意到了它们在"实在性"方面的具体状况。这些成分对观察者来说是事实,但对行动者来说则不是其所处处境观察得到的成分,而是"主观的"。帕雷托(涂尔干也是一样)通过许多不同途径多次阐述了这个观点。

  这样,帕雷托的周期理论,也许是对于前两章所作分析涉及的那些理论观点(前两章中的分析都是关于这一点的)和一个具体经验论题相交错组合的范围最广的例证。似乎可以公正地得出这样的结论,即:周期理论至少证明了前两章分析的一个主要观点——价值成分在帕雷托的非逻辑行动范畴中是很重要的。因为,不管对聚合韧性的进一步分析会引出什么其他成分来,对于周期来说,最重要的成分无疑是在周期的"意识形态"方面作为"信念"出现的成分。从根本上说,周期就是这种信念或价值情结所表达的情感有效地控制约束着行动、同放松这种控制使欲望和利益得以相对自由地发挥作用这二者循环交替的周期。后者同时造成不稳定性的条件,终将导致周期的这一阶段的结束。

  这些思想绝非是帕雷托所独具的。关于本书论及的理论家们的最引人注目的事实之一就是,除马歇尔之外,他们都提出了一些思想,其中都涉及了一个(同某一信念相联系的)社会控制的解体过程。无论是运用于当代社会条件还是运用于整个历史,这种观点同那些与线形进化概念和发展概念相联系的观点确实形成了十足鲜明的对照。这一理论上的变革与如此众多的经典作家在经验观点方面的演变恰相一致，这不可能是纯粹偶然的。关于这一点的意义以后将详细讨论。

暴力的作用

虽然周期理论是帕雷托的经验社会学理论中的 pièce de résistance［重要部分］，但仍然有许多对经验问题的解释值得加以讨论。由于篇幅所限，这里只能研究其中一个特别有趣的问题。具有自由主义思想的人们经常对帕雷托思想中的一种马基
289 雅维里主义成分（Machiavellian element）有突出的印象。它的表现方式是强调暴力和欺诈的社会重要性。为了避免误解，有必要探讨一下这些成分是怎样与他总的理论框架相适应的。

在近代社会思想中，暴力的任何重要作用一般都与“自然主义”思想，首先是形形色色的社会达尔文主义相联系。根据第三章中所探讨的各种变化，可以看出，在思想史上这种思想因素延续了霍布斯的自然状态理论。第六章中讨论过帕雷托与社会达尔文主义的关系，由此看来，暴力在他的理论中占突出地位，可能不单单是这种自然主义成分的问题。

前面所说的几种考虑确切地证明情况不会是这样。因为，使用暴力在“狮子”中是最突出的，这些“狮子”是属于聚合韧性占优势并且具有坚强信念的。相反，缺乏信念的人一般既不愿意、也没有能力使用暴力。

理想主义(56)与使用暴力之间的这种联系是帕雷托所极力强调的，但却是与流行的观点背道而驰的。这种联系意味着什么

(56) 理想主义与唯心主义在英文中同为 idealism，此处指坚持信念和理想，应理解为理想主义。——译注

呢？它深深进入帕雷托的思想基础之中。帕雷托认为,信念的主要特点是它的绝对性。一个信念越是被人信奉,它就越是绝对的。要记住,这种信念对行动有着明确的影响。具有坚定信念的人,总是试图用各种可能的手段使别人符合他的信念所要求的标准。当其他各种手段都失败后,暴力是最后的手段。一旦得知理性说服对于保证使别人顺从而言具有固有的局限性,[57] 信念坚定的人就很容易诉诸暴力。使用暴力会带来的麻烦、烦恼和危险都不能阻止他,因为与绝对目的相比,算计代价几乎是毫无意义的。

另一方面,缺乏信念的人则受多种多样的利益所驱使。因此,没有任何一种目的对他有那种绝对的要求,他对付出的代价和牺牲要敏感得多。他不轻易采取极端措施,而倾向于尽一切可能避免公开冲突,与对立面达成妥协。并且,缺乏信念使他很容易作出妥协和让步。这是武力与聚合韧性相联系的主要根据。

但是,有一个重要的限制条件。有些信念是以反对使用暴力作为一个组成部分的。帕雷托没有正面探讨这个问题,但毫无疑问,这是他赋予人道主义的特殊作用中的一个成分。他一方面也许认为人道主义完全是衰落的象征,如它与怀疑主义和伪科学的时期相联系所表示的那样;另一方面,他又认为人道主义是一种具有反对暴力特点的信念。这种信念带来的结果是强调周期的"组合"阶段。因此,具有人道主义的精英阶级对使用武力的反感使计谋倍受重视,并为"狐狸"和投机者的统治打开了大门。

自从十八世纪以来,这种被帕雷托称做是淡化了的基督教

---

[57] 《普通社会学通论》,第276—277节。

教义的人道主义,便是欧洲的精英阶级的一个明显属性,也可以看做是当前情况之特别不稳定的一个重要原因——这既是因为人道主义过分夸大了周期中的组合阶段,也是因为人道主义使得精英阶级对于使用暴力毫无提防。[58]

另一方面,随着组合剩余物完全处于统治地位,"狐狸"和投机者所使用的计谋也逐渐演变到达极点成为欺诈。在"从别人身上获取东西"(计谋和欺诈这两个概念都是从这样一种观点出发而形成的)的过程中,已经不再是靠聪明来设想出方式和手段,而是要靠欺骗了。

暴力和欺诈都是为办成某种事情的手段。不管它们有什么不同,作为手段来说有一个重要的特点是共同的——在选择有效手段上毫不顾及对他人权利的道德考虑的限制。[59]除非是像国家那样用有力的强制手段来强化普遍接受的规则(在帕雷托的论述中似乎并非主要如此),否则,暴力和(或)欺诈在相当大的范围内出现,可以看做是缺乏社会整合的征兆。这是由于,一方面,"狮子"需要使用暴力,主要是为了反对不接受他们信念的个人和集团——因此,如果信念在整个群体中得到了普遍接受,这种需要就不存在了;另一方面,限制使用欺诈手段,是实现群体内社会关系稳定的必不可少的条件。但是有一个区别:当"狮子"的信念倾向于导致对局外人使用有力的强制手段时,这种信念本身也会成为一个群体的价值基础——就此而论,它是一种

---

[58] 正是在讨论人道主义和当代自由民主的其他有关成分时,帕雷托与他自己提出的科学客观性的思想脱离得最彻底。尽管这一事实在政治背景下是重要的,它对目前的讨论却没有重大意义。关于所观察到的统一性的实质性基础才是这里所关心的。

[59] 因此,它们是典型的利己主义的标志,虽然这必须由下述事实加以限定,即行骗可能更多地是出于别人的缘故,而较少由于行动者自身的缘故。

整合力量。"狐狸"所使用的欺诈手段则不是这样,它是个体化(即群体纽带的分解)的征兆。⑩

因此,暴力和欺诈不仅本身是重要的,而且还是那些被帕雷托称为"决定社会均衡"的更深层力量的征兆,在其他情况下,这种力量也可以称之为决定社会整合状况的力量。它们两者的作用和意义,毫无疑义地都被"自由的"进步理论和线型进化论大大贬低了。在这方面,马歇尔可以作为这种理论的典型。在部分地由于一个新的精英阶级掌权㉛而在社会中确立起一种新价值体系的"创造"过程中,暴力频繁地出现。另一方面,欺诈则出现在这一整合所包含的聚合韧性瓦解的后期,而且成为不稳定状态的一个重要因素,这种不稳定因素使得有必要进行重新整合。

现在我们可以简要地论述一下帕雷托关于文明的观点以及这个观点在他的理论中的地位,以此结束对他的经验理论的讨论。他认为,所谓文明指的是文学、艺术、科学的繁荣,如在古代雅典或文艺复兴时期的意大利所发生的那样。他认为,这种繁荣不是与任何的社会静止状态相联系,而是与有利于组合剩余物的聚合韧性解体过程中的某个阶段相联系的。"狮子"一般来说具有如痴如狂的强烈信念。他们造成这样一种气氛;古板的正统观念、偏狭、束缚人的仪式、严酷的纪律,有时是使文明窒息的对彼岸的向往。这就需要有一种相对自由、宽容和灵活流动的气氛。所以帕雷托多次强调,文明的繁荣是与组合剩余物的

---

⑩ 涂尔干把这样一种极端形式称做失范[anomie](见第八章)。在这种时候也会出现自然主义类型的暴力,但帕雷托没有强调这一点,因为在达到这种地步之前,整个过程一般已经停止了。

㉛ 完全有理由怀疑这是不是问题的全部。有些新的价值观,例如基督教教义,是通过颇不相同的步骤建立起来的[见下面关于韦伯的卡里斯马(charisma)概念的讨论,第十六章]。

增长联系在一起的。[52]但是如果这个过程进一步发展到把对狂热信念的"野蛮"的固执搞垮的时候,它很快就危及到文明赖以繁荣的社会稳定。过多的组合本能本身,对艺术来说也许就是致命的,虽然帕雷托并没有这样说。但是,不管这一点是否如此,新的狂热浪潮将摧毁前一周期的创造物[53],这些创造物在很大程度上不得不重新开始。

因此,按照帕雷托的观点,文明的繁荣只是在某些具体条件下发生的,这些条件从本质上看都很短暂,并与热爱文明果实的人们所反感的事物有密切关系。不管如何令人不快,"狮子"的严峻和狂热一般只是序幕,欺诈和腐化则是整个过程通常的最终产物。

以上分析对于理解帕雷托个人的价值观念提供了重要线索。这不是本书主要关心的问题,但可以简略地论述一下。帕雷托是最热爱文明的,也就是说,他更是贵族意义上的那种"有教养"的人,而不是资产阶级意义上的自由主义者。他是生活中美好事物的鉴赏家,无论是思想上的还是行动上的自由,他都热爱。但对他来说,思想自由和个人行动的自由比商业自由重要得多。这符合他的个人背景。他父亲在马志尼(Mazzini)案件时期曾被流放多年。

帕雷托从来也没有攻击过这些自由主义的价值观。他不喜欢野蛮的暴力,也不因掠夺者本身之长于劫掠而加以赞颂。[54]

---

[52] 因此,伯里克利时期的雅典和文艺复兴时期的意大利都属于这样的时代。《普通社会学通论》,第2345节,第2529节起。

[53] 见他关于宗教改革与文艺复兴关系的论述——他认为宗教改革就是这样的一种浪潮。《普通社会学通论》,第2583节,第2538节。

[54] 参照他关于雅典和罗马的关系的有趣论述。见《普通社会学通论》,第2362节。

当然,他嘲弄资产阶级道德,特别是嘲弄禁酒令和性方面的清教主义,⑥但这仅仅是与他的自由主义的贵族倾向相一致的,真正是自由主义传统中的一种成分。他与具有他父亲那一代的自由主义思想的前辈的区别,不是他个人的价值观,而是他关于实现这些价值的必要条件的观点。他不相信这种自由主义意义上的进步,其原因在前面讨论中已说得很清楚;他对欧洲自由主义文明的直接前景特别持悲观态度。这是一种旧世界的悲观主义,美国人对此是很难理解的。⑥这个国家普遍敌视帕雷托的可能原因之一是,他是一个"吹毛求疵的人",而不是一个"促进派"。

总的结论

现在剩下的,只是以本书所研究的一般性问题,来对有关帕雷托理论的这一分析作简要总结了。

首先简单谈一谈他的科学方法论:帕雷托明确的方法论,主要来源于他在自然科学方面的经历。然而,它不包含孔德和斯宾塞所具有的那种旧的意义的机械论的实证主义,而包括着一种复杂得多的、带有更多怀疑主义色彩的科学方法的方法论,这种方法论试图从逻辑—实验科学中清除所有的形而上学成分,而他关于形而上学的标准比他的前辈要严密周详得多。

因此,帕雷托在探讨行动理论时,在方法论层次上没有任何实证主义的教条。假如他陷入这种教条,他就会走到一种实证

---

⑥ 参照《道德的神话》(Le mythe vertuiste)以及《普通社会学通论》中许多零散论述。

⑥ 旧世界(Old World)相对于新世界(New World)而言,前者指欧洲,后者主要指美国。——译注

主义理论体系上去了。这样一来,他避免了许多涂尔干所遇到的困难。此外,他清醒地认识到科学分析概念的抽象性——在本书研究的经典作家中,只有韦伯接近于这种认识——这一点对他的帮助很大。不过,我们可以说,从更广泛的方法论角度来说,帕雷托的概念比韦伯的还要明确。因此,他也避免了大多数由有意识或无意识的经验主义所引起的困难。这个论点的主要限定条件是,在对科学中可观察的事实的重要性加以着力强调时,帕雷托的有一些阐述至少在表面上是可以解释为经验主义的。然而,在他最审慎的论述中,都考虑到了抽象的成分,而且,必须始终记住,抽象的成分就包括在他的事实概念本身里面,以至如果加以适当的解释,科学法则不过是"事实中的一致性"这类极为常见的说法,并没有成为"误置具体性的谬误(fallacy of misplaced concreteness)"。此外,更重要的是,以能够看出来的而论,他的所有重要的概括性论述和定理,没有一个依赖于经验主义的谬误。

帕雷托对具体的行动理论方法论的贡献,比他对一般科学方法论的贡献要小得多。特别在关于主观范畴的地位(这是行动理论的中心问题)这类问题上,他的观点基本是一个老于世故的人的常识性观点。这样一来,他在前进中就能够不用为行为主义的教条而担心了,而他在这一领域里试图从方法论上加以廓清的范围很小,这对于他的需要来说,已经是足够的了。同时,要弄清前面对行动体系的结构性分析与帕雷托有联系的某些含意,就得朝着这个方向,把帕雷托明确提出的方法论进一步加以扩展。尤其是在以下两个方面更有必要:首先,必须不仅把物理事物当做是事实对待,还要把符号的含意也当做事实对待。结论就在于要把命题和理论作为科学理论的素材。反过来,这又开辟了一种可能性,即不但在原因—功能层次的相互依赖的意义上,而且在其构成了对这种心理状态的"有意义的"内容的符号表现的意义上,都可以把这种素材解释为行动者心理状态的表现,这种表现方式已经表明在若干处对本书的分析具有极为重要的意义。

其次,帕雷托没有阐明行动体系中的规范方面的方法论地位。这是可以理解的,因为这不是一个对自然科学提出的问题,而帕雷托的方法论观点似乎主要是以自然科学的概念形成的。但是,这可能是为什么在区分剩余物时,他没有把规范性和非规范性作为一个分类根据的原因之一。假如他把这作为分类的根据,他本来会大大接近于把此处引申得出的行动体系结构的"形态"分析明确勾画出来。前面已指出,他本人的体系与这种结构分析并不抵触;但是,他没有进行这种结构分析,我们可以公正地把这一点看成是他的理论作为一般性社会学理论在完整性方面的一个局限。

认为行动体系具有一种可以称为规范性取向的成分,是作为前面整个分析的根据的基本命题之一。因此,行动理论中所使用的某些概念的抽象性就在于,它们不是描述外露行动的实际上可以观察到的状态,而是表述可被认做是该行动据以确定取向的那些规范。因此,在这些概念中包括一个自然科学中所不包括的"不现实的"成分。当然,承认这些概念在科学理论中的作用的惟一原因,是因为它们实际上描述了一种经验现象,即行动者的心理状态。这些概念就存在于这一心理状态之中,而不是存在于行动者的"外部世界"中。正是这种情况使得行动理论必须求助于主观的观点。

帕雷托本人的理论体系以及我们刚才所作的结构性分析,都是从逻辑行动概念出发的。于是,非逻辑行动变成了剩余性范畴,即不符合逻辑标准的行动。在研究非逻辑行动时,可以有两类主要的具体素材。出于以前讨论过的原因,帕雷托集中分析了"理论",而把外露的行动撇在一边。要鉴别与非逻辑行动有关的素材,需要把所有与行动联系着的理论与逻辑—实验科学理论相比较,以区分出不符合科学标准的成分。通过归纳分析,这些成分分为两类:常量和变量,或剩余物与衍生物。

从这个观点出发,帕雷托对剩余物和衍生物进行了分类,而没有进一步考虑这些剩余物和衍生物所表现的情感与行动体系结构的关系问题。逻辑行动和非逻辑行动对于他的分析体系的开始部分起着支柱的作用,但他对二者的区别在结构方面有什么意义,没有继续研究。

但是我们此处特别有兴趣的分析就是从这一点开始的。问题在于,假设行动理论具有独立的分析意义,并且不能化约为帕雷托的理论中出现过的任何其他理论体系,那么,他的逻辑行动的定义对于逻辑行动作为其中一个部分的社会体系结构有什么意义呢?对此问题,一般的论点认为,行动体系的非逻辑性中包括两类不同的结构成分,一类成分是理论的不科学(unscientific)特点的基础,另一类与事理的非科学(nonscientific)方面有关。按照第一种思路,指的就是在激进实证主义理论中发挥主要作用的那类结构成分,即可以用非主观方式阐述的那些成分。帕雷托的解释者们认为,这些成分中最显著的是反智主义心理学中的本能。另一方面,非逻辑行动的理论的非科学方面,包括的是带有规范化特点的成分,即本书中叫做价值情结(value complex)的。心理学上的驱动力,转而成为遗传和环境因素对行动施加影响的方式之一,在客观上是使行动不合逻辑的原因,在主观上则是无知和谬误的起源。遗传和环境影响行动的另一种方式是:它们构成了合理行动的终极手段和条件。

价值成分与其他成分的关系很复杂。最明显的是它在内在的手段—目的关系链条的终极目的中所起的作用。分析一下帕雷托在这一问题上关于社会效用的论述，可以得出两个重要结论:第一,应把这种终极目的与合理行动的终极手段和终极条件完全区别开来。区别的主要标准之一是,在行动者的观点里,给予后者以事实上存在的地位,而否认前者具有实际的存在,尽管在观察者看来两者都是实际存在的。第二,在这种终极目的中,帕雷托作了一个最重要的区分,把它们分成两类或两种成分。第一类是社会中的个人和集团各自的终极目的成分(由于各自持有终极目的,以至任何社会在对手段——主要是权力和财富——进行分配时,都出现了对于各个个人和集团的公正性问题)。但是,需要与这类成分相区别的是社会成员共同的或是某一个单位集体所持的终极目的成分。仅仅是由于有了这些共同的成分,集体所具有的效用这个概念才获得了明确的意义。此处是在对社会学原理的讨论中首次出现这个问题,以后将有许多篇幅来研究它。

然而,从帕雷托的行文中可以明显看出,这一部分理论所关注的是合理规范,而绝不是对所有事实的完整说明。第一个重要考虑是剩余物的模糊性以及由此造成的它们所表达的情感的模糊性。第二个考虑是,在帕雷托关于非逻辑行动的论述中,完全不属于合理的内在手段—目的体系的非逻辑行动——即仪式行动,实际上占有非常显著的地位。然而,这两类事实都并非可以必然归之于心理驱动力的成分。相反,它们说明在情感中另有我们称之为终极价值态度的一种类型的成分,终极目的、仪式行动和其他现象[67]都可部分地看做是这个成分的表现。从我们所讨论的意义上说,这严格说来是一种价值成分,而且是一种

---

[67] 下面将讨论制度、艺术和戏剧以及其他一两种表现。

应仔细地与其他成分、特别是与同一具体现象中可能包括着的非主观成分区分开来的价值成分。

在这种情况下,帕雷托最初的逻辑行动概念又可以适用于我们所说的内在手段—目的链条的中介部分。然而,正统经济学理论一般所说的经济成分,并没有囊括整个中介部分,而必须看做是处于技术成分和政治成分两者之间的。它与前者的区别是,它考虑到不止一个目的(因此出现了"成本"成分);与后者的区别是,如果其中包括有同他人的关系问题,它不把强制作为获取自己直接目的的手段。

在这种情况下,目的在逻辑行动中的地位是不难确定的,因为中介部分的目的是当下的目的,而不是终极目的。因此,可以作下面两种表述:如果终极目的像例如社会制度形式中那样是给定的,那么也要把这些当下的目的看做是效率的合理规范所包括的手段。第二,这些目的可以在某种更一般的意义上对于行动者成为"给定"的,即在某种情况下,社会关系的复杂性可能使合理行动在很大程度上集中到两类归总了的当下的目的——财富和权力上;既然前提是行动的合理性,财富和权力作为目的来说合乎人们心意,就是这一前提的系论(corollary),它们在很大程度上不受终极目的的具体内容制约。帕雷托把它们叫做"利益"。因此,对于具体的行动者来说,行动的逻辑成分中的"目的"作为行动者的行动所处处境的"事实"是"给定的",有其非常实在的意义。

最后,对合理规范与行动中其他结构因素的关系加以考虑,就导致了这样的观点,即帕雷托在作为他的中心课题的这个问题上,所持的是一种可以称之为唯意志论的行动概念。在这个问题上,至少有三点是至关重要的。其中的两点是帕雷托的两种抽象社会中所阐述过的,即行动应当如何符合理想规范,以及某种阻力、歧异以及别的非规范性因素。逻辑上还要求有第三个成分,即"努力",帕雷托对它没有明确阐述。由于这个成分,规范性结构才不止于仅仅是一种不产生因果关联的观念或意识形态。可以设想这个第三种成分与仪式行动的作用有着某种联系,但由于帕雷托没有正面论述这个问题,对它只有以后再进一步讨论了。[68]

本章中对帕雷托比较明确的若干经验理论的研究,达到了三个目的。总的说来,它证明了我们对帕雷托理论方法的某些含意所作的分析——特别是关于价值成分在非逻辑行动中的重要性的分析——的正确性。第二,揭示了帕雷托思想在理论上的一些新的方面,从而填补了以前分析中的空缺。最后,表明了帕雷托理论中明确的和暗含的新[69]理论体系与他对经验现象的解释有着密切的联系。与马歇尔和功利主义者相比,帕雷托(当然不只是他一个人)在这两方面都标志着社会学思想中的一个重要转折点。可以认为这个分析表明了,理论体系和对经验现象的解释不是孤立的,而是互相密切联系的,可以把它们当做同一过程的两个侧面。

对帕雷托理论的分析已经使本书的研究进程前进了重要的一步。本书首先是要略述功利主义观点,指出它是不稳定的,是倾向于向着激进实证主义的方向分化的。对马歇尔的研究表明了这种合乎逻辑的情况与经济学状况的联系,以及他如何以"活动"的方式作为变量,引入一个在以前的讨论中仅仅以形而上学假设的形式出现的全然不同的秩序因素。但是,在马歇尔的整个思想框架中,这个成分的理论影响被限制在很狭窄的范围里。

---

[68] 见第十一章中对涂尔干宗教理论的讨论。
[69] 与本书中已经讨论过的理论体系相比,它是新的。

不过,它起到了突破实证主义的桎梏的作用。

帕雷托在研究行动问题时,摆脱了实证主义教条的影响。此外,他认识到经济学理论在具体情况下是不适用的,这就以一种马歇尔没有提出过的直接方式意味着:对于一般社会理论来说,功利主义立场是不能接受的。在用与经济学理论概念紧相对应的方式为逻辑行动规定定义之后,他进而系统地考察了行动中主要的非逻辑成分。这使他最终得出对剩余物和衍生物的复杂分类,这种分类与"利益"以及社会的异质性(heterogeneity)这一主要事实,都被他纳入了他那总括的社会体系中。

但是,对帕雷托探讨行动中的非经济成分、特别是非逻辑成分的方式加以分析,使我们有可能更深入地对行动体系结构进行分析,这一点在分析马歇尔的理论时是做不到的。我们在总体上区别了逻辑成分和非逻辑成分,这就把效用理论同马歇尔的活动区分开来了;而且还有可能在总体上区别了规范性非逻辑成分和非规范性的非逻辑成分,以之与帕雷托本人的理论相联系进行了验证;还进一步对结构中规范性方面的分化进行了相当详细的论述。这样一来,我们可以对马歇尔同他的活动一起引进的价值成分的地位有更为准确的看法,并可能在很大程度上弄清楚经济学理论在传统上一贯关心的那些成分在整个行动结构中的地位。最后,由于突破了马歇尔和实证主义理论的某些局限,已经有可能从理论和经验两个方面,为进一步的探讨开辟广阔的前景。

帕雷托的理论不是十全十美的综合性的社会学理论。它是一种开路先锋的理论。但它从头至尾以系统理论的逻辑为统率和指导,并建立起这样一种体系。这种体系的总轮廓比前面讨论过的任何实证主义体系都先进得多,比马歇尔的理论体系也先进得多。并且,从本书的观点看来,无论在方法论还是理论层次上,⁷⁰ 这个体系中没有任何基本的内容是必须抛弃的。在这一点上,帕雷托的体系在本书所讨论的各种体系中是独一无二的。不过,出于本书的特定目的,我们已经证明了有可能从某些方面对这个体系进行补充。从本书的目的来看,帕雷托的体系是不完整的,但他的体系与我们已经引申出来的任何一点都完全不相抵触。而使这个体系特别适合本书意旨的恰恰是它的不完备,因为,尽管它没有明白地表明本书所作的分析,却为验证本书所作的分析提供了一个极好的手段。

现在我们将转而讨论另一位具有完全不同特点的经典作家,他有许多较为实际的困难,但他的着眼点同本书很接近,即着眼于这种社会体系的结构本身。恰恰由于涂尔干与帕雷托在出发点、心智类型和方法上都不相同,他们达到了实际上的共同结果这一点就更加显著和醒目了。

---

⁷⁰ 当然,这绝不是说帕雷托没有错误。但是,就可以确定的而言,对本书的一般性分析来说,他的错误严格说来并不重要。

第八章　埃米尔·涂尔干(一)：早期的经验研究

在研究埃米尔·涂尔干(Émile Durkheim)理论的时候,初看起来,本书好像进入了一个与帕雷托迥然不同的思想世界。他们两个人几乎在所有可能的方面都无共同之处。帕雷托是一位意大利贵族,他孤独,多疑,有时玩世不恭,对道德热情持怀疑态度。涂尔干是法国阿尔萨斯的犹太人,其父是犹太教的拉比。他多年在法国过着看似波澜不惊的学术生涯,最后获得了为法国学术界所翘首的成绩——巴黎大学的教授职位。

帕雷托加以尖刻批判和嘲讽的主要对象,是为法国中产阶级所特别抱持的对民主、进步和人道主义的信仰和反教权的"激进主义"。而涂尔干恰恰是热烈地崇拜这些信仰的。帕雷托是一位超然的观察者,他很少谈到可以具有实际用途的事物。涂尔干则认为,只有社会科学的实际用途才能证明研究它是有价值的。[①]

帕雷托是通过数学和自然科学进入到社会学领域的,他对自然科学中的问题和观点很熟悉。在社会学领域中他以前最熟

---

① 参照埃米尔·涂尔干:《社会学方法的准则》(Les règles de la méthode sociologique),第60页;《社会劳动分工论》(De la division du travail social),第五版,正文前第39页(本书中所有引自该书的引文书目一般标明英文译名,而引文都出自法文版第五版)。

悉的是经济学——在社会科学中,经济学的理论形式与自然科学理论在传统上一直最为接近。涂尔干除去他那个时代受过良好教育的人几乎必然接触到的一些自然科学以外,他与自然科学没有第一手的接触。他没有受过经济学的训练。他原先受的训练与帕雷托相比完全是另一个思想极端,是属于法律和哲学的"人文"领域的。

此处还应提及一下另外两个不同之处。马歇尔和帕雷托无疑都是伟大的理论家。他们在各自领域中的理论贡献都是非常突出的。但是,他们的思想方式与涂尔干有很大不同。他们两人的特点都是有些游移不定——他们意识到自己所研究的经验问题的复杂性,因此,相对说来很不注重理论的概括和明确性,得下很大功夫才能看出所以然来。涂尔干的思维方式则与之不同,是属于本书前面在研究霍布斯时已经遇到过的那种类型的。他颇有本领从一些基本假设出发,思考到底直至得出结果来。同研究别人的理论相比,也许研究他的理论较难把有关领域里比较微妙的细节问题看得彻底,但是,他的理论体系非常明确醒目,足以补偿这方面的不足。他总是抓住那些基本的问题。他所作的经验观察总是瞩目于关键性的实验,而不是对一个领域走马观花。相对说来,他的理论里面事实的成分所占比重不大,但那些已有的事实总是得到很好的运用,并且那些最根本的假设,一进入方法论的领域就具有了明晰性,而这对于我们目前的研究是最为有益的。

许多评论家因此认为,涂尔干是一位哲学家、一位辩证法大师,而根本不是一位经验科学家,但是从以上的考虑中并不能得出这样的推断。恰恰相反,他是那个时代伟大的经验科学家之一。讨论他的理论的主要任务之一就是要说明,在每一个关键之处,即便在他最深奥艰深的方法论方面的理论观点,都与他同时所致力的经验材料的解释有着最密切的可能联系。涂尔干是一位科学的理论家,他的理论不是"空中楼阁",他也从不"冥思苦想",他所寻求的是要解决关键性的重要经验问题。

指出另外一点是很有趣的。马歇尔和帕雷托都是以注重经验而著称的,但是,他们都主要是把来自不同地方的经验材料凑到一起加以理论化,用以说明和阐述他们对于原理的论证。他们两人对社会科学都没有在专题上作出重要贡献。涂尔干则不同,他从事于某些社会学学科迄今为止所产生的最富于成果的专题论著,以此证明了他对事实的真正关心。其中有三部具有特殊的重要意义。第一部和第三部都不是通常所谓的独创性研究。在《劳动分工论》(*Division of Labor*)和《宗教生活的基本形式》(*Elementary Forms of the Religious Life*)两书中,他都是把第二手材料收集起来以说明他自己的问题。但是,《自杀论》(*Le Suicide*)一书则是他独创性的研究成果,这项研究将长期成为典范。在社会学领域中,极少有专门性著作能把经验方面和理论方面结合得如此完美。他根据初看起来非常局限和非常具体的问题,结果竟然清楚地揭示了社会科学某些最深刻、最有深远意义的问题。这是"关键性实验"的最好例证。

研究过涂尔干的方法论观点的人们,大多数完全忽视了(一般都是不大看得上)他的著作中的这个经验的方面,这真是咄咄怪事,同时也确实反映了社会科学的现状,足以引人深思。这些人把注意力只局限于他在方法论方面的著作,这样,读者甚至无从知道(除了通过其他途径外)正在讨论的那个理论的创立者同时也就是《劳动分工论》和《自杀论》的作者。然而,虽然对涂尔干的这些方法论观点作了很多讨论,如果不把它们当成以他使用的概念体系所容许的可能方式为解决所面临的经验问题所作出的努力,就不可能理解他是如何得出这些观点的。本书讨论他的理论的目的之一,就是通过把经验方面和理论方面结合起来加以论述,来纠正这种把二者分离的不恰当看法。为了达到这个目的,在本章中我们将首先颇为详细地论述涂尔干早期阶段经验研究的主要特点和结论,然后再讨论他的方法论。只有在了解了他的经验研究所包括的问题之后,读者才可能评价涂尔干在方法论领域中所进行的研究的意义。

涂尔干的理论还有另外一个与别人理论不同的一般特点。304 对本书来说,帕雷托理论中最重要的部分在他的最后一部著作《普通社会学通论》之中。在这之前的著作,特别是《社会主义体系》(*Systèmes socialistes*)一书,之所以令人感兴趣,主要是由于它们说明了在他后期理论中得到了充分发展的那些思想是怎样逐步形成的。在帕雷托的理论中,与本书有关的那些思想仅仅有一个逐渐变得清晰起来的过程。而在涂尔干的理论中,恰恰相反,却有着从一套明确表述的思想到另一套思想的根本变化。因此,在下面的讨论中有必要把他的理论看做是一个发展过程。这个过程可以大致分为四个主要阶段。首先是早期形成时期,这个时期最重要的著作是《劳动分工论》(1893)。在这部著作中,他还在摸索如何阐述他的基本问题。第二个阶段是早期综合阶段,他提出了一个相对来说比较严密完整的一般性理论体系,这个体系似乎与他所研究的经验事实是相适应的,并成功地回答了所有他当时常常遭到的苛刻攻击。这个阶段的主要著作是《社会学方法的准则》(1895)和《自杀论》(1897)。

随后的一个阶段是过渡阶段。在这个阶段里,他早期所作的综合逐渐瓦解,而代之以与之不同的一种系统科学的一般立场。这个过渡过程表现在《个人表象与集体表象》

(*Représentations individuelles et représentations collectives*)②(1899)、《道德教育》(*L'éducation morale*)(1902—1903)、《道德现象之确定》(*La détermination du fait moral*)(1907)等著述中。最后,以这种新的立场为基础,出现了一系列新的问题,进入了一些新的经验领域。《宗教生活的基本形式》(1912)一书对这些问题进行了探讨。但是,涂尔干后来进行的这些研究没能达到一种新的总体综合的地步,他的过早去世使他的研究中断了,他提出的许多基本问题都没能来得及解决。假如他活下去作出新的综合会是什么样子,只能靠猜测了。但是,下文将要指出,在他的最后一个阶段中,有两种主要思想倾向在互争短长。

帕雷托谨慎地避免涉足明显的哲学问题。他对理论问题及这些问题的含意所作探讨,一般说来没有进入与哲学相近的方法论领域。因此,按照本书中对社会领域的理论体系类型进行分类的方法,不可能把帕雷托严格地归入哪一类。可以说他有某些实证主义偏见,但不能肯定地说他是实证主义者。他的这种偏见的根源主要是由于,他非常强调科学和哲学的区别,竟至明显地拒绝进入哲学的领域。这样,他便倾向于这样一种含意,即所有哲学方面的考虑对他所研究的任何问题实际上都是不重要的;因此,在哲学方面可以采取各种与科学问题相比或多或少是随意变化的立场,而到底采取哪一种立场或者根本不持任何一种立场都是无关紧要的。这是一种实证主义观点,但它不是帕雷托思想的中心。

与此同时,通过分析可以看出,帕雷托的某些主要理论问题与分类的根据是互相联系的。这些理论问题中的某些陷入了功利主义所处困境的框架内那种二者只能择一的情形,其他一些

---

② 载于《社会学与哲学》(Sociologie et philosophie)一书中。

问题则导致帕雷托冲破这种二者只能择一的束缚,承认在实证主义体系中没有地位的那些成分的重要性。因此,帕雷托的理论可以极好地用来探讨,在实证主义体系中到底可能包括多少不同类型的理论,也可以用来说明,这些可能的类型对一般社会理论都是不适用的。总的来说,他的体系显然属于唯意志论的范畴。

另一方面,在对待这些问题上,涂尔干的观点几乎都是非常明显的。从一开始,他早期的观点就是实证主义的,他实际上认为实证主义是科学本身在方法论方面的要求。他的早期形成阶段的实质性成果是提出了在这个体系内可供选择的明确概念,并明白表示了他自己对其中一种选择的坚持不懈。他正是在此时完成了早期的综合的。从根本上说来,前面提到的这种综合的瓦解,是由整个实证主义框架的崩溃造成的。但是,他从来也没有完全摆脱这个框架的某些特点,而这正是他未能作出在广度和逻辑严密程度方面能与前一种综合相匹敌的新综合的主要原因。

涂尔干的早期综合的特别之处是,它对本书已经论及的各种类型的实证主义社会理论的基本特点之一,即使这些理论成其为实证主义理论的"个人主义",提出了毫不含糊的挑战。[3] 他对劳动分工问题一作明确阐述,就把注意力集中到一种"社会因素"上。在他频频复述的公式之中,正是由于这种社会因素,社会才成为一种独特的现实。换句话说,涂尔干的基本问题几乎从一开始就是个人与社会群体的一般关系问题。对于这个问题,他同样几乎从一开始就采取了与本书称之为"个人主义的实证主义"的所有形式都完全相反的立场。他之所以如此,主要是

---

[3] 《普通社会学通论》,第二章,第72—74节。

由于他感到,有些从经验得来的见解是任何个人主义理论都不能确切解释的,而下文将表明这一点是正确的。毫无疑问,就总的实证主义框架说来,他采取了一种合理的立场,按照这种立场似乎可以得到对这些事实的恰当理解。但是随着时间的推移,可以越来越清楚地看出这种立场也有一些严重的困难,特别是在方法论层次上的困难;他由于这种立场而陷入成问题的"形而上学"的假设之中。但是,他根据理论思维和进一步实际考察出发,对所持的这种立场逐步加以修正的结果,并没有使他对自己初始的实际见解的正确性在看法上有所改变,而是越来越清楚地说明了这些见解与最初的实证主义框架是不相容的。其结果是对理论框架本身进行修正,使它的所有主要之点都与前面对帕雷托的讨论所达到的立场极为近似。不幸的是,在这门学科的文献中,"涂尔干理论"仍然被认为主要意味着他早期的综合,而从综合向前发展的过程则几乎被完全忽视了。下面的讨论将充分揭示,这与对他的理论及其意义的公正评价是多么地不一致。

前面曾经提到,英美主流的实证主义思想传统中的个人主义偏见,对任何敢于对它表示怀疑的理论都是自动贴上"唯心主义"的标签的,并从而被贬斥为"形而上学"。这一点在对待涂尔干时表现得格外突出,以至他现在仍被认为是"蹩脚的"和"形而上学的"群体意识概念的理论家。尤为甚者,是认为他的思想来源于唯心主义哲学故乡的德国,④ 其似是而非的理由是他早年曾在德国学习过一段时间。

涂尔干的思想中确实存在着唯心主义的倾向,下面将要指出这一点;但那只是在他思想发展的最后阶段。他在德国学习

---

④ 见德普罗瓦热著(S. Deploige):《道德与社会学之冲突》(Le conflit de la morale et de la sociologie)。

期间正处于形成过程之中的思想体系完全是实证主义的,以致任何属于非实证主义性质的外来影响,都不可能具有非常重要的意义。除了他所研究的事实本身和总的思想氛围之外,如果说他的思想之所以形成还有其他原因,那最主要的影响就是奥古斯特·孔德(Auguste Comte)——既是地地道道法国的,又是地地道道实证主义的。涂尔干把孔德作为导师,他是孔德的精神继承人,他早期思想中所有的主要成分都可以在孔德的著作中找到前兆。在以后的讨论中我们将证明,对于他一开始研究的那些问题如果穷根究底地务求思索出其逻辑结论,则必然导致实证主义体系的解体。试图把形成涂尔干理论主要特点的原因归之于 deus ex machina[急救神]的武断意志,归之于同他生活和工作环境根本相异的影响所导致的结果,是纯属多余的严重误解。他思想中的每一个成分都深深植根于以孔德为杰出代表的那个思想体系所固有的问题之中。⑤

劳动分工 308

涂尔干的第一部主要著作《社会劳动分工论》⑥发表于1893年,这是社会思想史上的一个重要里程碑。但是,除了在

---

⑤ 孔德和涂尔干的惟一主要区别是,后者所研究的不是孔德主要致力研究的社会动力学,而几乎完全关注于会被孔德称之为"社会静力学"的理论。秩序问题是涂尔干从早期起就研究的主要问题。他的超出孔德之处就在于他对这个问题的探讨比孔德要深入得多。从逻辑上说,这个问题先于社会变迁问题;而一旦对孔德的结论有所怀疑,秩序问题自然就应当是首当其冲的了。有趣的是,在涂尔干最后的论述中,也出现了对动力学问题感兴趣的迹象。假如他就此发展下去,不管这些迹象会把他导向何处,结果只能与孔德的社会进化论完全不同。见第十一章,第450页。

⑥ 辛普森(G. Simpson)把这部著作译成了英文,书名为《社会劳动分工论》(The Division of Labor in Society)(见[边码]第301页,注①)。

343

少数人中以外,它没有得到应有的承认。这部著作在许多重要问题上的观点既不清楚也不完整,非常难以理解。它以萌芽的形式包含了涂尔干后期理论发展中几乎所有的主要成分,但这些成分之间的关系只是在很久以后才变得清楚起来。现在,对这部著作充分展开加以讨论是值得的。

表面上,从这本书的书名和材料安排看来,它研究的是劳动分工或社会分化,以及引起这种分化的各种因素及与社会分化共存的种种现象。其次,它也像是一部研究社会类型的著作,因为涂尔干提出了一种与分化了的社会相对照的无差别社会的概念。对于本书的主题来说,没有任何特别的理由表明,为什么对社会分化的一般性研究比对其他专题的研究更为重要。这样一个专题之所以重要,只是因为有可能看出它与本书所论述的理论体系中固有的一系列问题之间的关系。

涂尔干在该书第一版前言中开宗明义的第一个表述就定下一个基调,这对于看过本书前面部分的读者必然是会感兴趣的:"本书首先是试图用实证科学的方法来研究道德生活中的种种事实。"⑦ 我们称之为价值情结的问题,在对帕雷托理论的讨论中占据着显著地位,这里接着一开始就强调人类行动中的道德成分,这本身就是令人感兴趣的。而且,涂尔干早期论述中的一些特点,尤其使得这种兴趣变得更加强烈了。

在研究无差别社会类型的早期阶段(此后他才着手研究分化社会),涂尔干第一次提出了 conscience collective[集体良知],用以对这种社会类型体最初的描述——这可能是他提出的最著名的概念。关于这个概念的定义,应该全文引用他的原话⑧

---

⑦ 《社会劳动分工论》,正文前第37页。我的译文。
⑧ 同上书,第46页。

"L'ensemble des croyances et des sentiments communs à la moyen des membres d'une même société forme un système déterminé qui a sa vie propre; on peut l'appeler la Conscience⑨ collective ou commune.[同一社会的成员中共同的信念和情感的总体,构成了一个有其自己一定生命力的体系,我们把它称做集体良知或共同良知。]""信念和情感"以及"同一社会的成员共同的"这两个词语结合到一起,在形式上确实非常接近于前面对帕雷托思想中价值成分的某些方面所作的表述。并且,在讨论他以之作为 conscience collective[集体良知]的状况之主要直接标志的惩罚问题时,他强烈地示意(有时是正面地)说,除去惩罚本身固有的作用之外,更主要地是由于惩罚的象征意义而起的作用。惩罚首先是表示坚持 conscience collective[集体良知]的共同价值的一种象征,而且在此种情况下,不适于以其在震慑犯罪方面的效果等等固有标准来加以判断。

涂尔干在论述他的思想时,从一开始就在经验层次上非常注意共同道德价值在行动方面的作用,这确是事实。但是,在理论上,直到他提出上面所说的革命性见解之前,这个成分即便在其本身的前后表述中也是不清楚的。同样确实的是,涂尔干最重要的理论贡献,就是在某些方面弄清了象征体系在行动中的作用,但这种作用的理论含意也是在他的理论发展的后期阶段才得出的。这两个问题是第十章和第十一章所要探讨的。

我们现在只是刚刚涉及涂尔干本人的思想,还不应当对这些问题进行详尽的分析。一开始倒是必须讨论两个问题:第一,

---

⑨ 法语 conscience 一词可译作 conscience[良知]或 consciousness[意识]。如本段引文所示,其伦理学含义较之心理学含义更切近涂尔干本意。英译文中大都使用 consciousness 一词,显然是一种误解。因此这里最好引用法语原文。

他本人心目中对道德生活现象感兴趣的起因何在？他是通过怎样一个过程才特别强调共同价值成分的？本章将通过这一问题在他早期经验研究中的发展过程来加以探讨。第二,这种兴趣和他对之探究所取得的经验见解如何形成为一个总的概念体系？这个问题将在下一章中讨论。

　　前面曾经说过,涂尔干一开始就把注意力集中在社会生活中的道德成分上。当一个人如此强烈地坚持某种见解的时候,他一定是在对另外某个更为流行的观点进行挑战。使《社会劳动分工论》一书难于理解的诸多原因之一是,他对这个引起争议的问题只是到了该书的中间部分才明确提出讨论,而此时读者的注意力已经被引导到其他方面去了。然而,出于我们当前的目的,最好还是从这一观点出发进行讨论,因为这既符合本书的需要,同时也有充分理由认为这一点就是本书所着重研究的涂尔干本人整个推理过程的主要出发点。⑩

311　　涂尔干直到第一部第七章中才把他提出的"有机团结(organic solidarity)"概念与斯宾塞使用的"契约关系(contractual relations)"概念加以对照。不过,对于涂尔干进行批判的目的来

---

　　⑩ 在他个人经历方面最重要的一件证据,见于莫斯(M. Mauss)为涂尔干的讲演集所写的序言。这本书在涂尔干去世后发表,题名为《论社会主义》(Le socialisme)。这些讲演是他 1895—1896 年期间在波尔多市发表的,此时正接近于他早期思想发展的高峰时期。莫斯先生在序言中告诉我们,涂尔干最先研究的是经济个人主义问题。涂尔干早就得出结论,认为个人主义理论,包括正统经济学家的个人主义理论,都不适于说明问题;而且他久已为取代个人主义理论的社会主义所吸引。他对社会主义思想进行了详细研究,并且还想发表一本关于社会主义的书。然而,在研究过程中,他感到社会主义基本上出于同样的一些根本原因也是不适宜的。这是他转而注意其他领域并从事其他方面研究的主要动机,这个研究的成果就是《社会劳动分工论》。与他对社会主义进行研究的简要介绍联系起来,可以看出,这一关于他个人经历的说明,直接证明了此处对涂尔干在《社会劳动分工论》中研究的问题的起因所作的解释。

说,后者不是斯宾塞所独有的概念,而是对一种更广泛的一般观点的一种表示方式,一个方便的形式。契约关系概念表示的是一种社会关系的典型情况,这种社会关系中只包含有"功利主义"理论所阐述的那些成分。它的原型是经济交换关系,这个关系中的决定性成分是有关各方的供求情况。这种关系体系至少在含意上是这样一个概念,即各方通过各种交换取得的共同利益是这个体系主要的具有约束力的强制力量。涂尔干正是希望把他自己的"有机团结"概念理解为"契约关系"⑪ 体系中深深潜在的这个概念的直接对立物。

涂尔干是这样进行批判的——即便在市场上纯粹"出于利益"的交易中,也有一些成分实际上既存在于这种现存的交易体系之中,同时必须有着这些成分交易体系才能运转(这一点是可以证明的);而斯宾塞的(或更广义的说是功利主义的)阐述未能把这些成分完全囊括无遗。被忽略掉的是这样一个事实:这些交易实际上是按照某些有约束力的规则来进行的,而这些规则并非各方所特别达成的协议的一部分。功利主义概念所包括的成分,则相反地都是协议中所包括的。然而,可以称之为契约"制度"的规定契约关系的那些规则,并未经各方首肯,而是先于任何这类协议早已存在,并且是不依赖于任何此类协议而存在的。⑫

这些规则的内容是各种各样的。首先,它们规定了什么是契约,什么不被承认为有效的。例如,一个人不能把他自己或者他人卖作奴隶。它们规定了使他人同意一项契约所可以使用的

---

⑪ 这个术语用在此处指具体的实在,而斯宾塞的术语"契约性关系"可以指具体实在中的某些抽象成分。

⑫ 涂尔干一再重申这个观点。尤其见《社会劳动分工论》,第 192 页。

手段;靠欺骗维持或在强迫情况下签订的协议都是无效的。它们还规定了一旦缔约就给双方以及第三者带来的不同后果。在某种情况下,一方可能被禁止实施某项相当合法地达成的契约。例如,有时不许抵押品持有者因抵押人未付利息而取消抵押人的赎回权;同样,一方可能被强迫承担契约中没有规定的义务。最后,它们还规定了如何通过法庭执行契约的程序。在我们这样的社会中,这一系列规定是非常错综复杂的。

为了方便起见,涂尔干主要强调的,是用法律方式表示并具有法律效力的那些规则。但这不应引起对他的观点的误解。即使斯宾塞也承认,需要有缔约各方之外的力量以履行契约。但是,斯宾塞和其他个人主义的[13] 经典作家首先主要强调的,是履行合约的条款本身,而涂尔干主要强调的则是一些规则的存在,这些规则是社会所"给予"、[14] 而不是缔约各方所达成的协议规定的对象。如果他们愿意缔结契约关系,只有在这些规则规定的条件下,并且只有在明确表示在可能发生的权利和义务两个方面都可以承担所带来的后果之后,他们才可能缔结契约。当然,假如规则不在一定程度上得到实施,它们就会是没有意义的了;但是,涂尔干强调的正是它们不依赖于特定的订立协议的过程。[15]其次,在主要讨论法定规则的同时,他审慎地指出,这些法定规则绝不是孤立存在的,除了它们以外还有大量的习惯性规则以及贸易惯例等等作为补充,后者实际上与法律同样是必

---

[13] 这是在这里讨论的意义上说的。
[14] 特别是《社会劳动分工论》,第 192 页。
[15] 他的最简洁明了的公式是:"Tout n'est pas contractuel dan le contrat[在契约中也并非一切都是由契约规定的]。"见《社会劳动分工论》,第 189 页,同见第 194 页。

348

须履行的,尽管不具有法律效力。⑯ 从法律如此逐渐淡化成贸易常规的过程表明,这些规则之被整合于契约性体系本身,比个人主义者们可能乐于承认的要紧密的多。个人主义者倾向于认为,社会在这些问题上所起的作用,如同国家表现出来的作用那样,仅仅是偶尔干预,把通常在没有"社会"干涉的情况下机器完全自动运转所遇到的困难解决一下。⑰

这样一些契约规则为什么是重要的呢?首先,涂尔干指出,通过签订协议所缔结的关系,其可能的后果无论对缔约各方本身、还是对其他人都是十分复杂而深远的,如果每次都得把这些复杂关系特别地从头到尾重新加以考虑和商量,那么,进行数量浩大的交易将变成不可能的了。⑱ 事实上,只需要对这些问题中的很小一部分进行正式商议,其他则按照公认的规则处理。

但是,最重要的问题是,功利主义理论所列举的各种成分当中,没有包括秩序的充分根据。⑲ 契约性的合约只是在有限的时间内为了有限的目的而把人们聚拢到一起。然而,即便是对于这种有限的目的,尽管其结果应该是与他人利益相一致的,而人们究竟出于何种动力要用与他人利益相一致的手段来实现它,功利主义理论并没有给出适当的说明。人们之间存在着一

---

⑯ 《社会劳动分工论》,第 193 页。也可能有一些由职业集团(如共同行业)实施的规则。

⑰ 涂尔干的这个分析是针对契约关系本身的具体联系的。在这里,即使是从个人主义者自己的立场出发,他也认为他们的观点是站不住脚的。但是,他同时还批判了斯宾塞的下述理论,即认为随着分化的不断增大,契约关系将排除所有其他关系。他特别在国家问题上认为,大力加强国家的作用和重要性,对于有分化的社会来说是完全正常的(《社会劳动分工论》,第 198 页以始)。没有理由认为(虽然他没有正面否认)他持有下述观点,即随着契约性联系的发展,除国家之外的其他社会结构将趋于消失。

⑱ 《社会劳动分工论》,第 190—191 页。

⑲ 同上书,第 180—181 页。

种潜在的敌意,这是功利主义理论所没有加以考虑的。契约制度之所以最为重要,在于它是一种秩序的框架。⑳ 如涂尔干所明确指出的那样,如果没有这种契约制度,人们就会处于一种战争状态。㉑ 但是实际的社会生活并不是战争。只要社会生活中包含着对个人利益的追求,这种个人利益如果是以大大缓和人们之间潜在敌意的方式加以追求,则个人利益促进的,正是共同利益与和睦共事,而不是相互的敌意和毁灭。斯宾塞以及其他像他那样考虑问题的人,完全未能说明这一点是如何实现的。涂尔干在对此进行解释时,首先指出了这样一个经验事实:追求个人利益的广泛而复杂的行动,是在一套规则的框架之内发生的,并不依赖于契约各方的直接个人动机。对于这一事实,个人主义者或是根本没有认识到,或是没有给予公正的评价。这就是涂尔干据以发展他的理论的主要经验见解,他从来没有抛弃这种见解。

很明显,涂尔干在这里所做的,就是以一种特别明确的方式,重新提出了霍布斯理论的整个问题。现有的"个人主义"秩序中,有些特点是用功利主义理论当中的那些成分所不能说明的。功利主义者、首先是经济学家们心目中的那些活动,只能在以一个管制性的规则体系为特点的秩序框架内才能发生。没有这种秩序框架,就将陷于一种战争状态。在这个基本的批判立场上,涂尔干是明确而透彻的,他在这一点上从来没有稍微改变自己的立场,也从来没有抛弃过上述关于管制性和规范性的规则体系的重要性的经验见解。然而,如何把这一依赖于他的批判立场的见解,纳入到一个在科学上令人满意的概念体系之中,

---

⑳ 涂尔干说,它表示"稳定的均衡的正常条件"。同上书,第192页。

㉑ 同上书,第181页。

同时又避免那些他所批判的立场中所包含的谬误，涂尔干在这个问题上遇到了困难。

如前所述，霍布斯所采取的办法是以 deus ex machina[急救神]来解围——完全处于这个体系之外的统治者通过以制裁相威胁的办法来维持秩序。除去无政府主义以外，即使是最乐观的个人主义理论家，起码也有一丝丝霍布斯解决方法的意味，那就是他们都把强制履行契约的职责留给了国家。前面已指出，涂尔干不是沿着这些思路考虑问题的。他既不赞成贬低国家的作用②，却也不赞成以国家为一方，而以个人利益的关联（这乃是整个功利主义传统的根本所在）为另一方的激进的二元论观点。对他来说，契约规则体系从正式的法律演变成了非正式的贸易惯例，但却既保持着管制性的特点，又保持着对于个人直接利益的独立性——这一点使得把国家同个人利益如此截然二分成为不可能的事。

他使用道德一词来标示他所指的那些事实的特性，这就指出了一个方向，那确实预示了他的思想以后发展的路线。但是，他并不是一下子就跃进到以后思想中的中心论点的，而是经过了一个复杂而曲折的渐进过程，这似乎主要是由于两方面的考虑而造成的。一方面是由于他在《社会劳动分工论》一书中非常含糊地使用的那一套概念（后来才大大明确和肯定起来）的特点。这一点将在下一章中详细讨论。但是，与此同时，在我们目前讨论的相对的经验层次上，可以发现某些东西妨碍了他得出最后所得到的结论，并把他的想法引入了另一条思路。即便如此，他的著作在经验层次与理论层次之间也有一种脱节的趋势。在早期阶段，他的经验见解始终比理论更大大接近于他的最后

---

② 他并不把国家的作用限于保证履行契约或其他"传统"的功能。

立场。毫无疑问,试图弥补这个脱节之处,是他理论发展过程中的一个重要动力。

如果说霍布斯那种意义上的秩序问题,是涂尔干进行研究的逻辑的出发点,并且他是通过对解释契约关系体系的正统功利主义观点进行批判来研究秩序问题的,便不难理解劳动分工和社会分化问题是怎样出现的了。因为,特别是对古典经济学家说来,劳动分工是个人主义社会的主要特点之一。从功利主义的意义上说,如果没有专业化,就根本没有社会的存在,因为正是交换带来的互利才是抛弃自然状态而进入社会关系的主要动力。

316　　涂尔干从批判个人主义理论关于秩序问题的论述,进而批判它对社会分化的发展动力所作的解释,这实际上不过是一个合乎逻辑的步骤而已。这里,他的攻击目标是一种他所说的"幸福"理论。㉓ 有人断言,劳动分工之所以得到发展,是由于专业化每深入一步,就都会带来幸福的增长。

通过分析可以看出,涂尔干和大多数他的反对者一样,都没能够明确地区分这种幸福理论中的两种成分,这是不足为怪的。他的某些批判性论述针对着严格意义上的心理学的享乐主义,而另一方面,他的另一些批评并不针对享乐主义,而是针对严格意义上的功利主义立场。将他所有的论述都考虑在内,就足以使人对任何以合理的单位行动为基础、并以原子论的方式来看待合理单位行动的理论体系产生很大的疑虑。前面已经看到,享乐主义是功利主义体系之中朝着激进实证主义方向改变最小的一种学说,并且因此而与功利主义在历史上有着密切的联系。在这个批判的过程中,也出现了一些基本成分,是到涂尔干思想

㉓ 《社会劳动分工论》,第二部,第一章。

发展的极晚阶段,才能够在理论层次和方法论的层次上加以适当解释的。

他对享乐主义进行批评的主要论点是,在心理——生理学的层次上,人们享乐的能力是有限度的。随着刺激的量和强度的增长,所引起的令人愉悦的感觉增长到达一个顶点,然后就开始衰退。在其中任何的一个极端,享乐都转变成一种反面的感情状态——痛苦。如果说,使享乐达到最大限度是行动进程的原因,那么,很快就会有一个满足的顶点,并且因此而达到了平衡。因此,用这种成分来解释一种世世代代朝着同一个方向持续不断的进程,是完全不合适的。本书作者认为,如果要在某种程度上固守在知觉心理学的层次上,涂尔干的看法无疑是正确的。

对涂尔干的批判的最貌似有理的反驳,使讨论进入到另一个层次。这种论点是,虽然从对需求的数量满足方面可以得到享乐的量是有固定限度的——例如,一个人只能吃那么多——但在质的精致方面则是没有限度的。这种论点实际上改变了问题的范围。因为,在适用于享乐主义的心理学的任何意义上,都不能说,当这样一种质的变化非常大的时候,被满足的还是同样的需求。如果以上看法是正确的,则幸福的标准就变成了相对的,相对于所考虑的特定欲望体系。它从人性的固有特性变成了衡量人类欲望获得满足的尺度,即经济学家所说的"效用"。

于是,如果并且只要需求体系本身是相对的,幸福理论就不适用于当前我们所讨论的目的。这一命题正是涂尔干对幸福理论进行批判的真正根据。除非假设在历史上有而且只有一种与所有行动都同样有关的需求体系,否则,幸福理论就包含了一种循环论证。不管是从功利主义[24]还是从享乐主义角度出发,这

---

[24] 在这里,需求的随意性就意味着需求的具体内容与需求的满足过程之间没

种假设都被毫无疑义地接受了。在对此提出质疑的时候,涂尔干开辟了完全在这两种理论立场范围之外的考虑问题的领域。这种批判性的立场在总的方向上认为,价值成分有着巨大作用。前已说明,这种见解的全部后果用了很长时间才显示出来。然而,在对于契约关系体系的概念所进行的批判中,他的这一立场是确定而深刻的。他从来没有抛弃这一基本见解。⑤

318　　涂尔干建立自己的明确理论(这种理论将要避开他所批判过的那些主张所遭遇的困境)的独特方式,使得他的基本问题——秩序问题——与社会分化问题更加接近地等同起来,远远超过了它们二者本身的共同之处。在从经验上强调了存在有一些管制规范即行动准则之后,他转而把法律当成寻找为提出自己的解释所需事实的最有希望的领域,这是很自然的。在这样做的时候,他把法律分为两类(这种区分形成了他的立场的一些特殊之处),即"镇压性(repressive)"法律和"复原性(restitutive)"法律。在第一种情况下,违背法规将招致惩罚;在另一种情况下,只是要求恢复原来的状态。

　　这两种法律的区别与两种社会类型的区别,即未分化的社会和已分化了的社会的区别,是联系在一起的。镇压性法律被认为是共同信念和共同情感的标志。只要社会成员是相似的,即在具有相同的信念和情感方面是相似的,镇压性法律就在社

有重要的关系,因而需求的变化同需求的满足过程也没有重要关系。实际上,这等于假定需求是恒定的。

⑤　涂尔干从经验出发提出了这样的问题,即事实上幸福是否随着文明的进步而增长,他的结论是否定的。他把自杀率作为一种可以进行客观研究的指标加以讨论,指出自杀不能被认为是幸福的。于是,他提请注意在十九世纪欧洲自杀率的大幅度增长,而且,正是在人口中最"开化"的部分当中,特别是在城市和自由职业者中,自杀率要高得多。这一点特别有趣,因为其中包含了他关于自杀问题的专著中的基本因素,这一专著使他在理论发展方面大大跨进了一步。

会生活中起作用。因此,它是 conscience collective[集体良知]之强有力的标志。另一方面,复原性法律是社会分化的标志。只要牵涉到的规则只适用于社会中的一个专门化了的部分,违反这些规则就不是冲击共同信念或共同情感,也不会招致惩罚的反应,而只是温和得多地要求弥补损失。在第一种情况下是"机械的团结",在另一种情况下则是"有机的团结"。

上述这种局面,必然使得涂尔干远远偏离了目标——这就是我们对他的理论发展过程所作说明的论点。因为,他后来的理论发展的萌芽,早就存在于 conscience collective[集体良知]的概念之中了,这是一个引人注目的事实。他后来的立场大部分早就存在于对这个概念最早期的论述之中,这一点确实彰明较著。这个重要概念就是一种共同信念和共同情感体系的概念,也就是说,主要强调的是它的道德性质或价值性质。在惩罚这个概念中,明确地表述了这样一种观点,即价值成分是以符号形式和与内在的手段—目的关系的联系来表现的。㉖但是,这个

㉖ 在论述惩罚问题时,涂尔干发表了一个意见,尽管这个意见即便发挥至极,也只是包含着属于他自己体系外围的问题,却是具有深远重要意义的意见。这个意见是说,惩罚并非必然是一种"合理的"(似乎意思是算计好作为实现一种目的的内在手段)反应,而是一种"激情(passional)"或者更确切地说是"感情(emotional)"的反应。它与 conscience collective[集体良知]的行动是联系在一起的,这在一定意义上意味着有一整套"个人心理学"尚未充分说明的非理性成分。惩罚与符号表达之间的关系是很明白的。

在这个问题上,涂尔干不断提到个人对社会的依赖。虽然他没有明确地说,但他的整个论述清楚地表明了,区分两种根本不同类型(这在分析上是可以分开的)的依赖的重要性。一种类型是对他人或对共同价值的"感情依赖(emotional dependence)"。这种依赖的典型表现是,当这种依赖关系受到威胁或干扰,就有一种感情上的反应(愤怒、嫉妒等)。另一种类型是经济学家心目中的依赖,如曼彻斯特的纺织工人要依赖于加拿大的小麦种植者。前者要吃面包以作为达到他的目的的一个手段,而面包是通过其他人控制的手段(小麦)生产出来的。在这种意义上说,这种依赖是一个内在的手段—目的关系问题。

概念是与尚未分化的社会和机械的团结联系在一起的。另一方面,他本来的问题是要弄明白"契约中的非契约性成分"。他所逐步形成的分类所产生的后果,却是把这个问题 conscience collective[集体良知]完全分离开来,成了劳动分工和有机团结的问题。

涂尔干早期对 conscience collective[集体良知]的阐述,与他后来对功利主义的个人主义的双重批判,可以说是同样透彻和深刻的。他的批判的出发点与他的第一个明确见解之间的裂缝是不能一下子就弥合的。不过,可以认为他的思想发展的主线就是这样的一个过程。conscience colletive[集体良知]逐渐地越来越掩盖了有机团结的概念。社会类型之间的区别不再是 conscience collective[集体良知]支配行动与否的问题,而是区分 conscience collective[集体良知]的不同内容的问题。这个过程在《自杀论》一书中已经初露端倪。在这个过程中,分化问题,或者具体地说㉗是社会结构问题,变得越来越不重要了,而个人与共同成分之间的关系变得突出起来。但是,涂尔干在试图把个人主义的分化社会与共同价值分开时遇到了一些困难,对这一点也需要同时加以考虑。

对这个问题可以简述如下:个人主义者坚持认为,实际存在于有着广泛的交换关系的分化社会中的秩序成分,可以从这些交换关系有关各方的直接利益中产生出来。在这之中有一个独

精神病理学,特别是精神分析已经对第一种依赖的细节在个体层次上进行了极为详尽的探讨。这种感情反应在涂尔干的理论中出现得如此之早,清楚地表示,他并没有如人们常常认为的那样受到"虚假的理性主义心理学"的束缚。由此引出的问题,不仅不在涂尔干系统的理论化的过程之内,而且总的说来也不在本书的范围之内。很遗憾,此处不可能对这个问题作进一步的讨论。

㉗ 就是说,比行动体系的结构更具体。

特的成分出现,涂尔干称之为"有机团结"。然而,这个成分同未分化社会的内聚力和赖以团结的力量,即 conscience collective[集体良知]不可能是一样的。那么,它是一种什么成分呢？它是从何而来的呢？对第一个问题的回答是如前所述的那样,最初倾向于认为它是支配行动的一系列规范性规则。但是,涂尔干在建立自己的理论时,并没有从这一经验见解直接发挥下去,只不过从镇压性法律的规则中得出一个分化的标准——这标志着他所处局面所造成的窘境。他直接跳到了一般性的考虑,这个动向是使本书最感兴趣的。

　　涂尔干一开始就指出,劳动分工不可能从"自然状态"即许许多多互无联系的个人㉖ 中发展起来。只有在社会中才可能出现分化。有机团结的发展以机械团结的存在为先决条件。但是,涂尔干没有超出这一步。从他的论点的一般倾向可以引出这样的观点:社会分工本身创造了团结。他对这一过程的机制所作的说明非常粗略,但是读者得到的印象是,在他的心目中这主要是一个习惯化的问题。一种新的做法沿着某个方向发展,随着时间的推移,逐渐变成了习惯性的。随着时间的继续推移,习惯性的办事方式又如同具有约束力的规则一样成为必须履行的了。

　　但是,从他自己的观点看来,这显然不是一种令人满意的说明。他所据以开始的观点是,从分析的角度看来,有机团结是与功利主义分析中包含的那些成分全然不同的一个成分。然而,在这方面他所做的惟一补充就是指出了习惯化的机制(mechanism of habituation),而这个提法带来的困难比它解决的问题还要多。在习惯的作用过程中,义务的成分在于何处呢？在开始

㉖　这个论点在《社会劳动分工论》第二部第二章中可以找到。

的时候,这正是问题的关键所在。惟一实在的义务成分,仍旧似乎就是机械团结所包含的那个成分。在某种意义上说,向机械团结的回归代表了涂尔干真正的思想发展路线,但在目前我们所要研究的问题中,它是造成混乱的重要根源。

如果承认团结单单是由分化过程产生的,那么,分化又是因何而来?涂尔干明确地反对用幸福学说作为解释,因为这种成分不能说明朝着单一方向的一个持续不断的过程。这里第一次明确出现了一种理论上的二难困境,这是下一章中主要讨论的题目。涂尔干认为,幸福学说的解释是主观的,它试图用行动者的动机来说明问题。既然这种解释不能接受,惟一的选择便是行动者的行动所处处境的条件了。从这个意义上说,劳动分工的起因就必定存在于行动的社会环境的特点中了。这些特点是什么呢?

涂尔干所集中注意的特点,是他所谓的社会的"能动密度(dynamic density)"。这个概念包含的基本推理是,社会中的个人之间必须有有效接触,才能有职能的分化。这首先意味着必须破除各个小群体之间的"隔绝",而这种隔绝是他所说的"分割的(segmentary)"社会结构的特点。[20] 但是,能动密度又取决于社会的"物质密度(material density)",即在每个单位空间内所要互相接触的个人的数量。最后,除非将要互相接触的人在绝对数量上很大,即社会的"容量(volume)"很大,物质密度也不会高。也就是说,社会分化归根结底是社会成员数量增长的结果,是人口压力的结果。

在涂尔干的这个思想阶段上,这就是劳动分工的主要原因。

---

[20] 这是采用斯宾塞对社会结构的分类法。关于涂尔干的观点,请见《社会分工论》,第一部,第六章。

可以看出,这个结论是通过一种多少有些简化了的论点得到的。他首先排除了那些可以概括为个人利益的一系列可能因素,然后又进而排除了其他一些因素,只把数量不多的某些明确的决定因素作为必要条件。没有物质密度,能动密度就不能存在;没有容量,物质密度也不能存在。这个结论在他论述不断增长的人口压力是如何产生劳动分工的机制时,表现得尤为模糊。涂尔干借用生物学的观点,把这个过程描述为生存竞争不断加剧的结果。然而,他承认这种加剧的可能结果不止一个。它可能导致通过自然选择而使更大比例的出生者被淘汰。与此相对照,劳动分工缓和了自然选择:它把个人群体互相竞争的那些不同领域区分出来。这样,每个个人便不再是同每个其他人直接竞争,而只同有限的一些人竞争,即只与他处于同一职业群体的那些人竞争。

但是在这个论证的过程中,"生存竞争"的含意发生了变化。在马尔萨斯—达尔文主义的意义上,它主要是指为食物或严格说来的生存手段而竞争。但是涂尔干把它看做主要是为了"达到目的",这当然远远不仅包括肉体的生存了。的确,这个术语主要变成了指满足野心和对社会名望的欲望。于是这个论点又回到了社会环境问题上来,不过却是环境中的那些显然绝非简单地受到人口压力如此影响的方面。说明自然选择为什么得到缓和的那个成分,实际上正是在此处最为重要的那个与达尔文主义相区别的成分,但涂尔干恰恰未能把这个成分明白揭示出来。

在他对有机团结问题的研究中,仅仅有两点是明确的,即对功利主义的解释加以批判否定,以及认为只有在社会秩序的框架之内才能进行和平的分化过程。但是,涂尔干却引人注目地未能道出有机团结的特有成分,而只是泛泛地说,这个成分必然存在于社会环境的特性之中。当他试图超出这一点的时候,他就归结于人口压力——不管怎样分析,这也根本不是一种社会成分,而在实质上是一种生物学的成分。以这一点是涂尔干思想的主线而论,这正是我们所熟悉的一种思想过程,即冲破了功利主义而进入激进实证主义,在这里就是把社会理论"生物学化"了。但这并不是他的思想主线,他很快抛弃了这种看法。他之所以产生这种看法,是由于前面讨论的经验方面的难题,以及将在下一章中讨论的一般性概念体系方面的某些困难。涂尔干在这两个方面都陷于一种特殊的处境之中,人口压力的说法作为这种处境的表征是很重要的。

　　涂尔干思想发展的实际方向,在他关于所谓劳动分工的"次要起因"的论述中现出端倪。这就是涂尔干所说的"conscience collective[集体良知]的渐趋模糊"。㉞ 涂尔干说,在镇压性法律占统治地位的社会类型中,对于行动的细节有详细的规定。随着劳动分工的发展,这种详细的规定也逐渐消失了。保卫共同价值的约束力量和典型的感情反应,不再依附于特别的法令,不再依附于采取个别的手段以达到特定的目的,而是仅仅依附于非常一般性的原则和观念。其结果必然是使个人独立作出选择和发挥首创精神的范围扩大很多。

324　　这里出现了这样一种成分,它不像人口压力那样是在 conscience collective[集体良知]的影响的解体趋势中起作用,而是通过这种影响的特点变化(这是由于 conscience collective[集体良知]本身的构成起了变化)起作用的。这个成分预示了《自杀论》中出现的观点变化。我们现在来讨论这个问题。

㉞ 《社会劳动分工论》,第二部,第三章。本书作者的译文。

360

自　杀

　　初看起来,《自杀论》[31]中涉及的问题似乎与劳动分工问题属于完全不同的范畴。但情况却并非如此。这本著作在对于本书至关重要的各个方面,都要被看做是同一思路的继续,是在另一个事实领域内进行的新的关键性实验。如同经常发生的那样,在考察的过程中,理论本身不仅得到了证实,而且还发生了变化。这正是本书所最感兴趣的问题。

　　涂尔干在批判关于社会分化的发展的幸福假说时,曾经提请人们注意自杀率所可能包含的意义。他四年后出版的这部专著,可被视为在那个短论中所发思绪的进一步的深入研究。

　　在对问题和一些初步定义作了说明之后,这本书对以前各种就自杀率变化所作的解释进行了系统的批判。[32]他所批判的各种理论主要分成两类,其中一类是用经济挫折、家庭不和等一般所谓自杀动机来解释自杀现象的理论。对此,他没有多加讨论。他提出的主要经验论点是:如果这些动机是可以确认的,那么,如果把它们分了类,在总的自杀率大幅度变化的过程中,属于不同种类动机的个例之间的比例仍大致保持恒定。涂尔干所要阐述的是总的自杀率问题,因此,可以认为这种意义上的动机

---

[31] 本书中所有引文都引自该书1930年版。

[32] 《自杀论》,第一卷。涂尔干只局限于自杀率问题,没有去解释个别的事件。因此,他得以排除了个别事件中的偶然因素。从统计学的意义上说,"自杀率"在这里与"死亡率"相似,它指的是在某一特定人口中,每十万人中的每年自杀者数量。而偶然因素则是说明,某人自杀原因有别于别人自杀原因的因素。换一个其他方面的例子,个人的不称职足以说明为什么某人而不是其他人在某个特定时间被解雇。但是绝不能说美国劳动者的工作效率突然发生变化,以至引起了1929—1932年间失业人口的剧增。这是一个比率问题,而不是偶然现象。

问题是无关的。对于本书现在讨论的问题说来,"动机"式的解释之所以重要,在于它是功利主义理论对自杀进行解释的主要方式。这种理论认为,自杀是为了追求某种确定的目的而采取的一种合理行动,超出这个目的就不被认为是必要的了,社会自杀率不过是这种"个案"的一个累积而已。

他所批判的其他理论都用能够(就我们目前的目的而言)划归遗传和环境范畴的因素来解释自杀问题。首先,有一种涂尔干称之为"宇宙论的"解释[33],即用天气条件之类的原因解释自杀现象。涂尔干毫不费力地表明,所谓自杀率和天气之间的关系,起码是可以用其他原因也能解释的。其他还有以种族[34]、酗酒[35]、精神病理状态[36]以及模仿[37]等作解释的。在对所有这些观点的批判中,涂尔干成功地(大部分是根据经验材料)论证了,包含有这些因素或其任何组合的以前的理论,都不能对自杀率问题做出令人满意的一般结论。虽然他并未成功地表明那些因素就全然是不相干的。[38]除去种族因素之外,那些因素对于偶然事件而言比之对于自杀比率意义更大,然而涂尔干理所当然地并未把这些因素从自杀率的问题中排除。他指出,从前那些包含了这些因素的解释未能完全地说明现象,一种新的解释路数从一开始起就被摒弃在一旁了。

这些因素中需要在此特别提及的是精神病理状态。不能忘记,涂尔干的这部著作写于十九世纪九十年代,自那时以后,精

---

[33] 《自杀论》,第三章。
[34] 同上书,第二章。
[35] 同上书,第一章,第五节。
[36] 同上书,第一章。
[37] 同上书,第四章。
[38] 有时他是言过其实了,但这不影响他整个见解的正确性。

神病理学的研究已经大大地进步了。他批判的精神病理学观点主要是,认为自杀的原因应该归咎于某种特殊的遗传性的精神病理学条件。涂尔干能够不费力气地证明,它不能说明自杀率的意义深刻的变化。但是,他的论点不适用于由"环境"和"官能"引起的精神障碍,我们已经通过上一辈人对精神分析和其他有关的研究大大加深了对这种精神障碍的理解。然而,如果表现于自杀行为之中的精神障碍的最终原因,是由"环境"而不是遗传造成的,就完全有理由认为,环境中的社会部分起着决定性的作用。事实上,涂尔干在他所作的分析中,特别是关于失范(anomie)的概念(我们将在下面讨论)的研究中,已经很明白地揭示了这些方面的原因。精神病理学被用来探讨这些社会条件对个人及其行为产生影响的作用过程。因此,如同涂尔干在这个问题上的主要追随者哈布维奇(Halbwachs)教授[39]所指出的那样,从社会学角度和精神病理学角度对自杀进行解释不是对立的,而是互为补充的。只是在涂尔干著书的时候,无论精神病理学还是他自己的社会学,都还没有发展到可以把二者联系起来的地步。[40]

关于涂尔干在这方面所作的批判,有一个问题是应该特别注意的。在《社会劳动分工论》中,他主要批评的是功利主义理论。对于用遗传解释劳动分工,[41] 他多少也附带进行了批判,这里的遗传系指个人之间性格和能力发生分化的过程中的遗传部分。同时,如前所述,他引用了另外一种遗传因素即人口论原

---

[39] 见哈布维奇:《自杀的起因》(Les causes du suicide),第十一章。
[40] 不过,这种逻辑在自然科学中是很为人熟知的。假如涂尔干熟悉自然科学,他就能够避免许多麻烦了。帕雷托就没有陷入这种谬误之中。
[41] 《社会劳动分工论》,第二部,第四章。

理来达到他自己的目的。另一方面,他又对若干种遗传和环境⁴²理论进行了清晰的和自觉的批判。他对具体理论进行详细的经验批判的结果被概括为这样一种观点:从以上意义的动机来解释或以前述其他因素来解释的理论,都是不能令人满意的。他还特别指出这后一种理论是个人主义的,⁴³并针对这些因素提出了社会的各种因素,以之作为方法论方面的纲领。他特别把社会环境同个人行动所处环境中的非社会性部分区分开来。与此相应,在《自杀论》中不再使用人口因素,这个因素从他的理论中完全消失了。而社会环境却保持着与遗传和环境共同的一种基本性质:在行动者看来,是他所不能控制的——这是涂尔干反对用"动机"来解释自杀的主要观点。长期以来,这一直是他的社会学客观主义中的显著特点。

因此,可以在社会环境的特点中,找到涂尔干感兴趣的自杀率中包含的因素。他把这些因素叫做 courants suicidogènes[自杀风]。他自己所实际进行的分析就是区分三种⁴⁴这类因素,并研究它们的经验后果。就三种因素中有一种相对于其他因素其重要性最大而言,自杀有三种"理想型",分别叫做"利他主义的(altruistic)"⁴⁵、"利己主义的(egoïstic)"和"反常的(anomic)"自杀。

---

⁴² 这是从以上讨论的技术角度说的,不包括"社会"环境中的主观成分。

⁴³ 这种说法可能是不合理的。见本书第二章,[边码]第74页。但这样一来,使得涂尔干把注意力集中到社会环境的价值部分上来。这是一个"富有成果的错误"。

⁴⁴ 他还提出过第四种,叫做(suicide fataliste)[宿命论的自杀]。但是他本人没有深入探讨这个问题,因此这里也不准备对此进行讨论。见《自杀论》,第311页脚注1。

⁴⁵ 对于涂尔干此处所使用的"利己主义"和"利他主义"需要加以说明。这种两分法在当代伦理思想中当然是根深蒂固的,在《社会劳动分工论》中已经出现过多次。从某种意义上说,利己主义是与功利主义的思维方式有着内在联系的。因为,如果人们的目的真正是随意性的,那么,假定他们的行动是合理的,则只有在能够成为达到他们自己目的所需手段和条件的方面,别人对于他们才是有意义的——目的

下面我们将分析这三个概念、它们互相之间的关系以及它们与前面讨论过的《社会劳动分工论》的概念框架的关系。这些概念的雏型在他的早期思想中出现过，后来的用法同以前相比有所改变，而这一点正是最重要的。

利他主义自杀是最简单的一种情况。[46]它涉及到一种对群体的依恋情感，其力量之强大，使得对于个人来说，与群体对于他恪尽群体赋予他的义务的要求相比，他个人的利益甚至连生命都成为次要的了。从一方面说，这导致了一般地对个人生命价值的低估，甚至个人自己也是这样认为的，以至他基于相对来说较小的缘故就愿意舍弃生命。另一方面，在某些情况下，这使得自杀成了一种直接的社会性要求(social mandate)。当代西方社会中，军队的情况引起了涂尔干的注意。[47]根据他的资料，军

从定义说来，就是除手段关系以外同别人的目的没有实在关系。前面已经叙述了霍布斯在讨论权力问题时，是怎样引申出来这个问题的后果的，以及涂尔干是接受了他的分析的。他顺此脉络反复把施行控制的需要作为"节制利己主义"的问题提起。与霍布斯的自然状态相反，"团结"意味着一种节制性影响的存在。由于它是"道德的"而不是强制的，涂尔干把它当成一种利他主义成分。他指出，社会本身即意味着利他主义的存在。《社会劳动分工论》中使用的"出于利害关系的"动机和"与利害关系无关的"动机两个词，似乎就分别是利己主义和利他主义的同义语。

不过，我们以后将看到，当代思想倾向于把这种两分法作为具体动机的两分法，这样就发生了严重困难。涂尔干最终克服了这些困难，但也带来了许多麻烦的误解。

在《自杀论》中可以看到，这些术语的含意多少有了某些变化。早先以利己主义表示的意思与后来失范所表示的意思更为相近。另一方面，利己主义一词与所谓"社会个人主义"联系起来，而利他主义指的不是一般与利害关系无关的动机，而是指对于群体的一种特殊的依恋之情。对这些问题下面将详细讨论。但是这些用词含意的变化是颇为令人糊涂的，有必要预先向读者发出警告。这表明，涂尔干的思想在这个阶段正处于发展过程中，并且，他还没有为自己的用词规定严格的定义。

[46] 《自杀论》，第二卷，第四章。
[47] 《自杀论》，第二卷，第四章，第二节。

队中的自杀率确实比平民要高得多。⑱ 这是一种和平时期的情况,而军人在战斗中服从命令(撇开强制不谈)的时候,就要使自己冒几乎必定死亡的危险——按照涂尔干的定义,这也是一种自杀。然而,一般都以军队生活的艰苦作为和平时期军队中自杀率高的解释。这种解释不能令人满意,因为,自杀在军官中比在士兵中要普遍,而军官的运气当然是较好的。并且,自杀率随着服役期而增长,而一般人都认为随着服役期的增长,士兵们就会习惯于艰苦的生活,因此生活艰苦的影响在服役的第一、二年应是最大的。最后,以贫穷为标志的艰苦与自杀之间一般来说没有必然联系。在欧洲的某些最贫困的国家中,如意大利和西班牙,自杀率比起较为繁荣的国家如法国、德国和斯堪的那维亚国家要低得多。⑲ 并且,在一个国家内,上层阶级的自杀率总是

---

⑱ 对涂尔干研究自杀率时所使用的统计数字需要加以说明。前面([边码]第38页注㊾)曾经指出,在社会科学领域内,大多数可以得到的统计资料都是属于不能用来直接纳入分析性理论范畴的层次的。即使是在经济学理论所达到的较高分析层次上,尽管经济学概念同社会学相比已经能够相当成功地量化,试图用具体统计数据来填充理论上需求之间函数关系的"空档",也遇到了严重的困难。在这部著作中,涂尔干的概念体系远不如经济学的概念体系那样精炼和严格,他的统计技术也较粗糙,有时甚至出现谬误。以通常所说统计上的"干净利索"来讲,无论如何也不能说他已经从统计学方面完成了对自己的概念体系的精确验证。事实上,他只是通过非常概略的和初步的统计分析,提出了关于自杀的事实和自杀率的变化的一些粗略的情形。他把事实方面的这些粗略的情形与同样粗略的理论特点以这样一种方式连接起来,使得二者之间总的来说是大致"符合"的。从理论意义上说,他的成果甚至谈不上达到了数字的准确性。但是,我们现在所研究的观点属于行动理论最一般的范畴。从这个观点看,统计方法的概略和不精确也许恰恰是一个优点。用现代化技术对数据进行精确的统计分析,极可能揭露出许多涂尔干没有意识到的复杂情况。但是,涂尔干所作分析的基础很广泛,在这样的基础上,不论怎样的精确统计分析也不大可能"驳倒"涂尔干。本书作者从来没有见过任何论点可以被认真地看做是驳倒了涂尔干的。

⑲ 《自杀论》,第二卷,第五章,第二节。

比下层阶级的自杀率要高,特别在城市中更是如此。这不可能是由于一般意义上的艰苦造成的。

涂尔干提出的解释与此大不相同。在现代社会,军队的显著特点是它的严格纪律。在军队中,个人的欲望和利益与他作为群体成员而肩负的非个人义务相比是微不足道的。于是便产生了把个人利益,特别是个人生命看做是无足轻重的观念。举例来说,如果一个军人的"荣誉"遭到了非难,这就可能导致他自杀。军国主义社会的日本就是一个突出的例子。在总的自杀率很高的国家里,军队中的自杀率相对较低;而在总自杀率低的国家里,军队中的自杀率相对较高㊿——这一事实进一步证明了这种观点,即军队中自杀率的原因与总人口中起作用的自杀原因是不相同的。

涂尔干发现,利他主义自杀在未开化社会和某些宗教群体中也是很典型的。在诸如印度的寡妇自焚风俗之类的情况中,就有对自杀的直接社会要求。

很显然,对于涂尔干来说,自杀中的利他主义因素基本上与机械团结是属于同一理论层次的。它表现的是牺牲个人要求而服从群体压力的 conscience collective[集体良知]。但是,即便在这里,所强调的重点也有所变化。主要之点已经不是个人与群体的一致性,而是个人之从属于群体,军队中自杀率高的原因不是由于它是一个无差别的团体,也不是由于军官和士兵之间、或炮兵与步兵之间没有区别,而是由于所实行的纪律的特点造成的。涂尔干已经不把"团结"问题视同于社会结构问题了。利他主义自杀表现了一种强调个人从属于群体利益的 conscience collective[集体良知],其特定内容是认为个人生命的价值低于

330

㊿ 同上书,第255页。

群体的价值。

对于"利己主义"自杀所作的解释要复杂得多,与《社会劳动分工论》中的观点也有更多的根本不同之处。涂尔干强调这个因素所联系的经验现象主要有两类。首先,自杀与家庭状况的关系给他留下了深刻的印象。[51] 一般来说,有配偶的人们的自杀率比未婚、丧偶和离婚者的自杀率显著地低。随着子女的出生和家庭人数的增加,这个差别也更大了。涂尔干排除了其他各种因素,特别是选择的因素,认为决定性因素是起一种缓和作用的对于某种类型的群体的依恋之情。[52] 如果人们与群体中其他人之间的关系是一种在前述意义上的情感依赖关系,就不大容易自杀了。但是,从利己主义概念来看,可以得出相反的结论。当人们摆脱这种群体控制的时候,利己主义似乎是自杀的一个因素;而当群体控制在某些方面过于强大时,利他主义则是自杀的因素。这使得利己主义与失范之间的关系变得很不清楚。

但是,在对另外一类关于自杀与宗教归属之间关系的资料进行讨论时,出现了某些明确得多的东西。一个明显的事实是,新教徒中的自杀率比天主教徒要高得多。[53] 把诸如民族之类的一些其他因素排除掉,就剩下了与宗教归属的关系。[54] 例如,在

---

[51] 同上书,第二卷,第三章。

[52] 同上书,第二卷,第二章。

[53] 涂尔干在这个问题上并非然是前后矛盾的。他把天主教徒中较低的自杀率归结为对于群体的依恋,把军队中较高的自杀率也归结于同样的原因。这里只是一种数量的区别。对群体的依恋有一个最适中的强度,多子女的天主教徒就接近于这种情况。依恋之情过深,超过适度太多(军队中),就会导致自杀率的增高;而依恋之情太弱(新教徒中)也使自杀率增高。

[54] 主要的例外是英国这个新教徒占统治地位的国家自杀率相对较低。涂尔干考虑到了这种情况。见《自杀论》,第二卷,第二章,第二节。

德国和瑞士境内的法语区，新教徒的自杀率都高得多；而在德国天主教徒聚居的地区，如巴伐利亚、莱茵河地区和西里西亚等地，自杀率则比全国总的自杀率低得多。如何解释这种惊人的情况呢？(55)

按照涂尔干的观点，原因在于新教徒对待宗教事务中个人自由问题的态度。对于虔诚的天主教徒来说，教徒的身份为他 332
规定了一整套信念和习俗。教徒在宗教事务中没有能动性，所有的权力都属于作为一种组织的教会。教徒的灵魂和获得拯救的机会取决于他对教会规则的虔诚皈依。新教徒中的情况则与此大不相同，最终是由教徒们自己来评价教义的真理性和遵循教义的行为的正确性。教会与教徒的关系同天主教的情况大不相同。教会是具有共同信仰和遵守共同习俗的人们的联合体；但作为一种组织，它不像天主教会那样具有规定个人应当具有何种信念和习俗的权力。

因此，涂尔干认为，关键性的区别在于个人与有组织的宗教群体的关系。从某种意义上说，这种区别就是，天主教徒从属于一种群体的权威，而新教徒则不受它的制约。但这只是从消极方面来看的，它并没有包括区别的所有内容。因为，实质问题是，新教徒之不受群体控制这一点是不能任意选择的。这种自由并非是按照本人意愿，可以把自己的宗教职责肩负起来，也可以把这种职责委之于教会。作为一个虔诚的新教徒，他**必须**要承担这种职责，行使他的自由。他不能把这种职责归还给教会。从这个意义上说，行使宗教自由的义务，是新教这种宗教运动的主要特点。这可以说是卢梭的著名论点的一个确切例证，即在

(55) 犹太人的情况很有意思。在涂尔干所统计的那个阶段，他们的自杀率是所有人当中最低的。《自杀论》，第二卷，第二章，第二节。

某些方面来说,新教徒作为人而言是被迫自由的。(56)

很明显,这不单是由于人口压力造成的职能分化的结果,而确确实实非常近似于 conscience collective[集体良知]的一种表现。上面提到的那种意义上的宗教自由,是所有新教徒共同的基本道德价值。只要作为一个新教徒,他就受到那样一种社会和群体压力的制约。但是,他因此而形成的与一个有组织的宗教群体的关系,却与天主教徒全然不同。他是在必须独立的压力下承担起自己的宗教职责的,而天主教徒则是处在必须服从
333 教会权威的压力之下。这种关键性的区别不是由于天主教徒的行动受所有天主教徒共同价值的影响,而新教徒则摆脱了所有新教徒共同价值的影响。这里讲到的自由是另一种含意的自由。区别之处在于,不同价值体系的内容不同。完全可以这样推断,如果新教徒中的高自杀率是由于利己主义引起的,这正是 consceince collective[集体良知](即新教徒所共同具有而为天主教徒所不具备的信念和情感体系)约束着个人的结果。

这种信念和情感体系之起作用,并非直接要求新教徒自绝其命。相反,无论对新教徒还是对天主教徒来说,自杀都是不可饶恕的罪过。但是,这种体系把新教徒置于与他所属的宗教群体的一种特殊关系之中,给他加以特别沉重的宗教责任的负担,所产生的压力在相对来说较多的情况下,所导致的结果就是自杀。涂尔干没有说明个人自杀中这种结果实际上究竟是如何产生出来的,但他无疑地指出了存在着这样一种关系。

在这部著作的后边部分(57),涂尔干对这种见解进行了概括

(56) 见让—雅克·卢梭(Jean-Jacques Rousseau):《社会契约论》,C. E. 伏汉(C. E. Vaughan)编,第 16 页。

(57) 《自杀论》,第三卷,第一章。这一点在《社会劳动分工论》的最后一章中已经有了明确的预示(特别参见第 403 页)。

并提出了以下的观点,即我们社会里主要的共同道德情感就是对个人人格(individual personality)本身所作的道德评价。这是比较一般的现象,而新教徒关于宗教自由和宗教责任的看法是这种现象的特例。如果这种"崇拜(cult)"出现,人们一方面就受到社会压力去"发展他们的人格"——要独立、负责和自重。另一方面,他们也同样受到压力要去尊重别人,要使自己的行动能够与得到同样人格发展的他人相协调。毫无疑问,涂尔干在这里已经在经验层次上得到了关于"契约中的非契约性成分"这一问题的结论。约束着契约和交易并使"有机团结"之所以成为可能的规范性规则体系,其实质至少在某些方面就是对个人人格崇拜的一种表达。这不是把个人从社会加之于他的道德束缚中解脱出来,而是给他加上另外一种道德束缚。人格是一种特定社会状态的产物,是 conscience collective[集体良知]的产物。涂尔干实际上到这里便停止了。他没有试图去解释崇拜个人的根源,他证明了存在着崇拜个人就感到满意了。但是,与《社会劳动分工论》相比,这是一部清楚明晰的巨著。共同价值成分不再与一种只有个人之间的相似性而没有分化现象的状态联在一起。首先,要把作为"契约"社会的先决条件的自由本身与 conscience collective[集体良知]明确地联系在一起。这样一来,从差别中推导出有机团结的所有尝试都消失了,人口论里面出现的"生物学化"的倾向也随之消失了。这使社会环境的概念发生了什么变化,我们将在下面几章中予以讨论。

涂尔干是以堪为典范的明晰性,去分析新教和天主教中不同的自杀率这个经验现象,从而解决了这个问题的。他澄清了那种认为家庭使人免于自杀的混乱思想。由于人格崇拜中固有的个人责任和个人独立性倾向于打破某些类型的对于家庭的感情依赖,起着阻止人们结婚和导致离异的作用,因此就完全可以说，被排除于家庭纽带之外的人的自杀率中，具有一种利己主义的成分。不过，失范这个概念与利己主义相比照而出现，这就使得这个问题变得更清楚了。现在我们必须转而讨论这个问题。

失范在《社会劳动分工论》中已经占据了一个相对次要的位置。但它只是被用来形容劳动分工中的“反常”形式(58) 之一，即没有完全实现有机团结的一种形式。在《自杀论》中，它占据的位置显要得多了，对概念本身也阐述得更加完整了。这就是为什么对它的讨论一直拖延到现在的缘故。它从处于一个相对次要的位置变成了与利己主义和利他主义同等重要的自杀因素。

335 和另两种情况一样，在涂尔干形成了这个概念的过程中，也有一组经验事实起了特别重要的作用。这个事实就是，随着经济的周期变化，自杀率的变化相当悬殊。(59) 如果说贫穷和萧条引起了自杀率的增长，任何人都不会感到奇怪；经济方面的挫折和损失是一种似乎言之成理的常识性解释。令人感到奇怪的是，在不寻常的经济繁荣时期同样会出现自杀率的增长，并且，与长期的平均自杀率或趋向相比，波动幅度差不多也是同样大的。因此，特别是有鉴于前面提过的自杀与贫穷之间并无一般联系，涂尔干对于那种认为经济萧条时期自杀率的增长的原因在于经济困难等等的观点，也产生了怀疑。他认为，不管是繁荣时期还是萧条时期，造成自杀率增长的那些原因可能是相同的。

涂尔干在下述事实中找到了那个原因，即无论在繁荣时期还是萧条时期，都有大批的人突然无法适应他们所处社会环境的某些重要特点。在经济萧条时期，有关生活水准的前景以及它所意味的一切都大大受挫。另一方面，在不寻常的经济繁荣

(58) 《社会劳动分工论》，第三卷，第一章。

(59) 《自杀论》，第二卷，第五章，第一节。

时期,对许多人来说本来不可能的事变成了现实。在这两种极端情况下,手段和目的的关系、努力和结果的关系都被搅乱了。由此产生的结果是一种混乱意识,人们失去了方向,不再有那种觉得自己"行得通"的感觉。

　　涂尔干的分析还更深一步。经济萧条时期的混乱意识和挫折似乎不难理解,但是,为什么在不寻常的经济繁荣时期人们的反应不是处处更加感到满意(功利主义观点认为满意是必然的和理所当然的)？涂尔干回答说,这是由于人们的安全感和朝着目标取得进展的感觉,不仅取决于适当地掌握手段,而且目的本身要有明确的定义。当许多人都发了意外之财,得到了本来似乎是不可能的东西之后,这些人便会认为没有什么事情是不可能的了。而产生这种想法,又是由于人们的欲望和利益原本就是没有止境的。要想有满足的话,欲望和利益就必须有所限制和约束。繁荣作为冲破这种约束的一种力量,成了造成自杀的原因。它启开了无止境地追求不可能的事物的无底深渊。

　　这种对于个人成就感必不可少、因而对于幸福也是必不可少的节制,不是由个人自己施加的,而是由社会施加的。要使这种节制具有这样的作用,不能是简单的强制。人们在接受单纯以暴力加之于他们的限制时,是不会感到幸福的。要让他们必须感到这些限制是"公正"的,节制就必须具有道德的权威。因此,节制就采用了社会赋予的用以规定行动目的的道德规范的形式。如果出现任何情况破坏了这些规范性的节制,其结果将是个人失去均衡,这将导致个人以各种形式陷于崩溃,在极端情况下就导致自杀。

　　在目前我们所讨论的问题中,所谓规范指的是与生活标准有关的规范。对社会中的每一个阶级来说,都总是有一种得到社会认可的生活标准。这个标准当然在某种限度内变化,但它相对来说是确定的。在这种标准内生活是一种正常合理的愿望。不管降到低于这个标准还是提高到超出这个标准,都将使涂尔干所说的"道德再教育"成为必要,但这即便能够做到也不会是轻而易举。

涂尔干把这一点也作为失去配偶的人和离婚者中自杀率比有配偶者高的一个原因。婚姻关系的解体就像取消了对生活标准的限制一样,它将使人们的各种标准处于动荡之中,并将造成一种社会和个人无从取向的空虚感。它的结果也将是沮丧和不安全感,并在极端情况下将导致自杀。

失范这个概念的一些理论含意是什么?首先,涂尔干提出失范与利己主义明确相对,这就完成了前面讨论过的那个过程。原来与有机团结相对的 conscience collective[集体良知],现在有了两种类型的影响,而与此二者相对又提出了一种 conscience collective[集体良知]约束力影响微弱,而在极端情形下根本就没有影响的情况。只要出现这种约束力削弱的情况,失范也就出现了。[60] 在利己主义和失范两种不同情况之下的摆脱集体控制即"个人解放",是居于极不相同的层次之上的。首先,个人人格的发展不单是取消社会约束的问题,而是受制于某种特定的社会约束的问题。

在讨论契约制度时,涂尔干曾提醒注意行动的规范性规则的一个方面,这种规则对于行动的个人相对而言是"外部的"。在某种程度上,可以认为它是行动的一系列给定的条件。但是,与失范相对所表述的那种约束,则属于一种微妙得多的类型。

---

[60] 当 conscience collective[集体良知]的压力超过限度时,就会产生宿命论的自杀。它可能同"利他主义"与军队中的高自杀率有关,虽然涂尔干没有探讨这种可能性。

它不仅涉及人们追求自己目的而进行行动时所处的条件,而且关系到如何规定他们的目的本身。并且,正是由于有了这种约束,"完整的人格"才能存在。

这样就把霍布斯的问题提到了更深层次。霍布斯对社会的不稳定性进行分析的那个层次,是以有众多个人能够合理地行动、知道他们希求的是什么为先决条件的。但这本身只是一种不现实的假设。处于自然状态的人连功利主义者所假设的那种理性的人也不可能是。涂尔干的社会学分析,不仅适用于个人之间的秩序成分即权力问题,并且进而也适用于个人人格中的秩序成分。

这样,方法论的一个根本观点已经初露端倪。但是,涂尔干很久之后才据此(如同根据这一关于失范的见解的其他许多含意那样)提出某种明晰的方法论观点来。这个观点是,"个人"与"社会"之间在分析意义上的差别,与"个人"和"社会"的具体实体之间的差别不能相提并论。正如脱离了组成社会的具体个人就不能在任何具体的意义上侈谈社会的存在一样,也不能单单用"个人的"成分来说明我们认识的具体个人,在他的人格中包含着社会的成分。这个问题在方法论方面的种种细节,将在以后对涂尔干理论的讨论中占很多篇幅。

现在我们可以把从《社会劳动分工论》到《自杀论》的变化总结如下:社会成员共同的道德信念和道德情感体系这个成分,即 conscience collective[集体良知],原先是与缺乏社会分化、与社会角色的相似性混为一谈的,现在已经区分开来了。同时,这样一来就认识到,契约中的非契约性成分正是这样一个共同信念和情感的体系,认识到它是分化了的个人主义社会的秩序基础中一个根本性的因素。包括自杀的利己主义成分在内的现代"个人主义",不是从泛泛而论的社会压力下解脱出来,而是受到

338

了某种特定的社会压力。在这两种情况下,基本上都是个人由于具备社会共同的信念和情感而受到约束的问题。

与此同时,失范[51] 这个概念占据了重要得多的位置。conscience collective[集体良知]的约束作用也随之从制约行动的相对来说是外部的规则,扩展到制约行动目的本身的构成,从而进入于个人人格的核心之中。这使得涂尔干的经验见解大大超过了他的一般概念体系。然而,在研究这个概念体系的细节和发展以及 conscience collective[集体良知]在何种意义上可以说是一种"社会"因素之前,最好先简述一下涂尔干据以生动地提出他在这一时期的根本性经验立场的另外两个方面。

职业群体和社会主义

对自杀及其与具体群体之间的关系进行研究,导致了对共同的规范性管制予以新的强调,这种强调构成为涂尔干关于社会改革的著名建议的理论基础——这个建议是,在大多数职业中重建类似于行会的有组织的职业团体。有意思的是,这个建议在《社会劳动分工论》中根本没有提起。[52] 它第一次出现于

---

[51] 失范在《自杀论》中的显著地位所带来的重要结果之一是,涂尔干对当时的欧洲社会更加感到悲观了。在《社会劳动分工论》中,他对斯宾塞关于契约社会稳定性的解释提出了质疑,但他没有对这个事实加以怀疑。在《社会劳动分工论》中讨论各种"反常"形式时,他只有较少的保留。对自杀问题的考察似乎打开了他的眼界,使他认识到失范的重要经验意义——特别是在某些关键的地方,如商业界、自由职业界和大都市中。

[52] 在《社会劳动分工论》中只有一些关于职业道德问题的讨论,另有一处指出,在商业中缺少这样的团体。

《自杀论》[53]的最后一章中,而后在《自杀论》发表之后[54]写的《社会劳动分工论》第二版的著名前言里又有详尽发挥。随着我们当代社会中分化的扩大,个人与之有紧密而亲切关系的就是家庭,比家庭更大的群体已不复存在了;即使家庭对个人控制的力量也显然在不断削弱。另一方面,虽然国家的权力和重要性在不断增长(这乃是个人主义发展过程中一个必要的因素),但就实行对个人的控制来说,它显得过于冷漠和不具人性。它对个人的控制越来越多地表现为以肉体制裁为后盾的不具人性的法律。然而,需要的却是道德权威的控制。

由于职业分化是现代社会的主要特点,因此,把职业团体作为社会的单位,使之对自己的成员进行一种道德上的控制,以约束他们个人利益的无限增长,这是合乎逻辑的。这些团体的规章准则必然会各有不同,因为没有任何一种准则能够适用于所有需要管束的不同情况。但是每个团体都将对自己的成员规定一些共同的具体规范。从某种意义上说,每个团体都是具有机械团结这个特点的群体。涂尔干认为这是控制失范发展的最有希望的实际手段。只要有选择职业的自由,这样做与个人主义道德的基本原则并不抵触。

涂尔干宣扬有组织的职业团体,经常使别人把他看做是工团主义运动的鼓吹者。在结束本章之前,简略探讨一下他与社会主义及工团主义的关系将是饶有兴味的,因为正是在《自杀论》即将出版的1895—1896年这个时候,他作了一系列关于社会主义问题的讲演,虽然这些讲演直到1928年才出版。特别有

---

[53] 《自杀论》,第三卷,第二章,第三节。
[54] 其中提到《自杀论》,可见这篇前言写于《自杀论》出版之后。见《社会劳动分工论》,正文前第1、19及33页。

趣的是,与当时的许多著名思想家一样,涂尔干对社会主义运动深感兴趣,并为社会主义运动所提出的种种问题所震动。他和帕雷托直接就这个问题写了详尽的论著,而马歇尔和韦伯则间接受到了社会主义运动很大的影响。

他的理论探讨是围绕着社会主义与共产主义的根本区别进行的。按照涂尔干的术语,共产主义是一种宣扬通过社会的中央机构对经济活动进行严厉控制的学说,这种学说的产生主要是由于意识到无控制的经济将危及社会更高的目的。它的根据乃是这样一种信念:不加控制地攫取财富将导致欲望无限增长,而不论从个人或社会的利益来看,对这种欲望都必须加以控制。柏拉图的《理想国》是共产主义著作的原始雏型。这是人类社会在任何时期、任何地方都要反复出现的问题。因此,共产主义思想不是与任何特殊社会条件相联系,而是在所有社会条件下都偶尔地出现的。

社会主义则是另外一种学说,它提倡把经济利益与社会控制机构融合到一起。对于西方社会如今的情况来说,与其说是由国家控制,不如说是与国家融合。其根据正是一种对于社会的经济观点,这种观点并不觉得有必要为了某种更高的利益而对经济成分实行控制。社会主义与功利主义的个人主义之间的区别,完全在于如何回答最大限度地扩大财富的最佳手段是什么这样一个问题。最大限度地扩大财富作为一种目的,是合乎需要的,对这一点并无异议——它与其他目的无疑是抵触的。其所以可能如此,是因为从伦理学和哲学上看,社会主义者就是功利主义的个人主义者。这是社会主义的经济决定论的最终根据。[65]

---

[65] 关于这个学说的马克思主义版本,将在以后进一步讨论(见第十三章)。

社会主义与共产主义不同,它是我们现代社会条件所特有的现象。因为,若不是能够履行现代经济秩序中复杂的管理职能的高度发达的政府机器业已存在,社会主义就不能作为一种严肃的运动而发展起来。

当然,涂尔干的这些概念是抽象的;而且,他自己也欣然承认,在具体加以考虑的现代社会主义运动中存在着共产主义的成分。特别是,他对社会主义的定义是很狭窄的,把平等的成分排除在外。这个成分在具体的社会主义运动中无疑起着非常巨大的作用,而在他使用的术语中却必须划归于共产主义的范畴。

抛开这个问题本身的趣味不管,也不管涂尔干的观点能否被接受,他对于社会主义的讨论,又一次提出了经济成分同其他功利主义成分之间的根本区别问题——一个是对满足个人需要的追求,另一个是与之全然不同的"社会"成分;从个人观点来看,后者是一种强制的和控制的因素。可以把这种区别看做是涂尔干社会学思想真正的基本出发点。与其说他是社会主义者,不如说他是共产主义者。

特别重要的是,前面我们曾经指出,⑯涂尔干早在写出《社会劳动分工论》之前很早就致力于研究社会主义了,虽然他系统地发表自己的观点是以后的事。尤其是,他之所以走上研究社会学这条有待开拓的道路,一个主要原因,就是因为他认定,社会主义经济学不能够解决主张自由放任的个人主义理论所提出的问题。在涂尔干看来,如同帕雷托和韦伯的观点一样,社会主义和自由放任的个人主义是一致的——它们全没有考虑到这三位学者都关心的某些基本的社会因素。

至此为止,已经足以说明广义的经济个人主义问题在涂尔

---

⑯ 见本书[边码]第310页,注⑩。

干早期思想中所起的巨大作用了。他对作为经济个人主义基础（事实并非全然如此）的这些科学学说以及这些学说所包含的关于现代西方社会的解释不以为然，因此他便寻求其他可供选择的观点。在早期阶段，他曾考虑过两种如此的替代观点，但终于完全抛弃了它们。一种是社会主义经济学提出的观点，但后来他认定它根本不是一种真正的替代观点（以他的想法而论），而只是原来那些基本学说的另一种表达方法，仅仅是在某种程度上更适应于实际情况而已。另一种观点是生物心理学决定论（biopsychological determinism），即在认为劳动分工主要是由于人口压力这种学说中反映出来的观点。但是，这种观点甚至同《社会劳动分工论》中的许多成分也格格不入；通过写作《自杀论》，涂尔干的思想不断发展，便明确地抛弃了这种观点，使之在他后来的思想中没有起真正的作用。于是，便剩下一个他所致力的"社会"因素。从消极意义上说，这个因素与功利主义以及遗传和环境里面包括的那些因素都完全不同；从积极意义上说，它主要被称做是"社会环境的组成"，或有时被说成"社会结构"。

  涂尔干对这种社会因素及其地位进行了系统的方法论方面的研究，对这个问题的分析是本书的下一个任务。但是，应该记住，这种方法论绝不是抽象的哲学假设，在每一个步骤上，它都受前面提到的那些经验研究中所产生的问题和困难的支配。对涂尔干的方法论进行研究的许多人都忽略了这个联系，因此造成一种辩证法老调的印象，而事实上这与涂尔干的本性是很不相符的。

第九章 埃米尔·涂尔干(二)：社会学实证主义的方法论

　　前面一章的讨论表明，涂尔干在他的早期经验研究中极其关注、甚至主要关注的，是前面称之为"功利主义"的那些理论（如同首先由斯宾塞所系统阐述的那样）所引起的某些问题。《社会劳动分工论》一书从现在所讨论的问题的角度来看，应当看做主要就是批驳功利主义的现代工业社会概念。而且，正是主要在这本书的批判性内容当中，涂尔干关于这个问题的论点才是扎实和有见地的。到了提出他自己的实证理论的时候，他又像前面指出的那样，在许多地方犹豫动摇。在完成了《社会劳动分工论》一段时间之后，他才利用当时各种概念体系所提供给他选择的观点，确定了自己主要的思想方向。

　　如果我们能够表明，在涂尔干的思想中对于经验问题和方法论问题的观点是紧紧平行发展的，那么就可以确凿地证实，前面对他早期经验研究的解释，也可以证实，涂尔干的方法论是直接依赖于这些经验问题，并与这些经验问题相联系的。本章正是要试图表明这一点。涂尔干早期的方法论思想中包括两种主要的思路。一种是论战性的，在方法论的层次上对作为功利主义的个人主义根据的那些概念进行批判；另一种是他自己的实证学说，是对本书以前所研究的大多数论点都与之有关的一般实证主义传统的发展。他很快就彻底摒弃了各种形式的个人主义的实证主义学说和功利主义学说,建立了另一种基本上也是实证主义的体系以取而代之。这个体系形成了一种相对稳定的均衡,并在他思想发展的中期阶段占据了统治地位。但是,由于这个体系中有一些重要成分与事实不相适应,便逐渐解体了。这个解体过程将保留到以后各章中讨论,本章的任务是探讨这个体系形成过程中的主要成分,并把它在发展顶峰时的轮廓勾划出来。

功利主义的困境

现在有必要重述一下功利主义体系的一些主要方法论特点。它的中心原则是以对于个人需要和欲望的合理追求来解释行为,因此,带有一种激进实证主义者所不能接受的目的论的特点。但是,这种功利主义依然试图在实证主义的意义上,变得具有科学性,它的主要做法是明确地或暗含地提出某些假设,使需求因素完全从科学问题的领域中产生出来。

这种假设认为,需求在双重意义上是主观的。一方面,每个个人的各种需求是他自己主动地产生的——它们在"自然"决定论的范围之外;[①] 另一方面,需求是每个个人私己的,一个人的需求和其他人的需求没有必然的联系。个人相互之间的关系被认为完全是这样一种层次上的关系,即他们彼此作为获取各自目的的手段和条件,究竟重要到何种程度。

这种个人需求的双重主观性具有重要的意义。以实证主义来说,处于自然决定论的范围之外这一点具有特殊的含意——

[①] 当然,如我们反复指出的那样,这个观点渐渐演变成了一种激进的决定论——心理享乐主义是其主要过渡形态之一。

它意味着不受"规律"的支配。也就是说,需求被认为是从严格的统计学意义上说随意变化的,因为它是对自然规律——即各种事物行为中的一致性——的否定。

因此,如同某些经济学家所喜欢说的那样,功利主义观点把个人需求作为"给定的数据",但这是从一种特定意义上来讲的。他们对这些需求不是首先进行经验研究,找出个人实际上需求什么,以便继而提出从这些事实中找得出哪些一致性的问题。恰恰相反,他们只是武断地假设,对于功利主义理论来说极为重要的这种一致性是不存在的;② 即便这种假设是隐含的,也仍然给人以深刻印象。

根据这种假设,只能从两个方面得到作为人类行为实际秩序的属于"规律"范畴(或一致性)的东西。其中功利主义者最予以强调的一个方面,是许多个人(他们的行动是获取彼此目的的手段)所采取的这种合理行动中包含的手段—目的关系的一致性——首先是市场的经济规律。因此,经济学在功利主义思想传统中才占据了中心地位。另一个方面是行动的处境,特别是人之外(nonhuman)的环境和个体所秉承的人性。如前所述,这两种解释的区别就是功利主义与激进个人主义的实证主义的区别。在具体的思想史上,这二者之间有许多逐渐演变的形态。

在讨论涂尔干与这些思想的关系之前,需要回顾一下另外一个影响着目前所讨论的整个思潮的基本区别——即"从外界

---

② 在一般盛行的经验主义基础上,这一点确实被信以为真。斯宾塞当然即是如此,涂尔干是直接批判他的。另一方面,对于抽象的分析性经济学理论来说,可以说确实存在的任何需求的一致性,都与所要进行的科学研究的目的无关。但是即使如此,对于需求的一致性如何抽象才是可以允许的,这个问题必须非常慎重。关于某些难点,见塔尔科特·帕森斯:《对经济学的性质和意义的若干反思》,《经济学季刊》,1934 年 5 月号。

观察者的观点看"和"从被认做正在行动的那个人的观点看"这种特殊意义上的客观和主观的区别。很明显,功利主义分析的基本框架是采用后一种观点。只有假设个人都在追求目的,并且这些目的是行动中起作用的因素,这种功利主义的分析才是有意义的。但是,由于把这些目的设想为随意性的,它们的具体内容已经被排除于科学问题之外了——当然,它们在具体行动中的一般作用并没有被排除掉,而正是这一点被当做整个概念的基础。

另一方面,整个实证科学所关心的,是科学家对"事实"的观察。自然科学中涉及的关系相对来说是比较简单的。因为,有待确定的,只是一个观察者即科学家本人与一组事实即他所研究的现象之间的关系。然而,在研究人类行为的科学中,却很遗憾地存在着两个更为使人迷惑的问题:第一个是,所研究的行为的发出者的主观方面处于何种地位——它到底是不是属于观察者所观察的事实范围的一部分?如果是,是在什么意义上属于这种事实的范围呢?当然,这是行为主义的问题。第二个复杂问题更少被人注意。如果承认研究其他人的"心理状态"是合理的,则进一步的复杂问题就出现了:对于行动者来说,哪些东西构成他的外部世界的"事实",哪些不属于他的外部世界的"事实"?——围绕着如何运用"科学的"标准来分析行动的合理性,出现了一系列问题。这一系列问题对涂尔干具有决定性的重要意义,就像它们对帕雷托一样。但是,与大多数从实证主义传统中脱胎出来的人一样,涂尔干也没有正面地研究这些问题;他也像他们一样,往往是不加说明,就从观察者的观点转到行动者的观点,然后又转了回来。要把他的思想分析清楚,首先就必须始终明确记住这二者的区别。

前面曾经指出,涂尔干对功利主义的个人主义的基本批判,是基于它不能说明社会中规范性秩序的成分。③ 首先，由于需求本身被假定为随意性的,这种秩序成分就不能从需求之中提取出来。于是,斯宾塞试图从契约性关系中得出秩序成分。而涂尔干的主要命题是,斯宾塞所持的一般功利主义的契约概念中的成分,作为满足个人利益的手段,而在对某种个人利益的特定追求中所包含的那些成分,不能说明这种关系体系的稳定性。以后他又认为,纯粹的契约性关系不会是秩序,④ 而是失范,即混乱。在这里没有必要重复涂尔干关于这个命题的论点。他认为必然有一个深一层的成分,当时他称之为"有机团结",分析起来是与个人利益的复合体截然不同的。

涂尔干在《社会劳动分工论》中的思想只是到了这个时候才真正清楚了。最重要的是要记住,这一论战乃是他的整个见解的出发点。至此,他已经接受了功利主义思想最基本的根据——在前述特定意义上的个人需求的主观性,包括关于这种需求随意变化的假设。既然出发点是这样的,他从手段与这些

---

③ 见《社会劳动分工论》,第一卷,第七章。虽然题目是译过的,但所有引文都出自法文第五版。

④ 前面曾经提到过,秩序这个概念中有两个完全不同的层次是必须弄清楚的。自然科学意义上的"自然秩序",只不过是包含着可以用"规律"加以阐述的行为一致性的一系列现象。它与人类目的没有必然联系。生存竞争以及所有人针对所有人的战争,都完全可以成为这种意义上的秩序。与它相对的是这样一种状态,即事情是偶然发生的,不能用科学进行分析。另一方面,如涂尔干所明白表示的,他这里所指的秩序,其对立面正是所有人针对所有人的战争。他的秩序概念指的不仅是事件中的一致性,而且意味着以理想的行为和关系的规范(例如,在法律秩序下的"契约制度")来对人类行动进行控制。在涂尔干早期的思想中,像其他实证主义者一样,没有明确地从理论上把这一区别,虽然他的经验观察非常肯定是与后一种秩序联系在一起的。在很长一段时间里,这一显而易见的事实的理论含意,是他理论研究的主题之一,并且是导致他的实证主义体系解体的主要途径。在下一章中将详细地讨论这个问题。与此处讨论相关的秩序,对行动者来说不仅是"事实上的秩序",而且是"规范的秩序",虽然对观察者来说它仅仅是事实上的秩序。

主观目的的关系中寻找秩序成分时,便想到了对人类行为的一种个人主义解释。他原来反对的是这种解释,而不是作为这种解释的根据的那些关于个人需求基本性质的假设。这样,他便把对人类行为的个人主义解释同功利主义解释一致起来了。在拒绝了功利主义的解释之后,他试图以"外在"⑤于个人的因素来得出自己的解释。可以认为这是涂尔干的理论中作为"社会事实"的一个显著标志的著名的"外在性"标准的最初起源。它明白地包含了"个人"(对于个人来说,这些力量必然是"外在的")一词的一种特殊内涵。

对于"强制(constraint)"⑥一词(它是社会事实的另一个主要标准)的本来意义也应该同样理解。由于功利主义需求被认为是主观的或内在的,所以它们也是"自发的(spontaneous)"。从定义来看,需求领域就属于决定论规律的范围之外——需求对个人来说是内在的,因此可以认为它们是个人自发的产物。如果用这种需求来解释行为不能令人满意,则藉以取代它们的因素,必须在个人观点看来是与"自发的"相反的,即这些因素必须在一个人的行动当中对他起"强制"作用。

因此,许多问题都可以通过涂尔干对功利主义者直接批判的关系来理解。他所作批判的方法论框架,来自本章开始时提到的另一种成分,即实证科学的方法论。它对涂尔干早期思想的影响可以从对他的第一个方法准则的解释中看到——应把社会事实看做 comme des choses[像事物一样]⑦。

把这一点的含意说得更明白些就是,社会学家必须把社会

---

⑤ 《社会学方法的准则》,第6页以始;第二版序言;第14页以始。
⑥ 同上书,第6页以始;第二版,正文前第20页。
⑦ 同上书,第20页以始。

生活的事实看做是"事物"——指的是外部世界的物体——即可以观察的事实。它符合作为实证科学全部发展过程基础的认识论,即强调经验的和可以观察的成分。如同涂尔干所说的,经验成分的显著特点是它的客观性,是它独立于观察者的主观爱好、情感和愿望。不管我们喜欢不喜欢,事实就是事实。如涂尔干所说,⑧ 它"抵抗"观察者同它作任何交流。事实就是严格地以外在性和强制性的标准而成为事实的——这些标准来自科学方法论。

所有这一切适足以使社会学成其为"实证"科学,这样一种想法并非涂尔干所独有,而是全部实证主义传统以及别的立场所共有的。的确,到了后来,怎样理解社会事实是"可观察的",成了一个重要问题。但在目前我们所讨论的问题上,这种态度的主要结果,使涂尔干倾向于使用可以客观验证的事实,如劳动分工、自杀率、法律规则等,这是毫无问题的;而对诸如"思想"、"情感"之类的"主观的"存在物,他则持怀疑态度。⑨

不过,我们现在要讨论的,是问题的另一方面。涂尔干所批判的功利主义的立场,就其方法论来说,是按照主观观点即行动者的观点来表述的。涂尔干自然要像帕雷托一样把他的科学方法论也应用到这一方面,就像许多人以前和后来已经做的那样。实际上,外在性和强制性的标准主要是用于这一方面的——鉴别社会事实的根本标准⑩是,它对行动者是外在的,而不是对观

---

⑧ 关于"事物",参见《社会学方法的准则》,第二版,正文前第 11 页以始。

⑨ 涂尔干在这个阶段还没有充分意识到主观观点对他的思想的重要性,因此他经常提出一些自相矛盾的论点。某些评论者甚至认为,他属于完全排除主观范畴的行为主义的"客观主义"。但这种解释即使与他这个早期理论体系的中心结构也全不相符,更不要说它以后的发展了。

⑩ 也就是说,把社会事实与功利主义所说的需求相区别的标准,对于"个人"

察者是外在的。

因此,把社会事实作为 choses[事物]看待,就有了双重的涵义。不仅社会学研究者所研究的社会现象的事实,是对于研究者来说的外部世界即"自然"的一部分,而且对于人类行为也必须根据各种因素即力量来理解。这些力量对于采取行动的个人说来,也可以认为如同 choses[事物]一样,是不能按照行动者私己的意愿和情感改变的顽固的事实。总而言之,这就是功利主义所主张的需求的对立面:需求既是自发的又是主观的,而 choses[事物]却不是自发的而是给定的。如果需求不足以对行为进行解释,那么惟一可供选择的就是属于这种意义的 choses[事物]范畴内的那些因素了。⑪

"社会性"因素

到目前为止,实际上还没有说到社会性因素或作为一种独特现实的社会,而这在涂尔干的思想中以及对他的思想进行的讨论中都占有重要地位。不过,前面的分析对于理解他的著名公式是必要的步骤。在他自己的心目中,刚刚提到过的那些考虑显然先于任何明确具体的社会概念。前面叙述的他从《社会劳动分工论》到《自杀论》的思想发展过程可以证明这一点。前

来说是外界的,就是说它是作为行动者个人的外部世界中的一个成分。见《社会学方法的准则》,第二版,正文前第 14 页。

⑪ 这是因为这种认识论用一种古板的二元论进行思维:客观—主观,现象—理念,等等。如果一个事物不符合其中一个,按界定来说它就必然属于另一个,因为没有其他选择。这种思维方式在很多地方对涂尔干却很重要。显而易见,这就是我们前面提到的功利主义的困境,只要可供选择的是用实证主义方式表述的。

面已指出,对于劳动分工问题,他根本不是按照他后来理论当中的社会因素来解释的,而是以生物因素(即人口原理)解释的。前面的分析说明他是如何陷入这样一种古怪观点的。既然出发点是为了论战,那么,任何不存在功利主义那些困难的可供替代的观点,一见之下就是可以接受的了。涂尔干开始时是一位激进的二元论者。当时有个人和非个人的两个范畴,实证科学的认识论原先把这两个范畴的区别,等同于主观和客观的区别,同时也把它等同于"需求"与有关满足这些需求的外部世界的事实或"条件"的区别。

这样,由于生物学因素是客观的,因此它也就成为涂尔干的非个人主义范畴了。生物学因素是"外在"[12] 于个人的自我而对个人有"强制"作用的。"生活的事实"被当做对于行动者和观察者都是外部的 choses[事物]领域的一部分,是不依意志而改变的。[13] 在这个阶段上,至少在方法论方面还不能说涂尔干是社会实在论者,只能说是一个与功利主义目的论相反的激进实证主义者。

社会学主义的(sociologistic)实证主义的方法论体系,是与业已讨论过的从《社会劳动分工论》到《自杀论》的经验发展相应地建立起来的。前面已指出,在《自杀论》一书中,除了那些(他也称之为"个人主义的")"功利主义的"因素之外,涂尔干进而批

---

[12] 对这个论点的讨论已经弄清,即便对涂尔干理论最早阶段所谓的"外在性",也不能从空间意义上去理解。这种对涂尔干的"实在论"的天真解释是不能接受的,而那些或明或暗地把这种解释硬塞给他的批评家,只不过是在对着假想目标进行攻击。这里的"外在性"是在认识论的意义上讲的,在这种意义上,人体是外部世界的一部分,"自我"不是一个占有空间的实体,不是一个"客体"。但是,涂尔干立论也许有欠严谨,招致人家误解。

[13] 如前所述,这是贯穿于《社会劳动分工论》中的他据以思考的主要两分法。见前文[边码]第 311 页。

判考察了"宇宙"环境和人类个体得自遗传的属性(个体的生物构成和心理机制)等等因素。这样,他也就断然否定了以外部环境、种族、精神病理学因素和模仿等等作为自杀的原因。可以说,这主要是涂尔干对试图作这类解释的各种理论进行批判性研究所得出的经验发现。

但是,这样一来,对于涂尔干来说,就在方法论上明确地把个人的⑭和社会的⑮两种"自然的"客体、两种 choses[事物]彻底区分开了。换句话说,对于研究社会科学来说,"个人的"范畴(不能用来解释"社会事实"的范畴)已经从本来的狭窄而具有特定功利主义味道的含义,扩大到把所有"个人主义的实证主义者"用来解释人类行为的那些成分统统包括在内——不管他们乐于用环境成分还是生物学成分或心理学成分来解释。也就是说,到这时涂尔干已经否定了十九世纪主要是个人主义的西方思想界所最普遍热衷的所有那些因素。⑯他在这个问题上的发

---

⑭ 如果说成是物质的则不正确,因为涂尔干认为有机物层次的存在和心理学层次的存在两者都是独特的综合体,即包括有"偶发性"现象。

⑮ 应该注意,"社会的"这个范畴是通过排除法得到的,因此它是一个剩余性范畴。

⑯ 这种情况可图示如右:"主观的"、"客观的"和"个人的"是互相重迭的三个术语。社会因素是剩余性范畴——即不属个人的那个客观成分。在这里,没有不属于个人范畴的主观范畴。

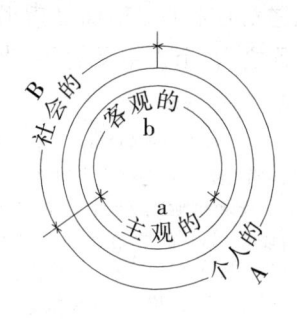

展过程与帕雷托非常相似,这一点一定给读者留下了深刻的印象。在他们两个人的思想中,发生这种变化的推动力,都可以说主要是由于他们自己对"个人主义的"各种理论进行了批判分析,作了经验研究,从而认识到了"个人主义的"理论在经验上是不充分的。

这一点还可以从下面这个事实得到印证,即涂尔干在这个阶段对于什么是"社会的"范畴是从消极方面来界定,而不是从积极方面界定的,是一种剩余性范畴。并且,更加触目的是他的这种从消极方面界定的批判性观点,在以后的生涯中始终没有改变,而他在这一时期正面提出的那些思想,后来却发生了根本的改变。⑰

涂尔干在这一时期提出的"社会事实"的主要特点如下:他从对功利主义的个人主义所持批判态度出发,提出了外在性和强制性这两个标准,又从科学方法论中引出了 choses[事物]的范畴。这样,不管对观察者还是行动者,社会事实都是 choses[事物],其特点是对行动者来说的外在性和强制性。

但是从本来意义上说,这些标准都显得太宽泛了。choses[事物]包括了物理层次、生物层次和心理层次的现实存在的事实。所有的 choses[事物]对于作为行动者的个人来说,都是"外在"的,并且从不依行动者的意愿而改变这个意义上说,对行动者也都起着"强制性"的作用⑱。那么,他是以哪些标准把这些

---

⑰ 主要是这种情况使许多批评家产生了误解,把他各个阶段的思想看做在所有的理论方面都是一致的。

⑱ 涂尔干未能说明从这两种观点出发的 choses[事物]范畴在范围上是否一致,特别是没有说明对行动者来说不是事物的东西,如行动者的目的、感情、思想等,对观察者来说是否能够作为 choses[事物]。似乎起码在这个阶段上他尚未意识到这个问题如前所述乃是行为主义问题。

范畴缩小以排除掉他所否定了的那些因素的呢?

涂尔干在分析方面的主要任务,是界定人类行为中的"社会因素"的性质。为此,他提出了一个明确的批判观点:社会因素不能纳入如功利主义理论所阐述的目的范畴。在积极方面,他有一些按照来自科学方法论的方式阐述的标准;与功利主义意义上的目的相反,社会因素对于行动者必须是属于外部世界中可以验证的事实、也即 choses[事物]的范畴或成分。choses[事物]在这种意义上是"外在"于行动者并对他的行动起"强制性"作用的。

但是,如果为了他的理论目的,进一步批判否定所有可以化约为遗传和非社会性环境的成分,[19] 将使情况变得复杂,因为这些成分符合某些最初的标准,而这些标准是从对任意性需要的批判性的反题而得出的。环境条件和"人性"中的遗传部分也是涂尔干所指的 choses[事物]:它们"外在"于行动者的自我,对他起"强制性的"的作用,他要使自己的行动合理就必须对它们加以考虑。于是社会成分成了一种剩余性范畴:成了不能化约为遗传成分和非社会性环境成分的行动者的那个 choses[事物]范畴。这种纯粹消极的定义增添了一个实证的标准。这个成分从分析意义上说,显然是由下面这个事实引起的,即个人与其他人存在着社会性的联系。因为,对孤立的个人进行抽象的分析就排除了这个成分。

问题在于对于社会因素,除了这种以剩余性范畴来界定以外,如何才能再提出一些说明,以便可以既保持在前面提到的一般性分析结构之中,又不仅止于采取 X 等于 Y 减 Z 的形式。也就是说,需要明确地界定这样一种成分,它既符合外在性和强制

---

[19] 这是从贯穿本书的整个分析意义上说的。

性的标准,同时又是不能化约为遗传和非社会性环境因素的。

前面已指出,有一个可能解决这个问题的线索:它与个人在社会关系中的联合显然有某种关系。这个线索以及关于某些事实如果不用这样一种成分就不能解释的经验见解加到一起,形成了涂尔干首次尝试积极地而不是以剩余性范畴的方式来划出一条界限的根据。这种论点可以叫做"综合"论点,而且纯粹是形态上的;换句话说它以总的研究领域为基础,而不是以他一直研究的那些经验现象的具体事实为基础。

这个观点从根本上说是对以上所说的"原子论"的挑战。经验世界包含着许多有机实体,这是在以下意义上来说的:一旦将构成为整体的各个单位和部分以及它们之间的基本联系,从它们在整体里的具体关联中孤立出来,是不可能从中直接总结出整体所具备的特性的。在这种情况下,以单位分析把复合的具体实体分解开来,就会破坏它的某些特点。这些特点只有在总体之中才能观察到。对涂尔干来说,这种综合[20]学说是一种具有普遍意义的学说,它适用的范围远远超出了社会科学的界限。在提出这个学说的过程中,他广泛地利用了以社会领域与化学及生物学领域进行类比的方法。当然,很难说这样就解决了他的理论问题,而只是在某些方面对社会因素的表述稍许明确了些。仅仅知道原子论的理论没有把社会科学理论中的某些关键成分考虑进去,这显然是不够的;还必须进一步了解这些成分究竟是什么,它们与涂尔干所否定的那些理论所阐述的成分,在逻辑上和功能上有什么关系,它们是以什么样的机制影响具体的人类行动的。总而言之,这个论点适用于所有的经验现实,而与

---

[20] 这个学说在《个人表象和集体表象》一文中论述得最充分,见《社会学和哲学》。当然,他在整个研究中一直在重申这个概念。

行动参照系没有必然联系。把它作为一种建立在行动体系上的社会学理论的基本根据，正是索罗金教授所谓"逻辑不当(logical inadequacy)"[21]的谬误的突出例子。它要依据一种能够以同样方式运用于其他事实的图式，来解释一组具有与其他事实截然区分的特点的事实，这就否认了起区分作用的事实——如人类社会与生物有机体甚至化学复合物之间的区别——的科学重要性。

但是，即便这个论点有这些局限性，它也是无可置疑的。具体存在的社会，毫无疑问是一种这种意义上的有机的实体，或如涂尔干说，是一种特殊的实在。原子论的理论在经验上实际是不适当的，这已经为涂尔干在一些重要问题上的经验研究所明确证明。但是，除了说他的这个论点不够深入之外，只有加以明显的曲解才能提出反对。不过，这种曲解却是涂尔干本人未能很好地防止的。这个反对的论点是，作为综合体中的一个单位的"个人"和由个人构成的社会都是具体的实体，是我们所了解的具体的人和具体的群体。在这个意义上说，社会只不过是相互之间处于一种给定关系之下的人的聚合体，这是不言而喻的。但是，涂尔干论点当中的"个人"，不是这样的具体实体，而是理论的抽象物。这一点随着他的理论不断发展越来越清楚了。简单地说，他所说的"个人"是与其他人毫无社会性联系的虚构的人。这种"单位个人"与前面讨论过的单位行动一样，不是作为具体的实体而存在，也不能等同于具体的人。如果这样做，就会陷入原子论的社会理论的谬误之中。当然，前面关于涂尔干如

---

[21] P.A.索罗金：《当代社会学理论》，第29页。

何论述失范的讨论,应该足以批驳这种解释。[22]

这种解释之所以不断出现,大约主要是由于两个原因。一方面,如同当时和现在的大多数社会学家(包括他的解释者)一样,涂尔干在方法论方面还没有完全弄清抽象分析的实质。只要经验主义倾向还存在,就注定会很容易不由自主地采取这样一种表达方式,看上去似乎意味着:社会作为独立于个人的分析范畴,实际上是具体的实体。涂尔干绝没有摆脱这种倾向,从他的著作中可以摘出许多倾向于证实这种解释的段落。但是,这与他思想的主流是如此明确地截然相反,以至任何理解了他的思想主流的人都绝不会予以认真对待。当他试图超出形式上的综合论观点,找出社会因素的更具体的标准时,又出现了另外一些困难,使得这种倾向大大突出了。这里的麻烦不是由于一般方法论方面的不明确造成的,而是由于在试图使他的经验研究的事实适应于我们刚刚介绍过的那个概念框架时遇到了某些困难。在这个概念体系被根本修改以前,这些困难一直存在着,然后才消失了。[23]

涂尔干试图区别社会性 choses[事物]和非社会性 choses[事物]的第二个论据是借助于下面这个公式:"社会事实是关于精

---

[22] 很明显,这种解释与把"外在性"当做空间上的外部的那种解释是紧紧联系着的。如果社会是脱离了组成社会的个人的具体实体,它必然在空间上处在另外一个位置。这个标准肯定是涂尔干在讨论认识论问题而不是谈空间问题的时候提出来的,这一点是否定前面这种曲解的有力论据。

[23] 如前所述(见第一章,[边码]第 31 页以始),这种类型的抽象,即把有机实体抽象为"虚构的"单位或部分,并没有涵盖全部的抽象问题。如果认为社会是一个虚设的具体实体,同样的根本困难确实依然存在。只有用即便在"虚构的"意义上也不可能被视为具体地存在着的、在分析上可以分离开来的一些成分进行思考,才能克服这些困难。这个方法论问题将在下面充分讨论。见第十九章关于"伴生性特性(emergent properties)"的方法论问题的讨论。

神(psychic)实体的事实。"在《社会学方法的准则》第二版的序言中,他非常明确地指出,㉔ 他主张应把社会事实看做 comme des choses[像事物一样],并不是指社会是一种"物质"的东西,而是说社会事实与那些物质事物具有相同的实在性和客观性。它不仅不是物质的,而且是"精神的"。这个观点和综合的论点结合到一起,就得出了下面这样的观点,即"精神的"事物(包括了"社会的"事物,而"社会的"事物没有穷尽"精神的"事物)是一种由于物质成分以特定方式联结在一起而产生的经验实在的伴生性秩序(emergent order)。

涂尔干对于如何精确地刻画物质事物和精神事物这两个范畴的特性以及它们相互关系的特点,没有作什么说明。他觉得需要使用的精神实体是 conscience[良知]和 représentations[表象],这两个问题下面就要讨论。至于物质范畴,他似乎认为当然是一个常识性问题。

但是,在探讨这两个概念的含义之前应该指出,涂尔干把社会事实看做是精神层次的,这就或明或暗地给他带来了两个我们至此还没有加以讨论的方法论方面的问题。第一个是行为主义问题。

前面已经指出,涂尔干以观察者的观点谈论社会事实的时候,带有某种客观主义偏见。在否定一般所谓行动动机的时候,他趋向于集中精力研究那些无需以主观范畴来探讨和解释的素材。这方面的主要例子是《社会劳动分工论》中引用的成文法规和《自杀论》中的统计数字。第二,他使用"事实"这一术语时,没有把它与现象清楚地区别开,由此所引起的混乱我们已经在前

㉔ 《社会学方法的准则》,第二版,正文前第 11 页。

面提到了。㉕ 在这方面,他经常谨慎地指出,他使用的素材不是社会因素,而只是社会状态的标志。前面㉖讨论过的关于帕雷托的"表现(manifestation)"概念的问题就是由此引起的。

这个问题的一种可能的解决方法,作为原因之一,使人们对于涂尔干关于"社会实在论"问题的观点普遍作以下这种阐释,即只有客观的素材——如法规和自杀统计——才是经验上可以观察的。但是按照涂尔干自己的说法,这些东西并不构成"社会实在",而只是社会实在的表现。那么社会实在是什么呢？由于它是不能观察的,它就似乎是一种形而上学的实体。由于只有能够观察的事物才能用科学方法进行研究,这种形而上学实体就不适合成为科学的研究对象。它是一种精神实体,是"精神"。如果有什么"精神"是可以观察的,那么这显然只是指个人的精神。另一方面,"群体精神(group mind)"只是一种形而上学的假设,使用这个概念从科学角度来讲是不正确的。

从目前我们讨论的问题来看,这种阐释是对涂尔干论点中的一种含意作彻底探究的结果。但是,由于涂尔干对两个基本的方法论问题还没有作出充分的回答,因此还可能有若干其他可能的含意。对于这两个问题作出可以令人接受的回答,将把刚才提到的那个含意问题排除在外。第一个是一般经验主义的问题。只要这个问题没有解决,他就没有排除把社会实在解释为实际存在或者解释为假设的具体实体的可能性,就像是使用"事实"一词所表明的那样。在以上两种情况下,社会实在都必然是一种形而上学实体,因为从定义来看,它在分析上与个人实在是不同的,并且只有个人和个人的聚合体才能作为经验客体

㉕ 见第一章后面的注释。
㉖ 见前文[边码]第215页。

而具体存在。只有把社会实在作为一种或一组分析上的抽象物对待,才能解决这个困难。因此,社会事实总是指具体个人组成的具体社会实体的事实。社会事实和个人事实都是与同一类具体实体有关的。但是不应该因此而否认它们在分析意义上理应有所区别。

358　关于主观范畴的实际地位,问题的提出方式比较特殊。涂尔干把社会成分叫做"精神"(psychic)成分,已经隐含着承认了这一点。但他没有把这种含意深入分析。这个论点只展开到这种程度,因此是未完成的。精神实在总归不能具有空间位置,这样,前面讨论的第一种错误解释的问题就解决了。但是,由于抽象的特点问题尚未解决,就近似地存在着下面的情况:只有"物质的事实"是可以观察的。然而,有些物质的事实能够被解释为某种精神实在也即社会实在的表现。这种实在不属于同一个可观察的事实范畴,似乎变成了一种脱离了躯体的精神。但是,经验所知的一切精神都是实体的若干方面,而"躯体"同时也是这种实体的若干方面。这种将精神剥离了躯体(disembodiment)的意味,似乎乃是涂尔干被指斥为形而上学的主要缘由之一。

与这个问题密切相关的还有第二个问题。如果社会实在是精神的,而又没有完备地概括精神的范畴,那么,区别社会实在与其他精神实在的标准是什么？这涉及到社会成分与心理成分的关系问题。

涂尔干对这个问题在某些一般性方面作了精彩的论述,但在比较具体的方面则遇到了严重的困难。他说,心理学只研究人类个体的一般能力和官能。但是,个人的心理素质是普遍性的,也是可塑的,只用一般性的官能不能说明在具体生活中所能看到的各种特殊形式的心理,还必须根据个人生存于其中的社会环境对个人进行研究。因此,"心理学的"社会理论是不充分的。

对这一点没有什么例外可言。问题在于如何设想社会环境的行动,以及社会成分与心理成分如何区别。正是为了解决这一问题,涂尔干才尝试作第三次区分——比起把社会成分的特点看做是"精神的"这种分析,它显得更具体了。只要人类行动是由 conscience collective[集体良知]而不是由 conscience individuelle[个人良心]决定的,就有社会性的成分。这是什么意思呢? 在第八章中,我们已经对 conscience collective[集体良知]进行了颇为充分的讨论,它本来的定义是社会成员所共有的"信念和情感"。在它的经验层次的本来用法中,这种信念和情感的非利己的道德特点是非常显而易见的。所以法语词 conscience 应当译做"良知",而不应译做"意识"。㉗

但是,涂尔干的那个论述没有考虑到他必须就 conscience collective[集体良知]与现在所讨论的一般方法论和理论体系的关系来加以说明。对于这个方法论和理论体系来说,社会事实不只对观察者是客观的,对于行动者本人也是客观的。涂尔干所作的解释,是试图把科学方法论的"理性主义"体系,从与遗传和非社会环境有关的行动条件扩大到社会条件的结果。这个步骤带来了一些特别的后果。

既然涂尔干的思想是沿着这个渠道发展的,conscience[良心]看上去便失去了它的道德规范的涵义,而与他频繁使用的另一个术语——(représentations)[表象]——等同起来了。conscience collective[集体良知]是由 représentations collective[集体表象]构成的。在这种情况下,把 conscience 译做意识比译做良知似乎更合适。但是,这是什么意思呢?

㉗ 见前文[边码]第309页,注⑨。

集体表象

外部世界的现象以数据和概念体系的方式"反映"在科学家的头脑里。这些数据和概念的体系就是他对外部世界的"表象"。涂尔干提出的表象这个著名的范畴,无疑只不过是科学家对外部世界现象的主观体验的代名词。这样,根据已经详细讨论过的那种体系,只要行动是由一个理性过程所决定的,亦即是由外部世界的事实(如遗传、环境等事实)确定的,从主观的观点来分析,就可以说行动是由行动者关于外部世界的表象确定的,就像帕雷托所说,凡是合乎逻辑的行动都是由"推理过程"即科学理论确定的一样。

那么,个人表象和集体表象的区别意味着什么呢?在目前我们所讨论的问题里,这一点是十分清楚的。个人表象构成了行动者对于外部世界那些独立于社会关系的现象的认识——以本书所用的分析用语来说,就是行动者对于遗传和环境的认识。而集体表象则是他对"社会环境"的"看法",也就是对外部世界中与由于人们在社会中联系在一起而产生的那些成分的"看法"。行动被认为是由社会因素决定的,人们对社会环境或"社会现实"的理性的和科学的可验证的知识是其中介。

关于这种独特的看待问题的方式,有几点是需要提及的。首先,它同 conscience collective[集体良知]一词的本来意义和使用背景在侧重点上有根本不同。后一个概念本来指的是一种共同的信念和情感,它的集体性在于它的"共同性"。而现在,其集体性则在于个人的"表象"所反映的、外在于个人的"现实"。conscience collective[集体良知]不再是作为团结的根由的信念和情感的主观共同性,而是对于行动环境中同样一些现象的理性取向,是行动一致性的"客观"根由。有趣的是,在这个基本的问题上,涂尔干的思想发展整整画了一个圆圈,他最后又回到了他开始时所提出的共同主观成分。这一点将在下章讨论。

第二,这种独特的方式是常常被人称做涂尔干"虚假的理性心理学"[20]的根源。它实际上根本不是心理学,而是前面提到的那种理性主义实证主义的一例。它是试图把科学方法论的图式应用于从主观观点解释行动的结果。涂尔干在这方面的惟一独特之处就是,他明白地试图用这种图式来说明他的综合论点所指的社会因素,来说明作为独特实在的社会。它根本不是普通意义上的理性主义心理学,但是却的确有一种可以称之为"认识上的偏见"的成分。

人们会问,为什么不用 sentiments collectives[集体情感]代替 représentations collectives[集体表象]呢?假如这是一个共同主观成分的问题,当然没有问题。但是,只要外部世界与个人有密切关系,并且能够以一种可以用科学方法论体系加以分析的方式来影响个人的行动,那就必然要经过一个认识过程。如果不以集体表象来解释,便只能以心理学上的反智主义来解释,即以可以从主观的观点归纳为无知和谬误的方式来解释。涂尔干已经明确表示过反对这种解释方法,表象的作用是他的整个概念体系结构所固有的。既然行动不是由他所特指的主观成分确定的,也不是直接通过合理适应或者间接通过冲动和条件反射,由遗传或非社会性环境因素确定的,那么它必然是由涂尔干所阐述的方式确定的。

---

[20] 见 C. E. 格尔基(Gehlke)著:《埃米尔·涂尔干对社会学理论的贡献》(Émile Durkheim's Contribution to Sociological Theories),《哥伦比亚历史、经济和公法研究》(Columbia Studies in History, Economics and Public Law),1915 年版。

第三,这种情况是他提出被指斥为形而上学的"群体精神"的第三个原因。因为,按照这种解释,集体表象本身并不是社会现实,而只是社会现实的表象。对于个人表象来说,回答作为表象对象的经验现象在于"何处"并不困难,这些现象就是身体和不属人的环境的现象。但是,与集体表象相应的"现实"在何处呢?我们观察的只是这种现实的"表现"——集体表象本身是主观地表现现实法律规章,而自杀统计数字则是客观地表现现实。我们并没有观察到"事物本身"。它是一种心理的实在,因而也是某种意义上的"精神"。但是,主观的观点就是个别的行动者的观点,我们观察他的精神时,得到的只是社会现实的表象,而不是现实本身。这样一来,它必然是一种单独的却又永远在经验上观察不到的实体。因此,这种观点就成了毫无科学根据的形而上学的假设。

说涂尔干的立场会出现这样的问题,确实合情合理。这是一个真正的难题,说明某个地方出了问题。但是,到底在哪里出了问题?其根源是什么?似乎有两种主要的可能性。从传统的实证主义理论体系观点来看,涂尔干体系的特点在于,试图在功利主义进退维谷的困境之间塞进一个通常没有列入的第三种成分,而不改变实证主义体系的基本点。因而,第一种可能性是,涂尔干的这种尝试本身就是造成麻烦的根源;这个新成分加得不伦不类,应当去掉它。但是,这将引起进一步的后果:涂尔干据以批判与他自己的经验问题有关的功利主义两难困境的经验根据必然是错误的;他所否定了的理论必然以某种方式与事实相符合;他自己得到的相反印象必定是由于对事实的错误解释造成的。简言之,批评涂尔干的人大多数就是持这种看法的。

但是还有另外一种可能性。涂尔干对功利主义理论和激进个人主义——实证主义理论的批判可能是正确的;他认为有些事实同这两种体系或其任何的组合形式都是不相容的,他对这些事实的解释也可能是正确的。在这种情况下,造成困难的原因,必然不在于武断地把一个不相干的成分硬塞进一个完满的概念体系之中,而是由于未能对这个概念体系本身加以充分修正,以对已经得到的对事实的洞见作出恰当的评价。我们现在要研究的就是这种看法。涂尔干在这一阶段的困难是确实的。但是,他的思想发展和社会学学科的进步,都在于不倒退到陈旧的观点上去,不把他的创新之处抹煞。他对某些领域的旧观点所作的经验批判,从来无人给以像样的反驳,而且照本书作者的观点来看是无可反驳的。但是,如果把涂尔干已经搞到如此地步的整个概念体系加以彻底重建,就一定能对他所作的经验批判作出公正的评价。

这种情况与前面讨论过的一个情况相似,实际上也是它的一个特殊方面。前面曾经说过,按照功利主义的社会学体系中明确阐述过并且与这种体系在逻辑上相适应的那些成分来说,霍布斯对个人主义秩序问题的解释是正确的,洛克和他的继承者的解释则是错误的。然而,实际情况不是仅只由有强制力的权威才能加以控制的战争状态,而是一种相对的自发秩序状态。霍布斯在理论上是正确的,但在实际方面是错误的。洛克据以进行解释的理论,不能令人满意地说明他所研究的事实,因此必然要求助于一种隐含的形而上学假设,即"利益的天然一致性"。只有在理论大大发展的更高级阶段上,才有可能用属于这个体系本身的理论成分取代它。

同样,在涂尔干思想发展的这个阶段,批评他的人,如同批评洛克的人一样,在理论上是正确的。他早期关于行动的"社会现实"的概念是错误的。但他在实际方面是正确的;个人主义的实证主义理论没有能够说明事实。和洛克的思想一样,涂尔干思想中的形而上学成分说明了重建理论的必要性。与洛克不同的是，他本人着手进行了这项工作并取得了巨大进展，虽然他并没有完成这项任务。本书关于他的理论的分析，余下的大部分篇幅都是研究这个重建理论的过程。前面已经提到并论述过其由来的群体精神概念，不是"涂尔干的理论"，而是涂尔干理论发展到某个阶段的产物。并且，对我们现在研究的问题来说，它本身没有什么重要的意义——错误理论本身从来都是没有重要意义的。如果只是简单地指出它们是错误的，那也没有什么重要意义。它的重要性在于作为一个发展过程的起始点，没有这个错误理论就不能理解这个发展过程。

最后，第四点，对于造成这种困难的主要原因之一还可以说上几句。在某种意义上说，涂尔干是同时在两个不同层次上讨论问题的。在总的综合论点和关于心理学的解释不恰当的总的评论方面，他进行的是一般应用分析。"社会"成分是人在社会中行动的整个具体现实的成分，它是人们在集体生活中联结在一起所产生的结果。在行动体系不能根据非社会的环境和自社会关系中分离出来的个人来加以理解这一方面说，社会成分包括了行动体系的经验特点和属性。同样，在"心理的"层次上，社会成分又包括了不能从个人的具体社会条件和历史中分离出来，因此要归结为人性中的内在必然性的那些具体"精神性"的特点。很明显，在这个层次上的社会现实是一个或一组在分析上可分离的成分，而不是孤立的具体的实体。

364　另一方面，当他用这个概念体系进行论辩，把行动者视做了解自己的行动条件时，实际上考虑的是在具体环境下行动着的具体的个人。他所考虑的行动成分不是一般性分析成分，而是**具体的成分**。首先，没有任何证据可以证明，具体社会条件仅只是由于人们的联合这一事实而造成的。一个具体的行动着的个人的社会环境,被认为是与他的行为有关的全部条件,其中包括其他具体的个人。有这样一种明显的趋势,把集体表象所指涉的客体当做是某一具体行动者心目中的整个具体社会。但是,从理论上显然不能这样概括——这会导致恶性循环,那会招致与涂尔干本人对于幸福论所作的同样的批评。因为,这样概括的话,就意味着把对于组成某一个人的社会环境的其他个人来说有待解释的东西,拿来解释这个个人的行动。换句话说,如果据此来解释任何一个个人的行动,必须假定所有其他个人的行动都已解释清楚,也就是要求对全部人类行动作一个总的理论解释。正是为了避开这个困难,同时又不求助于任何"主观"成分,还要坚持社会事实必须指的是对于行动者来说的 choses[事物]这个信条,才出现了形而上学的群体精神这个困难问题。因为,如果不求助于此,集体表象所指涉的那种社会环境,就不能成为具体行动者的具体社会环境。但是,这只是两个可能的选择之一。另一个选择,是抛弃必须在一般分析层次上把社会成分列入行动者的事实范畴这个刻板的要求。的确,这是一种解决问题的办法,并且是符合涂尔干的经验结果的惟一办法。但是实现这个办法并评价它的后果绝非简单的事。

现在,对本章中的主要论点可以总结如下:涂尔干在经验领域里的早期研究具有论战的目的。首先,《社会劳动分工论》是针对在功利主义传统思想中占统治地位的个人主义秩序即契约关系体系的。与这种论点的个人主义相反,涂尔干提出了这样的观点,即社会发挥着最重要的积极的调节作用,这种作用对于这样一种关系体系的稳定是至关重要的。在方法论层次上,这种论战的目的,表现为批判地否定那种用动机(合理地追求特定的目的)来解释人类行动的论点。涂尔干认为这是一种要不得的主观的和目的论的论点,与实证科学的准则是不相容的。

涂尔干针对他所否定的功利主义图式提出的分析图式是双重的。一方面是一种准行为主义的客观主义,主张把客观事实与主观动机对立起来研究。有两类客观事实在涂尔干本人的经验研究中起了巨大作用:法律规章和自杀统计。但这还是次要的。他保留了主观的观点,以之作为解释这些客观事实的分析图式的基础,并在主观观点中采用了科学方法论图式作为他的基本参照系。在这样做的时候,他设想社会因素是通过行动者对它的客观了解的中介而发挥作用的。这种思维方式本书已经深入研究过了。社会事实就是在这个意义上被当做 comme des choses[像事物一样];从它们属于"外部世界"来说,从它们在不受行动者个人控制这个意义上对他有"强制"作用来说,社会事实从而构成了行动者必须使自己的行动与之相适应的一整套条件,是外在于行动者的。

但是,与功利主义图式的主观性和目的论相对照而得自科学方法论的这一整套准则又过于宽泛了。不仅社会事实,而且遗传和非社会性环境方面的事实,也同样很符合这些标准。在简略地涉足人口压力问题之后,涂尔干明确地否定用那一类内容解释社会现象,认为不符合他所研究的事实。作为自杀原因的利己主义和利他主义之类的概念不能化约为那些方面的内容。于是,社会事实变成了一种剩余性范畴,区分这个范畴和非社会性 choses[事物]成了他的理论体系的基本问题。

366　　就我们目前所讨论的分析图式之被保留下来而论,采取了从一般到具体的三个步骤。第一是综合论的观点。这个观点来自下面这个考虑,即这一组成分在某种意义上可以归因于个人在社会群体中的联合这个事实。这种特殊形式的综合继而又被表明为与其说是物质的,不如说是心理的。最后,在心理范畴之内,重要的成分被等同于集体表象。强调表象不是心理学的理性主义的结果,而是涂尔干在此处使用的概念体系的特殊结构所固有的。因为,这个概念体系基本上是一种认识论体系,重要的是行动者对自己行动所处境况的了解。

于是在所有这三个层次上都出现了困难。在综合的层次上,实在的困难不太重要,主要困难是论证中的形式主义,以及由此造成的它在逻辑上文不对题。然而,在把社会现实具体化为精神现实以后,把它与自杀统计之类的客观事实联系起来就显得更困难了。最后,在集体表象这个概念方面,表象在经验上的指涉对象成了最困难的问题,并由此产生了群体精神这个形而上学的困难。这清楚地表明,涂尔干的思想体系发生了问题。这个问题是什么,将是下面对他的理论继续讨论的主要内容。

但是,在看到涂尔干的观点存在着这些困难的同时,不应当忘记,他之得出这样的观点并非采取了无缘无故的错误程序。首先,他根据至关重要的经验材料,对解释人类社会行动的两种主要理论进行了彻底而严肃的批判。这些理论不能对某些事实进行说明,而这些事实的重要意义是无可置疑的。第二,在建立他自己的理论的时候,他以高度独创性的方式利用了作为科学思想伟大传统的基础、并在许多问题上已经充分证明在经验方面极为有用的概念素材。它们在目前的情况下并不可行,必定另有原因;这可能是由于他重建理论的工作尚未进行彻底。

前已指出,涂尔干在方法论领域和关于方法论的说明方面的早期研究中遇到的主要困难之一,是在经验主义问题上没有搞清楚。他的叙述不够严谨,未能防止他所说的社会现实被人解释为脱离个人的具体实体。这种解释的一种最为粗糙的说法是:社会现实是一个在空间上单独的客体。但是,即便在比较精细的层次上,也有同样的麻烦。然而,我们可以有把握地说,这种解释不论采取什么说法,即便与涂尔干早期的思想主线也是不相容的。例如,很显然地,在涂尔干的专论㉒中那种意义上的社会,是不能够自杀的。社会成分是引起个人行为或大批个人的行为的一个或一组成分。"个人成分"同样并不就是具体的人,而是一种理论抽象。使用同一符号,相同的分析范畴可以用于理解在自杀率或者在社会结构的变化中所表明的单个个人或处于群体中的个人的行动。涂尔干没有充分认识到这种应用方法。

涂尔干显然也根本没有意识到一个进一步的含义:科学抽象有两个不同的层次,他经常把这两个层次混淆起来。这一事实的后果以后我们将详细论述,但现在有必要简单地提一下它对此处讨论的问题有什么影响。抽象的一个层次主要在综合的论点中涉及到。这个层次的抽象,要求把"社会"这个具体实体中的两个成分——"个体"以及由于个体联结到一起形成整体而出现的伴生性质——区分开来。个体是这个整体中的单位。和其他有机实体的情况一样,把单位从其与整体之间的相互作用关系中抽象出来以后,就与在整体之中实际起着作用的具体个体不同了。但是,不管个体能否像化学成分那样实际地分解出来,可以设想个体作为分解出来的具体实体而独立存在,这是讲得通的。个体在这个意义上的抽象,就是一个虚构的具体实体的抽象。但是,这种情况不适用于有机实体的伴生性质。正因为它们是伴随着这个实体而发生的,所以,把它们想象为可以分解开来的另一个具体实体,甚至想象为一个虚拟的实体,都是说不通的。这样,即使在这个层次上,个体的和社会的这两个分析用词,也不在同一层面之上。因为,社会若不是作为个人联结到一起的综合产物,从原则上就不能存在。在这个问题上,涂尔干

㉒ 指涂尔干的《自杀论》一书。——译注。

是很明确的。

但是,即便涂尔干以之与社会事实相对照的遗传、环境和功利主义的随意性需求,也不是从社会关系当中分离出来的抽象的虚拟的个体。它们是属于另一分析层次的范畴。在对于我们现在讨论的问题至关重要的特定意义上,它们在分析当中被当做整个社会行动体系中的结构性成分。如果要从方法论角度来阐明社会现实这个概念的地位,不能用它来指某类具体事物,也不能指涂尔干所说的"个人"等虚拟实体,而只能指这样一些分析性范畴。涂尔干在这一阶段提出的分析性范畴的三重分类是否令人满意,不是现在要讨论的问题。但是,现在有一点是很清楚的,即从方法论的角度来看,这种分类法必须处在或落到这个一般性的分析层次上。遗憾的是,涂尔干在这个阶段关于社会现实在分析上的特点还是隐而不彰,在方法论方面也欠明确。这是造成对他的理论的公正批评以及发生混乱和曲解的主要原因之一。而由于大多数试图分析涂尔干理论的这一个侧面的人,对这种分析性抽象的性质的概念还不如涂尔干本人明确,这就更成为造成混乱和曲解的原因了。

伦理与社会类型

在另外一些属于一般方法论性质的问题上,涂尔干这一阶段的论点特别明显地陷入困境。在结束本章之前,应该对这个问题进行简略的论述。这就是有关科学与伦理的关系以及实际社会政策的基础问题。同所有彻底的实证主义者一样,涂尔干直率地反对那种认为社会学或任何其他实证科学只是关注于认识而不能提供行动的根据的观点。恰恰相反,涂尔干认为,对社会学所能作的惟一的辩护,就在于它正成为人类改善的工具。㉚在这种看法背后有一个观点,即有可能搞出一种完全科学的伦理学,以便使科学理论不仅是决定合理行动时的不可缺少的成分,而且光靠科学理论就足以决定合理行动了。

但是,提出一套科学的伦理学的计划产生了难题。这两个学科初看起来似乎截然相反。科学家的看法实质上就是观察者的看法,他所关心的是某些特定现象。当然,现代科学的方法论已经充分成熟,意识到科学家不是单纯反映外部世界的消极的镜子或照相底片;科学研究本身就是行动的过程,它不是追求抽象的知识,而是探求有关具体事物的具体知识。就素材而论,科学研究是一个选择的过程。如前所述,这个选择是由理论体系的结构和其他一些超出科学的考虑两者决定的。但是,科学的目的,是要把不存在于事实本身之中的成分减少到最低限度。随着科学的发展,也就逐渐接近于把这些不存在于事实本身之中的成分排除干净。事实这个概念容不得任何非自身固有特性的东西,这对科学是至关重要的。从这个意义上说,科学家所致力的方向在本质上是被动的。

但是,伦理学的取向却基本上是主动的。它的重点在于行动者的创造作用,即行动者的目的。对于伦理学来说,选择自由是首要的;它只在作出特定选择所造成的后果这个范围里承认决定论。并且,如前所述,目的中的创造性成分,在行动者看来并不构成为外部世界的事实。所有试图把行动的规范性因素化约成仅仅是科学理论范畴的做法,只能导致完全取消这种创造性成分。行动成了单纯适应一系列条件的过程。对这个问题读者是熟悉的。

㉚ 《社会学方法的准则》,第60页。

如果科学与伦理学之间的区别如此之大,那么,为什么似乎可能有"科学的伦理学"这样一种杂交的产物呢?这似乎主要有三方面的原因。首先,所有的行动都是在行动者无力控制的某些特定条件下发生的。因此,合理行动的首要要求之一就是要精确地了解这些条件与行动的关系——当然,这个行动的成分就是关于这种关系的科学知识或其一望可知的先兆。在某些行动中,如与技术有关的行动中,这个成分是最重要的;在所有的行动中,它也是很重要的。因此,实证主义观点对这个成分的注意,就绝不是单纯错误的了。

第二,当具体的个人在社会环境中行动的时候,按照分析一般行动结构或分析假想为孤立的个人行动的观点来看,不是行动处境的一部分,而是一种规范性成分的东西,此时在某种意义上也成了行动处境的一部分。其他个人过去的行动和将来的可能行动,都是行动处境和条件的一部分,必须设想任何一个个人都是在这种条件下行动的。并且,就这种行动是由规范性成分决定的,或者可能要由规范性成分决定而论,这些成分对于这个行动者来说也成了行动处境的一部分。换句话说,对于观察者是外部世界的事实的(对于正在观察他人行动的行动者而言是别人的目的),对于那个行动者或其他其本人的目的正被研究的人来说,则不是外部世界的事实。一旦把观察者的观点和行动者的观点区分清楚,就很容易发现实证主义观点的谬误。在转而讨论行动的一般分析时,由于忽略了观点的转换,在一个特定个人的行动处境中由于其他个人的目的所造成的那些成分,仍旧被作为条件。这样一来,就把目的或其他规范性成分在一般行动中的作用大部分排除掉了。

现在只剩下具体[31]个人的"自由范围(area of freedom)"问题了。从外部来看,一个人的具体目的或支配他的行动的其他具体规范,绝不完全是或主要是他自己创造的。相反,任何个人都是他所生活于其中的社会的产物——个人的愿望是由他所处的时代和地域的条件、时尚、习俗、思想和观念决定的。这种看法是完全正确的,因此进一步缩小了具体个人的"自由范围"。这一点可能而且一般总是远远超过个人自己所能认识到的。

371   因此,科学伦理学[32]的本质,就是把主动关系变成被动关系。外部世界的现象被看做是行动的直接决定因素,而不再能够用做实现一种目的的手段、或在最坏的情况下被用做对行动的限制。因此,"适应"成了格言,特别是从行动者的角度来看更是如此。

涂尔干和其他实证主义者同样持以上的观点。他与这些人的不同之处是,他又提出了另一类事实或行动所要适应和应该适应的条件。个人主义的实证主义者在"伦理的"方面,强调处于不同关联和层面的外部环境与人性。由于这些还不够,涂尔干又提出了第三个范畴——社会环境。他最常使用的 milieu social[社会环境]一词就代表了这种思维方式的特点。社会现实被认为正是个人对之作出反应或作用于个人的一种(在以上具体意义上的)环境和外部现实。行动者必须适应的就是这种现实。

但是,涂尔干在贯彻这种伦理思想的时候,也遇到了某些特殊困难,其中两点现在可以简略地论及一下。所有伦理思想的

---

[31] 从以上分析中可以看出,规范成分对人类总体所起的作用比对单个的具体个人所起的作用要大得多。这是被夸张了的反智主义心理学之貌似有理的主要根源之一;特别在它通常与经验主义偏见结合在一起时,就更是如此了。

[32] 当然,任何一种伦理都必然带有行动者的主观观点的某些痕迹。

主要目的之一,是获得人类行为的共同规范,只有按照这种规范原则,才能判别不同行为的正确与否。但是,主要由于经验方面的证据,涂尔干不得不抛弃这种尝试。社会环境的事实,不是按照可与自然界的规律或生物选择原则相比的那样单独一套原则组织起来的,因此行为的原则不是普遍性的,而只能针对每一种社会——如涂尔干所说,叫做每一种"社会类型(social type)"。[33] 从实证主义的(同时又是社会学的)基点出发,道德规范是实际的和历史性的,其相对性是不可逾越的。对某一社会是正确的,对另一个社会就是不正确的。每一种社会类型都有自己的"道德规范",只有通过经验研究才能发现。

在社会科学发展史上,涂尔干关于社会类型相对性学说的出现是最重要的积极贡献之一。它意味着结束了贬低历史性道德规范的差异而去寻求一种单一的中心原则的企图。[34] 这个相对性竟然是从一个严格的实证主义的来源中产生的,这一点特别意味深长。但是,尽管如此,从伦理角度看这个相对性还是照样令人为难,因为对大多数伦理思想家(包括实证主义者)来说,伦理不能超越实际伦理规范的历史相对性,就是伦理本身的失败。

这个困局导致了第二个困难。这是一个以各种形式出现于所有"科学的"伦理学之中的困难,即不能够确切区分事实和理

---

[33] 并不是说这是必然的,也不是说不存在这种支配社会领域的规律。现在谈的是涂尔干的观点。但从伦理的角度来看,在这一阶段他选择了为害较小的一种。因为如果透过具体社会类型得出深一层在分析方面的行动规律,就会暴露他的实证主义伦理立场中的困难。见《社会学方法的准则》,第四章。

[34] 很明显,涂尔干这里引入的是每种文化所特有的独特 Geist[精神]的"浪漫"意向,只不过是以实证主义的方式提出来的。它与帕雷托的"社会应该寻求的目的"一起,是这两种传统殊途同归的一个重要迹象。它的含意之一,是认为线形进化论是不可取的。

想。在涂尔干来说,最有趣的也许要算他对区分正常社会状态和病态社会状态㉟所作的明确尝试了。他正确地认为,如果要使他的伦理学具有实际用途,这个区分很关键。他开始时是把健康和疾病进行生物学类比,但接着作了一个特别的解释。他说,疾病(或病态)是"偶然的",它存在于那些与物种的结构和功能没有密切关系的现象之中。对社会来说也是一样,"偶然的"社会状态,与社会类型没有密切关系或者说并非社会类型在逻辑上所蕴含了的社会状态,就是病态的社会状态。然后,他又跃进一步——正常状态就是一般发生的状态,而病态的则是特殊的和异常的状态。

所有这些说法都暧昧不清。诚然,在生理学范围内,疾病是一个事实,并且是非常重要的事实。如果说,对生理学家来说,不能依据正常现象的同样规律来理解疾病起因,因此疾病就是偶然现象,这种观点肯定是不可取的。为什么整个物种——至少是其中可以观察到的所有成员——不可能都害病呢?这样一来,疾病成了一般现象,而健康则成了异常的了。从对健康状况作生物学类比入手,比起从普遍性的标准入手,更要稳妥得多——涂尔干之所以作这种引证,无疑地乃是因为它是经验性的。但是,如果普遍性这个标准不能令人满意,怎么可能既支持这种标准而又不失其为科学呢?大多数的实证主义伦理学体系做到这一点,靠的是这样一种说法:具有决定意义的不是暂时性的现存事态,而是与该物种存在的一般条件相符合。于是,主要强调生物学的那些人普遍都得出了生存价值的标准。但是,是什么生存下来了呢? 只有经验性的回答:物种。至于它为什么

㉟ 《社会学方法的准则》,第三章。

没有让位于"更高级"的物种则没有解释。㊱ 这个物种与其说是一般性事实,不如说是在此种情况下主要根据(但决不是完全根据)对环境条件的适应而界定的一种规范形式。这些条件决不会是只有一种生物才能适应。

涂尔干处在与此相似的一种境况。他的普遍性标准行不通,因此只得又回到他的社会类型学说来。但是,他比生物学的道德家清楚得多地知道,社会类型不完全是由其存在的非社会性条件决定的,它有着自己独特的不可化约的特点——因为,这正是他关于社会是独特实在的学说的核心。

这就在原则上堵死了以生存价值作为答案的路子。涂尔干自然并不否认,社会如同一个生物机体一样,必然面对着它生存或消亡的某些条件。但是,完全根据这些条件来探讨社会,则违背了他的基本原理。

于是,作为一种科学来说,他只剩下对社会进行经验观察一途了——为了保持住经验性,他采用了普遍性这个标准。但是,由于这样做行不通,于是他从两个方面寻求解决困难的出路,这是相当典型的。只要他试图保持真正的实证主义立场,他就一次次地被迫退回到等同于生存价值的标准上去。㊲ 然而,他自己意识到了这样做的危险,因此更加明确地转向另外那条路子上去。总而言之,由于从道德观点来看,不可能所有的事实都是

㊱ 除非是认为,这应该而且确实就是根据某种可在经验上观察到的进化规律发生的,但这只不过把问题又拉回了一步。还有一个进化中的"创造性的"倾向未能用环境进行解释。

㊲ 这种倾向与他用人口增长来解释劳动分工,而在另一方面显露出来的倾向基本上是一样的,并且反映了相同的基本情况。

正常的(否则病态这个概念在意义上就是矛盾的了)㊳,所需要的就是一种对事实进行选择的原则。但是,普遍性标准的真正困难,在于它未能产生这样的选择原则,因为从它本来的经验含意来看,它只不过是对所有相关的事实的一种简化的论述。适应条件的原则被排除了,另外一种原则仍然敞开着。社会类型是由社会中支配人类行为的那些规范性规则——习惯和法律——构成的,而不是由适用于关于一种社会所有已知事实的概括原则构成的。这样,类型这个术语(涂尔干对这个词的用法首先可能表明了一种潜在的重要思想倾向)又重新获得了这个词比较常用的标准(standard)的含意,而不是一种平均状况(an average)的意思了。

把科学方法论图式作为从主观观点对行动进行分析的框架,这非常可能主要是由科学伦理学的要求所决定的。如果伦理学要产生出切实可行的行为规则,它就必须采取具体的个人的主观观点。反之,科学伦理学也必须能使所有决定行为的因素适合这个图式。

只要行动要与之相适应的那些社会事实仍旧是一个未予区分、未加分析的具体的整体,这个体系就没有什么困难。但是,在涂尔干的思想发展过程中,这种情况中固有的逻辑,使得他不得不作如此的分析。问题出在这样的一些条件性成分之中,它们对于行动者而言在事实上所处的地位是毋庸置疑的,但是越来越肯定地必须从分析意义上把它们与社会现实区分开。这反过来又使这些条件性成分对于行动者的实际地位,在分析层次上变得越来越模糊不清了。普遍性的标准可以看做是试图保持

㊳ 这基本上与默奇森教授解释帕雷托的逻辑行动概念时遇到的困难相同(前文[边码]第190页)。二者的方法论基础是相同的。

这种地位。但是,由于这个标准如前所述出现了困难,因此,越来越有一种倾向,要把社会现实等同于社会类型,而后者不是被看做行动者社会环境中的具体状态,却被看做是社会环境中的规范性的方面以及公认对社会有约束力的共同规则。这朝着下一章将要叙述的涂尔干的想法大大前进了一步。同时,从道德观点来看,把这样一些规则看做是外在事实,似乎仍然有其道理。它们的规范性特点只显示了一半,只有考虑到整个行动体系的分析性观点,这些特点才能完全明确起来。这个问题的后果将在下一章中展开讨论。

但是,即便在这个阶段上,也可以明白地看出倒退回如同《社会劳动分工论》中那样的涂尔干早期的着眼点的倾向。他被带回到以"守法主义的(legalistic)"的眼光来观察问题,就像是一个人处于与他要么服从要么违犯的准则的关系之中。这倾向于成为个人与社会现实的关系的基本模式,它不是行动者与其既不顺应又不违背的行动外部条件之间的关系,而是行动者在对条件有所了解之后,或者使自己与之相适应,或者未能与之相适应。这就是涂尔干的理论以后发展的方向。对他在《社会学方法的准则》中关于犯罪是一种"正常"现象㊴的说法,可以从这个意义上来理解。从是否合乎愿望来说,犯罪不是正常现象。但是,把行动与一些规范性规则联系起来,在概念上就包含着违犯这些规则的可能性;从这个意义上说,犯罪是"合乎逻辑地蕴含在社会类型之中的"。只要这种关系模式存在着,某些人就会在某些时候触犯这样的规则,就会有犯罪。

一个主要的困难是,涂尔干在这个阶段还没有把对自杀的研究与这个图式结合起来。由于在西方社会里自杀与业已建立

㊴ 《社会学方法的准则》,第80页以始。

起来的规则是背道而驰的,因此,自杀的原因显得完全与个人动机无关。它们乃是社会变迁中的"与人无涉(impersonal)"的潮流,一种 courants suicidogènes[自杀风],显然无法纳入这种分析之中。这个事实是涂尔干在此阶段把社会原因和"自然主义的"原因等同起来的根据之一。这个缺陷很久以后才得以弥合。下面我们将看到,对失范进行分析是解决这个问题的途径。

第十章　埃米尔·涂尔干(三)：
社会控制理论的发展

　　对于在《自杀论》之后涂尔干概念体系的发展,可以很好地根据两个主要的思想倾向加以论述。第一个思想倾向可以叫做社会控制理论,即本章的主题。作为这一理论主要基础的经验性见解,可以追溯到《社会劳动分工论》以及《自杀论》中的某些章节。这一理论的主要内容是发挥了这些见解在理论和方法论方面的含义,并没有增加什么经验性的成分。关于这个新观点的最为全面系统的论述,见于《道德教育》(*L'éducation morale*)一书。[①]第二种思想倾向,表明涂尔干的主要兴趣发生了转移。他越来越关注宗教,并在《宗教生活的基本形式》中达到了顶点。它在理论上致力于分析具体社会生活中一个截然不同的方面。由于它在时间上要更晚,部分地有赖于其他方面的发展,并且涂尔干是在完成了这项研究之后,才清楚地认识到自己在方法论上的巨大变化,因而这一问题将留待下章再讨论。

　　如上所述,主要是《劳动分工论》中的核心的洞见,构成了我们讨论涂尔干这一思想阶段的出发点。经验性见解总是先于对其含义所作的理论上、尤其是方法论上的阐述的,目前我们所要

---

　　①　也见于《社会学与哲学》(Sociologie et Philosophie)中《道德行为的确定》一文。

讨论的涂尔干的情形就是这样。不妨回想一下,涂尔干在批评关于契约关系的功利主义概念时,针对那种认为契约体系的稳定性只能来自于某种特定的利益调和的观点,提出体现在契约制度中的一整套具有约束力的规则起着至关紧要的作用。事实上如果没有这些规则,这样一种稳定的关系体系是不可想象的。因而,强调规范性规则,视之为控制个人行为的力量,从一开始就是他经验关注的中心,而这在他更早的方法论中是难以找到一席之地的。

　　这个概括性论点的基础或许可以在《自杀论》一书关于失范的论述中找到最明确的理论阐述。在那里,不仅契约关系,而且一般的稳定的社会关系,乃至于社会群体成员间的个人均势(equilibrium),都被看做依赖于与行为有关的规范性结构的存在,以及社会成员——他们通常认为这种规范性结构具有道德权威——对这些规范的有效服从。这些规范不仅规定个人为达到其目的而选择的手段,而且个人的需求和愿望本身,也部分地是由这些规范决定的。如果这种起控制作用的规范性结构遭到破坏和瓦解,个人的行为也将同样失常并陷入混乱——个人将因其活动失去意义而沦于空虚境地。失范正是规范对于个人行为的控制被打破之后的无序状态。这种状态推至其极,就是所谓"纯粹个人主义"② 的状态,对于涂尔干而言,这似乎就像霍布斯所说的一切人对一切人的战争。与失范相成而又相反③ 的乃是"完满整合(perfect integration)"的状态④,它意味着两点:在社群中支配行为的那些规范性因素构成了一个一贯的体

---

② 它与"人格紊乱(disorganization of personality)"是相关的。
③ 作为一个反题。
④ 同前书,第247、337页。
⑤ 整合的这个方面尽管重要,涂尔干却几乎未加理会。

系⑤,并且它对于个人的控制是切实有效的,也即它使得人们听命于它。

在这后面,有一种基本的理论区分,在涂尔干的心目中越来越清晰。一方面,是混乱无度的冲动和欲望的成分——也即涂尔干所谓的"个人"成分;另一方面,则是规范性的规则。为了使规范性控制的概念能够按涂尔干所设想的方式成立,这两种成分在原则上就一定得是完全异质的。⑥ 因为若不是"个人"欲望中有着这种固有的、导致混乱的"离心"性质的话,根本就不需要控制的出现了。并且要注意到,这个分析是从行动者的主观观点来进行的。这是一个他的欲望、他的主观冲动或目的与某些约束、管制因素之间的关系问题。如果不把这两类因素截然分开,涂尔干对功利主义的整个批判就无法立足。

"强制"一词含义的变化

但是所有这些与涂尔干方法论体系中的什么地方相适应呢?只有从"强制"一词不断变化的含义入手,才能弄清社会控制理论以其复杂的含意是如何慢慢地占据了中心位置的。

如上章所说,这个概念是以行动者的观点为出发点,与功利主义关于"任意的"个人愿望、欲求或动机的概念形成对照。于是,行动者行动中的任何成分都是强制性成分,并非自发的或任意的,而是他必须据以行动的总的"给定"环境中的一部分——因此是他所无法控制的。这样它似乎强调的,是与行动目的相对立的处境。可是,根据这个观点,任何构成了外部自然的决定

---

⑥ 这自然并不排斥二者同被包括在同一具体现象之中,这种区分乃是分析上的区分。

论的一部分的成分,就都对个人起着强制作用,因而强制这个字眼就趋向于与一般意义上的因果依存相一致了。

但是很显然,这种趋向会抹煞涂尔干早期分析中所有最重要的特征。我们已经说明,他如何被他"社会实在论"的学说驱使着,抛出了一个因果力量的范畴——尽管在这个意义上所有那些力量都对个人起着强制作用,却在因果关系上不受他的社会关系的影响。但在那样做了之后,涂尔干起初满足于就此止步,至少是容许这样一种含意:即现存的社会力量的范畴以同样方式对个人起着强制作用。在写《社会学方法的准则》一书时,他大约全神贯注于对自杀统计材料进行客观的研究,似乎暂时已经忽略了他在《社会劳动分工论》中论述规范性规则时所引出的那些问题⑦,而且对于他当下的理论目的而言,这种反面的阐述(即便有了前面所指出过的正面的含义)似乎也就够了。但是,在研究失范以及对《自杀论》的最后几章进行理论探讨时(就像在《社会劳动分工论》第二版序言中那样),规范性规则的作用问题重新成为他关注的中心,并且在以后很长一段时间都是如此。

但是,从"社会"层次来看,把规则对于个人的强制作用简单地看做类似于自然力的作用是不恰当的。正如他在把犯罪作为"正常"现象来研究所暗示的那样,如果不是暗含了个人违反规则的可能性,人们甚至于不会想到那些规则。一个人可能会违犯法律,但是他不会违犯自然力——想来他们也不会违犯某种 courant suicidogène[自杀风]。后者的地位如何,现在仍然是个

---

⑦ 对失范的探讨构成了与早先那些问题相延续的主要之点,从其内部证据来看,对这一问题的思考应当晚于对利己主义和利他主义的思考,也许是在《社会学方法的准则》写成之后。

谜,但是在涉及到法律这样的现象时,涂尔干很快就开始在另一种意义上使用强制一词。

这就是把这个词用于人类行为时的那种通常不言自明的意义,即一个人的意志要受到制裁措施的强制,也就是说他要被强迫。在后来的一段话中[8],涂尔干也把制裁和某一行动的"自然"后果进行了明确的区分。他是利用个人与健康规则之间的关系和个人与法律规则之间的关系的区别,来作出区分的。违犯了健康的规则,其结果会自动地产生而无需人为的干预。例如,一个人不吃足够的食物,他就会死于饥饿。在某种意义上,这类规则确实强制着人的行动。这只不过是以某种方式说,行动受制于条件。但是一项制裁却是某一行动的结果,它的出现虽然不取决于行动者的意志,却在某种意义上取决于人类的意志。说某人犯了杀人罪,他将(可能)在电椅上被处死,这和说他如果不吃饭就要饿死大不一样。因为在前一种情形下,除非有人处死他,他就不会死——他的死不是杀人这一行动本身所自动产生的结果。

这个区别虽然看来似乎是初步的,[9]对于涂尔干却是最重要的一步。当这种分析使得他可以坚持他最初的批判的出发点,即强制性成分与行动者的意愿无关时,他不再像开始时那样暗示着强制性成分与所有人类意愿都无关。恰恰相反,社会性强制与自然强制的区别恰恰在于它表达了人类的意愿。[10]

同时,规则的存在,尤其是违犯规则可能招致规则规定的制裁,对于具体的行动者是最为确定的具有首要意义的一组事实,

---

[8] 《道德教育》,第 32 页。
[9] 这就是我们每一个人蔽于某种思路时忘记加以考虑的那种"明显"的事情之一。
[10] 这是行动者观点与观察者观点之间的一般区别的一个特例。

是一些既定的和独立于行动者意愿的事实。有意思的是,涂尔干在这个阶段上似乎认为,对行动者来说规则和制裁在道德和感情上是中立的。他像是一个冷漠而客观的科学家那样来看待行动者。正如生物学方面的生存条件是不可改变的外部世界的事实一样(无论称许或抱怨这些事实都是愚蠢的),人们所在社会的行为规则以及人们违犯这些规则之后的后果也都是事实。行动者的态度是一种盘算的态度。这里,仍旧如同功利主义者那样,把"个人"看做是在一些特定条件下寻求自己的目的。惟一的区别是,这些条件中包括了一套社会认可的规则。这种"科学家的态度",的确就是许多评论家不正确地称之为涂尔干的"独特的理性主义心理学"中的另一个和主要的方面。因为,在涂尔干看来,这种盘算着的"个人"仍然是具体的个人,至少在有关个人的主观方面是如此。⑪

在个人与规则的关系这个概念中,制裁的作用更加是隐含的而非明确的。涂尔干的主要问题,是寻找一种把规范性规则的概念纳入他的实证主义方法论而尽可能少作修改的方式。他通过把规则设想为行动着的个人外部处境中的一种现象,而解决了这个问题。制裁只是通过暗示才被涉及到,因为既然依照原来的方法论,科学家在道德方面的态度乃是中立的,那么除去逃避制裁以外,就不可能再有别的服从规则的动机了。⑫

涂尔干之所以对这种理解规则的独特方式感兴趣,还有另外一个经验方面的原因。第一个引起他注意的体系是契约制度涉及的体系——即主要支配经济活动的一套规则就是功利主义

---

⑪ 例如,如果说以这种方式看待的具体个人同行为主义者所说的生物物理学单位有着同样的涵盖面,这种说法绝非必然确实。

⑫ 这里主要关心的,是一般说来与个人直接的自我利益背道而驰的约束性规则,因此,出于"积极"利益的动机是次要的。

者所主要关心的那些规则。但是,恰恰是在这个活动范畴中,规范性制约的成分最确定地脱离了行动的直接手段和目的。并且,大多数经济活动的直接目的——获取金钱——就其本身而言,在很大程度上是道德中立的。很容易把这种态度扩大到商人必须遵从的规定方面,不管这些规定是表现为法律还是表现为商业惯例,这些规定随之就成了行动的条件,商人必须作为事实而接受。只要所强调的是这一个方面,既不去分析规范得以实施的背后的力量,也不去过问惯性服从的动机问题,那么,这似乎是一个非常适当的说明。

但是,如果进一步分析下去,就出现了一定的困难。把社会规则看做对于具体个人来说乃是既定的事实,这当然没有问题。但是,对于社会学家来说,这些社会规则正是他们要加以说明的。涂尔干的第一步任务,自然是表明这些社会规则的存在和它们对于行动的重要性。但他不能以此而满足。这些社会规则的根源何在?带有强制作用的力量是什么性质的呢?

涂尔干对失范的分析,确实暗示着他解答这些问题的方向。在分析那个问题时,他不由得采取了另一个重大步骤,其含义使他的思想发展进入又一重要阶段。在此之前,他总是从功利主义的困境出发来思考问题——从主观观点来看,必须要么以"个人"目的或需求⑬来解释行动;要么以客观可知的条件来解释行动。涂尔干至此一直是接受这种观点的,因此,由于他弃绝了功利主义的结论,他的社会因素必须要纳入条件的范畴就是不言而喻的了。现在,他提出了具有深远意义的经验观察,即由于个人需求从原则上说是无止境的,因此用规范来约束个人需求,

---

⑬ 对功利主义者来说它们是具体的需求。涂尔干不得不与之决裂的正是这个潜藏着的假设。

就既是社会稳定又是个人幸福的必要条件。但是,这里所说的规范并不是如契约规则那样单纯从"外部"进行约束(例如,就像是契约关系中的条件那样[14]),它们直接构成为行动者的目的本身。

这不仅如以前那样全盘否认了功利主义对这种困境的解答,而且也全盘否认了这种困境本身。行动中的个人成分,不再被等同于具体的主观的个人,相反,后者被看做是各种不同成分的聚合体。在手段—目的图式中,目的成分不再被限定为"个人的",而是包含了"社会的"成分。对涂尔干来说,这是非常重大的一步,这实际上是与实证主义社会理论的彻底决裂——因为,在一步步地追随着这一分析的内涵时,尽管完全没有意识到,但他必须改变自己原来的方法论立场了。

首先,它在个人与规范性规则之间的关系中、因而也在强制与规范性规则的关系中,为一种新的概念敞开了大门。不必再把规范性成分看做是与行动者的其他条件处于同一层次的行动"条件",在这一特定意义上,不必再把它看做是有待考虑的事实。它对于个人的强制作用,可能不只是不同于某一行动的"自然"后果,因为在前者中后果已被行动者以外的某一人为力量"决断"地放在那儿了。在这个[15]意义上,涂尔干全然不再考虑遵守规范的问题,遵守规范主要是由于想要避免违犯了规范所可能带来的"外在"[16]后果。按我们目前的分析,这实际上意味

---

[14] 对强调权威以反对自由的功利主义者(如霍布斯)来说,要求约束的是需求的表达,而不是需求本身的构成。涂尔干的"权威主义(authoritarianism)"完全是另外一回事。

[15] 此处的分析需要小心从事,因为这里的大多数术语都可能有歧义。

[16] 完全出自责任感而采取一项行动,并不意味着忽略了同规范保持一致就不造成任何后果。良心的不安当然也是后果,并且常常是最令人不愉快的后果。

着社会强制由条件的范畴转移到了规范性成分的范畴。

如果承认以上的分析,则在逻辑上还有两种可能的选择。也就是说,似乎可以从"自然主义"的意义上对此进行解释——目的是与生俱来的生物性或心理性的本能,在这种意义上,目的是受到强制的;或者从行为主义观点解释,目的是我们所处的环境为我们⑰ 规定好的。

但是,从两个方面看来,这种可能的解释不是涂尔干所能接受的。从客观上看,它将导致涂尔干回复到他已经摈弃了的"个人主义—实证主义"因素上去。如果目的被看做是由生物遗传决定的,则这种回复是直接的;另一方面,如果认为目的是适应条件而产生的,则它所要适应的东西最终要么就是不属人的环境——而这是不能接受的;要么就是社会环境——如果是这种情形,其起源和特性的问题就依然存在着。

从另一方面即主观观点来看,困难还要更大,事实上是根本性的困难。因为,按照这种观点,所有的"外部"因素(如遗传和环境)对于行动来说都必然是条件成分。但是,涂尔干的新见解的关键,正是要把它们从这个范畴中排除出去。⑱

在这种情况下,只能抛弃所有这些尝试而接受这样的观点:强制的本质就是服从规则的一种道德义务——作为一种责任来自愿地坚持规则。涂尔干越来越明确地沿此途径前进,他自己后来研究这个问题的著作在这一方面保持了清晰和一致。

这诚然是强制这个术语的一种特殊意义,并且是与涂尔干本来的观点大相径庭的。有些人甚至会说这根本不是强制,因

---

⑰ 这里指的是一般意义上的人,而不是特定的具体的个人。

⑱ 我们又一次看到,把分析意义上的目的与具体目的等同起来的这种经验主义偏见会带来多么严重的混乱。遗传决定论和环境决定论的成分,当然都是人们具体需求的组成部分。作为行动因果成分的"目的"不可能是一个具体范畴。

384 为它包括了自愿遵从某种规则这种与强制正好相反的意思。按照这些词本来的含义,这种反对意见似乎不无道理。但是,不能用抠字眼来掩盖重要的问题。个人主义的思维方式深深地植根在我们的文化传统中,要想避免这种混乱是很难的。自愿遵从和强制之间的通常区别,带有功利主义的两难困境含义,但这正是涂尔干已经超越了的问题。他准确地区分了功利主义者所未能区分的自愿与任意的不同。一方面,遵从某种规则是自愿的事;另一方面,这种遵从又是束缚个人的。但是这种束缚不是出于物质上的必需,而是出于道德义务。⑲

---

⑲ 即使是像皮亚杰(Piaget)这样敏锐的评论家和有创见的思想家[《儿童的道德判断》(Moral Judgment of the Child)和《遗传学和社会学的逻辑》(Logique génétique etsociologie),载《哲学评论》(Revue philosophique),1928,第 167 页以始]似乎也陷入了这种谬误,虽然他在这些方面对涂尔干著作的评价比其他任何人都要公正。在把"强制"与"合作"进行对比的时候,他把最为单纯地自愿接受道德义务的类型排除在强制之外。这就对涂尔干的意思作了过于狭隘的解释。皮亚杰所说的强制,包括他所谓的"道德现实主义",与其说是见诸自愿服从一项行为规则,不如说是见诸自愿服从传布该规则的权威——皮亚杰所特别指的是父母的权威。但是,从涂尔干后来的著作中(皮亚杰引用了里面的话)可以明显看出,他不想排除皮亚杰所说的"合作"里面所包括的那种道德约束类型。不过,他的确坚持认为,强制总是一种规训(discipline),而不是功利主义的意义上单纯地肯定个人欲望。的确,这才是对使用强制这个术语所提出的真正正当的理由。皮亚杰指出了两种不同类型的真正道德约束之间的重要区别,这是涂尔干很遗憾地没有认识到,至少是没有清楚地认识到的。但是,这个贡献不能成为批判涂尔干的最终立场的根据,而只是对它的一个补充。

皮亚杰没有看到这一点,也许有一个原因,是他显然没能够充分认识到即使在合作中也必定存在着一种反复强调规范的成分。社会需要道德共识,需要把这种共识一代一代传下去。这样,在合作中反复强调规范的成分,就是不可避免的了。但这绝不意味着排除了"相互性"。在涂尔干看来,个人(当然是他那种特殊意义的个人)是完全没有道德意识的。因此,如果说道德而没有强制,这在词义上就是矛盾的。可以设想,皮亚杰使用术语的方式不是很一致,也没有充分细心地把他的用法与涂尔干的用法加以区别(如前所述,要做到这一点常常是不容易的)。

这样,在深入探讨控制问题时,涂尔干已经由从属于自然主义因果关系的控制概念和逃避制裁的概念,发展到主要强调道德义务的"主观"意义。强制的成分以变更了含义的方式,存留在义务意识中。只要行动者有义务的意识,他就不能自由自主地做他喜欢做的事,他是受"约束"的。但是这种"约束"的方式和受其他两种中任何一种约束都完全不同。[20]

然而,它是一种起约束作用和控制作用的成分。人类行为中的"个人"成分所造成的混乱,是无所谓道德与否的。它是既定的"形式",只要把它与规范的体系联系起来,就能够带来秩序。在某些方面和某种情况下,个人对于这些规范性成分的态度,确实可能是在道德上中立的盘算态度,但这并不是问题的全

涂尔干在这个命题中间接地并仍然是隐晦地得出了帕雷托最重要的结论之一——在道德行动之中和决定目的的过程中,之所以必须有"强制",其根本原因正是因为,分析意义上的目的对于行动者不是、也不可能是科学的事实。因此它们是通过另一种过程而产生的,它不同于基于对其处境中的各种事实(行动者在处境中本质上是被动用的)的"自发"认识而产生目的的过程。这种新含义的强制不过是表示这一非科学过程的术语。这再一次表明,科学方法论作为一个标准在现代社会思想中起着决定性的作用,不管这种作用是积极的还是消极的。帕雷托和涂尔干一致认为,行动的终极动力所依据的理论不是科学的理论。但是,涂尔干花费了很长时间才把这个见解的含意发掘出来。他所说的道德强制就是行动中的一种规范性成分的界定,这种规范性成分与可以根据科学方法论加以界定的"有效性"成分是不同的。

[20] 索罗金教授在下面这段文字里赞同地引用了塔尔德(Tarde)的话;从强制在涂尔干整个社会学思想发展过程中的地位来看,索罗金显然对于什么是强制作了过于狭隘的解释:"涂尔干说,只有具有强制力的现象才是社会现象,这就对社会现象的范围作了不合理的限定。塔尔德对此的批评是……正确的。塔尔德说,在这种情况下,只有征服者和被征服者的关系……以及有强制力的现象才算是社会现象。这样,所有包括自由合作的事例……都要被排除在社会事实的范围之外了。这种关于社会现象的概念显然是荒谬的。"见 P. A. 索罗金:《现代社会学理论》,第466—467页。

部。常态中的具体的个人在道德上是受过熏陶的。这首先意味着,规范性成分对他来说已经成为"内在"的和"主观"的了。在某种意义上可以说,他同这些规范性成分"融为一体"了。[21]

从在《社会劳动分工论》中开始阐述他的问题起,涂尔干一直致力于研究控制问题。他曾经区分过各种不同的起控制作用的成分,最后把注意力集中到了某些规范性成分的作用上。但是,他又在这个范畴里,把起作用的方式与外部条件非常近似的那些规范性成分同另一个范畴区分开来。这两类规范性控制不是用任何客观标准,而是用一个主观的标准(即态度的标准)加以区分的。这些规则的内容可能是相同的。这里所说的区分不是在这个层次上的,而是指行动者与它们的相关方式。与道德上的中立态度——它与强制的制裁概念以及一般的"效能"规范相关联——形成对照,出现了一种道德义务的态度,即对规则采取一种特有的尊重态度。

以后将有机会进一步探讨产生这种尊重态度的基础。在涂尔干思想发展的这个阶段,它确实只是一个事实。它为解决霍布斯的秩序问题以及更进一步在失范理论层次上的秩序问题提供了根据。人们对规范性规则采取这种尊重态度而不是盘算的态度,这一点如果属实,就是对秩序之所以存在的一种解释。反过来,这种态度在多大程度上是其他成分发挥作用的结果,是一个可以暂不作答的问题。

现在要讨论的问题是,这个成分突出出来以后,对于涂尔干的理论体系结构带来了什么后果。基本和直接的后果,就是超越了功利主义的两难困境。功利主义意义上的随意性需求成分,不再能够把"主观"的东西完全包括在内了,因为它不能成为

---

[21] 用弗洛伊德的话说,它们被"注入(introjected)"以形成"超我(superego)"。

规范性秩序的基础。反过来,功利主义概念也因此不能完全包括具体个人的具体需求了。

另外一个后果是,在涂尔干思想的这个后期阶段,责任或强制不是道德的惟一重要特征。他虽然承认责任观念是非常重要的,但他批评康德的伦理学只强调责任是片面的。[②] 他说,除此之外还存在着善的成分、合乎愿望的成分。一项道德规则如果不被当做义务为人接受,如果对它所持的态度不是与谋取私利迥然不同,也就不成其为道德规则了。但是,与此同时,如果人们不认为服从这种道德规则是合乎心意的,如果个人幸福与自我完成不是与这种道德规则结合在一起的,那么,它也不是真正的道德规则。只有把这两种成分结合起来,才能完整地说明道德的本质。

这两个成分在涂尔干思想发展过程中联结起来的方式,具有重大的意义。由于他本来是从功利主义的两难困境出发的,这就分散了对道德的一个方面——善和符合心愿这个方面的注意力。因为在那个阶段,愿望是与功利主义关于"任意的"需求的概念相联系的。从这时起,他着手研究道德的另一个方面——责任,认为这两个方面是互相排斥的。就他的出发点来说,这毫无疑问是合理的见解。但是,由于他关于强制本质的概念改变了,整个问题也随之改变了。当功利主义的两难最终被废弃以后,旧有的那些可供选择的答案也消失了。问题不再是与外部强制性因素相对应的具体目的或愿望,而是实际上进入具体目的和价值之中、对它们部分地起着决定作用的强制性因素的问题了。由于规范性规则(符合这种规则乃是一项责任)变成了个人行动中的价值体系不可分割的一部分,把它们看做也

[②] 见《社会学与哲学》中的《道德行为的确定》一文。

是合乎心愿的就不再奇怪了。这种责任与善的刻板的二元论，是陈旧的功利主义两难困境的一个侧面，一旦把这个两难困境抛弃掉，它也没有保存的必要了。对功利主义的最基本的批判，是说它关于具体的人格的概念是错误的。因此，不仅是合乎心愿这一点，就连幸福也作为与一系列社会规范结合到一起的个人的一种具体状态，而回复了原来的地位。

此外，道德义务的出现，对于克服前面所说的涂尔干思想中认识上的偏见是迈出了一大步。约束性成分对行动的影响，不再被认为完全是通过行动者对外部现实的了解发生的。诚然，对规范的服从，即使从道德义务的意义来看，也当然有认识的成分在内。规范的内容是什么，对于行为有什么后果，都必须有理智的了解。具体行动未能完全达到规范的要求，当然可以部分地归咎于理解方面的缺陷。但是，尊重规范的态度是这种认识成分之外的，是可以与之区分开来的。按照主观的观点，完全用实证科学的认识论框架来对行动进行分析，不再是可取的了。一个全新的领域——态度、情感等等——已经打开了。自我不再是一张照相底版，不再是关于外部世界事实的登记簿。

随之而来的还有，外在性的标准如果没有完全变得毫无意义，也在含意上相应地发生了变化。因为，它本来正好是与这种认识论意义上的外部世界中的成分有关的。但是，只要行动者对它持着一种道德义务的态度，在同一意义上，指引着他的行动的规范就不再是外在的了。用弗洛伊德的话说，它被"注入"内部，成了个人人格本身的一个组成成分。的确，如果没有这个道德成分，就根本不会有我们所说的人类个体，也没有人(personae)了。外在性以前的含意不再适用了。虽然涂尔干并没有完全停止使用外在性这个术语，但它在他后来的著作中，远没有在他早期的著作中那样突出了。

道德义务理论是涂尔干从主观观点出发对具体个人的行动进行分析后得出的，而不是对大规模的现象——如自杀统计材料——进行分析后得到的。它与"作为一种独特实在的社会"以及集体表象的关系如何呢？

对第一个问题的回答很明确。以前一直使用的一般性分析框架保持不变。社会成分不被等同于功利主义的随意性需求成分或遗传和环境成分——涂尔干认为它们二者都是"个人"的。㉓ 它是精神成分，而不是物质成分。于是，道德义务的规范体系变成了社会成分本身。这在一个主要的方面就是长期探索如何描述社会成分、社会现实的特点所得到的结局。个人之间的团结，就是对于一些共同的道德规则或道德价值的忠诚的统一体。拿来同失范的无秩序相对照的秩序状态，乃是道德秩序。根据他的一般体系作出的这个结论，的确回答了涂尔干以前所有迫切需要回答的问题，虽然在这个特殊场合也引起了它本身的一些新的难题。现在我们来讨论这些问题。

但是，有必要首先把他的这个新见解的含义再展开一步。很明显，按照这种见解，社会群体的整合，在于它的成员们一致认可某一套自成一体的规范具有道德上的权威。如涂尔干所说，社会就是一种"道德共同体(moral community)"，只有这样，它才具有稳定性。

涂尔干在这种新情况下继续使用集体表象这个术语，但它的含义已经与前一章所讨论的完全不同了。它不是关于外在于个人精神的实存的经验实在的观念体系，而是本身就构成行动中的实质因素的一些观念，也就是说，这个实质因素本身就存在

㉓ 如前所述，这个关于遗传和环境的主张是站不住脚的（见第二章附注，[边码]第84页）。这个论点来自涂尔干早期概念体系的独特结构。

于"个人的头脑之中",而不仅仅是这个因素的表象存在于"个人的头脑之中"。当然,这些观念仍被认为是某些事物的表象。但是,这个"某些事物"不是与这些观念同时存在的被观察到的经验实体,而在某种程度上是当规范性成分事实上决定着行动的实际进程时,将要发生或维持下去的一种事态。在与它们有关的经验领域中,它不是一种现在时,而是将来时的状态。从某个方面来说,㉔ 正是这一点,使得这种观念不可能划入科学事实的范畴。并且,由于这种将来时的事态的实现是由行动者的积极作用造成的,而不能单纯地归之于遗传或环境,因此它的实现也不可能是一件可以被预言的事实。

因此,集体表象中包括共同的理想规范。集体表象的社会方面,主要不再在于用共同的符号来表示同一个经验实在,如同我们在某种意义上有着关于太阳的"集体表象"那样,而在于这些集体表象作为理想规范在道德上约束着叫做"社会"的这个集体的各个成员。㉕ 涂尔干在已经使用的论断中得出了如下见解,即共同价值体系是社会成为处于均衡之中的稳定体系的必要条件之一。并且从这个新见解出发,又有了这样一个看法,即认识的方面如前所述,不可能完全穷尽与行动有关的这个价值体系的所有特点。因为,理解一个规范及其对行动的影响,并不仅仅是承认它的道德约束性。除了认识方面的成分之外,还有对规范的尊重态度的成分。因此,只要集体表象还被当做行动体系结构的一个部分,即便是新的意义上的集体表象公式本身也不适于描述社会现实。它已经从一个同质的实体开始被分解

㉔ 终极目的并没有完全包括所有对行动有重要意义的非科学观念。其他非科学观念将在第十一和十七章中讨论。

㉕ 随着这一变化,形而上学的群体精神问题也消失了。

为许多独立的成分。考虑到它本来就是作为一种剩余性范畴产生和形成的,这一点也就毫不足怪了。

道德难题

现在我们来讨论涂尔干的新见解所遇到的困难,其中包括把社会成分和对于规范性规则的道德义务成分等同起来的问题。如果他关于道德义务在行动中的作用的一般性分析是正确的,是否就是说,人们或者出于无私的道德动机而在事实上确实认可的,或者是出于道德上的合法性而可能认可的那些规范,必然是社会规范,必然是与该社群其他成员中的大多数所共有的规范?毕竟哲学家们所推崇的道德行动的最主要形式中,常常包含着对于群体中普遍性法规的蔑视。㉖ 把社会的与道德的等同起来,存在把社会的一致性抬高成为最高美德的危险。

这个批评是有道理的。这个结论不是严格符合逻辑地得出来的。没有证据说明道德行动范畴的社会方面就已经穷尽了这个范畴本身。首先,否认基于道德方面的理由去反抗社会压迫的可能性、重要性、甚至合意性,无疑是危险的。但是,尽管涂尔干的这个观点不是无懈可击的,也不应该就此而模糊了这样的事实:他对极为普遍地遭到忽视——尤其是遭到功利主义者和实证主义者忽视——的社会生活中的一些方面,达到了深刻的见解。理解了涂尔干意思的为数不多的批评家,一般都主要强调问题的一个方面,即道德是一种社会现象。从现在讨论的问题看,从涂尔干思想的发展来说,更重要的是另一个方面,即社会、至少社会的主要方面之一,在涂尔干的严格的意义上是一种

㉖ 苏格拉底是一个突出的例子。

道德现象。对支持这个命题的基本事实可以简要阐述如下㉗：对人类行动的分析表明，脱离终极价值体系就不能理解人类行动。按照手段—目的的关系，这些终极价值本身就是合理的，而不是实现任何进一步目的的手段。同时，这些终极价值就把义务赋予了个人，因为它们就其本身而言就是善，并不是为了某物（亦即作为达到某物的手段）才是善；追求善的普遍义务，就是要去追求这些终极的价值。㉘

并且，对于任何特定的个人来说，必须把他的那些终极价值看做是相互之间以一种有体系的、分等级的关系组合在一起的；只有这样，合理行动的概念才有意义。如果人在实际上有选择的自由，而且不存在任何业已确立的和谐一致，那么，从理论上说就可能有无限多的这种价值体系。然而，正是由于这些价值体系被看做是终极的，并且因而在某种意义上（对于行动者）是绝对的，所以，在不得不在一起共同生活的那些个人所处的同一社群之中，存在无限多的这样的价值体系，与社会秩序是不相容的——将要成为所有人针对所有人的战争。所以，至少在保证最低限度的秩序所需要的范围之内，必须有一些价值体系是共有的，必须有一个共同的价值体系。对任何社群的生活来说，这都必然是一个必不可少的特点，虽然其分量可能不同，可以仅仅是最低限度秩序的保障，也可以是完美整合状态的保障——在这种状态中，所有行动都可以认为是完善地实现了共同的价值

㉗ 当然，这与涂尔干本人的阐述略有不同，但总的来说同他已经提出的那些基本的创见是一致的，同时又消除了其中包含的不适当的意思。

㉘ 用科学方式来证明这些终极价值，总会陷入循环论证。同时，感觉到有义务去追求善似乎是人类的最根本特点之一，这种特点是无法加以解释的。如果试图加以解释，结果也是相同的，只不过换了一个形式。这个行动体系在"形态上的"特点之一，同"效用"这个概念类似。它就是行动概念本身所与生俱来的。

体系。涂尔干已经在经验上清楚地表明,失范如果扩展到超过一定限度,就会对物质生活本身带来危害。

还有,规范体系的作用还为"社会类型"的差异提供了解释,而这对涂尔干来说,是他早些时候没有加以解释的经验事实。虽然一个特定社群的成员,必须在某种程度上共同具有单一的规范性价值体系,但是没有任何理由认为所有社群都具有相同的价值体系。实际上,各个社群总体来看根本没有共同的价值体系,这与同一社群中不同成员在一定程度上具有共同价值体系是全然不同的。

用这种方式来表述,可以说明作为涂尔干理论的根据的那些基本事实,而避开其中可以招致异议的含义。首先,这种理论为个人承认一种在与社群整体共有的价值体系之外的道德权威来源留下了余地,同时又不把道德一致性对社会稳定的巨大重要性贬抑到最低限度。

但是,在这种情况下,仅仅区分某位作家作品中的真理和谬误,并保持真理修正谬误,并不是重要的事。在讨论像涂尔干这样的人的经典著作时,探究一下他是如何陷入谬误的,这个谬误是怎样进入他的整个思想体系的,这是很有教益的。那么,他是怎么搞的,以至把社会和道德义务等同起来了呢?

可以确定的是,甚而晚至《道德教育》时期,涂尔干都还根本没有自觉地对他自己的实证主义立场产生疑问,无论在保持这一立场与他后来理论上的发展之间多么不合逻辑。这种事关大局而且根深蒂固的思维方式是很顽固的,特别在像涂尔干这样执着的思想家的头脑里更是如此。因此,他倾向于仍然坚持社会是一种独特的现实这个完全是实证主义的命题。在这里面,在分析中处于独特地位的社会因素不仅对于社会学家、而且对于行动者的个人也是经验的"现实"。由于仍然坚持这个命题,

393

437

他把这个社会因素放入前面提及的一般性分析体系之中。在这个体系里,被粗略地称之为遗传和环境的自然领域已经安排好了,他又加上了第三个,即社会的领域。他还是以排除法来论证——某某事物不能属于第一和第二类范畴,因此必然属于第三类范畴。[29] 说第三类范畴是道德现实,这只不过是就其性质加以明确而已,除非是它所引发的后果超出了涂尔干所有意识地要展示的。从主观和客观两种观点来看,"现实"这个术语都意味着实际存在着的经验性自然的一个方面。

涂尔干没有觉察到这个命题带来的主要困难,这主要是由于他没有系统地进行以上的区别,也没有把它的含义琢磨透彻。如果把这个命题适当加以限定,它无疑是正确的。对进行观察的科学家来说,他所观察的人们所持的道德理想,以及由此产生的行动规则,无疑都是行动中的实在因素,对于它们的实质和作用可以进行理性的科学分析。这就是涂尔干和大多数其他科学家所说的"自然"的本意:它是可以进行科学分析的一系列现象。从这个意义上说,science des moeurs[道德科学]是完全合理的,也是可能的——这就是涂尔干所说的社会学的主要内容。但是,这是一种解释性科学,而不是规范性科学,虽然它所解释的现象乃是人类行动的规范。它的任务不是解释规范在道德上是否正当,而是说明它们作为导因的功效如何。

和处在发展进程之中某一特定阶段的任何其他学科一样,这门学科中所研究的现象有某些事实未能得到解释,属于终极素材(ultimate data);这一点不能成为否认它的科学成就或科学潜力的理由。因为,所有的经验科学在这方面都是这样的情况。任何一种知识中的经验成分都必然是一种非理性成分,——就

---

[29] 见《道德教育》以及《社会学与哲学》中的《道德行为的确定》一文。

像神秘的洞见是一种非理性成分一样。科学家所能够做的就是指出:那就是我的意思。理论在一门学科中的作用,就是把这些经验成分压缩到最少——理论的发展就在于对以前只能完全根据经验来考虑的事实,找出一个理性的解释。在涂尔干的早期理论中,社会类型的多样性,就是这样的一种后来才得到解释的终极事实。

如前所述,涂尔干的这些社会学思想总的来说是合理的,对它的重要性怎样强调也不过分。出现困难和混乱的原因,很大程度上是由于他如同所有的实证主义者一样,不是单单地关心社会学学说,而是也关心实证主义意义上的道德理论,即科学的伦理学。这样就妨碍了他把分析深入下去,直到足以得出一个理论和方法论的真正连贯一致的一般体系来。因为,科学伦理学要求行动中的成分,除逻辑推理以外,都必须对于行动者说来是科学意义上的外部世界的事实。但是,如同我们一再指出的那样,这个观点与行动中的终极价值因素的性质是根本不一致的㉚(它是一种因素,而不是具体目的或其他具体成分)。然而,涂尔干直到那时还没有真正认识到这种不一致性——前面的分析把他的见解当中的含义有根有据地引伸了出来,但是,在这个阶段却跑到他本人的思想前面去了。为了了解他的见解中的最有意义的内容,这样做是必要的。

不过,他实际上采取的立场是一种可能的妥协立场。另一方面却又把社会规范提高到惟一有效力的地位,并摈弃了个人在道德上的独立性。这样一来,他陷入了两头悬空的可悲立场。他脱离真正的实证主义太远了,因此他在科学上的可靠性,已经

㉚ 这是按照本书中所讨论的理论体系来说的。我们已经说过多次,本体论的问题不在这个范围之内。

不能使真正的实证主义者和功利主义者感到满意——他们认为他是玄学家。另一方面,伦理学上的唯心主义者们又认为他攻击了他们最心爱的信条——个人道德自律,因此应该给他冠以唯物主义者之类刺耳和苛刻的称号。

然而,尽管有这些在道德问题上的合理反对意见,我们不能忽视涂尔干理论的巨大社会学意义。他不仅洞察了社会控制问题的实质,而且对道德一致性的作用和意义提出了重要见解。因为,社会的存在确实在很大程度上取决于其成员的道德共识,如果这种共识瓦解得太彻底,所得到的惩罚是社会的灭亡。以功利主义作为实质性理论基础的那类自由主义者们,都太轻易地忽略了这一事实,其实际后果和理论后果都是不幸的。㉛ 因此,涂尔干如果必须把目的和行动中的其他成分一样看做是事实,如果不把行动者的观点和观察者的观点真正分清,那么有一类目的就相当接近于适应这些要求——在一个具体社群中得到公认的主导性规范中所体现的目的。因为,对观察者来说,这种共同规范作为规范而存在是一个可以观察到的事实。它们体现在法律、宗教学说和具体风俗之中。它们对于行动者的基本规范性特征被这种相对具体的存在掩盖了。

同时,对行动者来说(伦理学关注的就是行动者的观点),这种规范也与事实是比较相似的。就它们实际上对社群生活确实起着支配作用而言,它们是业已确定的事实——违犯了这些事实将带来外部的(表现为制裁的形式)和内部的后果。首先,只要把注意力集中在具体个人的处境上(伦理学必然是如此的),

---

㉛ 但这绝不是说因此就必须、应该或在很大程度上能够通过强制手段来维持这种共识。涂尔干本人不断地重申真正道德行动的自发性的重要意义。要从他的立场出发,轻易地推演出对纳粹控制舆论的手段进行辩护,是不合情理的。

而不是注意行动成分的一般性分析上,事实或条件与规范之间的区别就再次被掩盖了。另一方面,那些不为社群所共有的属于个人的道德理想不符合这些要求,因此容易被弃之不顾。

就是通过基本如此的一条途径,涂尔干尽管相当成功地认识了个人行动受到的规范性控制的实质,却一方面得以在很大程度上坚持着实证主义在伦理学方面的立场,能够提供这类自由主义理论家们所完全缺乏的东西,也即他对以下这一问题提出了一种解释:为什么道德见解的愈加分歧是和社会不稳定也即失范联系在一起,而不是和这些自由主义者们所乐于设想的幸福的增进联系在一起?

但是,不能因为他的成就意义重大就一味奉承,而不指出存在的困难。涂尔干虽然认识到道德现象的具体特点,但是他由于固执地坚持实证主义的思维方式,所以总是极力缩小道德现象与实证科学研究的其他自然界的事实之间的区别。这个区别有两个方面他在此阶段没有适当地强调,现在可以简略地指出如下。

虽然观察者可能把规范(其中包括道德理想)作为经验现象对待,但是绝不应该忘记,规范是一种非常独特的现象——它们是对于行动着的个人的规范和理想。关于这些规范,可以观察到的不是它们作为命题所指的具体存在的状况,而是如下的事实——行动着的个人把那样一种假想的事态看做合乎心愿的,并且因而可以在很重要的程度上认为,这些行动着的个人是在为着使这件事态成为现实而奋斗㉜。但是,究竟这种事态是否

㉜ 可以用理想和现实两词含义的双重区别来表述这个难点,把两者等同起来是造成混乱的最重要的根源。无论对观察者还是行动者,它们之间的区别都是至关重要的。理想对于观察者和行动者都是某种意义上的现实——也就是说,行动者持有如此这般的一种理想乃是一个事实。但是,由于理想是行动的规范,所以有双重

得到实现,在多大程度上实现,并不是单纯由于存在有理想规范就已经规定好答案的问题,而是一个悬而未决的问题。这个问题的解决,取决于行动着的个人的努力以及他们行动所处的条件。这就是人与规范之间关系中的积极成分,是这种关系中有创造力的或唯意志论的一面——这正是实证主义的研究路数所要极力缩小的,因为实证主义路数是以符合经验科学家的理想的那种消极、顺应、接纳的态度来思考问题的。

涂尔干即使在他的这一较后的阶段,也没有脱离上面提到的这种实证主义偏见。人们常常说涂尔干有把现状与理想等同起来的意思,其根据基本就在于此。因为,只要稍有不慎,把理想作为事实看待,很容易导致把碰巧拿到的不管什么事实都加以理想化。避免这种危险的惟一办法,就是时刻把握住理想作为行动的成分的特点,一定要把它们与行动者的处境方面的成分——即"条件性的"成分——彻底区别清楚。

从以上分析中不仅可以看出,经验主义的方法论立场在研究人类行动的科学中站不住脚,而且可以认为,这些科学中起码有一些最为重要的概念,是由很特殊的一类抽象概括的方法得出的。因为,前面论述过的涂尔干在观点上的改变,最根本的特点,就是"社会"成分由主观观点的"实在的"或条件性的地位变

性的一面。从其实在方面看,理想是存在的;但是,单单理想的存在似乎并不就是理想的现实性的全部。同时,理想既指外在于理想自身的经验事态的合乎心愿的未来状态(包括把事态的现状维持到未来),也指行动者现在的主观状态。前者要靠(至少是部分地)行动才能实现——当然也有失败的可能性。对观察者来说,理想作为一种外部世界中的现实而存在,但不一定就是它所指的未来的事态;另一方面,对行动者来说,它作为一种理想而存在,但在任何意义上也不作为外部世界的一种现实性而存在。要使理想成为外部世界的现实性,惟一的办法就是把理想在行动中付诸实现——也就是使理想不再作为理想而存在。为了保持思维的清晰,把这些区别牢记在心是完全必要的。

到了规范性的地位。这样一来,主观观点和客观观点的区别就变得至关重要了,因为它使这两种观点之间在规范性成分的地位问题上失去了对称。从客观观点来看,规范性成分是实在的成分,否则它们就不能被观察到,就无法在科学知识中占有一席之地。但从主观观点来看,它们的地位却全然不同,乃是"理想的"规范性的成分,它们即便有实在的指涉,所指涉的也不是一种实际存在物,而至多是指涉一种非经努力就不可能实现或不可能保持下来的实在事态。只有行动者改变了某些现存情况或防止了某些变化的发生,这种实在状态才能成为现实。[33]

规范性成分与非规范性成分的区别,在所指的是一种假设的或潜在的具体实体或事态的概念中表现得最明显。规范性概念仅只在以下这种意义上不是抽象的:例如,无摩擦力机械的概念之所以是抽象的,乃是因为(就目前所作分析的目的而言)这种机械现今尚不存在。规范性概念在另一种意义上则是更为抽象的:如果这个规范性概念离开了现在讨论的特殊具体情况下的行动,还确实存在或能够存在,它就不能具有规范性的意义,因为规范性概念在实际方面,总是指涉着一种在某些方面要靠

---

[33] 我们一开始进行分析的时候(见第二章)就曾经指出:行动体系中一定要有一个未来的指涉物。但是,规范性成分和条件性成分之间在分析上的基本区别,是以下两者之间的区别:一是可以预料毋需行动者干预即会实现的一种特定的未来事态的各个方面,二是归因于行动者在处境中进行干预而形成的"实际"状态同上述那种假设状态的差异。只有这些差异能够说是由规范性成分引起的。这种分析上的区别适用于两种主要的理想类型处境:(1)在这种处境下,预料中的事态是初始状态的持续,而目的是在某些方面改变这种预料中的事态;(2)在第二种处境中,如果行动者把他业已进行的干预中止,则可以预料初始状态将自动变化,但目的是使其维持不变。在后一种处境中,可以归因于规范性因素的,是延续下来的初始状态与假如行动者撤回其在事件的"自然"进程中的干预之后就会演变成的状态二者之间的差异。当然,实际的具体事例,是这两种理想类型当中的各个成分以多种不同方式排列组合而构成的。

行动来实现或维持下去的事态。至少用机械理论的术语来说，无摩擦力机械的理念(idea)对轮子、杠杆、汽缸和阀门的行为不会产生任何影响；这种理念本身不能起减轻摩擦的作用，除非通过工程师的头脑，也就是通过一个行动过程。但是，我们有充分理由相信，"平等"的理念影响着人类的行为，并且在某些方面的确起了减轻不平等程度的作用。因此，对于涂尔干变得非常重要的"社会类型"概念，一开始不是指各种社会关系的实际存在的连接的具体结构，而是指具体社会中各种规范性成分之间的联结。正是在这里可以发现至少是一些较为重要的起着区分作用的成分。涂尔干所探讨的社会类型的差异，主要是共同价值体系的差异。如果不记住行动理论中大量概念的这种规范性的特点，就不可避免地会出现混乱。

还可以指出另外一个困难，我指的是藉以对个人与社会现实的关系进行构想的方式。前面曾经说过，传统的实证主义分析方式是举出一个具体单位，然后研究"外部"力量施加于这个单位的行动。在把这种分析方式运用于社会科学中的人类个体时，则导致试图举出具体个人，然后研究社会力量施加给他的行动。因此，社会就被当成了一种环境，这使得如果说社会不是被视为在空间上与个人分离的，那么至少也会把个人定义为与社会分离的具体存在。从主观方面来说，社会对个人而言成了一个事实范畴。

但是，如果社会成分变成个人本人的具体人格中的一个组成成分，那么，个人与社会的关系也就必须按照全然不同的方式来认识了。与其说把他摆在社会环境之中，不如说他参与了共同的社会生活。在这种具体意义上，必须以有机的而不是机械的方式来看待个人与社会的关系。如果没有一个同群体中的其他成员在某种程度上共同具备的界定明确的价值体系，具体的

444

个人是不可想象的。这已经超出了有机关系的笼统一般的概念。具体的道德成分把人与社会关系的概念界定要严密得多。但是,在对此加以解释时应该再次小心。社会成员所共同具有的,不仅是具体行为的某些共同特征这个经验事实。在它的背后并且部分地是这种经验事实的原因的,是大家具有共同的理想和规范,共同的行为充其量只不过是部分地体现了这些理想和规范。因此,必须再一次让规范性成分发挥作用。在生物学中,把一个器官看做处于与整个有机体的"实际"关系之中,而不是规范性关系。㉞ 部分与整体之间有着功能方面的联系。就社会因素而论,个人不单纯在这种实际意义上是社会中的一部分,他们也共享着一个价值共同体,这一共同体的"存在",对于他的实际作用和功能是必需的,并且部分地是他这种作用和功能的原因。

定则㉟的作用

以上这些困难说明,涂尔干在他的思想发展过程中绝非已经得出最终的结论,而只是还处于中间一站。在他去世之前,他又迈出了重大的一步。但是,这个步骤与他对宗教的研究和他对另外一系列经验问题的兴趣联系非常密切。因此,对它在社会控制理论中的应用最好放到下一章中讨论。在那之前,简短而有系统地说明一个他在此时的社会控制理论的主要轮廓将是有益的。他集中精力研究他的理论中那些新发展起来的问题,

---

㉞ 但是,物种的"类型"似乎在某些地方确实含有目的论的成分。

㉟ 定则(institution)是涂尔干社会学中一个很重要的术语,它指的是基于共同价值观的道德权威的、支配社会行动的种种规则。有的译本将之译为"制度",但该词含义与一般所谓制度有很大不同,姑以"定则"译之。——译注

很容易给人以撇开其他成分不管的印象——无论如何,他从来也没有把所有这些问题明确地互相联系起来。并且,考虑到刚才讨论过的那些难点,我们有必要进行某种程度的理论构造,并采取不同于涂尔干本人不同的表述方式。但在这样做时,将尽力保持他的理论的基本原意。

最好从追溯一段他的思想发展过程入手,逻辑上应该把他从年代上说最后提出的东西摆在优先地位。从逻辑上说,出发点有这样一些:以一般方式来分析人类行动,其中有一个主要成分是终极价值的体系。这个价值体系有一个方面在个人身上表现为终极目的,这些目的在一个有组织的体系中得到明晰程度不同的表述,通过分析,可以在这一组织体系中看到一套数量有限的支配人类行为的规则。把这样的价值体系运用于在一系列相对固定的条件下的恒常的行为管制,它也就体现在一系列规范性的规则之中了。这些规则不仅直接作为具体行动的目的和一连串具体行动的目的,而且在总体上或在很大程度上控制着个人行动的复合体。对于许许多多行动(事实上是绝大多数的行动)来说,它们不规定直接的目的,而是规定追求直接目的的行动应该或可以以什么样的方式和在什么条件下进行。这样,按照涂尔干的论述来考虑,价值与具体行动之间的关系就分成了两种形式:第一种形式是价值规定一连串具体行动的直接目的,第二种形式是价值表现在一系列支配具体行动复合体的规则之中。涂尔干最为直接感兴趣的是后者而不是前者。

众多的人类在同一物质空间中共存的条件是,如果规范性成分有其重要性,要他们被任意多样的终极价值驱动是不可能的。因此,从反面说,同一社群中各个成员的终极价值必须在一定程度上整合成这些成员的一个共同体系。除此之外,如涂尔干和其他人(其中显要者如皮亚杰)所指出的那样,有非常确切的证据说明,不仅现存的终极价值体系在社会体系中整合在一起,而且个人的那些终极价值本身也是在社会互动的过程中发展起来的。因此,涂尔干在对失范的论述和《道德教育》一书中指出,很多或者大多数个人在失去了比较稳定的由社会给定的规范体系之后,都会遭受一场破坏他们行为之道德特性的个人分裂(personal disintegration)。皮亚杰也指出,不单是道德观念,即便是决定道德观念的逻辑思维,也只能作为儿童的社会化过程的一个方面而发展起来。这些证据进一步肯定了那些关于真正的功利主义社会不可能存在的反面的证明。

那么,涂尔干的社会学所关心的道德现实,就是与社群成员的个人行动相关联的、为他们所共有的终极价值体系。由于外部条件对于具体的社会形式决不是完全决定性的,因此,每一个社会群体除去与其他社会群体的遗传的和扩散的关系而外,一般说来都以一种在许多重要方面有自己特色的价值体系为特征。而且,这个体系与其所属个人的关系是上面提到的双重关系:第一,它规定具体行动和行动复合体的直接目的;第二,作为支配行动复合体的规则,不管这些行动的直接目的如何歧异。把这些直接目的在手段—目的链条上推移得距离支持规则体系的终极价值体系越远,这些规则对于受其制约的个人来说,就越像单纯的行动条件那样在道德上是中性的。由于大多数实际活动的目的都推移到距离终极价值很远㊲,因此,便出现了逃避规则的强烈倾向。因为,讨巧的态度,把规则看成是在道德中立的"条件",它本身并不包含任何服从规则的动力。正如我们总是

㊲ 在多大程度上是如此,取决于许多不同的条件。涂尔干在《社会劳动分工论》一书中所分析的那种类型的处境——纯粹契约关系的体系中,这种情况最明显。在另一种类型的处境即 Gemeinschaft[社群]的处境中则远不那么明显,这种情况将在下面简要论及(见第十七章附注)。

试图在自己力量所及的范围之内清除物质障碍以实现自己的目的那样,我们在某些情况下对社会性的障碍也是如此。

正如涂尔干一直并且非常正确地坚持的那样,在没有规范性控制的情况下,个人扩张欲望的胃口是无限的。对于多多益善的满足欲望的手段的追求,特别是对特殊抽象手段——权力和财富——的追求,是没有止境的。从这一点可以得出如下结论,即规范性控制体系将不断受到"利益的冲击"。道德权威控制力量的减弱,将招致用制裁来替代它,也就是说,以痛苦的、外部的后果替代内在的道德责任心,来充当服从规则的动力。这样,从涂尔干最后提出的强制的含义出发,又逻辑地回到强制的第二个含义来了。毫无疑问,这两种意义的强制,在社会规范的实施中都起着各自的作用。

但是有必要对这二者之间的关系作进一步探讨。在制裁意义上的强制,之所以不能作为实施规范体系的全面基础,是因为不能把它普遍化。霍布斯的理论就是试图这样做的一个典型,但这个想法破灭了;这部分地是由于使用压制必须组织起来,而这种使用压制的组织本身又不能靠同一意义上的压制组织起来。因此,霍布斯不得不在形成同统治者的契约的关键时刻,转而依靠一种极其不现实的开明的自利,这样,他就从超出了制裁意义上的强制的契约中,得出了合法性的因素。

于是,规则体系作为一个整体发挥效力的主要基础,是它所运用的道德权威,制裁只是第二位的支持力量。涂尔干在论述惩罚的作用时,把这一点引人注目地提了出来。[37] 与制裁型的强制相应的惩罚理论当然是威慑理论。惩罚的功能是通过使人

---

[37] 尤其是《道德教育》,第181页以始;《社会学年鉴》(L'ameé Sociologique)第五卷中的《惩罚演变的两条规律》(Deux lois de l'évolotion pénale)。

们对后果感到惧怕而防止破坏规则。但是,涂尔干从经验方面指出,惩罚在很大程度上并不具有这样的特点。惩罚更其是社群对于犯罪的态度的象征性表示——严厉惩罚就是重申被罪犯破坏了的规范的神圣性。惩罚具有象征意义,而没有功利主义的意义(在下章中我们将看到,这一点对于涂尔干是最为重要的)。假如不是这样,最严厉的惩罚就将是针对最易犯的罪行,而不是针对被认为更严重的罪行了,但在经验上绝非如此。㊳

随之而来的还有另一个重要结果。如果罪犯对于规则的真实态度是计较后果这样一种在道德上的中立态度,则有效地施行的制裁就更加接近于作为实际威慑力量而起作用。然而,就规则作为一种道德义务而为人接受而言,这种计较后果的态度也就没有了。一般来说,普通老百姓对杀人是非常憎恶的,只有在情绪极度激动,以至计较后果变得完全不可能的情况下才会犯杀人罪。涂尔干的惩罚理论适合于说明这种情况,而威慑理论却完全不能。而在完美整合的社会中,这种情况当然是最重要的。

但是,不应该因为这两种强制有极其重要的区别而产生一种误解,认为它们在实际生活中是互相排斥的。因为,如果涂尔干的惩罚理论是正确的,则惩罚的严厉就主要是出自这样一个原因——普遍对规则的神圣性有着强烈的信念,对于规则的强烈的道德情感,使得违背规则就会唤起强烈的反感。那么,"整合"的社会处境(人们都由于对起支配作用的那些规则有道德责任感而牢固地归属其中的一种处境)就倾向于以施行严厉的制裁使人们服从规则为其特征了。于是,这些制裁的存在,未必标

㊳ 例如,假如取消了对杀人罪的一切惩罚,"体面"的人们中间的杀人率也未必提高。对电椅的恐惧作为威慑力量可能是微不足道的。

示着有一种违犯规范的趋势,而是恰恰相反。在这样一种社会里,如果单独个人或者少数人对规范采取道德上的中立态度,那么遵守这些规范仍然是一般地符合他们的利益的。㊴事实上,必须把存在严厉制裁这种现象的两种在某种意义上正好相反的理由区分开来,就像涂尔干在一篇重要文章中实质上所做的那样。㊵严厉制裁一方面标志着 conscience collective[集体良知](在这种情况下确定无疑地是"良知"而不是"意识")的力量,另一方面,它标志着用道德权威进行的控制已经崩溃,越来越需要有一种别的东西来替代它。

这样,每一个社会里都有这样一些行动的规范性规则,体现着终极的共同价值。在主要的一面上,这个社会的整合程度如何,是以它的这些规则在多大程度上被人们出于道德义务的动机加以实践来衡量的。但是,除此而外,总有人是出自"利益"盘算的动机,把规则视做根本就是行动的条件,依据服从规则所能给个人带来的好处和不服从规则所要导致的坏处来采取行动。

一旦一套规则稳固地确立了权威,就是在服从规则的动机有很大的变动时,也仍然能够维持不变。因为在保持这个体系的过程中,各种利益都互相牵联到一起了。但是,制裁背后的力量最终来自对于规范的共同的道德情感。这种意识越弱,不共同具有这种意识的少数人越多,秩序就越不稳定。因为,这种利益的互相牵联是很脆弱的,一旦条件发生相对来说很小的变化,

---

㊴ 这一层关系是马林诺夫斯基(B. Malinowsky)没有清楚看到的,因此他在极端有趣的《蛮族社会的犯罪和习俗》(Crime and Custom in Savage Society)一书中的理论推理大部分成了废话。个人利益的交互联锁当然有,而且是保持与规范相一致的一个因素,但并不说明它是作为一个整体的规范性控制体系的主要根据。马林诺夫斯基对涂尔干的批判完全是无的放矢。

㊵ 见《社会学年鉴》第五卷中的《惩罚演变的两条规律》。

它就会在关键时刻瓦解。单纯建立在利益相关基础上(因而最终也就是建立在制裁的基础上)的社会秩序,如果起初就预设秩序的存在的话,那在理论上还是可以设想出来的,但在实际上却几乎不可能存在。因为,一方面,对制裁的需要越强烈,制裁背后的终极力量就越弱;另一方面,像人类社会生活条件现在这个样子,要在很长时间里避免发生足以粉碎那样一种脆弱和不稳定的秩序的变动,是绝不可能的,除非把扰乱秩序的力量特别彻底地隔绝起来也许才行。㊶

㊶ 在前一章末尾,我们指出,涂尔干对自杀和犯罪问题的解释是不一致的,说明他的早期理论的两个侧面之间有"矛盾"。这个"矛盾"现在可以解决了。关键是个人与以两种主要方式中的一种对他具有强制作用的规范之间的关系。但是,这只是据以对于这种社会现象作出解释的最简单的"原子"单位——只有单独一个人与单独一项界定明确的规范之间的关系。一旦出现的是许多个人与一套多少整合了的共同规范体系之间的关系这样复杂的情形,其他不那么间接的作用就出现了。这些间接作用能够以几种方式对自杀发生影响。其中最明显的也许要算是对 Suicide anomique[反常自杀]的影响了。在那些条件下,情况是这样的:无论出于何种原因,个人无法再与确定他的行动目的和价值态度的规范体系很好地整合,对他无止境的欲望不存在任何有组织的训导,最后的结果就是一种遭到挫折的感觉,这在极端情形下就导致了自杀。在这种情况下造成自杀的起因绝不完全是"自然主义的",因为规范性成分起了根本性的作用。但是,另一方面,没有理由设想这个自杀者意识到了他的行动的真正原因。他所意识到的只是眼前不可忍受的处境。但是,这种处境是与处于此人及许多其他个人同终极价值和规范之间关系之外的其他事物混合在一起的。

利己主义和利他主义的自杀则有所不同。这里不是规范性控制未能起作用的问题,而是一个特殊种类的控制问题。利己主义者的自杀又是一种特殊处境造成的——例如,常常有证据表明对于个人是过于沉重的宗教义务。在这种情况下,即使自杀的行动违犯了一项规范——关于自杀的宗教戒律,却部分地是由于同他人的关系的间接作用引起的。在利他主义的自杀中,也是造成了一种同样无法忍受的处境,但同时也常常有一种直接的社会性压力促使自杀行动发生,如印度的寡妇自焚或日本人的剖腹自杀就是如此。

由此可以看出,涂尔干所说的自杀风中的"自然主义"的侧面和经济规律的"自然主义"侧面一样,本来就是从根据规范性成分而采取的行动的间接作用,以及个人涂尔干的思想发展到这一阶段，所产生的结果是出现了以行动体系为基础的社会控制理论的雏型。他的体系始自范围广泛的相互歧异的出发点，进而演化到了这样一个地步，即在所有的要点上，都同前面我们讨论帕雷托的理论所引伸出来的那些相一致。不同之处不是得到的结果，而是达到各自结论的过程。帕雷托一开始是用手段—目的体系来分析个人行动。因此，通过他的理论分析，首先出现了手段—目的关系体系中规范性成分与非规范性成分之间极为重要的区别。后来，把这些手段—目的关系体系设想为一个整体，再经过一步步逻辑上的引伸，这才产生了共同终极目的体系和集体目的这两个概念。由此最后得出的社会行动体系的概念，明显超越了在历史上同内在的手段—目的体系的使用紧密相连的"原子论"。

诚然，涂尔干也是从分析内在的手段—目的关系中的某些成分以及合理性的"科学的"标准入手的。但是，他的推理思路与帕雷托几乎是直接相互对立的，很久以后才又重新会合到一起。对他来说，社会学原理是他对所研究的问题作的第一个批判性探讨得出的初步结果。一开始，他试图通过把社会现实作为与行动者眼中的外部世界有关的事实的一个独立范畴，来使这个结果纳入初始的主观体系。这种研究方法受其本身固有的局限，使规范性成分的具体特点变得模糊不清了。但是，经过我们前面叙述过的一系列步骤之后，这种方法逐渐被证明是站不

同规范性成分的关系的间接作用蔓延衍生出来的。在这个特定事例中，这主要表现为规范性规则，而不是如同在经济方面的事例中那样表现为直接目的。因此，要使规范能够成其为现象的"原因"，并不见得它们就一定得是所有受其影响的个人的直接而明确的动机。对目的论从这个简单意义上的否定，并不是要强迫人们接受自然主义的因果论，把它作为惟一的替代。

住脚的,于是,他虽然没有完全放弃,却转而采用另一种完全不同的分析方式。首先是,他之强调一套规范性规则在决定行动时的经验重要性,就使得有必要采取一种与看待行动实际条件的方式截然不同的看待"现实"的方式。不过,这一分析步骤的后果,直到对于规则的尊重态度(接受道德义务)取代对待规则的在道德上中立的"科学的"态度(遵守规则的主要动机是为了避免制裁)[42]而出现以后,才能充分显示出来。这个步骤把进行分析的社会成分,由客观的事实范畴(或叫做行动条件)转到了主观的和规范性的地位。只有在义务这层意义上的,属于"外在"的形式的强制性成分,才保留下来了,因为它不仅是对于一个特定个人才具有约束力的规范体系,而且对于各社会成员也是共同的。这样一来,就使涂尔干的方法论体系回到了与conscience collective[集体良知]的最初含义一致的状况了。

社会体系中至少有一个主要的起整合作用和带来秩序的成分,其实质是一个共同的价值体系——这种看法是同帕雷托经过推理得到的结论相一致的。但是,涂尔干的不同研究方法决定了,他强调这种价值体系与个人行动之间关系的另一种方式。帕雷托根据处在合理性极点(就像是在他的第二种抽象社会中那样)的手段—目的体系考虑问题,很自然地要从"社会应该寻求的目的"这个概念,来最清楚地阐述行动体系的整合。而涂尔干则是从考虑个人行动的社会条件出发的。从这些社会条件中,他发现了规则独立于行动直接目的的关键作用。最后,他发现可以把这些规则看做是社群共同价值体系的表现——正是由于如此,规则对于个人能够起道德权威的作用。由于手段—目

---

[42] 或是为了寻求积极的好处。涂尔干选择把制裁作为"利益"中的主要成分,是历史的偶然。这对于我们现在论述的问题是没有区别的。

的链条有许许多多环节,特定行动的直接目的和终极目的便分开了;因此,即便这些终极目的与共同的终极价值体系是一致的,也需要有一个订立规章的规则体系——不管是明确的还是暗中的,法律的还是习惯的——以前面详述过的不同方式保持行动与共同价值体系的一致。这种控制的崩溃,就是失范或所有人针对所有人的战争。

只要这些对追求直接目的的行动起支配作用的规则依靠共同价值体系发挥道德权威作用,就可以把它们叫做社会定则(social institutions)。㊸ 帕雷托的理论中没有正面指出这个成分与行动体系结构之间有哪些关系。㊹ 不过,涂尔干提出的社会定则的作用,同前面讨论帕雷托理论时得出的分析框架不仅不矛盾,而且还是对它的具有非常重要价值的补充,可以纳入同一个理论体系。

涂尔干本人曾在两个地方把社会学界定为研究定则的科学。㊺ 这个定义同他在此时期的思想确实吻合。当时,他倾向于认为,在这种意义上的社会现实的定则性的方面具有最重要的意义。但这个观点没有考虑到他以后思想的进一步发展,下章我们将讨论这个问题。在那个阶段中,他又采取了一个重要步骤,扩大了行动结构的分析性轮廓的范围,把他得出的那些同社会成分概念紧紧联系的成分包括了进去。这些成分无论在他

㊸ 涂尔干在这一阶段上只对定则与个人动机的关系进行研究,而没有涉及定则与社会结构的关系。理解他的这一主要思路是很重要的。后一种关系对于《社会劳动分工论》一书非常重要,这时被完全撇开了。下面讨论马克斯·韦伯的理论时将再次提到这种关系。

㊹ 它大概主要包括在聚合惯性和社会性的剩余物中。

㊺ 《社会学方法的准则》,第二版,前言第 23 页;《宗教生活的基本形式》,第 523 页脚注。

的早期理论中,还是在作为他思想根源的任何一种传统理论中,都没有得到充分论述。㊽

㊽ F.H.奥尔波特(Allport)的一段话,可以当成是与涂尔干完全不同的实证主义观点关于定则的经典表述:"在自然科学的意义上,定则根本不是一个有实质内容的概念。"通常指为定则的那些事实,对奥尔波特来说只不过是一些习惯的堆集。按照奥尔波特本人的术语,这个说法是正确的。因为,从"自然科学"观点即实证主义观点看,规范性控制的整个概念都是没有意义的。他所说的"定则的荒谬(institutional fallacy)"实际是"群体荒谬(group fallacy)"的孪生兄弟,而且二者实际上是一码事。见他在1927年《社会力量杂志》(Journal of Social Forces)中发表的文章以及1933年出版的《定则性行为》(Institutional Bebavior)一书。

第十一章 埃米尔·涂尔干(四):
最后阶段:宗教与认识论

涂尔干早在从事研究工作的最初阶段,就对宗教现象感兴趣。在《社会劳动分工论》一书关于机械团结的论述中,这个问题占据了重要地位。在关于宗教与自杀之间关系的论述中,谈的又主要是这个问题。他在较早的《社会学年鉴》的第三卷中,试图给宗教下一个定义。但是,直到 1912 年他才出版了一部综合论述宗教问题的专著,这同他前一本重要著作相隔了差不多十五年之久。

从很早开始,他就笼统地感觉到,宗教同社会生活有着特殊密切的联系。[①] 但是,直到他的社会控制理论发展到我们在前一章中所论析的阶段,才真正可能在他的社会学体系中给宗教找到一个令人满意的位置。到了这个阶段,他不但把宗教纳入了他的体系,而且把关于宗教的研究作为修正自己理论的主要经验因素,正是这些修正,使得他的总的理论结构发展进入最后阶段。

---

① 有趣的是当德普罗瓦热(S. Deploige)对他提出责难,说他的社会实在论是"德国货"时,涂尔干在一封公开信中拒绝了这种责难,声称除孔德外,他思想上受到的最主要影响来自英国的宗教史学家,特别是罗伯逊·史密斯(Robertson Smith)。这封信写于 1907 年,见德普罗瓦热:《伦理学与社会学的冲突》(Le conflit de la morale et de la sociologie)。

值得注意的是,涂尔干同本书所研究的另两位最主要的学者——帕雷托和韦伯——都感觉到了宗教同社会之间的密切联系。如前所述,对帕雷托来说,宗教成了非逻辑行动中的一个主要成分,而他对宗教的理解是模糊的。一直强调逻辑行动的理论家、特别是提出从技术和经济方面解释问题的理论家所忽视的那些主要成分中,当然就有宗教。同样,为了与马克思的历史唯物主义相抗衡,韦伯发现,马克思主义者所忽视的最主要成分就是宗教价值体系。但是,韦伯的背景与其他两人不同。对于现在所讨论的问题有趣的是,本书研究的两位同实证主义思想关系最密切的理论家——帕雷托和涂尔干——都转而专注于宗教社会学了(在他们的后期尤其如是)。

这的确意味深长。在十八世纪和十九世纪的实证主义思想演变过程的后期,不管一般来说还是从进化论的出现来说,都无疑是倾向于贬低宗教的重要性的。前面已指出,帕雷托的许多思想同实证主义体系非常相近,在他的立场发展到同实证主义体系毫不相容时才专注于宗教。涂尔干也是如此。上一章已经指出,他在其他方面本已与实证主义分道扬镳,对于宗教的研究则完成了这一演变过程,并且可以说使他同实证主义无可挽回地决裂了。

在研究宗教的时候,涂尔干没有对历史上的各种宗教全面加以比较评析,而采取了关键性实验(crucial experiment)的方法,对有限的一些事实——关于澳洲人图腾崇拜的事实——作了深入的研究。现在我们感兴趣的,主要不是这个特定实际问题的具体内容,而是他在研究这个问题过程中形成的一般观念。对于我们所要研究的问题来说,没有必要陷入由于他对澳洲人这个问题② 所作详尽解释所引起的经验方面的争论之中,也不必要深究图腾崇拜总的说来在宗教的演变过程之中处于何种位置。涂尔干认为,图腾崇拜是所有宗教当中最原始的,这是否正确并无多大关系。因为我们关心的是所有人类社会行动共同的基本成分,不管它原始不原始。

值得注意的是,涂尔干就此问题又写了一篇如同《自杀论》那样独特的专论。表面看来,研究的是一个非常专门的经验题材,是一个可能被认为没有什么普遍意义的题材;而涂尔干却藉以进行了具有极不寻常的深远意义的理论推理。因此,他的《宗教生活的基本形式》(Les formes élémentaires de la vie religieuse)一书,一方面是关于澳洲人图腾崇拜的专门论著,同时又是社会学理论的少数最重要的著作之一。当然,这后一方面才是我们此处所关切的。但是,在探讨该书内容之前可以指出:涂尔干这两篇专著,树立了专题研究的典范,是人们可以更多地加以仿效的。实际上,一篇专著同时又是一篇理论论文,才是经验研究的最高级形式。涂尔干具有将此二者结合为一的才能,其结合的方式堪为后世社会学家的楷模。可惜的是,没有多少人能够在这种结合上达到如此卓越的程度。

---

② 这样说并不意味着事实一般说来无关紧要,也不意味着事实对于下面的讨论就不重要。确切说来,对于这里讨论的问题有重要意义的事实,不在那些引起争论的事实之内,涉及的只是有关事实的某些非常概括性的论点。下文将要提到,真正关键性的论点是:(1)在对于涂尔干称之为"神圣的"和"世俗的"两类事物的态度之间,有着根本区别;(2)神圣事物有一种象征意义。在澳洲人的图腾崇拜问题上,这两个命题都没有被驳倒。另一方面,诸如家族关系体系的细节问题和具体仪式的细节问题等等,对于现在讨论的问题是无关紧要的。

宗教观念

从理论上讲,在《宗教生活的基本形式》中有两个相互交迭却互不相同的成分——宗教理论和认识论。宗教理论是把前已论述过的那些问题与认识论问题联系起来所必不可少的纽带,所以我们先讨论宗教理论问题。

涂尔干是从两个根本的区别出发的。其一是神圣事物与世俗事物的区别。[③] 这是一种把事物划分为两个范畴的分类。这些事物绝大部分是具体的,虽然绝非都是物质性的,却常常是物质性的。然而,这两个类别并不是根据事物本身的任何内在特性来划分的,所根据的是人们对这些事物的态度。神圣的事物是由以不同方式表达的一种特殊尊崇态度区分出来的事物。这种事物被认为是充满着特别的品质,具有特殊的力量;如果接触到这种神圣的事物,要么特别有利,要么特别危险,或者既有利又危险。首先,人与神圣事物之间的联系,都被认为不是一桩寻常事,总得要抱有一种极其郑重和恭谨的特别的态度。由此可以断言,神圣事物之所以成为神圣的,乃是由于人们并不以功利主义的方式去对待它们,由于人们并不是因为它们本身的固有特性适应于某些目的,而理所当然地把它们当做实现这些目的的手段,这样就把它们同世俗的事物划分开了。如涂尔干所说[④],典型的世俗活动是经济活动。斤斤计较功利的态度与对

[③] 见《宗教生活的基本形式》,第50页以始。本章所引该书引文均据法文第二版。

[④] "Le travail est la forme éminente de l'activité profane (劳动是世俗活动的显著形式)."见《宗教生活的基本形式》,第439页。

于神圣事物的崇敬态度正好相对。⑤ 从功利主义观点来看,如果澳洲人竟然把他们奉为图腾的动物宰杀食用了,不是再自然不过的事情吗?然而,正由于这种动物是神圣的事物,他们就不可能这么去做。如果他们真的吃这种动物,那仅仅是在祭祀的场合,同普遍的满足需要完全是两码事。于是,正是由于排除了这种功利关系,神圣事物是由形形色色的禁忌和限制卫护着的,宗教就同神圣事物有关。

第二个根本的区别是两种范畴的宗教现象之间的区别——信仰和仪式。信仰是一种思想方式,仪式则是一种行动方式。但是,两者是不可分割的,而且对每种宗教都是最重要的。如果不了解一种宗教的信仰,就无法了解其仪式。然而,两者密不可分并不意味着两者有任何孰先孰后的关系——目前要探讨的关键是两者的区别。宗教信仰是关于神圣事物及其源、行为和对于人的意义的信仰。仪式是与神圣事物相关所采取的行动。⑥ 在涂尔干看来,宗教是"一种与神圣事物相联系的信仰与习俗(Practices)的完整(solidaire)体系,是独立的和有所禁忌的一个把其所有追随者团结于一个称为教会的道德共同体之中的体系。"⑦ 其中最后一项标准将在以后讨论,因为若不将其他几项作进一步分析,就不能了解此项标准是怎样得出来的。

413　　如同前面分析过的涂尔干以前的所有思想一样,此处的出发点也是一种批判的态度。他在该书的开头说,如果同宗教联结在一起的观念纯属幻象,即不"反映任何实在",则人类生活中存在如宗教这样持久和顽固的一种成分是不可想象的。⑧ 因

---

⑤ 同前书,第296页。
⑥ 其含义将在下面讨论,见[边码]第429页以始。
⑦ 《宗教生活的基本方式》,第65页。引文是本书作者的译文。
⑧ 同上书,第3页。

460

此,对于那种一方面把宗教观念当做宗教的基本成分,另一方面又认为这些观念来自于人们对于经验世界的印象的学派,他一开始就加以批判。可以认为,这就是他最早的体系的典型做法——追问从行动者的观点来看,他据以行动的观念("表象")所反映的"实在"是什么?

涂尔干把他集中批判的两类理论称做"泛灵论(animism)"和"自然崇拜(naturism)"。[9] 对这两者,他的批判首先都是要说明它们违背了前述的标准,把宗教观念化约成了幻象。因为,它们把宗教观念说成是对那些根据科学(一方面根据心理学,另一方面根据自然科学)能够作出满意解释的现象所作的前科学的解释。做梦以及大风暴、火山爆发、日蚀之类更为震撼人心的自然事件,对于现代人毫无神秘可言,不需要任何超自然的解释。

从这种观点出发,可以指望涂尔干采取排除法对他通常的论点加以彻底思考。不论心理学方面的事实还是关系到外部自然的事实,都不可能是宗教观念所涉及的事实。宗教观念不可能仅仅是那些事实的纯朴而不科学的样式。所以,必然有一个在整体上为宗教观念所正确反映了的第三类范畴的事实。由于在可以观察到的自然界中,只有另外一个这样的范畴即社会事实的范畴,宗教观念所反映的实在必然是社会的实在——于是便产生了涂尔干关于宗教的社会性质的学说。

这诚然是涂尔干论点中的一个组成部分,而且是一个一贯存在的组成部分。但是,它是从涂尔干思想最早阶段遗存下来的,因此需要根据前章所作分析的结果加以修正。然而,这种由排除法得出的论点,同下文所主要讨论的另一论点密切交织在一起,必须把它牢记心中。必须看到这两者的相互关系,才能理

---

[9] 同上书,第二、三章。

解涂尔干理论的某些重要特点。

涂尔干一开始就提出了神圣事物与世俗事物的根本区别。因此,他不仅关注宗教观念所"表象"的诸实体的现实性这个问题本身,还关注于它们具有神圣性这个特点的根源。这样,便在泛灵论和自然崇拜论中找到了另外一个应当加以批判的部分,那是同幻象论交织在一起的。它们不但没有指出,有一套真正的事实作为宗教观念的基础,而且它们所认定的事实首先由于不能成为神圣性这一特点的根源就不能成立。我们知道个人心理学对于做梦的"真实"解释是什么。但是,"个人"本身——即心理学的对象——毫无神圣可言。个人不过是一堆利己主义的欲望、冲动和情感,这些都不是需要特别崇敬的对象。同样,对于外部自然界事件的"真实"解释,也使它们失去了神圣性的特点。所有这些都可以归之为在科学家看来在道德和情感方面属于中性的自然规律。

更一般地来说,涂尔干的思想中常常有一种纯然认知的"科学家的态度",似乎这就是他对作为宗教观念之基础的实在进行研究的出发点;在这种态度中,对于神圣事物所具有的特殊崇敬是无存身之处的。这种崇敬态度同个人对于那些行动者对之怀有道德责任感的约束性规范的态度有密切关系,这一点必然给涂尔干的读者留下深刻印象。这里有着同样的不计利害和无私的态度。关于神圣事物和世俗事物的划分,就属于涂尔干思想发展的这一较晚阶段,而不是他那个真正实证主义体系的组成部分。它与道德义务与个人利益之间的区分相对应。

但是,这两对概念之间的关系究竟如何呢?或者说,它们仅仅是用不同措词来表达的同一内容吗?其间似乎有两个显著的区别。涂尔干分析社会控制的出发点是:存在着一组在具体情形下或多或少是同质的现象——习俗性的道德规则和法律。这种道德规则以其内在的特性而与社会学家感兴趣的其他现象——如自杀率——相区别。它们是关于在某种情况下期望人们的行为应当如何的规定。规则虽然不是物质现象，却是可以根据其内在特性加以辨识的经验对象。神圣事物却不是这样的对象。

其次，以道德规则来解释崇敬态度的起源，虽然大大修正了实证主义以"自然决定论"来说明其起源的概念，两者仍旧有某些实质上的相同之处。对它们的作用所作的分析，可以归结为是根据内在手段—目的关系来分析的。因此，在目的、手段和规范性规则之间，无疑有一种同物质的因果关系大体相似的关系。也就是说，行动的合理性取决于对于手段的内在特性的认识以及可以预知的遵循规范的后果。⑩ 承认终极共同价值在行动中的作用，并不影响这一基本模式。

但是，对于神圣事物的理解和解释，在这两方面都有一些困难，一旦试图在神圣事物与世俗事物之间划出一条界限，就会马上显露出来。如涂尔干所说，神圣性所附着的那些具体对象，似乎除神圣性这一点之外毫无共通之处。它们可以是无生物、植物、动物、自然现象、精神现象、神话人物、法则、行为方式或者别的什么。所以他根本不以这些去划线，转而从人们对待这些事物的态度来考虑。就内在特性来说，任何事物都可以成为神圣的。只要人们相信它神圣，它就是神圣的。使之神圣起来的，是人的信念。

前面说过，涂尔干批判关于宗教的自然崇拜论和泛灵论理论，理由是它们不能说明神圣事物之中的神圣性成分。但是，他

---

⑩ 其具体目的的一个方面是对于经验世界中一种未来事态的预测。因此，必须根据经验世界现象的内在特性来设想其"实现"。

逐渐进而看出，它们之所以不能说明神圣性成分还有更深一层的原因。这些理论的真正目的，是找出那些其内在特性驱使人们对之持此种特殊崇敬态度的经验现象。正因为如此，自然崇拜论才把注意力集中在暴风雨和地震之类大自然的那些异常的和给人印象深刻的或使人恐怖的侧面。

但是，涂尔干最后判定，自然崇拜论和泛灵论理论之所以站不住脚的最主要原因，它们之所以在经验方面有着种种不切实际之处的原因之一，乃是由于对神圣性的根源问题作了错误的设想。神圣性的根源，根本不在于具体祀奉对象的固有特性，而是如他常说的那样，是"迭加于"这些固有特性之上的。⑪ 就是说，祀奉对象与崇敬态度之间的关系不是因果关系。祀奉对象乃是一种象征物，而象征物的实质首先就是，其重要性、价值和意义并非该象征物本身内在特性所固有的，而有于它所象征的事物。从定义上来说，象征物同它所象征的事物就是两码事。其次，只要是象征物，它与它的意义即它所象征的事物就没有内在的因果联系。照此看来，其间的关系是武断的和沿袭旧习而来的。⑫

如果确实如此，神圣事物之神圣性的起源问题，就被置于一个全然不同的基础之上了。问题不再是寻找哪一类事物具有特殊的内在特性，因而可以充当那种能够作为信仰事物的神圣性之理由的"实在"。为什么在某时某地一些具体事物是神圣的，另一些事物则不是——这个问题一般说来确实成为次要的了。重要的问题是：既然一个象征物意味着有一个被象征的事物，从另外一个方面来看，这种象征关系到底是什么呢？回答了这个

---

⑪ 《宗教生活的基本形式》，第328页。

⑫ 同上。

问题，也就可能解释那个非常令人困窘的问题了——在神圣事物的错综繁杂的经验多样性之中，怎样找出某种一致性的问题。因为，从这样一种观点看来，神圣事物在经验上的异质性可以是无关紧要的———致性与次序可能存在于所象征的事物之中，而不在于象征物。

在分析涂尔干关于仪式的理论之前，还不能详细讨论它对于行动具有什么含义。但是，现在可以指出，这个问题的出发点同他论述宗教观念的出发点是一致的。涂尔干在解释宗教观念时，抛弃了那种在被当做神圣的那一类事物与其神圣性的"根源"之间发现内在因果关系的尝试，同样，他也抛弃了从宗教仪式活动中发现内在手段—目的关系的尝试。比如说，不是把宗教仪式活动当成使奉为图腾的物种得以增殖的理性方法，而是认为它的意义在另一个层面之上，它是象征性的。在这两点上，自然崇拜论和泛灵论的基本错误，都是把内在联系同象征性弄得混淆了。这种混淆就是关于宗教非理性的流行的实证主义观点的基本根源之一；因为在实证主义的分析体系之中没有象征体系的位置——科学不能提供象征体系的模型。

涂尔干在其实证主义的脉络中进行论证，事实上是在寻找作为宗教观念之基础的"实在"。他认为宗教观念既不可能是外部环境的表象，也不可能是"个体"人性（遗传）的表象。因为首先，如果是的话，就必须认定宗教观念是错误的表象，而且因此就应当在科学的批判之下消失掉。其次，更重要的是，这些实在范畴不可能是为神圣事物所独具的崇敬态度的根源。但是，如果宗教观念不是纯粹的幻象，它们就必然同一种外部的、可以观察的实在相对应。有这样一种实在，就是社会——社会符合涂尔干所作分析的种种基本要求。

崇敬态度是由在道德上优越于我们的某种东西引起的。⑬纯粹的物质力量可以引起恐惧,却不能引起崇拜。社会是一种道德的实在,而且是能够满足这一问题的要求的惟一经验实体,是对于人具有道德权威的惟一经验实体。涂尔干正是沿此途径获致他的著名命题——上帝或任何其他祀奉对象都是"社会"的象征性表象。

　　恐怕没有任何其他命题能够像这个命题这样,在宗教界立时引起暴跳如雷的愤慨。为了反对那些想要把宗教消散成为幻象的人们、而着手为宗教的永恒性辩护的人,现在看来持有比他所批判的那些人更加成问题的"唯物主义"观点。因为,若是不把宗教弄成一种对于肉身、对于纯属人类的东西的崇拜,他的公式又是什么意思呢?

　　为了避免过于仓促地下判断,最好再稍仔细一些,探究一下这一观点的含义。把宗教的"实在"与社会等同起来之所以使人震惊,主要是由于这样一种假设,即人人都无需思索就了解社会是什么——社会是"自然"的一部分,是与神圣性的东西全然不同的。但是,如前面一章所述,对于涂尔干来说,社会成分与自然的其余部分之间的鸿沟已经逐渐加大起来。道德权威与个人利益的区别不是单纯程度上的区别,而根本上是质的区别。涂尔干就要承认社会—道德实在在一个重要的意义上是观念性的了。⑭在这种情况下,将社会与宗教的根源等同起来的后果是什么呢?究竟是使社会进一步返回去等同于"自然",还是扩大了

---

⑬ 《宗教生活的基本形式》,第 296—297 页。

⑭ 参见《宗教生活的基本形式》,第 605 页。"Il faut donc se garder de voir dans cette théorie de la religion un simple rajeunissement du matérialisme historique; ce serait se méprendre singulièrement sur notre pensée."(不应该把这一宗教的理论看成历史唯物主义的单纯更新,否则就是大大误解了我们的想法。)

二者之间的鸿沟呢？

毫无疑问是扩大了二者之间的鸿沟。结论必然是：就集体表象在具有道德权威的共同价值体系中构成认识成分而言，这些集体表象同"外部世界"的关系，与构成关于手段和行动条件的可以科学地验证的知识的当中的诸主观成分同"外部世界"的关系是不相同的。其所以如此，我们已经知道就在于价值成分对于行动来说具有规范性的特性。当然，在分析上必须把具有规范性意义的成分同在行动的处境方面起作用的任何成分区分开来。

前此，涂尔干在这方面的注意力一直局限于如契约法中所包括的那种行动规则。诚然，这些规则在可以加以阐述的意义上说，有其认知性的一面。阐述这些规则的词语如同其他的词语一样，都有能够为人理解的意义，而且，所表达的诸命题在逻辑上和对于行动本身都有共同的合乎逻辑的含义。但是，除去假设的实现规则的状态而外，这毫不牵涉规定内容之外的任何东西。现在，涂尔干转向了同行动联系着的另一类认识成分——"宗教观念"。这种成分与行动的规范成分是不同的，其内容既非一套规范，也不是一种未来的事态，而是与同行动者并存的事物、人和实体有关的。宗教观念讲的是这些事物发生作用的情况以及它们与人的关系。它们是"神圣的事物"。

宗教观念本身与行动无需有任何直接的关系。从有关现在讨论的问题而言，宗教观念不是相当于一种规范体系，而是相当于一个实存的命题体系。在涂尔干的论述当中突出的是，宗教观念涉及神圣的事物。而界定神圣事物靠的是人们对这些事物的态度同所观察到的人们对于规范的态度的同一性——人们是认识到对于规范负有道德义务的。这种态度上的同一性，是这两类认识成分之间的纽带。

但是,涂尔干又作了进一步分析。这些神圣事物有的是具体经验对象,可以用通常的科学程序来观察,例如石头、木块、衣服、地点以及行动过程等等。这类神圣事物的特点是:如果把它们同与之有关的行动分开来看,看不出它们在本质上同非神圣的同类事物有什么两样。靠化学分析或矿物学分析,不能够把神圣的石头与凡俗的石头区分开。于是,如涂尔干所说,神圣性乃是"迭加"于它们固有属性之上的属性。另一类神圣事物根本无法在经验上观察。这种神圣事物有幽灵、神、神话人物等等。如前所述,涂尔干根据这些事实断定,不能依据这些神圣事物的任何内在共同属性来理解它们的神圣性,而只能从它们与人们的关系上的特点——象征性的关系——来理解。⑮

420　　到这里,涂尔干的主张似乎是完全可以接受的。问题出在

---

⑮ 应当再次提醒注意前面([边码]第211页)指出过的这一点——在行动方面可以采用象征性方式解释的不止一种。最简单的一种情况是,某一种特定行动或事物对于行动者来说是一个明显的象征物。大多数的日常语言表达就属于此种情况。在较为高深的宗教当中,特别是在这些宗教较为资深的信徒说来,这种自觉的象征作用更是扩展得极为广泛。但是,表面看来很显然没有理由说明,这种层次的象征作用对于理解行动更有意义,帕雷托曾经多次指出(见他关于罗马宗教的论述,《普通社会学通论》,第167节),这种明白的象征体系主要是作为较次要的理性化和衍生物才有其意义。但是,对于由分析呈现为这种象征作用的基础的那个成分——剩余物或情感,又可以加以象征性的解释,即使行动者丝毫未意识到其间的联系,一个行动或一个"观念",可以是一种情感或一种价值态度的"意味深长而恰当的"表达方式。尽管精神分析学家所作的象征性解释中,肯定有许多过头的话,他们的基本观点却似乎无疑是正确的,即我们的许多行动和表现,得要解释为与隐含着的和甚至是压抑着的情感或情结有着象征性的关系。对于现在讨论的问题来说,这后一种行动当中的象征性关系最为重要。凡是行动者对其行动有着明确的象征性解释的,这种解释无需与观察者所给予的象征性解释相一致——这一点应该是显而易见的。仅只在可以称之为"象征性的合理性"的有限情况之中,行动者与观察者的象征性解释才会一致,在此种情况下,如同"内在的合理性"的情况一样,行动者本人明确的"理论"能够充分说明他的行动,而无需求助于剩余物—衍生物这一类的分析去找寻其基本成分。

下一步,即具体说明宗教观念的象征性指涉物——宗教观念的含义——这一步。因为,象征物所表示的关系如果别无内容,它就不成其为象征物了。涂尔干本人的答案是回复到他业已抛弃了的一种思想方式。他试图把宗教符号看做是可以等同于科学命题中所包含的符号的,它们构成一部分事实,其意义要在经验世界可以观察到的特征中才能找到。这样做的结果,使他的思想倒退了,实质上是业已被他否定掉的那类理论的一个翻版。这样,宗教观念必然是一个经验实在的歪曲表象,而这个经验实在是能够以一种经验科学——在此处是社会学——加以正确分析的。

但是本书所进行的关于行动结构的分析,总的趋向一直是探究这样一个问题:把从主观方面看的行动全部(甚至其属于认识的方面)都纳入科学的方法论模式是否合理?这样做,说到底是以行动的规范性成分的作用排除行动者的创造作用。帕雷托有一句名言明确地否定了这种观点——"基于理性"的社会不存在,也不能存在。上一章的分析,揭示了涂尔干逐渐认识到社会成分的规范性属性的过程,认为他的观点同帕雷托非常相似。此处所讨论的这种学说,必然被认为是对于涂尔干早期实证主义模式的复归。如果认为宗教观念反映了终极价值复合体中主要存在的认知的成分,宗教观念分析起来就根本不能与任何经验实在有关。⑯ 实际上,这个步骤迫使涂尔干由真正的分析立场倒退到经验主义的立场。宗教观念所象征的"社会"不再是共同的规范性成分,而成了具体的社会集团。因为,具体的社会集

421

---

⑯ 这个说法指的是行动理论的现代体系。尽管它可能有形而上学方面的含义,但它本身却不是形而上学的命题。而且,不管它的那些含义如何,都不属于本书所讨论的范围。请读者阅读下文时切记此点。

团确实是在经验上可以观察的实体。具体的个人能够如同科学家一样去观察社会。把涂尔干说成在宗教问题上是唯物主义者,其主要缘由即在于此。这是与上一章中提到的关于道德顺从主义(moral conformism)的困难直接对应的。

对本书所要讨论的问题来说,对实证主义的定义是:认为实证科学是人类惟一有意义的认知外部实在的方式的一种学说。在此处所讨论的问题上,涂尔干正是坚持信守实证主义立场的。要避开它的种种困难,包括在更为不同的层次上重新出现的关于群体精神(group mind)的困难,惟一的办法是向这种立场的基本原则直接提出疑问。如果说宗教观念所指涉的,是能够加以科学分析的经验感受的一个方面,则涂尔干关于宗教具有象征意义的基本论点就站不住脚了。如果说宗教观念根本无所指涉,他的这个基本论点也站不住脚,因为象征物若无意义就不成其为象征物了。不过,还有第三种可能,即宗教观念指涉的是对于人的生活和体验至关重要、却处在科学的观察与分析的范围之外的"实在"。

前文(特别是关于帕雷托理论的讨论)已经充分论证了这样一个观点——不符合科学方法论标准的观念,对于人类行动实际上起着很大作用,不仅在这种观念普遍存在这种意义上说来是如此,而且从这些观念同支配行动的实际力量有着重要联系的意义上说也是这样。这一点因此可以认做是一个确定的事实。于是,对于这一事实只可能有两种解释:(1)这种观念要么必定是由于无知和谬误而产生的;(2)要么必定有一个全然处于科学方法论范围之外的重要成分。前已指出,就帕雷托已经表述过前一种可能的解释而论,那已经表明是站不住脚的。如果从他的著作中得出一条明确的结论来,那就是:在他看来,非科学的理论之所以是非科学的,不仅是由于无知和谬误,而且还由于"非经验性"的事物在其中起着作用。涂尔干提出过另一种可能的解释,能够同这里的第一种解释协调一致,但其中有着如前所述的解决不了的困难。这样,把第二种解释包含的意思发掘出来,似乎就是顺理成章的了。

　　需要说明的是,将要成为宗教观念所象征的指涉物的"实在",是作为一种剩余性范畴从反面加以界定的。它是非经验的。而且,小心地不把它界定为具体客体或具体客体的系统。这一表述局限于具体实在的诸方面或诸成分。明确要求的只是这样一个命题——对于宇宙的非经验方面和行动者生活与体验的非经验方面的体察之具有意义,乃是作为行动者的人的处境使然,不能视之为"不可知物"而弃之不顾,将其遗忘。关于行动者同非经验方面的关系还有一个命题,将在本书末尾提出讨论。但是,在这样一种领域极端重要的是要小心从事,避免做并非情境逻辑使之成为万分必要的事情。

　　还有一个非常迫切的问题尚未回答——象征体系在人同实在的非经验方面的关系中所起的作用,与人同实在的经验方面的关系中所起的作用不同,这是为什么呢? 要回答这个问题,需要对知识的结构再作深入一些的分析。正如手段—目的关系对于从主观观点来考虑行动和对于所有"举止"是十分重要的一样,主体—客体关系对于所有认识也是十分重要的。若不考虑这种关系,人类的体验一定会变为毫无意义的一团乱麻。

　　从主观来看,所有的知识、认识都是由相互之间有着意义关联的符号(一般是语言符号)综合而成的。科学的命题也不外乎就是如此,但仅仅包括简单的符号关联。"石头"这个符号通过一系列有序的感官知觉,直接指示着以某些标准划分出来的一类具体经验客体。但是,石头如果同时又是一个宗教的符号,则说起、想起"石头"一词或某一堆石头,就有了双重的符号指涉,一是词语指涉着物,二是物反过来又指涉着它所象征的东西。如果是一个虚构出来的实体,实质上也是一样,只不过语言符号并不同样要经由感官材料就直接有所指涉。对于宙斯的体验同对于石头的体验是不一样的。

在非经验领域发生这种双重符号关系,似乎可以这样解释:对"非经验实在"不能科学地加以观察,仅此已经说明,不可能找到一个同等意义上的外部世界的经验客体作为该主观符号的指涉对像。于是,要把对于此种实在的"体验"以与科学命题有着相似功能的认知符号固定下来,就有两种可能的方式——或者是把这种"意义"加之于一个经验体验的实际客体之上,此客体因而成为一个物质符号;或者建构一个虚想的"客体"。为什么需要以这种认知符号来构想?为什么需要把"宗教体验"的内容"形象化"和具体化?显然必须认为这种需要就是我们所了解的一个有关人类的事实。然而,在某些哲学的和神秘的层面上,显然有完全不要这种中介的象征作用的倾向。对这种倾向的社会环境及其结果加以分析,就能够十分明白地看出为什么中介的象征作用在人类生活中实际上起着那样突出的作用。

424　　现在可以返回来讨论宗教观点与行动的关系的问题了。有一位著名的宗教史家,曾经把宗教界定为"人们对于生活和环境当中在他们看来是非人力所能完全控制、约束或理解的那些部分所持的积极态度,以及出于这种积极态度所作、所说和所想的一切"。[17] 这样,宗教观念可以界定为"人们对于生活和环境当中所不了解以及认为是靠实证科学的通常程序或者是相应的常识的经验论所不可知、但需要对之采取积极态度的那些方面所持的观念"。

---

[17] 诺克(A. D. Nock)教授在哈佛大学的演讲。

于是，可以认为宗教观念成了人们的积极态度与人们周围一切事物的非经验方面之间的认识桥梁。行动不仅如实证主义者必然断定的那样是"有意义地取向"于科学所理性地了解的实在，而且也取向于非经验实在。可以把理性方法当做是属于我们对于经验实在的取向体系的，这种方法能够用内在手段—目的图式（其中包括经验知识所起的作用）加以分析。另一方面，宗教是人们对于非经验实在的一种取向方式。科学知识的内容并非完全是由"外部世界"确定的，同样，宗教观念的具体内容也不是完全由非经验实在的固有特征确定的。在这两种场合都有"主观"成分，感知者并不是纯粹被动地把给定的经验记录下来。不管二者在程度上有多大差别，这种关系在形式上是相似的。

宗教观念里的主观成分，如同技术知识里面的主观成分一样，可以以积极态度来阐述。但是，社会成分在什么地方起作用呢？可以肯定，如果接受涂尔干关于神圣事物与道德义务之间的关系的观点，在这种情况下起重要作用的，就是前面的分析所提到的终极价值观念了。那么，就得认为宗教观念部分地决定着人们的终极价值观念，部分地取决于人们的终极价值观念。在规范性意义上的社会成分，其核心在于存在着一个共同的价值观念体系，因此才认为这些价值观念又反过来与一个共同的宗教观念体系是联系在一起的。于是，涂尔干在他对宗教下的定义中提到"一个把所有信奉者联合成一个道德共同体的整合的信仰体系"。宗教观念之所以具有社会学意义，乃是由于宗教观念与这种道德共同体有关，与共同价值体系（包括读者看了上述分析就会了解的那个概念所包含的意义在内）有关。这就是涂尔干关于宗教观念是社会的象征性表象(symbolic representation)这一公式中的真理部分。⑱

于是,从本书的观点来看,涂尔干认为宗教观念中一般所象征的终极的"实在",就是被当做具体实体或具体实体中因素之一的实在的"社会",这种观点是不能同意的。真正的情形是,人们是根据我们所谓的宗教观念去试图在认识上理解他们与之有积极联系的实在之非经验方面的。由于前述的诸种原因,一方面,这些宗教观念特别地倾向于使用符号作为表达方式;另一方面,就一种宗教观念为一个社会的成员所共同持有而论,宗教观念部分地决定着、部分地构成为共同终极价值观念的"合理化",⑲而这正是我们所一再提到的决定人们社会行动的十分重要的成分。终极价值观念、宗教观念和人类行动的方式三个成分构成一个综合体,按帕雷托的看法,这三者的关系是相互依赖的。

可以认为,这便是对涂尔干观点中无比重要的科学真理的表述,只是措词比他本人所用的更合意些。主要是在宗教观念

---

⑱ 我们一般把对这些观念所持的主导性的态度称为"信仰"。这在最普通的言谈中,至少听起来非常近似于我们对于科学命题和经验命题所采取的那种态度。但诺克教授认为,充分了解事实,足以洞察这种言语上的相似性背后的东西的人,就能在经验上辨析出在这两种态度之间的明显差别——就是说,人们"相信"他们的宗教观念同相信太阳每天早晨都要升起并非完全是一个意思。如果诺克教授的这个意见是正确的,这种经验上的差别就为我们的分析提供了一个重要的验证,因为如此重要的一种分析问题的思路,不应该在经验事实方面没有直接的迹象可寻。

我觉得马林诺夫斯基教授已经令人满意地指明:原始人一方面相信操演巫术的效力,另一方面又相信理性的技能的效力,在这二者之间就有那样一种经验上的差别(见《科学、宗教与实在》,J. 尼达姆(J. Needham)编:《巫术、科学和宗教》)。我觉得这与现在讨论的情况是非常相似的。马林诺夫斯基关于这个问题的观点已经为人类学家所广泛接受。

⑲ 这两个成分何者相对居于优势,成为对宗教观念进行分类的最主要标准之一。据此,大体可以分为两类:"教义(dogma)"和"神话(myth)"。见前文[边码]第273页。

中,对于共同终极观念的认识根据给出了理智的阐述——部分地是其决定的因素,部分地是其表达方式——这就是宗教观念在社会学中根本的重要意义所在。涂尔干的理论同时还以新的方式确证了这个成分重要的社会学意义,澄清了这个成分在具体社会生活中得以表现的那种新的关系。原先至少对于涂尔干说来,只是在支配行动的道德规范的内在关系中看到的东西,现在发现在那些符号之中也得到了表达——那些符号此前经常被认为是与行为的诸内在问题毫无关联,纯粹是赘物,只有作为关于经验实在的谬误的前科学观念的产物才能解释得通。

通过以上整个讨论,无需论证便可看出,涂尔干是怎样得出把宗教的实在等同于社会这个观点来的。因为,纵然有了上一章里讨论过的他的思想的发展,也并没有明确地或以任何方式自觉地放弃他的实证主义主场。这就意味着,对于从观察者和行动者这两者的观点看来都不能够由经验科学予以探讨的实在之诸成分,给予任何地位都是不能容许的。"个人"性质的世界和外部"宇宙"性质的世界,显然都不符合他在经验方面的要求——这就是他批判泛灵论和自然崇拜论的结果。按照涂尔干经常反复使用的排除法,抛弃这两种理论之后,只剩下了另外一种可能:那必然就是社会实在了。这完全符合熟悉的套路,不需要多加评论。

从观察者的观点来看,把社会等同于宗教观念所指涉的客体,多少还有些合理性。千真万确的是,我们同非经验实在之间重要而确实的诸关系,之所以形成并且固定下来,至少部分地与生活的社会方面有关,而不是只与科学地加以理解的宇宙有关,不是只与个人心理所阐述的力量有关,也不是只与随意性的遐想有关。而且,在影响着具体社会生活的诸因素中,那些在涂尔干的意义上具有特别社会性的因素,即共同终极价值观念,与宗教观念关系最为密切。因此,宗教观念在经验上对于行动的影响,实际上主要是社会性的。

但是,即便从这些"客观的"方面去看,涂尔干所说的"等同"(不能理解为两边各有一个变量的简单等式,确切说是一个复杂得多的函数关系),其根本的意思也显然不是以宗教观念同已知的"物质"实体相联系,而是反过来以这种实体同宗教观念相联系——他以此来证明,仅仅根据人们关于非经验实在的观念和对于非经验实在的积极态度,能够在很大程度上理解经验的、可以观察的实体"社会"。如果要承认这个"等同",与其表达为"宗教是一种社会现象",不如表达为"社会是一种宗教现象"才有意义。如果明了涂尔干的推理不适用于作为具体现象的社会,而适用于抽象的社会因素,这一点自然就更加显著地确定无疑了。这种抽象的社会因素被界定为一种共同终极价值观的体系,的确是同宗教观念不可分割的。因此,斥之为"唯物主义"是不合理的。涂尔干得出把宗教与社会相等同的观点,是通过强调社会的理念方面,而不是强调宗教的物质方面。

但是,得要转到主观的方面,这种理论在方法上的重要性才全面地清楚起来——涂尔干没有以任何系统的方式来从主观考虑,否则他思想中余留的实证主义成分必然不堪重负而已经崩溃了。因为,由上述分析可以清楚地知道,对于行动者来说,宗教观念没有科学意义上的经验实在作为根据。[20] 此处采取的立场实质上是说,终极价值体系说明的,是完全超出经验实在范围的事;而且从这些终极价值表现为观念而言,宗教观念乃是非科学的观念。于是,这就成了对宗教支持者的一般观点的辩白,但

---

[20] 作为宗教观念的东西一旦为科学的理论所取代,这些理论在事实上就不再是宗教观念了。

诚然只是在形式上,而不能作为对任何一种宗教观念体系的辩白。㉑ 这个基本的含义对于涂尔干及其解释者当中未能看到这一点的人来说是模糊的。这是由于两种情况造成的——更确切些说,是由于一种情况的两个方面造成的。涂尔干的实证主义总的说来有"客观主义"的偏见,不但正确地把具体意义上的社会视为作为经验实在而存在,而且把他们所说的社会因素即共同终极价值也作为如此,认为行动者是察觉到这种实在并使自己适应于这种实在的——还很自然地认为这两种实在都是一样的社会实在。

这种混淆是由实证主义的一个典型失误造成的,这种失误我们已多次谈到过,即不能把在具体社会中行动的单个具体行动者的观点同从具体社会抽象出来的一般行动者的观点加以区别。因为,组成宗教观念的那些符号与可以加之于个人的制裁的根源——即同一社会中其他个人的态度——联系着;在这个意义上,对于具体行动者来说,在宗教观念背后确实有一个"起强制作用"的实在。

当然,不应该忘记,涂尔干把宗教观念同社会联系起来,主要的契机在于把对于宗教观念的崇敬态度同对于道德规则所持的态度等同起来。这一点或许是涂尔干宗教理论的最基本和实质性的社会学命题。但是,把这一点套到实证主义里面,就成了下面这样一种论点:崇敬态度意味着有一个产生崇敬的本源。我们不能由于符号本身的属性而崇敬符号,因此必然有一个为符号所象征的"某物"是产生崇敬的本源。既然"社会"是行使道德权威的惟一经验实体,所以社会便是产生崇敬态度的惟一可能的本源。崇敬态度作为一种经验现象,代表着我们对于我们

㉑ 也属于[边码]第 421 页注⑯提出的限定条件之内。

所关切的实在的至少某些非经验方面的态度。这种态度附着于我们据以对自己表象实在的那些起象征作用的事物之上,同时也附着于道德规则之上——这些相同的价值观就是按照道德规则而内在地同行为联系起来的。这就说明了这两种现象之间有着密切关系。

429　如果不是用我们刚才这些修正过的措辞,而是用涂尔干本人的措辞来表述的话,那他的论点中有一个严重的弱点是他显然没有发现或者至少没有清楚地看出来的。如果宗教所根据的实在是经验的实在,为什么宗教观念要以与科学观念不同的方式使用符号形式呢?为什么宗教观念所根据的实在不能够直接以社会学的科学理论来描述呢?涂尔干倒是很首尾一贯,坚持说宗教的本源在原则上是能够以社会学理论描述的,[22] 从而接近于孔德后期的一个观点——社会学应当为一种新的宗教提供神学。但是,只能认为这是实证主义走向极端所造成的最终结果。即便涂尔干本人对此也并不信服。如果不是那么固执地抱残守缺的人,这个念头是提也不敢提的。而且,这样就带来了哲学上的一些性质极其严重的困难。因为,如果认为不同的宗教观念体系仅仅是不同的符号体系,就不排除这样一种观念——在某种意义上存在着这些符号统一的指涉物。但是,如果要把这些符号当做对终极实在的如实的科学描述,那么,这个事实同涂尔干关于社会类型的相对主义结合在一起,就使他陷入两难境地。他要是坚持科学理性的一致性和普遍性,就面临着十足的道德和宗教相对主义;而要避免这种相对主义就只有抛弃科学理性的一致性和普遍性,这又会造成更严重的后果。他在社

---

[22]　见《宗教生活的基本形式》,第 614—615 页;又见本书[边码]第 427 页,注⑳。如果这样说,神圣性的本源问题就得整个重新解决了。

会学的认识论方面,实际上就是这样骑虎难下地走下去的。㉓

仪 式

但是,讨论社会学的认识论问题以前,还必须讨论涂尔干宗教理论的另外一面。我们还记得,他给宗教下的定义是"一种与神圣事物相联系的信仰与习俗(practice)整合的体系"。那么,这种习俗居于何种地位呢?同宗教观念又是什么关系呢?

按照实证主义传统,关于所谓宗教习俗有一个主导的命题——宗教习俗是"非理性的"。从本书研究的问题看,可以认为这个命题的意思只是说,宗教习俗不同于可以根据内在手段—目的图式加以分析的行动。这些习俗从主观观点看来,确实是手段与目的相关联的行动,对于"履行者"来说,是必须严格奉行的"做"事情的方式。但是,对于观察者来说,这种区别在于何处呢?

显然,按照本书的分析体系来说,这种区别必然在于所寻求的目的的性质或者手段与目的的关系性质,或者同时在于这二者。前面已指出,内在的手段—目的图式包括两个意思:涉及的目的是经验目的,这种目的的达成在科学上是可以验证的;手段—目的关系是内在的,手段通过科学上可以理解的因果关系的过程是会实现的。在澳洲和别的地方,都存在着许多按照这后一条标准衡量、不属于内在手段—目的图式的习俗。但是,其中有些习俗之所以不符合这条标准,纯然是因为当地土人对于他们生活环境的无知。涂尔干所关注的不是这种情形。这些习俗之与理性方法的行事方式相区别,不仅仅是由于某一种消极

㉓ 见下文[边码]第441页以始。

的标准,而且还有其积极的标准:涂尔干称之为"仪式"或仪式性的习俗,即"与神圣事物有关的"习俗。

这就是说,这种与神圣事物的关系与理性方法的基本区别不仅是在"非理性"这个消极的意义上的,而且是在两个积极方面的。首先,这种关系包含着涂尔干一直用以作为神圣性之根本标准的崇敬态度。㉔ 这些习俗是不同于日常生活中通常的功利盘算的。如诺克教授所说,它们具有"异类(otherness)"的特性。㉕ 这些习俗必须在特定的环境之中施行,其施行者必须被置于一种特殊状态之中,等等。必须注意的是,从任何功利主义观点来看,所有这些特点都是毫无意义的。这些活动极为经常地有其经验的目的或功利主义的功用,就此而言,那些小心翼翼的做法同实现目的并没有内在的联系——被当做增殖被奉为图腾的物种之手段的那种印提丘马仪式(Intichiuma)就是如此。

第二点也是同样重要的。如前所述,涂尔干认为神圣事物对于人的利益的重要性不是内在的,而是象征性的。但是,界定仪式习俗的,正是这些习俗同神圣事物的关系。所以,即便只是试图把这样的行动纳入内在的手段—目的关系图式,也是根本错误的;因为这些行动的定义本身,就排除了它们在这个图式中占有位置的可能性。如果行动当中涉及神圣事物,其手段—目的的关系就是象征性的,而不是内在的。于是,涂尔干所做的事情,就是扩大手段—目的图式,把行动体系当中一个基本的规范性的组成部分也包括进去,而这个组成部分正是被实证主义者认为完全是"非理性的"而抛弃掉的。仪式行动并非如实证主义

㉔ 罗德克利夫—布朗(Rodcliffe-Brown)教授称之为"仪式态度(ritual attitude)"。见《关于图腾崇拜的社会学理论》(The Sociological Theory of Totemism),载《太平洋科学会议纪录汇编》(爪哇,1931)。

㉕ 在哈佛大学的演讲。

者所坚持的那样,是纯然"非理性的",也不是基于前科学的错误的伪理性的,而是属于全然不同的性质,是根本不应该以内在的合理性为标准去衡量的。

那么,为什么存在着仪式呢? 它在社会生活中的作用是什么呢? 在这个问题上,涂尔干的理论比他所批判的那些学派先进,可以认为是第一流的科学成就。我们最好还是先把涂尔干理论的实质,用与本书已经得到的分析性见解相一致的措词表述出来,然后再讨论这样的表述同涂尔干的表述关系如何。

首先,前面已指出,可以认为宗教观念是神圣事物的象征性表象体系,作为这种象征性表象体系之基础的"实在",存在于宇宙的诸非经验方面之中。我们还曾指出,按照诺克教授的说法,我们同这些非经验方面不单纯有着认知的关系,还包括着积极的态度。实际上可以这样认为:宗教观念与哲学观念性质截然不同,正在于前者包含了这样一种积极态度。[26]宗教观念是与行动相联系着的观念,而不是单纯同思想相联系着的观念。宗教观念中的积极态度,意味着有必要针对产生这些态度的环境"做些事情"。前面说过,要做这些事情部分地是出于内在方面。这种积极态度即前面所说的终极价值观,是属于内在范围的行动终极目的的一个本源,也是支配这种行动的道德规范的一个本源。但是,这些成分从定义上说,就不是把我们的态度同宇宙整体联系起来,而是只与宇宙的经验方面联系起来。

不过,积极的态度——即"做些事情"的冲动并不局限于这一方面。但是从定义上说在这个范围之外做些事情,从内在方面来说又是无意义的。假如存在着关于实在的诸非经验方面的

---

[26] 这样,宗教观念之于哲学,犹如合理性的内在规范的认识方面之于科学一样。

"知识"体系,就应当成为与之有关的行动体系的根据,在一定程度上近似于内在地有意义的行动——这是很好理解的。由于这种知识在形式上主要是神圣符号的体系,所以相应的行动方式就是使用这种符号,也就是举行仪式,如此说来,仪式乃是人们对于实在的诸非经验方面的积极态度见之于(与思想截然不同的)行动的表现。

按照这个观点,什么地方的人们,对于无法在经验上完全理解的事物采取了或者是迫于环境而采取了积极的态度,仪式活动就出现于什么地方。在人们的经验知识不完备,并且(或者)对于过程不能完全控制的场合,对于他们来说,似乎达到某些经验目的,不但要靠他们的筹划操作,还要依靠经验范围以外的力量。特别是在我们所讨论的这种社会里,一方面存在着一种发达的关于非经验实体的表象体系,而另一方面,对于在经验意义上的"自然秩序",又没有十分发达的和高度理性化的概念,所以更容易这样。在这样的社会里,理性的方法不很发达,因而人们只能在温饱的边缘生活。在这种意义上说,这样的社会也多半是"原始的"。这样,人们的切身利益往往密切相联,"积极态度"很强烈,所以才普遍地倾向于采用仪式的手段来谋求经验目的的达成。这可以叫做巫术仪式(magical ritual),㉗是谋求达到经验目的的一种方法,不是用来取代而是补充理性的方法。由于上述原因,巫术仪式在原始社会最为兴盛,而随着经验知识越来越多,对于自然的控制越来越强,关于自然秩序的观念得到发

㉗ 关于涂尔干对巫术的论述,见《宗教生活的基本形式》,第58页以始。按他的论证,巫术同宗教的区别在于动机的自私与无私,而不在于目的是经验的或超验的。这样就把为共同目的服务的仪式统归入宗教范畴,而且导致他否定巫术可以是一种社会整合力量。限于篇幅,此处不作深入讨论。

展,它的重要性就会大大降低。㉗

但是,如前所述,这些积极态度不是单纯地在内在的手段—目的链条以及经验目的范围内"向后"定位的,而也是"向前"朝着同宇宙的诸非经验方面的积极联系而定位的。在这种联系中,积极的态度导致可以根据手段—目的进行分析的行动——其目的是超验的,而手段则是仪式手段。㉘ 这样,就有了另一类直接表现终极价值观的仪式行动,是与同内在范围或经验目的的任何直接联系不同的。这种仪式行动区别于巫术仪式,可以称为宗教仪式。

一般地说,在所有价值观中,那些为社会成员所共有的价值观是重要的。正是从这一点上讲,可以把那个社会的宗教仪式,看做是那些共同终极价值观在仪式方面的表现,换句话说,这就是涂尔干解释宗教仪式的基本命题——宗教仪式是社会统一性的表现——中的基本真理。关于涂尔干是怎样得出这个命题的,前面所作的论析在这里也适用。在他看来,社会就是作为宗教仪式符号的根据的实在,因为社会作为具有道德属性的经验实在,是惟一能够作为仪式态度的根源的。于是,宗教仪式是这一社会实在的一种表现。可以把这个命题变个样子——宗教仪式(在很大程度上)是在具体社会中构成"社会的"规范性成分的那些共同终极价值观的一种表现。这样说来,涂尔干的命题无疑是正确的,是来自深刻见解的成果。

这样,就有可能进而评价涂尔干关于宗教的定义的第三个主要成分——"把其所有追随者团结于一个称为教会的单一的

㉗ 这并不是说,如果经验知识和控制力量之间还有差距,即便巫术的确消失了,也不可以出现别的非逻辑现象来填补这个差距,风尚和追随风尚在这种情况中是有其作用的。

㉘ 这并不意味着仪式手段是惟一可能的手段。

434

道德共同体之中的、与神圣事物联系着的一套信仰和习俗"。通过以上的论述,应该清楚的是,可以由于一些人有着相同的信仰和搞同样的仪式,而认为他们具有一个共同的终极价值体系,就是说,他们组成了一个"道德共同体"。

根据这个定义,更确切地说,根据涂尔干理论的整个论证,可以肯定,不但有着共同宗教信仰理论的人组成一个道德共同体,而且,反过来说,每一个真正的道德共同体即每一个"社会",都在一定程度上以拥有一个共同的"宗教"为特点。因为,如果没有一个共同价值体系(宗教在某种程度上是其表现形式),没有一个在很大程度上被追随的体系,就不可能有这样的东西存在。可以认为涂尔干对于失范的论述已经确立了这一点。

当然,不应该认为这个命题有这样的意思——我们具体地说的社会总是以有一个单一的、完全整合的"宗教"(也是从通行的意义理解的)为其特点的。如同涂尔干的其他论述一样,他在这里说的宗教是有限定的。就宗教观念和宗教习俗而言,如同其他方面一样,具体共同体的内部可能在很大程度上有所分化,也可以形成在一定程度上完全整合的规范。但每一个共同体,如果不仅仅是个人和群体之间的一种"力量均衡"的话,就在很大程度上构成了那样一个道德共同体,而这就可以说有一个共同的宗教。[30] 因此,也可以把宗教分化看做该共同体内部分化的一个重要标志。

435 涂尔干认为每种宗教都附属于一个这种意义上的道德共同体,反之,每个共同体在某方面乃是一个宗教单位——这种观点是完全可以接受的。但是,一般来说,把这种道德共同体——即

---

[30] 因此,涂尔干把对个体人格的"崇拜"称为当代社会的特色并非全然不妥。通过调查,无疑会发现当代社会有当代社会的仪式或与之作用相当的东西。

便是就它宗教的一面而言——称做"教会"是否合适,则是有疑问的。马克斯·韦伯用教会这个词,指共同体组织为了追求宗教目的而联合起来的那一面。看来还是照他的用法为好。㉛ 如果这个道德共同体不是明确地为了宗教目的而产生的联合,在这种场合最好不用教会这个词。而且,按涂尔干的用法,道德共同体就有同具体的共同体相混淆的危险。在具体的共同体里面,有许多涉及各种利益的联合,最好把教会仅仅当做其中之一,而不要把它视为共同体的全部,甚至不要把它视为该共同体的道德方面。

至此,还只是把仪式当做社会要素的共同价值观的一种标志来考虑。它仅仅是一种标志,或是有它的功能呢?它同具体情境当中那些态度以及其他成分是相互依赖的,还是单向的因果关系呢?

涂尔干非常肯定地认为,仪式确实是有其功能的,他得出这种观点的方式,还有这种观点在他本人所作明确阐述之外所包含的意思,乃是最值得进行理论探究的。

因为,人们通过共同的仪式来表达他们的态度时,不但使这些态度得以表现出来,而且又反过来加强了这些态度。通过仪式,这些态度达到一种高度自觉的状态,这种状态大大强化了这些态度,而通过这些态度又强化了道德共同体。宗教仪式就这样对于社会赖以取得团结一致的那些情感,起着确认和增强的作用,如同涂尔干曾经说过的,宗教仪式使社会本身得到滋养。㉜

但是,这种增强作用和滋养作用为什么是必要的呢?涂尔

㉛ 见下文第十五章。
㉜ 《宗教生活的基本形式》,第323、493页,特别见第498页。

干提出的论点,同上一章中解释定则性控制的必要性时所提出的论点十分相近。可以回忆一下,定则性控制之所以必要,乃是由于终极价值观同很大一部分行动中的诸直接行动成分相比,是模糊的、潜在的。再加上直接利益(这里单说个人欲求的无法餍足)所产生的离心倾向,就造成了一种为了秩序和稳定必须对行动加以控制的局面。同样,如涂尔干所指出的,㉝ 澳洲部落在很多时间里分成极小的家庭群落,分布在广阔的地域,精力全集中于获取食物之类的直接利益。在这种环境中,终极价值观不仅是模糊的和潜在的,还由于行动中其他成分非常直接和迫切而被掩盖起来。因此,在周期性的聚会当中,需要有一种方式能够把大家带回到一个中心意识,使大家重新焕发力量,恢复活力,身心得到滋养。

这样,在涂尔干看来,宗教仪式远非仅只是一种表现形式。虽然这种仪式没有经验上的目的,也不涉及内在的手段—目的关系,却起着非常重要的作用。因为,终极价值观、社会结构和社会团结所依赖的情感,是通过仪式的作用才不断地"变成"力量的状态,从而有可能有效地控制行动和分派社会的诸种关系。㉞ 用普通的宗教用语来说,仪式的作用是坚定信仰。为了证明这个观点,涂尔干以在他看来是无论什么地方的大多数宗教信徒都持有的意见作为佐证。㉟

某些评论涂尔干的人认为,在他的宗教理论当中有某种反智主义的东西,是同他的理论中被有些人(有时是同一些人如洛维㊱)称做"朴素的理性主义心理学"的东西非常奇怪地相抵触

㉝ 《宗教生活的基本形式》,第 497 页。
㉞ 同上书,第 574、597—598 页。
㉟ 同上书,第 596 页。
㊱ 洛维(R. H. Lowie):《原始宗教》(Primitive Religion),第 159—160 页。

的,而涂尔干的上述想法就属于这种反智主义的东西之列。持这种意见的人,一般都指责涂尔干过分地依赖群众心理学(crowd psychology)的概念。

这种意见的根据是,涂尔干无论如何总还是实证主义者。从这个观点看,涂尔干坚信经验上的宗教观念(不管应该是些什么观念)主要是由象征物所指涉的那些内容组成的,因而他倾向于贬低特定宗教教义的重要性。宗教观念毕竟靠的是符号,而不管特定的符号其象征作用一般说来可能如何重要,"纯粹"的符号并非本质上就是重要的。但是,特定的仪式行动则似乎不是这样。具体背景之中的仪式行动,可以在经验上证明是有重要作用的。㊲ 因此他就倾向于认为仪式是宗教的首要成分,㊳ 而宗教观念则是次要的,是对于仪式的理性化、解释和论证。

这个印象是符合实际的,因为涂尔干在经验方面非常强调在许多重大集体仪式场合出现的那种引人注目的"沸腾(effervescence)"状态。㊴ 这种兴奋状态无疑是事实,但它对于涂尔干算不算是群众心理学的一个事例则非常可疑,的确没有任何理由证明这种说法是适当的。因为首先,群众心理学的理论讲的是通常出现于无组织的人群之中的现象。而涂尔干却反复坚持说,仪式的本质特点就在于是严密地组织起来的。㊵ 即便在殡葬仪式之类感情最激烈地冲动的场合,对于谁做什么、什么时候做、如何去做等等每一个行动细节都有传统的规定。

这种说法的由来似乎有两个:强调感情沸腾的状态;仪式不

㊲ 特定的符号在其具体背景之中大概也是如此。
㊳ "Il y a dans la religion quelque chose d'éternel; c'est le culte."(宗教有某些永恒的内容;这就是崇拜。)见《宗教生活的基本形式》,第 615 页;亦见第 575 页。
㊴ 《宗教生活的基本形式》,第 571 页。
㊵ 同上书,第 568 页。

符合内在的手段—目的图式。对于守旧古板的实证主义者说来,在众人大规模聚会场合出现的任何这种意义上的非理性的、伴有情感激动的行动都是群众心理。但是,前面的分析确实已经足以说明,涂尔干有关仪式的理论不是反智主义的群众心理学——实际上任何意义上的心理学也不是。

然而,从仪式的社会功能的具体效力来看,物质条件接近(physical propinquity)这个因素非常重要,这一点是千真万确的。柏拉图和亚里士多德认为,对城邦的规模多大才合宜有一些严格的限制条件,其中一条,是所有公民一起聚会时得要能听得到一个演讲人的声音。他们其实还可以再加上这么一条——城邦人数应该少到所有人能够同时出席一项公共仪式(包括作为实际参与者和观众)。这种仪式实际上是城邦的一个显著的经验特征。但这并不能证明涂尔干理论上的特别贡献,是对由于大批人的物质条件接近这个因素而产生的心理反应进行分析。他的思想的重要意义在别的方面。[41]

涂尔干关于仪式的功能的一般阐释,加上前面提到的有关定则的功能的思想,在方法论方面有深远而重要的蕴涵,是现在必须加以讨论的。[42]

我们还记得,涂尔干思想在其实证主义阶段有一个显著的特点,就是倾向于把行动者设想得近似于科学家——主要是在

---

[41] 很明显,巫术仪式同样有增强行动者的力量,以及使他对于自己克服障碍的能力坚定信心的作用。但是,由于涂尔干没有对此作出正面的论述,这些问题不在此处论及。需要说明的只是:某些功能派的人类学家所持关于巫术作用的流行观点,对于涂尔干关于仪式的一般理论是一个重要的确证。参见马林诺夫斯基:《巫术、科学和宗教》;弗思(R. Firth):《经济中的巫术》(Magic in Economics),载《新西兰毛利人的原始经济》(Primitive Economics of the New Zealand Maori),第五章。

[42] 最近一篇关于澳洲的人类学实地考察报告,极好地验证了涂尔干的仪式理论。参见劳埃德·沃尔纳(W. Lloyd Warner):《黑色文明》(A Black Civilization).

关于对行动所处形势的认识方面。他最早在方法论上对于表象的强调,以及将社会成分看做 *milieu*[环境],根子都在这种倾向。按照传统的科学方法论(它越是明显,就越是偏向于经验主义),占支配地位的看法认为,科学家的作用是被动的。由于强调外部世界事实的客观性,强调外部世界的事实独立于科学家的主观精神状态,所以一直把这种客观事实当做知识中的决定性成分。科学家的任务就是使自己"适应"客观事实。

把这个观点应用于行动,而且由于把行动者当成是科学家,就倾向于把行动本身看做是随着获得知识而自动地产生的结果。不是这种观点得到了证实,而是这种思想模式的结构,转移了对于知识如何转化为行动这个问题的注意。常常有人批评涂尔干把遵守社会规范看做是自动的、无阻力的,这种逻辑处境大概就是他们提出此种批评的真正依据。⑬

但是,从很早期起,他的思想里就有一种很强烈的相反倾向。这体现在他处理有关劳动分工的种种经验问题的方式中,那被他当成了一个控制的问题,在《自杀论》一书关于失范的论述中,这种倾向在此一经验层次上充分显露出来——认为各种冲动与欲念在本质上就是混乱和无止境的,既受到社会规范体系控制的制约,但同时也是对抗控制的。

然而,这些经验见解的内中含义,用了很长时间才突破涂尔干的实证主义方法论的坚硬外壳。本书对于他的理论的研究,主题实际就是探索这个突破的过程。第一大步就是发现,与内在手段—目的链条有关的终极价值体系作为行动目的和定则性规范所起的积极作用。他的宗教理论又朝这个方向作出了很大

---

⑬ 参见马林诺夫斯基:《野蛮社会的犯罪和习俗》(Crime and Custom in Savage Society),第55—56页。

贡献,发现在宗教观念和仪式中直接表现了终极价值,这样也就发现了象征体系的重要意义和象征性的手段——目的关系在人的生活和行动中所起的作用。

这样,前面提到的方法论方面的含义应当很清楚了。涂尔干思想的整个这个方面都说明,行动是具体的人起积极作用的过程,而不是单纯的适应——这是指向所谓唯意志论的行动概念的。从理论上说,在终极价值这个概念里,在价值观、目的里,在价值成分所采取的任何形式或其联系到社会生活的表现形式里,都有这个有创造性的成分。不过,如果说在认识上理解了终极价值或在道德上接受了终极价值就足够了,它在行动中的实现就会随之而来——在这种意义上仍旧有可能认为,这个创造性的成分是自动地自我实现的。关于仪式的理论则要求,必须最后地和决定性地拒斥这种观点。因为,涂尔干关于仪式的功能的观点,意味着必须再有一个成分,即一般所说的意志(will)或努力(effort)。实现终极价值根本不是自动的,而是奋进或意志和努力的结果。因此,激励这种意志的力量在经验上可以起非常重要的作用。㊹

㊹ 如同仪式的主要功能是激发信仰一样,信仰的功能乃是激励意志。"Car la foi est avant tout un élan à agir et la science, si lion qu'on la pousse, reste toujours à distance de l'action."(因为宗教信仰首先是推向行动的冲力,而科学却不管达到多高程度,总是与行动保持距离。)见《宗教生活的基本形式》,第615页。另参见第598页:"C'est donc l'action qui domine la vie religieuse par cela seul que c'est la société qui en est la source."(仅仅由于社会是行动的本源,所以行动支配着宗教生活。)

涂尔干说,行动面临着做某些事情的当下的必要性,不能等待科学来使它完善。这样他就开始模糊了行动和科学的根本差异,因而也模糊了指导行动的观念同科学观念的差异。所以,指导行动的观念必然"先于"科学。他就是这样把这一分野与他旧有的实证主义相调和一致的。这个观点当中无疑有某些经验上的真理。但是,如我们已经看到的,其中的困难甚大,不是如此就可以克服的。在某种意义上,这反映了涂尔干的思想中倾向于实用主义的成分。

把以上这些考虑应用于涂尔干所说的社会学在方法论方面的状况,则有以下含义:他在试图界定"社会的"实在即社会因素的时候,是集中注意共同终极价值这个成分的。但是,单单盯住这个成分是不够的,必须从它的来龙去脉当中、从它同具体社会生活中其他成分的关系中加以考虑。上面介绍的唯意志论的行动概念有这样的含义——光靠了解行动的性质并不能完成这个行动;如涂尔干较早的一些阐述所能说明的,单单理解社会成分的特性,是不能理解社会的进程的。必须把社会成分看做是行动体系中的一个组成部分。这样,应该认为社会学是一种行动的科学——是一种关于同行动中其他成分联系着的终极共同价值成分的科学。这就是涂尔干思想中的主线所说明的立场。他对于宗教理论所作的总括说明,[45] 特别是关于宗教的根本重要性在于与行动的联系、而不在于与思想的联系的观点,已经非常接近于这种立场的明确表述。但是,这一点始终没有很透彻,主要原因显然是这一主要思路被另外一种思路阻滞了。这另外一种思路与他的社会学认识论有关,必须先进行讨论并了解其动机,才能全面了解涂尔干在最后阶段的相互冲突的思路。

认识论[46]

我们还记得,早期的涂尔干是一位实证主义的科学家。他

---

[45] 见《宗教生活的基本形式》,第 599、615 页,前面已提到过。

[46] 涂尔干在认识论方面的理论主要见之于《宗教生活的基本形式》一书,是同关于宗教的论述交织在一起的。然而,他的思想的几个预备阶段却见之于他与莫斯(M. Mauss)合写的《等级的某些最初形式》(Quelques formes primitives de classification)一文中,见《社会学年鉴》,第六卷。

同大多数其他实证主义者一样,在认识论方面一般地是倾向于经验主义的。他确实从未明确地坚持真正的经验主义或为真正的经验主义辩护,但他强调的是经验事实的核心地位,而不是事实的界定中所涉及到的困难,也不是承认这些困难就可能必须作的限定。他在《社会学方法的准则》中对于经验事实、对于choses[事物]所作的界定,是简单明白的。而且,他没有明确指出,有必要分清诸分析性范畴的指涉物与具体实存物之间的差异;在这个意义上说,他也有很强的经验主义倾向。如前所述,在群体精神上出现的困难,许多是由于他未能指出这种差异而造成的。

前面还已指出,就与涂尔干的许多研究在方法论方面的含义有关来说,他的实质性理论所走的发展道路,使他很难坚持那种经验主义倾向。这首先就意味着,不能把分析性范畴、包括社会事实的分析性范畴同任何具体的实体相等同。这个解释在涂尔干最终发现"个人"因素不能再与具体个人"意识"(即从主观观点看的具体个人)相等同时,得到最为显著的验证。于是,不再在这种具体实体"之外"去寻找社会因素,而是把社会因素看做解释该实体的一个或一组成分。这种倾向越来越强烈,直到涂尔干在《宗教生活的基本形式》一书中,明确地说出社会仅仅存在于个人的头脑之中。㊼ 这反映了他的全部理论发展的逻辑结果,也反映了他最终抛弃了客观主义的偏见。这一点对于本书所要研究的问题特别有意思,因为它同下面将要讨论的韦伯关于 verstehen[理解]的学说非常接近。

㊼ 《宗教生活的基本形式》,第 521 页:社会"只是由观念和情感组成的"。

不过,这些考虑并不等于明确的认识论论述,[48] 涂尔干直到在《宗教生活的基本形式》一书中,才开始讨论认识论问题。在这本书里,他明确地批判了那种得出结论、认为根据经验主义不能说明正确知识来源的激进经验主义主张。[49] 先验论学派批判和非难经验主义,认为正确的知识包括某些经验成分之外的东西,那是一些对于知识来说同样必不可少,但同经验成分性质相异而又不能从经验成分推导出来的"范畴"——他认为这基本上是正确的。

就此而论,涂尔干还只是把现代哲学中关于认识论问题的讨论搬了过来,并且表态支持论战中的先验主义一方。但是,他自己的独特理论正是从此处开始的。他承认先验论者是正确的,承认那些范畴是不可缺少的,是不能从经验成分推导出来的。涂尔干说,这样一来这个学派就陷入一种两难境地。因为,既已否定了对于那些范畴的经验性的解释,他们实际上根本就没有了解释。要说这些范畴是所有知识的先验条件,就是说这个问题无法解释。当然,这种主张还是认为这个问题根据经验主义不能解决。涂尔干反对的就是这种主张。

但是,除去回到传统的经验主义,他还有什么可能的选择呢?他说,实际上,旧的经验主义只考虑了经验实在的一个部分。更加陈旧的认识论所关注的是我们关于物质世界的知识的

443

---

[48] 认识论的问题当然是哲学问题而非科学问题。此处之所以要讨论涂尔干的认识论观点,乃是由于这些观点同我们所研究的他的科学理论体系,是紧紧结合在一起的。分析他的认识论观点,能够弄清楚他的科学立场的某些含义和难点,其中有些是由于某些哲学观念影响了他的科学思想的结果。因而这些观点严格说来对于我们的论点是有重要意义的。但是,这里当然还不是对这些观点"本身"感兴趣,而是对于它们同行动理论的关系感兴趣。

[49] 《宗教生活的基本形式》,第18页以始。

493

正确性源自何处。这种知识是我们通过感官即躯体而得到的。但是，在这些方面，只考虑了经验世界的宇宙成分和个人成分，第三种成分即社会成分则完全被忽略了。因此，先验主义学派未能证实它的如下论点：由于它已经穷尽了这些范畴在经验上所可能导引出的一切事物，除非归之于先验就别无他路。恰恰相反，有一个"经验的"解释是极其可能的——这些范畴来源于社会实在。这就是涂尔干著名的社会学认识论的中心命题。怎样看待这个命题呢？本书作者认为，这在哲学上实在是完全站不住脚的。然而，要想了解涂尔干奋力加以解决的那些方法论上的问题，从他的思想的这个方面去看，是再透彻不过的了。

首先应该指出的是，原先"个人的"与"社会的"二者的二元论，现在已经表现为三种形式或三个方面——"利益"与"道德义务"的区别，"世俗"与"神圣"的区别，以及这最后一个"经验的"与"范畴的"的区别。但是，最后一项具有最带根本性的含义。追求直接目的和世俗的活动，都被认为包括着正确的科学知识作为其中不可或缺的成分。但是，这种科学知识本身也依赖于社会因素——因为，没有那些范畴就没有知识。涂尔干似乎是以在规范性意义上的混乱与秩序的一种"知识系统(architectonic)"等级关系来考虑问题，感觉印象的混乱由那些范畴条理化，成为正确知识的秩序。但是，在追求直接目的时把知识作为手段使用，又产生了新的潜在的混乱，得靠定则性规范来变成秩序。最后，具体符号那种充斥着偶然性的混乱，由它们所共同指涉的社会实在赋予了秩序。这样，对于涂尔干来说，社会不仅是人类之间关系当中秩序的本源，而且是整个宇宙当中的秩序的本源。但是，这在方法论上的含义是些什么呢？特别是，它同前面所作的分析关系如何呢？

前面已经反复指出，涂尔干的"辩证"思想看来是由于试图调和一个矛盾而产生出来的，那就是一方面认为社会是一个经验实在，是自然的一部分，另一方面又认为社会不同于自然的其他成分。主要的倾向，是社会同自然的其余部分之间的距离逐渐地扩大。可以把这个认识论方面的学说看做是决定性的突破，不可能再有比经验的和先验的之间的区别更根本的区别了。如同在宗教问题上一样，涂尔干对于这个问题的见解当中，最引人注目之点不是他关于这些范畴的新观点，而是关于社会的新观点。社会已经变成唯心主义哲学家所说的那个样子了。[50] 照他的说法，社会是“完全由观念和情感(exclusively of ideas and sentiments)”组成的；[51] 而且可以进一步说，不是由诸种观念(ideas)组成，而是由理念(the Idea)组成的，因为范畴才是形成具体观念的真正本源。社会不是纯粹由“表象”组成，而是由哲学专门意义上的观念组成的。[52]社会变得根本不是自然的一部分，而是如怀特海(Whitehead)教授所说的“永恒客体(eternal objects)”世界的一部分。

然而，涂尔干还不肯放弃他的实证主义。这种“社会”仍然被认为是一个可以观察的实在，仍然是实证科学的对象。它仍然被认为是经验性的。但是，这同较为陈旧的实证主义所能容许的，仍然有非常深刻的差异。因为，涂尔干在此处所观察的诸事物，“仅在个人的心灵中”存在，根本不存在于物质空间或时间的世界之中。而且，由于感官知觉的作用过程，被认为纯属个人，这种意义上的观念不能为感官所察觉，而必须直接地去领
悟——无疑是靠某种“直觉”。涂尔干对于力量(force)范畴的确 445

[50] “这样，便有一个几乎确实如唯心主义所阐述的自然领域，即社会领域。”见《宗教生活的基本形式》，第327页。

[51] 同上书，第521页。

[52] 同上书，第328页

是这样直截了当地讲的:“我们能够直接领悟的力量乃是道德力量”。[53] 由于我们不能通过感觉而产生出范畴,力量范畴必然来自社会。[54]

即便这种说法有一部分是正确的,所考虑的面对于社会学来说也过于狭窄。因为,把社会同永恒客体世界等同起来,结果就全然排除了行动中的有创造力的成分。永恒客体的规定性特征是,无论时间范畴或空间范畴对它们都不适用,它们仅仅“存在”于“心灵之中”。这种实体根本不能作为解释性科学的对象,因为解释性科学必然是涉及事件的,而事件并不发生于永恒客体的世界中。[55] 就涂尔干采取这种态度而言,他的社会学成了理查德所说的一种“纯粹阐释的工作”。[56]

实际上,涂尔干在规避实证主义的沉重负担时做过了头,完全走入了唯心主义。[57] 为什么他很容易走入这一步,是有一定道理的。永恒客体也有独立于观察者的固定不变性,与经验事实之于实证主义者是一样的。对于永恒客体来说,可以有相同的客观性,观察者能够同样地保持被动态度。

而且,涂尔干理论的整个发展趋势是集中注意力于共同价值的成分。他的“主观的”实证主义造成他的一种偏见,喜欢把

---

[53] 同上书,第 521 页。

[54] 这种见解似乎出于一种误解。我们产生观念是通过对于感觉印象的解释,例如对于具有以符号表示的意义的一张印刷纸的解释,这不是“直接领悟”。

[55] 这不是说经验科学必须同概括性理论体系的发展相反,必须有一个历史学—发生学的取向。确切的意思是,经验科学关注的是确定因果关系,而论证因果关系的惟一手段,是对个别的变化过程进行观察。变化是一个涉及到时间参照系的范畴。现象非通过一个时间过程就不能变化。这种过程就是一个事件。

[56] 见加斯顿·理查德(Gaston Richard):《普通社会学》(La sociologie générale),第 44—52、362—370 页。在第二手的理论作家当中,只有很少人敏锐地意识到涂尔干思想中的深刻变化,理查德就是其中之一。

[57] 当然是指他对于社会学主旨的界定,而不一定是在一般的哲学方面。

这些共同价值在认识形式上看做"表象"。他一直在寻找一种可以从认识方面加以阐述的实在。所以,他竟然转向共同价值中的观念成分,而不是转向情感或价值,这似乎是很自然的。这同他以前思想当中的许多主要倾向是非常合拍的。同唯意志论的行动理论相反,实证主义同唯心主义之间在形式方面有许多共同之处。

但是,这些考虑为对于涂尔干的新见解进行最深刻的批评提供了线索。正如实证主义通过取消价值在分析上的意义,而排除了行动的创造性和由意志支配的特性,通过把其他规范性成分当做并生现象而加以取消,唯心主义出于相反的原因达到了相同的结果——唯心主义排除了实现价值之障碍的实在性。于是,这样一套观念与具体经验实在就等同了。因之在这样一种体系当中,行动范畴的主要特性,行动由意志支配的特性,行动当中的意志成分或努力成分,是没有位置的。涂尔干之所以被唯心主义吸引过去,一个非常重要的原因,就是由于他从来没有真正发展到超出他自己的经验主义。他从未能够清楚地和始终如一地把社会实在看做具体社会生活中的一个因素,而总是倾向于不经意地把它看做一个具体的实体,既然不能把"观念"同具体的实体分离开来,它就必然是由观念组成的了。

涂尔干思想中这一倾向的结果是,主张社会学的目标是将价值观念体系"就其本身"来加以研究,而上文提出的见解则要求另一差别悬殊的研究,即把这些价值体系放到它们与行动的关系之中去研究。终极价值观的"观念性"表达中的每一成分,都可以而且实际上是由一门关注于观念性成分彼此之间的系统关联的学科"就其本身"来进行研究的。法理学研究定则性规范,神学研究宗教观点,美学研究艺术形式,伦理研究终极目的。但是,社会学并不是所有这些规范的科学的综合物(涂尔干的最

446

后见解的这一侧面在逻辑上包含着这样的意思)。相反,社会学是有关所有这些规范性成分与行动的诸关系的阐述性科学。社会学同样是研究这些现象,但它是在不同的语境中进行研究的。涂尔干的社会学在最后阶段就处于这个歧路口。两条路都是跳出实证主义的,但是按照本书、特别是本书下一部分所分析的社会学思潮的趋势来讲,他的思想的唯心主义方面必定是一条歧路,是一条死胡同。

涂尔干的社会学认识论,显然包含有在哲学上无法解决的难题,分析这些难题不是本书的主要任务。但前已指出,他的主要经验理论之一,是关于社会类型的相对性的理论。作为不同具体社会的规定性成分的不同终极价值体系,有着无法比拟的根本性差异。由于这个原因,他不得不单独根据社会类型来界定正常状态是什么,以至成为十足的道德相对主义。他的宗教理论把宗教同社会类型联系起来,从而把另外一大批现象也当做相对的了。

他的认识论也把人类理性的根据本身弄成相对主义的,以至原来的相对主义也成为相对的了。因为,关于社会类型的相对主义本身,就来自仅仅对于特定社会类型才适用的范畴体系。这是一种可以称之为"社会唯我论(social solipsism)"的学说,其中包括了个人唯我论中人所共知的怀疑论的后果。简而言之,它是 a reductio ad absurdum[归于谬误]。⑱

---

⑱ 这一基本哲学困难在于试图从经验主义的考虑中推导出经验知识的根源。在涂尔干的论证中,一再出现指明范畴推演中的具体因素的尝试——空间范畴自氏族在住营地中的分布而来,时间范畴自部落举行仪式和其他活动的周期性而来——其根源大概就是这个哲学上的困难。正如丹尼斯(W. S. Dennes)所正确地评论的[见丹尼斯:《群体心理学方法和预设》(Methods and Presuppositions of Group Psychology),《加州大学哲学研究》,1926],如果把这个论点用之于我们对于时间、空间等等

唯意志论的行动理论承认,具体的"社会"成分牵涉到"观念性"的东西,是就其与行动的关系上来考虑的,同时它也包括着在其逻辑表述之外的实在的非经验性的层面,这样便避免了那些无法容忍的后果。它给真正的实在论性质的认识论留有余地,但是包括了那些非经验的,也是非社会学的成分,因为,"社会"是一种解释性科学的对象,必须列入经验实在。但是,列入经验实在并不就要排除在经验实在之外有意义的关系。

涂尔干所处的困境确实对人们非常有启发,他的见解很深刻,证明了如果要坚持行动图式,只有在近似于这里提出的唯意志论行动理论的基础上才可能避免实证主义—唯心主义的两难;并且这两难局面的任何一边也不能作为社会学科学或任何其他社会科学的令人满意的方法论根据。涂尔干由于思想执着,几乎有些"顽固",把这两种立场在逻辑上的涵义探究得十分彻底,为后世勾画出了此种情况的明晰轮廓,将来会比较容易避免他在方法论方面陷入困境迷津。

在结束对涂尔干理论的论述以前,可以谈一下另一个非常重要的问题——读过涂尔干著作的人必然留下深刻印象的是,在他的思想当中没有任何轮廓清楚的社会变迁理论,这是非常引人注目的。从刚刚讨论过的方法论方面的考虑来讲,这一点有非常重要的意义,涂尔干对于社会变迁问题只有一个值得注

作进一步划分在历史上的起源问题,无疑有很多正确的成分,但在认识论的层次上则是非常站不住脚和不恰当的。涂尔干对较为陈旧的经验主义所作的批评,都可以用来批评这个论点。而且,没有理由说外部自然的空间方面和时间方面,对于确定我们关于范畴的具体概念在历史上的起源就不是重要的。

事实上,涂尔干要么是老经验主义的翻版,仅仅补充了某些具体的考虑,要么是把社会完全踢出经验领域之外的唯心主义,他不断在这二者之间摇摆。从这里分析的逻辑上的处境看,这种摇摆是可以理解的。他确实还没有达到一个稳定的见解。

意的假设，就是试图以人口压力来解释劳动分工的发展。前面已指出，这是很不能令人满意的。在他后来的所有思想当中，这个问题完全不在他注意的领域之内，只有一个值得注意的例外将在下面提到。

对此在本质上如何解释，得从涂尔干的唯心主义那里去找答案。确实，直到涂尔干研究工作的后期，他才明确显出唯心主义，但这是一个长期发展过程的顶点。几乎从一开始，他就是以实体(substance)的范畴而不是过程(process)的范畴来考虑问
449 题。他一直在寻找社会事实所表明的那种实在。从很早开始，这种探索汇聚到价值体系上来，不管是把这种体系当做规范、目的还是表象。而且他趋向于从它们的内在特性和理智表达来加以考虑。这样，涂尔干把社会成分看做是永恒客体的这种想法就越来越清楚了。既然永恒客体的真正本质是无时间性的，那么，把过程、变迁的概念应用到永恒客体上去也就是毫无意义了。(59)

另外一点要考虑的是，涂尔干从早期起主要关注的就是秩序问题。他在共同价值中发现的决定秩序的成分，首先表现在定则性的规范上面。但是，秩序问题在他思想当中非常突出，这意味着他研究诸价值成分时主要关心的是**其中的秩序**成分。就是说，他所关注的它们作为一个稳定的体系的那一面，是它们作为永恒客体的内在特性。前已指出，这种研究方法能够取得非常丰富的、很有意义的成果。

但是，这种方法主要是在界定某些社会学分析范畴方面成

---

(59) 这种情况有一部分无疑是下述事实起的作用，即涂尔干的唯心主义更接近于笛卡儿静态的理性主义，而不是黑格尔的辩证法。这两种思想传统之间的争论，此处无法论及。

果累累,在这些范畴相互间的作用关系方面则成果要少得多。他倾向于把这些范畴设想为固定的和无时间性的,而永恒客体在这种图像中越来越突出,这又加强了这种趋向。另一方面,唯意志论的行动概念强调的恰恰是这些关系,而动态的进程主要就存在于诸基本成分之间的相互作用的关系中。这些有关的永恒客体主要是对于非经验的实在、态度和规范所作的理智的表达。所有这些永恒客体的理智的表达都是部分的、不完整的,而且常常是符号式的,所以同所指涉事物的关系在很大程度上是不固定的。在这些关系当中无疑有复杂的变化过程。同样,与这种复杂变化过程相联系的价值观和理智的表达,同行动体系中的终极条件和其他组成成分(其中有些已经在本书的论述过程中说明过)处在不同的复杂关系之中。社会变迁的动态进程就存在于这些相互的关系之中。分析这些社会变迁的动态进程,乃是社会学科学的重要任务之一。涂尔干的研究路数由于其内在的原因而不利于解决这些问题。但是,不应该为此而贬低涂尔干的成就。因为他完成了许多开拓性的工作,为建立社会变迁理论作了必不可少的准备。要搞出这样一种理论,必须知道变迁的是什么。涂尔干朝着这方面的知识迈进了一大步。

值得指出的是,涂尔干在他的研究工作最末了的时候,确实提出过一个有关这方面的假设,认为在盛大的共同仪式活动的热潮中,不仅重温了旧的价值,而且产生出新的价值。在季节性仪式的周期性热潮之外,他还注意到时间拖长了的普遍性热潮。他说,在这种普遍性热潮期间,暂时性地,"观念的成为了现实的。"[60]新的价值正是在这样的时期(例如法国大革命)创造出来

---

[60] 参见《社会学和哲学》中转载的一篇饶有趣味的论文《"价值判断"与现实判断》("Jugements de valeur" et jugements de réalité)。从这篇文章中可以特别清楚地

的。这仅仅是一种想法。但是,在这种想法里面,在这种想法所包含着的沉静期与热潮期的区分当中,有一种社会变迁理论——或许是周期类型的理论——的胚芽。涂尔干在研究工作末期转而注意这方面的问题,似乎是一个重要的证据,证明在他晚期的思想中存在着两种主要倾向,而不是只有一种倾向。因为,他最后提出的这个看法直接同唯意志论的行动理论是一致的。也许,这甚至还是一个迹象,表示他正在主要地朝这个方向前进,而"唯心主义"仅仅是一个过渡阶段。遗憾的是涂尔干死得过早,没有能够回答我们的这个问题。

看出他后期思想的许多方面。特别在阐述该文题目所表示的论点时,他强调的是科学观念同导引行动的观念之间的区别。除去《宗教生活的基本形式》结论部分的某些段落之外,这篇文章比其他任何地方都更清楚地显示出他思想上的唯意志论倾向。请读者参阅该文以资比较。

第十二章　第二部分的总结:实证主义行动理论的崩溃

在着手考察一组其方法论背景源出于唯心主义哲学的著作家之前,最好是先简单地概述一下作为本书此部分主题的那一过程,并且尽可能清楚地阐明可以从中合理地引伸出来的主要结论。

实证主义的出发点

这里最重要的是,这个崩溃过程开始于所谓的功利主义立场,其特征是原子论、合理性、经验主义和关于随意性需求的假设,因而它也持有这样的观点:只有在作为行动者个人目的的手段的层次上,才出现了社会关系。这种立场被视做更广泛的实证主义体系的一个分支。这是一种内在地不稳定的立场。如前所述,它同"激进"实证主义有着密切关系,而且不断趋向于转化成激进实证主义。为着批判的目的,可以把这两者看做是同一个巨大的思想整体的两个方面。

功利主义体系而非环境决定论或生物学决定论等学说,对于本书之所以至关紧要,乃是由于手段—目的图式在联系到这一思潮的情况下,是以一种体现了实证科学方法论图式的方式占据了重要地位的。因此,功利主义便成为对于各种从主观观点出发的行动结构理论进行历史分析的一个有全局意义的要点。出于同样的道理,在各门社会科学中,经济学占有显要的地位。如果说,由一般的社会哲学之中产生出来的功利主义的个人主义的概念体系,形成了一种特定社会科学的方法论架构,那显然就是古典经济学派及其继承者们的经济学了。

最后,另外一个与之密切相关的主要出发点,是方法论上的经验主义。尽管在这方面难得有充分的自觉,但总的倾向是认为,科学中的分析性概念直接对应于可以观察的具体实体,并且倾向于将已存在的诸社会学科的分类对应于社会生活不同的具体领域。前面加以分析的实证主义行动理论的崩溃过程,可以认为就是对于功利主义和经验主义的双重背离,而且部分地通过直接批判,部分地通过潜在的含义,逐渐远离这两个出发点,直至达到整个逻辑观点彻底改变的地步。

马歇尔

既然如此,以探讨一位著名经济学家的理论,来开始对行动理论的方法论问题加以分析,就绝非心血来潮了。马歇尔引人注目的特性之一,就是他强烈的经验主义倾向。他总是不肯作任何超出他的"单打一(one-at-a-time)"方法之外的任何体系化的抽象工作。他关于经济学的概念就是彻底地经验的——"关于日常生活事务中的人的研究"。

然而,对他在这一综合题目之下实际所作的研究加以分析,就发现其中有两个截然不同的组成成分,即他所谓的"关于财富的研究"和"关于人的研究的一个部分"。前者在本书中称为"效用理论"。这个理论以边际效用和生产率、消费者的过剩、替代原则和最大限度满足学说等概念加以阐述,构成了一个严格的功利主义成分。① 其基本的假设是，个人在使手段适合于目的时具有合理性。这是他本人的经济学理论的的逻辑中心，并且他对于经济学的主要理论贡献就寓于这一成分中。

假如仅此而已，马歇尔就完全属于专门经济理论史中的人物，而与本书无缘了。但是，这个成分并不是单独存在的。"关于财富的研究"是不可分割地和另一成分即"关于人的研究"——一种关于活动与生产和获取财富过程之间关系的理论——交织在一起的。尽管马歇尔不时涉及环境因素和遗传因素，并且具有某些享乐主义倾向，但对他关于活动的概念加以分析，便揭示出这样一个事实，即这一概念的核心是一种价值成分，一种直接体现在行动中的共同的终极价值观体系，由别的观点看来，那些行动同时也就是获取财富的行动。

在某种程度上，特别是从他拒绝把"需要"当做经济学的既定数据来看②，马歇尔关于活动的理论改变了大多数功利主义者视为常态的具体社会的图景；但是，就其大部分内容来说，还是与之直接融合在一起的。实际上，在分析马歇尔的那种自由放任学说时就已经发现，他之所以支持这一学说，最终的根据主要并不在于他相信自由放任具有优越的"效能"，尽管他确实有所保留地持有这样一种信念。总的来说，更重要的是他认为，只有"自由企业"才能为展示他从道德角度加以珍视的那种品格特征提供适宜的场所。他考虑和认可经济活动，更多地是把它们视为展现和发挥这些品质的方式，而不是获得最大满足的手段。

---

① 要考虑到手段—目的链条的诸成分由功利主义架构转至前述更加全面的行动理论架构而引起的种种变化。

② 可以设想，马歇尔之反对这种学说，与其说是由于需求的"给定性（givenness）"，不如说是由于其中隐含着一种认为需求是随意性的假设。

马歇尔的这种观点在经验和理论两个主要方面都是重要的。这里清楚地表达了这样一种观点(尽管对于它在方法论方面意味着什么,他几乎没有自觉),即不应该仅仅、甚至也不应该主要以功利主义的需求满足来具体地认识"个人主义的"社会。个人主义社会包含着某些共同价值作为它的一个基本成分,其中有本身作为一种目的的、并且作为表现诸道德品质的条件之一的自由。在我们所讨论的其他作者——涂尔干和后面要讨论的韦伯——的理论中,与此基本相同的观点也非常突出。

但是,现代的经济个人主义的这种观点,有许多带根本性的理论含义。它表明了对于共同价值成分的重要性的一种普遍信仰,这个成分不只存在于社会的某个方面,而且是与"经济"活动本身直接联系着的。马歇尔在这里为社会思想的发展指出了一个最重要的方向,自己却没有认识到这一点。从经验上说,他的观点对于十九世纪的自由企业而言是非常正确的。因此,不可能再退回功利主义对于具体现象的粗糙解释。于是,审视经济学理论的现状,只剩下两条思路敞开着。马歇尔由于经验主义而选择了其中之一,就是要把经济学设想为一种关于具体经济活动的完整认识的科学。因此,这种活动理论成为以"关于日常生活事务中的人的研究"为其恰如其分的主题的经济学的一部分。如同我在其他地方所已经表明的③,照这个路子下去,就得到了一种经济学的概念,从理论角度看,这是把经济学当做了一门百科全书式的社会学,所有与实际社会生活相关的因素在其中都有一席之地,结果是作为一门学科的经济理论的独立的特

---

③ 参看塔尔科特·帕森斯:《经济学思想中的社会学因素》,见《经济学季刊》,1935年5—8月号。

性(identity)却被破坏了。④

帕雷托

另一条就是现在的论述所遵循的路子,即试图把经济学界定为关于社会生活的一个侧面或关于社会生活中一组成分的抽象科学。帕雷托就是在方法论上自觉地率先作出这种尝试的学者之一。因此,对马歇尔理论所作的论析首先已经足以说明,即便在个人主义的经济秩序中,共同价值的成分在经验上也是重要的。同时,也提出了与经济学有关的这一价值成分在方法论方面的地位问题,以及由此而来的与本书有关的经济学的范围的整个问题。这反过来又要考虑按照手段—目的图式来对行动进行主观分析的整个问题,及其与社会科学的分类、特别是与社会学的地位的关系。这些就是本书在方法论方面的问题中的主要因素。

帕雷托在澄清这些问题的方向上大大超越了马歇尔。和马歇尔一样,他在社会科学中起初是个经济学家。但是,他们在两个重要方面是不同的。首先,帕雷托在方法论方面要成熟得多。因此,他不是那么倾向于那种标志着马歇尔特征的经验主义。其次,他的气质,特别是他的历史学修养的影响,使他能以完全不同的眼光观察现代经济秩序。在马歇尔看来是"自由企业"的东西,在帕雷托看来则是"蛊惑人心的富豪统治(demagogil plutocracy)"。

---

④ 这种后果在马歇尔的忠实追随者苏特(R. W. Souter)来说是特别清楚的。参看塔尔科特·帕森斯:《关于经济学的意义和性质的若干见解》,见《经济学季刊》,1934年5月号。

帕雷托在方法论上更为明晰,这使他能够搞出一个作为一种抽象科学的经济学理论体系。同时,他的历史眼光使他免于跟着马歇尔用"效用"理论把所有其他有重要意义的成分都融合为一个单一的、从广义的经济学演绎出的进化理论。这样做之所以不可能,乃是由于这些帕雷托看来是重要的非效用成分,或是与"经济"无关,或是显示出来在分析上独立于经济。对于暴力的使用和他概括为"情感"的诸成分的复合体,则尤其如此。因此,帕雷托采取了和马歇尔截然相反的步骤,在逻辑上把经济成分从他自己的理论体系中离析出来,并以一种社会学对之加以补充,在这种社会学中他系统地解释某些非经济成分,并将之与经济成分综合在一个最终的一般画面中。

帕雷托着手这项工作的出发点,同本书的主要分析模式恰相适应,但他采用这个出发点的目的,却与我们此处主要关注的东西稍有不同。他要直接阐述一种行动的分析成分的体系,而不是勾画行动体系的结构轮廓。因此,两个思路很快就分道扬镳了。但是,有可能显示出,当考虑把本书所作的结构分析应用于帕雷托本人对其全部体系的阐述时,这两条思路便又重新会合了。

456　　这个共同的出发点就是关于逻辑行动的概念。由于这个概念是以适用于分离开来的单位行动的方式来定义的,所以这个定义本身没有任何把行动中的经济成分与其他成分区别对待的根据。这种定义方式的特征,是行动与一种在科学上可以验证的"理论(theory)"的关系,它使得"活动与其目的逻辑地联系在一起",以至可以理解为"活动是按照推理过程"进行的。非逻辑行动则是一种剩余性范畴,包括逻辑行动所未包括的一切。

这个"理论"的特性就是逻辑行动的规定性特性。帕雷托在其对非逻辑行动的研究中继续专注于理论。就这些理论之不符合逻辑—实验科学的方法论图式而言,对它们需要从作用方面加以分析,把相对持久起作用的成分同作用相对较为不定的成分区分开来,分别叫做剩余物和衍生物。从这点出发,帕雷托着手对剩余物和衍生物进行分类,然后探讨它们彼此之间的关系以及它们与诸系统中的利益和社会异质性的相互关系。

把此处业已说明的这种分析类型应用于帕雷托的体系,就会看出:对剩余物和衍生物的分析,以及帕雷托本人对它们所作的分类,都没有明确地解释一条已被看到对行动理论十分重要的分析上的区分,即规范性成分与非规范性成分之间的区分,能够对非主观方面加以阐述的"条件性"成分与"价值"成分之间的区分。这两类成分全都包含在诸剩余物所表现的那些情感之中。不过,我们认为这条区分线同帕雷托的体系并非不相一致,但是它朝着帕雷托本人没有探究到底的那个方向延伸。我们可以在帕雷托自己的分析中,为这样的区分找到明确的出发点。首先,与行动相关的理论之所以能够背离科学标准,有两种不同类型的原因:涉及到愚昧无知和谬误的理论是不科学(unscientific)的理论,而涉及到完全在于科学范围之外的诸般考虑的理论是非科学(nonscientific)的理论。很多具体理论同时在这两方面都背离了科学的标准,但不能因此而反对从分析上将它们加以区分。更加专门的分析已经揭示出,在非科学理论的范畴内,至少能够包括两类成分——行动的终极目的与在解释为什么追求这些目的时所诉诸的那些非经验实体,以及在据以对那些非科学的手段(仪式活动最醒目地与这些手段相关涉)作出选择的标准中的某些成分。考虑到帕雷托对于社会达尔文主义和这一问题——剩余物是否与事实相对应——的态度,就已经进一步地证明了,要验证这种分析上的区分是可能的。

于是,以帕雷托对逻辑行动就其结构背景所作的界定为出发点,来把整个社会行动体系某些主要结构特征清晰地展现出来的尝试开始了。这是一件帕雷托从来没有用类似的方法做过的事情。超越他自己的阐述的第一步,是关于内在的手段—目的关系链的概念。这些关系链可以分成三个"部分":即终极目的、终极手段与条件、"中介部分"。组成"中介部分"的那些成分既是手段又是目的,这取决于对它们是"从下"看还是"从上"看。其次,若不是为了某些分析上的目的,不可能把这些关系链孤立地看待。确切地说,它们是一个由若干条线错综复杂地互相交织而成的"网络",以至对于在时间轴线分割在上面和下面的诸多行动来说,每一个具体行动都是一个交会点。

　　这样,显然就必须把行动看做不仅取向于同一链节中的较高目的,而且同时也是取向于其他链节中的目的。这样同时取向于若干不同的可供选择的目的,就涉及到把稀缺的手段在其间加以分配的问题——正是由此,逻辑行动的一个突出的方面已经分离出来了,被称之为经济的方面,这是与只涉及一个目的或只涉及一个目的链节的"技术性的"方面不同的。在可供选择的目的之间加以"抉择"这个概念应当是有其含义的,所以,这些目的本身必然是按照一个或多或少地整合了的体系联系着的,这样,不同链节之中的诸终极目的之歧异变换,才不单只是随意性的。

　　这些都是在没有考虑社会关系的情况下展开的。在逻辑行动的层次上引入社会关系,就出现了霍布斯式的秩序问题。因为,为了彼此的目的而互相利用的潜在可能性一出现,就产生了这种关系的诸项条目是如何确立的这样一个问题,而且在确立这些条目的可能因素之中就有强制。只有在控制着强制力的秩序框架出现以后,单只从经济角度的考虑就能够确定这些条目。与强制作用相联系的秩序框架的有关问题,构成了内在的手段

—目的体系另外一个明显与其他不同的方面,即"政治的"方面。最后,不仅一个个人的终极目的体系是一个或多或少整合了的整体,而且除去在秩序完全是由外部强加的限定情况下,对于集体来说也可以这样讲,集体是与共同价值相联系着而在一定程度上整合起来的。

我们发现,这里在对内在合理性的规范体系进行分析的过程中所作的区分,与帕雷托在讨论社会效用时所作的区分是一致的,因而可以以后者来验证这里进行的分析。此外,我们把价值的整合也区分成了两个不同方面,这是根据讨论对于一个集体来说的效用和集体所寻求的目的的效用时涉及的分配秩序的架构加以区分的,这是讨论集体的效用时所必须考虑的。后者,即集体的目的,就具体的目的可归因于价值因素而言,是与共同的终极目的相关涉的。

这样,可以认为帕雷托的两个抽象社会,一方面阐述了与社会行动体系有关的诸合理规范的体系,另一方面阐述了诸条件成分。虽然前者在某种意义上是合理的,但它们的某些成分仍然是非逻辑的,因为我们已经指出逻辑行动这一术语只适用于内在的手段—目的体系的中介部分。

但是,我们发现,在具体的行动体系中,不只是在合理的极点上才有规范的或价值的方面,而是在其他方面也有。情感的不确定性,并不完全是条件成分的和动力成分的重要性的标志,对现象的价值方面加以分析考虑已经导出对于终极价值观念的阐述,这是一个比终极目的更广泛而较不确定的概念。从帕雷托自己的论述中可以非常明显地看出,在仪式行动的广大范围里,在关系到内在的手段—目的链条的地方以及其他可能的地方,情感这个成分是极其重要的。

因此,尽管帕雷托本人由逻辑行动的概念着手区分行动体系的某些非逻辑成分时,没有在结构方面加以正面论述,已经有可能由同一出发点来展开逻辑行动的含义,以说明社会体系的结构了。我们已经发现,这个结构远比实证主义行动理论或马歇尔所论及的任何结构复杂得多。特别是,已经可以证明,经济学理论没有集中注意力于这一整个结构,而只是集中注意力于结构的一部分,即逻辑行动所包括的结构的一部分。马歇尔将它同未加区分的活动范畴稀里糊涂地混为一谈,是对事情的复杂性处理得太欠妥当了,必然使他陷于严重的偏见之中。

同这个分析所由以开始的个人主义实证主义理论相比较,对帕雷托著作的分析大概有两个初步的理论结果。可以断言,在行动体系的框架内,他的研究结论性地证明了本书中称之为价值成分的东西的带根本性的重要意义,虽然他自己并没有明确地要这样做。这是实证主义理论的根本困难之一——它们想把带根本性的这一类因素置之于不顾。对于帕雷托来说,已经可以远远不止于简单地宣称这些因素占有一个位置,而可以从许多方面精确地说明这个位置是什么,并且,说明诸价值成分至少在结构的层次上,一方面同合理性的科学标准所包含的诸成分有什么特定关系,另一方面同非主观范畴(遗传和环境)所包含的诸成分有什么特定关系。其次,帕雷托的论述最终非常肯定地超越了上面论及的实证主义理论的"个人主义"偏见。他正面阐述了"社会学主义的原理(sociologistic theorem)",所用的措词中确凿无疑地包括有价值成分,而且就此而言,是要把超越了个人主义"原子论"的那些成分之一,看做是社会成员所具有的共同的价值观念和共同的目的。在帕雷托的思想中出现这一原理的前后脉络当中,它是直接与那些完全和实证主义理论体系不相容的成分——价值成分——联结在一起的。这个原理在他的理论中得到明确阐述,最后归结为"社会应当寻求的目的"这个概念。

这一切又都具有头等重要的经验后果。它导出一个关于当代社会形势的概念,一个关于社会变迁主要进程的性质和趋势的概念,这与马歇尔及其功利主义前辈们在同样的论题上所持的观点是截然相反的。帕雷托的这些经验观点不能解释为仅仅是气质特征的结果,也不能解释为是他个人的"情感"的反映,而是直接与这里所分析的他的理论的逻辑结构相联系的。他的理论强有力地证实了,经验问题同即便是最抽象的方法论上的思考之间,也有着紧密联系。

最后,帕雷托的发展初看与实证主义有非常相似之处,却是明确地朝着唯意志论的行动理论的方向发展的。他是从手段—目的图式来着手分析个人行动的,这样就使他在这个问题上掌握了正确的方向。对此他作为经济学家的背景起了很大的作用。他所得出的那种行动理论既是其他学科的理论,也是社会学的理论,因为个人被视为与其他人在关联到一个共同价值体系时或多或少地整合在一起。但是,由于帕雷托所由之出发的那种研究路数的缘故,他从未企图把这个"社会的"成分设想为一个实证主义或唯心主义意义上的形而上学实体。因此,他省去了涂尔干的许多困难。这样,他的理论为在社会学及与其有关的社会科学方面得出本书所关注的那种理论,提供了一个最有希望的出发点。朝这个方向前进,不像许多人所想的那样必须否定帕雷托,而是要把他已经开始做的发展到一个在某些方面更加高级的阶级。

涂尔干

涂尔干也是从同样的批判态度出发的。但是,与其他两人不同,他不是在经济学理论方面批判功利主义的,而是通过提出如何解释个人主义社会秩序的问题,既更加一般地又更加经验地来批判功利主义。同马歇尔关于经济学理论的专门论述相比较,他的《社会劳动分工论》更加近似于马歇尔关于自由企业的论述。但是,涂尔干得出了和马歇尔相同的一般结论,即在契约关系中包含的一些成分,是功利主义所未能表明的——"契约中的非契约性成分"。在解释这个概念的内涵时,他在经验方面集中注意力于支配个人活动和个人之间关系的规范性规则体系。⑤

他的第二部重要的经验性专著《自杀论》所论述的,是表面上相当不同的一系列问题,是对自杀率涉及的诸多因素的理解。可是,此书的基础还是他对于当代社会的研究的继续,并且它和《社会劳动分工论》在理论上是直接连续着的,关于后者我们已经详细探讨过了。这篇专论的第一个重要成果,就是在经验上证明了他所谓的自杀中的"社会因素"的重要性。在这一论证过程中,他把《社会劳动分工论》中没有提到的所有企图完全根据外部环境和生理遗传来说明社会现象的理论,全都纳入他的批判范围之内。

同时,从他指出的那些社会因素所具备的特定状态看来,再一次使人深深感觉到他所强调的是约束性规范的作用。《自杀论》中阐述的关于失范的概念尤其如此。但是,这些经验见解在方法论方面的含义至此时还不清楚。特别是要使他从主观方面对于契约、犯罪等的论述和他提出"自杀风"概念时所持的客观主义一致起来,似乎是困难的。

在这个阶段,主要在《社会学方法的准则》中,也在《社会劳

---

⑤ 这是一个明显不同于马歇尔的侧重点,马歇尔关心的是"活动"本身。

动分工论》和《自杀论》的理论部分中,涂尔干提出了一种名为"社会学主义的实证主义(sociologistic positivism)"的方法论观点。它的出发点是批判功利主义立场关于个人需求的主观性和自发性的概念。在这一点上,涂尔干接受了把"个人"因素等同于个人的具体欲望的经验主义—功利主义观点。他自己的出发点肯定是实证主义的,这见之于他在方法论方面的要求,即把社会事实看做从行动者和观察者双方看来都是 comme des choses[如同事物一样]。也就是,必须把社会事实看做是反映一种"外在的"现实,与功利主义的需求的主观性相比较是客观的,与后者的"自发性"相对照则是"被决定的"。这是他判断社会事实的两个著名标准——"外在性"和"强制性"——的本初含义。他就是这样针对功利主义目的论,提出了传统类型的实证主义决定论。他的观点含有承认功利主义的困境的意思,同时,由于他所持的批判态度,他自然作出了反功利主义的选择。

但是,从经验方面的考虑来看,这些判断标准就显得太宽泛了。因为,特别是从主观的观点来看,这些标准并没有把遗传的或"宇宙"的环境排除在外。因此,就必须找出用以把社会性因素同在行动者看来是外在和对 choses[事物]起强制作用的非社会性因素(在这种意义上即是"个人的"因素)加以区分的标准——这一点特别是由于《自杀论》中的批判部分和《社会学方法的准则》中对于"心理主义"的批判而显得必要。这种尝试体现在:(1)综合的论点;(2)认为社会是一种"精神的"实在的观念;(3)试图以 conscience collective[集体良知]和 représentations collectives[集体表象]两个概念来进一步阐明社会的本质。

通过在刻板的实证主义概念体系中采取排除法,我们已经间接地得出了这样一个以方法论来表述的观点:必定存在着不同于其他两种实在的社会实在。上面的三个论点应当看做是为试图得出一种能够同这个体系相容的令人满意的阐述所作的探索,而这种尝试既未直接明确地同经验上的证据相联系,也因之并不具备直接明确的经验见解的说服力。在此阶段,涂尔干在经验方面强化了的主要见解,就其能够同这个概念体系挂上钩来说,都是否定性的和批判的。糟糕的是,所有这些因素连同他最多是半超脱了的经验主义混杂一起,造成了这样一种逻辑处境,使得人们似乎有相当充分的理由,来批判涂尔干提出的社会实在是与经验全无关联的形而上学实体——往最好处说是多余的,往坏处说则要把人引入歧途。由于大多数批评家本身就是实证主义的经验主义者,所以这种批评根深蒂固,至今仍是对于涂尔干理论的占支配地位的流行看法。这种情形已经带来了不幸的后果,既掩盖了涂尔干业已取得的那些成果的积极性价值,而且更甚的是使众多的社会科学家无视涂尔干的主张由此继续发展的内在进程,无视这一进程的深远意义。对于绝大多数的社会学家来说,涂尔干仍被当做持"不健全的""群体精神"理论的主要人物。很难找到比这更加突出的例子,来说明先入为主的概念模式是怎样阻碍了重要观念的传播。

要追溯涂尔干脱离这个体系的演变过程,第一个重要阶段,就是他把《社会劳动分工论》和《自杀论》中的某些主要经验见解的含义引伸出来。涂尔干起先把强制力量看做是自然主义地产生的,后来渐渐转而持律法主义的(legalistic)观点,把强制力量当做是规范性规则所具有的制裁体系。这种观点在根本上仍然认为行动者是了解他的行动的诸条件的,所以,涂尔干原来的概念体系的主要轮廓就有可能保留下来。然而,这种观点却意味着,不再按照真正的实证主义方式把这些条件看做是一般地完全独立于人类力量的,而是看做仅仅独立于具体行动者个人的。

达到第二步,一方面靠的是进一步分析具体个人的行动,另一方面靠的是把作为制裁的强制力量这个概念的诸含义引伸出来。它的本质,就是关于强制力量的最初本源在于规则体系的道德权威这样一种观念。这样,制裁就成了实行规则的次要形式,因为制裁是依赖于道德权威的。这一步使涂尔干得到这样一种概念,即"社会的"成分基本上存在于支配着一个共同体中人们的行动的道德义务和习俗的共同规则体系之中。这样就把个人的"利益"同道德义务这两个概念严格区分开了。正是在此处,涂尔干找到了他寻求已久的用来区分"个人的"成分同"社会的"成分的分析根据。对功利主义观点的批判态度没有改变,提出来代替功利主义观点的东西却大不相同了。

这一发展在方法论上的含义是深远的。因为,涂尔干在此以前,一直试图使社会因素成为合理行动的主观模式中一个能够完全以科学的方法论来分析的成分。他以前把"目的"和其他规范成分等同于功利主义的需求,而现在整个"社会"因素从"事实"或"条件"的范畴转到规范性的方面来了。这既根本摆脱了功利主义的二难困境所导致的选择,也根本摆脱了涂尔干的经验主义偏见。因为目的和规范不再只是个人的,同时也是社会的。此外,不能再把社会因素当做具体的实体,因为它的表现方式之一,就是作为个人的具体目的和规范中的一个因素。这样,按照本书的根本的两分法,社会因素成了规范因素,更明确地说,成了价值因素,而不是遗传和环境的因素。涂尔干企图站在社会学家的角度来修补实证主义的立场,他的这个尝试确定无疑是失败了。他站在社会学家的角度上考虑问题,结果反而置他的实证主义于死地。

在涂尔干的明确的实证主义阶段,他已经提出了有多种不同性质的社会类型的概念。我们还记得,他把这个概念作为界定社会"常态"的根据。他那时是以社会环境或社会结构来加以论述的。现在看来,这个社会结构主要是由一个规范性规则的共同体系形成的,可是,这些规则不完全是独立存在的,而是依赖于终极共同价值观念体系的。

因此,涂尔干从分析"社会事实",特别是分析大众现象入手,通过一条完全不同的途径,得出了与帕雷托通过分析个人行动所得到的基本同样的观点。这样,可以断言,这两条途径从根本说来,是解决同一些基本问题的不同方式。两者都导致"社会学主义的(sociologistic)"原理,如果把这一原理正确地解释为指的是具体社会生活中的一个成分而不是指的具体实体的话。此外,两者都导致一个基本相同的概念,即社会结构的一个方面是一种价值成分——共同的终极价值体系。在帕雷托那里,由于他的逻辑体系的某些特别之处,只有把他的思想按照与他本人的思路不同的方向盘根究底,才在其含义中出现遗传及环境与非逻辑行动中诸价值成分之间的区分。另一方面,在涂尔干的理论中,与遗传和环境的区分在很早期就是清楚的。确切地说,他的问题是界定社会成分性质。结果是,"个人的"与"社会的"、非功利主义成分之间的经验界线,最后等同于遗传及环境与价值成分之间的界线⑥。

最后,帕雷托和涂尔干都给功利主义行动的成分留有位置。但是,他们两人共同达致的观点,却意味着在如何设想这一点上有了重要变化。强调共同终极价值体系的重要性,就不能把个别行动的诸具体目的同功利主义的随意性需求相等同。更确切地说,他们所指的是这样一种概念:连绵繁复、相互交织的内在手段—目的链条,最终成为相对来说整合了的各个终极目的体

---

⑥ 在这里有一个困难,就是没有充分理由否认在生理或心理的层次上存在着一个伴生的社会成分,参看第二章,[边码]第72页以始。

系,其中每一个终极目的体系又都在一定程度上同一个共同体系结合着。这个共同体系同链条的次要的中介部分有种种复杂联系,以本书所要论证的问题而论,主要可以表述为:(1)充当每一个链条的终极目的;(2)形成诸定则性规范的道德权威的根源。但是,共同价值体系绝不是中介部分的诸具体直接目的中所有成分的根源⑦。还有各种其他成分,其中很多可以认为是具有离心倾向的。因此,这里有一个位置留给那些与帕雷托所说的"利益"大致作用相当的因素;并且由此可以明了控制这些利益的必要性。

    出于这些考虑,可以说,对于研究属于这一中介部分的诸成分的科学在方法论上的地位,如果设想成如同研究社会生活的具体方面的科学一样(常常都认为是这样),或者设想成如同研究那种完全以追求技术效率或最大限度地扩张财富、权力为行为假设的动机的具体社会的抽象科学一样(这种看法的谬误要微妙得多),都是不对的。恰恰相反,应该把技术、经济学和政治学,看做是系统地研究那些在分析上可以同整个行动复合体分离开来的各类成分的科学,是为了达到系统理论的目的,才把这些成分同其他成分的直接重要性分离开来,而不是基于假设其他成分不存在,甚或不重要。因为,这些结构方面的成分离开其他成分,就都根本不能具体地存在。这里说社会科学要适当地抽象,指的并不是一系列假设的具体体系;相反是指抽象的分析体系,每一个这种抽象分析体系,都把包括不属于这门学科直接研究对象的其他成分在内的诸具体行动体系的基本结构的主要轮廓作为基本数据。

    然而,涂尔干得出"社会的"成分在其与内在手段—目的链

---

⑦ 没有任何理由否认本能或其他"非理性"成分的作用。

条的联系中的地位是行动中的共同价值成分这样一个概念之后，并没有止步。在宗教的研究中，他又有了新的发展，开辟了全新的领域。要区分神圣行动与世俗行动的时候，他发现在原来区分道德义务与利益时所阐述的那些成分之间，有另外一些联系，从中找出了另外一个表达方式。他发现，这种摒弃了功利主义的得失盘算的同样的尊崇态度，是对着宗教对象的，也是对着道德规则的。

但是，由于宗教对象通常是具体的，甚至是物质的东西，因而它们的神圣性来自何处的问题就带来了一些具体困难。涂尔干与先前那些学派的门徒不同，他以宗教事物与产生它们的根源之间是象征的关系而不是固有的关系这样一个原理回答了这个问题。态度的一致表明道德规则和这个根源之间有一种密切关系。涂尔干便因此得出了宗教事物是"社会"的象征性表象这个命题。

用象征关系来解释这个问题，为两条重要的思路敞开了门。它导致这样一种关于宗教观念本质的观点，根据上述分析，可以认为，这种观点意味着共同价值体系不仅仅像涂尔干以前思想中那样，只是"逆向地"同内在手段—目的链条中的行动相联系，即不仅仅同与实在的经验方面有关的行动相联系。与此同时，人们还以一种脉络分明的方式把自身以及自身的价值同实在的非经验方面联系起来。由于已经探讨过的那些原因，象征在这种关系中起着特别重要的作用。

可是，这一关系不仅仅是一种消极的认识关系，而且包含着积极态度和行动。这种行动采取仪式的形式，因而也可以认为是终极观念的一种象征形式的表现。这样，在那些较为接近实证主义传统范畴之处，涂尔干又给行动的结构增加了一个全新的规范性范畴，在他的思想体系中给它安排了一个位置。可是，仪式不只是一种表达。涂尔干认为,仪式在行动中起促进团结和激发力量的作用。这种看法进一步促使他的思想向着唯意志论行动理论的方向发展——这种行动理论包括有终极价值体系,不过是把终极价值放在与行动的其他成分之间的诸种复杂关系之中来研究的。实际上,他的宗教理论的结果,似乎强烈地表明这个方向,特别是表明他在宗教观念与崇拜(cult)二者之中强调的是后者。

一般地说,涂尔干思想的这一倾向以及许多其他方面,是和帕雷托的思想倾向相一致的。但是,涂尔干在方法论方面的出发点和发展过程,使他侧重于行动体系的结构,因此他逐渐比帕雷托清楚得多地把某些不同的结构成分区分开来,而这些结构成分在帕雷托的非逻辑行动的大范畴里是混在一起的。这样,涂尔干首先把遗传和环境成分与价值成分区分开来,虽然是从另一个观点着眼,却清楚得多。其次,在后一范畴中,涂尔干不但探索了终极共同目的或目的体系,还阐明了价值以至巫术仪式和宗教仪式两者在行动中所起作用的定则性的一面的特征。在这方面,他对象征体系的作用作了清晰的探讨,这是最为重要的。帕雷托虽然对仪式作过很多研究,但是他的兴趣在于其他方面,所以没有像涂尔干那样,试图把仪式同其他结构性成分系统地联系起来。

有了涂尔干关于定则和仪式的论述,终极共同价值这个"社会的"因素与行动的主要关系,就其可以用严格的手段—目的关系加以阐述而论,可以算做轮廓完备了。还有一些其他关系,不过得等介绍一些多少有些不同的观点之后才能加以系统分析。这些其他的方面较多地同影响较广的价值观念所起的作用相关联,较少地同合理地加以阐述的目的和规范所起作用的关系相关联。在帕雷托的著作中,在这些关系方面有比涂尔干的著作

468

521

更有启发意义的材料；因为，帕雷托在强调非逻辑范畴的过程中，在某些地方易于强调那些对于行动者来说根本不能纳入逻辑范畴的事情。但由于前面已经指出的原因，帕雷托相对来说几乎没有把这些事情纳入行动结构的体系之中。

最后，后期的涂尔干在他的社会学认识论和他思想中其他有关成分方面，也向着一个不同于唯意志论的行动理论的方向发展，即向"唯心主义的社会学"发展。为了满足他的社会事实所提出的要求，他是从消极地探索可以观察的实在入手的，因此，他倾向于把行动者想象为一个研究社会并使自己适应于社会的科学家。这种模式本来是在实证主义背景之中产生的。他既然越来越把社会因素看做是价值成分，而又要保持原来的图式，这就倾向于使他把社会因素当做行动者被动地沉思默想着的"观念"体系，即永恒客体的体系。他在社会学的认识论方面，把社会因素等同于那些范畴的先验的根源，上述倾向于此达到了顶点，从而最后打破了他所信守的把社会因素当做经验实在的一个部分的信条⑧。但是，一旦这样做了，他就不可能再回到经验实在上来。他徘徊于原先的经验主义和一种唯心主义立场之间，这种唯心主义立场一旦与他的社会类型学说相结合，就会产生一种无法成立唯我论的怀疑主义。正是在其生命晚期这两种主要倾向的冲突之中，在他的唯心主义倾向所引起的困境之中，他的事业猝然中断了。假如他活着会是什么结果，我们就只能猜测了。

469　　最后，值得注意的还有帕雷托和涂尔干之间的一个重要差别。涂尔干在本书所研究的范围里，特别在涉及宗教和仪式行动时，清楚地表述了几个非常重要的原理，这些原理在帕雷托的

---

⑧ 虽然他自己没有承认这一点。

著作中是找不到的。但是，为了得出这些原理和澄清这些原理在方法论方面的背景，涂尔干本人和本书都必然要对于某些方法论以及哲学问题加以繁复的批判性探讨。按照涂尔干最初的概念体系，本来是不能表述这些原理的，而他后期的陈述需要进行相当大的修正才能纳入一个体系，使之能够免于招致某些对准涂尔干而发的方法论方面非常严厉的批评。对于帕雷托却并非如此。从本书的观点来看，帕雷托的体系是不完善的。但是，把它朝我们所尝试的各个方向引伸，却既没有方法论上的障碍，也没有本质上的障碍。问题就在于要采取帕雷托的出发点和由此开始进行研究。不管帕雷托的错误是什么，而且没有理由相信他的错误不多，但我们没有发现他的错误对于本书所作的分析有什么要紧，没有必要扬弃任何东西。帕雷托由于其哲学前提，得以从方法论上的教条主义之中解脱出来，与涂尔干在这一方面的状况恰成鲜明对照，帕雷托因此免于遭遇涂尔干那样多的最使人惶惑的困难。

　　这就是本书第一个主要部分论点的概括。由此得出这样的结论似乎是合理的，即极端的实证主义立场和与之相关的功利主义观点，都不是有关行动的理论科学的坚实的方法论基础。马歇尔完全是出自功利主义传统的，却在无意之中把功利主义传统修改得面目全非；另外两个人则明确而又成功地攻击了功利主义传统。他们两人都时时倾向于朝极端实证主义方向反功利主义而行，但是，对于他们两个来说，这样做遇到了一些困难。他们通过思考这些难题，形成了关于共同终极价值体系是具体社会生活中一个必不可少的成分这样一个概念。涂尔干则超出了这一点，进而提出了共同终极价值体系与行动的其他成分之间一些最重要的联系方式。

　　这个进程，可以说就是实证主义行动理论在两个本来对其　470

持强烈偏爱态度的人进行研究时,从内部彻底崩溃的过程。在这种崩溃中,纯粹的经验证据与理论的和方法论的考虑一道起了决定性作用。这是一个在很多方面类似于最近古典物理学的概念框架从内部崩溃的过程。

　　但是,要在这座废墟上建立起什么呢？已经可以看见有两个可供选择的理论正在出现——唯心主义理论和一种将要把若干门分析科学集合在唯意志论的行动概念下的理论。这后一倾向在帕雷托那里是非常显著的,而至少在涂尔干的后期理论中,这一倾向也成为突出的。但是,在涂尔干的理论中,它是处于与另一个倾向的冲突之中的。在这种情况下,转向唯心主义哲学的故乡——德国,看一下在那里思想倾向是怎样的,就是理所当然的了。一般地说,可以认为,当拉丁国家和盎格鲁—撒克逊国家里的主要争论,在于实证主义与唯意志论的行动理论时,在德国的争论则在于后者与唯心主义之间。这后一争论的某些方面,将成为本书第三部分的主要论题。

第三部分

从唯心主义传统中产生的唯意志论行动理论

第十三章 唯心主义传统

方法论背景

　　唯心主义传统,像其他每一个伟大的思想传统一样,是非常复杂的,由许多互相交织在一起的潮流所组成。现在的概述,如同前面关于实证主义传统的概述那样,不妄求也不能妄求做到详尽的历史叙述,即使是提纲挈领的叙述也办不到。确切地说,必须满足于以理想类型(ideal type)的方法挑选几个和本书研究的问题特别有关的主要思潮加以概述。①

　　对于本书所要研究的问题来说,只要把唯心主义传统追溯到康德时期就行了。没有哪个思想家像康德这样向各种解释者展示了如此多的方面。在这里只打算请读者注意几个突出的要点。在英国和美国,通常都把康德的主要贡献看做是解决了由休谟在认识论上的怀疑论所导致的困境。这是一个主要的成分,必须就此说几句,这就要提到其他更有直接关系的成分。

---

① 对于我们所要研究的问题来说,弗雷尔(H. Freyer)的《作为现实科学的社会学》(Soziologie als Wirklichkeitswissenschaft)和特罗尔奇(E. Troeltsch)的《历史主义及其问题》(Der Historismus und seine Prolleme)两书作了最有用的叙述。还可以提出梅尼克(Friedrich Meineeke)的近著《历史主义的形成》(Die Entstehung des Historismus),虽然它出版太迟了,以致不能够影响本章的阐述。

至少直到较为晚近的时期,现代哲学在认识论方面一直主要讨论的问题,是经验知识的有效性;这种经验知识指的是古典物理理论体系所体现的关于物质世界的知识。休谟的不可知论所攻击的,正是经验知识的有效性,而康德则恢复了对于经验知识有效性的信念。很显然康德是同样专注于物质世界的。这一点的最明显标志,大概就是他把空间也考虑在内——他以此来明确地把古典力学的物质空间当做任何一种经验知识在逻辑上的先决条件,认为这是直观的不可缺少的形式。在康德看来,现象就是空间中的事物或现象。②

　　可是,康德对休谟的回答,包含有对朴素的经验主义实在论的否定。这种实在论当时已经成为早期自然科学家的特征,怀特海教授就谈到过他们的"纯朴信念",③而这早已由于在休谟那里达到顶峰的认识论批判而破产了。康德当然没有返回到这种实在论上来。他将自然事物和自然事件贬斥为"现象",通过将它们与另一类的即"观念的"存在物相并举,从而使它们不再具有较有实质意义的形而上学的实在性,康德就由此重新确立了自然科学的有效性。

　　但是,在这种"相对化"的过程中,古典物理体系仍然保持完

---

② 在康德的这一观点中的确存在两个问题。一个是,在人类对于经验世界的体验之中,是否有不存在于空间之中或不具备空间性的具体实体。康德在这个问题上持否定态度,这也许可以接受的,在本书所讨论的内容中确实不会引起任何困难。第二个在这里很重要,就是,在分析上能够应用于经验世界、应用于康德所说的现象的理论体系,是否总是必须以空间参照系来表达。由于这里提出的关于分析上的抽象观点在康德时还未为人所知,他认为所有的现象都是"在空间"观察到的这一观点,就强烈地倾向于与那种认为分析现象的理论必须也包含空间范畴的观点结合起来,正是这后一倾向产生出现在所讨论的两分法。

③ A. N. 怀特海:《科学与近代世界》(Science and Modern World),第27—28页。

整,并且,对现象世界说来仍然是一个经验上完备的体系。人肯定参与了这个现象世界,不只是作为认识的主体,而且也作为客体,作为一种自然物。但是,这并没有穷尽人的一切。人还参与了理念和自由的世界。康德的思想就这样倾向于极端的二元论,这种二元论在联系到人同时既是自然物又是精神存在时,达到其焦点的最尖端。因此,康德的思想体系倾向于把人的所有属于现象的方面、特别是生物性的方面化约为"唯物主义"的基础,并在这个基础与人的精神生活之间产生出一条根本的裂隙——在德国,惯常在自然科学与文化科学或精神(Geist)科学之间划一条鸿沟,其中就仍然有着这条裂隙的存在。

对于康德来说,实践理性确定地属于这条界线的本体一方,而不是现象一方。这意味着,人,作为积极的有目的的生物,作为行动者,不能由研究现象世界的科学来论述,甚至也不能由这些科学的分析与综合的方法来论述。在这一方面,人并不受物质意义上的规律支配,而是自由的。对人的生活和行动的理智的理解,只能靠哲学的思辨方法、特别是靠对整个总体的直觉过程(Gestalten)才能达到,而用"原子论的"分析破坏整体的完整是不合理的。

在康德以后唯心主义的发展过程中,哲学注意的中心就是这个成分。到黑格尔时代,不仅把现象世界同理念世界联系起来,而且使现象世界在很大程度上依赖于理念世界——现象世界实际上被纳入理念世界了。既然这位唯心主义哲学家所感兴趣的东西,即人的行动和人的文化已被彻底排除于现象之外,那么,对于人的关注便不再是按照自然科学模式来一般地建立于理论。但是,对于人的关注绝没有消失。如果不准许进行分析,那么,人们至少可以记录人类的行动及其这些行动在它们的具体整体中所产生的后果。他们也能按照这些行动和事件对于人类发展总体的意义来对它们进行哲学思考。④ 因此,唯心主义对于人类行动的关注便趋向于两个主要方向——一方面是详尽、具体的历史,另一方面是历史哲学。这两种趋势无疑是唯心主义哲学的黄金时代以来,德国的社会思想和社会研究的主要路线。

当然,这两条路线绝不是完全互不相干的。它们共同具有几个非常重要的特点。首先,两者都源于康德那种唯心主义的进退维谷的矛盾,因此,两者都与实证主义思潮相左,都与具有把人类生活和人类命运的事实"化约"为自然现象或生物学现象这样性质的任何东西相左。前面已指出,这种倾向在"自然科学"与有关人类行动和人类文化的学科之间在方法论上的尖锐差别之中表现得最为清楚。⑤

其次,一般分析理论已经和这些成问题的实证主义观点联结起来——因而便产生了在不属于自然科学的那些方面否定它的倾向。这种倾向的最明显表现,大概就是整个十九世纪当中德国对于古典经济学——即通常所说的斯密经济学——所持的几乎是普遍的敌视态度。

这个矛盾的恐怕是最深刻的方法论基础,就是这两种伟大思想传统所共同具有的经验主义。只要这种冲突存在,如果试图把这二者应用于同一具体课题,它们就的确是互不相容的。避免发生矛盾的惟一方法,是把它们的应用范围绝对分清,就像德国人通常把自然科学和社会文化科学加以区分那样。

虽然经验主义是这两种思想传统所共同具有的,但是认识

---

④ 这两个过程最终都包含分析,但目前可以置之不顾。

⑤ 在这点上,最突出是文德尔班(W. Windelband)、李凯尔特(Heinrich Rickert)和狄尔泰(Wilhelm Dilthey)。

到两者的经验主义并不一样仍然很重要。实证主义的经验主义,用科恩(Morris R. Cohen)教授的话说,⑥ 主要是一个把理论体系"具体化"的问题,或者用怀特海教授的话说,是"误置具体性的谬误"的问题。它的出发点是有一个对于某些事实行得通的一般分析体系。这一情况在方法论方面被解释为,对于各种科学所要研究的问题来说,具体实在都在这一概念体系之中得到了充分的"反映"。这本身就不可避免地带有决定论的含义。这个在逻辑上自足的理论体系,按照经验主义者的解释,成为一个经验上自足的体系。不管它的内容如何,不管它是古典力学的体系还是古典经济学的体系,都是如此。

决定论的问题是矛盾的焦点之一,从康德思想的背景来说,这一点是可以理解的。从唯心主义的一面来看,这种决定论并不意味着以方法论方面欠妥的方式将一般的分析体系与具体实在相关联,而这种方式是只要改正误置具体性的谬误就能弥补的。相反,经验主义的解释却被毫无疑问地接受下来。于是,由于同样地承认这样一个基本事实——人类行动是不可能在此意义上被机械地决定的,得出的推论便是:根本没有任何一般分析性体系可以适用于这个具体课题。人类自由的一个推论便是——所有人类事件,只要是"精神的",就都具有独特的个性。

因此,"唯心主义的经验主义"并不是把分析性理论体系往决定论的方向具体化,而是否定所有分析性理论,主张一切人类事件都有其具体的独特性和个性。正是在这个意义上说,"历史主义"是基于唯心主义和德国社会思想的主要倾向。在一般分析层次上的科学理解被先验地排除掉了,因此,人只能根据特定

---

⑥ 参看莫里斯·R.科恩:《理性和本性》(Reason and Nature),第224—228页,第386—392页。

历史事件的具体个性来认识事物。必然的结果就是,不能根据数量有限的事例来认识所有重要事物,必须单个地和逐一地去认识。历史是充实知识的必由之路。

前面已经提到,这个倾向的形成是朝着两个主要的方向的。一个方向是,出于历史本身的原因而对历史进程的具体细节感兴趣。这是德国十九世纪思想的一种持续不断的倾向,在方法论方面对此说得最明白的也许就是兰克(Ranke)的一句名言——历史学家要做的事情就是 wie es eigentlich gewesen ist(按其本来面目)地描绘过去,即按其所有具体细节来描绘过去。这是在许多不同领域取得历史性成就的德国几乎所有不朽著作的一个主要要素,并因此成了十九世纪伟大的思想运动之一得以产生的主要动力。当然,从方法论上说,很难说这已经创立了关于社会问题的一个理论学派——倒是导致了一般地对理论的否定。⑦

但是,这种倾向为什么未能成为唯心主义社会思想惟一的、甚或主要的思潮,自有其充分的道理。康德本人尽管是唯心主义者,却有某些强烈的"个人主义的"成分,特别是在他的伦理思想方面。可以设想,由于这种倾向强调的是在比较具有个人主义色彩的康德意义上的自由,所以康德主义者容易采取某种"特殊主义(particularism)"的方式来看待人的行动,强调特定人类个体的独特性,强调人的特定行动不为环境所决定。

费希特也许在其思想一个阶段中代表了唯心主义这一流派的顶峰,不过影响要大得多的黑格尔流派却在朝不同的方向发

---

⑦ 如同在施莫勒(Schmoller)和卡尔·门格尔(Carl Menger)之间著名的 Methodenstreit[方法论之争]中所异常鲜明地显示出来的那样。

展。黑格尔这一支强调的是唯心主义哲学中的"客观主义"成分,⑧ 这与康德思想中较多的"主观主义"是相对的。在应用于人类事务时,这导致一种"发散(emanation)"理论。对于单个的人类行动或行动复合体不再单个地就其本身来看待,而倾向于解释为是一种"精神"(Geist)和表现方式,而"精神"乃是这些行动与该个人以及他人的其他形形色色的行动所共有的。因此,对于黑格尔来说,人类历史就是独一无二的、Weltgeist[世界精神]的"客观化"过程。

这个倾向的结果,就是把人的活动与涵盖一切的"集体"或"总体模式"联系起来。历史的注意力不是集中于单个的事件或行动,而是集中于 Geist[精神],这构成了它们的统一性。

然而,着眼于历史的思潮在这些情况下原封不动地保留下来了。用以把孤立的经验材料分门别类地统一起来的,不是实证主义传统思想中那种一般性"法则"或分析性成分的概念,而是一个独特的、独一无二的 Geist[精神],这是迥异于任何其他东西、任何其他东西也无法可与之比拟的特定的文化总体。基于唯心主义的德国社会理论,其主要倾向正是强调历史上独一无二的文化体系的重要性,把所有经验素材同这种体系联系起来考虑。

这种倾向在各种领域里得到发展,情况非常繁复,在此无法评述。大概,超出了狭义的历史领域的最突出的领域就是法学。萨维尼(Saivigny)开创的著名的历史学派把这种历史方法应用于对法律体系,首先是对罗马法的分析。他们不是像罗马法学家自己那样,把罗马法同一种普遍的自然"理性"联系起来考察,479

---

⑧ Objektiver Geist[客观精神]是其德国术语。这个成分出现于康德的著作中,但强调的方面有所不同。

而是把它当做一个自足的体系，认为它表达了某种能够以有限几条原则加以阐述的 Geist[精神]。⑨ 但是，这个体系与其他法律体系(例如日耳曼法律体系)是截然不同的。⑩

在德国经济学的历史学派中，⑪ 特别是在其较早的阶段，有着类似的运动。他们认为，古典经济学并不像其支持者所声称的那样是一些普遍适用的经济生活原则，而恰恰是一种特定的 Geist[精神]的表现，即自由主义、个人主义、商业主义和 Manchestertum[自由贸易主义]⑫精神的表现。因此，它的作用局限于这种特定"精神"占据显著地位的社会环境，而不是普遍适用的。因而他们试图阐明其他截然不同的经济体系，如中世纪的经济体系等等。

在黑格尔学派中，这种"历史主义"的背景是极端的一元论唯心主义。在其历史应用中，这种唯心主义需要一个把人类生活和人类历史作为一个整体的统一概念。这个最终的统一性与特定的历史时代和文化在历史上的独特性由"辩证法"联系起来。辩证法容许 Weltgeist[世界精神]"自我实现"的各个阶段有质的差别，每一阶段都在某些方面处于前一阶段的对立面。

可是，这一运动也经历了在某种意义上说是"实证主义的"批判时期。所采取的形式是对那些黑格尔式的宏大思辨结构表示怀疑。可是，像往常的情况一样，这样的批判只抨击这一思想

---

⑨ 耶林(Jhering)的著作的标题是《罗马法的精神》(Der Geist des römischen Rechts)，就是这种说法的明证。

⑩ 实例请参看吉尔克(Gierke)的名著《德国的合作社法》(Das deutsche Genossenschaftsrecht)。

⑪ 这个学派在施莫勒的影响下，强烈地倾向于十足的经验主义。

⑫ Manchetertum 一词，系指英国曼彻斯特学派有关自由贸易的主张。——译注

体系的某些成分,而对其他的成分却丝毫没有触及。在这个具体情况中,遭到非难的主要是不同文化之间结构原则的连续性,而作为其基础的那种思想方式——即试图围绕着 Geist[精神]的概念及其与之相联系的独特"体系"来将素材组织起来——却未被触及到。结果就是,特定的历史时代或这些历史时代的"精神"仍处于一种无联系的状态,一种 Nebeneinander[并列]状态。480个体独一无二的教条被扩大到打破与其他个体的一切理论上的连续性的地步。这样,出现了一种十足的历史相对主义,取代了黑格尔模式中辩证的进化理论。历史成了这样一连串独一无二的和基本上无联系的体系,在经验的层面上,这一种相对主义观点最极端的代表人物之一是狄尔泰⑬。自狄尔泰时代以来,这种倾向又通过最近以 Wissenssoziologie[知识社会学]而知名的运动进一步达到认识论的层面。⑭

前面已指出,这种对整体、对文化体系的整体性的强调,包含着对于实证主义传统思想的概念结构中固有的分析理论类型的否定。作为论战双方共同特点的浓厚的经验主义色彩,只不过起了强化这种否定的作用。因为,古典经济学的这类理论对某些事实的确处置欠妥;而从文化的总体性去观察现象,也无疑地能够对这些理论作出重要和有根有据的修正。这样,流行的德国观点已经远远不是完全缺乏能够证明自己的正确性的经验理由了。

---

⑬ 斯宾格勒(Spengler)也是这种观点的一个比较极端的例子。
⑭ 大概,最著名的代表人物是卡尔·曼海姆(Karl Mannheim)。参看他的《意识形态与乌托邦》(Ideologie und Utopie),路易思·沃思(Louis Wirth)和爱德华·希尔思(Edwad Shils)的译本名为 Ideologyland Utopia。关于这一运动文献总的梗概,参看格伦瓦尔德(E. Grünwald)的《知识社会学问题》(Das Problem der Soziologie des Wissens)。

同时,对一般分析概念如此地加以否定,并且相应地强调有机的整体性,迫使德国理论在方法论方面走上了在那些对分析理论感兴趣的人看来是非常不可靠的路线。因为,一方面,科学不能像德国经验主义的一个分支所竟然要求的那样,局限于孤立地观察互不联系的单个事实和单个现象——特定的行动事件;另一方面,又不存在任何借以把特定的分离的观察组织起来并评价其科学意义的一般分析理论。这样,便不得不承认这样一种知识本源,即对于总体的具体结构的"直觉"这种直觉在通常理解的所有各门科学中都是没有位置的,这些结构既不能在通常的操作性意义上加以"观察",也不能以普通的理论过程加以建构。⑮

方法论上的争执越是不可调和,实证主义思想就越加明确地成为"机械论的"和"原子论的",并且在其很长一段历史中都的确带有这些特点的明显标志。德国对于"启蒙运动"、对于功利主义、实证主义以及理性主义等观念的老一套批判,不外乎指斥它们为"机械论"和"原子论"。与此相对,出现了各种各样的"有机的"观点。整个十九世纪直到现在,德国一直非常突出地是"有机的"社会理论的故乡。

可是,"机械论的"、"原子论的"或"个人主义的"与"有机的"这种两分法是非常空泛而又着眼于形式的,除了表示部分(或单位)与整体的形式上的最一般的关系外,什么也不表示。在德国的思想发展过程中,已经逐渐出现了对于其中所包括的内容的更加具体的描述。

德国唯心主义与西欧实证主义之间的争论,已经不仅仅是

---

⑮ 因此,出现了"死硬的科学"的一派与前述的历史特殊主义合流的倾向。施莫勒就是一个引人注目的例子。

上面所说的形式上的争论。这些争论所涉及到的差异,涵盖了解释人的行动的诸实质性因素。本来,康德哲学的二元论在"自然"的现象的、"决定论"的领域,与自由的、理念的、Geist[精神]的领域,划了一条清晰的界线。德国社会思想的主线关心的是后一领域。这表明,它的"有机论"主要不是同生理学类比的问题(尽管有时也出现这种情况),而是观念领域这个意义上的问题。

因而,根本的"实在",人类生活和行动中的决定性因素,已倾向于要在这个层次上去寻找。然而,这种实在与实证主义思想或康德的现象世界所说的实在有深刻的区别。后者是相互之间有着功能关系或因果关系的诸成分的复合体。这个概念至少包括时间过程这样一个预设——因为,每一个关于因果关系的概念都有关于变化的概念作为其基础。如果一个实体中的变化导致另一实体发生变化,就此而言,两个实体之间就是因果关系。在这种情况下,变化肯定意味着时间的过程。

另一方面,"观念的实在"指的是相互联系着的诸成分的复合体——因此才构成一个"体系"。而这种联系的方式具有不同于因果关系的特点——它是个"意义复合体"。⑯ 因此,科学理论是逻辑上彼此相联系的诸命题的复合体或体系。⑰ 同样,一种艺术"形式"乃是由各种要素组成的结构,例如,交响乐就是由声音组合而成的,这些成分相互之间虽然不是在逻辑上相关联,

---

⑯ 富有表现力的德文术语是 Sinnzusammenhang[意义的联系]。

⑰ 在讨论这些问题时,要始终把论述观念体系"本身"同论述该体系与行动的关系这两种层次的论述区分清楚,既是重要的,也是困难的。因此,按第一个意义,科学理论体系的一个命题中的变化,导致同一体系其他命题的变化。但是,尽管在逻辑的意义上有着"必不可免"的含义,在现实世界却并非必定得按这些含义行事。对于行动者来说,正确的逻辑表示了一种规范,但未必就要按照这种规范去行动。

却仍然是"有意义地"联系起来的。用科勒(Wolfgang Köhler)教授的话说[18]，其中有某种相互的"要求"，以致"错误的"音符一出现就很刺耳，就像在理论中出现逻辑上的谬误一样。

不管它们还可能是别的什么，一个体系的诸成分之间这种有意义的关系反正不是因果关系。可以特别提出两种情况来说明这一点。首先，与时间的关系是根本不同的。逻辑关系是没有时间性的，就像艺术活动形式没有时间性一样。这不是说这样的体系没有在某种意义上——就产生出它们的时间而言[19]——的时间起点，也不是说时间同音乐或诗歌之类的符号表现方式的形式无关。它所意指的是，意义的体系"就其本身"而言是无时间性的。这样的体系的诸成分之间的关系，不是时间过程中的关系，而是一种截然不同的情况。[20]

483　其次，与行动的关系则完全不同。我们已经很详细地说过，因果关系是同作为条件和手段的合理行动有关的。就行动者处境的诸成分之间存在着因果关系而言，要在特定处境之下实现一个目的，就取决于他对这些因果关系的"考虑"；在这个意义上说，他是被"制约"的。另一方面，具有意义的关系在某种意义上也制约着行动，[21] 但这不是在同一种意义上的。它们的作用是规范性的——它们表达的是行动所指向的理想各个成分和各个侧面之间的关系。例如，当理论家呕心沥血地构思一个理论的

---

[18] 科勒在哈佛大学威廉·詹姆士讲座的演讲(未出版)。
[19] 即它们与行动的关系。
[20] 这一点可以由下述事实说明，即"相同"的意义可以由两种不同的符号媒介表达，一种符号媒介要求有时间的顺序，另一种则不要求有时间的顺序。因此，可以说欧里庇得斯(Euripides)的戏剧和菲迪亚斯(Phidias)的雕刻大体上表达了同样的东西。
[21] 就是在其中"造成一种区别"。

时候,在他的处境当中并没有什么条件能阻止他犯逻辑上的错误,使他不犯逻辑错误的,是他为使自己的行动符合于逻辑上正确这条规范所作的努力。同样的,钢琴家在演奏一首乐曲时,弹出一个"错误的"音符在客观上是完全"可能的"。他之所以不应该弹错,是因为这违背音乐形式的规范性要求。

在本书对于行动所作的分析当中,已经可以看出,诸"观念"成分同经验的空间方面和时间方面至少有两种形式的关系对于行动是有意义的。这就是说,诸"规范性"成分同行动和思想的关系,第一可以是内在情境的关系,第二可以是一种符号关系。

第一种关系最接近于实证主义思想方式的关系,因为,科学方法论的诸成分对于思想过程就是这样一种规范,特别是逻辑上的规范,并且就行动是在本书始终采用的意义上的合理行动而言,科学方法论的诸成分不仅对于思想是规范性的,对于行动也是规范性的。或者更恰当地说,作为获得知识的一个过程的思想,是指向逻辑规范的行动这个大得多的范畴当中的一种特例。在这种情况中,按照唯意志论的行动理论来说,行动当中那些有意义的成分成为有因果意义的,因为只有从对于这种规范的取向来看,才有可能设想对于行动过程在多大程度上独立于这些行动所处的条件进行衡量。

第二种关系模式即符号关系,特别当与涂尔干关于宗教的论述联系在一起的时候,是十分突出的。在这种极端的情况下,特定符号与其意义之间不再有任何内在的关系;这种关系肯定不是处境的诸非规范性成分与规范之间的关系。在这种情况下,所有各种时—空现象按照它们的内在特性和因果关系是不能解释的,但可以作为意义或意义体系的表达来解释。就在这种情况下解释现象而言,它意味着完全省却了自然科学的因果解释。

由于特定的符号与其意义之间的联系在因果意义上总是武断的,因此只有提供了开门的钥匙,了解这种"语言"才能了解这种联系。符号及其意义所惟一共有的内在成分是秩序的成分。这靠孤立地研究特定符号是决不能掌握的,而只有按照体系内的相互关系才能掌握。② 这一事实无疑就是德国社会思想的"有机论"以及它对在分析问题时打破具体的整体的任何企图都持敌视态度的基本原因之一。观念成分或有意义的成分与时空的两种关系,在唯心主义社会思想中都起着显著的作用,不过,符号关系的地位有超出规范性关系的趋势。

在时间的过程中,因果关系和意义关系之间的这个基本区别,终于逐渐在方法论方面体现出来。由于不同于自然科学的分析方法,"文化"科学的分析方法被起了个特别的名称——Verstehen[理解]。这个有点费解的概念大概较之他人要更多地归功于狄尔泰,就现在研究的问题来说,它最重要的意义在于它指的是对符号关系的把握。当一个实体在意义关系体系中被赋予一定的地位并借此获得 Sinn[意义]时,如果它本身是观念实体,譬如是一个命题,这个过程就是直接的。如果不是观念实体,而是时间—空间的客体或事件,Verstehen[理解]的方法就包括下一步,即必须通过符号解释赋予这个实体一个意义,使它同那种观念体系相一致。

如同我们下面将要指出的那样,这些考虑决不是对 Verste-

---

② 甚至在这里"钥匙"也是必需的,这一点通过考古学家研究碑文的经验得到生动的说明。在发现罗塞达(Rosetta)碑以前,埃及象形文字的存在已久为人知了。它们的物质属性没有任何神秘之处;在这方面对我们的知识增添不了任何有意义的东西。所需知道的是它们的意义,得要把这些翻译成人们了解的语言——希腊语。由于没有这样的钥匙,很多如古希腊米诺斯(Minoan)和玛雅人(Mayan)的碑文仍然无法破解。

hen[理解]概念、特别是韦伯所使用的这一概念的详尽评述。它的另一个基本方面是指涉"主观的"现象。如果说可以把"意义"当做是有着经验上的时—空的"存在",这种存在是"在心灵里"。[23] 在理解意义关系本身同研究行动的主观方面之间,无疑有一种非常密切的联系。这里所指的仅只是一种关系。这个问题得要到论述韦伯的时候才能相当详细地加以讨论。

可是,如果关于德国唯心主义社会思想主线的上述说明是正确的,那么,这种社会思想与基于实证主义的社会思想之间的长期争论就不足为奇了。它同机械论、个人主义和原子论相对立,提出了有机论,认为包括人类个体在内的单位从属于整体。它反对根本的连续性——那种观点把特殊的个案看做是一般规律或原则的实例,强调所研究的现象具有不可化约的质的个别性,导致了意义深远的历史相对主义。

但是,之所以造成这些差异,却是由于存在着一个更加带根本性的差异。实证主义思想一直致力于揭示现象中内在的因果关系,唯心主义思想则致力于发现意义的联系——Sinnzusammenhang。与这个差异同时存在的是方法上的差异——实证主义从因果关系上作理论的解释;唯心主义则进行意义的解释——Sinndeutung,认为社会领域的具体事实中有符号,所要解释的就是这些符号的意义。社会现象的秩序和体系是有意义的(meaningful)[24],而根本不是因果秩序。

这两种思想都有经验主义偏见的特点,互相冲突是不可避

---

[23] 或"体现在符号之中",这些符号既然是有意义的,就意味着有一个进行理解的心灵。另一个方面是对于行动及其动机与规范性成分之间关系的主观理解。参看下文第十六章,[边码]第 635 页起。

[24] 在英语中这个词听起来有些别扭,但却似乎是德文 Sinnoll[有意义的]以及有关的各个词的最恰当可行的译法。

免的。实证主义者持续地努力把明显的意义体系"化约"为基于因果关系的体系,从而使其因果分析包罗所有能理智地理解的关系。另一方面,唯心主义者同样坚决地努力把因果关系纳入意义体系。两者都试图使自己的方法论原则概括整个可认识事物的领域,至少是概括整个有关人类的可认识事物的领域;在这一意义上,两者都是帝国主义的(imperialistic)。

在本书前面的章节中已经作过分析,试图揭示十足的实证主义类型的行动理论的某些基本困难,说明实证主义行动理论本身在多大程度上卷入了这些困难,并且在遇到这些困难时在多大程度上超越了刻板的实证主义基础——至少是部分地朝着唯心主义方向发展了。这一部分的任务就是探究相反的过程,揭示十足的唯心主义立场的某些固有困难,并且揭示实证主义诸成分是如何进入唯心主义传统的。然而,单纯说实证主义立场和唯心主义立场两者都有道理,在某个范围之内两种立场都应该予以承认,这是不行的。确切地说,必须超出这种折衷主义,尝试对于两者之间相互关系的诸具体方式加以说明——至少是概略地加以说明。唯意志论的行动理论就是在这方面占据着十分重要的位置的。它为这两种传统的明显不可调和的困难搭了一座桥,在某种意义上使得"博采两者之长"成为可能。⑤

487　　"意义体系"或"意义复合体"范畴并非都是同质的,而是包括了许多不同的类型——这也几乎应该是不言而喻的。本书不打算对此进行彻底分析,作出包罗无遗的分类。下面进一步详细阐明这里所作讨论的一般理论构架时,会自然而然地提到其中某些区

---

⑤ 读者应当清楚,按照这里提出的观点,在人类的经验当中,因果—功能成分同符号—意义成分正是在行动上连接起来。因此,那种认为只有一方完全正确的独断论,在这个领域是不适用的。

别。然而,在这个时候,应当指出一个事实及其重要性——对于实证主义传统来说,有一个这种类型的意义复合体是至关重要的,那就是科学的理论。前面分析帕雷托的理论,最重要的结果,就是把这种类型的意义复合体与对于行动也极为重要的另一种类型的意义复合体——即价值观念——区分清楚了。

就唯心主义传统同人类行动发生了联系而言,它所强调的是后一种意义复合体,这不是偶然的。如果各种学派认为 Volksgeist[民族精神]或其他 Geist[精神]是具体行动体系或分析的诸关系的主要决定因素,那么,一般地就会发现,它的内容就在规范性价值观念之中,在关于人的行动和关系应当如何的一套概念之中。此外,还会发现,对历史事例的实际考察,揭示出这些价值体系与宗教、形而上学观念和艺术风格等其他意义体系之间的紧密关系,而这些意义体系都是同科学的理论尖锐对立的。

在讨论涂尔干时,我已经对这个基本区别的意义评论过了。科学理论是实的因果成分与意义成分之间最紧密的联系纽带。因为,虽然这样的理论本身是意义体系,其中的符号指涉表示的却是内在的因果关系体系。对于其他类型的意义体系来说,却并非在同一意义上也是如此——这些意义体系可以排成一个序列,一端是纯粹的科学理论,一端是"纯粹的表达形式",其中的内在成分只有象征性意义。某些类型的艺术形式就是这第二种意义体系的最明显的例子。

资本主义问题

到此为止,对唯心主义传统的探讨还局限于纯粹在逻辑上的概述,只是偶尔涉及具体领域中思想的特定发展过程。在结 488

束这一章以前,必须对一种特殊的历史理论问题——资本主义——的几个主要发展阶段作一简略叙述。这既是为了阐明前面讨论的逻辑上的各种区别同具体问题是怎样一种关系,也是因为它是后面两章将详细讨论的韦伯理论的主要经验焦点。

把现代经济秩序当做历史上独一无二的体现了一种特殊Geist[精神]的关系体系,这种倾向在较早的经济学的历史学派中已经很明显了。前面已指出,古典经济学被当做这个Geist[精神]的一种表达,并且因此只适用于这特定的一套关系——"个人主义的"秩序的关系。但是,迄今为止在历史基础上创立了现代经济秩序理论的最重要的思想家是马克思。[26] 正是马克思主义体系形成了德国关于资本主义的讨论的中心。

马克思

马克思一般并不被看成属于经济学的历史学派。就对于我们所要研究的问题有重要意义而言,他是承袭了黑格尔的。不管在黑格尔的唯心主义和马克思的唯物主义之间可能有什么样的差异和抵触,马克思在某些基本方面接受了黑格尔的思想方式。像黑格尔一样,他创立了一种把人类的发展设想为向一个确定目标前进的单一过程的历史哲学,虽然这一过程的目标和特性都与黑格尔所说的不同。但是,也像黑格尔一样,同时又和实证主义的进化论者不同的是,他不是把这一过程设想为沿着单一的路线绵延不断,每一个阶段都在某些方面较之前一阶段在数量上有所增长的过程,而是设想为辩证的过程。也就是说,

---

[26] 为了目前的论述,没有必要去区分马克思主义思想中恩格斯和马克思各自的特殊贡献。如果读者愿意,可以在后面用"马克思—恩格斯"代替"马克思"。

尽管在作为一个整体的过程中存在着持续性,每一阶段仍形成一个有显著标志的"体制",它在组织原则上不同于其他体制,而且是在同前一种体制的直接斗争当中产生出来的。在持续的过程中,阶段之间的划分出于武断;而在辩证的过程中却不是这样。

前面已指出,[27]马克思出于自己的需要继承了古典经济学理论的主要框架。但是,他的独特之处在于,把古典经济学从关于一般社会现象的经济方面的分析理论,转变成为有关一种特定经济体制——资本主义体制——如何起作用及其发展过程的历史理论。相形之下,在马克思的理论里,几乎找不到封建体制和社会主义体制等等其他体制所需要的经济理论。但尽管如此,资本主义体制不仅作为一个阶段、而且在原则上也肯定地既不同于在辩证过程中被它取代的体制,也不同于假定要取代它的体制,这是完全清楚的。

古典经济学理论是在经验主义的基础上提出来的——马克思并不怀疑这一点。因此,它必然包含社会组织的诸成分——某些现代作者常称之为"制度性"成分。但是,在究竟强调哪些成分方面,马克思完全不同于重要的古典理论家。古典理论家主要关注的是孤立的个体之间的劳动分工和交换的现象,而每一个孤立的个体都为消费者市场生产一种完整的商品——这至少是主要的制度性出发点。马克思固然接受了有许多相互竞争的生产单位这种概念,但是尽管马尔萨斯和李嘉图提出过许多很有力量的观点,他对这个问题的重视程度,对于这个问题的理论后果以及生产单位的内部结构的强调,却都是新的。

当然,在这方面主要使他感兴趣的,是马尔萨斯称之为"社

---

[27] 参看第三章,[边码]第107页起。

会分化为雇佣者阶级和劳动者阶级"的现象。因此,在体制的基础单位即资本主义企业内部,就存在着内部的利益斗争。这就是涉及到阶级之间权力关系的阶级斗争。

因此,对于马克思来说,资本主义体制的主要特征就是基于生产单位的组织之上的阶级结构;不过他把这个成分推而广之,使之超出资本主义体制的范围,从而提出了关于整个进化过程的系统化的和统一的原则。一方面,每一种社会体制都以其具体的阶级结构为特征,而每种社会体制的阶级结构都取决于其"生产条件"。每一种社会体制都由一个阶级来统治,但同时又需要并且在其自身的发展过程中产生出另外一个阶级,这个阶级反过来又把这个社会体制消灭掉。因此,另一方面,阶级斗争乃是进化过程中的能动成分,任一社会体制与其前或其后的社会体制的矛盾也由阶级斗争构成。这个成分就是前面讨论过的权力成分的一种形式,它使马克思主义理论具有能动的特性,这是与"正统"经济学理论的平衡倾向相对立的。

现在可以探讨马克思的唯物主义可能意指什么的问题了。本研究的经验当然就在于,根据一个作者所处时代的思想论争的对立面来了解他,总是有益的。马克思本人的论争主要针对两个方面:反对黑格尔的唯心主义和反对空想社会主义者。但是,在着手分析这个双重论争的含义之前,最好先排除一种可能的而且颇为常见的误解。马克思使用唯物主义一词的意义,不同于我们所熟知的实证主义,实证主义才把社会现象追根溯源地化约为自然资源之类的不属人的环境或生物性遗传或两者的某种组合。这种解释是同马克思主义理论的历史性特点绝不相容的。当然,自然资源在唯物主义看来十分重要,就像不管基于什么种族基础上的民族主义也十分重要一样。但是,在这两种情况之中,重要性都系于这些成分与社会组织的特定形式之间的关系。可是,这些成分本身并不能说明社会组织的原因,因为它们在资本主义体制发展过程中没有发生变化。在资本主义体制中有一个独立于人们的生物性需要、人们别的生物性遗传特质或人们的外部环境的基本成分。马克思主义乃是一种社会学说。

马克思作过一个著名的评论,说黑格尔是头脚倒置的,而他——马克思——把它矫正过来了。这是什意思呢?只不过是说,历史的动力在黑格尔所说的 Geist[精神]的内在自我发展中是找不到的,而是在于一个不同的领域,即人们的"利益"的领域中。在这里,要与黑格尔特定意义上的唯心主义相对照来理解什么是唯物主义。它就是一个剩余性范畴,而不要把它与"科学唯物主义"这一寻常说法中的"唯物主义"的西方流行含义相等同。

极其频繁地加之于马克思的另一个有关的称号是决定论,其含义主要是与空想社会主义相对比而来的。以欧文和傅立叶为代表的空想社会主义者,主要属于前面已作为激进的理性主义的实证主义讨论过的㉘思想运动的一个阶段。联系到当代社会条件中的不合理现象,他们的特点是相信理性有压倒一切的力量,不论某一特定个人偶然所处的具体环境如何,都足以向他们指明获得幸福的"真正"条件。这样,改变一种社会体制所需要做的,只是诉诸人们的"理性",首先是诉诸身居负责岗位的人们的"理性",告诉他们现行秩序如何不合理,而打算建立的新秩序又是如何合理。

马克思以他的"利益"观点与这种观点相对立。在马克思的理论里,没有任何作为实证主义变种的极端反智主义观点。如

㉘ 见第三章,[边码]第119—121页。

果他采取了这种立场,他就不会接受古典经济学理论。对于他来说,人是合理地行动的,即便在某种有限的意义上,他也更多地使人想起霍布斯,而不是洛克或孔多塞。但是,人是在特定的具体处境中合理地行动的,在这样的处境中,合理性规范本身就使得某些行动方式成为必须,而排除了其他的行动方式。正是由于人们合理地行动,他们才追求所处环境为他们规定下来的"利益"。

古典经济学之所以特别强调劳动分工有明显的好处,乃是由于这是在其概念框架中所固有的。较之自然状态,劳动分工是保障满足需求之手段的更为有效的方法。竞争机制更多地是由这个角度、而较少地从控制机制的角度来加以考虑;而且即使在将它视为控制机制时,也被更多地看做是对于有可能出现的滥用进行节制。

马克思通过他的利益学说,不仅把竞争,而且把经济秩序的整个结构也抬高为一个庞大的控制机制,一个强制性的体制。这是马克思的经济决定论概念的基本含义。问题并不在于心理学上的反理性主义,而是许多合理行动的总的结果。一方面,体制本身是无数个人行动的结果,而另一方面,这种体制又为每一行动着的个人创造了一个迫使他按照一定方式行动的特殊处境,只要他不打算背离他自己的利益。因此,对于马克思来说,剥削之所以该受谴责,既不在于其不合理性,也不在于雇主个人的十足的自私,而是因为雇主被置于这样一种境地,他必须那样行事,否则就会在竞争性的斗争中被消灭。[29]

因此,"自由主义"理性的主要注意力集中于个人主义秩序

---

[29] 桑巴特(Werner Sombart)的《无产阶级的社会主义》(Der proletarische Sozialismus)一书在这个问题上对马克思作了出色探讨。

的优越效率,马克思则强调它的强制性方面,并由此而强调这个体制的整个结构。体制本身要被认为是自我行动的。置身在其中的人们,一旦被置于这种体制所给定的处境之中,他们的行动就被"决定"了,以便维持作为一个整体的体制,或者更确切地说,在进化的历程中把这一体制推向前进,最终以其自我消灭而告终。

资本主义制度中特有的强制形式不是普遍的,而是局限于其特定条件、局限于其"生产条件"的特定组合形式的。在封建主义体制下,资本主义企业中对劳动的剥削并不是显著的社会特征;并且,这种剥削将随着社会主义到来而结束。这样,马克思主义的基本问题就是说明,导致资本主义的决定论的这个处境的诸因素是什么?这就又一次提出了唯物主义问题。

按照唯物主义这个词在马克思主义中的意义,它的观点是,某一种体制——譬如资本主义体制中的强制性纪律,是由它的前一体制中类似的强制条件发展而来的。从这个观点看,历史就是这样一些决定论体制的牢不可破的链条。不管它们彼此的不可比较性达到什么程度,也不管作为推动这个辩证进程的动力的阶级冲突重要到什么程度,这个因果的链条总是牢不可破的,并且每一体制通过其本身"内在的"崩溃过程而不可避免地产生出它在整个系列当中后继的体制。自然,这种构想意味着有一个初始的历史成分,也即一套原本就是决定论的生产条件,所有一切都是从这里产生出来的。

应当再一次强调,马克思主义理论的决定论不是个人心理学层次上的,而是社会层次上的。支配特定行动过程的是处境;在另一种处境中,一切都要发生变化。马克思的许多西方批评家曾想在他的历史唯物主义的决定论和倡导积极的革命政策之间寻找出无法解决的矛盾。假如马克思的唯物主义是实证主义的变种,的确会存在这种矛盾;但是它不是。它是从无数的合理行动之结果中得出来的,而每一行动都是以某种特定处境为先决条件的。马克思不同于古典经济学家的只是:首先,他从注意合理性过程本身开始,转而注意支配这一过程的处境;其次,他借助于由阶级斗争这个概念㉚提供的能动成分,发现了古典经济学家所未发现的东西,即这些处境的基本特点是受历史变迁制约的。这样他就引入了一个具有头等重要性的历史相对主义的成分。

但是,他的社会因果关系概念基本上仍然是古典经济学家的概念。以前面的讨论中用的专门术语来说,它基本上是功利主义的,只是加上了历史成分。他的这种概念和古典经济学家的一样,都把注意力完全集中在行动的手段和条件上,因此便产生出一种相应地隐含着的假设,即终极目的是随意性的。

马克思接受了古典理论的诸主要"经济"成分,包括关于自我调节的竞争体制的概念。但是,如前所述,他的不同之处在于对社会组织的特殊形式的强调。因此,他求助于古典理论基本框架的并不重要的成分,以之作为他的理论的能动部分。指出这些成分是什么,是件有趣的事:一个是工业技术,它的发展被看做是持续的线性过程。当然,正统的经济学家对此决非置之不顾,但是,他们只考虑它对生产率的影响。对于马克思来说,它的主要意义则在于它与社会组织的关系,这种关系起始于生产单位的结构。这样就有了一个具有线性特点的能动成分。

另一个当然是阶级斗争。就是这个成分与技术成分和经济成分的特定结合,造成了特定的经济体制的特征,并且成为一个非连续性的成分;因为每一体制的阶级结构是不同的,不同的体

㉚ 同技术的进步结合在一起的。

制不能比较。可是,这本质上是前述意义上的㉛一种权力成分,一种建立在特定处境的基础上的权力关系。

因此,马克思的经济决定论不只是在前面的分析得出的具体意义上的经济因果关系的问题,同时也是内在的手段—目的链条的整个中介环节的问题,是技术的、经济的和政治的三种决定论的结合。它只是与黑格尔意义上的唯心主义相对照,才是唯物主义的。它并不必然具有在通常实证主义意义上㉜的唯物主义的含义。

在马克思的理论里确实还有另外一个成分——即他的理论的革命性一面所表达的成分。无产阶级的特征首先是由在资本主义秩序中的一种特殊利益规定的。然而,在此种利益潜伏着、只在对当下处境的态度中得到表达的情形,与具有了阶级意识的情形之间,有着天壤之别。在具有了阶级意识的情形下,另一种因素进入了处境之中,也即无产阶级推翻现存秩序、建立社会主义的有组织的协调行动。这很像是一种共同的价值成分。为什么只在此处出现,而没有在马克思总的历史观中扮演重要角色呢?

首先,马克思毕竟是个进化论者。在这样一个背景下,把一个特定现象看做是在过程当中某一非常严格地加以界定的点上偶然发生的,绝不是内在地不合理的。而且,他关于人的本质的观点在逻辑上并不排除这种 Sprung in die Freiheit[跃向自由]的可能性。但是,其次,马克思本人无疑在很大程度上与他所批评的空想社会主义者一样,都持有理性主义—无政府主义的哲学观点。不同于空想社会主义者的是,马克思对于能够据以达 495

㉛ 参看第三章,[边码]104页。
㉜ 当然是由于前已分析过的功利主义立场的不稳定性而已经修改过的。

到目标的途径要现实主义得多。单纯求助于理性而不考虑社会条件,不可能是有效的。只有理性同某种利益一致起来,诉诸理性才会有效果。而只有在整个进化过程的这个阶段,利益的特殊基础才确实存在。

但是,只有一个惟一的目标。在某种意义上说,马克思是个社会学上的相对主义者,但绝不是伦理学上的相对主义者。而他的伦理学的绝对主义毫无疑问地意味着,他的整个思想体系就其实用主义的一面来说,是专注于实现他本人的理想的条件上的。在这方面,这种伦理学绝对主义在逻辑方面与黑格尔思想体系是完全对等的,虽则内容不同。[33]

桑巴特

如前所述,马克思的理论在我们所讨论的许多方面,[34] 形成了德国关于资本主义的讨论的焦点。在结束这章时,可以简要地概述一下这个讨论的一个突出结果——沃纳·桑巴特的理论——在某种意义上,可以说桑巴特的理论把马克思理论的主要内容纳入正统历史主义—唯心主义思想的框架之中了。然后,下一章将更加详细地讨论韦伯对这些问题的论述。韦伯的论述在一些重要的方面与马克思和桑巴特两人的论述都不相同。

桑巴特毕生研究的主题,便是单一的、历史上独一无二的经

---

[33] 关于马克思的这一方面,参看特罗尔奇:《历史主义》(Hiztorizmus),第314页

[34] 值得注意的是,在德国只有社会主义者才埋头于马克思经济理论的专门细节。马克思产生更广泛影响的地方几乎都在诸如资本主义和历史唯物主义这样的领域。

济体制——现代资本主义。㉟可是,在这个进程中,桑巴特不把自己仅仅看成是个历史学家,而且也相当明确地自认为是经济理论家。但是,按照他的观点,没有任何适用于任何时间任何地点的事实的一般经济理论这样的东西,而只有关于若干互无关联的经济体制的理论。桑巴特本人只给了我们有关一个特殊经济体制——资本主义——的非常详细的理论,为了使其轮廓清楚,他还概括地描绘了两个前资本主义体制——自给自足的经济和手工业体制。

对于桑巴特来说,经济体制不是他仅仅加以描述的历史现象,而是他用以理解具体历史进程的"理想类型"。对于他来说,经济体制的极端不连续性只适用于理想类型。具体过程本身是连续的,体现着各种体制的渐进的互相转化。

但是,不管桑巴特可能怎样极力地强调他的概念的抽象理论的特点,这些概念的指涉物实际上仍然是单个的和历史的,而不是分析的和一般的。㊱资本主义作为经济体制不是普遍地有用的,而只是对于与一个历史时期有关的事实进行分析时才有用。在这个问题上,桑巴特得出了适合于遵循历史主义—唯心主义的传统的激进结论。

在他的理论的另一方面即因果关系理论方面,他同样是激进的——这一理论是对于马克思的历史唯物主义的直接辩驳。他说,一个经济体制有三个方面:组织形式、"精神"(Geist)和技术。除一点明显的例外以外,他接受了马克思对于体制的描述(即它的理想类型)。但是,他对其中诸成分相互之间的关系,所

㉟ 关于与韦伯有关的理想类型的更加广泛的探讨,见下文第十六章。

㊱ 在这里,他已经自觉地接受了马克思主义思想当中两个成分中的一个。马克思继承了古典经济学的概念,只要这些概念对他有用,他并不太多地操心这些概念在方法论上所处的位置。

作的解释则有深刻的不同。他把精神置于明确的优先位置,说精神为其自身创造了组织形式。为阐明具有普遍性的理论问题起见,简略地概述这些特殊概念是值得的。

就组织层面而论,体制的特点一方面取决于组成该体制的单位即资本主义企业的特点,另一方面取决于这些单位之间是何种关系。资本主义企业是通过分成两个主要的阶级——企业主—经理和无财产的工资工人——而内在地组织起来的。它们相互之间的关系是典型的竞争性的市场关系。所有企业的整个复合体形成一个封闭的自我维系的体系。不管单个参与者的个人动机如何。每一企业的直接目的首先必须是创造利润,因为竞争过程使所有资本主义的活动都集中于利润上,并且使赢利成为衡量成功与否的尺度和生存下去的条件。

因此,在体制的强制性问题上,桑巴特赞同马克思的观点。它的竞争性和营利性与个人的私人动机无关,而是由这些个人所处的环境[37]不可抗拒的条件造成的。此外,他也赞同这并不总是所有经济体制的特征,譬如说它就不适用于手工业体制。

但是,这种强制性只适用于那种 Geist[精神]已经"客观化"和"制度化"了的充分发达的体制。这种体制是如何产生出来的呢?桑巴特的解释与马克思完全不同,马克思认为这种客观的组织形式是此前那些客观组织形成的结果,桑巴特却认为是Geist[精神]的产物。这个 Geist[精神]的原则就是攫取、竞争和合理性。

对于桑巴特来说,这个 Geist[精神]有两个方面,即企业精

---

[37] 这和涂尔干对强制问题的探讨相似。这一点是发人深思的。

神和资产阶级精神㊲。前者就是攫取和竞争两项原则的由来。它的两项原则决不局限于经济领域,它在经济领域所起的作用乃是伟大的文艺复兴运动的一个方面。它的显著特点是个性、首创精神、活力和争取权力的斗争。也就是这种精神创造了现代国家、科学和探险。

可是,经济企业特别有利于发扬这种精神,因为,攫取利润的活动一旦摆脱传统主义的桎梏,就不再有任何内在的限制,而且内在地就是竞争性的。并且,只有在这个领域里,文艺复兴精神才创造出如此紧密地结合起来的一种制度性的体制。

另一个有趣的不同于马克思的是,桑巴特把关于体制的不连续性的学说推向科技领域(这是实证主义的直线进化论的主要大本营)的方法。他认为,发达资本主义的技术不只是比前资本主义时期的技术"先进"得多,而且还是基于根本不同的原则的。后者是基于传统的,前者是基于理性的;后者是基于经验的,前者是基于科学的。手工技术依赖经验法则,也就是体现着不涉及一般原则而一代代手把手地传下来的特殊经验的那些法则。另一方面,资本主义的技术则主要是把理论科学知识应用于具体的问题,与传统无关。

最后,阶级斗争在桑巴特的理论里面远不如在马克思的理论里面那样突出。这主要不是因为桑巴特没有认识到资本主义企业结构中阶级斗争的组织基础(相反,他相当清楚地认识到这一点),而是因为他关于资本主义发展过程的概念截然不同。对于马克思来说,阶级斗争是物质基础当中固有矛盾的渐次显现;

㊲ 见《资产者》(Der Bourgeois)的爱泼斯坦(M. Epstein)译本:《资本主义之精髓》(The Quintessence of Capitalism);另见 T. 帕森斯:《德国近期论资本主义的文献,Ⅰ,沃纳·桑巴特》(Recent German literatuse on Capitalism, I, Werner Sombart),载于《政治经济学杂志》,1928 年 12 月。

而对于桑巴特来说,则反映了 Geist［精神］的渐次的客观化,也即主观态度转变为强制性的制度化体制的逐渐转换过程。就是这个过程构成了桑巴特所要阐明的主题。此外,他的研究工作不是迎着资本主义后继体制的出现"向前看",而是着眼于这个体制本身的;如果在道德方面有什么含义的话,他是向后看的。

从以上对于桑巴特的资本主义理论的扼要论述当中,应当看出某些问题。这个理论的主要题材以及它关于资本主义体制的描述性特点,都来源于马克思的理论。但是,它并不是仅仅在强调这一体制的历史性的方面同马克思相一致;它在除了其历史性特征外撇开了资本主义体制的一切内容,以及使对于资本主义体制的解释脱离了马克思的唯物主义而重新回到了德国历史主义——唯心主义方法论思想的主流这两方面,都大大超出了马克思的理论。

他之所以做到这一点,主要是由于他赋予"资本主义精神"的作用。他认为这是惟一具有创造性作用的实体,只不过有一定的限定条件。在这个体制中的人的具体活动,是这种 Geist［精神］的"表现",而不是如正统的经济学理论所说的那样是满足需要的手段。此外,这种 Geist［精神］并不被看做是与其他某些成分之间错综复杂地互相作用的过程中的一个成分;它独自起作用。

的确,桑巴特在某种意义上仍然是个经验主义者。毫无疑问,他的理论不是对于资本主义整个具体现象的直接描述;它是一种理想类型。但是,它不是前面所讨论的那种意义上的分析性的,它表述的是具体事实的"本质"。除非同样的情形出现在不只一种体制下,否则被忽略掉的就是对于任何社会科学理论都根本毫无意义的东西——在这种意义上就是偶然的。它是一种"经济学"的理论。但是,它又不同于帕雷托的理论,如果说后者的抽象性在于需要关于同一个具体现象中其他成分的理论加以补充,才能适用于具体情况的话,那么它并不抽象。这就是桑巴特为什么在逻辑上必须把甚至像科技这样明显毫不相干的成分也包括在他的体系之中的原因。

因此,对于我们所要研究的问题来说,在马克思—桑巴特的冲突中能够看出关于一个基本问题的表述。如果说可以把马克思的唯物主义理解为一种因素理论(factor theory),那么,其中所主要包含的就是功利主义传统中那些突出的成分。然而,桑巴特对马克思进行攻击的理由,就是说他的理论不能说明有关此种客观的强制性的诸事实,而那正是马克思理论在经验上的出发点。前面对于功利主义传统的内在困难进行分析得出的结论,在经验方面是支持桑巴特的批评的。

此外,在桑巴特的理论里,已经出现了一个符合前面对他的著作所作的分析的成分。他所说的 Geist[精神],毫无疑问是一个共同价值成分。但是,他用以论述这个成分的方法论框架,如同一切经验主义一样是"帝国主义的"。它把能够成为社会科学研究对象的全部资本主义现象,统统归之为这种 Geist[精神]的"表现"。桑巴特就是这样逻辑地和确定地彻底否定了正统经济学理论。

另一方面,韦伯是一个既通晓唯心主义思想传统又通晓马克思与桑巴特的特殊经验问题的思想家。可是,他以一种与本书中展开的一般分析体系相一致的方式超出了马克思—桑巴特的二难困境。下面就转而较为深入地对他的理论进行探讨。

第十四章　马克斯·韦伯(一)：
宗教和现代资本主义

A. 新教和资本主义

　　韦伯研究新教与资本主义之关系时所处的那种特殊背景，引起了英语学术界的注意，使人们对于他的心智之特点产生了一种普遍的然而却是错误的印象。他在历史解释方面赞同那种被普遍认为是戏剧性和极端化的论点，因而容易使人们认为他属于这样一种类型，即：抓住一个简单的概念就把它推向极端，只管问题的大轮廓，对于过细地深入研究实际则完全不屑一顾。人们常常说他以事实去套理论，而不是使理论符合于事实——在这种贬义上说他是"哲学家"、"理论家"。

　　韦伯有时确实能非常锐利地阐述他的观点，尤其是在出现了可争议的因素之时。但他的特点决非仅仅如此。任何人想要比较完整地了解韦伯在社会学方面所作的研究工作，对于他占有的大量详细历史材料都不能不留下深刻的印象，并为此而深深感到迷惑。他占有的材料真的是如此浩瀚，其中大部分又是在各个领域之中具有高度专门性的材料，以致普通人要进行任何种类的批评分析都非常困难，因为要真正实际地对韦伯进行的全部研究工作加以检验，是任何在世的学者都力所不逮的。

韦伯的才能是百科全书式的,① 这在现代是极其罕见的。

如果不接受普通的相反的评价,可以认为涂尔干的才智就是通常认为韦伯所具有的那种类型的才智。② 前面对他的著作所作论述表明,他在理论层面上关心的,总是比较简单的大轮廓和明确的可供选择的观点。在这个意义上说,他的思想的尖锐性是一种少有的品性。这不是批评,而是高度的赞扬。涂尔干几乎是理论才智的纯粹典范。当然,这不是说他滥用事实或缺乏对经验的洞见——前面的论述会排除任何这样的错误概念。但是,即便出发点是某些经验问题,他的主要兴趣也是理论性的。像大多数伟大的理论家一样,他后来的实际兴趣在于关键性实验的秩序之深度,而不是其广度。

韦伯的才智属于完全不同的类型。他非常重视理论,同时又对细节和积累大量事实有广泛的兴趣。一种理论体系的大轮廓仅仅在某些关键之处清楚地显露于大量细节之中——而且必

---

① 我们现在当然主要是研究韦伯在社会学方面的主要理论和方法论,这些是超越任何特定具体领域的。然而,由于他涉及的实际材料范围极其广泛,各个有关领域的专家对他的研究工作发表的意见也特别重要。可以引用三种意见,这三种意见都是各个领域的著名学者口头告诉作者的,他们全都高度评价韦伯对于他们各自研究领域的精深造诣。经济史专家盖伊(E. F. Gay)教授把韦伯看做是"经济史领域中上一代少数最起促进作用的卓有成效而才华出众的人物之一"。印度语专家克拉克(W. E. Clark)教授认为韦伯关于印度教和佛教的论述是"研究作为一个整体的印度宗教—社会体制的至今最令人满意的尝试"。研究宗教史的诺克(A. D. Nock)教授说,韦伯在这个领域的研究工作"不只表现出伟大的才能,也是天才的"。

与这些观点相对立,一些探讨资本主义—新教问题的历史学家持相反的意见。像本书作者已经尝试表明的那样(见《政治经济学杂志》,1935年10月),最少有一个——并非不典型的——这种批评的事例,是建立在对韦伯著作的严重误解的基础上的。见罗伯逊(H. M. Robertson):《经济个人主义的兴起》(The Rise of Ecomomic Individualism)。

② 涂尔干并不忽视事实,但是他宁愿深入一小批关键性的事实,而不愿广泛涉及浩瀚的信息资料。

须通过从一个明确界定的起点出发,一步一步地追踪他的兴趣所在,才能把这些大轮廓揭示出来。这就是我们将要尝试去做的。但是,在这样做时,必须强调他的研究工作的理论方面,这是与其历史方面有区别的。在这个过程当中,抽象的成分、甚至"构造"的成分是更加不可避免的,因为韦伯的研究工作像涂尔干一样并没有结束。它不是一个逻辑上完善的和完成了的完整体系,而是一种伟大的先驱性的工作。如同帕雷托和涂尔干的理论一样,他的理论之所以引人注目,主要就在于此。

韦伯理论的历史方面,不仅能从他身上所有的遗传癖性来理解,而且也可以从他的思想背景来理解。他主要是在历史学派、特别是在戈德施密特(Walter Goldschmidt)和蒙森(Mommsen)主持之下受法学方面的正规训练。大概,他对经济学的最初兴趣主要是出于对新康德主义的 Rechtsphilosophie[法哲学]的"形式主义"的不满。③ 他潜心研究法律史的细节,因而看到了经济因素和其他非形式法学因素在法律体系的发展中的重要性。而且,他从法学转入经济学,恰是在德国的历史学派在经济学中占明显优势的时候,特别是在施莫勒(Schmoller)的特殊主义的经验主义(particularistic empiricism)在经济学中占优势的时候。在海德堡,他继承了著名的历史主义经济学家尼斯(Knies)的职位。

因此,他的学习和兴趣最初就是以德国历史思想注重细节和经验的传统为背景的,这种传统是上一章讨论的主题。他在历史研究中对于客观性所采取的严格标准,无疑最主要地来自这种背景。但是,如前所述,完全回避理论是困难的,历史学派

---

③ 这很有助于说明他为什么十分尖锐地抨击斯塔姆勒(Stammler)。参看《科学论文集》(Gesammelte Aufsätze zur Wissenschaftslehre),第 291 页。

的最著名人物都已经超越了单纯地观察和记录详细的事实,而按照概念去组织事实。然而,在这个历史传统中,这种转变主要是在特定的文化时期的整个体系方面发生的,譬如蒙森的Römisches Staatsrecht[《罗马国家法》]就是一个例证。韦伯的心智在理论方面非常富于活力,不可能在琐细的历史研究中皓首穷经。不过,他本人建立的理论尽管最后超越了这一历史传统,却是在这一传统的基础上起步的。

如前所述,他早期在法律史领域的研究工作愈来愈专注于法律发展过程中所包含的"物质"因素——马克思那种意义上的物质因素。他的博士论文,就像《中世纪的商业公司》(Trading Companies in the Middle Ages)④ 这一题目所显示的,已经带有经济学的倾向性。《古代的农业情况》(Agrarverhältnisse im Altertum)⑤ 一文,也许就标志了他研究工作的早期阶段的顶点。这篇文章强调了物质因素,但是,主要强调的与其说是狭义的经济学的物质因素,还不如说是军事组织的物质因素。

在这个时期,在他的理论中已经明显地有一种强烈的历史相对主义的倾向,如他抨击迈耶(Eduard Meyer)使用诸如"工厂"这样的"现代"经济范畴来描述古代世界的经济条件就是一例。⑥ 但是,尽管有这些一般的倾向,他的早期阶段在总体上,仍然是带有相当明确的唯物主义偏见的零碎片段的历史研究。韦伯由于精神崩溃而离开一切科学工作大约四年之久,并且几乎直到去世都不能从事大学教学工作。在他的精神康复的时

---

④ 在《社会经济史文集》(Gesammelte Aufsätze zur Sozial und Wirtschaftsgeschichte)中重印。

⑤ 最初是为《政治学小词典》(Handwöterbuch der Staats wissensch aften)第三版写的,后来收入《社会经济史文集》。

⑥ 《社会经济史文集》,第8页。

候,戏剧性地发生了方向的改变。这个新的方向⑦导致他进行了一些研究,这就是这里要讨论的问题。它采取三个主要方向:首先,在经验上专注于一个特定的历史—社会现象——"现代资本主义";第二,对现代资本主义及其起源作出一种新的反马克思主义的解释,最终产生出一种分析性的社会学理论;第三,产生出一种与其社会学理论平行发展并作为这种社会学理论之基础的方法论。我们将详尽地论述这三个问题。首先,对于资本主义加以描述和解释的问题,将在本章加以论述;其次,将在第十六章论述研究资本主义的方法论基础;最后,在第十七章将论述以上两个问题所涉及和从中显露出来的更广泛的理论体系问题。

资本主义的主要特征

在历史主义的思想传统的影响下,要将对于各个时期所作的琐细的历史研究得出的成果系统化,很自然应当首先致力于把各种社会结构和社会关系具体地描述出来。因此,韦伯由于早期对经济学有偏好,就把经验上的兴趣集中于作为一种社会经济体制的现代经济秩序的现象上了。⑧像马克思和桑巴特一样,他坚持资本主义体制在历史上的独特性,坚持认为在其他任何时候、任何地方都没有这种体制。

韦伯的描述性研究的主要出发点无疑是马克思。在韦伯的

---

⑦ 关于他在这个问题上的个人经历以及其他有关情况,见玛丽安娜·韦伯所著引人入胜的《马克斯·韦伯传》(Max Weber, Ein Lebensbild)。

⑧ 参看塔尔科特·帕森斯:《近期德国文献中的资本主义,卷二,马克斯·韦伯》(Capitalism in Recent German Literature, Ⅱ, Max Weber),《政治经济学杂志》,1929年2月。

理论形成时期,马克思的著作以及围绕这些著作进行的关于资本主义和社会主义的讨论,正在德国给人们留下深刻印象。然而,通常在发生着影响的,是"历史学的"马克思,而不是那位与古典经济学理论紧密联系在一起的马克思。在许多用于资本主义体制的描述性范畴方面,韦伯是赞同马克思的观点的。

因此,他所考虑的,当然就是作为资本主义体制基本单位的有组织的资本主义企业,一个企业,无论其中的技术成分和组织成分如何千差万别,其主要取向都是要牟取利润,不放过在市场关系体制下的获利机会。单凭这一点,至少就能在一定程度上证明,可以说资本主义体制是"牟利的"[9]体制;因为,市场关系的体制中固有这样一种竞争成分,使利润不仅成为企业的直接目的,而且成为企业成功与否的标志,归根到底成为衡量企业生存能力的尺度。因此,在这种业已建立起来的体制里面,利润必然是目的,实际上是这种资本主义关系体制内部的行动的主要目的,而不管其上面可能有什么样的个人终极动机。因而,这一体制不仅是牟利性的,在与马克思和桑巴特二人的观点基本相同的意义上,它还是强制性的和"客观的"。

以上全都是作为在市场关系中相互联结的牟利企业体制来理解的这个最一般、最表面的概念——"资本主义"的必然结果。这样的企业,甚至这样的企业体制,决不是现代西方社会所特有的。的确,韦伯毫不犹豫地把"资本主义"说成是在很多时候和很多地方都存在的,并且按照获取利润的各种机会的本源,把资本主义说成是具有很多不同类型的。在这方面,现代西方社会与其他社会只有程度上的不同,虽然这是很重要的区别。大概韦伯认为,只是在这里才存在某种近似"作为一个整体的资本主

---

[9] 此处"牟利的"与上面"攫取的"在原义中均为 acquisitive。——译注

义社会组织"⑩的东西,而这对于产生出那种体制的强制性的牟利性质来说必不可少。但这决不是问题的全部。

首先,韦伯把资本主义的一般的"牟利性",与那仅仅表达了贪婪或心理上的牟利本能的牟利性,作了认真的区分。后者决不是现代社会或者甚至任何一种高度发展的资本主义社会所特有的。资本主义牟利,是以它的"合理性"为特点的。⑪这种牟利是在一个"持续地合理经营的企业中"⑫追求收益。这样就可以把对于牟利冲动的高度约束和调节完全包括在内了。

但是,现代资本主义还具有某些显然不同于其他时代的具体特征。韦伯很明确地不把"资本主义投机者"作为辨别现代资本主义的一个特点。"资本主义投机者"是一些不受道德约束、在冒险和投机的基础上经营企业的人——虽然他们的企业可能非常有连续性和合理性。只要出现了机会,无论何时何地都有这种人。现代西方资本主义的特点是韦伯所谓的"理性的资产阶级的资本主义(rational bourgeois capitalism)"。这是什么呢?

韦伯像马克思一样,是从有组织的生产单位即企业的概念出发,而不是从早期经济学家的孤立的个人的概念出发的。但是,在对于这种单位的重要特点的解释中,他严重地背离了马克思。他在关于工资劳动者作用的概念方面,同意马克思关于只有现代西方资本主义才"把与生产资料的所有权相分离的[形式

---

⑩ 《宗教社会学文集》(Gesammelte Aufsätze zur Religionssoziologie),第1卷,第4页。

⑪ 是在这里进行讨论就要得出来的特定意义上说的。在这点上,韦伯是非常仔细地使之不过分简单化。

⑫ 《宗教社会学文集》,第1卷,第4页。

上的]自由工资阶级置于中心地位"的观点。⑬ 这个阶级——无产阶级——的存在及其处境,是现代社会主义运动那些特征的原因,表示着一种不同于任何其他时代的阶级冲突。⑭

但是,尽管存在这点一致,这两位经济学家的兴趣中心却是不同的。马克思的主要兴趣在这两个阶级的利益冲突;韦伯的兴趣则主要在其具体社会组织形态。⑮理性的资产阶级的资本主义的主要特点是"自由劳动的合理组织"。这又是韦伯在专门意义上称之为"科层制(bureaucracy)"的那种更普遍而极其重要的社会组织形态的一个例证。

韦伯所使用的科层制一词,是指一种相当复杂的现象。⑯它所包括的那种组织体制,在其参加者看来,是致力于非个人的目的的。这种科层制是以一种按照专业标准加以划分、而各具显然不同专门职能的分工为基础建立起来的;同时相应地从最上面的中央机构起,按照等级制划分权力,同时对于参加者也有专业技术资格限制。每个参加者不靠个人的影响来行动,而是凭借赋予他所担负的公职的权力来行动,他的作用就以这个"公职"而表达出来。在许多不同方面,他履行公职时的行为和关系与他个人的能耐是判然分开的。一般说来,公职同家庭是分开的,公帑同来自私产的资财是分开的,最要紧的是,在公务中的权力同公务以外的个人影响是分开的。

---

⑬ 见塔尔科特·帕森斯译:《新教伦理与资本主义精神》(The Protestant Ethic and the Spirit of Capitalism),第21页。

⑭ 同上书,第23页。

⑮ 这种着重点的不同,不能认为是由于韦伯一般地对阶级斗争缺乏正确评价,或更一般地对权力因素缺乏正确评价。后面的论述将表明韦伯很注意这些现象。

⑯ 见《经济与社会:社会经济学概论》(Wirtschaft und Gesellschaft, Grundriss der Sozialoekonomik),第3卷,第650页。以下略作《经济与社会》。

公职被当成一种职业或天职(calling)[Beruf][17]，要求担负公职的人承担责任，对于该公职所负任务作出并非出于私人目的的奉献。给予补偿的典型形式是薪俸，而这种薪俸的着眼点与其说是报酬或所作奉献的等值物，不如说是用以保证该官员能够过一种相应于其级别的社会地位的生活。特别重要的是，科层制包含了纪律。韦伯说：科层制是"一种建立在纪律基础之上的机制"；[18] 就是能够按照有利于整体所谋求的目的，严密地控制每一个行动的特性及其与其他行动的关系，使个人的种种行动符合于一个复杂的行动模式。纪律的重要意义就在于，能够指望个人恰合其时、恰合其地、恰如其分地行事。

科层制是迄今所知的把大量人员组织起来履行复杂的管理任务的最有效方法，它之所以广泛盛行，在很大程度上是由于它有这种占绝对优势的效率。[19] 但是，它同时也取决于存在着相当特殊的社会条件；如果没有这种社会条件，[20] 不管客观上多么需要，它的发展也会遇到非常严重的障碍。

当然，即便是大规模的科层制，也决不仅仅出现于现代资本主义。韦伯提出了[21] 六个引人注目的历史个案：新王朝时期的埃及、后期罗马帝国、中华帝国、[22] 罗马天主教会、现代欧洲国家和现代大规模的资本主义企业。从专业角度来看，其中后两个个案显然是最高度发展的，首先就表现在专业训练的分化以

---

[17] 《经济与社会》，第651页。
[18] 同前，第651页。
[19] 同前，第128、660页。
[20] 除一两点外，不能在这里详细论述。
[21] 《经济与社会》，第655页。
[22] 下面将看到，这个案例包括某些非常明显地不同于西方资本主义科层制的成分。参看第十五章。

及酬劳方法(薪金)完全摆脱了各种科层制之外的影响这两个方面。

关于现代资本主义科层制的一个引人注目的事实是,它对于国家科层制有相对的独立性。大公司的组织形式并非由国家自外部加之于它的,也不是在任何较为明显的程度上效仿国家科层制而发展起来的。后者处处都深受军事的影响,因为现代军队具有明显的科层制特点,而封建主义等等的军队则相反,没有这种特点。但是,在最明显(包括最早的)资本主义国家当中,有两个国家——英国和美国,恰恰属于那种同欧洲大陆主要国家相比在社会结构方面受军队影响最少的现代大国之列,这一点是很引人注目的。这就说明,资本主义科层制基本上是独立发展起来的。

凡是出现了大规模资本主义科层制的地方,都存在着相对而言高度发达的国家机构,而且后者好像是前者的必要条件。这当然是事实,因为后者需要内部的和平和秩序,需要流动性与其他条件。但是,在现代,凡是资本主义有所发展的地方,都可以具备这些条件而没有任何明显的科层制成分。

在"个人主义的"基础上,即便没有高度组织起来的生产单位,也可以有一定程度的劳动分工和职能的专业化。手工艺工业时期和放账制度的时期就普遍是这样。此外,单纯地在客观上需要效率,也是更加严密的生产单位的组织的一个重要因素,而这一般说来就意味着使生产单位接近于科层制的形式。

但是,现在的问题不是如何对资本主义的科层制加以解释。确切地说,我们所关心的是要指出,在更加一般的资本主义范畴里面,韦伯主要感兴趣的亚类型是"理性的资产阶级的资本主义",而后者的基本特点是在市场关系体制中为金钱利润服务的"科层制组织"。韦伯认为,高度发展和大量出现的这种科层制

[508 页边标注]

组织,就是现代西方经济秩序最突出的特点,其他成分都以此为中心而汇聚起来,它们具有什么主要意义,也要视其与科层制组织关系如何而定。

这决不是说,他否认人们多方探讨的资本主义经济秩序当中有很多其他特点存在或否认它们的重要性。技术就与科层制组织有密切的关系,因为它对很多繁复的职能分工而言关系重大。企业是面向市场的,而市场在失去控制时是竞争性的;因此,价格机制的作用肯定也包括在韦伯的资本主义的概念之中。虽然他根本没有加以强调,其中有货币、信贷、银行往来、有组织的投机生意和财政金融等便利交换的技术手段的高度发展。最后,他也没有企图否认阶级关系的重要性。韦伯的独到之处在于,他把以前视为细枝末节、认为没有什么理论意义的现象放在中心位置加以注意,从而使强调之点相对有所改变。粗略地说,科层制在韦伯的理论当中的地位,就如马克思的阶级斗争和桑巴特的竞争一样。

这种重心的改变有一个最重要的具体结果:与马克思的理论和最"自由主义的"理论相反,它极度地低估了资本主义和社会主义之间的差别,反而强调它们之间的连续性。社会主义组织不仅会把科层制的主要实质原封不动地保留下来,而且还会大大增强其重要性。这个重要的视角区别,确实是和韦伯在非常广泛的比较框架中来评价现代秩序的尝试紧密相连的。

在结束这个初步的讨论时,应当指出,至此只是在描述的层面上论述了韦伯的理论。他的描述性术语与马歇尔谈及自由企业时所用的术语不同,甚至与马克思和桑巴特使用的术语也不同。正是这一点表明,描述不是一个简单的"让事实自己说话"的问题。它涉及一个在诸事实中进行选择和加以强调的成分,这等于评价这些事实在理论上的重要性。但是,对于韦伯来说,资本主义和科层制二者都仍然是具体现象。无疑,它们是按"理想类型"的形式表述的,这包含一定的抽象形式。但即使它们是"理想的",它们在参照系内仍然是具体的。[23]

值得注意的是,即使是那些"科层制"组织并不完全与理想类型相吻合,它们依然存在着,并且是资本主义特征之所在。然而,必须注意防止一种误解。不应当把"理性的资产阶级的"资本主义和"投机者的"资本主义两者的区别,应用于作为整体的经济体系,而只应用于这样的体制的诸成分。它甚至不是种种具体企业之间的区别,而是企业内部的行动和关系的类型的区别。例如,一个为自己的成员和顾客从事证券交易的最广泛的投机事业的经纪行,在执行命令的办事人员方面,完全可以有高度发展的合理的科层制组织。"合理性"对于韦伯来说,是科层制的一个非常突出的特点,这与其说指企业的市场关系而言,还不如说主要是指企业的内在职能而言,尽管它可能扩大到市场关系领域。

韦伯对于资本主义的研究的描述性的方面,虽然在"侧重点"上有所区别,同马克思还是相当一致的。他对资本主义体制的"强制"方面的强调,意味着他们之间的一致性超出了纯粹描述方面;它包含着一种关于体制内部的个人行动如何确定的学说,即行动的过程首先是由个人所处境况的特点决定的,按马克思的术语,就是由"生产条件"决定的。韦伯非常清楚地看到了这一点。[24]资本主义体制一旦得到充分发展,就是靠它对于个人的强制力量而自我维持的。这个体制是否将像马克思所认为

---

[23] 见第十六章对"理想类型"概念所作的详细讨论。
[24] 《宗教社会学文集》,卷一,第 203—204 页;《新教伦理与资本主义精神》,第 54—55、72 页。

的那样,由于其本身发展的什么特殊规律而自我毁灭,韦伯没有谈及。在这点上,他是个不可知论者。

但是,他们之间的一致仅此而已。虽然在一定意义上,"唯物主义"观点适合于描述充分发展的资本主义体制,韦伯却认为它不适合于解释资本主义体制的起源。要说明这个问题,必须求助于一些完全不同的力量。在韦伯思想的新时期之开端,他相当坚决地认为,作为这个体制之起因的一个必不可少的(虽然决不是惟一的)成分,是一个终极价值和价值观念的体系;这种终极价值和价值观念的体系,以一定的形而上学观念体系形式固定下来,又部分地受这种观念体系的制约。这在现在所谈的这种情况下,构成了对马克思所作解释的直接挑战。

本章将在下面试图对韦伯上述学说的主要论据作一概述,下一章也比较间接地提到这个问题。但在一开始,我们按照其在逻辑上的思路、而不是按照时间先后概括地指出这个过程中的主要步骤,也许是有用的,虽然在这里这两者是丝丝入扣的。

韦伯在任何地方都没有企图否认马克思称之为社会变迁之"物质"因素的重要性。因此,对于他的批判目的来说,并不需要丢弃这些因素,而只需要对过分夸大地认为只有这些因素起作用的说法加以驳难。在许多具体问题上对此种说法提出的批评,在他全书中比比皆是。然而,他的论证主线不是批判的,而是实证归纳的。主要的步骤可以概述如下:

1. 他对于"现代资本主义"现象作了描述性说明以后,进而指出,有一套价值观是在经验上同这种资本主义现象联系着的。这些价值观(用帕雷托的话说,就是"精神状态"的一个部分)可以通过研究诸种语言表达方式得到。韦伯试图将其作为资本主义的"精神"(Geist)来系统化地阐述,但这种阐述是描述性的。

韦伯视之为人们面对经济活动时的一系列心态。

2. 关于这些特定心态更深一层的联系,可以从德国各个部分有关宗教归属与职业群体之间关系的某些统计资料中得窥端倪——从这些统计资料看出,在拥有和领导资本主义企业方面,在与人文学科相比,由于更高的教育而引导人从事科学、技术和工商业生涯方面,都有新教徒在数量上超过天主教徒的倾向。这些事实固然不足以作为提供"证据"的样本,却为进一步探讨提供了有指导意义的线索。韦伯对这些事实就是这样看的;他自己的进一步论证采取的是另一种方法。可是后来对于这一特点的研究证实了他的观点。㉕

3. 对这个问题进一步的探究,把他所研究的心态即资本主义精神同新教的诸禁欲派别的伦理紧密联系起来,使它们在"有意义"的层面上"一致"起来,同时相对来说与天主教伦理和新教路德教派的伦理则缺少联系。这样就得证明两个相当复杂的价值观念体系是"对应的"或相互一致的。鉴于这两个价值观念体系非常复杂,相互之间有着相当明确关系而又能够加以区别的成分数量非常之多,以致从或然性来看,实际上不可能有纯属偶然地达到一致的机会。因此,便非常可能有一种紧密的功能关系。这并不能够说明在因果关系上何者占先,但从时间先后考虑,则强有力地表明宗教观念体系起着占压倒优势的导因作用。这是因为,它的存在既先于资本主义精神本身的任何高水平的发展,也先于实际的社会经济组织的任何高度发展。这样,单凭这些道理,就很有理由认为新教的种种伦理价值尽管不是起惟

㉕ 见默顿(R. K. Merton)即将发表的论著《十七世纪英国的科学、技术和社会》(Science, Technology and Society in Seventeenth Century England),载于将在奥西利斯(Osiris)出版的《科学史专论集》(History of Science Monographs),卷四。

一的,也是起着重要的导因作用的。

4. 韦伯不仅指出这种一般意义上的一致,还通过分析新教的著作指出,有一种宗教立场上逐渐演变的过程,前一种立场固然与资本主义精神有若干重要的相似之处,却不会为其提供裁可;它演变成了这样的立场:直接为漫无限制却尚属"正当"的牟利活动作出道德上的辩护。此外,韦伯不仅探索了这一演变过程本身,他还分析了新教的神学观念同信徒宗教利益的关系,从而说明了这一演变有着可以理解的动机。只要无法直接证明这些宗教见解和宗教观念能够从种种"物质"因素中推演出来,就可以进一步作出一个很有道理的推定,这是支持那种认为宗教观念是现代经济发展进程当中一个重要的独立成分的观点的。这个推定就是:实际的经济活动体制具有这样一种特性——人们首先假定它受到新教伦理的重要影响,就可以根据韦伯所探索的过程把这种特性显示出来。韦伯的《新教伦理与资本主义精神》就停止在这里了。

5. 但是,他没有就此满足。他的归纳研究从一致法转向差别法,采取的形式是雄心勃勃的一系列比较研究,全都围绕着这样一个问题:为什么现代理性的资产阶级的资本主义仅仅在现代西方作为一种占统治地位的现象出现? 致使它在其他文化中不能出现的区别性因素是什么? 这些比较研究主要是基于马克思主义的"物质"因素与"观念"因素的两分法来进行的。其主要论旨是,从出现资本主义科层制的潜在可能性来看,在相应的文化发展阶段中,中国、印度和犹太国的物质条件比我们自己中世纪和近代早期的物质条件更要适宜,而在那些文化中作为占统治地位的宗教传统的"经济伦理"都是直接与发展资本主义科层制相牴牾的。另一方面,新教(在较小程度上的整个基督教)的经济伦理是直接有利于这种发展的。这个结论进一步证实,新教和资本主义之间有着相互作用的关系。此外,这个结论一方面减少了资本主义精神仅只反映了物质条件这种观点的或然性,也就是减少了资本主义精神是一个从属性变量的或然性;另一方面又增加了在价值层面上有着一个主要的区别性成分的或然性。这是一个完全正确的科学方法,当然,这要以韦伯对事实的种种断言是正确的为先决条件。对于类似的经验论点,要对"证据"作更周密的考察大概是办不到的,对所涉及的方法论问题也必须放到第十六章中详加论析。现在的任务是概述韦伯的经验论点的主要轮廓。

资本主义精神

韦伯所谓的"资本主义精神"就是对于获取金钱和与之有关的活动的一套态度。当然,它是一种强烈赞同这样一种牟利活动的态度,而不是赞同任何形式的牟利活动的;在种种肯定性的态度中,它是相当特别的一种。首先,资本主义的态度明显地有别于所有那些把牟利当做一种必需的恶的态度,后者认为牟利有理乃是因为它是取得别的什么东西的不可缺少的手段。后一种看法形形色色,包罗甚广,既有最严厉的谴责,只给生存之必需留下了余地;又有相对而言较为彻底的"世俗性",认为放任人们去享乐和满足欲望,适足以增进达到这些目的的手段。当然,对世俗活动的这种有保留的赞同是从不同的动机出发的,有时例如中世纪的天主教是出于来世的宗教利益,而有时譬如在古典的希腊伦理观中是出于人本主义的和谐理论。与这一切相反,资本主义精神把这样的活动不是看做一种手段或必需的罪恶,而是认为它本身就是一种道德所要求的目的。赚取金钱本

身就是一种道德义务。㉖

其次,这种在道德上赞同牟利,指的并不是仅在某种数量限度之内的牟利,不是仅指赚到"足够"金钱为止的牟利(赚多少钱就算过分并没有一个标准),或者不如说,是要无限制地追求收益。这一特点把资本主义精神同韦伯在某些方面视为它的主要对立面的传统主义(traditionalism)态度截然区分开来。他极力否认具体需求的数量无限扩大是人类的正常状态。正常状态是为了达到传统规定下来的生活标准而进行合理的牟利活动。"经济原则"在形式上一般都是花费可能的最小力气去满足这些传统的需要。例如,对提高计件工资比率的正常反应,不是希望通过更加努力的工作去赚取更多的钱,而是少工作去赚取和以前同等数量的钱。㉗ 只有在资本主义地区,这种传统主义才在很大程度上崩溃了。结果是,牟利在同等程度上摆脱了任何明确的限制,成了一个无穷无尽的过程。对于牟利的这种看法,由于认为牟利本身就是一种道德义务,以韦伯对之感兴趣的那种方式被"合理化"了。

资本主义精神之成为传统主义的对立面,还有一个方面,就是它与牟利活动的实际过程的关系。在这个问题上,资本主义的看法不再接受沿袭的行事方式,而是在每一点上都根据整个任务来有条有理地重新安排办事程序。只有终极目的即最大限度增殖金钱是"神圣的";特定的手段并不神圣,而要按照每一特定境况的要求重新加以选择。㉘ 如果说资本主义精神有导因性的影响,那么正是它与传统主义的双重对立,使它具有强有力的

㉖ 除此之外,只是由于超经验的考虑才予以赞同。
㉗ 参见《新教伦理与资本主义精神》,第59—60页。关于资本主义精神这个概念的一般论述,见该书第二章。
㉘ 参见《新教伦理与资本主义精神》,第67—69页。

能动性,这对于韦伯的理论是非常重要的。

对于牟利的这种看法,同对于劳动的一种特定看法是相互联系的——不管劳动的直接目的是否为了牟利。劳动也不再被认为是一种必需的恶,不管这种恶在传统看法上源于亚当闯下的祸端还是由于别的原因。劳动是直接实现人类最高道德目的的一个领域,从事劳动同样有一种积极的道德义务感。对于劳动的资本主义看法就是凡布伦所谓的"工作狂(Workmanship)"精神。其最明显的标志之一,就是不愿早日退出积极工作的道德感情。一个健康强壮的人不从事"生产",不管多么有钱而完全能够不去工作,都是有点违背他的道德责任的。

最后,"资本主义精神"尽管热衷于无限制的牟利和摆脱目的和过程两者中的传统主义桎梏,却毫无摆脱纪律和控制之意。相反,它只赞同非常严格的纪律和控制之下的牟利活动。韦伯的资本主义精神和"投机者"精神(无纪律和获利冲动的贪欲)之间的界线就在这里。[23] 与此相对,资本主义精神要求为了经济牟利而有条不紊地、连续不断地、忠心耿耿地工作。这样的工作必然受严格纪律的制约,而这种纪律与对冲动持放任态度极不相容。

这一切与科层制的关系应当是一目了然的。科层制组织要求人们"不偏不倚"地致力于某一专门化的任务,要求人们心甘情愿地适应一种由相互协调的种种专门活动组成的复杂体系所提出的合理需要,而不管传统如何。这样就同样要在任务范围之内严格服从纪律。对于韦伯来说,资本主义精神是"敬业精神(Berufsgeist)"的一个特定情况,而这种敬业精神是科层制有效发挥作用所需要的特殊态度。就是在这个特定情况下,人们在

---

[23] 同前,第56—58及69页。

道德上无私地为之尽心尽力的非个人任务有一个根本的组成部分,就是无限度地获取金钱。㉚

516　　韦伯的历史研究在全部这一问题上都坚持认为,他所考察的心态是独一无二的。我们熟知这些看法,因而倾向于简单地把它们看做是"自然而然的",而实际情况却非如此。韦伯坚持认为,资本主义心态在被讨论的所有基本方面都是非常例外的。大多数宗教方面或其他方面的道德导师,如果赞同牟利的话,也只是把它当成达到一种目的的手段,或者当成一种必需的恶,而决没有把它本身当成一种目的。在实际上和在理论上,占支配地位的一直是传统主义,这种传统主义或多或少地被作为投机者的资本主义之基础的非道德而无纪律的获利贪欲所突破。这种关于历史独特性的学说在理论上的重要性,就在于使资本主义精神本身的起源成为有问题的。如果它在大多数时候和大多数地方都是通例,那么就可以把它简单地解释为"人类的本性",而韦伯的整个研究都是直接反对这样的一种解释的。

加尔文教与资本主义精神

韦伯在提出了一套用以把资本主义精神与其他有关态度加以区分的描述范畴之后,最后面临着资本主义精神的起源的理论问题。㉛ 他乐于承认,一个充分发展的资本主义体制本身,在很大程度上是能够在生活于其中的人民当中,通过选择和直接

㉚　对于企业的经理来说直接就是如此,对于其大多数雇员来说则是间接如此。有典型意义的是,对于雇员来说,起决定作用的不是他们自己的金钱利益,而是企业的金钱利益。

㉛　这与其说是一个历史的问题,还不如说基本上是一个因果关系的问题。有关这两者关系的方法论问题,将在第十六章讨论。

影响产生这些态度的。

他怀疑的是,如果没有一种独立而广泛传播的有利于资本主义的心态,这种体制本身能否从明显不同的条件中发生出来。在他提出这个疑问的理由当中,有这样两条一般的批判性理由:(1)在特定"条件"即特定的选择标准下,选择理论固然能够说明获得特定位置的那些个人属于什么样的一些类型,却不能说明这种选择标准本身是怎样产生的。㉜ (2)要形成有关的态度,只有"组织形式"是不够的。一种明确的资本主义组织形式按彻底的传统主义精神进行管理是可能的。㉝ 只有在它与资本主义精神结合在一起时,才说得上是完全的资本主义境况。㉞

但是,这些批判性考虑所起的作用,只是引出了韦伯的积极论证——"精神"乃是具体资本主义秩序起源中的一个基本导因,而不仅仅是其"物质"成分的"反映"。论证这个问题,第一步就要证明,种种资本主义态度同那些由在理性的资产阶级的资本主义得到大规模发展以前就广泛存在的一套观念引伸出的态度是一致的。他在他称之为新教的"禁欲主义"派别的宗教伦理中发现了这种一致性。

他的出发点,是考察各种派别的基督教伦理对于世俗活动的种种态度,特别是考察它们对于主要为了在经济上牟利的活动的种种态度。

天主教伦理,起码从中世纪以来,决不是完全敌视此世事物的。它的二元论决不像古代基督教的二元论那样极端。基督教

㉜　见《新教伦理与资本主义精神》,第55页。
㉝　同前,第63页。
㉞　因此,对于韦伯的描述性概念来说,至少对于他的现代资本主义的描述性概念来说,他的一般性概念据以开始的组织形式是不够的。整个具体现象包括一套特定的具体态度。

徒的社会至少相对地来说,是幸运地享有宗教方面的裁可(sanction)的,是res publica christiana[基督教徒共和国]。㉟可是,这种相对的裁可之所以未能强烈地刺激起资本主义精神,有两个基本原因:首先,中世纪的观点把"天职"按照其宗教价值分成等级,其顶点就是在修道院中过的宗教生活。另一方面,牟利活动则在得到允准的天职当中排在离末尾不远,而且这种牟利活动正是与它们趋向资本主义的倾向相对应地越来越受到怀疑。这种怀疑强有力地迫使资本主义活动向非道德的、"投机的"方向发展。㊱

其次,并且在很大程度上说明为什么持这种怀疑看法的是,中世纪宗教倾其全力以传统主义来看待世俗职业。中世纪的"有机的"社会理想把社会看做是一种各个阶级组成的等级,每个阶级都处在由神派定的恰当位置上,每个阶级都有其相对于整体的功能。每一个个体的责任就是按他的地位生活,履行他的传统任务。就这样一种观点来说,对于传统的任何突破在道德上都是成问题的。此外,资本主义活动与宗教全力支持的、带有浓厚个人色彩的社会关系类型也是背道而驰的。反过来与此有联系的是对于博爱慈善的广泛认可,这种看法同资本主义在其中最为兴旺发达的形式上的契约性"公正"肯定是敌对的。㊲

然而,天主教伦理在一个地方有着接近于现代"职业"概念的东西,就是它在修道院戒律中给予劳动的地位。同禁欲、默祷和纯粹仪式性的祈祷相区别,西方的修道生活总是以把劳动作

㉟ 特见特罗尔奇:《基督教会的社会学说》(Social Teaching of the Christian Churches),第1卷,第三章。

㊱ 首先如在意大利文艺复兴时期那样。

㊲ 天主教伦理的其他有关特点,将通过与预定论(doctrine of predestination)联系着的那些特点加以对比来说明(见下文)。

为一种苦行锻炼而引人注目,这与任何一种东方寺庙生活也是不同的。尽管修道院的劳动一般说来当然不是为了牟利,或者即便为了牟利,也决非为修道士个人牟利,这种对劳动的态度却实在是与"科层制"的发展相一致的。但是,正因为这是修道生活中的一种现象,正因为修道士的生活方式与俗人的生活方式截然不同,这种对劳动的态度未能普及。

宗教改革的重要结果之一,是把修道院从新教影响所及的地方内清除掉。与此同时,要求非神职基督徒在日常生活中遵奉的道德戒律也更加严格了。然而,这种戒律的严格程度其实际上的蕴涵,却因新教运动的不同派别而有很大差别。

对于韦伯的目的来说,重要的是路德派与韦伯所谓的新教禁欲主义诸派的区别。路德派伦理的种种资本主义蕴涵的基本局限,就是它未能冲破传统主义的桎梏。[38] 这归根结底乃是由于它是一种特殊的结合物:一方面是路德关于只靠信仰得救的基本教义——这样,对于世俗活动作任何禁欲主义的评价,都带有对靠劳作得救持怀疑态度的味道了;另一方面是他对于神意的看法——这又有力地认可了此世事物的既定传统秩序。总的结果,就是诫令人们留在被安置的职业中和地位上,虔诚地履行应尽的传统职责。

当然,这不是说,路德教派的教义同天主教的立场在它们对于有利于资本主义科层制的世俗活动的态度倾向上,就没有重要的歧异了。路德派与天主教相异之处,首先就是取消了教士在宗教上的特权地位,转而对于所有"合理合法的"世俗职业基本上一视同仁,都给予宗教的支持。可以把这当做新教各种态

---

[38] 《新教伦理与资本主义精神》,第三章。

度的共同基础。但是,路德派伦理的传统主义倾向㊴使它不能向更有利于资本主义科层制的方向进一步发展。

在禁欲主义的各派别中,韦伯主要(虽然不是完全)把加尔文教派作为他的理论的论据。为了简捷起见,我们这里也只就加尔文教派加以论述。㊵对加尔文派和资本主义精神的关系加以论析,就能清楚地看出路德教派的立场,并且弄清这两者在伦理方面的差异。

不过,最好先专门说一下韦伯试图把资本主义精神、一个特定的宗教运动关于"天职"的概念以及该宗教运动的基本宗教观念与基本态度这三样东西置于何种一般关系之中。资本主义精神前面已经概述过了。一个特定宗教运动的"天职"概念是与一个宗教运动联系在一起的、对于其信徒参与世俗活动时所持种种典型态度在特定情况下的一种表现。按照韦伯所作的阐述,资本主义精神包括了对于一定的世俗活动即涉及牟取经济利益的世俗活动的一种特定的职业观。韦伯主要就是在这一点上,把资本主义精神同他所研究的那个宗教观念体系挂起钩来的。

然而,如果猜测说韦伯认为资本主义精神同禁欲主义的新教伦理有因果关系,乃是以这种职业观本身作为论据,特别是如果认为,这种职业观又是该宗教运动的信徒对于世俗活动的合宜态度所作的明确表达,那就大错特错了。这种表述是一个论据,但只是论据之一。韦伯还把职业概念看做是一套态度——在这些态度当中,那个作为一个整体的宗教观念体系结构是其

㊴ 还有同传统主义紧紧联系着的权威主义。可以说,权威主义所赞同的那些看法,乃是对于国家科层制更为有利的看法,而不是有利于独立的资本主义企业的看法。这也许与德国资本主义的特点以及其发展比英国迟缓这一事实大有关系。

㊵ 在这方面,加尔文派的立场被看做最极端的类型,其他禁欲主义运动在很多方面不像加尔文派那样严格。

核心要素——在一个方面的表现。这种立场按韦伯最一般的术语说来就是:[41] 同人们所处境况的种种条件一起直接决定人们的言行举止的,不是"观念",而是"利益"。这种种利益当中,包括个人在宗教中处于何种状况——用新教的术语来说就是处于何种"蒙恩状况(state of grace)"——的利益。宗教观念的重要性在于它们以特定方式给这些利益打开一条出路,从而也为追求这些利益的相关行动打开了出路。照一般人的见解,可以或者能够以非常不同的方式去追求获得恩宠或得救的利益。韦伯之所以关心宗教观念,就基于这一点。他感兴趣的是大群大群的人对于他们日常活动所持的实际态度。他试图从与这些实际态度联系在一起的宗教观念的角度,去理解这些与宗教有关的态度。但是,韦伯并非只是根据人群所皈依的宗教团体的代表或领袖对于某些言行举止所下的明文训令去进行论证。[42] 更确切地说,他所根据的是同人们的宗教利益联系着的整个宗教观念体系的结构。对于宗教领袖的训令和群众的实际态度,都要同这个体系联系起来加以理解。从韦伯的意图来说,把宗教领袖个人的或体制性的权威设想为决定性因素并无必要。[43] 这些考虑在探讨韦伯的理论时常常很遗憾地被人们所忽视。

此外,还有另外一个非常重要的问题是与此紧密联结在一起的。韦伯的兴趣决不局限于初始的宗教观念体系的逻辑结果、或宗教领袖们以它们为基础对于实际言行举止所直接表达

---

[41] 《宗教社会学文集》,卷一,第252—253页。

[42] 这种误解的一个明显例子是罗伯逊(H. M. Robertson)的著作《经济个人主义的兴起》,见 T. 帕森斯:《罗伯逊论韦伯及其学派》(H. M. Robertson on Max Weber and His School)一文中的批判性注解,《政治政治学杂志》,1935年10月。

[43] 他明确地说,他主要关心的不是教会的戒律,而是个人直接的宗教动机。(见《新教伦理与资本主义精神》,第97页。)

的期望。毋宁说，他关心的是宗教体系的整个结果。这包括两个要点：第一，照他的说法，宗教体系造成的结果与其说是纯粹逻辑的，还不如说是"心理的"。逻辑上的结果起作用，但不是单独起作用，它们必须与所涉及的各种利益结合在一起，这样，在两个同样合乎逻辑的可能性当中进行选择时，社会使朝着某个方向的行动发生扭曲，或者甚至会抑制了向某些其他方向发展的完全合乎逻辑的结果。

其次，要把宗教观念体系对实际态度的影响看做是一个实实在在的时间过程，而不是静态的逻辑演绎。在这个过程中，观念体系本身可能也经历着变化。如同下文将要指出的，新教对于经济牟利的态度经历了一个稳步的变化过程，并且直到较后阶段，才产生出我们这里所说的那些完全展现出来的后果。首先，韦伯坚持认为，最初的宗教改革者自己决不是充满资本主义精神的。[44] 他们只关心宗教，并且他们本应该会严厉地驳斥他们的继承者所持的态度的。但是，这丝毫也不能否定，这些继承者所持的态度，在很大程度上就是宗教改革者们所提出的那些宗教观念的结果。

知道了这些一般的考虑，就可以开始探讨具体的加尔文教派[45]观念体系及其与经济活动的关系了。对于现在所要研究的问题来说，加尔文神学是由在逻辑上独立而在经验上互相依存的五个命题组成的。它们之所以是独立的，乃是因为它们相互之间在意义上并没有直接的包含关系；其中任何一个都能适应另外一个神学体系。但是，它们在逻辑上又是互相一致的，共

---

[44] 《新教伦理与资本主义精神》，第91页。
[45] 韦伯所规定的"禁欲主义"新教包括：(1)加尔文派，(2)虔信派，(3)从浸礼运动中产生出来的教派，(4)循道派。限于篇幅，现在只探讨加尔文派。

同限制着能从任何一个命题中引出而又不违背其他几个命题的种种推论,而放在一起就包括了神学的所有主要形而上学问题。它们构成一个有意义的体系。

这些命题提纲挈领地说就是:(1)有一个单一的、绝对超验的上帝,世界的创造者和统治者;除去给予人们以启示而外,他的行动的属性和缘由完全超出人类有限的理解力所能达到的界限。(2)出于完全超出人类可能理解的理由,所有的人类灵魂不管是获得永恒的拯救,还是"永恒的罪恶和死亡",都已经由这位上帝预先决定。这个判决起自无始,延至无尽,人的意志和信念对它毫无影响。(3)上帝,出于他自己的神秘莫测的原因,创造出世界并把人放在这世界上,这只是为了增加他的荣耀。(4)为了这个目的,上帝判决人——不管是命定灵魂得到拯救的还是罚入地狱的——都要劳作,以便创立上帝在世间的天国,而在如此劳作时一定要服从上帝所启示的律条。(5)这个世界上的万物——人的本性和躯壳——若是任其自然,都将不可避免地陷入"罪恶和死亡",除了神的恩宠以外,没有任何逃脱的办法。

在基督教的思想和历史中,所有这些成分在别的地方也起着显著的作用;只有它们的特殊结合和引出它们的神学推论过程中严格的始终一致性,才是加尔文派所特有的。这个神学体系宣称,为什么会有恶这个问题非人的有限理智所能解决,从而把它归之于上帝莫测的意志,得出了历史上关于这个问题很少几个逻辑上首尾一致的答案之一。[46] 从逻辑上说,这些成分并不需要这样的结合。超验的上帝完全可以根据人们良好的劳作而赐予恩宠而不是预先注定,完全可以让罪人自作自受在此世下地狱而不必使他们服从上帝的律条。他完全可以为了人的幸

---

[46] 《宗教社会学文集》,卷一,第246—247页。

福而不是为了上帝的荣耀创造世界。

但是,就按这个体系来说,它对于实际的行为有着哪些含义呢?

首先,由于上帝彻底的超验性质,尘世的事物同神圣的事物的隔绝,与神合一的神秘主义态度就被摒弃了。而把服从律条[47]设想为为了上帝的荣耀,与此相应,又把此世事物之所以由神预先注定,解释为授予上帝的选民以按照神意建立和维护人间天国的重任,就更加强化了对于神秘主义态度的排斥。上帝与人的关系主要成了意志的关系;人不管顺从或抗命,首先总是神的意志的工具。照韦伯的观点,总的结果只能是引导人们在宗教方面向积极的、苦行的方向努力,而不是向消极的、神秘主义的方向努力。[48] 上帝是不可接近的,人们只能为他效劳。而且,基于这种根本的二元论,为上帝效劳不能是朝着沉溺于情欲或适应于情欲的方向的,要为上帝效劳,就必须控制情欲,为了上帝的荣耀而使情欲受到约束。韦伯所说的禁欲主义就是这个意思。

上帝是超验的以及因此而产生的二元论,还有一个非常重要的结果。由于这个有限的世界是上帝的造物,并且是他的意志的表现,因而了解上帝的最好办法就是研究他的作品。正像他希望人服从法规一样,在一种不同而又有联系的意义上,他的非人力所及的作品的要旨就是秩序。他的决定万世不移。他并不频繁地更改他所作的种种决定,也不频繁地干预自然秩序。自然就是自然,同时上帝就是上帝。因此,将自然物神圣化就是

---

[47] 当然是神所宣示的律条,而不是世间权威制订的法律。这二者有时可以认为是尖锐对立的。

[48] 为了探讨这种区别的更加一般的关系,参看下文第十五章[边码]第570页起,这对韦伯的宗教社会学是有根本意义的。

偶像崇拜。

这种对于神圣秩序的信念有两个系论——对自然秩序的信念(这毫无疑问是近代科学发展的非常重要的动因)[49]和对于包含了迷信和偶像崇拜的宗教礼仪的强烈敌视。上帝是太超验了,以致不能恰当地体现在具体的神圣事物和神圣行动之中。524上帝只是以他所启示的特殊方式干预此世的秩序——主要是通过他所预先指定的圣徒们的行动。服务于上帝意志的禁欲主义活动就这样从礼仪表达的轨道,转向了对世界的内在关系进行积极的控制。

这样,虔诚的加尔文派教徒就会倾向于把自己看成是上帝意志的工具,应上帝的宣召,按照上帝的律条生活,参与建立地上的天国,在为上帝增加荣耀的重任中按上帝意志而行动。而且,这种行动主要不在于严守仪轨,倒是在于为实现一种理想而在道德方面对世界进行控制。因此,在实际的世俗活动方面,已经有了一个一般的倾向。当然,新教一般地否定修道院制度,因而要求所有人都服从于同样的律条和同样的道德准则,必须以从事日常生活中的普通职业来实现上帝意志,不要在修道院里脱离普通职业——所有这些都强化了对于世俗活动的这种倾向。[50] 此外,预定论教义的严格意思,就是不能通过任何外部迹象来辨认上帝的选择。这样,就不应该把受罚作为没有履行最高标准的理由,因为谁也不知道自己的命运,而且上帝的意志要求所有人都同样服从他的律条。

这个了解一个人的恩宠状况的问题,给行为的预定论带来

---

[49] 参看上文[边码]第511页所引默顿的论文。

[50] 韦伯称之为世俗的禁欲主义(innerweltliche Askese),以区别于修道院的修来世的(ausserweltliche)禁欲主义。"修来世的"在这里的含义与其说是倾向于"来世",倒不如说是拒绝过一般人(并非特指宗教人士而言)普通的日常生活。

更加具体的后果。上面说过,纯正的加尔文派立场,是上帝的拣选不能通过外部的迹象来辨认。但是,更为重要的是这种信条包含着这样一个意思:因为个人的恩宠情况已经被一劳永逸地决定了,所以个人的行动对恩宠情况不能产生任何影响。这样,就整个宗教问题被认真对待而言,因为对于得救异常关切,所以个人被置于一种可怖的境地。他的行动不能影响他的不变的命运;因而,他由于宗教上的关切所受到的全部压力,就是了解他究竟是得救还是受罚。

525 对于韦伯来说,就在这个问题上出现了不同于纯粹逻辑后果的"心理"后果。他认为,如果对于宗教问题十分关切的话,这种压力对于人们来说太大了。在这种压力下,第一条教义日渐瓦解。人们逐渐地认为[51],好好劳作虽然不能影响是否得到拯救,却能被解释为恩宠的表征。好树不会生长出恶果。这样,上帝的选民逐渐和"义人"即履行上帝意志的人等同起来,而受罚者则逐渐和"罪人"即不服从上帝意志的人等同起来。

可是,在进一步探讨这个发展路线以前,应当注意加尔文派预定论教义的某些其他基本后果。如同前文[52]所述,基督教从一开始就有对它来说很重要的"个人主义"特点,而宗教改革又大大加强了这个特点。加尔文派就代表了这种个人主义因素朝一个特定方向发展的极端。

首先,加尔文教派极端地反对宗教仪式,比路德教徒激烈得多地使个人脱离了教会和教士的保护和指导,这种保护和指导在忏悔室里是特别突出的。按照预定论的观点,个人无处求得帮助;无论什么世上的力量,都不能对他的灵魂的情况施加任何

---

[51] 从贝扎(Beza)以来。
[52] 本书第二章。

影响。与此同时,由于取消了这种令人宽慰的中介,他所惟一倾心关切的,就是他的不变的命运和惟一的重要联系——与上帝的联系。他的这种"在心灵深处"与上帝的联系,又必须与任何别人的联系分开。此外,在这种境况下,对于他来说,其他人不仅是无用的,还可能是危险、有害的。因为,任何别人,甚至最亲密的亲戚或朋友,不管行为举止在外表上多么道貌岸然,都可能是个该受罚的人。按照韦伯的说法,最后的结果是一种前所未闻的"个人的内心孤立",[53] 这就无可置疑地使他自己负起一切事情的责任,甚至最密切的人际关系即便不说是遭到怀疑也大大贬了值。上帝才始终是第一位的。

其次,这个和预定论的其他方面结合在一起的内心孤立,对于行为的合理化有一个极端重要的含义。上帝能接受的行为,必须是直接服从他的意志的行为,而不能是出自人的任何动因或兴趣的结果。但是,因为个人的好好劳作不能影响他所受的恩宠,而外部的行为最多也只能是恩宠的表征,所以被加之于一个人的行为只能作为一个整个连贯的体系、作为他是一种什么样人的表现来加以判断,而不能认为是许多互不相关的行动。天主教徒犯了罪能够得到宽宥,做了好事能够受到赞扬。对于加尔文派教徒来说,可能没有任何这样摆脱压力的办法,因此有一种无可比拟的巨大的促使行为合理地系统化的动力。

下面是这些信念的几个更加具体的特殊含义:内心的孤立、对于纯属人类和世俗的一切事物的怀疑、对于"偶像崇拜"的憎恶,[54] 促使加尔文派教徒把精力转而奉献给非个人的目的;同时还使得他们对于这个世界的富人和有势力的人抱有一般的禁

---

[53] 《新教伦理与资本主义精神》,第108页。
[54] 基本上是一种清教徒的概念。

欲主义的疑忌,甚至当已树立起来的权威包含着令人联想起偶像崇拜的个人崇拜时,加尔文派的运动有时会危及这种权威。至少,其强烈的倾向是"埋头于自己的事情"和脱离世俗的权力斗争,除非是直接为上帝的事业而战——如同克伦威尔军队那样的情况。

加尔文派信徒宁愿在上帝能接受的职业中、在他能清醒地和理智地劳动的地方效力。独立、殷实而正派的商业是一个特别合适的领域。

谁也不能说,加尔文派伦理或可以合情合理地从中推演出来的观点,曾经赞成为了赚钱而赚钱、或者作为一种纵欲手段而赚钱,那确实是一种主要的罪恶。加尔文派伦理所确实赞成的,是在能够被解释为上帝可以接受的有益的职业中进行合理的和系统化的劳动。金钱,被看成一种副产品和决非没有危险的东西——当然这是指开始的时候。[55] 这种态度就是一种禁欲主义的态度。但是,即便这种态度也是为资本主义利益服务的,因为一方面,在经济行业中的工作会起增加收益的作用,而另一方面,对纵欲的惧怕又会防止把收益全部用于消费。按韦伯的话说,[56] 这就是"禁欲主义的强制性储蓄"。它不仅促进了牟利,而且使之"从传统道德的束缚下解脱出来"。[57] 传统本身终究只不过是人为的;在妨碍上帝的工作的场合,尊重传统就是偶像崇拜。

此外,在这里同资本主义精神相联系而提到的这种对劳动的态度转变,有着一个恰当的动因。人们之所以必须劳动,不再

---

[55] 参看韦伯在《新教伦理与资本主义精神》,第五章中举的许多例子,特别是第 175 页中引用的约翰·韦斯利(John Wesley)的话。

[56] 《新教伦理与资本主义精神》,第 172 页。

[57] 同前,第 171 页。

是由于亚当闯的祸,不再是对于原罪的惩罚,也不只是作为一种抵御情欲诱惑的手段的禁欲主义方法。这些都是消极的动因。清教徒的伦理补充了一个非常主要的积极动因。在一个职业中劳动,除了按照境况固有的要求"做好工作"而外没有任何其他世俗目的,乃是上帝的明确指令,是渴望按上帝意志行事的人的首要责任。它是上帝赐给的参与建设人间天国的伟大任务的机会,上帝正是为此才把人置于痛苦的尘世中。对于真正的信徒来说,这样的工作不是必须勉强服从、令人不快而又非做不可的,而是他自己浓厚的宗教关切的最高满足。

可是,由于上面提到的"心理"过程的结果,这种观点更为极端的禁欲主义逐渐减弱了。从承认正当的行为是恩宠的合理表征(因为好树不会长恶果),到认为在世俗职业中的成功(就这种成功是正当的和不是以与法律相冲突的形式取得的而言)也能被看成是恩宠的标志的观点,只需跨过并不很大的一步。因为,难道上帝不会像赐福给他选中的人的来世一样,赐福给他的今生吗?㊳ 在经济方面,这种教义能为成功者提供非常正当的理由,使他对所获收益问心无愧,成为具有清教徒背景者引人注目地自我称义的一个重要原由。

最后,预定论的教义对于成功的商人的良心,还起着另一个象征性作用。他们无需太多地为这个世界上的许多不幸者操心,因为完全可以把他们遭到的不幸,解释为上帝不满意他们的行为的表征,如果不幸者的不幸多少能够归因于游手好闲㊴ 和无法工作,则尤其如此。清教中没有天主教对于博爱的轻松看

　　㊳　在近似于这点的地方,可以说加入了一个"世俗化"的成分,这是和直接的宗教影响不同的东西。关于这个成分在韦伯思想中的位置,参看下文第七章[边码]第 685 页的简要论述。

　　㊴　用清教徒非常普通的用词说,就是"懒散(Sloth)"。

法。它把它所允许保留下来的博爱加以条理化，成为在理性基础上的严格纪律。

毋庸置疑，韦伯在对禁欲主义的新教伦理的论述中，随着他自己对资本主义精神这一概念的阐述，总的来说，成功地找到了一个“适合”于资本主义精神的终极价值观念体系。资本主义精神的全部重要特质，都可以在得到恰当解释的新教的态度中找到其对应项。首先，围绕着资本主义所特具的“理性主义”的那一“非理性”成分——从任何享乐主义观点来看都是非常不可思议的——就成为有意义的了。对这种成分，有什么别的解释解决了这个带根本性的问题吗？[60]

这两种态度体系并列在一起，使得韦伯理论中资本主义的禁欲主义方面，比他原来所阐述的更鲜明突出得多了。韦伯理论的重要性，实际上主要就在这个成分的经验意义上。一些批评家走得很远，以致实际上[61]认为它完全是韦伯的创造。这个观点站不住脚，但是，若不详加论驳自然也是驳不倒的。然而，值得注意的是，不管别人对这个成分所作解释多么不同，在现代理论家当中，绝非只有韦伯一人指出了这个成分的具体重要性。

529 前面已经指出，[62]马歇尔对“活动”的强调有着非常类似的含义。这个概念在马歇尔的理论中之所以非常突出，只有一个解释，就是他深信，在自由企业中一定有一个同享乐主义的满足需求截然不同的道德成分。涂尔干考虑的方面虽然稍有不同，却也认为道德约束是个人主义经济秩序的行动所不可或缺的。

---

[60] 关于这一解释的地位以及宗教观念在其中的作用，参看本章附注所作的一般性理论探讨。

[61] 例如H.M.罗伯逊，见所引他的著作。

[62] 见本书第四章。

除此之外,还得再提到另外两个人。卡弗(T. N. Carver)教授[63]非常强调他所谓的"工作台哲学(workbench philosophy)"的重要性,即出于工作本身的原因而献身于工作,这也包括"做生意"在内。对于他来说,罗伯逊博士所说的纯粹"经济个人主义"当然就意味着他激烈反对的"猪食糟哲学(pig-trough philosophy)"。最后,凡布伦一方面强烈地贬低享乐主义,另一方面又把他所谓的"敬业精神的本能"(instinct of workmanship)[64] 提到非常重要的位置,这样就至少含有承认这些基本事实的意思。他对"技术"重要性的强调,显然包含着超出前面所分析[65]的"技术成分"的内容。其中还包含着一种对于任务的特殊态度,用他的话说,就是"追求工作质量"的态度。这不就是把承担任务看做韦伯所说的一种天职吗?这四个人有不同的思想背景,彼此之间没有直接的联系,他们同韦伯也没有直接联系,所以举这四个人的例子似乎更能说明问题。他们在这个问题上如此一致,完全是偶然的吗?

然而,确认了新教伦理同资本主义精神之间的"一致",这本身并不能证明,宗教体系就是产生资本主义态度的一个重要因素,以及因此而成为产生具体的理性的资产阶级的资本主义的一个重要因素,也没有表明这种重要性在量上的次序。这一点由于下述事实而越发确凿无疑:韦伯本人不仅承认其他一些性质完全不同的因素非常重要,而且强调它们的重要性——例如现代科学、合理化的法律体制以及合理的科层制国家行政机关

530

---

[63] 特别参见卡弗:《有存在价值的宗教》(The Religion Worth Having)。

[64] 参见凡布伦:《敬业精神的本能》(The Instinct of Workmanship)及塔尔科特·帕森斯:《经济思想中的社会学成分·I.历史》(Sociological Elements in Economic Thought, I, Historical),《经济学季刊》1935年5月。

[65] 见本书第六章。

等等。他认为,禁欲主义的新教可能曾经有助于这些因素的产生,但从根本上说,它们却无一主要是这种新教的产物。

韦伯试图从几个种途径证明新教与资本主义的因果关系。在简要地评述余下几种之后,我们主要讨论其中一种,即他以比较宗教社会学进行的论证,这既是因为在方法论上它是最重要的,也是因为在英语世界对韦伯理论的探讨中,它已经几乎被完全忽视了[66],尽管韦伯本人最强调的就是这个方面。

首先,前已指出,关于宗教归属与在社会结构中的地位的相互关系,是有少量统计材料的。总的来说,这使韦伯的假说进一步得到证实。可是,他使用的并不是来自他自己研究的材料[67],而他自己的研究工作也不是朝着这个方向进行的。他使用这方面的材料,更多地是作为研究一些重大问题的线索,而不是作为论据。其次,新教伦理同资本主义精神二者在时间上前后的关系,容易被人看做是因果的关系。也就是说,在相同的地区和相同的社会阶层当中,新教伦理总的来说大多是先于资本主义精神出现的。就作为原因的因素是"观念"方面的因素而言,确实

---

[66] 毫无疑问,这部分地是因为有关材料没有译成英语,但主要还是由于更深一层的原因,因为大部分参与论战的人并未把韦伯提出的问题的本质弄清楚。总的来说,我对韦伯的资本主义理论比对本书评论的其他作者的经验理论更为细心,花费了更多的篇幅,因为这是长期激烈论战的对象,而在这场论战中对韦伯所作的研究有非常严重的误解。必须把这一切加以纠正,以免模糊韦伯的研究工作在理论上和方法论上的重要意义,这将在第十六章和第十七章进行。韦伯在社会学方面做的工作,包括比较宗教社会学以及一般理论和方法论,总的来说,只有把这些作为一个整体,据以评价他对新教和资本主义的关系的论述,才是公正的。同样,读者在评价本书对韦伯理论的看法时,也应当根据其与作为一个整体的本书整个方法论和理论框架的关系来考虑,而不要仅仅以那些特定的实际考虑为根据。

[67] 他使用最多的研究材料是奥芬巴哈(M. Offenbacher)的《宗教信仰与社会阶层》(Konfession und soziale Schichtung),图宾根(Tübingen),1901。这是他自己提出来的。

难免得出这样的结论。但是，可以提出一个唯物主义的论点来加以反驳，理由是两者可能是同一组物质条件在其不同发展阶段的产物。还有一种可能性——虽然绝不会确乎如此——就是二者之间的一致性纯属偶然。

然而在这三种论证方法里面最重要的那种之中，韦伯不单单是证明了这两种态度之间的一致性。他在清教徒领袖们的著述中追溯新教伦理本身的内在发展，从而在经验上证明了这二者的联系。新教伦理刚开始时只关心宗教问题，很明显是修来世的。结果在加尔文本人主宰的日内瓦，形成了一种几乎是社会主义类型的高度的神权统治，这是以非常严格的教会戒律为其特征的。从这点出发，愈来愈朝个人主义方向发展，这毫无疑问部分地是受物质条件的影响——比如说加尔文派教徒是人口中的少数。这种教派不再依靠权势——如果有必要就使用强制力量[⊗]——去直接推行世间的天国，而愈来愈强调在个人的职业中履行按照上帝的意志行事的职责。

此外，还愈来愈倾向于直接赞同在正当情况下的牟利活动。这样，在商业职业中的行动只要是有节制的、诚实的、合理的和"有益的"，就被看成是人所能做的最正当的事情之一，而其成果——"诚实地"获得财富——则被看做是上帝赐福的直接标志。

韦伯不仅追溯了这个演变过程，而且坚持认为（实际上是证明了）它不仅仅是一个"适应"世俗对抗宗教控制的种种需要的过程；相反，新教伦理本身具有的一种真正的"原动力"，乃是一个主要的因素，这是在当时人们所处的境况中追求宗教利益的结果。这首先是由两方面的情况带来的。对于宗教的积极动机

[⊗] 像克伦威尔企图做的那样。

来说,致力于资本主义的职业是遭到禁止的,⁶⁹是不能容许的。其次,后期的清教教义并非赞同在任何条件下采取任何一种形式或一切形式的牟利活动,而只是赞同在非常严格的戒律约束下的牟利活动。最初的禁欲主义成分(韦伯论点当中的主要成分)决不是消失了,而是在多少有些变化的背景中原样不动地保留下来,这种结果不是任何旨在适应的伦理所能够取得的。⁷⁰

这两者就这样完全结合了起来。可是,发展过程没有就此中止,而是在世俗化的道路上继续前进。

在韦伯所关注的这条发展路线中,这并不完全是放宽戒律、向"道德沦丧"让步的问题,⁷¹而是逐渐丢弃各种态度的宗教背景和以功利主义⁷²的动机代替宗教动机的问题。只是在这里才能看到韦伯从本杰明·富兰克林⁷³(Benjamin Franklin)的著作中所列举的那种"纯粹的"资本主义精神。但是,即使在这里,为了非个人任务本身而克己奉献这一主要道德成分也照样保留着。

---

⁶⁹ 这一点非常重要,所以要再说一遍。韦伯的论点不是说,新教对于资本主义的影响是通过以教士宣示或其他方式在宗教方面赞同从事牟利活动。他的论点是说,信教的个人由于其宗教方面的关切而朝那个方向行动。这一区别不管在理论上还是在方法论上都非常重要。这两者一般都被批评韦伯理论的人混淆了。罗伯逊(见前引他的著作)就是个明显的例子。

⁷⁰ 这不是说(1)如果没有新教伦理的影响就不可能产生对于一种职业无私献身的态度,也不是说(2)此种适应在资本主义精神的发展中没起任何作用,而是说韦伯似乎已经在很大程度上证明了:(1)新教伦理对于这样一套特定的无私态度的发展起了重要作用,(2)它们不可能单单是"资本主义利益"的产物。而罗伯逊的主要观点正是认为它们单单就是资本主义利益的产物。

⁷¹ 虽然这毫无疑问地也发生了。参看第十七章。

⁷² 并不一定是前文所说的那种特定意义上的功利主义。参看本书[边码]第51页起。

⁷³ 《新教伦理与资本主义精神》,第48—50页。

在这里可以把韦伯关于新教伦理同资本主义精神有因果关系的论点表述如下：经验材料（一直到整个十七世纪的新教领袖的著作）显示出，一个对于个人主义的牟利活动越来越表示赞同的发展过程。这是适应还是一种出于宗教原因的宗教伦理的独立发展？韦伯认为后一成分是很重要的，理由就是这样一种发展过程在宗教观念体系框架内部是有意义的；这种发展不仅仅在它同其中种种基本成分不相冲突的意义上是可能的，而且是与宗教观念体系本身内部所固有的和世俗有关的强烈宗教动力相一致的。此外，韦伯所感兴趣的具体的资本主义成分，与这种后来的伦理也没有矛盾。相反，它可以在很大程度上解释成这些动力在实际行为中的直接表现。[74]

但是，正如韦伯本人所明白表述的，[75]这"只是因果链条的一个方面"。他的《新教伦理与资本主义精神》一书有意地只涉及这个方面。在这本书里，有很多地方零散地提到这个特定经验问题的另一方面，如果汇集起来完全可以成为一种挺不错的理论。可是，他不论在这本书里还是在别的研究工作当中，都没有试图对此加以系统论析。这件工作本来是应该做的，这样就可以把经验论据的一切可能性全都加以详尽论述了。但是，他没有这样做，而转向了另外一条研究路线。用穆勒的话说，他从"一致法"转向"差别法"。他不再继续直接追问现代西方出现的理性的资产阶级的资本主义是由于哪些特殊的力量，而是反过来问，为什么在世界其他伟大的文明中未能出现同它一样的东西？

---

[74] 在更一般的意义上就是说，根据资本主义体制的发展受到了新教伦理的重要影响这种假设预计会出现的那种社会经济组织，同实际情形非常一致。这样一来，当然就要那些极力否认新教伦理影响的人去费力气找证据了。

[75] 《新教伦理与资本主义精神》，第23页。

附注：观念的作用

在这一章和下文当中，有好多地方具体联系到韦伯的论述是否由于受到任何倾向于理性主义的偏见影响而存在缺陷这个问题，提出了一个关于观念的作用的一般性理论问题。因此，最好就在本书出现这个问题的地方对此作一一说明，尤其是要试图把韦伯对这个问题的态度同前面对帕雷托的讨论⑯ 联系起来加以说明。

韦伯所注意的，是同一般认为属于世俗领域的行动的动因相联系的宗教观念。他这样看问题，出发点是这样一种对于事实的判断：在他所研究的这些群体——十六世纪、十七世纪的加尔文教派运动的信徒——中，一般来说在宗教方面非常关心的是能否获得拯救。那么，如果假定这些加尔文派信徒是由他们对于得救的关切所驱使着，可以认为他们是在努力地要争取得救，或者是要确信自己将会得救，那就出现了一个问题：这对于他们在世俗领域、特别是经济领域的行动有些什么影响？把天主教、路德教和加尔文派这三个宗教群体加以比较就能看出，关心是否能够得到拯救乃是三者所共有的，并不足以说明韦伯感兴趣的世俗活动取向上的差别。所以，必须重视与宗教有关的其他成分。韦伯通过提出这样一个问题来着手做这一步：对于这样一种运动的信徒来说，什么样的行动作为获致或确保得到拯救的手段是合适的呢？这取决于该信徒的"处境"，特别是取决于这种处境的某些特性，也就是说取决于与在行动中落实的对于获救的关切相联系的宗教观念的结构。对于最关心得到拯

---

⑯ 第七章，[边码]第 269 页以下。

救的天主教徒来说,给他指明的路途乃是遁世和进修道院。对于关心稍次者来说,这历程就是忠诚于他所处的生活位置中的传统,多做一件一件的好事,尤其是循规蹈矩,广发善心,这样来为自己祈福。对于路德派教徒,没有进修道院这一说,他们的行动方针就是忠诚奉行他们所处生活位置的传统职责,顺从以适当方式建立起来的权威。基督教徒一般来说,认为自己置身于一个本人无望加以改革的罪恶世界中。罪恶是不可避免的,得靠诚心忏悔和决心下一次做得更好一些来抵赎。最后,加尔文派信徒则被告诫,要在一种职业中认真地和合理地劳作,以便实现地上的天国。他们既不需要远离尘世或遁入修道院,也不接受传统的秩序,但是,在其职业范围内,他应当努力按照正义的指令去改造世界。

这些在态度上的差别也是事实问题。韦伯争辩说,他已经证明它们分别是这三个宗教群体成员对世俗的、特别是对经济活动的典型态度。韦伯进而说明(对天主教和路德教是粗略地说明,对于加尔文派则是详细地说明)假如他们最初都关心是否能够得到拯救的话,假定持这些态度的行动者都是与这种态度联系着的宗教观念体系的信徒,那么,这些态度中的每一种就都有了意义。因此,按照加尔文派的主张,良好的工作不能成为得救的手段,而只是蒙上帝拣选的标志;预定论排除了前者的可能性。而且,值得称赞的行为主要不在于虔诚的仪式,因为这些虔诚的仪式会涉及到把世俗的事情神圣化,换句话说就是偶像崇拜。传统不可能是神圣的,因为那样的话也会是偶像崇拜。神秘主义为上帝的绝对超验性所排斥。最后,情欲的罪恶排斥享乐主义的态度。为了上帝的荣耀,人世活动中应该对情欲加以理性的节制,而不要利用此世的事物放纵情欲,恣意享乐。加尔 535
文派教徒在人世中工作,但既不是属于人世,也不为了人世。

最后,韦伯的分析不仅明确了他把加尔文派神学作为世俗禁欲主义加以描述的这种态度的意义,而且还证明了这种态度和略加修正的资本主义精神的态度是一致的。关于资本主义精神的显而易见的东西,就是它是一套同发达的宗教观念体系或形而上学观念体系没有明显联系的态度。韦伯从发生学的角度追溯了这些态度之间的演变,发现存在着很多连接环节。

但是,暂时可以把这个问题的发生学方面搁置起来。如果假定他对事实的陈述是正确的,那么,就可以明确地认为韦伯在意义的层面上证明了:在(1)加尔文派信徒中间对于得救的关切所主要采取的特殊形式,(2)上面概括为加尔文神学的宗教观念体系和(3)该态度体系中被他描述为资本主义精神的禁欲主义成分这三者之间,存在着相互的联系。抛开发生学方面的问题不谈,如果说韦伯的分析对于三者之间的因果关系提供了一些启发的话,那到底是什么呢?

在这个问题上,试着说明一下这个问题同帕雷托的概念体系是怎样一种关系,可能是有助益的。韦伯不熟悉帕雷托的研究工作,因此并没有对他的材料进行形式上的剩余物—衍生物的分析。不过,他感兴趣的是分析特定的人说些什么,以此来弄明白他们做的是什么。由于这些人的"理论"大多是非科学的,所以把这个问题当成实例,来运用一下帕雷托作过的分析,似乎是最好不过的了。

应当记得,剩余物是一个很起作用的概念。剩余物是按照第五章已经描述过的特定程序进行分析得出来的。如果同行动相联系着的那些语言词句为科学理论所不容的话,剩余物就是这种语言词句的一个比较恒定的成分。这样说来,如果对加尔文派教徒使用的那些影响着世俗活动的语言词句加以分析,能够从中得出不是一个、而是数个剩余物。其中之一是关于得救的剩余物，表现着"觉得人们应该以有助于进一步获得恩宠和确知恩宠的方式行动这样一种情感"。在加尔文派教徒中与此联系在一起形成一个"复合体"的，还有某些别的剩余物，即上面讨论过的加尔文神学的五个主要前提。因为这些是形而上学的命题，不是对于经验事实的表述，所以它们是非逻辑的，在我们目前的语境中可以视为剩余物。

帕雷托的论点本身，并未含有在一般意义上有关观念的作用的具体定理，而只包括这样一个反面意义的定理：就剩余物构成社会体制中的一个重要的自变量而言，不能认为该社会体制中发生的变迁，是单独由在科学上可以验证的种种理论确定的。但是，前已指出，剩余物作为一种语词上的命名，情况很不相同——可以是对一种意义的严格合乎逻辑的表述，对于行动起着如同在科学上可以验证的理论一样的因果作用；也可以是另外一种极端的情况，作为其他力量的一种标示，对于那些力量的作用则非常微不足道，犹如温度计标示一个地方的温度而不能影响那个地方的温度一样。这样，通过帕雷托的程序，就有可能得出韦伯对于作为剩余物的加尔文教的分析的主要成分，但这根本不能证明宗教观念到底是不是、在多大程度上是导因，或者只不过是别的什么东西的"表象"而已。这就留下一个要靠进一步分析特定事实来回答的问题。

不过，有可能以这样一种方式把帕雷托式的分析加以延伸，这种方式乍看起来，会使人对韦伯关于宗教观念有导因作用的论点产生怀疑。也就是说，有可能不仅对加尔文派信徒的语辞加以分析，而且把那些符合韦伯所描述的资本主义精神而不涉及任何明确宗教动机的语辞也加以分析。这样，至少前一阶段分析中的一些剩余物——有特定"宗教"内容的那些剩余物——对于相关材料来说，就变得不如世俗的禁欲主义态度中所包含的其他剩余物那样带根本性了。也就是说,那些剩余物在更为广阔的背景之中成了衍生物。从本杰明·富兰克林那时以来,它们的地位就有被其他世俗方面的衍生物(例如关于"工作台哲学"有益于社会生存的衍生物,关于"活动"的价值的衍生物,等等)取代的趋势。必须记住,和衍生物之间的区分是相对的,那在比较狭小范围内是剩余物的东西,在比较宽泛的范围内可以变成衍生物。这的确已经足以驳斥那种关于非科学观念的影响机制的幼稚的"发散论(emanationist)"观点了。世俗禁欲主义剩余物同加尔文教派的神学,并不是这样一种简单的关系,似乎无需进一步了解考察就能由其中一个推论出另一个。然而,绝不能够据此证明,二者之间就没有重要的相互作用的关系。但是,为了进一步探索这一问题,必须更进一步加以考虑。在韦伯的理论中,有两条不同的分析路线把这个问题引向深入。

其中一种非常符合帕雷托式的分析,将在下一章作较为详细的探讨。这将更进一步扩大分析的比较基础。韦伯在对宗教作了比较研究的基础上,得出这样一个比较宽泛的结论:一定类型的宗教观念是与对世俗活动的一定类型的态度相联系的。在具有或曾经有过一个强调神的超验性、强调情欲是罪恶等等的宗教观念体系的文化中,世俗禁欲主义的发展最为显著。其他态度,不管是对此事物漠不关心还是毫无批判地接受传统,越是同世俗的禁欲主义相背离,就越是紧密地同另外一些宗教观念——诸如神的内在性、在神圣与世俗之间并无彻底的二元论等等——联系着。这样,态度和观念相互之间,很可能有密切的相互作用关系,尽管它们大概也都可能是更深层的情感的表象。但是,这样论证下去,只有证明出韦伯没有把可能分析的问题都分析到,而不是证明他已经作了的分析当中有哪些明显错误,才能看出他的立场存在问题。

另一条分析路线是帕雷托自己没有做过的,就是把发生学的考虑引入这一特定事例的分析中。从发生学的角度来说,证明它们有因果关系是可能的;而这在当时那种一般理论的情形之下,以帕雷托那样的一般分析框架是不可能证明出来的。

　　应当记住的要点如下:加尔文派的神学和与它相关的种种伦理态度,是先于理性的资产阶级的资本主义的广泛发展而存在于西欧的。从行动者的观点来看,这种神学观念赋于这些伦理态度以及以这些态度为其剩余物的行动一种适当的意义。非但如此,韦伯还从历史上追根溯源,因而得以从动机的角度去理解,直接同行动联系着的这些宗教观念是如何一点一点地演变、越来越同资本主义精神相吻合的(尽管在此过程中某些主要的禁欲主义剩余物基本都保留下来了)。此外,他还追溯了使得诸宗教成分逐渐失去其重要性的世俗化过程,并使这个过程的种种可能动机成为可以理解的。这一发生学的分析大大增强了宗教观念体系发生了重要影响的几率。

　　最后,有一系列非常一般性的问题,将在下一章和第十七章讨论。虽然出于某些当下的考虑,可以将剩余物中所表示的态度视为一种解释性的因素;但是,还有可能超出这一点,进一步追问,这种态度之所以产生是哪些力量在起作用。就其中包括有种种价值成分而言,就应当查问:以行动者对于世界的总概念来看,这样一种态度对于行动者来说是不是有意义的呢?前面所讨论过的[77]对行动体系进行合理整合的总体趋势,已经为此提供了充足的依据。于是,如果一个社会在种种要害问题上已经长期存在着一种特定的观念体系的话,就可以合理地假定:这个观念体系对于沟通种种态度一点一点地起着作用,使这些态

---

　　[77] 见前文[边码]第21页。

度从这个体系来说会成为有意义的。如果这个社会是以聚合韧性和"信念"的力量为其特点的话,情形就更是如此。

韦伯在他的理论当中,非常尖锐地提出了宗教观念起什么作用的问题,这部分地就是价值成分所起作用这个更宽泛的问题的一个方面——这正是本书所要研究的主要问题。帕雷托和韦伯两人都把科学的观念同非科学的观念作了清楚的区分,这就在很大程度上为解决这个问题铺平了道路。至少有一部分非科学的观念是价值复合体中的认知成分。前面对于涂尔干有关宗教的论述所进行的讨论,已经弄清了非科学的观念的地位;韦伯则使之更加清晰了。但是,认知成分显然只是价值复合体中的一组成分。了解一件事情或者相信一件事情,这本身还不是做一件事情。另外还需要有一个某种类型的努力的成分。行动者对于自己的观念不像科学家那样持感情上中立的态度——这种态度在关于涂尔干的论述中是起了很大作用的。但是,在价值复合体的观念具体地和别的非认知的成分要素密切联结时,没有任何理由不把它们在分析上区别开来。而且,韦伯已经提出大量证据表明,虽然在事实上,相信什么并不就是做什么,但一个人相信什么和他做什么是有很大关系的。

第十五章 马克斯·韦伯(二)：
宗教和现代资本主义(续)

B、比较研究

韦伯是通过对于"世界各宗教的经济伦理"① 的一系列研究，来进行他的比较研究的。韦伯宣称，他打算② 研究儒教、佛教、印度教、犹太教、早期基督教和伊斯兰教。遗憾的是，到他去世时并没有完成这一计划，只有对于四种宗教的研究成果以某种形式发表出来。由于篇幅所限，这里将把注意力集中于他对其中两种宗教，即儒教和印度教的研究结果上，因为这两个研究明显地说明了什么是理论上最重要的典型。

但是，在开始讨论这两项研究以前，必须就这整个一系列研究的特点说几句话。与《新教伦理与资本主义精神》一书不同，韦伯在这些研究当中把因果链的两个方面都涉及到了。但是，不要把这一系列研究理解成一般的"宗教社会学"，如果那意味着一种对宗教与社会的全部相互关系的系统研究的话。这一系列研究甚

---

① 《世界宗教的经济伦理》(Die Wirtrchaftsethik der Weltreligionen)，见《宗教社会学文集》，卷一，第237页起，卷二和卷三。

② 《宗教社会学文集》，卷一，第227—238页。其中很多结论被系统地一起置于《经济与社会》第二部分第四章第237—356页的"宗教社会学"一节中。

至也不像人们有时所认为的那样,是对于宗教现象和经济现象相互关系的一般研究。这两种解释违背了韦伯的一条基本方法论原则,对他的这些方法论原则将在下一章讨论③。相反,这一系列研究是明确地针对④前述意义上的现代资本主义问题的。它主要是就有关资本主义精神以及禁欲主义的新教伦理的诸方面,对其他宗教的伦理加以比较研究,不管这种关系是一致的还是相对立的。正因为这样,我们在此处加以论述是完全有道理的。

如同冯·塞廷博士所指出的,⑤ 在方法论方面,对于韦伯而言,"理想的"步骤是要找出一些社会发展的例证,其中只有宗教伦理的因素不同于西欧的情形。遗憾的是,这在具体的事实中是找不到的,并且会带有一些韦伯非常怀疑的⑥ 实证⑦ 味道。韦伯所做的就是牺牲方法论上的周密性,以论述实际的历史事件而非假设的事件来取得具体性。

这样,一般来说,大体是下面这样一种情况:在我们将要讨论的实例中,韦伯成功地证明了,与有关宗教结合在一起的经济伦理,在其对于经济活动的含义方面基本上不同于禁欲主义的新教的经济伦理。与此有相互联系的还有一个事实,就是在那种伦理一直占据优势的地区,没有出现过多少能够同西方的理性的资产阶级的资本主义发展过程相比拟的发展过程。这样就证实了,资本主义之没有发展同相关的宗教伦理的特点显然是

---

③ Wertbeziehung[价值关系]。
④ 就是说,它主要论证的问题。围绕着这个问题还汇集了各种各样部分地独立于这一主要问题的次要问题。参考冯·塞廷(A. von schelting):《马克斯·韦伯的科学论》(Max Weber's Wissenschaftslehre),第283—284页。
⑤ 同前,第285—286页。
⑥ 同前,第267页。
⑦ 方法论的问题将在下一章讨论。

有联系的。因为，与禁欲主义的新教伦理相比之下，就这些宗教伦理影响到行动而言，必然要认为它们是直接的抑制力量。

要想精确估计宗教伦理在各类经济体制的发展中所起的具体作用，在方法论上主要有两个困难：首先，一个宗教的"可观察的"经济伦理是一个具体的事物。韦伯非常坦率地承认，这样的经济伦理在其发展过程中，不管是在特点方面还是在其取得优势这个事实方面，当然⑧都受到"物质"因素的影响，首先是受到持此种伦理的那个阶级的社会特点的影响；但是，这里也有其他因素的影响。这些影响是与宗教体系的 Eigengesetzlichkeit［自身的合法性］相歧异的，而从历史上是考究不出来这种歧异的，因为这要回溯到不能得到历史证据的问题上去。惟一的办法就是分析。

其次，在任何两个能够加以比较的实例当中，具体社会体系里面可以说是有利于或不利于资本主义的发展的诸因素中，除了宗教伦理以外，其他因素并不是直接相对应的。中国没有西方出现的某些重要的阻碍，而另一方面，西方又具有某些中国不存在的有利于资本主义发展的非宗教成分。

实际的限制就是这样，以致要取得任何数量上很精确的证据，在经验上肯定都是不可能的。韦伯试图根据支配着每一种因素如何起作用的已知规律来估算其概率，以这种方式取得数量上的证据。这样，一方面，他企图估量具体经济伦理是否能由非宗教因素的作用而产生，首先它能否是"物质利益"⑨的反映。关于这点，应当记住，支持宗教领域中的 Eigengesetzlichkeit

---

⑧ 参看《宗教社会学文集》，卷一，第238页。
⑨ 如同上面所指出的，韦伯没有对此进行系统的研究。为了集中了解他散见于各处有关这一问题的主要论点，请参见冯·塞廷：《马克斯·韦伯的科学论》，第221页起。

[自身的合法性]的证据,恰好像另一方面的⑩ 证据一样,是非常值得认真考虑的。另一方面,必须判断以下情况的概率:在现代西方,有利的因素没有宗教伦理的干预也能够把不利的因素克服掉,而在中国和印度则会发生相反的情况。这里,韦伯的判断就是,不管在中国还是在印度,非宗教因素的组合在关键时期至少与在西方的情况一样,是有利于资本主义的发展的。在这方面,就有很大的可能是,与资本主义有关的导致不同情形的因素就在于宗教经济伦理的成分。应该特别指出,加以比较的范围扩大了,不同成分以及它们之间可能的相互关系也随之更清楚了,因而大大增加了这些公认的复杂的概率估算的可靠性。因此,韦伯比较研究的整个结果,比对于任何一个特定事例只是根据其本身资料所作出的判断要可靠得多。这是一个得到确认的方法论原则。

中　国

如果把"古典的"中国社会体制⑪ 和我们自己的社会体制加以比较,就会呈现出一种相似点与不相似点的奇特组合。在社会结构本身方面,有两个基本的方面——经常称之为"家族性的"组织和"政治的"上层建筑。众所周知,为数众多的中国人一直紧密地组织在一种血缘群体里,这使现代的社会学家强烈地联想起很多早期的社会。其基本单位是父系家族⑫,这种家族

---

⑩ 关于是否能把新教伦理视为"适应"的产物的问题,参考前文以及 T. 帕森斯:《罗伯逊论马克斯·韦伯及其学派》(H. M. Robertson on Max Weber and His School),《政治经济学杂志》,1935 年 10 月。

⑪ 粗略地说,从帝国的巩固起一直到晚近的各个时期。

⑫ 关于韦伯对此所作的论述,参见《宗教社会学文集》,卷一,第 373 页起。

和地方村庄群体覆盖范围大致相同,又分为较小的家庭群体。一般地说,这些家族性群体和土地最紧密地联结在一起,并虔诚地受高度发展的祖先崇拜制度的约束。

中国的家庭制度大概与美国——一个十分令人感兴趣的具有典型的清教徒背景的国家——的一直向前发展着的家庭制度截然相反。中国的家庭群体表现出极高程度的集体团结。父母权威和"子女孝顺"的原则是极为严格的,既要求孩子服从,也要求在礼仪方面的高度尊敬。最后,它是完全和现代美国的妇女独立相对立的。家庭,而不是个人,是中国社会的单位。

中国尽管在各家庭群体之间存在相当高程度的财富差别,却从帝制时代起,就没有任何像中世纪欧洲那样的严格的等级森严的品级(class)制度,特别是没有任何近似种姓制度[13]的东西。在选择职业的机会方面,实际上在家族关系以外的一切方面,至少有形式上的平等。[14]在这方面,中国的情况已经类似西欧资本主义国家[15]的情况——都有由于来自财富和上层社会地位的实际特权而形成的在实质性的机会平等方面的限制,这种状况是相同的。在这一切中,明显不同于现代西方的是家族群体的地位。

中国的帝制"国家"[16] 有两个主要方面。一方面,它是一种在完全不同于任何基督教政治结构的意义上的神权统治。皇帝是"天子",被认为是神界和人间社会之间的主要中介。人间社会秩序发生了不和谐,可以归之于皇帝的礼仪的不当。因此,在中国皇帝成为礼仪关切的中心。[17]

---

[13] 《宗教社会学文集》卷一,第389页。
[14] 同前,第390页。
[15] 虽然在西方国家中发展要迟得多。
[16] 见《宗教社会学文集》,卷一,第314页起。
[17] 官吏作为皇帝的地方代表也具有仪式性的职能。

但是,这个宗教的方面并没有像它所可能导致的那样,把政权置于以皇帝为首的世袭神职人员手中。在皇帝之下,有一个科层制行政人员的特殊阶级——官吏。在某些方面,中国的政治体制把科层制原则实施到了其他地方很少达到的地步。但是,在别的方面,它极端不同于对于资产阶级的资本主义极为重要的那种科层制。

官吏是一个读书人组成的阶级,他们通过一系列考试取得被授予官职的资格。因此,尽管其中在一定程度上有实际的个人偏爱和其他起修正作用的成分,做官的资格仍然存在一个明确的非个人的客观标准。偏爱在很大程度上局限于在可供选择的候选人当中如何选择的问题,因为取得做官资格者的数量总是比官职的空缺要多得多。此外,某些别的非常重要的科层制原则也被严格贯彻。官吏不能在他的家庭所在的省份任职,任同一官职的期限严格地定为三年。因此,虽然官吏对于上级的控制有高度的独立性,但却从未成为世袭的,或在政治上对于中央政权造成威胁。封建化被有效地防止了。官吏作为一个阶级,垄断了官府,这些官吏中不乏大的家族。这一阶级从来不是封闭的,每个新官就任都靠上面委派。

同时,科层制的完全发展受到一些根本性的限制。首先,科层制原则被局限于高级官吏的小圈子里。人数多得多的进行有效的行政管理所必需的下级部属,并不由一般的科层制原则支配,他们的委派、俸禄和对他们的控制都由个别官吏决定,这个官吏自然也高度依赖了解当地情况的这些下属。这些下属又很可能与显贵的家族,行会和村社等等地方势力结成同盟。因此,这种行政体制不可能实施反对地方豪强的极端政策,而被迫留给地方集团特别大的自治权力。科层制只限于上层结构,而并没有像西欧国家的科层制那样,为取得对个人的直接控制而深入到社会结构中去。

其次,处于税收制度下的官吏的领俸方式也是一个限制。官吏有义务把一定数量的赋税上缴给中央政府。但是,他的地方行政费用,包括他的俸禄,都要从由他自己安排和征收的赋税中支出。由于这种情况和他的任期有限,他便在任职期间榨取尽可能多的东西。

最后,它不是专业化的科层制:对于特定的职位并没有任何专业资格条件,必要的训练完全不是专业的和技术的。只要求有关于经史典籍的知识,对任何人都是一样。训练的目的不是为了使候补者适合特定职位的特殊专业需要,而只是保证使他成为一个有充分文化教养的正人君子,能够与官吏的高位相称。这种情况明显地增加了官吏对于下属的依赖,并成了把科层制原则扩大到日常行政工作中去的重要障碍。它仍然是韦伯所谓的世袭科层制。

在官吏阶级和家族集团之间为相当多的专门经济企业留有发展的余地。尽管在各个时期情况不同,手工艺和大量商业贸易(常常具有相当的规模)都高度发展了,而且两者都拥有强有力的行会。但是,尽管偶然也有大规模企业,却没有任何近似现代西方产业资本主义的东西得到发展。尽管有大量的科技发明,技术仍然是传统的,工业生产也仍然主要是在手工业基础上进行的。大规模的商业组织并不像西方那样,与相应的生产组织联系在一起。⑱

在很早的时期,中国的广大地区曾经长期处于和平状态。

---

⑱ 韦伯说,私人财富的积聚有三个主要的源泉:(1)官吏的政治压榨和赋税,(2)政府合同和包揽税收,(3)商业。参看《宗教社会学文集》,卷一,第393页。

相对来说,它很少对国内的流动和商业进行限制[19]。在选择职业方面的机会均等和自由都是超乎寻常的。它实际上没有像天主教禁止高利贷那样的对经济发展的限制[20]。最后,国家承认并给予行会之类的经济利益组织很高程度的自治权。如果像一般设想的那样,认为只要没有限制条件就能实现现代资本主义的发展的话,那么,中国远在现代以前很久,现代资本主义就应当发展起来了[21]。

546　　如果考虑到经济伦理,这种吊诡就更加明显了。因为,在一个以自己的宗教比中国肯定更为功利主义、更为世俗而自诩的世界中,大概就毫无伦理可言了。首先,在世界上任何别的地方,都不曾有过社会所有阶级之间对于财富更为正面的评价。在深谋远虑地照顾今世的利益而缺乏对任何其他东西的兴趣方面,大概从来没有任何人超过中国人。此外,这种世俗性和功利主义是和一种理性主义结合在一起的,其中包括广泛地否定宗教的非理性方面,首先是否定其中狂热的和超验的成分。那么,它和新教伦理的功利主义的理性主义之间的区别在什么地方呢?

中国占支配地位[22]的道德体系是正统的儒学[23],它对世界持一种明确清晰的态度。很重要的是要认识到,这一学派逐渐

---

[19]《宗教社会学文集》,卷一,第390页。

[20] 同上书,第390页。

[21] 韦伯提到的并非直接源于宗教的主要阻碍条件是:(1)缺少一个稳定的正规合法结构,(2)没有城镇的社会自治,(3)币制发展不全。请特别参看《宗教社会学文集》,卷一,第391页起。运输条件总是原始的,虽然大概不比中世纪的欧洲更原始。

[22] 在整体上,随着时间的推移越来越占统治地位。参看《宗教社会学文集》,卷一,第454页。

[23]《宗教社会学文集》,卷一,第430页起。

成为官吏阶级——有修养、有文化的绅士阶级——特定的伦理。儒学以它几乎是纯粹的道德学说,是没有任何明确的形而上学基础的实践准则的汇集而闻名。孔子与形而上学的思辨毫无关系。对于他来说,形而上学的思辨是无用和空洞的。对于来世没有任何确定的兴趣,也没有任何拯救的概念。儒学为了今世生活而关心今世生活,舍此除好名声以外别无所求。

可是,它的世俗性对无纪律并不支持。相反,它的理性主义包含一种特定的纪律。作为其基础的中心概念就是和谐或秩序。宇宙本身就是这样一个由"天"统治的秩序,人类社会是世界秩序的缩影。受过良好教育的上层人士追求同这种秩序一致的生活。这样做就要避免任何种类的可能破坏其平衡的失去自我控制力的行为。

没有任何像极端的罪恶原则这样的东西,没有任何"罪孽"——只有错误,即未能如他所继承的传统和他所拥有的机会那样,成为尽可能完美的"君子"。理性的人避免表露情感,总是自制的、有尊严的和彬彬有礼的。他总是最谨慎地遵守各种境况之下的礼节。他的基本目的是与得到普遍接受的社会秩序协调一致地生活,并且做一个为这种社会秩序增添光彩的人。

他的本分不是去承担别人的责任,也不是去关心整体社会的状况,而是专心于与他自己有利害关系的事。这包括两个主要的成分——他作为一个受过教育的君子的自我发展和他与其他人的关系。在与他人的关系方面,主要强调的是某种特定的个人关系,首先就是孝顺[24]。中国的中心美德就是子女的孝道,而官吏对他的上司的态度,也应当像儿子对父亲的态度一样。实际上,孔子把整个社会设想为这样的个人的关系网,他要求每

---

[24] 同前,第445—446页。

一个人的言行就其所处关系而言是合宜的。他不应该自命为他的兄弟的监护人。这同清教徒关心所有人的言行显然是对立的。

儒家的君子所追求的和谐生活于其中的秩序,是一种确定的具体的秩序。在儒教伦理中,没有试图改变这种秩序的主要面貌的任何动机。这一事实是非常重要的一套态度的根源,即对这个社会的"宗教"实践和"宗教"信仰的那些态度的根源。它们属于两个范畴。

一方面,以官吏为其组成部分之一的国家结构本身,是一种"神圣的"结构。皇帝和他的官吏是国家崇拜的承担者,并且像在古代那样,礼仪性的宗教职责被公认为官府职责的一部分。儒教只是把这些东西作为当然之事来接受,既不反对它们,也不探究它们的含义——那将是毫无结果的形而上学思辨。它们是秩序的一部分。如同韦伯所说的,儒家尽管是理性主义的,却丝毫没有把这些东西在伦理意义上加以合理化的倾向。与此相似,儒家非常强调的儿女孝道有一个层面是遵从繁复的礼仪。对此儒家也是简单地接受下来,丝毫不想在伦理上使之合理化。㉕

另一方面,中国同别的地方一样,一直存在大量的巫术和迷信。儒生也接受这些,但是是以另外一种方式接受的。他们自己不参与这种活动,因为这和他们的尊严不相称,但同时又丝毫不想排斥它们。这种活动属于无知无识的群众的生活㉖。

关于修身之道的概念表达了同样的观念——接受既定的事

㉕ 同前,第453页。
㉖ 同前,第443页。

物。至善之境是通过学习经史典籍达到的[27]。区分君子与小人的标志,不是出身和财富,而是经典的学习。了解这个学习概念与近代西方多么不同是很重要的。任何人都不会想到对经典加以改进。学习不是能动的,而是按照一种固定不变的规范刻板进行的。

以上种种情况组合在一起,只能助长传统主义。儒教伦理的理性主义是纯之又纯的。它也是一种今世的理性主义,同超验的东西丝毫无缘。在中国社会架构内,它使今世的好事情——首先是财富、长寿和好名声具有公认的价值。但是,儒教基本上原封不动地接受现存秩序,首先是原封不动地接受现存秩序之中的国家崇拜、祖先崇拜以及民众巫术等等宗教—迷信成分,这就使它的理性主义有了局限。此外,儒家君子的理想是一种传统的、静止的理想,这种理想的基础就是汲取传统上固定下来的一堆书本文化,即经典。儒家的学问完全没有西方科学那种富有生气的特点。最后,如同韦伯所说的,儒教的占支配地位的伦理价值观、它惟一的绝对责任——"孝顺"[28],本身就是一种传统主义的美德。它要求人们把祖辈的秩序以及合理构成的权威和礼仪接受下来,反对以抽象的理想来反抗这种秩序。儒家理性主义是庄重地适应传统秩序的理性主义。它要求人们不做任何破坏秩序的事情,要尊贵的君子自我节制。如同索罗金教授所说的,它是"一种健全的保守主义的审慎政策。"[29]

但是,以上论析应已充分明白地说明,儒教恰好是与禁俗主义的新教伦理不同的。新教伦理倒的确是一种明显的革命性的

---

[27] 同前,第451页。
[28] 同前,第445页。
[29] 索罗金:《现代社会学理论》。

力量。它的主导精神不是要个人毫无批判地去适应社会现状，而是要求个人在他力所能及的范围之内，以建立人间天国这样一个超验理想的名义去改造世界。韦伯简洁明了地说过，新教不是像儒教那样理性地适应世界的学说，而是一种理性地控制世界的学说。㉚据说阿基米德说过："给我一个支点，我就可以撬动地球。"儒教伦理之所以未能推动世界，原因就在于它的世俗性不能使它在尘世之外找到立足点。另一方面，新教伦理则有这样一种立足点，即其超验的上帝和拯救的概念。它的推动力正在于它的伦理的禁欲主义的方面。

由这个基本差别产生出许多更加具体的差别。由于儒教是世俗性质的，所以它接受传统，甚至将传统神圣化。而清教伦理建立在超验基础之上，所以它认为传统根本没有什么神圣的性质。㉛对于清教徒来说，中国人的孝道是不折不扣的偶像崇拜，国家崇拜则纯属"迷信"。惟一能使世间万物得到裁可的，就是它们遵循着上帝的意志。清教教义贯彻的是从世界上驱除巫术的最激进的极端措施之一。㉜儒教则毫不触动根深蒂固的民间巫术。这个差别反过来又是韦伯的一个最根本的学说的一部分，在所有地方，传统主义都是特定社会发展早期阶段的通例。㉝这种传统主义的势力非常顽固，要想突破非有特别强劲的力量不可；并且必须突破这种势力，像理性资产阶级的资本主义这样的社会发展才有可能实现。儒教伦理纵然是一种世俗的理性主义，却完全未能做到这一点；不仅如此，相反地它还直接而

㉚ 《宗教社会学文集》，卷一，第534页。

㉛ 同前，第527页。

㉜ 《使世界祛魅》(Entzauberung der Welt)，《宗教社会学文集》，卷一，第513页。

㉝ 一般的理论问题将以后讨论(参看第十七章)。

有力地支持了传统秩序。

无需详加论述，还可以提出两个重要的差别。现代科层制结构的基本要求之一，是职能的专业化和与之相伴的法律或科学专业知识。这是现代西方科层制的一个特点，中国官吏的科层制显然是不具备的。实行这种专业化的结果，当然就不可能再有什么完备的人格。对我们来说，专业化一直与人文主义理想有尖锐的矛盾。清教伦理成功地克服了这个障碍。因为在清教的概念里，人就是上帝意志的工具；人的最高程度的自我完成就在于在一种职业中发挥他的作用，即使是高度专业化的作用。另一方面，儒家的君子却不是在任何意义上的"工具"㉞，他本身就是目的，是一件完美无缺、和谐一致的"艺术品"。这对专业化非但不是促进力量，反而是一种很强的抑制力量。此外，在儒家看来，对于个人有价值的知识只是经典方面的知识，而不是专业技术的知识。儒家是人文主义者。

其次，我们现代西方社会秩序的另一根本原则，是它在道德方面的"普世主义"。我们那些最重要的道德义务，在理论和实践上都"不分对象地"适用于一切人。适用于人的各种大范畴，而不管所涉及的具体个人关系。例如，同任何人做生意都应当诚实公道，不是只对亲戚朋友才讲诚实公道。确如韦伯反复指出的那样，如果没有这种普世主义，就很难理解现代经济制度是怎样才能运转的。因为，诸如信守合同、保证货物质量之类的商业联系，都必须基于最根本的信任，而这种信任就是以道德的普世主义为依据的。㉟

在这方面，清教伦理强化了基督教的一般倾向。它同裙带

㉞ 见《宗教社会学文集》，卷一，第532页。
㉟ 参看本书第八章涂尔干关于契约制度诸条件的论述。

关系和区分亲疏是水火不相容的㊱。儒教伦理则与之正相对立。儒家在道德上支持的是个人对于特定个人的私人关系——在道德上强调的只是这些个人关系。㊲为儒教伦理所接受和支持的整个中国社会结构，是一个突出的"特殊主义"的关系结构。㊳这样，凡私人关系范畴之外的各种关系，在道德上就都是无关紧要的，而且普遍不愿对这些关系承担道德义务。由于市场制度中的经济关系大都是非私人的关系，因而任何突破传统主义的倾向都采取摆脱道德限制的形式，采取"投机者的资本主义"的形式，而不是像理性的资产阶级的资本主义所典型特有的那样，在道德上有所节制地去牟利。

最后，儒教总的说来是反对形而上学的思辨的，与此同时，包括儒教在内的中国思想当中有一种同西方思想正相对立的非常明显的倾向，这是同宗教伦理基础何在这个一般性问题有关的。就儒家哲学来说，宇宙中存在着秩序的诸原则，社会秩序只不过是宇宙秩序的一个方面。但是，与主导性的西方观点不同，宇宙秩序的基础是内在的而且归根结底是非人格化的。没有任何与犹太教—基督教的超验的人格化的上帝、创世者和世界之主相类似的神。在中国人的思想中，宇宙秩序是要以"道"的概念加以阐发的，这种概念在儒家以及大多数其他学派中都是共同的。

这种情况同韦伯认为最重要的另一种情况是联系着的，即在中国根本未能产生出像犹太人那样的一个先知者的阶级，先知者的"使命"，就是以那样一种超验的上帝的名义给一种超验

㊱《宗教社会学文集》，卷一，第531页。
㊲同前，第527页。
㊳我们将在后面再谈这些问题（参看第十七章附注）。

的理想赋予道德的责任。㊴韦伯认为,这种先知者所作的预言是西方得以突破传统主义的一个主要根源,是有利于世界的道德合理化的。这种先知的态度同泛神论的观念体系是不相容的。中国的宗教思想确实不是只有正统儒教一家。但是,它的主要竞争对手道教,也没有向西方的道德合理化的方向发展,而是更加背道而驰。道教㊵包含两个主要倾向。在学识深奥的高层次上,它是一种玄妙的沉思的学说。道教徒不像儒生那样寻求树立一种完美的世俗君子的理想,他们认为人的最高级的活动是对宇宙的本质作一种沉思的把握——这种途径同任何一种以积极的苦行来控制世界的做法都显然是直接背离的。韦伯认为,既然中国人思想的背景是泛神论的,"从事认识"的人对于宇宙的态度如果要合理化的话,就只有两种可能——要么是儒生那样以世俗的方式"适应"社会领域里的世界秩序,要么就是道教徒那样的玄妙深思的离尘脱俗的态度。另一方面,道教也被庸俗化,使巫术迷信广泛地蔓延开来。在佛教方面,也有同道教这两种倾向非常相似的情形。这说明在中国人的思想里同样有一个形而上学的基础,是大有助于解释中国为什么能够接受佛教的。㊶

㊴ 《宗教社会学文集》,卷一,第516页。
㊵ 同前,第458页起。
㊶ 按照这里的讨论,就不可能同意索罗金教授的下述观点:在与理性的资产阶级的资本主义有关的诸方面,韦伯没有把清教的理性主义同儒教的理性主义加以适当区别。他在非常简略的探讨中所提出的那些理由,同他所下的结论是不相称的,而且那些理由是只考虑了韦伯论述中的一小部分就提出来的。上文所作论析已经否定了他提出的那些理由。参见索罗金:《现代社会学理论》,第694—695页。

索罗金教授还认为(同上书,第696页),日本十九世纪后期采纳西方的经济组

印　度

讨论印度社会和印度宗教可以比讨论中国稍微简要一些，

织，是反对韦伯观点的重要经验证据。虽然韦伯根本没有(用任何类似他论述中国的方法)详细论述日本，但他决非没有注意到这一点。索罗金教授的论点似乎并不确切，这有两个原因：第一，他把一个并非韦伯所持的观点归之于韦伯——没有清教伦理，现代资本主义就不能存在或被采纳。韦伯的观点是，如果没有这些宗教力量的帮助，它不可能自发地发展起来。非新教文化可能从外部吸取理性的资产阶级的资本主义形式，同这种文化自发地产生这种资本主义形式，这两者之间是有很大差别的。前一种情况以日本为代表，韦伯在著作里并没说这种情况不可能(参看下面引用的《宗教社会学文集》，卷一，第300页中的一段话)。索罗金教授没有提出他认为韦伯持有这种观点的任何具体证据。

其次，在各种非新教文化中，接受这样的资本主义形式的种种障碍为什么难以克服，其原因可能大不相同。虽然没有透彻地研究这一问题，也可以大胆提出这样一种意见：在某些重要方面，这些障碍在日本显然不像在中国或印度那样难以逾越(同上书，第359页)。譬如，哈佛大学有一篇杰出的论文(小德弗罗[E. C. Devereux, Jr.]：《日本德川时代的共同体与社会》[Gemeinschaft and Gesellschaft in Tokugawa Japan]，1934，未出版)就认为，日本有一些同"特殊主义"(在前文第550页所说意义上的)相反而属于道德"普世主义"性质的重要固有宗教成分，大概就是这种成分抵销了外来的儒教成分。韦伯也注意到，在日本有一种同中国的政治结构特点不大相同的政治结构。"不管其他一切情况如何，在由类似武士阶级那样的一个阶级起主导作用的人群当中，不可能从其自身资源中演化出理性的经济伦理。然而，同像中国那样的神权政治相比，有限度的效忠关系(这种效忠关系在法律上产生了牢固的契约关系)对于西方的'个人主义'来说，是有利得多的基础。日本能够比较容易地把资本主义作为完善的东西来采纳，尽管它本身不能产生资本主义的Geist[精神]"(《宗教社会学文集》，卷二，第300页，着重点是本书作者加的)。亦请参看同上书第395页(请把最后一句和索罗金所说的"按照韦伯的观点，这是不可能的"一语相比较。见《现代社会学理论》，第696页)。

因此，既然没有佐证，索罗金教授也提不出证据来，他断然说日本的情况是否定韦伯的观点的重要例证，就是我们所无法接受的。他在经验方面只提出中国和日本的情况，来批驳韦伯的宗教社会学的比较研究部分。他在方法论方面提出的反对意见将在下一章讨论。

因为印度同西方的对比在这两方面都鲜明得多,几乎没有把印度教的宗教伦理同新教伦理混淆起来的危险。印度是日常所说的"修来世(otherworldliness)"的众所周知的发源地。

对于西方人来说,印度社会制度的最明显的特点是种姓制度。[42] 有些人大概倾向于把种姓制度视为原始,再没有比这离真理更远的了。在印度发展到任何一种程度的种姓制度,都绝对地是独一无二的现象。而且,完全定形的种姓制度并不属于印度历史的早期阶段,而是确定的属于后期。它是一个长期发展过程的产物[43]。

如同印度人口普查所揭示的,晚近以来种姓制度的某些方面,像是一幅杂乱无章的画面;但其中有一个秩序的成分,因之才能确切地称其为一种制度。[44] 许许多多严格实行内部通婚的、一般是本乡本土的世代沿袭的群体,按照相对的优劣等级排列起来,就形成了种姓制度。基本的内部通婚单位是亚种姓,但这些亚种姓大部分又都组成有一定明确界限的较大单位,这就是所谓的种姓。同一种姓的人们,相互之间至少在名义上还属于同等的社会地位。

虽然绝不是毫无例外,但种姓群体通常都是以世袭的职业为其特征的。所以,社会上种姓的划分大致就是世袭基础上的劳动职能的划分。很多种姓的名字就标示着职业,虽然并非全然如此。

---

[42] 韦伯在《宗教社会学文集》第二卷中论述了印度的一般问题,在第二卷的第一节中论述了种姓制度和社会制度的其他特点。

[43] 按照最新的意见,种姓制度完全定形不可能在公元700年以前,大概是在公元1300年。参看布伦特(E. A. H. Blunt):《印度北方的种姓制度》(The Caste System of Northern India)。

[44] 应当作为一种"理想类型"来勾画这种制度,把很多细节略掉。

此外,种姓还有仪式方面的种种禁忌为其显著特征。禁止通婚本身就有很明显的仪式方面的意义;另一个最突出的统一的准则——禁止共同生活,也是如此,甚至仪式方面的意味更浓。备餐、进餐以及私人接触,都有一套非常繁复的礼仪规则管着。总起来说,这些仪轨随种姓而迥异,对于每一种姓的成员也视在具体情况中涉及到其他什么种姓而有所不同。在这些仪轨里面,为全印度所共有的礼仪成分并不多,只有牛的神圣性等等几条;其余的无时无处不在的仪轨,使得各个种姓成了在仪轨上壁垒森严的集合体。

每一个种姓或亚种姓同其他所有种姓、亚种姓之间的等级高低关系不可能都很清楚。从这种意义上说,种姓制度在等级方面有一定的模糊成分,但总的等级高下还是轮廓很清晰的。顶端是婆罗门种姓,每个特定种姓的地位则以它与婆罗门的关系来确定,那大体上是一种特殊类型的礼仪式关系。种姓的地位首先取决于㊻ 这样一些考虑:一个有地位的婆罗门受取那个种姓的成员什么东西和在什么情况下受取(例如食物),婆罗门同他们有过什么样的接触之后要行洁身礼,婆罗门给他们主持什么样的仪式。

前面说过,这种种姓制度目前或近代的结构形式,不是从古印度沿袭下来的,而是经过一个漫长而缓慢的过程演变成现在这种样子的。在不同的时期,它受一些不同的成分影响。据最古老的文字资料记载,征服者和被征服者分成两个阶级,形成了并一再强化了种族界限。还有职业分化以及有组织的职业群体的分化,财富的分化,把许多具有不同文化的、有专门职业和没有专门职业的不同种族群体纳入单一的制度中。凡此种种对于

㊻ 指的是据以判断的标准,而不是形成原因。

种姓制度的演变无疑都是有影响的。

可是,有一个极重要的情况需要加以说明。这种特定形式的等级制度,核心似乎就是婆罗门种姓——祭司种姓——在社会上处于确定无疑、无可争议的至高无上地位。他们不仅处于种性制度的顶峰,而且其他种姓的位置高低也要参照他们和与他们的关系即仪式关系来排列——婆罗门的专职是要把精力花在这些关系上的。情况一直就是如此,然而,婆罗门在历史上从来没有掌握一种比如说同中世纪教会有任何共同之处的宗教联合组织。实际上,种姓的等级越低,它的组织才越明确——乡村自治委员会或种姓协会的组织程度,在比较低等的种姓当中是最高的。㊻ 而且,尽管有许多婆罗门当过君主的大臣或顾问,管理过世俗事务和宗教事务,却从来没有作为一个种姓凭借本身的地位自行执掌政权,而只是作为个人受命执政。最后,婆罗门虽然大都很富有,他们的职位显然并不是靠财富本身而与他们在宗教方面的地位和作用无关。他们也决非始终都是最富有的种姓。历史上从来没有其他祭司取得像他们这样的显赫成就。

还可以简要地说明一下这种社会结构的其他方面。印度一向主要是农业社会㊼,它的典型的地方单位是村。可是,印度的村与中国的村不同,不是由血缘关系的集团组成。在任何一个特定的村中,常常都有一些不同的种姓集团。但是,尽管存在种姓隔阂,一般地说,村组织仍然是高度整合和稳固的,和中国一样,是与上级政权对立的具有相当大自治权的组织。

这就说明印度和中国与现代西方之间有一个极其重要的明显差别。印度像中国一样,产生了给人深刻印象的政治结构,虽

㊻ 参看《印度北方的种姓制度》。
㊼ 《宗教社会学文集》,卷一,第1页。

621

然并不那么持久牢固。这两个国家都建立了世袭的科层制和纪律严明的军队，但从来不完全是现代西方那种科层制。中国比印度更接近这样一种组织。并且，很重要的一个情况是，印度的国家一直是一种"上层建筑"，并且中国也是如此。这种国家的行政职能并没有直接深入触及到个人[48]，而只延伸到种姓、村庄和别的集团，它们基本上还是原来的样子，拥有高度的自治。[49]

如同在中国一样，在印度也发展了手工业和商业的行会，一度势力非常强大，即使从很长一个时期来看也是一个值得重视的力量；手工艺也达到了很高的技巧。在商业、军需品供应和税收方面，资本主义有了长足的发展，通过这些以及其他渠道积累了可观的财富。但是，这种资本主义发展从来都没有接近过西方理性的资产阶级的资本主义。

由于种姓制度在纵横两个方向上都极端缺乏流动性，在仪轨上又支持世代沿袭的各种职业的等级制度，它显然是发展此种资本主义的几乎不可逾越的障碍，我们这里指的当然是凭藉本身资源的自发的发展。当今印度存在的那种资本主义，显然是欧洲的舶来品。

但是，问题显然不在于种姓和现代资本主义毫不相容，而在于印度为什么沿着这个方向发展。因为，不仅森严的种姓制度不是在印度一贯存在的，而且特别是在这个不同寻常的宗教制度的成长时期，印度社会的弹性还是很大的，肯定比中世纪的欧洲更为有利。婆罗门的无上地位当时根本没有确定下来，尤其在佛教时期更是如此。而且还有一些不利于种姓的传承积淀的

---

[48] 如同韦伯所说，与其说行政权力是"深入的"，不如说是"广泛的"。
[49] 可以指出，古代城邦和现代西方国家在相反方面的发展乃是它们的显著特点。

因素;除了已提及的经济因素之外,佛教对于种姓至少是不感兴趣的。战争和动乱几乎在所有时期是普遍存在的。此外,印度还一再遭到外来侵略和统治,给予阶级结构极大冲击,远比内战的影响为剧。[50]

晚近时期印度最突出的宗教体制一般被称为印度教。可是,必须注意,不要按照我们西方关于什么是宗教的观念去理解它。首先,并不存在人们可以加入其中的印度教"教会"。要成为印度教的教徒只有一个办法,就是出生于被承认为印度教教徒的种姓。这种承认不是根据任何教义信条而定,而主要是根据其仪轨实践。首先,某一种姓必须把牛奉为神明,忌吃牛肉,一般还要承认婆罗门的宗教权威——主要是仪式方面的。印度有自己的经书,特别是《吠陀经》。虔诚的印度教徒决不会对这些经书的神圣性发生疑问,但他只是持一种一般的模模糊糊的尊敬态度,而不是对经书中所包含或由之演绎出来的那些信条的具体内容有所赞同。

印度教教徒无疑承担着宗教方面的义务,如果没有履行这些义务就有可能受到制裁。这些宗教责任不仅是教义方面的,而且也有"达磨(dharma)"方面的。"达磨"大概最好译作"本分(duty)"。它基本上是日常生活中的传统义务,首先是仪式方面的义务。诸如忌吃牛肉、尊敬婆罗门之类的某些"达磨"是适用于所有印度教徒的,但大部分是个人在生活中所处的地位,首先是所属的种姓应负的传统责任。只要不违背这些,他愿意怎样想就怎样想。但是,对于犯了与种姓以外通婚之类罪过的人,可

---

[50] 关于印度各种有利于资本主义的条件,请参看《宗教社会学文集》,卷二,第2—4页。

能把他"革除教籍",也就是开除出他的种姓。[51]

这样,印度教徒由于宗教责任感情而要为之尽职尽责的,便是传统的社会秩序,首先是其种姓结构中的社会秩序。印度教之作为一个"宗教",只不过是这种秩序的一个方面,离开这种秩序就没有独立的地位。

如前所述,印度教没有基督教那样有约束力的教义。不仅如此,还有很多公认属于印度教的宗教观念和宗教仪式、神祇和祭仪以及救赎的方法等等,五花八门,令人眼花缭乱。但是,支持这一切的基础是某些能够界定的因素。首先,有一个根本的宗教相对性。不存在宗教所惟一能够接受的生活方式,也没有超凡入圣的惟一有效途径。任何印度祭礼都不会考虑西方的 extra ecclesiam nulla salus [教会之外无救赎]。相反,从原则上说,有很多适合于各种各样和各个阶层人们的生活方式,这些生活方式适应他们的才能和需要,最终都会导向同一目标。从这种宗教意义上说,印度大概出现了历史上我们所知道的最极端的个人主义的状态。

然而还有内容更为具体的观念,即轮回和因果报应的观念。[52] 每一个灵魂都永恒存在,肯定不是某个神的创造,而是每一个灵魂都要经历无尽无终的一系列转世。因果报应则是这样一种教义:灵魂这种实体的所有举动,对于该行为人灵魂的命运有着永远不可磨灭的影响,因为他的灵魂是永不消逝的。这两者结合起来,就是关于罪恶问题的一个完全完备的合理说

---

[51] 只要种姓制度保持不变,这真是非常严厉的惩罚,无异于一种"社会的死刑"。

[52] "这些,并且只有这些才真正是所有印度教徒共同的'教义'信仰。"见《宗教社会学文集》,卷二,第117页起。

明——韦伯说,这是历史上三种最自成体系的教义之一。㊳印度教的这些教义当然不是那种由教会去贯彻的教义,而是整个印度社会共有的、在印度任何地方都不会有人认真加以反对的宗教观念。它们就这样原封不动地维持了很多世纪。㊴

因果报应和轮回的学说同"达磨"结合起来,就联系到个人在种姓制度中所处的地位。这就是另外一个因素,由此形成了同实际动因的关系。㊵一个人前生的善行或恶行,决定他在因果轮回中转生到种姓制度的哪一个等级。从这种教义的理论上说,这种等级划分下至人类社会以下的畜界,上至人类社会之上,所以人可以转生为神——这意味着神不是永生不灭的,而只不过是超人而已。最后,在这种情况下,善和恶只能有一种内涵:虔诚地履行"达磨",虔诚地履行自己种姓地位的传统固定义务,就是善;反之则是恶。㊶

这几方面联系起来之后,这一点一旦明确了,凡属宗教性质的行动动机,实际上就都是按照传统去履行种姓的义务,因而也就是维护种姓的结构。个人的宗教利益决不是推翻种姓制度,而只是在种姓制度的范围以内使自己能够有机会转生得更好一些。为了做到这一点,惟一的办法就是丝毫不差地按照种姓制度世代相沿所要求的行为细节去做。在某种意义上说,这也是一种"天职",只不过把传统主义强调到了无以复加的地步㊷。

559

㊳ 《宗教社会学文集》,卷二,第 120 页。另外两种教义是加尔文派的教义和拜火教的二元论。
㊴ 如前所述(第七章[边码]第 286 页),对于帕雷托所说的"非逻辑理论"固有的不稳定性来说,这是一个有趣的实例。其原因肯定不在于对思想自由的限制。
㊵ 《宗教社会学实文集》,卷二,第 118 页。如同韦伯在这里所说的,是婆罗门主智主义的产物。
㊶ 因此,如同在中国一样,没有任何关于罪恶之源的概念。
㊷ 路德宗将此发挥到了极点。

对于传统主义真是再也想不出来比这更严密而有效的支持了。㊽

这种关于个人的宗教义务的整个概念里面,包含着印度宗教思想的一个更深一层的特点——无疑这种概念也在很大程度上来源于这个特点。在吠陀经典文献中根本没有印度宗教思想的根本特点和种姓制度,而这些文献在宗教观点方面同希腊有极为密切的联系。但是,在发展进程中,人们越来越重视祭祀仪式的灵验与否,相形之下,吠陀诸神的重要性反而逐渐降低了。这种趋势似乎主要注意的,是仪式力量所表现出来的客观的而非人力所及的秩序,哲学思辨则道出了这种仪式的意义。

不管历史可能是怎样发展过来的,到婆罗门教时期㊾,轮回和因果报应的教义无疑已经出现,并且是与关于宇宙秩序的原则的一种与人无涉的(impersonal)泛神论概念联结在一起的——这种概念排除了存在一个人格化的超验的创世主即神的任何可能性。包括灵魂在内的基本秩序,是永恒常在的而非创生之物,众神本身只有次要意义。"神"应当存在于这种秩序之中,而不是在这种秩序之外或之上。西方关于神造万物和上帝赐福的概念㊿也都被彻底排斥了。婆罗门教的正统吠陀学派认为,只有这种与人无涉的统一的宇宙秩序才是实在的,其余一切都是"空幻境界",是幻象。

婆罗门教对于宇宙的这种非同一般的理性解释,之所以同一个特定的社会制度完全相适应,当然经历了一个不简单的发

㊽ 当然是就宗教"利益"起作用而言。

㊾ 历史学家习惯地把印度教的发展划分成三个主要时期:(1)吠陀时期,从雅利安人入侵到公元前1000年左右,(2)婆罗门教时期,从公元前1000年到公元元年左右和(3)从那以后是印度教时代。见W. E. 克拉克教授在哈佛大学的讲演。

㊿ 这种"专横地"干预宇宙秩序的观念是会吓坏印度人的。

展过程。理论是由有高度文化修养的知识阶层创造出来的,而这种理论在纯粹观念的层面上广为传播,直至为一个大多数是文盲的庞大人群所掌握,这个过程必然是缓慢的。然而,这种理论必须得到广泛传播,才能为沟通民众的宗教关怀起到作用。

关于种姓制度的起因,不同学者提出了许多看法,其中最重要的是强调职业分化和征服者与被征服者之间种族差别的作用。这种种族差别特别引人注意,因为它涉及种族界限问题。两者毫无疑问都起作用,但是这两者在没有产生种姓制度的其他地方也都普遍存在。然而,种族界限少不了要强调遗传原则,并且要把文化中的巫术成分与仪式成分汇集起来,这样就强调了韦伯所谓的 Gentilcharisma[部族卡理斯玛]的原则。[61]

另一个最重要的因素——婆罗门的至高无上地位,决不是本来就有的。在印度的封建时期,婆罗门常被认为低于有良好教养的刹帝利贵族。他们的至高无上地位是社会权力均衡发生各种复杂变迁的结果。在这些变迁当中,就有一种世袭的统治者同婆罗门结盟反对封建势力的倾向。刹帝利的地位由于长期的一系列的外族入侵而被严重地动摇了,他们作为武士在外族入侵的时候首当其冲。婆罗门文化是一成不变的,并且受穆罕默德入侵的影响。[62] 世袭的执政当局,特别是财政当局,倾向于加强诸现存集团的团结。[63]

城市商业阶级和手工业阶级的影响,本来是一股有可能打破这种传统主义制度的力量,在西方也确实起了很大作用,而在印度未能发挥作用。这两个阶级确实以行会的形式组织起来

---

[61] 见《宗教社会学文集》,卷二,第 125 页。卡理斯玛[charisma]的概念将在后面讨论。

[62] 关于这些问题,参看《宗教社会学文集》,卷二,第 125 页。

[63] 同前,第 127 页。

了,并且常常是强有力的和生气勃勃的。但是,一方面,它们从来没有像中世纪的西方那样,成功地使城市成为拥有独立军事力量的独立社团单位(independent corporate units)。另一方面,它们的势力危及日益强大起来的各世袭邦政府,所以被邦政权压垮了。⑭

婆罗门理论对于当局是再好没有的保护伞,特别对于外来征服者的政权更是如此。婆罗门如果没有掌握权势,种姓制度就根本不会得到发展,而他们一旦执政,他们的宗教哲学就有了起作用的机会。⑮ 适合于它的其他成分已经齐备,它的危险的竞争者——旧有的刹帝利和行会也被粉碎,因之得以连续不断地贯彻婆罗门的观念,经久而缓慢地一直向形成种姓制度的方向发展。如果没有许多非宗教方面的条件,婆罗门的宗教观念就不能发挥影响。⑯ 但是,如果没有这个特定的观念体系,这些条件当中的任何一条,甚至包括世袭的祭司的至高无上地位在内,把这些条件加在一起,也同样不会产生出种姓制度。应该说,这个观念体系"是理性伦理思想的产物,而不是任何一种经济条件的产物"。⑰

虽然印度宗教哲学的所有主要运动都建立在一般的泛神论以及轮回和因果报应学说的基础之上,人们的宗教兴趣却决不局限于如何才能在周而复始的轮回中转生到较高等级。相反,

---

⑭ 见《宗教社会学文集》,卷二,第 127—128 页。韦伯很强调西方城市作为独立社团这个特点,城邦和中世纪城市都具有这个特性,在东方则不是这样。见《经济与社会》第二部分第八章中关于"城市"的极为有趣的论述。

⑮ 《宗教社会学文集》,卷二,第 131 页。

⑯ 关于这里涉及的有关观念作用的一般性理论问题,参见上文第十四章附注。

⑰ 《宗教社会学文集》,卷二,第 131 页。

只有大众才持这种偏见,选民们则在很多世纪以来就关心在一种更加根本得多的意义上的"拯救"的问题。但是,拯救可能意味着什么,一个人应当从什么当中获得拯救,因为什么得到解救,对这些问题只能按照它们背后的形而上学观点去理解。[68]

前面指出,关于神的内在的泛神论概念,就排斥了一种极端的恶的原则,而只可能有"不圆满(imperfection)"。同样,也不可能有对于有限的功与过的永恒的报偿和永恒的惩罚。这样的基督教观念对于印度人是毫无意义的。得救不是从基督教所说的"罪恶"中脱出,也不是为永恒的福祉而得救。从因果报应出发,得救的含义大不相同。印度的厌世主义基于确信世俗的一切事物都毫无意义和短暂无常的信念。甚至最值得赞许的行为最后也只不过是使人转生为神,而那也是短暂无常的,还是注定要死,还要重堕轮回。永恒性、根本的稳定性和"永生",只能通过摆脱一切取得,不仅要摆脱今生,而且必须摆脱想象中的所有"前世和来生"。

在印度已经有很多得救的途径,但目标只有一个。如果说这些途径使人追求比仅仅改善转世的前景"更高的"宗教目的,那么它们全都是为了彻底摆脱今世。在这种特定意义上,它们全是修来世的。[69]

所采用的方法很多,但可以分成两大类:禁欲主义的和神秘主义的。后者是占支配地位的倾向,认为默想具有最高的价值,对今世事物大体上是持冷漠态度的。今世的重要性被如此厉害地贬低,以致因此没有任何可能的以理想的名义来改造世界的动机。世界只有被看做是诱使人们脱离真正利益的原因时,才

---

[68] 关于这些得救的教义的一般论述,见《宗教社会学文集》,卷二,第二节。
[69] 《宗教社会学文集》,卷一,第359页。

是危险而需要与之对抗的。但是,除了消极地按事物的原样的接受事物外,与它不可能有任何更加积极的关系。

印度以禁欲主义之乡而闻名。但是,植根于此种基础之上的这种禁欲主义,总是而且必然是韦伯所谓的修来世的禁欲主义。它之反对情欲,为的是消灭情欲使灵魂与"绝对"脱离的诱惑力。情欲应当控制,并不是因为情欲可以当做工具,而是因为可以把它变成无害的。在基本的印度观点里面,没有任何实行积极的"世俗的"禁欲主义的动机,而这种禁欲主义是新教伦理的精髓。[70]

在某种意义上说,佛教是反对婆罗门和反对种姓制度的运动。可是,这种反对没有使它朝着西方的方向背离基本的印度宗教立场,反而使佛教得出比婆罗门哲学更加极端的结论。佛教是沉思默想式宗教最突出的典型。由于它对世界的极端冷淡,由于它禁止最合格的人——僧侣——以任何方式介入俗务,所以对任何社会制度都不直接支持,而是特别与世无争的。正因为如此,它不能作为理性的经济伦理的基础。[71]

系统的宗教类型学

韦伯的宗教比较社会学不仅仅是一系列互不联系的、阐明是哪些宗教成分阻碍资本主义在现代西方以外其他地方发展的"个案"研究。它主要研究的是资本主义问题,它的主要理论架

---

[70] 同前,卷二,第360页。

[71] 因篇幅所限,这里没有收入对印度祭礼—宗教后期发展情况的论述。这些发展基本上没影响与资本主义的一般关系。韦伯对此问题的论述,参看《宗教社会学文集》,卷二,第三节,第316页起。关于佛教的广泛传播情况亦如上述,见同上书,第251页起。

构也集中于这一问题。但是,从中可以看出一个宗教类型学的一般体系,最终使人们开阔了关于资本主义问题的宗教方面的眼界。为了说明这个情况,此处只需对某些主要概念稍加说明。⑫

如果不涉及下面将更加详细论述⑬的韦伯关于历史发展的一般概念,即便概要地介绍这个系统的类型学也是不可能的。在他看来,与他的研究相关的是,在宗教发展的过程中有着某种似乎是共同的起点——某种一般性的"原始宗教"。这样,就要把各种可能类型的"发达的"宗教体系设想为是在始自同一起点的分化过程中形成的。⑭它们代表了在很大程度上相互排斥的各种可能性。可是,现在我们关心的不是不同的类型成分是否适用于历史上的实际情形,而是它们彼此之间的逻辑关系如何。

韦伯认为,对于"原始"类型来说,要根据合理性或"目的"的特性去区别其中的宗教成分和非宗教成分是不可能的。目的一般地都是世俗的,而宗教行动、巫术行动和世俗的各种技能一样,都有某种相对的合理性。此种区分,是由现代自然观着眼才作出的,在原始材料中并没有根据⑮以下面这种意见作为出发点才有成效:与世俗行动相区别的宗教行动具有异常的属性和力量等等,这些特性和力量远远地脱离了普通事物(ausseralltäglich),人们对它们持一种特殊的态度,认为它们有特

564

---

⑫ 最系统地对此加以概述的是《宗教社会学文集》,卷一,第536—573"中间考察"[Zwischenbetrachtung]部分和《经济与社会》第二部分第四章中"宗教社会学"[Religionssoziologie]一节。同时请参看《宗教社会学文集》,卷二,第363—378页关于亚洲宗教的论述及同书卷一第237—275页"概念"部分的一般论述。

⑬ 见第十七章。

⑭ "原始的"和"发达的"两词的引号是有意加上的。它们在这里仅仅适用于韦伯感兴趣的那个过程。

⑮ 参看前面[边码]第425页引用的马林诺夫斯基的观点。

殊的效验。韦伯称这种异常的属性为 charisma[卡里斯玛]。⑯它体现在诸如"魔力"(mana)之类的概念中。

565   从这种把事物"择出"的概念出发,就能够很容易地得出另外一个"世界"的概念,这个"世界"是由与日常生活普通事务所涉及的各种实体相异的实体构成的。在这个意义上,也只有在这个意义上,这个世界是"超自然"的世界。可以用许许多多不同方式来表达这些实体以及它们同"自然界"的关系的特性。譬如,可以把它们分为"人的"和"不属于人的"等等。但是,韦伯因为他所要研究的问题而没有很注重这些区别;不管怎样去想象这些实体,重要的问题是人们对这些实体所持的态度同对于日常事物的态度有什么不同。它们倾向于分成两种类型:就超自然世界被包括在个人的人身之中来说,是"灵魂";在个人人身之外的,则是"神"或"精灵"。这些概念是不是拟人的,是次要的问题。处理这些实体同人们的关系的,就是韦伯称之为宗教行动的领域。⑰

这个复合体还有一个重要的成分。人们常常认为,物件、行动和人都具有卡里斯玛这个与其他事物相区别的特性,而这些物件、行动和人在其他方面,又都属于日常的世界或是与日常世界紧密相关的。这个特性,在某种意义上就是这些超自然力和实体的表现。对这些具体事物身上的自然成分和超自然成分作出区分势在必行。对这两种成分之间的关系,有一种可能的解释,就是前者象征着后者。如同韦伯所说:"不仅那些明明白白地存在和发生着的事物在生活中起作用,还有那些具有一定意

---

⑯ 《经济与社会》,第 227 页。这是他自己杜撰的词。这个概念和涂尔干的 sacré[神圣]概念惊人地类似,如同他们两人对这些问题总的研究方法非常类似一样。这种类似在理论上的意义,后面将作充分的讨论(参见第十七章)。

⑰ 《经济与社会》,第 221 页。

632

义以及由于具有这种意义才存在的事物也在生活中发生作用。因此,巫术由于其力量有直接的作用,就是一种象征作用(symbolism)。"⑱ 不管这种"朴素的"解释可能是多么地不同于我们自己意识之中的象征作用,其中有着一个十分重要的成分。

韦伯根据这种基本观念得出他的一个根本论题:"宗教观念"对包括经济行动在内的行动的第一位的影响——无所不在的影响——就是赞同把传统一成不变地保持下去。⑲ "巫术的每一套程序一旦得到'证明'是灵验的,自然就要严格按照它取得成功的那种样子反复去实行。人们又把这种情况扩大到所有在象征方面有意义的行动的整个领域。行动稍微背离得到公认的规范,就可能失去灵验。人类的一切活动都被拉入这个起象征作用的巫术的圈子。"⑳ 虽然这些具体的行动和行动复合体,按涂尔干的说法是典型的"世俗"行动,但大范围的行为——经济行动或政治行动,爱或战争——没有一样是"世俗"的。只要把这些行动同卡里斯玛式的力量联系上,它们就成为了传统。如同韦伯所说,"神圣的东西就是特别不可变更的东西。"㉛

上面所描述的,仅仅是"原始"宗教的一个非常广泛的基础。在这个一般基础上,可以在许多不同方面变化成各种类型和向不同方向发展。韦伯非常详尽地探讨了这些变化和发展,同时至少是着手作了一些系统分类。由于篇幅所限,这里不来详述那些复杂问题。可是,那些超自然实体在特点方面,在它们彼此之间的关系、同不同阶层的人的关系以及同非人力所及的世界

566

---

⑱ 同前,第 230 页。
⑲ 同前,第 231 页。
⑳ 同前,第 230 页。
㉛ 同前,第 231 页。与从理论上解释这一观点有关的要点已经在上面探讨了(第十一章),后面还要进一步详细阐述。

的关系方面,可能有很大的不同。这些神圣的传统借以维持或传播的方法(口头的或者书面形式的),与神物关系密切的人同与神物没有特别亲密关系的人的分别程度,诸如巫师、神父之类专门神职人员与共同体中其他阶层的关系等等,也都可能很不相同。

不管这些不同在其他方面可能有多么重要,它们都没有触及那对于韦伯来说的最重要问题——摆脱传统主义的出路。宗教在这个层面上仍然是总的社会共同体的一个方面,基本上裁可这个共同体的总体结构及其习俗、包括仪式在内。㊷ 付诸阙如的,是对生活中有宗教意义的那些方面的一种理性而系统化的态度。

一旦提到象征作用的层面上来,就产生了今世事物和事件的"意义"的问题。而这个问题一旦产生,把这些漫不相关的意义加以理性化,使之成为一个首尾一贯的体系,对作为一个整体的世界以及人在世界中的地位加以全面说明,就是理智"内在的"需要。韦伯那样着力强调苦难问题(说得更明白些就是罪恶问题),是把它当做了意义问题得以最鲜明地呈现出来的要害之所在。㊸ 理性化的过程由此引向了宏伟的神正论(theodicy)观念。㊹ 但是这一理性化深深地受到传统主义的抑制。因为,传统主义的局面,不可避免地将吸纳那些任何单一的合理体系都不能全部容纳的形形色色的不同成分,并给予它们传统的支持。㊺

因此,在理性化的过程中,如果超出了一定界限,就要突破

㊷ 这是一种非常类似 A.D.诺克教授所谓的"文化的"宗教的类型。
㊸ 见《宗教社会学文集》,卷一,第 241 页起。
㊹ 《经济与社会》,第 246 页起。
㊺ 这是韦伯认为被大量实际证据证明了的一项定理。

传统主义,反之,任何对传统主义的激烈突破又都随之以理性化——因为打破传统的人既要采取这样的行动,就不得不明确说明他对所打破的东西持什么看法。如果在这样的突破传统的过程中涉及到宗教方面的因素,即打破传统的人声称具有卡里斯玛权威的时候,韦伯即称之为"预言",并称该人为"先知"。⑥ 韦伯宗教社会学的主体所关心的,正是这种预言及其含义和影响。先知的重要意义,就在于启动了解释世界的"意义"和人们应该对世界持何种态度的伟大的理性化进程。韦伯认为,人们可能采取什么样的态度,是受这一进程形成的观念结构制约的。

如同前已指出的,韦伯对宗教观念体系感兴趣,乃是把它们当做社会发展过程中起分化作用的成分。他的这种兴趣乃是建立在他如下这个基本论点之上的:宗教的理性化并非由其内在特性注定向着单一方向发展的,而是根据处境情况不同,可能向着数量有限的几个方向发展。尽管亚类型多种多样,主要的方向却可以归为两个——这就是贯穿于韦伯有关这个问题所有理论之中的二元论。

韦伯把先知界定为"纯粹个人⑥的卡里斯玛承载者以布讲 568 宗教教义或神谕为其'使命'的人"。⑧ 先知总是负有"使命"的人,他感到自己同一种超自然的实体或秩序有特别紧密的联系。他之承担使命不靠任何人类力量的授权,实际上还有意识地和所有这样的人类力量相对立。耶稣的说法是:"经里是这样写的……,但我要对你说……。"相反的情形也代表了一种类型。这两种形式的"使命"中,指令如果成其为指令的话,就包含着一

---

⑥ 同前,第 250 页起。
⑦ 他不是由任何人的权威,特别不是由传统或"官府"使之"合法化"的。
⑧ 《经济与社会》,第 250 页。

种教义,而教义并不必定包含有指令在内。

韦伯就是以此为基础来区分先知的两种基本类型的。先知要么认为自己是神的意志的工具,从而以神的名义传达人们应当把其作为一种道德义务来遵守的具体指令或规范。这是道德式的先知(穆罕默德、耶稣)。[89] 要么就是以他个人为范例向其他人显示在宗教上得救的方法(佛陀)。韦伯称之为示范式的先知者。但是,不管采取哪一种形式,预言总是意味着"首先是先知、然后是他的追随者靠对于生活采取一种深思熟虑的有意义的立场所获得的对于生活的统一态度"。[90] 人们要想实现宗教的利益,就必须在行动上与蕴含在这样的立场中的那个自成体系的世界的意义相一致。

道德式的先知认为自己是神的意志的工具。因此,他的使命中有一部分就是给人们规定道德方面的规范,期望人们都能遵守。并且,这些规范从定义上说,就不同于现存的传统事态。对这种情况的理性化是朝向一个特定方向的。以先知为其工具的那个意志,即新的规范的本源,不能仅仅是世界本来面目的内在秩序的表象。同道德式的先知相适合的,只能是一种超验的人格化的上帝——他关切现存宇宙秩序和人类秩序,却不是在其实质上包括在现存秩序之中——的概念。这不是说,这样一种上帝概念仅仅作为道德式先知的"理性化"[91] 而产生,也不是说道德式先知的"理性化"仅仅提出这样一种上帝概念;而是说,它们是互相依赖的现象。因此,韦伯认为,印度和中国的种种泛神论概念,一旦牢固地形成,[92] 就足以阻碍道德式预言的发展。

---

[89] 同前,第 255 页。
[90] 同前,第 257 页。
[91] 这里用的是其贬意。
[92] 按帕雷托的用法,可以认为"形成"就是"转变成为剩余物"的意思。

另一方面,把神当做秩序的内在原则这样一种泛神论概念,则是和示范式先知的出现有关的。旨在改变世界的规范或指令是完全不可能的,但也不是要试图同世界"和谐"一致地生活。传统的达到这种"和谐"的方式为什么不受到人们的指责？这是没有什么道理的,实际上,这些方式并非没有遭到指责。作为一条拯救灵魂的道路,示范式先知完全可以有一个非传统的新教义,其他人可以以他为榜样,遵循他的教义。

先知的出现有一个直接的社会含义。如果他的预言是灵验的,那么,他就在他周围集合起一个信徒共同体[97]。预言本身包含着对于传统的突破,这一事实意味着,先知及其追随者同他们处身其中的社会的关系——特别是他们同该社会的宗教传统承担者的关系,但也包括同其他成分的关系——是非常成问题的。此外,在其本身的发展过程,这个共同体或 Gemeinde[团体]内部不可避免地发生着变化,特别是从奠基者领导变为由他的后继者领导。在所有这些问题中,由于该先知及其教义的特点不同和所处情况条件的不同,存在着许许多多各不相同的可能性。但主要的是,先知的宗教是社会组织的一个源泉,而不依赖于传统秩序的内在发展。它本身也可能又成为传统,但并不必定如此。因此,宗教便不仅仅是社会共同体的一个方面,而且也是社会共同体的基础。

先知的运动在其 Gemeinde[团体]内外的社会含义,与该运动提出的预言以及它所包含的观念体系的特点有关,都依赖于它为实现宗教利益所采取的方式。这些方式又可以分成两种主要类型,韦伯称之为禁欲主义和神秘主义。可是,它们的意义只有根据前已述及的韦伯的这样一个观点才能理解:没有一种传

---

[97] 即 Gemeinde[团体]。见《经济与社会》,第 257 页起。

统秩序能同任何充分理性化了的世界的意义的概念所提出的要求完全一致。因此,不可避免的是,至少世俗秩序的某些成分会不可避免地同宗教价值发生冲突。㉞ 就是这种冲突形成了需要"救赎"的基础。

在这种冲突中,原则上存在两种具有普遍可能性的态度,这两种态度与首尾一贯的理性观念是相容的。显然,世界不能简单地去"接受"。那么,世俗的事物在可能的范围内能被控制,能按宗教观念的利益加以掌握。或者,另一方面,可以极度贬低世俗事物的价值,使之成为无关紧要的。按照韦伯的说法,前者是禁欲主义的,后者则是神秘主义的。㉟ 这两种态度又都可细分成入世的(worldly)和修来世的两种类型。㊱

这两种态度都只有少数宗教大师(Virtuoso)㊲才以极端的形式去贯彻。韦伯非常强调人们的宗教信仰程度是不相同的。㊳ 禁欲主义类型的救赎是与道德式预言相联系的。个人觉得自己是上帝意志的工具。因此,他必须根据上帝的意志对传统的道德准则进行严厉的批判,并且为自己树立远远高于大众、甚至高于"好人"的理想目的。"世界"成为有罪的,在极端的情况下成为极端罪恶的,是要与之斗争并且在可能的范围内加以控制的。

根据情况不同,这种斗争可能采取两个方向中的一个。可以仅仅在自己本身之内对"世界"作斗争和加以控制——因为对

㉞ 《经济与社会》,第 330 页起;《宗教社会学文集》,卷一,"中间考察"。
㉟ 《经济与社会》,第 310 页起。
㊱ "入世的"在这里意指留存在社会秩序之内,而不是在内心里留恋"尘世的"好处。另一方面,"修来世的"则要与日常社会秩序断绝联系。
㊲ 这是韦伯常用的词。
㊳ 《经济与社会》,第 310 页。

这样一个人来说,没有任何超出于此的积极责任。这样,禁欲主义者将作为隐士或僧侣逃避这个世界。或者,在像新教那样禁止遁世的情况下,惟一的出路就是控制,不仅控制自己,而且也控制自己以外的世界,而这世界仍是有罪的。修来世的禁欲主义作为一种对于滋扰人心的七情六欲加以控制从而使之无以为害的手段,同泛神论的背景也是可以一致的。

另一方面,拯救的目的可能通过"神秘的体验"达到一种异常高级的"境界"。只有少数人使用一种系统的方法即"静修",才可以达到这种境界。世俗的爱好只能是一种干扰。一个有这种体验的人不能与世俗的爱好有任何积极的联系;只能避开这些爱好。结果就是对人也漠不关心:或者尽可能远远地回避人世——"修来世的神秘主义",或者生活在人世之中却身在曹营心在汉,不允许内心依恋人世——"入世的神秘主义"。这种态度同那种内在的、非人格化的神的概念之间的联系是很明显的。

这些不同拯救的道路同社会生活的不同成分之间的种种关系决不是简单的,无法在这里进行分析。但是,可以一般地说,如果不回到传统主义去的话,所持的立场越是偏向神秘主义一方,要在宗教的基础上、甚至要在 Gemeinde[共同体]的基础上建立一个牢固的社会组织就愈困难;而且除了因循守旧的传统的间接影响之外,宗教观念体系对社会生活的影响将愈小。佛教是这种方向的一个极端代表。[99]

另一方面,所持的立场越是偏向禁欲主义一方,在某些情形下就越是同上述情况相反。修来世的禁欲主义可以变成极端反社会的;而新教的尘世禁欲主义则代表着另一种宗教利益的极

---

[99] 即佛教的非社会的特点。它并不像婆罗门的印度教那样强烈赞同"凡俗的"传统主义。

端,即按照理性化的宗教理想的设想塑造今世生活组织。

韦伯尖锐地反对认为这些理性化的宗教观念体系是任何"物质"条件的产物的观点。⑩ 相反,这些体系是出自不同的出发点去解决世界意义问题的内在的 Eigengesetzlichkeit[本身固有的规律性]的结果。然而,韦伯承认,非宗教因素对于这些宗教观念的具体发展进程,特别是对于它们朝何种方向发展,是起非常重要的作用的。可以在此说明其中几个主要的关系。

首先,预言的出现以及随之整个进程的开始,都在很大程度上应当归因于社会局势。首先,在传统的价值观已经动摇和出现公开冲突的地方,就强烈促使人们"采取一种态度"。事实上,先知常常是与社会冲突联系着的。其次,社会发生分化时,世界的意义问题对于社会的所有阶级不会全然一样。正由于宗教观念体系的社会意义在于它对人们的利益所在起着导引作用,一个人采取何种观念取决于他面临的是何种问题。这不是说阶级利益决定宗教观念,而是说某种类型的阶级处境,使其成员较易接受某一特定宗教思想路线而较难接受另一条路线,或者较易接受拯救的观念。⑩ 第三,一个特定的宗教教义在一种文化中获得优势地位的机会,是与作为此种教义的主要信奉者的阶级在社会"权力天平"上的地位紧密相关的。这一点已在上面关于婆罗门的事例中阐述了。

另一方面,宗教观念体系以什么方式影响实际生活并从而影响社会结构? 必须把韦伯对此问题的看法也搞清楚。社会无论如何也不仅仅是宗教观念"发散"出去就产生出来的。相反,这种过程是非常复杂的。关键性的理论概念是宗教"利益"的概

---

⑩ 他多次这样说过。
⑩ 参看《经济与社会》,第267页起。

念。观念之所以在行动中是有效的,乃是因为观念决定实际活动能够谋求利益的方向。

但是,利益的概念本身就蕴涵着另一因素。人类行动不仅受观念条件的制约,也受实际条件的制约。而且,作为这些宗教体系之特征的理性化,是要以牺牲或多或少地体现于社会定制中许多潜在的价值为代价的。因此,这是一个这些不同成分之间高度复杂的互动过程。这种过程至少会对宗教体系本身的发展进程产生选择性的影响。最后,潜在可能的冲突中的各种成分,尤其是对韦伯而言重要的宗教利益与"世俗"之间的冲突中的各种成分,确定无疑地将会使这一过程充满了活力。由于韦伯坚持宗教观念对于社会有重要意义,就指责他在宗教观念影响社会的方式问题上主张一种幼稚的一元论的"发散"理论,再也没有比这更不公平的了。

现在,可以将新教伦理的问题置于韦伯比较宗教研究的广阔视野之内了。中国同印度相互间的差异不管多大,两国的宗教发展有某些基本特点却是共同的。二者宗教思想的合理化,都是从一种非人格的仪式力量的概念——道和一(rita)出发,朝着内在的、非人格的、泛神论的方向发展。与此相关的是,二者的发展过程中,都没有出现过以道德标准来与传统秩序相对立的道德式预言的运动。

韦伯十分强调的另一情况是,这两个国家的合理化宗教观念都是有教养的智识阶级[102]的产物。在这两个国家,阶级所处的地位及其最高的宗教善行都是与"知识"紧密相关的,但不是现代西方科学的经验知识,而是性质完全不同的知识;或者如同在中国占优势的情况那样,是书本传统的知识,或者是神秘的灵

---

[102] 与基督教的情况正相对照。

知。[103]在这两种情况中,都没有基督教那种意义上的信仰。因为只有少数有教养的人才能掌握这种知识,所以精英者的玄奥精微的宗教同群众的宗教有很大分歧。后者并没有摆脱巫术的传统主义状态,仍然是"原始的"。

在中国,合理化过程与儒家传统的承担者——官吏阶层的特点相一致;完全朝世俗的方向发展,回避一切形而上学的思辨。但是,正因为如此,根本没有出现过对于世界意义的激进的理性化。理性化一直局限于适应某种既定的事物秩序。这种秩序本身,包括其仪式成分和巫术成分,一直是不容怀疑的。因此没有任何摆脱这种秩序而拯救灵魂的动机,也根本没有对事物进行根本改造的阿基米德式的支点。儒家的理性是深思熟虑的保守主义,是适应一种特定秩序的。如果说那些玄奥精微的思想是遁世思想,那也不是朝世俗的禁欲主义的方向发展,而是朝道教的神秘主义方向发展——道教的思想同印度的宗教运动是相对应的。

另一方面,印度的激进的合理化事实上是在受过良好教育的知识分子当中进行的。这一过程产生出轮回和因果报应的教义。对于与种姓世袭制度联结在一起的群众来说,结果只是对于传统化了的无流动性(immobility)的裁可——如韦伯所说的,是"社会'有机'理论的一种绝无仅有的在逻辑上完全连贯一致的形式。"[104]另一方面,对于精英者来说,拯救只能靠神秘的静修和修来世的禁欲主义来避开今世事物。对于传统的秩序,或者像佛教那样不去触及,或者像印度教那样强烈地支持。用韦伯的话来说,在这两种宗教中:

---

[103] 《宗教社会学文集》,卷二,第364页起。
[104] 同前,第367页。

……俗人(在中国即没有文化的人)在仪式上和传统上都是为追求日常利益而行动,对于他们来说,灵知是被否认的,或是被他们自己抛弃的,因之也无所谓宗教方面的最高目标。亚洲人毫无节制地牟利,无人能与之相比拟,这在任何地方都是人所周知的,大体上也确是如此。但是,它是一种"牟利冲动",它利用一切可能的欺骗手段,并且时时处处借助于巫术的帮助。但是,它所缺少的正是在西方的经济生活中起决定性作用的东西——对于牟利的这种冲动特性加以理性的约束,使之并入世俗合理道德行为的体系,这是在若干先行者开了头后,由新教的"世俗禁欲主义"一以贯之地来完成的。亚洲的宗教缺少为这样一种发展所必需的成分。[105]

禁欲主义的新教伦理与中、印两国的宗教伦理的不同之处,现在应当是很清楚的了。按照韦伯的分类,禁欲主义的新教伦理在逻辑上是佛教的极端对立面,更广泛地说是印度的神秘主义的极端对立面。中国则处于两者之间。以激进的加尔文派教义形式出现的新教对于世界的合理化,是把下列成分结合在一起的:①超验的上帝;②预定论,认为个人依靠包括通过神秘的静修达致灵知在内的个人努力来使灵魂得到拯救,是完全不可能的;③情欲的罪恶性,认为情欲导致理想和现实之间最大可能的极端紧张状态;④人作为上帝建立人间天国的意志之工具的概念,这种概念倾向于,为实现一种理想而把宗教利益导向对世界进行积极的禁欲主义的控制。⑤世界的彻底腐败性,这意味着彻底地贬斥传统主义(尤其是巫术、仪式和象征方面的传统主

---

[105] 同前,第372页。

义)。如果有任何宗教观念体系能构成一种积极的社会力量的话,那么,肯定就是这个。⑩

新教与资本主义:简明的纲要

在结束本章的时候,可以再次提出这个问题:到底是在什么意义上,可以说韦伯已经"证明了"他的原创性的命题——新教伦理是西方理性的资产阶级的资本主义发展过程当中的一个根本性的因素,这个因素虽然不是惟一的,却是不可或缺的。作为以上不可或缺的冗长探讨的结果,对于韦伯的观点作出下面的概括似乎是合情合理的:⑩

1. 与其他的文明相比,理性的科层制组织和与之密切相关的诸种形式,是现代西方独具特色的社会结构中的主要成分。

2. 禁欲主义的新教伦理与现代西方资本主义及其 Geist[精神]中科层制的理性的资产阶级的因素有着一致性。

3. 亚洲的主要宗教在伦理含义方面与资本主义精神没有一致性。就它们对世俗的社会生活发生过影响而言,这种影响不可能是朝向理性的资产阶级的资本主义方向的。在新教伦理是惟一能够形成那样一种影响的宗教伦理这一论点中,现在的表述有一处缺口,即没有讨论犹太教、伊斯兰教以及基督教的非新教派别的伦理。这一缺口决不是韦伯自己完全未予弥补的,尽

---

⑩ 加尔文派和佛教代表韦伯的分类中对立的两极,这是就韦伯的经验材料所及的范围而言。它们在某种更加一般的理论意义上是不是极点,无需加以讨论。

⑩ 请与冯·塞廷的阐述相比较,见《马克斯·韦伯的科学论》,第 287 页起。这里陈述的观点大部分是不依赖冯·塞廷博士的论点而获得的,但是在阐述方面受到他的启发;在对于韦伯已经证明了或他声称已经证明了的那些观点进行一般解释方面,我同冯·塞廷是一致的,这是最为可喜的。

576

管直到他去世时仍未完成的正是他的这一部分理论。毫无疑问,他曾计划完全补上这一缺口。无需提出证据便可以一般地说,所有这三个宗教的伦理比起亚洲的宗教来,都较少不利于资本主义发展,特别是因为超验的神的概念是它们所共有的。但是,它们对于新教类型的思想充分发挥力量而言,也都有着严重障碍。不过,新教教义毕竟是早期犹太教以来持续不断的漫长发展过程的产物。

4. 总的来说,基于"理想—类型"的建构,在人们预期的此处所讨论的三种宗教伦理所要产生的具体社会影响与实际发生的状况之间,是有着高度的一致性的。这是确实存在此种影响的非常显而易见的证据,谁要提出疑问就拿出证据好了。

5. 在这一领域的一个重要部分(虽非全部)中,韦伯已经展示了实际的发展过程,以及这一影响之可能得以发挥的种种机制。这大大强化了第四点所说的那种显而易见的情况。

6. 韦伯并未也从未想过要作出这样的确证:在一种宗教伦理本身的具体发展过程及其对具体社会事务发生影响的过程中,没有非宗教成分在很大程度上的介入。[108] 相反,这样的一种解释是直接与韦伯在社会学方面的整个基本立场相违背的——下面将要论证,他的基本观点是一种唯意志论的行动理论,而不是唯心主义的发散理论。韦伯认为诸非宗教成分以几种不同方式介入其中,对此我们已经举过典型的例子。但这只是一个范例。认真读过他的著作的任何人都会毫不犹豫地相信,韦伯决不是一个天真幼稚的过分简单化的人。

---

[108] 即使索罗金教授并没说得非常清楚,他的话仍是常常如此强烈地使人认为,他对于这一点是作了错误解释的。参看《当代社会学理论》,第 678、680、682 等页。

7. 在资本主义发展过程中,宗教因素同其他因素相比,以数量表示究竟起了多大作用——对此韦伯并没有得出任何结论(例如说现代资本主义的发展有 47% 是新教引起的),也没有声称已经这样做了。在方法论领域中,对于韦伯所论述的那些问题来说,这种要求实际上是毫无意义的。现象不是由用来解释其原因的各种变量按一种特定比例"合成"起来的。并且即便是这些变量的值,也像社会领域中的大多数变量一样,不应化约为定量,而应该像是帕雷托的"剩余物"一样,简化为各种分类。

但是,这并不意味着韦伯的理论没有使我们增加关于宗教观念、行动与社会结构之间关系的科学知识。因为,上述各点与他对于诸非宗教成分凑在一起所最后形成的有利性和无利性的评价相结合,证明了如下结论:新教伦理是资本主义发展过程中的一个重要因素;它虽然不是充分条件,却是必要条件;更一般地说,各种宗教伦理是几个伟大文明的特点之所以各不相同的一个重要因素。

韦伯可能会第一个承认,对于整个非宗教方面的状况究竟是有利还是不利于资本主义发展的这些判断只是估计,而不是严密的论证。但是,通过这样一种分析方法来得出的此种范围内的经验判断,必定如此。⑩ 韦伯对有关证据所作的解释,让我们觉得,资本主义禀性的天平,总体上是朝着更有利于东方国家,尤其是中国的方向倾斜的。要想严重地动摇韦伯的总的立场,就必须使天平朝着其他方向倾斜得更加厉害。只能通过对韦伯借以作出判断的那些证据,以及现在能够得到的任何额外的相关证据,进行详细的批判检验,才能做到这一点。这完全超出了本书的范围。但是可以大胆地指出,任何对韦伯总的观点

---

⑩ 韦伯当然没有穷尽分析方面一切可能性。方法论的问题将在下一章讨论。

持批评态度的批评家都没做到这一点。提出证明的重担还得由他们承担。

　　这样，在这个基础上，似乎证明了接受韦伯关于新教同资本主义的关系的理论是正确的，这是仅就接受科学理论总是正确的这种意义而言。在这一理论本身所要求的范围以内，它是同本书作者所了解的所有事实一致的。那些批评文章中用来反对它的事实，不管在其实际正确性方面，还是在它们与韦伯的问题是否相关，以及对于韦伯的问题是否重要方面，都是经不住检验的。除去那些批评者正面提出的那些事情以外，没有提出过任何在本书作者看来会损害他的观点的东西。当然，这不意味着应当认为韦伯的理论与其他科学理论有什么不同，可以不受任何可能新发现的事实的继续不断的检验。可是，发现这些事实的尝试显然超出了现在的范围。现在的探讨涉及的是这种理论在经验领域中的情况。下一章的后一部分将提出对于这种理论确实有影响的方法论问题，这些问题并不影响其中心论题的正确性，而是对它的表述方式和某些含义有所影响。

　　这里对于韦伯有关宗教和资本主义的论述所作的讨论尽管冗长，却远不足以表达他的原创性理论的异常丰富的内容。我已力图表明韦伯理论立场的大致内容，但是，大部分论据和很多有关问题都必定要置之不顾。这个讨论是"理想类型"的"理想类型"。其中的不足之处很多是由于我们的研究性质使然，不能诿过于韦伯。现在将转而讨论韦伯据以进行经验研究工作的方法论立场。

第十六章　马克斯·韦伯(三):方法论[1]

韦伯甚至比帕雷托还要明确地注意方法论方面的问题,比涂尔干就更明确得多了。这是一件幸事,因为这样就把许多在这里有重要意义的问题清清楚楚地摆了出来,否则还得通过分析去推论。在这里,只是像对其他几位思想家所作的论析那样,就韦伯的理论在方法论方面和其他方面对社会科学的总的意义作一批判性的评价。但是,他在方法论方面所做的工作有很大一部分要在这里特别加以论述。

如同本书提到的其他主要人物一样,确实也像科学领域中大多数富有创造精神的人们[2]所取得的成果一样,韦伯在方法论方面的成果,很多都有一种明显的论争成分。可是,在他来说,这种论争的成分大概比其他人更为突出。他的大部分方法论是在直接参与论战的文章中形成的,实际上除了在直接进行

---

[1] 研究本章所涉及的问题时,能够看到前已提过的亚力山大·冯·塞廷博士所著《马克斯·韦伯的科学论》这样一部精彩的评析性著作,真是太幸运了。在本书所涉及的领域中,这种高质量的评析性著作稀罕得令人难受。在很多要点上,本书作者特别受惠于冯·塞廷博士的论述,并且将仔细地采纳他的意见,特别是在这一章的前一部分。虽然一般来说,就冯·塞廷提出来的那些意见而言,我和他是非常一致的,但如同下面将看到的那样,他似乎忽略了韦伯的"方法论方面的自我解释"的某些局限,而这对于本书所要研究的问题是极其重要的。请参看本书作者对冯·塞廷博士著作的评论,见《美国社会学评论》(American Sociological Review),1936年8月。

[2] 可以称之为科学"先知"。

论争的时候外,他从来没有写过文章总括地陈述他的方法论观点,即便提到也非常非常简略。③ 这样就很难把他的方法论观点作为一个整体来了解,同时由于直到不久以前④,一直没有真正有权威的评析性文章,这种情况也有助于解释为什么对于他的方法论观点出现了大量的误解和争论。

之所以要把韦伯与"唯心主义"传统联系在一起进行论述,是因为韦伯本人的观点虽然并不是唯心主义的,他的论争出发点却是反对唯心主义学派某些常见的方法论学说。⑤ 他所抨击的那些学说可以粗略地按下两个标题分类,用冯·塞廷博士的话说,可以称之为客观主义和直觉主义。⑥

构成整个讨论基础的是前面评论过的⑦、在德国一般所认为的各种"自然"科学与研究人类行动和文化的各门科学之间的区别。这可以追溯到康德的二元论。在积极的影响方面,韦伯自己的观点大多来自李凯尔特。⑧ 可是,并不需要在这里详细考证其本源问题,而只需要叙述其主要轮廓。因此,这里提到韦伯以前有人也持这种观点,只是为了一般地理解他所由之出发的情况。

前面讨论唯心主义传统的背景时已经指出,唯心主义社

---

③ 最重要的在《经济与社会》(Wirtschaft und Gessellschaft)第一章里,重刊于《科学论文集》(Gesammelte Aufsätze zur Wissenschaftslehre)第503—523页。
④ 冯·塞廷博士的书出版于1934年。
⑤ 正像涂尔干的论争出发点是"功利主义"观点一样。
⑥ 韦伯对这些观点的论争主要载于"论罗舍尔和尼斯与历史的国民经济学的逻辑问题"(Rosecher und Knies und die Longischen Probleme der histoischen Nationaloekonomic)的一系列论文中。这些文章在《科学论文集》中重刊,第1—195页。
⑦ 第十三章。
⑧ 海因里希·李凯尔特(Heinrich Rickert)。尤其见《自然科学概念构成的界限》(über die Grenzen der natur wissenschaftlichen Begriffsbildung)。

思想有朝两个主要方向发展的趋势。⑨ 韦伯所抨击的存在于各种社会科学之中的那两种方法论学说,大致与这两个方向相当。两者的共同基础在于,它们都否认社会文化科学能够使用具有自然科学的规律(那在自然科学中的地位是无可置疑的)的逻辑性质的"一般规律。"⑩ 分歧点是它们所持的理由不同。韦伯与这两方的争论基本上就在这个问题上。他仍然坚持自然科学与社会科学的区别,但是他激烈地否认这种区别在于社会科学中不能够有一般的解释性概念。

客观主义

　　唯心主义的两种主要倾向之中,有一种是倾向于历史的"特殊主义"的。这种观点就是,历史科学和社会科学应该只关心特定的人类行动的详细事实,而不应当企图建立任何一般性的理论。当然,韦伯既不否认详尽的历史研究⑪ 之为可取,也不否认对于社会科学(如古典经济学)中已经建立起来的各种特定系统理论体系进行合理的经验批评的可能性。确切地说,韦伯所抨击的是把这种"倾向"上升为这一方法论的教条:在社会领域进行系统化的理论思考是不合理的,他实际上比批评这个观点还多前进了一步,认为历史解释的每一个可证明的判断,总是或明或暗地依赖于这种一般性的理论概念。

　　对这一教条的基础加以探究,就会导向这样一种观点,即:它的根据是认为各种社会科学题材的那种客观性使得我们无法

---

⑨ 第十三章,[边码]第 475 页。
⑩ 李凯尔特称之为"法则的(nomological)"知识。
⑪ 他本人就是一个对此有贡献的名家。

对它进行概括。人们认为,人类行动不像自然现象那样受各种规律性的制约,一般概念是阐述这种规律性的,所以不能适用于社会科学的题材。这样,研究工作必须局限于进行特定的描述,如果试图进行解释,也只能涉及具体的、在时间上先于该事件发生的一些事件,而不涉及一般的原则。⑫

这种观点是以如下方式提出来的:历史实在是"非理性"的,⑬ 而一般概念是理性的,两者不能相容。韦伯首先接受这样的命题:十分具体的历史实在具有无限的多样性和复杂性,按照任何抽象概念体系都无从把握它的极其丰富多彩的具体性和个性。但是,他既否认以此作为历史不同于自然科学的理由,也否认它与科学范畴的逻辑性质问题有任何关联。所有的"未经加工的"经验都有这种特点。我们以之作为关于"自然"的科学规律来阐述的,并不是整个的具体实在,甚至不是人"可以体验得到的"全部具体实在,而是能用抽象概念来表述的某些特定方面。⑭ 对于人类行动方面的题材来说,也完全是如此。不管这两种科学之间区别的根据到底是什么(韦伯相信存在一个根据),它反正不是在这个层面上。区分两类科学的根据,必定在于那些据以从实在的种种"可体验到的"成分之中选取对于特定科学目的有意义的"事实"的诸项原则。按韦伯的意见,这在于其与逻辑有关的诸方面;不在于一种科学所论述的"实在"的客观性质,而在于科学家的兴趣的"主观"趋向。

与此相联系的还有两个重要问题。第一,在一个特定领域

---

⑫ 属于第一种趋势的极端经验主义必然隐含有这种意思,如同另一种趋势的极端经验主义必然含有"直觉主义"一样。参看下文。

⑬ 参看《科学论文集》,第64页起;《马克斯·韦伯的科学论》,第182页起。

⑭ 韦伯是对于自然规律的逻辑性质作此种反经验主义解释的先驱者。这是他在三十年前提出来的,后来已为人公认。

中获取"充分的"知识,决不能以了解"全部事实"即了解整个具体实在为目标。这样的目标是不可能达到的。⑮ 知识充分性的标准,必定是相对于当下的科学目的而言的。不管这种标准是什么,但决达不到"全部事实"。其次,根据这些考虑,从逻辑上说,自然科学和社会科学在经常使用的标准——可预见性方面是处于同样地位的。不论哪一种科学,预言事物未来状况的全部具体细节都是不可能的。韦伯举了在暴风雨中碎裂的石片分布情况的例子。⑯ 任何为人所知的科学都不能根据暴风雨前所能取得的数据,预见暴风雨后每一块碎石的精确大小、形状和位置,也没有任何人想要知道这些。自然科学的可预见性似乎很高,乃是因为我们的兴趣主要是在自然事物的那些能够根据已知抽象规律加以阐述的诸方面。我们在人类事务方面的兴趣则一般处于不同的层次上。无论如何,可预见性总是和抽象的概括程度相关的,并且只要有抽象的概括就有可预见性。韦伯仔细地指出,实际社会生活多少是取决于能够相当精确地预见他人对一种特定刺激作出何种反应的能力。例如,假若军官们不能指望别人服从命令,也就是不能预见命令发出后他们的士兵行为如何,那么还有多少产生"军国主义"的可能性呢?韦伯特别感兴趣的实际正是社会生活的这个可预见的方面。

但是,撇开这种观点,客观主义者还可能转而求助于另一种观点,宣称人和人们的行动具有一定的神秘性,对于科学家来说,自然没有任何秘密;自然没有任何神秘的东西。但是,人类行动不是"可理解的"⑰;在这个意义上说,人类行动是"非理性的"。

---

⑮ 要记住,帕雷托表示了同样的观点。参看第五章[边码]第183页。
⑯ 《科学论文集》,第65、67页。
⑰ 《科学论文集》,第67页起;《马克斯·韦伯的科学论》,第185—187页。

652

韦伯用以攻为守的方法来回敬这种观点。在可理解性方面,自然科学非但不具备有利条件,反而大体上是不利的。因为,对于自然界,我们只能观察事件和外部过程,和发现一致的成分。这对于人类行动来说,同样是可能的。但是,除此之外,科学家能把动机归之于人,能把人们的行动和话语"解释"为这些动机的表现。也就是说,我们能够了解行动的主观方向。就人类行动的事实使我们能够这样去理解而言,这些事实具有它们独有的特性(Evidenz)[明证性]。[18] 这是在韦伯的方法论中第一次出现 Verstehen[理解]这个非常重要的概念。[19]

这就是社会科学题材同自然科学题材的一个客观差异,也是最重要的差异。当然,韦伯并没有把这种差异说得绝对严格,不是说此一题材包含有这些成分,而彼一题材则根本毫无这些成分——那样的话,就牵涉到一种与他的思想毫不相干的经验主义了。相反,如同在生物学(大概还有物理化学)的现象中那样,有一个向目的论成分逐渐转化的过程[20]。但是,这种分析上的区分仍然是十分重要的。

同时,韦伯坚持认为,对于所争论的这些问题来说,这种差别不构成社会科学同自然科学的逻辑区分的基础。在 Verstehen[理解]和 Begreifen[领悟]的领域[21]中,一般概念占有真正

---

[18] 这是因为人类行动的事实可以作为符号来解释。下文将进一步论及。要注意,在这里韦伯的观点也是非常类似帕雷托的。

[19] 在此种意义上,无法找到直接的、可理解的行动动机,乃是我们判断精神是否失常的主要标准之一(见《科学论文集》,第 67 页)。然而,在更深层次的分析如精神分析中,还是有可能发现失常行为的可理解的动机的。

[20] 《科学论文集》,第 91 页。

[21] 在德文中,Verstehen[理解]一词一直用于有主观动因或象征性因素存在的场合,而 Begreifen[领悟]一词则用于无此种附加迹象而从"外部"把握其各种一致性的场合。

的位置,而有效的经验证明,则取决于对这些概念的公开的或暗中的使用。这样就提出了一个我们将在后面讨论的问题。

最后,还可以把人类行动的"非理性"[22]归因于意志自由——这是一种十足的康德观点,尤其是尼斯使用过。[23]韦伯再一次用以攻为守的方法对此给予回答,作了一个很有趣的论证。他说,如果真是这样的话,我们就会期望,自由感主要是与包括情感爆发这类东西在内的"非理性"行动联系在一起的。可是正好相反,倒过来要真实得多。我们感到最自由,是在我们最理性地行动之时。奇怪的是,如果知道了目的,理性的行动在很大程度上既是能预见的,也是能够以一般概念加以分析的。在这种情况下,自由感[24]是一种不受情感因素驱使的感觉。

韦伯论点的正确性是无可怀疑的,它的意义是深远的。因为,分析这种意义上的理性行动(韦伯称之为 Zweck rational[目的合理性])时所涉及的一般概念,是阐述手段同目的的一般关系的。而这些概念的逻辑性质同自然科学的一般规律完全是类似的。并且在技术等领域内,这些概念在很大程度上包含对此类规律的直接运用。这样,在韦伯进行方法论研究的这个早期批判阶段,就已经出现了这样一个概念:含有可以用科学概括方法加以验证的手段—目的关系的合理性行动类型——本书所研究的全部问题正是从这一概念出发的。对于他来说,这种意义上的理性在方法论方面和实质方面也都起着中心作用。特别有趣的是,它在方法论方面的作用是在批驳一种唯心主义理论的过程中提出来的。

---

[22] 参看《科学论文集》,第64页起;《马克斯·韦伯的科学论》,第189页起。
[23] 如同冯·塞廷博士所指出的,这不是同自由感有联系的惟一类型。
[24] "激情"(passion)这个确切的老词就表达这个意思——是我们对之"屈从"的一种情感,一产生激情我们就不由自主地被无法控制的力量拖着走。

韦伯强调对于理性行动很容易进行一般的因果分析,决不是想造成这样一种印象:"非理性"行动是不可理解的,或者是不能这样加以分析的。相反,他特别强调地说,非理性行动是可以理解和分析的。之所以举理性行动作为例子,主要是由于它与意志自由的论点特别相关。㉕韦伯也丝毫无意否定意志自由的存在,——他否认的只是把意志自由作为自然科学和社会科学之间一种逻辑差别的根据,尤其是作为从社会科学中排除一般概念的基础。㉖

通过对"客观主义"㉗的批判性讨论,韦伯不仅维护了各种社会科学使用一般概念的合理性㉘,而且提出了他自己的社会科学方法论的一些重要因素。首先,他通过对极端经验主义立场(按本书所用术语来说)的抨击,强调了这些一般概念的抽象本质,从而也强调了在这些一般概念的构成当中,除对于体验到的实在的单纯"反映"之外,必然还有另一方面的内容。韦伯发现这是科学家的兴趣的"主观"取向的一般状况。㉙其次,作为Verstehen[理解]对象的行动的主观方面已经显露出来;第三,包含有手段和目的关系的行动合理性概念处于中枢地位。这最后一个成分特别重要,韦伯以此证明,这一概念不仅在实质上是恰当的,而且深植于社会科学的最深的方法论根基之中。行动

㉕ 这里所说的理性的和非理性的,显然比在其他两种语境下含义较为狭窄。
㉖ 它是个形而上学问题,韦伯表明这个问题对于他的方法论观点并不重要。
㉗ 这不是韦伯的说法,而是由冯·塞廷首先在他的早期研究工作中引入的。
㉘ 最引人注目的表述之一是"So ist eine gültige Zurechung irgend eines individuellen Erfolges ohne die Verwendeeng 'nomologischer' Kenntnis der Regelmässig Keiten der Kausalen Zusämmenhänge, überhaupt nicht möghich"[因而如果不运用因果关系规律的"法则性"知识,要想得出任何个别结果的有效归属,都是绝对不可能的]。见《科学论文集》,第176页。
㉙ 包括在诸变量中作一选择。

的合理性和系统的科学理论是不可分割地联结着的。科学的发展是一个行动过程,而行动部分地是科学的应用。

直觉主义

按照冯·塞廷博士的意见,[30] 可以把若干性质很不相同的方法论学说汇集于直觉主义一词之下。现在的概述,像他自己的分析那样,丝毫也不妄想对在不同程度上支持这些学说的各种伟大哲学体系作充分的论述。确切地说,要涉及的只是方法论的一个根本问题——这些学说是否可以声称,它们不靠一般概念就已经确有可能获得关于人类行动现象的正确科学知识。韦伯所抨击的就是它们的这种说法。[31]

从各种直觉主义理论的主导倾向来看,可以说,这些理论基本上就是对德国历史思想的集体主义分支的方法论加以理性化。[32] 要记住,这关系到如何把握作为有其独特个性的若干统一体的全部文化 Gestalten[形成]。而且,在社会文化领域,它是和 Verstehen[理解]理论联系在一起的。这些文化统一体的要素,就在某种"有意义的"体系之中,而具体的事实就构成为该体系的表达或显现。把这种倾向上升为一种方法论的教条,涉及到两个在逻辑上并非不可截然分开的主要命题:一个是,在人类事务的领域中,"概括"只能意味着就这些文化统一体全部的独特性和个性来把握它们;另一个是,把握这些文化统一体采取的

---

[30] 《马克斯·韦伯的科学论》,第 195 页起。
[31] 韦伯本人论述过的主要人物有:冯特(Wundt)、明斯特尔贝格(Münsterberg)、里普斯(Lipps)、西美尔(Simmel)、克罗齐(Croce)。
[32] 参看第十三章,[边码]第 478 页起。

是一种直接的"直觉"③的形式——无需任何形式的概念介入而直接把握其意义。后者就是韦伯直接抨击的更加极端的命题。他与另一个命题的关系则比较复杂。

在这个问题上,韦伯提出了若干论点。对于本书来说,有三点是重要的。第一,他认为直觉主义者混淆了两个有区别的东西:(1)藉以取得正确知识的过程,(2)知识的正确性的逻辑根据。㉞ 他完全赞同,我们关于重要历史关系的知识不是完全地、甚至不是主要地根据已知事实加以逻辑演绎而获得的,而是"洞察力的闪光"起了重要作用。但是,首先,这决不局限于能应用Verstehen[理解]方法的有关人类行动或人类现象的知识的产生过程;这是一种普遍情况。其次,一项知识的起源的心理方式(确切地说是主观方式),在逻辑上是十分不同于其正确性的根据的。后者只有在必须证明一个命题的真实性时,才需要弄明确㉟,而要作这样的证明就一定要涉及一般概念。

第二,直觉主义者把"原始经验材料"与"知识"相混淆。㊱ 这一点使争论又回到前面关于客观主义的讨论上。在这种特定的语境中,重要的是,那被挑选和确立起来的"整体"决不是特定的直接经验的简单复制。它涉及到要把该经验的各种成分加以选择和系统化,㊲ 而这种选择和系统化,又需要把体验同概念

587

㉝ Einfühlung 是最通用的德国词之一,Vacherleben 是另一个。

㉞ 《科学论文集》,第 96 页;《马克斯·韦伯的科学论》,第 200 页。这一部分的阐述主要是冯·塞廷博士的意见。他在分类和系统化方面有些地方超越了韦伯本人,虽然意思上没有根本的改变。

㉟ 《科学论文集》,第 111 页。

㊱ Erleben[经验]和 Erkennen[认识]。见《科学论文集》,第 105 页起。《马克斯·韦伯的科学论》,第 201 页。

㊲ 韦伯本来完全可以多迈出一步,指出经验本身决不是这种意义上的"原始的",而是"根据一种概念图式"的。原始经验本身是一种知识成分的抽象。

联系起来,其中包括那些作为根据去判断原始经验当中哪些成分对于整体具有意义的一般概念。自然科学是这样,社会科学也是这样。

有趣的是,有这样一类现象——行动合理性的现象,凭直觉主义者所主张的一种直感(an immediacy approaching)就显而易见地能够把握住。但是,这恰恰是因为直觉对象本身已经明明白白地含有概念成分的缘故。[38]

有一个情况韦伯是赞同的:我们陈述人类的事务时,概念成分常常是隐含着的,这种陈述从形式上看容易令人认为是直觉的。[39] 韦伯说,这是由于在人类事务领域里,常识非常普及,特别是社会科学家感兴趣的许多方面都是常识,倘若说个明明白白反倒是多余的;略而不提是为了"省事"。但这并不意味着它们在逻辑上与陈述的正确性无关。

根本的问题是,"直接经验"是漫无边际、不能精确地加以阐述的。只有通过概念才能获得这样的准确性。对此,韦伯提出一项据以进行或能够据以进行选择和系统化的原则——"价值相关性(Wertbeziehung)"的原则。[40]

最后,韦伯又回到他自己对于 Verstehen[理解]的论述。我们得记住,韦伯在那里承认或者更确切地说是主张:具有有意义的内容的经验,有一种特别的直接明确性(Evidenz)[明证性]的特点。它并不出现在自然事件的感觉材料中。显然,直觉主义的理论特别强调这一点。可是,韦伯指出,直觉主义理论在这个问题上又混淆了另外一个问题。知觉意义的过程的直接明确

---

[38] 这是批驳那种认为概念的特性是"虚构的"的观念的有力论点。
[39] 这又是冯·塞廷博士的阐述,比韦伯本人的阐述更为明确。
[40] 《科学论文集》,第124页;《马克斯·韦伯的科学论》,第204页。

性,最多仅仅是证明知识正确性的一个成分,单凭这种明确性不能说明问题,必须以一个合理融通的概念体系加以检验。㊶ 没有这种检验,根据一个直接的明确的直觉,就会得出距离实际越来越远的一连串无穷无尽的"直觉判断"。

这种情况同自然科学也是完全一样的。在自然科学里面,对直接感觉印象不加以理论的和概念的批判,也是靠不住的。把一根小木棍投入平静的水池,观察者毫无疑问地"看见"木棍在水面处是弯折的;他的感觉印象就是一根"弯折的木棍"的印象。在他判断出这木棍不是"真的"弯折、而是一种视觉上的错觉时,并不意味着他没有真正地看见他所描述的那个现象,而是意味着借助于一个理论知识的一般体系修正了描述。㊷

在 Verstehen[理解]方面也是如此。我们对意义的直觉可能是真的和正确的。但是,解释这种直觉却离不开一种合理融通的理论概念体系。直觉只有符合这样的批判,才能构成知识。没有这样的批判,就为无法核实和无法验证的任何断言敞开了大门。韦伯对这一问题抱有非常深厚而强烈的道德感情;他认为,直觉主义者的立场有可能使人逃避进行科学判断的责任。

然而,韦伯对他批判的这些观点,又没有全盘加以否定。一方面,各种社会科学有一种从主观观点研究人的行动及其动机的兴趣,这是事实;另一方面,在了解主观的东西时,有一种直接性的特点,㊸ 这也是事实。韦伯的方法论研究所关心的其余内容,大部分都是有关详细阐述这两点事实所带来的后果以及它

㊶ 《科学论文集》,第 67 页起、第 88 页起和很多别的段落;《马克斯·韦伯的科学论》,第 211 页起。

㊷ 虽然这种弯折不是"真实的",但他如果没看见木棍弯折,准是视力有问题了。

㊸ 《科学论文集》,第 89、126 页;《马克斯·韦伯的科学论》,第 213 页。

们同系统的理论思维的关系的。

在着手论析这个问题之前,最好先说明韦伯的批判性立场同我们现在的一般性论述所主要研究的那些方法论问题之间的关系。可以说,韦伯所抨击的绝大部分是极端的经验主义的方法论。[44] 正是由于他自己的思想背景的特点,他才攻击两种特定形式的经验主义方法论,而不攻击第三种。如前所述,[45] 在实证主义基础上,经验主义一般都把特定的理论体系加以"具体化(reification)",如古典物理学或古典经济学就都是如此——如同怀特海教授所说,犯了"误置具体性的谬误"(fallacy of misplaced concreteness)"。

590　　康德的二元论及其影响,使这种形式的经验主义不能在德国的各门社会科学中起重要作用,因为这些学科主要都是属于唯心主义传统的。这样,韦伯直接关切的,就是在那一基础上所可能出现的极端经验主义的两种形式——特殊主义的和集体主义的 Historismus[历史主义]。在他的批判中,他基本上是把自然科学和用于社会科学的自然科学模式归为一类的。

可是,他的批判产生了一个非常重要的结果——大大有助于弥合唯心主义方法论造成的自然科学同社会科学之间在逻辑上的鸿沟。他断言,两者都必须包含一般理论概念的体系,因为没有这些体系,要从逻辑上证明任何东西都是完全不可能的。但是,不论在自然科学还是在社会科学中,都不可能把这种概念体系设想为对于原始经验之全部具体实在的原原本本的描述。因此,他的批判观点反过来,又对于自然科学的方法论是起作用

---

[44] 指在第十三章讨论过的两种唯心主义形式,不是那种把抽象问题具体化的经验主义,尽管偶然对此也进行过批评。

[45] 第十三章。

的。有趣的是,由于在逻辑方面的同样要求,基于一种实证主义的方法论运动与此殊途同归——本书关于帕雷托的章节中已经十分清楚地表明了这一点。我们还记得,帕雷托奠定了一个适合于所有经验的解释性科学——自然科学和社会科学——的一般方法论的纲要。但是,他必须把早期方法论中的某些实证主义—经验主义的含义去除,才能使自然科学的方法论适用于社会方面的题材。韦伯从另一个方面得出同样的结果,并且看到了对于自然科学同样的含义。

实际上,唯心主义传统中,自然科学和社会科学之间的剧烈的方法论的鸿沟,主要是这两种科学中都占优势的经验主义所造成的。一定不要忘记,不管在具有实证主义倾向的人们看来,种种直觉主义理论是多么含糊和形而上学,它们都是十足的经验主义的理论。[46] 而且,几乎不能否认其中有着对于有意义的诸统一体的知觉。[47]

既然自然科学和社会科学都是经验评论,其间存在鸿沟的基本原因也就清楚了——在星辰运行的具体现象同人类举止的具体现象之间存在重要的实质性区别。使后者适合实证主义公式的尝试已经无一例外地失败了。韦伯的成就,是把事实状况的这些实质性不同与对科学理论的逻辑性质的分析思考区别开来。尽管前者根本不同,后者却基本上仍然是一样的。

德国的方法论思想受康德—唯心主义二元论统治和我们自己的方法论思想受实证主义一元论统治,从历史上看不是没有益处的。在实证主义传统中,行动理论的某些基本成分是经过

---

[46] 我的同事 O.H. 泰勒教授非常恰当地把这种观点称之为"罗曼蒂克经验主义"。

[47] 参看格式塔心理学者论知觉的大量著作。材料汇总在考夫卡(K. Koffka)所著《格式塔心理学原理》(Principles of Gestalt Psychology)中。

一番艰难曲折才显露出来的。而在唯心主义传统中,这些成分一开始便是众所瞩目的主要对象。韦伯的任务不是要确证它们的合理性,而是要澄清它们在方法论上所处地位及其与科学理论的逻辑结构的关系。㊽ Verstehen[理解]、价值和手段—目的图式是人类行动所特有的基本成分,韦伯在他的批判分析中却没有涉及。问题是,他怎样看待它们?很清楚,他没有获得一个完全满意的立场,因而出现了两个主要的困难。

自然科学和社会科学

第一个重要的问题是,原始经验是不断涌来的,韦伯会规定什么样的标准来从中选取那些对于社会科学概念具有意义的诸成分呢?这种选择是知识区别于原始经验的必要逻辑前提。出发点是韦伯的这样一个说法,即这些标准应当在科学家主观的"兴趣趋向"当中去找。在解释自然科学和社会科学当中又是什么决定这种兴趣趋向时,韦伯的观点并不是完全清楚和一贯的。这样,就在这里出现了他的立场的第一个严重的方法论困难。

他认为,我们对自然现象的兴趣,就其是科学上的兴趣而言,㊾是集中于它们的抽象的一般性的方面,而不是在具体的个性方面。因此,自然科学的目的就是系统阐述普遍适用的一般规律体系。对于自然科学来说,一般性概念本身就是目的。另一方面,对于社会科学则不是这样。我们对于人类和人类文化成就感兴趣的,不是其抽象的一般性,而是其个体的独特性。

㊽ 为此,他在德国被广泛地看做是实证主义者。
㊾ 我们对自然现象也许有其他方面的兴趣,例如审美的兴趣。对某次日落的个别性感兴趣就是如此。

对于我们来说,人和人的文化成就不是一般规律的"案例"。[50]一个男人不是爱"女人"这个概念,而是爱一个特定的女人;他不是欣赏"画"的概念而是欣赏一些特定的美术作品。在社会领域,兴趣是在具体的个性方面,一般概念与此种兴趣的关系并不同于自然科学领域中的情形;阐述和验证一般概念本身不可能是科学家的工作目的;它们仅仅是对独特的、惟一的和个别的现象进行解释和了解的手段。这就是韦伯提出来说明社会科学同自然科学之间方法论方面的根本区别的公式。我们还能进一步分析其合理性的基础吗?

韦伯在这个问题上的观点看来很清楚的是,在对于自然现象的兴趣当中,有一个共同显示人类特点的基础,就是控制。对自然现象之所以有可能加以控制,乃是由于自然现象有其能够以抽象的一般概念加以阐述的各个方面。在科学应用于技术时,自然力是服务于人类的目的的。因此,对自然力的兴趣是在其一般的方面,这是一种无论何时何地都能有共同目的的一致的兴趣。除了这种对于控制的兴趣外,自然现象作为科学的对象,与人的价值是不相干的。

不过这正是自然现象与社会现象不同的地方。人类以及人类行动和文化成就,是我们必须在某种程度上对之持某种价值态度的价值体现。因此,我们对它们的兴趣直接取决于它们是否与科学家本人的价值观相关,或者直接取决于它们是否与那些同科学家本人的价值观一致或相左、因而对于该科学家具有意义的价值相关。这种"价值相关性"(Wertbegiehung)[51]就是

---

[50] 《科学论文集》,第175—176页,第178—179页,第193页。这是韦伯的观点,而不是本书作者的观点(参看下文第597页起)。

[51] 《科学论文集》,第178页。

对于各种社会科学的经验材料进行选择和加以组织的原则。㊷

很重要的是,即便在这种情况下,我们的兴趣所集中于此的具体个性,仍不是"原始经验"的个性。没有任何理由否认我们关于自然现象的经验具有这样的个性。确切地说,它是一种经过建构和选择的个性。在经验所提供的诸成分中,选取了一定数量从价值相关性观点看来有重要意义的成分。这一过程导致一个经过建构的具体现象,韦伯称之为历史的个体(the historical individual)。

和自然科学的情况不一样,在社会科学当中兴趣趋向的重要成分不是对所有人共同的。由于韦伯有一条基本的学说,认为价值体系是多种多样的,所以有许多不同的可能的价值体系。如此说来,由于材料的取舍取决于其与这些价值体系的相关性,从同样一些具体材料当中就不只产生出一种历史的个体,而是有多少在这种意义上的研究这些材料的观点,就会产生出多少种历史的个体。一般概念又是在分析个体和将它与别的个体加以比较的过程中建立起来的。这样,这种过程所产生的必然不是一种完全一致的一般概念体系,而是有多少种价值观点或对知识有意义的其他观点,就有多少种一般概念体系。在社会科学中,不可能有一个普遍正确的一般理论体系。㊷ 韦伯认为社会科学中的概念有"虚构"的性质,这对于他关于理想类型的学说是非常重要的。以上就是他得出这种观点的一个主要途径。㊸

可是,在讨论这个问题以前,必须首先澄清若干相关问题来

㊷ 这是对于韦伯来说。肯定还有其他的原则。
㊷ 《科学论文集》,第184页。
㊸ 其他途径将在下面讨论,见[边码]第602—603页。

664

打好基础。首先，价值相关性的原则同价值体系相对性的原则结合起来，给社会科学带来了一个相对性的成分，这样就产生了这些学科能否声称具有客观性这样一个尖锐的问题。价值相关性的原则没有把社会科学所谓的知识结构降低为仅仅是“情感的表象”吗？

首先，韦伯把价值相关性决定科学兴趣（并从而决定科学研 594
究的直接对象即历史的个体）同价值判断仔细地区别开来。价值判断（Wertungen）并不具有科学的客观正确性，而科学作为一种方法论的理想，必须不受价值判断的影响。即便在科学素材的取舍中渗入了价值成分，素材一经确定，也可以对于特定现象的因果作出客观正确的结论，而不受价值判断的影响，因而也是一切希望获得真知的人（不管他可能有什么其他主观价值观念）都要信服的。

这一点之所以可能，首先是由于：尽管在描述一个具体现象的时候，作为科学分析之主题的，并不是该现象可体验到的事实的全部整体，而是一个选取的部分；但历史的个体如它构成的那样，所包括的诸事实都是客观的和可以验证的。事实的表述是否真实与该事实在价值方面的意义，是能够很清楚地区别开来的两个问题。Wertbeziehung［价值相关性］的相对性只涉及后一问题，而不涉及前一问题。其次，知道了对于一个现象的描述，要确定其因果关系、确知其前因后果，必须明确地或暗含地使用一种形式化的验证图式，这种图式不受科学真理价值以外的任何价值体系的影响。(55) 这种形式化的图式是所有经验科学的基础，断言已经把握了因果关系的科学判断，只有与这种图式相符，才能是正确的。可以附带说明，这个图式使用了超越历史

(55) 参看《马克斯·韦伯的科学论》，第 225 页起。

个体的一般概念。㊶ 因此，尽管 Wertbeziehung［价值相关性］概念引入了相对性，韦伯仍坚持认为，使价值判断在逻辑上区别于那些要求客观的科学正确性的判断是可能的，也能够避免所有价值判断所固有的主观性，而很有把握地作出后一种判断。

到此为止，韦伯的观点都是能接受的。可是，他关于自然科学和社会科学之间在方法论上的关系的观点却是不能接受的。前面已指出，他对于客观主义方法论和直觉主义方法论的批判，大大有助于弥合康德的二元论所造成的社会科学与自然科学之间的鸿沟。对这种方法论观点主要有两种批评意见。第一种说他走得还不够远，他在追随李凯尔特关于两种学科之区别的意见时，企图停止在不稳定的半途。㊷ 他本来应当彻底地达到这种观点：在纯粹的逻辑方面，两种科学之间没有任何差别。差别全在实质层面上。

造成困难的第一个根源，似乎就在于韦伯企图把社会科学家同自然科学家的兴趣的主观趋向，过分僵硬地区分开来。在自然现象方面，进行控制的动机看来无疑地是很重要的。但是，控制到底在多大程度上是自然科学领域里使人们感兴趣的惟一动机或主要动机？控制是否像韦伯言外之意所说的那样，在社会文化领域就不重要？这两点都是成问题的。他居然认为，在社会文化方面控制不是引起人们兴趣的重要动机，这的确是令人奇怪的，因为贯穿于他的研究工作之中的一项主要观点，就是人类事务方面可以科学验证的知识对于指导理性行动有着重要作用。而且，恰恰在这个问题上，他特别强调需要一般的理论知

㊶ 韦伯所说的历史个体，显然仅仅是在一个参考架构的范围之内，为了理论上的目的而适当加以描述的一个单位或复合体。

㊷ 第二种批评意见将在下面论述。参看［边码］第 606 页起。

666

识。如果从这一点上考虑社会科学的话,在认识的层次上,进行研究探讨的最终目的,就是建立一个或更多正确的一般理论体系,这些体系要能够同样地适用于可能出现的任何具体状况。

确实,不管在自然方面还是在行动和文化方面,都可以把认识的兴趣的两种主要非科学动机区分开来。一个是"工具性的"兴趣。一旦出现了如何把行动处境的诸要素作为手段的问题,或者出现了如何使行动适合于作为条件的这些要素的问题,这种兴趣就表现出来了。但是,在合理行动中,社会环境一般说来无疑至少像自然环境一样重要。特别在韦伯所主要考虑的政治行动领域,看来似乎确实是这样的。认识的兴趣的另一种主要非科学动机,可以称之为"无利害心的"价值态度。这不是利用事物的问题,而是要根据这些事物本身,来确定对它们持什么样的价值态度。具体个性的成分在这种兴趣当中占最突出的地位,韦伯所阐述的价值相关性原则也正是适用于这种兴趣的。没有任何理由否认在社会情况中这个成分在量的方面要重要得多。但是,即便如此,这也不足以作为理由,把具体个性成分当做社会科学与自然科学之间存在极端的方法论区别的根据。

确实没有任何理由从自然科学领域当中完全排除这个意义上的价值兴趣。如果把价值相关性当做科学理论体系中相对主义成分的基础,就完全可以认为,在自然科学领域里,这种相对主义要比韦伯所说的多得多。只要对价值体系迥异的不同文明关于自然的各种解释加以综合的比较研究,就会大致显示出,这种相对性的存在达到了令人吃惊的程度。[58]

而且,没有任何理由相信,同进行控制的兴趣相区别的价值

596

---

[58] 参看格拉耐特(M. Granet):《中国的思想》(La pensée chinoise)一书中对这个特点的重要论述。

兴趣,总必然是集中于具体个性方面的。韦伯本人在《新教伦理与资本主义精神》中提出了一些线索,说明在清教徒时期,自然科学的发展当中有宗教的动因,这是为后来的研究(59)所证实的观点。这种想要通过上帝的创造物来了解上帝的强烈欲望,目标是了解自然界的秩序成分,因而也就是了解自然界之可以抽象地和一般地加以阐释的那些方面。确实可以认为,韦伯以他那种僵硬形式提出来的两种科学的区分,本身就是它的提出者的一种特定价值态度的表现。它被认为是对于科层制趋向的一种抗议——这种趋向就是把人如同齿轮一样装在一架机器上,人在其中的位置并非由他们的独特人格规定的,而是由非人格性的能力和作用决定的。此外,也许是由于康德式的经验主义
597 在他的思想中有千丝万缕的影响,使他看不见自然科学中存在的各种相对主义成分,因而误入歧途,得出了夸大一切自然科学的统一性的观点。

还有一个成分似乎是韦伯没有充分考虑到的。就是说,不管最初是由于什么动机发生的兴趣,任何领域里面所有科学的理论结构,都内在地趋向于成为逻辑上的完备体系。这样,就社会领域有着工具性的兴趣而言,这种兴趣所产生出来的一般概念,就会同那些从价值方面产生出来的一般概念结合到同一个体系之中。这种情况发展到相当程度,就要像本书所始终强调的那样,对于具体现象的兴趣就有了较次要的一种基础——理论体系的结构本身引起的兴趣。这个范围的兴趣将要指向具体现象的那些对于该理论体系有重要意义的方面。

的确,韦伯似乎一直没有足够地强调下面这个事实,即:科学知识不仅包含了要从"原始的"经验可能得到的材料当中进行

(59) 特别参看R.K.默顿《十七世纪英国的科学、技术和社会》一书中的研究。

选择,而且究竟经验到什么,也部分地取决于我们掌握什么样的科学知识,首先取决于已经建立起来的一般概念图式。观察总是根据一种概念图式来进行的。

这样,在所有这些方面,要依照个别性和一般性所起的作用,从原则上对自然科学和社会科学予以严格区分,似乎并无根据。也许有程度上的量的不同,但是,这些不同不足以说明两者有严格的区别。

在科学的方法论方面,价值相关性的原则有助于说明为什么会产生相对主义的成分,但是,它既适用于社会科学,也适用于自然科学,而不是单单适用于哪一类科学。

从韦伯提出的方法论观点来看,他似乎把科学按他所划定的界线,从根本上分成了各有其主要旨趣的两组,一组科学关心的是一个或一类历史个体的具体个性,另一组科学则关心一种抽象的一般原则和一般规律的体系。但是,这种划分与自然科学和社会文化科学之间的划分并不一致。[60] 确切地说,在每一个领域里都有这两种例子。第一组可以称之为历史的科学,它们把注意力集中于特定的具体现象,试图尽可能充分地了解这些现象的原因和后果。在这样做时,它们在任何用得到概念的地方都求助于概念。在自然科学领域中,这种历史科学的范例是地质学和气象学;在社会科学领域里首先是历史学,但是人类学也被普遍认为是历史科学。另一组是"分析的"科学,主要关心的是建立能够以范围广泛的具体现象验证、并能应用于这些现象的一般理论体系。对于这些体系来说,个别现象乃是"案例"。在自然科学领域,分析科学最突出的例子是理论物理学、化学和普通生物学也可以包括在内;在社会科学中,理论经济学

---

[60] 韦伯自己部分地承认这一点,但在鉴别两组科学的时候还是走得太远。

是至今最高度发展的,不过,理论社会学和某些其他科学也可望和它并驾齐驱。㊶

这两个类型的科学在应用于具体现象领域的时候,是相互越界的。一种历史科学必须得到几种不同的分析科学的理论帮助。如地质学得到物理学和化学的帮助,而在解释诸如煤之类有机沉积物的起源时,还需要生物学的帮助。同样地,历史科学应当利用生物学、心理学、经济学、社会学和其他科学。另一方面,分析性科学发展出来的理论体系,一般适用于若干不同种类的具体现象。例如,物理学适用于天体和地上物体的运动;经济学适用于市场上的人类行动,也在较少的程度上适用于教会和国家。在这两个层面上都可能有自然科学和社会科学之分。从历史方面考虑,社会科学局限于社会群体中人类生活的具体现象;从分析方面考虑,则局限于只适用于该具体题材的那些概念成分。

但是,历史性科学和分析性科学之间的基本区分并不等同于自然科学和社会科学之间的区分;决不能把这种区分等同于具体现象的任何分类,因为分析性的科学必定会超越所有这种分类。从这个观点来看,可以说,把这二者等同起来就是本书所

㊶ 这样,对于历史科学来说,理论概念是了解具体的历史个体的手段,另一方面,对于分析科学来说,则正好相反,具体的历史个体是手段,是可以据以通过"验证"来检验理论体系正确性的"案例"。

因此,"理论"这个词有两个常常被混淆的可能含义。一方面我们把对于一个特定具体现象、一个或一类历史个体的整个解释说成是"理论","日蚀、月蚀的理论"或韦伯自己的"现代资本主义的理论"就是如此。另一方面,我们可以用这个词去指一般概念体系本身,"牛顿物理学"或"古典经济学"就是如此。韦伯很正确地指出,第二种意义上的一项理论不能独自解释一个单独的经验事实。要加以具体的解释或论断,就是需要在经验上总是惟一的、是历史个体的一个部分的素材。参看《科学论文集》,第171—172页。

说的经验主义的基本谬误,这是前面讨论过的三种经验主义变种所共有的,其结果总是陷于进退维谷的境地。一方面,可能是用一种分析性科学的方法去处理所讨论的那类具体现象,结果就会把抽象问题具体化,造成"具体性误置的谬误"及其全部后果。另一方面,也可能单单用历史性科学的方法去处理具体现象,从理论上看,其结果就是非理性主义,就是根本否定一般概念化的正确性。在经验主义的基础上,根本无法避免这种两难的困境。韦伯在很大程度上找到了一条出路,只是未能走出最后的一步。㊾

在结束这一阶段的讨论以前,应当指出,韦伯在方法论方面的探讨,已经相当成功地在方法论的层次上,把对于科学和行动都极为重要的那些成分进行了综合,确证了科学同行动是非常密切相关的。传统的科学方法论一直倾向于认为,科学完全是从行动中抽象出来的。因此,每当发现科学同行动之间在事实上有密切的相互依赖关系时,就容易引起一阵科学怀疑论的思潮。韦伯已经成功地把一个亟需的相对性成分引入他的方法论,因此就免于陷入经验主义的绝对论,不致因而遭受攻击。同时,他也证明了科学是有一定客观性的。特别重要的是,他根据相对主义的诸成分,确认了客观性的标准即论证图式在逻辑上的独立性。

最后,他证明了在科学中的相对性的主要成分中,对行动分析最为重要的成分就是价值成分。这样,科学研究也是要同其他任何行动一样加以分析的一种行动方式,而不是单独一类行动。同时,不仅可以把科学的发展作为行动来加以分析而不损害科学所要求具备的客观性,而且可以验证的知识本身也非常

㊾ 由于他所继承的那些哲学观点,他本来确实是能够走出这一步的。

清楚地就是行动本身不可缺少的一个成分。因为,如果没有正确的知识指导行动,与手段—目的关系相联系的内在的合理性的规范,就失去了意义。因此,两者都是同一基本复合体的成分;关于行动及其成分的知识是科学方法论不可缺少的基础,同时,科学知识本身又是行动分析不可缺少的成分。这个见解对于在本书论述过程中正在展现的分析体系是有基础意义的。

最好再强调一下韦伯所引入的相对主义成分对于科学知识的客观性到底意味着什么。第一,它意味着对任何特定行动背景的科学兴趣,不在于可知事实的全部整体,甚至不在于所研究的具体现象的全部整体,而在于这些具体现象的某些经过选择的成分。因此,在任何特定时间,即使知识的总体也并非对人类可知的实在的全部反映。但是,旨趣一经确定,相关的历史个体一经建构和得以正确描述,命题系统满足了论证的逻辑图式的要求,就抵销了此种相对主义,而成为可验证的和客观的。因此,即使价值改变了,科学旨趣也随之变化了,过去的研究已经获得的正确知识仍然是正确的,是该研究过程的永远正确的成果。[63] 用以阐述这种知识的诸概念体系不管如何不同,只要是正确的,就必然都能够相互转换形式来表达,或者以一个更广泛的体系来表达。必须引伸出这个含义,才能避免造成彻头彻尾的相对主义的后果,以致推翻了总的立场。

此外,虽然有若干可能的终极价值体系,它们的数量实际上是有限的——这是韦伯的基本论点之一。因此,按照韦伯自己提出来的原理推论,对于同一些具体经验对象而言,存在着数量有限的一些关于历史个体的建构,也有着数量有限的一些理论概念体系。由此进一步推断,人类可能获知的科学知识大致也

---

[63] 以后可能对它的若干部分完全失去兴趣,这并不使其减少真实性。

是一个有限的整体。即便这个知识的总体,也绝非对于可以想象得到的客观实在之总体的完全反映,[64] 而是如韦伯常说的那样,只是一种函数的关系,如同所有客观知识一样。就是说,应当把科学知识的发展,看成是一个渐进地接近一个限度的过程。在任何特定时间或任何可预见的未来时刻,都不可能达到这个限度,但这种具体的不可能性都不影响这个原理。这样,尽管韦伯的价值相关性原则确实给科学方法论引入了一个相对性的成分(同所有经验主义观点相比,那是一个非常必要的成分),却没有陷入怀疑论,而怀疑论是任何真正的极端相对性的必然结果。[65]

理想类型与概括的分析理论

但是,科学概念同实在之间的关系仍然有某些问题非常费解。这些问题最好同韦伯的理想类型理论联系起来加以论述。

冯·塞廷博士在他的一篇早期论文中[66]说过,韦伯本人关于这个题目的论述不是完全令人满意的,他未能把他归为一类的几种不同概念区分开来。这一点对于我们现在讨论的问题不是没有意义的。把这些不同概念的某些类型加以区分,说明它

---

[64] 然而,正因为如此,这个客观实在的总体本身并不是作为科学知识意义上的经验对象,而是从推论中抽象出来的。它在逻辑上同康德的 Ding an sich[物自体]有相似之处。

[65] 涂尔干的社会学认识论、曼海姆(Mannheim)的 Wissenssozislogie[知识社会学]和许多其他思潮中都有这种怀疑论的成分。

[66] 《马克斯·韦伯的历史文化科学的逻辑理论》(Die logische Theorie der historischen Kulturwissenschaften von Max Weber),载《社会科学和社会政策文献》(Archivfür Sozialwissenschaft und Sozialpolitik),卷49。《马克斯·韦伯的科学论》中有扼要介绍,见第329页起。

们相互之间的关系,对韦伯所作论述当中某些不能令人满意的地方加以说明,[67] 是很重要的。

要了解韦伯对于理想类型的概念所持的态度,最有效的办法是从他所处的论争局势出发。这样就会发现,这个类型如同我们已经讨论过的其他范畴[68]一样,也是与其他事物相对照来从反面界定的,因此是一个剩余性范畴。这样,通过进一步分析,看到其中缺乏同质性,也就不足为奇了。同现在讨论的问题关系最密切的因素如下所述:

1. 韦伯始终强调,科学概念没有穷尽具体的实在,而是经过了选择,因而在这个意义上说是不真实的。

2. 在他坚持自然科学同社会科学在逻辑上的区别时,特别强调社会科学概念是上面这种情形。因为如果社会科学研究的目的始终和完全地是理解具体的历史个体,那么,这样的概念就只能是手段。由于价值相关性原则所固有的相对性,就使得即使在科学在逻辑上所可能有的界限内把它们视做最终的概念,也是不行的。[69]

3. 韦伯总的论争矛头所指,是来自唯心主义哲学的方法论观点,尤其是直觉主义理论。同时,他把 Verstehen[理解]作为社会科学的一个基本的方法论前提。这就要涉及行动的主观方面,特别是观念、规范和价值概念。在这种论争的局势中,最直接的危险就在于,把他的观点同一种唯心主义的观点混同起来,这种唯心主义观点把这些价值成分等同于科学上可以认识的具体实在的总体,或把后者看成是来源于这样的观念的。这种情

---

[67] 由于篇幅所限,不逐点评析。
[68] 最显著的是帕雷托的非逻辑行动。
[69] 《科学论文集》,第 207 页。

况有力地促使他坚持认为,用以阐述这些成分的诸概念是不真实的。⑩ 在进行这个问题的论争时,韦伯这种观点是对的;但在其他情况下,他的阐述可能产生一些对他的观点不适当的印象。603

4.最后是我们已经提到的一个更加一般的问题。韦伯在进行论争的时候,特别是在批判"客观主义"立场的时候,极力强调科学概念、特别是社会科学中的科学概念并不反映"原始经验"的总体,这种总体是变化无穷和异常复杂的。在这一点上,韦伯是正确的。这种情形使韦伯把情况的另外一面做了最低的估计,即所有对于经验事实进行的具体观察,特别是严谨的科学观察,都是根据一种概念体系进行的。韦伯所说的"原始经验",根本不是具体的实在,而是方法论上的一种抽象物。因此侧重点又一次落在概念的非真实性上。

这四种因素结合起来,结果必然是有力地促使韦伯倾向于一种关于社会科学概念的逻辑性质和功能的虚拟理论(fiction theory),并且同样有力地使他无从考虑任何一种实在论的观点——否则就有使他的立场同他正在批判的种种经验主义观点相混淆的危险。因此,韦伯明确指出来的理想类型的特点,除了说它包含着一些与主观方面有关的成分以外,只有这样一点:理想类型是由从具体事物中抽象出来的诸成分构成的,这些成分联在一起就形成了一个统一的概念模式。⑪ 这样就片面夸大(Steigerung)了具体实在的某些方面,而在具体实在中是找不到理想类型的,就是说,除了十足理性的行动之类少数极特殊的情

---

⑩ 参阅前文第十章,[边码]第 396 页。

⑪ 韦伯关于理想类型的论述主要见《社会科学知识的客观性》(Die Objektivität Sozialwissenschaftlicher Erkenntnis)一文中,《科学论文集》,第 146 页起,尤其是第 185 页起,也请参看第 505 页起。根据《经济与社会》,第一章重印。

675

况之外,理想类型并不具体地存在着。这是一种乌托邦。[72] 另一方面,对于理想类型不是什么,韦伯是说得很清楚的:(1)所谓假设,是关于具体实在的一种可以具体地加以验证的命题,如果得到验证便可认为在这种意义上是真实的,从这种意义上说,理想类型不是一种假设。[73] 同这种意义上的具体性正好相反,它是抽象的。(2)理想类型不是对于实在的一种描述,如果所谓对于实在的描述表示的是与之相应的具体存在着的事物和过程。在这种意义上,它也是抽象的。(3)我们可以说普通人的重量是150磅,而理想类型不是这种意义上的普通状态(某种意义上的Gattungsbegriff[属概念])。[74] 这种普通的人不是理想类型。(4)最后,理想类型也不是如同说男人区别于女人的一个共同特点是有胡子之类意义上的、对于一类具体事物共同的具体特性的阐述——这是第二种含义的 Gattungsbegriff[属概念]。

冯·塞廷博士[75]第一个指出了韦伯以理想类型一词包括着一般化概念和个别化概念这两个完全异质的范畴。冯·塞廷博士还在其后来的研究工作中找到了后者的两个次级范畴之间的根本区别。有一种个别化概念是作为进行因果分析的对象的具体历史个体,例如前面两章中所讨论的那些现象——现代理性资产阶级的资本主义、印度种姓制度和中国的世袭科层制等等。在这里,抽象的"不真实"成分,可以说基本上是由科学兴趣所进行的选择造成的。它正好是对于具体局势当中从阐释目的来说

---

[72] 关于此问题全貌,尤其参见《科学论文集》,第190页。
[73] 《科学论文集》,第190页。
[74] 《科学论文集》,第201页。
[75] 冯·塞廷:《马克斯·韦伯的历史文化科学的逻辑理论》,载《社会科学和社会政策文献》,卷49。《马克斯·韦伯的科学论》一书中对此有所概述,见第329页起,亦见第333页起。

感兴趣的诸方面所作的概要式表述。如果历史的个体是能够进行因果分析的,那就必定是过分简单化了的;必定要把这种历史个体简化为最基本的东西,而略去不重要的东西。这样,在印度种姓制度这个概念里面,种姓结构在等级方面的复杂细节被略掉,只有同婆罗门之间的等级关系才被纳入视野。但是,这样的概念尽管是简单化了的,而且在价值相关性所涉及的那种意义上说是片面的,却仍确定地是个别的;有一个并且只有一个印度种姓制度。建构这样的历史个体,有着为因果分析作准备和组织具体材料的作用。这种历史个体并不充分再现实在,在这种意义上说它不是描述性的;但是把它应用于具体实在并不能解释任何问题,而只说明要加以解释的是什么——从这种意义上说,它又是描述性的。另一方面,解释也涉及普遍概念。

第二种个别化概念在逻辑功能上非常类似,而内容则是不同的。第一种至少包含着实际现象(时间中的事物和事件)的诸成分,即社会事实的诸成分。另一种则包含着另外一类对象——观念。例如加尔文派神学、婆罗门的因果报应和轮回哲学就是这样的观念。当然,这些观念是与实际过程有关的——否则本书就不会对它们感兴趣——但是,如果没有黑格尔主义,就不会把它们等同于实际过程。它们的关系的问题,实际上正是韦伯在社会学方面具体研究的中心问题。

但是,加尔文派神学和轮回与报应的哲学,并不是所有加尔文派教徒或所有婆罗门的思想的具体实际的内容,更不用说那些公开否认婆罗门权威的所有种姓的全部成员了。相反,这两者都是夸大的东西,是把这两部分人群当中存在的一般宗教思想倾向发展成了最鲜明、最系统的形式。在这里,理想类型可以实际地具体存在,意思是说在例如加尔文的《基督教原理》等某一个文献当中,就有明确的观念体系。⁷⁶但是,这在方法论上并非必需,尤其是比如说,加尔文派神学在民众中的影响,就不会局限于对加尔文所阐述的神学体系的逻辑结构在思想上有着清楚明了的了解的那些人。这样的概念,至少在把它们运用于社会学的时候,在某种意义上说是非真实的。

对于我们目前所讨论的问题来说,重要的是另一种"理想类型"——一般化概念(generalizing concept)。可以用冯·塞廷博士的话来说⁷⁷:"对于一项个别事件作因果解释,要回答这样一个问题:在某些假设的、因而是不真实的但却仍然是'可能的'⁷⁸设想情况下,会发生什么样的事情。"一般理想类型就是这种对于假想的事件过程的建构,它具有另外两个特点:(1)抽象的一般性和(2)对经验实在加以理想类型的夸张。这两个要素中如果没有第一个,则该概念可能仅适用于单独一个历史情况;⁷⁹没有第二个,这概念就可能仅仅是一个共同的特征或一种统计上的平均数。它不是这两者中的任何一个,而是一种对行动的典型过程的理想化的建构,或是能适用于不确定数量的若干实例的关系形式,这些关系形式用抽象的、逻辑上融贯的形式,阐明某些与理解那些具体情况有关的成分。因为这些概念是经验论证的逻辑中必然涉及的一般概念,所以它们在方法论中占有重要地位。

韦伯自己喜欢把正统经济学理论中的一般概念作为范例使

---

⁷⁶ 出于同样道理,一个纯粹理性的活动是能够直觉地加以把握的。见前文[边码]第588页。

⁷⁷ 《马克斯·韦伯的科学论》,第329—330页。

⁷⁸ 韦伯的"客观可能性"概念将在下面讨论,见[边码]第610页起。

⁷⁹ 参看《马克斯·韦伯的科学论》,第300页脚注。韦伯确实把某些这种性质的建构当做理想类型。

用。由于正统经济学理论是本书已经涉及[30]的范例,它又非常清楚地包含这个问题除一个成分以外的所有其他成分,所以我们将以之作为讨论的主要基础。主要的问题[31]是,韦伯和冯·塞廷博士似乎都没有看到经济学理论中的这些概念在方法论中所处地位的一个中心问题。[32]

这个范例取自社会科学领域,涉及到韦伯认为对理想类型而言至关重要的 Verstehen[理解]。它与自然科学概念的关系则是另一回事。在这个基础上,经济学理论的概念全都包含一个规范性成分——即一般所谓的经济合理性的设定。人们一致地同意[33]这一命题:行动只有当其在实际上趋近于规范所预期的情形时,才能以经济学原理来进行解释。背离这种规范的种种现象,必然是由于非经济方面的因素。这一切都是共同的基础。问题出在这里:可以认为经济学理论的诸概念表述的,是完全与这种规范相一致的一种行动类型,不是具体观察到的行动的过程,而是假设的[34]具体行动的过程。这种规范大概从未完全达到,[35]实际上可能是达不到的,因而在这个意义上是不真实的——这些并不是要害之所在。它作为一种有限定条件的事例才有意义——非常像是物理学中无摩擦机器的概念,其中不存在机械能转化为热量的问题。另一方面,这些概念可以表述

---

[30] 参看前文,特别是第四、五、六章。
[31] 对本书而言。
[32] 这个问题在 T.帕森斯所著《关于经济学的性质和意义的几点见解》一文中有相当详细的论述。该文载《经济学季刊》,1934年5月。
[33] 在持正统经济学观点的人们当中。
[34] 这里说的假设,意思不是指望事件的具体过程将会与构想完全一致,而是一种反面的意思,即所描述的事件过程同实际观察到的不完全一致。
[35] 在一个全面的行动体系中。

一种概括的行动体系中的某些分析性成分。⑯

如果分析局限于第一种概念,那么,在应用于并非理论中的理想实验条件的情况时,就会陷入一种二难的困境:或把一个单个的理论体系不合理地具体化了,或者就成了关于概念在科学中所起作用的"虚拟"理论,这种理论并未真正脱离客观主义和直觉主义立场的那种经验主义的非理性主义。特别是在上文⑰中分析过的罗宾斯教授的事例中,它导致把抽象概念具体化的结果。⑱韦伯的一般理想类型大都属于这种性质,所以也陷入这样的二难困境,但是因为他的方法论精明得多,经验知识和洞察力也高明得多,所以他的事例要微妙得多。他不是罗宾斯那样幼稚的一元论者。但是,由于坐实(hypostatization)了理想类型,他的"多元论"就倾向于既破坏了具体历史个体的有机统一性,又破坏了历史进程的有机统一性,而这并非分析本身的题中应有之义。在把抽象概念具体化方面,他的"多元论"造成一种可以称之为关于文化和社会的"拼板"理论(a "mosaic" theory),把文化和社会设想为由互不相同的原子⑲构成的。这种"拼板论",再加上他对理性规范的运用,酿就了他那种屡屡遭人诟病的"理性主义",以及作为他的经验研究的显著特征的理性化过程的刻板性质。这就是韦伯的立场在方法论上的主要困难。在他的各项经验理论中不管可能存在什么严重的困难,最主要的根源乃在于此,是比事实方面的错误重要得多的。

我们已经表明了这两种类型的概念的差别,特别是使用每

---

⑯ 两者在具体内容上可能有重迭。参看本书第一章[边码]第 35 页注㊿。
⑰ 见前文[边码]第 606 页注㉛。
⑱ 在他的根深蒂固的放任主义偏见中表现最为明显。参看莱昂内尔·罗宾斯:《论经济科学之性质和意义》)。
⑲ 被界定为理想类型的单位。

一种类型的概念所造成的结果。马歇尔所使用的自由企业的规范,以及其中全部附属的概念,无疑是符合上述有关经济合理性的设定的。对于马歇尔来说,自由企业是假定人们会实际上按这种规范去做的一种假设状态。但是,同样清楚的是,在马歇尔所设想的这种假设状态之中,包含有不止一个分析的成分。[30] 其中有两个在这里是重要的——效用和活动。[31] 但是,这两个成分当中没有一个能够被看做(即便只是假设)是具体的行动类型。整个分析已经表明,效用这个经济学概念,只有一方面根据一种特定的终极目的体系来看,另一方面根据一种特定处境的诸成分以及某些其他成分来看,才有意义。这些其他成分的价值必须是不依赖于效用考虑而定的——只有如此,才有可能说,行动(即便是假设的行动)是"由最大限度效用的考虑决定的"。也就是说,必须认为效用成分是独立于这些其他成分的。但是,活动成分[32] 的情况也是如此。活动成分同效用成分在分析上显然是可以分离开来的,这只要与和马歇尔心目中的情况明显不同的一种具体情况比较一下,就可以证明。例如,韦伯称之为传统主义的事例——提高工资导致少做工作,还挣和以前一样多的钱[33]——也是一种效用最大化的例子,比马歇尔所举的例子毫不逊色。换一个少许不同的说法,效用最大化这个概念本身是毫无意义的。如果不引入诸如终极需求的性质这样在逻辑

608

---

[30] 在前面论述的那种意义上。

[31] 并不意味着对于所有问题来说,在这些现象中需要注意加以区分的,只有这两个变量。在其他情况下需要注意区分的变量可能与此大不相同。这里关心的只是说明成分与单位之间的逻辑区别。

[32] 不管马歇尔对此所作界定从我们现在研究的问题看来可能多么不合适。

[33] 见前文第十四章,[边码]第 514 页。

上确定的成分,就完全不能使之具体化。[34] 但是,在若干不同的假设的(理想类型)事例中,例如在韦伯所说的传统主义和马歇尔所说的自由企业中,都包含着合理的效用最大化这样一个基本成分,而这一成分在逻辑上是该概念所不可少的。这就证明,这个效用成分是一个与传统主义和活动有关的独立变量。效用最大化在逻辑上就指的是,或者是传统主义的最大化(对韦伯而言),或者是活动的最大化(就马歇尔而言);就此而论,这两种成分是不能彼此化约的。

考虑一下马歇尔的事例同帕雷托的关系,这一点就会很清楚了。从实质上说,马歇尔作为效用成分对待的那些成分,至少作为"利益"的一部分出现于帕雷托的一般化体系之中。但是,很清楚,帕雷托是把利益作为独立于剩余物和剩余物所显示的情感的变量来对待的。例如,在以韧性剩余物的主导地位为特点的体系中,这些利益可以如同在组合性的剩余物特别强大的体系中一样地起作用,但在两种体系中具体的结果会是很不一样的。马歇尔把经济合理性的最大化同特定的一类剩余物、即活动中包含的剩余物联系起来,从而就抑制了这种不受变化影响的独立性。这就涉及到一种未明言的原理,正如其他三个人——帕雷托、韦伯和涂尔干——的研究都证明了的,这种原理同事实是不一致的。

但是,不管这个原理还是另外一个相应的僵化的原理,都是其中隐含着的一种方法论观点不可避免的逻辑结果——这种观点就是:理论体系中的一切分析性概念必须与诸具体体系中可

---

[34] 因此就有了随意性目的的概念在功利主义立场中的作用。一个成分的价值可以作为一个单位单独存在。此种论点所反对的,是认为它必然是作为一个单位而单独存在这样一种没有明说的假设。

682

以设想为独立存在的诸单位相对应。在前面的讨论中,作为经济成分从诸行动体系的结构之中剖析出来的东西,不能看做这样的单位。那是体系中诸单位的一种关系样式,而体系必须至少复杂到一定程度,才具有某些伴生性特性。前面的例子已经证明,它是与同一体系中某些其他成分即价值成分有关的独立变量。罗宾斯的做法是,假定它是对于一种具体行动类型的恰当描述,从而把价值成分从具体体系中完全排斥掉;这样,目的就成为随意的了。这样,就不能考虑经济成分与价值成分的相互依赖性。而马歇尔却把经济合理性与价值复合体的一项特殊价值连在一起。韦伯则倾向于犯第三种错误,即上面讨论过的"拼板式"原子论。这些做法中没有一个是令人满意的。

韦伯所由出发的种种立场,都是彻底的经验主义的,他所做的事情,又主要是证明在阐释性科学中使用一般概念在逻辑上的必要性——由此看来,他之未能把这些概念类型明确区分开来,是毫不足奇的。尤其是,鉴于他同唯心主义方法论的论战关系,他在明确的阐述当中止步于与经验上的描述类型最为接近的一般概念类型,即假设为具体的行动或关系的类型,也是很自然的。

经验论证的逻辑

韦伯思想当中这种局面的逻辑,在他关于对经验命题进行客观验证的诸条件所作论述当中,表现得最为彻底——他为进行这种验证提出了客观可能性(objective possibility)和充分解释(adequate explanation)两个范畴。

一开始就必须记住,韦伯关于验证和认定因果关系的论述是直接针对这样一个问题的:怎样才可能证明,在某一历史个体之前存在的某些经验事实与该历史个体的某些面貌之间有着因果关系？他之所以去分析一般概念的作用，乃是依循这一问题的逻辑所导致的结果。

冯·塞廷博士对于认定因果关系的程序中包含的逻辑步骤，作了一个很便利的概括。(95) 它以从描述角度建构和验证一个历史个体（即所要加以解释的东西）为前提。然后，必不可少的有以下步骤(96)：(1)把这个复杂的现象（或过程）加以分析，分解成为一些各自都可以根据一种一般规律（Regel des Geschehens）加以归类的成分；(2)对于这种一般规律预先就有所了解；(3)假设去掉或改变该过程中的一个或数个因素——需要研究的就是这
611 一个或数个因素是否是该过程结局的导因；(4)（去掉或改变了一个或数个因素之后）揣想（使用客观可能性的范畴）预期的事件进程会是什么样子；(5)把关于可能的发展过程的假设的概念（实际上，即假若某些事情有所不同本来可能发生的发展过程）同事件的实际进程加以比较；(6)根据这一比较得出因果关系方面的结论。一般的原则乃是，如果实际发展过程同可能发展过程不同，可以认定这种差异即是由“被设想去掉了的”或被认为是改变了的那些因素造成的。另一方面，若是设想中的改变并未带来不同，则证明所研究的这些因素并没有什么因果关系上的重要性。

这个图式(97)包括了问题的所有主要成分。问题主要出在如何来解释：在这个问题当中，作为为了揣想而可以在思想中加以

---

(95) 《马克斯·韦伯的科学论》，第 262 页。

(96) 冯·塞廷博士还提出了另外四项可能采取的步骤；为了简要起见，此处可以不提。

(97) 这个表述完全正确地表述了韦伯的立场，比他自己所作的任何表述都要简捷。

排除或改变的一个成分,这种因素是什么?据以划分这种因素类别的一般规律(Generelle Erfahrun gsregeln 或 generelle Regeln des Geschehens)是什么?最后,科学知识的这两个显然同样必不可少的成分相互之间的一般关系的特点是什么?

需要说明的第一点是:对这个图式来说,一个因素是一个涉及到对于具体事实所作表述的实体。因果问题就是在特定的整个形势之中,由于这些事实在该时该地存在,因而对于继之而来的事件进程带来什么影响的问题。因此,在冯·塞廷博士所举的韦伯的例子中,因素是(a)波斯人的进军在马拉松被阻滞了一段时间这样一件事实;(b)那位年轻的母亲同她的厨子发生了一场争吵这样一件事实[38](c)在一个特定的时期内,西欧的许多人都有韦伯称之为禁欲主义的新教伦理的观念复合体这样一件事实。[39]这些就是需要加以检验是否具有导因作用的因素。在每一个例子中,它们都指的是事情或事件的具体特定情况。

但是,这些因素又都是一个历史个体的"部分"。假若马拉松战役时,希腊的社会环境与同一时代埃及的社会环境并无二致,那么,认为希腊文化得以摆脱宗教—祭司式的僵化的传统主义是由于马拉松战役的结果,就毫无意义。假若西欧的社会环境与当时的印度社会环境完全一样,那么,把资本主义的发展部分地归因于新教伦理,也是荒谬之极。

那个被认定(或否认)起着导因作用的因素,以及它所置身其中的处境,都是具体现象。因果分析所要关注的现象就构成为一个"真实过程"。问题就是,在较早阶段发生或出现的这个因素,对于决定较晚阶段的具体个性起了什么作用。如果认为

---

[38] 《马克斯·韦伯的科学论》,第 280 页。
[39] 同上,第 281 页起。

该因素是在一种特定具体处境之下起作用的话,这个问题只能有一个确定的含义。而且,要判断一个因素有无导因作用,惟一的办法就是问一问:如果该因素未曾出现或已经改变的话,比如说,如果波斯人没有在马拉松被阻滞的话,会发生什么情况？很清楚,这大体上就是实验的逻辑。由于有实际的困难,不可能真实重现原来情况并且改变所研究的因素,以考察会发生什么情况,所以必须求助于在思维中进行的实验,即构想一种在客观上可能发生的事件进程。

但是,包含着我们所关注的那个因素的历史个体,乃是有机的统一体,只能如此这般(不可能进行实验)地加以考察。因此,任何与之相比较的东西都必然是⑩一种"构想"。从任何意义上说,一个历史个体的整体都是已经确定了的——就此而论,该历史个体的进程必然落得如它已经发生那样的结局。因此,要构想在不同形势下会发生什么情况,一定要了解处境中的某些成分会怎样发展。于是,如这一图式所表示的,这就既要把该现象分解成为若干成分,又要能够相当确切地预见每一个成分的发展趋势。对每一成分发展趋势的预见,在逻辑上就必定会涉及到一般规律。

但是,该历史个体要被分析成为什么别的成分呢？在马拉松战役这个例子中,⑩一方面是希腊当时的社会结构和环境的某些特点,另一方面是波斯人的利益和可能采取的政策的某些特点。可以把它们表述如下:在希腊的宗教环境中,除去家庭中举行的祭礼以外,当时还有两个主要的结构成分:(1)城市的祭

---

⑩ 要指出的一个例外是类推。

⑪ 韦伯认为马拉松战斗是起最主要决定作用的,因为它使雅典人赢得时间集合舰队撤至萨拉米湾。可是,这里真正的关键问题是,波斯人未能取得对希腊的长久的政治控制。

礼,人们把主持这种祭礼视同一般的公职,这同那种由一个世袭的专业祭司阶级来统治的情况肯定是不一致的;(2)一种职业的成分,特别是诸如德尔斐(Delphi)的神谕,而这种成分是在城邦的结构之外的。主要问题是,究竟是这第一个成分继续向其世俗化的方向发展,还是由于宗教力量的均势转而有利于另外那个成分,而使该趋势遭到抵销或抑制。韦伯和 E. 迈耶(Eduard Meyar)论证说,假如波斯人取得了胜利,可能带来的是后一种结局。主要的理由是:(1)波斯人获胜就要使城邦失去政治上的自主地位,同时,与"国家宗教"密切相关的公民权利也就全然不能得到发展;(2)职业宗教成分作为同化异族的手段,对于波斯人政权非常有用,因此,波斯人的政权一定要尽一切努力增加职业宗教成分的影响(在朱迪亚[102]发生的就是这种情形)。

  对这一历史问题只能谈到这里为止。现在的问题是,为逻辑论证的图式所必需的那些成分和一般规律指的是什么?从韦伯的研究中能够明确归纳出来的只有一条:它们是一般的概念或范畴。如果设想特定的一个历史个体或在它之前发生的事件当中有一个因素改变了或者排除掉了,这个因素只能是改变了的具体事实。所涉及的诸成分在某种意义上必然是些一般范畴,那些事实就构成为此种范畴形式的具体内容。发生改变的必定是同一形式中的某些内容。因此,用逻辑学的术语来说,问题就是,那种由具体事实构成为其殊相(特殊,the particular)的共相(普遍,the universal)究竟是什么?

  前面讨论过的两分法正是用在这里才恰当。在一个普遍与一个具体情况的诸特殊事实之间的关系中,可以存在不是一种、而是两种类型的一般范畴。韦伯未能将此加以区分,以确定所

---

[102] 朱迪亚(Judea),即古代巴勒斯坦南部犹太人的聚居地。——译注

指的是哪一种一般范畴,或说明这两种一般范畴的相互关系。正是在这个问题上,为了澄清韦伯所持立场的含义,必须超出他本人所作的分析。

一种类型的普遍同一类[103]事物的特殊在逻辑上的关系,如同人这个概念同单个个人的关系一样。在某种意义上,人是一种抽象——在经验上不存在人这样的事物,而只有特定的人和人们的集群。但是,在人这个概念里汇集了一定数量的衡量判断的尺度,以致任何能够完全符合这些尺度的具体实体,都能同其他所有具有同样特点的具体实体(其不同点保持在一定范围内)一起,归入人这一类之中。如同韦伯所作分析已经表明的那样,属于这种类特点的一般概念,可以以若干不同的方式与该类所包括的诸具体实体的整体联系起来。可以把类阐述为其差异保持在某种限度内的一种一般状态,因而凡属该限度之内的特殊,仍可说是属于该类。这样,就可以按照平均身高或平均体重之类的特征来界定人。其次,也可以按照诸特殊个体的共同特性来界定类,例如按照一定的脑结构形式以及直立的姿势、拇指与其他手指可以相对等等来界定人,而不是按照发色、肤色和头部特征等等来界定。最后,也可以把类界定为一种理想类型。

作为可变因素的特殊事实所要归入的那种普遍,而在韦伯的论证图式中起了重要作用的诸种成分,无疑就是这种意义上的类概念。之所以采取理想类型的方式来加以阐述,而不采取上述另外两种方式,主要有两个原因:首先,要了解行动的规范性取向,它们在科学上才有用。为此,简捷不过的办法,就是选取那种被认为完全实现了那个规范的事例——如韦伯经常指出的,这样最容易确定其他因素在使得具体事例未能实现这一规

---

[103] 在逻辑意义上的。

范上所起的作用。其次,要用这些概念去表示的具体历史个体,都是有机现象,把组成这些现象的诸部分或单位分离出来,就得加以抽象——这是进行这种步骤总要涉及到的。类概念不可能确切描述具体现象,所以用以表示这些现象的概念,无论如何必然是抽象的。因此,理想类型的概念比另外两种概念都更合适。

韦伯本人一再断言,用以说明理想类型之特性的那些特点,组合到一起应当有意义、说得通——他以此作为对于理想类型作正确阐述的主要标准。这意思是很清楚的——它们必须根据一种参照系确切地描述一个潜在的具体实体,即韦伯所说的客观上可能的实体。这当然不是说,完全符合该理想类型的具体实体必然如同实际存在的实体一样能够加以展示,而是说具体实体的所有基本特性都被包括在内。[104] 因此,在力学中,描述一个有质量和速度却没有空间位置的物体将毫无意义。同样,一个有手段和目的却没有任何规范来支配手段—目的关系的行动体系也是毫无意义的。因此,我们这里所说的理想类型乃是一个假设的具体实体、一种事态或一个过程,或是实体、事态、过程之中的一个单位。理想类型是把某些特点人为地加以简化或夸张而建构成的——仅仅在这种意义上说,它是理想的。韦伯一再使用的例子是"手工业"、"科层制"、"封建主义"、"教会"和"宗派"。

这种理想类型显然并不必然是本书前面所说那种意义上的分析性成分。成分也是一个普遍概念或若干普遍概念的组合——描述具体实体或事态的事实可能是这个普遍或普遍的组合之中的特殊。成分并不必定是类的普遍概念,它或许可以被称做"作宾词用的普遍(universal of predication)",可以指具体现

---

[104] 基本上,如所采用的参照系的要求所规定的。

象的一般特性或品质——它们的值就是描述具体现象的事实。因此,在力学上,质量便是这种意义上的一个成分。可是,它的具体对应物不是一种机械体系的任何部件,而是一个特定物体的质量。类概念和"作宾词用的普遍"都是抽象,这部分是因为两者都是普遍而不是特殊。但是,这两种概念的抽象显然是不同的。同前者相对应的特殊是具体的实体——乔治·华盛顿是一个人。同后者相对应的特殊并不必要是具体的实体,而可以是这样一个实体的具体特性或特点——太阳有(并非是)一定的质量。只有在后者包括了为充分描述一个单位所必需的全部事实时,两者才一致起来。

一个具体实体总是能够以一定数量的有关它的宾词来加以描述的。到底是些什么宾词,需要多少个宾词,要取决于据以对该实体进行描述的那个参照系。这样的参照系总是有一组一般特性,它们的值放在一起,就构成对于一个具体单位或实体的充分描述。因此,在古典力学中,要充分地描述一个粒子或物体,就必须陈述它的质量、速度、空间、位置和运动方向。忽略了其中一项或几项,就会成为不确定的描述。

考虑到这些问题,便有可能指明理想类型的普遍同分析性成分的普遍之间的某些一般关系了。前者是真正的普遍,因而能够适用于无数的特殊事例。因此,在对它的阐述中,就不能容纳与描述属于该类的诸特殊有关的各种成分的具体数值。它不包含任何具体事实。

它所确实包含的,是诸成分的这些值的一系列固定的关系(可能包括在一定范围之内的变化)。正因为这些关系持续存在着,才能说存在着这种类型,或者说它同我们所分析的具体处境是相关的。

用前面举过的例证可以十分清楚地说明这点。可以认为经济合理性是行动体系的这样一种一般特性。它是韦伯称之为传统主义的行动类型的一种特性。这种行动类型确实以经济合理性的最大化为其基本属性之一。但是，单单经济合理性的最大化，并不能充分描述韦伯心目中的这种行动类型。那是一种关系到一项传统固定的生活标准的在经济上合理的行动，也就是说，除了关系到一种使传统的稳定性这一特性得以最大限度发挥的目的体系之外，与其他任何特定目的都无关。它是这两个界定该行动类型的具体特性的组合。就算满足了这个条件，各个具体事例在目的的具体内容以及处境的独特特点等等其他方面，还有可能大不相同。西里西亚刈草人的例子仅仅是这种行动类型的很多可能的例子之一。这种类型同样适用于美国矿工，固然他们都力求得到稳定的收入，但他们的消费习惯和处境却是非常不同的。

前面说到，在理想类型中，诸成分在某种特定组合之中相互关联，其含义即是如此。如果经济合理性最大化了，生活标准的稳定性必须也同时最大化，这样才存在传统主义。[105] 不管阐述该类型的重要分析性成分与其他成分的特定值可能如何，这些重要分析性成分的值之间的关系总是一样的。理想类型的分析无从打破这些固定关系的不变性。[106]

假若所讨论的这些关系事实上在具体现实中确实总是存在着，对于上面说的这个问题也就不会有异议了。但是，情况并非

---

[105] 应当指出，韦伯也在一种广泛得多的意义上使用这个词。关于这个问题的探讨，见下章。

[106] 是否应该打破这种不变性，是一个在科学上方便与否的问题，是有关事实的问题。如果忽略掉这种组合的各种成分独立变化的可能性，把这种组合径直当成一个单位，这个类型概念同样可以起一个成分的作用。另一方面，打破这种不变性可能是方便的。

691

必然如此。这只要同前面讨论过的马歇尔关于需求随活动变化而变化的例子加以比较，就很清楚了。在那个事例当中，经济合理性的特性最大化了，但这种最大化并不是与生活标准、需要标准方面的稳定性结合在一起的。相反，它是同生活标准的不断提高相互关联的。因此，马歇尔的自由企业是以另外一种行动类型为特征的，在这种行动类型中，经济合理性的最大化是同前面详细讨论的活动的最大化结合在一起的，它的一个方面就是需求日益增多。

这两种行动类型中的经济合理性成分是毫无二致的。二者的差异乃是经济合理性成分以何种方式与其他成分相联系的问题，在上述事例中，即是以何种方式与终极价值复合体的诸成分相联系的问题。这一点在方法论上有极其重要的意义。对包括韦伯所说的理想类型在内的各类概念加以阐述，是一个必不可少的步骤。但是，对于科学分析来说就此止步，一般是不可能的。这样做就会产生一种类型原子论——每一个类型概念本身就会成为一个分析单位，而在现实中这些单位是成体系地相互联系着的。其所以如此，乃是因为它们是按数量更加有限的特性的值之间的关系组合来加以表述的，每一特性都是若干不同的类型概念的属性。

首先，各种一般成分的值，并非总是以任何一种类型概念所涉及的那种特定方式结合起来的，它们可以在一个更加广泛的范围内独立地变化。前面刚刚举的一个例子已经证明了这个问题。经济合理性的最大化，不是一成不变地与需求的稳定性联结在一起，而无疑也是以各种方式在经验上同需求的变通性相一致的。仅仅使用类型概念来进行分析，就要模糊这些独立的变化的可能性。

此外，类型概念的这种用法违背了科学的经济学的基本方法论准则。因为,在类型的基础上,有关成分的值之间关系的每一种可能的组合,都必须有一个单独的一般概念;而根据成分分析,则可以从数量有限得多的成分概念中获得所有这些类型。

如果不是同时至少暗地里发展起一个更加一般的理论体系,要对于理想类型作出系统的分类实际上是不可能的。因为分类中各类型之间的关系,只能使用构成了这样一种一般化的体系的诸范畴来表述。因此,由于经济合理性的最大化是传统主义和自由企业所共有的,从某些角度着眼,这二者便属于同一类。

但是,如前所述,这个更加一般化的理论的系统化,包含着两种不同的可能的概念化。本书已经涉及的主要是能应用于任何社会行动体系的一种结构范畴的一般化体系。另外一种是变量体系,即便是韦伯所说的理想类型,有时也可以当成是可变成分,因为它乃是真正的普遍。本书前面所探讨的诸结构范畴也是如此。但是,并不是各种成分都需要和这两者之一相等同——例如,帕雷托的剩余物范畴就与两者都不同。

韦伯所谓的理想类型,都是社会体系的一个一般化了的单位。但它同我们所说的一般化的结构体系的任一范畴比较而言,都具有更加明确和具体的特征。例如,同单位行动相比,理性的单位行动可能更会被韦伯视为一种理想类型。但是,这种意义上的单位行动也可以是一种理想类型,而某些其他结构范畴却并非如此。这些结构范畴描述的,是行动复合体系中诸单位及其成分之间的关系样式,脱离开其他结构范畴甚至不可能想象它们是独立的存在。它们构成了可以说是具体体系的结构性的方面,体系中附着于它们之上的特性乃是伴生性的特性。它们同那种未对一个单位作充分描述的、作宾词用的普遍一样,也不能被设想为与一类客观上可能存在的实体相对应。内在的手段—目的链条中的经济部分,就是这样一个结构性的方面。

在结束这一阶段的讨论之前,可以作这样的评论:使用理想类型的概念代替更加一般的分析性概念,再加上随之而来的各分析性概念的值之间的关系组合的刻板性质,就是在进行经验解释时产生偏见的一个主要根源。可以举两个明显的例子。第一,马歇尔把日益增加的经济合理性解释为人类行动的固有倾向是正确的。但是,他没有看出,这个倾向并不必定导向自由企业;比如说,它决非不能与印度的种姓制度共存。在经济计算范围之内所引起的种种考虑方面,种姓制度可以与自由企业大不相同。但是,在经济合理性规范用之于个人的范围里,就典型的个人达到经济合理性规范的程度而论,二者之间却并非必然不同。[107] 马歇尔所做的就是把经济合理性的值与其他成分的整个复合体(他把这概括为特征的逐渐发展)联系起来。这就是他的以自由企业为顶峰的线性进化论的最终逻辑基础,他关于自由企业不可避免的观点也源自于此。其结果就是最严重不过的经验错误。

在以罗宾斯教授的观点[108]为代表的另一个经济理论学派中,可以发现一种稍许不同的情况。这一学派声称旨在建立一种抽象的经济科学。然而,它只是拒绝讨论经济学理论所阐述的诸成分与行动体系的其他成分之间的关系问题,却不可能回避掉这些问题。完全忽视这些关系,无异于隐隐然假设它们与

---

[107] 譬如,对于西方人来说,职业的选择是被包括在这个范围内的。在印度,就种姓具有世袭的职业而言,职业的选择当然是被排除在这个范围之外的。在某种意义上——但不是在这里讨论的意义上——这是认为西方人具有更多的经济合理性的原因。

[108] L.罗宾斯:《论经济科学之性质和意义》。参见 T.帕森斯:《关于经济学之性质和意义的若干见解》,《经济学季刊》,1934 年 5 月。

经济学的关系是偶然的。在终极目的方面,这样做的结果正好把罗宾斯教授置于功利主义者的立场。由于没有正面涉及霍布斯所说的秩序问题,也就有了进一步的关于利益的天然同一性的暗中假设。其结果就是在罗宾斯教授的其他著作[109]中明显表现出来的根深蒂固的放任主义的偏见。

总而言之,论证图式要求予以排除或更替的因素总是一套描述具体历史个体的具体事实。具体历史个体被认为能够以如此方式分解成为不同的具体成分:可以设想,其中一个成分能够不受其他成分的影响而在值上发生变化。

要通过这个程序证明因果关系,必须有可能把这些事实纳入一般概念。困难就出在这里。这些一般成分根本不属一类,而可能是三类。韦伯的理想类型属于一类:它是该历史个体的假设的具体单位或部分,是无数其他具体历史个体所共有的一般特点的组合。

这种假设的具体单位在逻辑上是普遍,而不是特殊,所以像任何类概念一样是一种抽象。它之所以是抽象,还由于它是一种理想类型,而不是平均数或一些共同的特点。其他种类的概念则处于更加一般化的分析层面上,根本不必是单位。与之相应的特殊可以描述一个具体的单独的实体,但是也可以局限于断定一个或一个以上这样的实体的单独一个特性,或表明某一体系的某一结构侧面。这样的概念就其作为普遍而言也是抽象的,但理想类型之为抽象,并不是出于同样的意义。

所有具体现象,包括与理想类型相对应的特殊,都只能以诸分析性成分的值的特殊组合来加以描述。理想类型作为一种普

---

[109] 参见 L. 罗宾斯:《大萧条》(The Great Depression)。该书所持论点是,大萧条应完全归咎于对竞争体制之运作的外来的横蛮干涉。

遍,并不涉及特定的值的组合,但是,它确实包含着诸分析性成分的值之间的一系列固定关系。可是,这些成分常常能超出类型的定义所许可的范围而独立地变化。因此,把一般的概念化限制在理想类型的范围,就带来了一个刻板的成分,可能因此而产生一种方法论方面的原子论。如果把这些类型具体化,其结果就或者是历史的"拼板"理论,或者是刻板的进化论图式。⑩据此,要防止这两种引伸,惟一的办法就是坚持类型概念的虚拟性质。⑪

那些将各种因素纳入其下的一般规律,在不同情况下可能有不同的意义。理想类型成分作为单位,可以认为其中有在特定情况下典型行为方式。这时,我们所说的规律便是对这些行为方式的概括,即前文所论述的"经验概括"⑫,它们是单单由理想类型概念当中所固有的虚拟抽象成分来限定的。它们所一般地陈述的,不是实际发生的事情,而是假若实际事实与理想类型完全一致时会发生什么情况。因此,在韦伯引证的一个例子中,格雷欣定律(Gresham's law)就概括了人们对于两种价值相异的货币单位所采取的具体行动。⑬在这个例子中,事情的实际过程一般地都很符合这一定律,是经济合理性在经验上具有重要意义的一个证据,因为这条定律是以经济合理性最大化的假设为根据的。

另一方面,分析性规律陈述的,是两个或更多分析性成分的值之间关系的一成不变的样式。这样,它可以应用于任何一个

---

⑩ 韦伯倾向于前者,然而在他的合理化的过程中表现出了进化论的成分。
⑪ 这实际上没用,因为它同样包含严重的困难。
⑫ 见前文[边码]第33页。
⑬ "超值的货币将从流通中消失。"(译按:此即著名的"劣币驱逐良币"的定律。)

理想类型的范围之外。[14] 同时，前述关于理想类型单位行为的那种概括，通常是不能运用任何一项分析性规律就能得出的，必须把若干项规律结合起来才行。

这个说法的主要例外，是在有前面称之为理想实验条件的场合。如果所研究的具体现象当中，有一个特定的变化，能够归因于当时明确在考虑之中的一个成分或少量一组成分的值的变化，就存在着这样的实验条件。而只有所有其余具体相关的成分的值，都能被当做所研究的整个过程中的常量或保持在一定范围之内时，才会是这样的情形。因此，自由落体定律只有在空气阻力或摩擦力是恒量零时，才无条件地适用。

以上讨论所试图加以澄清的基本区分，与自然科学与社会科学之间的区分毫无关系。这些基本的区分，完全是一般经验科学的严格逻辑的问题；前面已指出，自然科学和社会科学毫无二致，都要服从于一般经验科学的严格逻辑。韦伯之所以没有弄清这些区分，也没有弄清这些区分对于一般理论以及理论的经验运用有什么影响，似乎主要是由于他企图在两种科学之间划分的方法论界线非常僵化所致。此处所说的一般化理论，过去是在自然科学当中最为发达，而他把自然科学同社会科学截然分割开来，就使得他无法最大限度地利用自然科学领域中的方法论成果了。在这方面，帕雷托比韦伯明显要高明得多。

在这些基本的逻辑方面，自然科学同社会科学没有任何差别。就与本书所要研究的问题有关而论，它们仅仅在三个方面有所不同——其中没有一个是逻辑的，全是实质性的。(1)两者的结构性成分和可变成分的特性都不相同，因而规律的特性也不同。说一项行动具有质量，就如同说一颗星星是理性的一样

---

[14] 每当成分与类型不相同的时候。

毫无意义。如果一个分析意义上的理论体系包含着一批相互关联着的成分,这些成分及其相互关系不能以别的一套东西来表达,而这个理论体系指的又是关于相应的一般化结构的一个具体体系,那么,就确实可以把这个理论体系界定为一个单位。(2)就应用而言,它们的经验证据有着不同的特性。对一种科学来说,主观观点乃是证明的一个来源,对另一种科学来说则不然。主观观点使得一套可明确界定的举动成为可能。(3)它们所必须涉及的具体历史个体的有机程度不同。[15] 然而,即便是这一点,与其说是内在的差异,倒不如说是与知识的具体目的有关的充分性问题。[16]

一个具体的、即便是假定为具体的行动或行动复合体,都可以涉及行动的全部成分。[17] 这就是前面所说的分析性科学与历史科学相抵牾的原因。应当强调的是另外一点。任何具体的行动类型都可以涉及到所有的行动成分,但不能是在这些成份之值的关系的特定组合之中。而正是就这些成分之值能彼此不依赖地变化而言(没有其他把它们作为成分来区别的理由),这种独立的变化又是该类型所涉及的特殊组合所不容许的。

要克服理想类型理论中种种"束缚"造成的僵局,关键在于这样的一种表述:一方面,每项具体行动都涉及若干行动成分;另一方面,这些行动成分可以彼此不依赖地发生变化。在这种情况下,变化有其特殊的意义。直到一类历史个体的所有具体

---

[15] 也就是说,把具体的类型成分从其背景中割裂开来而不破坏其基本特性的可能性不同。请比较亚理士多德关于与活体分离开的手仅仅在暧昧的意义上是手的观点。

[16] 见最后一章。

[17] 由基本特性与伴生性特性之间的区别限定。单位行动仅包括前者。见第十九章[边码]第738页起。

类型,(或其可以具体地设想的类型部分[118])都能被认为是体现了同一些分析性成分和结构性成分按照规律的不同组合的例证,完善的科学理论才能达到。在这里,独立的变化是指:一个成分的值发生变化,而其他成分的值不以同样的方式和幅度变化。[119] 在这两个层面上发展一般化理论,惟一途径就是对各种行动和各种行动复合体进行比较研究,这些行动和行动复合体的可观察特性是不同的。通过这样一个漫长而又艰苦的比较过程,选取在某些方面类似、在其他方面不同的事例,就有可能阐明诸可变成分。就活动以及与其相对的传统主义来说,合理地分配达到目的的手段显然是两者共有的特性,而目的的特点则不是。一旦阐明了这样一个成分,就有可能建构起它作用在与其他成份的各种可能的组合中所导致的具体结果。

解释的充分性

有了上面所说的建构,我们再回过头来讨论韦伯关于"充分解释"及其对经验概括与分析性规律之间关系的影响所作的论述。可以提出这样的论点:(1)为获得充分的解释,究竟在何种程度上必须从经验的概括推进到分析性规律,是与特定的经验问题有关的;(2)如果必须如此,对韦伯的理想类型加以"经验抽象",就是对一般化体系中诸成分——包括分析性成分和结构性成分——加以界定的过程中的一个必要步骤。[120]

---

[118] 在职业祭司的职位是希腊社会的一个成分这种意义上。

[119] 一个体系中的诸变量相互间是函数关系。因此,一个成分发生变化,将对其他成分产生由该体系的规律规定的反应。但是,这些成分不是简单地互相"束缚"在一起的。它们既是独立的,又是互相依赖的。

[120] 在论题显然是前述意义上的有机性题材的场合。

回到前面举过的一个例子[12] 上来:一位家庭主妇把土豆只煮了十五分钟就端给她的丈夫吃。他说这土豆太硬,并说:"煮的时间不够"。就此目的而言,这是一个完全充分的因果推断。他对土豆的兴趣只是关系到是否可口的软硬程度。要把土豆弄软得煮四十五分钟左右,这是"众所周知"的。关键就在于,为此目的,不需要知道如何解释煮土豆过程中在土豆里面发生的复杂化学变化或这些变化所遵循的规律。根据一条规律就足以作出正确而充分的解释,而这条规律是可以验证的。在行动领域里,可以同样地回答一位询问者:从剑桥的哈佛广场到波士顿南站的最直接方法是乘地铁。这一回答的所有成分,都可以用众所周知的关于日常经验(对于波士顿人来说)的规律加以验证。如果没有这样的一般规律,一切合理行动本身都确实将是无法想象的。而且,这些一般规律完全可以与科学规律相提并论。就使用它们的目的而言,它们本身确实就是十分充分的科学规律。

　　从常识这个极端到诸如热力学第二定律之类概念的另一个极端,其间有一个非常渐进的衍变过程。这种衍变,一是为取得充分解释的判断而必须加以考虑的数据越来越复杂;二是取得这样一种判断所涉及的猜想越来越超出常识和人所共知的事情,越来越成为涉及对于诸成分进行非常专门的阐述的或然性判断,越来越成为对所涉及的某些事实之逻辑结果的严密演绎。在作或然性的具体判断时,很快就会达到这样一点,即一个问题的成分太多,以致无法具有具体的确定性。

　　随着问题如此地愈益复杂,就必须明确地求助于概念。首先,可能的数据太多,而这些数据是否恰当又是大难题,因此必

---

[12] 见[边码]第65页注。

须精心建构起一个历史个体——这个历史个体成了要加以解释的事物。其次,在描述这一历史个体时,我们必须能把它的诸部分归为能超出该特定事例应用的各个类型概念。因此,韦伯在描述现代资本主义时使用了科层制的概念。最后,在我们对客观的可能性所作的判断中,必须尝试阐述这些成分发展的典型路线。这三种理想—类型的建构在韦伯的理论中都很突出,并且完全是恰当的和必要的。

但是,不能仅止于此。否则,令人遗憾的结果,就是认为所有的解释性概念都是说明不了任何问题的虚构之物,因为它们在经验上不是真实的。于是,针对这种怀疑论及其未能适当顾及实际情况,就出现了这样一种反应,即把解释性概念予以实体化,结果便是关于具体社会的"拼板"理论。这是由于理想类型当中把行动的诸成分按照特定组合拴在一起的"绳索"过死的缘故。历史因而成了作为单位的诸理想类型时隐时现的过程。结果,理想类型不成其为一种有用的虚构,反而被当成漫长过程中存在的一个恒定的具体单位。要打破这种拼板理论的僵局而又不陷入怀疑论,惟一的办法是靠一般化理论——一般化理论打破了理想类型中的特定成分组合,但是看到了这些组合之中表现出来的处于相互间恒定关系方式之中的诸共同成分,因而转到更加灵活、同时也更加现实主义的基础上去认识问题。

前已指出,韦伯并没有真正把自己局限于理想类型的理论。实际上他也不可能局限于此,除非他认为他所提出的这些理想类型相互间毫无联系。试图对理想类型进行系统分类,是他的研究工作的主要理论方面,实际上已经使他涉足一般化分析性理论。他的社会学理论既不是理想类型理论,也不是分析性理论,而是二者的混合物。

这种混合的原因应当是很清楚的。对于韦伯来说,一般概念在方法论上是剩余性范畴——因为他论争的意图是反对那些要完全否定一般概念的作用的人。可能存在的一般概念主要有三种范畴，即假设的具体类型、一般化结构性范畴以及可变成分。⑫第一种可以是行动类型或关系类型。既然韦伯有Historismus[历史主义]的倾向,对文化和文化现象的个性有很强烈的意识，⑬他之专注于关系也就不足为奇了。因此,在他的著作中最为引人注目的系统理论,就是可能存在的社会关系类型的分类。这大概是文献中最完善的和最系统的,对于具体研究是必不可少的帮助。但是,本书所研究的主要问题不在于此,而是对于各种行动体系加以概括的描述,这种描述同分类交织在一起(大多数时候是隐而不彰的),并且如同我们所期待的那样,在很大程度上就是分类的逻辑基础。

此处关于一般理论的逻辑性质的讨论,已经涉及一些困难的问题。我们并不认为这些难题已经全部解决——我们距此还很遥远,本书甚至于没有企图要推进这些问题,这样做的理由就是本书总的出发点。整个程序是从众所周知的和能清楚阐述的理论知识之"岛"——特别是和行动的合理性有关的科学概念——一点一点地谨慎地进入未知世界的。指导原则是两条：如果对于本书所要研究的问题可能有重要意义,就决不以方法论方面未解决的问题是形而上学问题等等为借口加以回避;但是,讨论这些问题决不超出必需的范围。不可避免的结论是,只有把行动的结构性成分的图式(这是本书研究的主题)设想为在某个方面是一种一般化理论体系的框架,这种图式在逻辑上才

---

⑫ 具体内容可能相互重叠。
⑬ 例如有别于非历史的古典经济学家。他之所以如此,乃是因为具体个性最为明显的是在结构方面,而不是在功能方面。社会关系首先是一种结构性范畴。

有意义。因此,有必要对于一般理论在方法论上所处地位进行充分的研究,以便搞清它同经验的因果解释以及在同一背景下的其他有关理论概念类型是什么关系。超出这个范围,对于本书所要研究的问题是不必要的。可是,在着手概述韦伯关于行动体系的结构图式之前,为了防止误解并提出某些分析的方向,讨论一下几个特殊要点将是有裨益的。

首先,可以再讨论一下因果推断的图式。我们一定要记得,前面提到这个图式必不可少的要求有(1)把历史个体分解为可纳入某种一般规律的各个成分;(2)关于这样一些规律的知识。通过以上分析,进一步证明成分和规律这两个概念确实隐含着不同的内容,是需要加以区分的。一方面,有科层制、祭司、手工业等等类型——单位;另一方面,有行动的合理性等等一般化的理论范畴。与此相应,规律可以是经验的概括,即对于这些具体的类型成分在某些特定情况之下的可能行为的判断;或者是分析性的规律,即不管诸分析性成分的特定值,而只表达这些成分的值之间相互关系的一般方式。

单独根据具体的类型——单位和经验概括,完全可能对因果关系作出充分判断。决定性的问题是,我们在大多数常识性判断中关于类型——单位在有关情况之中如何行为的经验知识,对于我们的科学兴趣而言是否充分。不仅在日常生活方面是这样,在判断历史事件起因的大量事例中也是如此。可是,所要分析的事例越加复杂,就需要依靠对这些类型(如理想类型)加以更精细和明晰的阐述,需要对它们的发展线路加以明确的说明。最后,如果这样还不足以满足作出充分判断的需要,就必须求助于更加一般化的概念和规律。可是,这并不一定要求放弃另外一种概念。它们常常是必不可少的预备性手段,用以清楚而准确地阐述一般化理论体系与具体实在之间的接合之处。可是,分析性理论对于一般经验类型概念的阐述，自然也起最重要的检验作用。而且，在具体地推断因果的时候，必须再使用这些在分析方面加以校正过的经验概念。

同因果推断的充分性问题密切相关的，是韦伯提出的另一个重要的方法论概念即或然性(Chance[偶然性])的作用问题，这里应作简要论述。在需要作出非常复杂的因果推断(如分析新教伦理与现代资本主义的关系)时，必须把所涉及的历史个体分解成为很多类型—单位。[124] 对这些类型—单位在相关情况下的发展路线，必须——进行或然性(Probability)判断。作这些判断靠的是建构。因此，就每一个成分的建构来说，对一种假设在客观上可能存在的具体情况作预言，就很自然地容易发生谬误，更不要说对所有这些成分的整体进行建构了。[125] 这样，客观的经验确定性是完全不可能的；所作的判断只能是或然性的判断。在这种意义上，韦伯是在可能对一个已知历史个体已经发生影响的大多数有因果关联的类型—单位都支持该特定论点时，才谈到充分性的。如果是这样，就可以认为那少数不支持该特定论点的类型—单位是偶然的，[126] 可以不置一顾。

---

[124] 科层制、合理性的规律、状态、科学等等。

[125] 当然，并非总是需要正面的建构(对于整个具体状态的建构)。对所研究的那个成分的变化所造成的差异作出反面的建构，常常就足够了。见《马克斯·韦伯的科学论》，第267页；《科学论文集》，第286页。

[126] Zufällig[偶然的]。见《科学论文集》，第286页；《马克斯·韦伯的科学论》，第312页起。韦伯的这一阐述清楚地显示出由于他没有建立起完善的分析性理论而产生的窘境。它基于一种假设，即这样加以阐述的所有成分在导因作用方面的价值都是一样的。在没有任何明确的标准来衡量这些成分的重要性时，这样假设比任何别样的假设都要牢靠，但并不能令人满意。事实上，根据分析性理论可以推出这样的明确标准。经济学理论就能这样确定无疑地告诉我们：在现在的条件下，那些控制中央金融政策的人作出的决定，比那些仅仅在地方上起作用的一群商人作出的决定，对于经济秩序的作用有更为重要的意义。而这二者都是韦伯所说的成分。

这样,在现代资本主义这个事例中,新教伦理同资本主义精神之间的积极关系就得到了证明,其他宗教伦理同资本主义精神之间的消极关系也得到了证明。关于新教伦理所发生影响的建构(其中有处于中间状态诸阶段的情况为根据),同观察到的事实是一致的。接着就用到了客观可能性这个范畴。在这个恰当的例子中,韦伯应用这个范畴主要靠类推方法的帮助。[127] 没有新教伦理的因素会发生什么情况,是通过分析不存在这个因素的实例而得出来的。[128] 这涉及一项或然性判断,即其余那些因素(物质因素)总起来说,在拿来作类比的场合中(特别是在中国和印度),同在西方差不多同样有利于产生那种历史个体(西方现代资本主义)。韦伯关于这些物质因素并无明显不利之处的或然性判断,证实了他所说的新教伦理在历史上起的重要积极作用。

这里说的"或然性",仅仅表示我们未能取得完全精确的经验知识。不要把某个因素的"偶然性(contingency)"同数学概率论的绝对或然性相混淆。[129] 它全然是与我们所研究的这个具体问题相联系的。

韦伯把这个或然性的概念[130] 引入他关于类型概念的各种定义之中。这样,在《经济与社会》一书中,他把大部分类型概念界定为,在某一抽象地界定了的行为或关系的规范"有可能"为

---

[127] 冯·塞廷博士列举的第10点。《马克斯·韦伯的科学论》,第262页。
[128] 也就是说,在宗教的经济伦理这个类型—形式具有不同实际内容的场合。
[129] 《科学论文集》,第204页。
[130] 在我看来,似乎艾贝尔教授在把或然性这个概念看做是韦伯对社会科学的方法论作出的主要贡献时,显然夸大了这个概念的重要性。见《德国的系统社会学》(Sytematic Sociology in Germany),第四章。这样就对于韦伯的观点加以实证主义的歪曲解释,显然给人以错误印象,并加剧了韦伯的概念的虚构性质。

人们遵从的情况之下的"一种社会关系"。这是理想类型概念所涉及的特殊类型的抽象所造成的,因为,理想类型概念所表述的是一个假设的具体单位或具体部分——在这个意义上说,它是描述性的;另一方面,这种单位纯属理论性的,并不真正存在——在这个意义上说,理想类型概念又是抽象的或非现实的。理想类型概念同事实之间的差距要靠或然性的概念来填补。它表示,此种理想类型概念总是缺乏经验上的精确性的,使韦伯不致陷入把抽象概念具体化的危险。另一方面,应当指出,分析性概念按照其严格的理论阐述来说,不需要这种限定;它们不是在同样意义上的虚构。

在此,关于把前面所作分析应用于韦伯对资本主义的研究,应该说上几句。韦伯未能明确地认识到一般化的理论体系所起的作用,因而在他关于资本主义的论述中出现了某种原子论。表现明显的最重要之处,是把理性的资产阶级的资本主义同投机者的资本主义,作为两个具体的类型—单位断然分隔开来。韦伯所作的区分,无疑出自完全正确的见解;尤其是鉴于英美两国对韦伯的批评大多把后一个成分完全具体化了,[131]韦伯所作的区分对于理解他提出的各项问题是最有用处的。

然而,在具体事实当中,这二者肯定比韦伯的概念图式所指出的要密切得多地融合在一起。如果不以资本主义的具体类型来区分,而是以具体的资本主义活动当中的不同行动成分的相对值来区分,此种融合当会得到更好的说明。这样,在投机者的资本主义中,Zweckrationalität[目的合理性]成分具有比不计利

---

[131] 参考罗伯逊的经济个人主义。

害的道德责任这个成分更高的值[132];而在理性的资本主义中,大体上正好相反。关键在于,现代资本主义是一种社会经济体制,而不是两种体制。遗憾的是,在这里不能进一步讨论这一问题。然而,可以再次强调,这个批评不触及韦伯理论中的主要经验论点,也即在现代经济秩序中道德责任的不计利害的禁欲主义观念对于一件非人格化的任务所起的作用。

  基于同样的考虑,索罗金教授在方法论方面对于韦伯的一般宗教社会学所作的批评,是有一定的合理成分的。其要旨如下:[133]宗教的经济伦理是一种具体现象(按理想—类型方式阐述的)。在其产生过程之中,宗教因素仅仅是若干可能存在的因素之一——还有比如说经济影响等等。因此,经济伦理对于具体经济生活产生的影响,并不完全是宗教的产物。索罗金教授由此得出结论:[134]"韦伯的分析甚至没有试图说明在形成Wirtschaftsethik[经济伦理]的过程中,宗教因素占了多大份额,以及相应地,宗教因素对于经济伦理在经济现象领域中的影响起了多大的制约作用。这样,有了韦伯的理论之后,我们对于宗教因素有多大功效仍然同以前一样茫然无知。"

  这种方法论论点的本旨是正确的——如同韦伯自己所充分认识到的那样。可是,这不证明其结论就是正确的。首先,在用具体的类型—单位进行分析的层面上,韦伯肯定是卓有成效的。[135]这只要提一下韦伯已经大大廓清了关于可以合理地期望宗教对于具体经济生活起何种作用的问题就够了。特别是他关

632

---

[132] 对这些成分的区分,乃是专为目前讨论的问题而作的,并不是决定性的区分。韦伯关于 Zweckrationalität[目的合理性]的概念将在下一章讨论。
[133] 见 P. A. 索罗金:《现代社会学理论》,第 690—691 页。
[134] 同上书,第 691 页。
[135] 已在第十五章末尾作过概述,无需在这里重复。

于宗教利益及其与观念的关系的学说澄清了这个问题。这对研究宗教因素之影响的任何一种一般理论来说，都是必要的准备。第二，在韦伯认为有宗教因素起作用而提出的惟一实例（新教对资本主义的影响）中，他作出了非常充分的有关历史因果的推断，这决没有被人们对他的批评所动摇。它不是以百分比来表示重要性的精确数量的判断——作这样的判断是荒谬的。可是，它的确就这个因素实际起多大作用作了很多说明——没有这种因素，历史的发展肯定会大相径庭。

实际上，索罗金提出这种批评的时候，在用不适合于韦伯理论的标准去衡量他的理论。从原则上说，除了受到限定的特例之外，用对于诸如新教伦理等等任何一个具体类型—单位起支配作用的经验规律，不可能说明任何具体现象。要用韦伯的方法去估价它的重要性的精确数量，在原则上也是不可能的。韦伯十分清楚这种逻辑处境，并且用关于充分性的判断，用根据或然性作出的因果推断来处理这个问题。在这个层次上，其他任何方法都是行不通的。可是，在分析层次上有可能弥补其中一些欠缺，并因而作出较为精确的判断。这就要按照韦伯假设的具体宗教的和经济的因素—类型所包括的成分，来对这些因素—类型进行分析，并应用这个分析的成果。这里没有篇幅进一步研究这个问题，下章将略为提及。

韦伯为什么没有将分析性概念及其作用明确纳入到他的方法论自觉之中，指出这一问题的一个方面是有趣的。主要的原因是，他之研究一般概念的作用问题，乃是为一般概念受到的极端经验主义的攻击作辩解；而他把注意力几乎完全集中于此，以致对一般概念未及加以充分分析，对他说来它们仍属一种剩余性范畴。与此密切相关的是，他把自然科学与社会科学中一般概念的作用错误地对立起来，以致主要强调了社会科学中一般概念之为人为建构。这反过来又密切关系到他在研究中重视作为实际行动的一种手段的科学知识——因而产生了一种反对把抽象推进得太远的强烈感情。[136]

但是,他未能自觉地形成一个一般化的理论体系,并不完全是由于不愿意走向抽象的不切实际的极端。相反,与他关于社会科学中个性作用的概念相联系,他对于抽象问题的某些方面有一种确定的误解。也就是说,他认为,[137]如冯·塞廷博士所说,"对历史—文化的实在的一般化知识,不能无限度地寻求愈益一般的概念和规律。因为只有在一个相对的有限范围内,才能容许把有关有具体的质的规定性的实在"'去个性化'和'原子化'"。也就是说,如果一般化走得太远,Wertbeziehung[价值相关性]中所包含的对于个性的兴趣,与规律和成分的一般性在逻辑上是不相容的。

这似乎是由于未能把不同层面的一般化加以区分而产生的误解,是由于认为一般概念总是类型[138]概念而引起的。确实,这些概念愈广泛——也就是说,它们所能包容的个别事例愈多,它们也就愈加抽象和空泛。[139]因此,无限制地朝这个方向推进一般化,就要导致与真实现象之具体个性相脱离的愈来愈抽象的概念。这就是原子化。

但是,这个论点没有指出:另外两种类型的一般概念,并不必然是简单地超出类型—部分概念而朝着同一方向的更进一步的抽象,而是在另外一种意义上的抽象。沿着由具体现象分解

---

[136] 见《马克斯·韦伯的科学论》,第一部分。韦伯把他自己的道德观点称之为Verantwortungsethik[责任伦理]。

[137] 《马克斯·韦伯的科学论》,第339页。

[138] 类型这个词本身的意思,就是指设想的具体成分,而不是分析性的成分。

[139] 见《马克斯·韦伯的科学论》,第24页。

成的各种成分所构成的一般体系的方向,抽象就处在不同的层面上——成分不见得就是部分。此外,如果从一个专门的角度去观察某些具体现象,分析的抽象进行到什么程度而不致损害现象,是有一个明确界限的。也就是说,按照我们的注意焦点,我们感兴趣的乃是一个具体现象与一个特定理论体系有关的诸方面。⑩ 对于受动机驱使的人类行动来说,这就是本书所研究的体系,即"行动理论"体系。冯·塞廷博士指出,Verstehen[理解]的基本原则决定着社会科学中一般化抽象的界限⑩——此时,他已经触及上述这个事实,却显然没有充分估计到它的重要意义。没有主观观点,行动理论就毫无意义。不可理解的东西可以按照(一个或更多)其他范畴的体系进行分析,而不能以这个体系来分析。

对此视而不见涉及一种经验主义一元论的谬误——"有"一个具体实在的终极成分的单一体系,是把抽象推进到足够的地步就可以达到的,而且它被认为是表达了具体实在的终极实在的。在韦伯的这个论点中,似乎已经被他彻底摈弃的把抽象概念具体化,又通过不显眼的后门溜了回来。他未能在方法论方面明确给予一般理论体系的作用以显著位置,确实使得他没有能够完全克服经验主义的谬误。一旦做到这点,就毋需因分析性抽象与个性概念的不相容性而害怕分析性抽象。这是因为,对于任何一种特定类型的兴趣角度来说,到底抽象到什么程度

---

⑩ 或者,换一种稍为不同的说法,把具体现象细分成单位,受参照系的限制。如果单位分析超出一定限定,以致根据该参照系不能找出作为一个具体实体的那种成分,那么,对于行动理论来说是毫无意义的。在行动的参照系中,具有意义的终极单位是成分(手段、目的、条件、规范)。成分可以进一步细分为原子等等,但这些就不是行动体系的单位了。

⑩ 见《马克斯·韦伯的科学论》,第342页。

是可能的或不管怎样是可以容许的,是由理论体系的参照系的固有性质决定的。这些体系的结构与 Werlbeziehung[价值相关性]的关系最为密切。

行动和意义复合体

冯·塞廷博士在他的著作的最后一节[12]中,分析了韦伯自己在方法论方面的自我解释的另一项局限,在这里需要对此作一简略的评论,因为它与下一章将要探讨的某些问题有关。这涉及到他所谓对韦伯根本不成问题的 Verstehen[理解]概念。他认为这是社会科学的一项基本设定,并且这就是一切。

韦伯几乎完全是在对行动进行因果分析的的语境中来处理"理解"问题的。因此,对他来说,"理解"基本上意味着作为时间中一个真实过程的他人行动之主观方面的可接近性。Verstehen[理解]的目标就是揭示动机。

韦伯确曾在若干场合试图把两种 Verstehen[理解]加以区分。最值得注意的是对 aktuells[现实的]和 motiva tionsmässiges[致动因的]两种 Verstehen[理解]的区分。[13]当他把对数学命题"2×2=4"意义的理解归于前一类时,他似乎指的是从具体致动因之中抽离出来的一个非时间性的意义世界。但是,韦伯又把人们看到一个伐木人时对于"他在做什么"的理解也归入同一范畴之中,这样,这条界线又很快地消失了。伐木这个事例肯定包含具体的致动因成分——我们观察到的那些动作,如果不是作为手段而涉及到一种目的,乃是无法解释的。

---

[12] 同前,第353页起。
[13] 《科学论文集》,第504页起。

实际上,对这种区分进行分析,就表明韦伯显然把它看做一种实用的区分。根据普通的日常经验,只要事物就其被观察到的事实是明白不过的而论,我们对这些事物便是 aktuell[现实地]理解的。我们看到一个人以一定的方式挥动我们称之为斧头的东西,很明显他是在砍木头,这就如同对于具有小学程度算术知识的人来说 $2 \times 2 = 4$ 这个符号组合的意义一样地清楚明白。另一方面,在这些直接的事实当中,不管是为什么在彼时彼地说出 $2 \times 2 = 4$ 这个命题(是在学校里证题或在记账时的计算等等),还是为什么那个人要砍木头(为锻练或谋生),都是不明白的。Motivationsmässigie Verstehen[致动因理解]就是对于在特定的具体观察中并不明显而仍然存在疑问的致动因成分的理解。

　　这样,韦伯正好忽略了这个重要的区分,即作为时间中一个实在过程考虑的致动因与非时间的意义复合体本身(irreale sinngebilde[非真实意义形象])之间的区分。如同冯·塞廷博士所指出的,李凯尔特认为只有后者才是能够 Verstehen[理解]的。但是,撇开他这种极端的看法,这种区分仍是非常重要的,冯·塞廷博士为强调它作出了很大贡献。

　　可以换一种方式来表达这种区分,这样就会更加清楚地指出它同本书所要研究的问题有什么关系。具体的致动因包含着诸意义成分与行动复合体中其他成分之间的一种内在联系。合理性行动中的意义体系是在科学上正确的知识,这种知识起码表达了目的、手段和条件之间的一种假设的内在关系。在作为时间中的一个实在过程来看待的致动因,意义不能脱离开具有这种性质或类似性质的内在关系。

637　　另一方面,可以观察的现实事物或现实事件,只有作为反映它们具体特性的并不具有固有意义的符号,才可能具有意义。

712

在这种情况下，Verstehen[理解]必然局限于这些符号本身的意义，而不涉及现实世界的任何内在联系。

这两者是两个极端的类型，在具体现实中自然是相互融合的。但是对它们加以区分在分析上是重要的。意义复合体本身主要在两点上对于行动的分析是重要的。冯·塞廷博士清楚地指出，就这两点而论，从致动因中把意义复合体抽象出来加以理解，在韦伯本人的经验研究中都有重要的意义。

我们已经指出，韦伯的研究如何使得与具体致动因有关的观念体系（加尔文神学、婆罗门哲学等等），必须用理想—类型来加以表述。这是些彼此有关的命题组成的体系，并且必须这样去理解它们。也只有这样去理解它们，才能够理解它们以导引宗教兴趣的方式同具体致动因之间的关系。

其次是一个更加微妙的问题：韦伯在某种程度上也把具体的行动复合体本身当做具有意义的体系。也就是说，不是把具体的行动当做在手段—目的的情景中有着内在意义的，而是当做一个意义体系的表征。我在这里不打算举什么例子。可是，它与涂尔干后期著作中关于符号体系的作用之间的联系是明显的。下一章将说明这种类型的符号表达与行动的结构性成分的体系之间的某些关系。在这里只需指出它与本书的一般方法论基础有什么联系。

对于科学与行动的契合（solidarity）——韦伯的方法论研究着力从科学方面明确论述了这一点——所产生的结果，可以谈两点。第一点是由 Wertbeziehung[价值相关性]原则而产生的科学知识的相对性问题。不能将这种相对性推到极端的地步，否则就会使形式化的逻辑图式——客观论证——失去用处。为了使构成具体科学知识的大量相对性的专门命题建立起秩序来，需要这种并非相对性的关联点。 638

那么，科学知识与合理性行动的之间的契合所指的，难道不就是存在着一种在同样的意义上摆脱了具体知识的相对性的行动成分的形式化图式吗？看起来这是对于本书开头引用的韦伯那一段话的合乎情理的解释。[14] 至少，手段—目的图式的主要形式纲要是离不开行动概念的。只要采用行动的概念图式，相对性就只能用之于它的专门使用方式和价值体系等等，而不能适用于形式化图式本身。

其次，韦伯极力强调科学不受价值判断的约束。这是一个遭到猛烈抨击的观点。对于笔者来说，韦伯似乎是完全正确的。价值判断与对客观事实的判断在逻辑上有根本区别，这不管对于科学还是对于行动理论来说都是首要的。如果不加区分，就不能把科学同情感表达区别开来，手段—目的关系的合理性也无法确立。但是，科学和行动的契合在这里还要深入得多。概要地说，如前所述，基于排除了行动的规范性方面的实证主义，是不可能作出这种区分的，因为所有有意义的判断都成了科学判断。另一方面，在唯心主义的基础上，这种区分也同样化为乌有了——所有的判断都成了价值判断。在这里所考虑的三种体系中，只有唯意志论的行动理论，才能使这种区分成为有意义的，而且也是必须的。

如同前面对于韦伯的资本主义理论和宗教社会学的论述那样，这里就韦伯的方法论所进行的讨论，对于由他的思想引起的多方面问题来说，难免挂一漏万。可是，就现在所要探讨的问题来说，已经指出了某些基本要点。首先，在德国，几乎只有韦伯接近于完全克服了在社会科学中占统治地位的唯心主义的经验主义。他在论证一般概念对于正确的经验知识的逻辑必要性方

---

[14] 《科学论文集》，第179页。

面,确定地取得了成功。比起这个伟大的成就来,他之未能正确
评价一般化理论体系的作用只是白璧微瑕。他对唯心主义的批
判性反动,最终把他导向对于本书所研究的问题非常重要的方
向——唯意志论的行动理论。下一章将要展开论述唯意志论行
动理论的结构性方面,并完成本书的主要任务。这一殊途同归
的过程,将在下一章中说明。

第十七章　马克斯·韦伯(四)：系统理论

第十六章已经表明,韦伯在方法论方面,主要关注的是证明一般理论概念在社会历史科学中的必要性。但是,他从方法论上阐明的只有一种一般概念,就是他所说的一般理想类型。前已指出,这是一个能作为行动体系或社会关系体系的一个单位的假设的具体类型。但是,在方法论的层面上,它的两个主要方面——作为行动体系的结构轮廓或作为诸成分所构成的体系——都与一般化的理论体系没有明确的联系。可是,韦伯确曾试图根据非常类似贯穿本书论述的那种行动概念,对理想类型作出系统的分类[①]。可以很有理由地假设,只要这些理想类型在经验上得到验证,而且对它们的分类在逻辑上没有矛盾,作为这种分类之基础的诸概念的总体框架,应当与一个一般化的理论体系密切联系着,尽管这一框架在方法论方面的地位还没有明确解决。本章的任务就是:心中带着已经揭示出来的行动体系结构的一般图式,对韦伯所作分类的逻辑框架进行系统分析,以检验这个假设。

[①] 在《经济与社会》的第一部分可以看到这个体系的全貌。可是,要正确评价其意义,不仅要看抽象的阐述,而且必须从他的方法论研究和经验研究的语境中来考察这些抽象阐述。后者的很大部分见《经济与社会》的其余部分和《宗教社会学文集》。

社会行动的类型

韦伯在逻辑上的出发点是这样一种关于行动的概念:"我们将把任何人的态度或活动(Vechalten)称为行动(Handeln)[不管涉及的是外在的还是内在的动作(act),未能采取动作还是被动地默认],如果(并就此而论)该行动者或行动者们把一种主观意义(Sinn)寄于其态度或活动的话"。② 社会行动是"按其对于该行动者或行动者们的主观意义来说,涉及到他人的态度和行动,并在行动过程中以他人的态度和行动为取向的那种行动"。③ 最后,社会学是"一种试图解释性地理解(deutend Verstehen)社会行动,以便由此对其过程和结果作出因果解释的科学。"④

对韦伯提出的这些著名的和带根本性的定义,需要加以简略评述。很清楚,韦伯以关于 Verstehen[理解]的假设,把某个人们可以通达的主观方面同行动概念直接联系在一起了。凡是不能通过由行动者的主观观点进行的此类理解来通达的人的"行为",⑤ 就不是行动,也与韦伯系统的社会学理论的阐述无关。本书对于这个否定的限制并无异议。第二点就是,韦伯对行为的可理解的诸方面即行动感兴趣,乃是仅仅就他的兴趣在于对行动的过程和影响作出因果解释而言。这样,韦伯所关切

---

② 《经济与社会》,第1页。"就此而论",意味着他论述的是一个抽象体系而不是一类现象。

③ 同上。

④ 同上。这一章将不涉及韦伯关于社会学范围的特定概念。见第十九章。本章引用韦伯的原文是本书作者译为英语的。

⑤ 用"行动"来翻译韦伯所说的 Handeln 要合适得多,因为它符合帕雷托的用法,并且没有艾贝尔教授(见前引书)使用行为(behavior)一词时那种行为主义的意味。可以认为,行为在这里乃是更宽泛的范畴。

的概念,就是经验的解释性科学的概念,而不是任何规范性学科⑥或其他有关学科的概念。最后,根据前一章的讨论可知,他显然并不认为Verstehen[理解]局限于合理性的事例。下面将要指出,在他的体系当中,合理性的事例起着带根本性的作用,但不是惟一起作用的。他说,⑦Verstehen[理解]的Evidenz[明证性]既可能是理性的,也可能是感情的(他有时说是affektuell[激情的])。譬如,我们能够理解一个人的勃然大怒,即使按行动者的处境看这是完全非理性的。

642　　对于任何行动科学来说,非主观的过程和物体都不是被完全置之不顾,而是作为人的行动的机会、条件、结果、有利和不利的环境而占有一定的位置。⑧在某个研究者看来能够从主观方面加以解释的事物,最终可能被证明是非主观体系的规律的产物,⑨也就是说,其具有意义的方面可能是附带现象。在无法找出恰当动机等等主观原因的场合,也许可以以规律性来解释,而这种规律性不管有多么大的可能是正确的,仍然是unverstehbar[不可理解的]。动机是"意义的复合体(Sinnzusammenhang)",在行动者本人或研究者看来,这种意义复合体是他的态度或行动的充分(Sinnvoll[有意义的])理由。"⑩对于具体行动作出正确的因果解释,是指"正确地把握了它的表面过程和动机,二者的相互关系是'可以理解的'"。⑪

---

⑥　譬如,他把体系化的法学说成是规范性学科。
⑦　《经济与社会》,第2页。
⑧　同前,第3页。
⑨　同前,第3页。
⑩　同前,第5页。
⑪　同前。错误和(或)行动的主观方面与客观方面之间出现不一致的其他方式,当然常常是能够理解的。

718

就本书所要研究的问题来说,没有必要进一步探讨韦伯关于行动的概念的方法论基础究竟如何,因为前面所述已经足以说明,它实质上就是本书自始至终所论述的行动概念。他进而直接对社会行动以及其他行动作了分类,这是他对于各种类型进行系统区分的出发点。他的这一段话原文[12] 如下:

如同所有行动一样,可以把社会的行动判定为:(1)Zweck-rational[目的合理性的]——对外部环境中事物和他人的行为有所预期,并以这些预期作为达成经过合理衡量和合理追求的合理性目的之"条件"或"手段"。(2)Wertrational[价值合理性的][13]——这种行动单纯出于对某一特定行为方式本身的绝对价值的自觉信仰(不管会被解释为道德的、审美的或宗教的等等),而全然不顾及后果如何;(3)"情感的"[14]——特别是由于特定的激发情感的因素和特定感情的状态而引起的激情的行动;(4)传统的——由于长期的习俗而习惯化的行动。

韦伯引入这四个概念作为判定行动的手段,而没有解决它们在方法论上的地位问题。他使用这些概念的方式导致这样一个总的结论:从定义上说,这些概念基本上是具体行动的理想类型,但是后来使用这些概念却倾向于把它们置于一种不同的场合之中。这种情况乃是造成许多混乱的根源。

首先,上面引用的那一段话中所说的前两个概念之间的区

---

[12] 同前,第12页。
[13] Zweckrational 与 Wertrational 这两个词是故意未加翻译的,希望在讨论过程中使它们的含义得到澄清。
[14] Affektuell[激情的]。

分,好像显然指的是具体行动的类型。乍看起来,似乎Zweckrationalität[目的合理性]指的是前面所分析的内在的手段—目的链条的中介环节;而Wertrationalität[价值合理性]指的是终极目的成分。可是,这不符合韦伯所下的定义,因为按照韦伯的定义,每一个概念描述的都是一个既包括手段—目的关系,也包括终极目的的完备的行动类型。两个概念都是理想类型概念。

冯·塞廷博士所论述[15]的韦伯的所谓 Verantwortungsethik [责任伦理]和 Gesinnungsethik[信念伦理][16]的两种伦理态度的可能的"形式上的"类型之间的区别,为理解韦伯的意思提供了钥匙。Zweckrationalität[目的合理性]是前一种立场在逻辑上所蕴涵的行动的规范类型,而 Wertrationalität[价值合理性]则是后一种立场所蕴涵的。其区别基本如下:行动者或则认识到获致价值的许多合乎情理的方向,尽管这些方向不全然同等重要;或则他把全部行动指向一个单一的特定价值(例如救赎)——该特定价值在如下意义上是绝对的:所有其他潜在价值仅仅作为获致这一核心价值的手段和条件(可能的助力或阻碍)才值得注意。[17]

在第一种情况下,行动者不仅必须要选择达到一种特定目的的手段——这对两者是共同的,而且还必须把诸价值即诸终极目的加以权衡比较;他不仅必须关注一项特定行动过程对于获致其

---

[15] 冯·塞廷:《马克斯·韦伯的科学论》,第一部分系采自韦伯。见《以政治为业》(Politik als Beruf),载于《政治论文集》(Gesammelte Politische Schriften)。

[16] 这些词是很难翻译的,大概可以试译成"责任伦理(ethics of responsibility)"和"绝对价值伦理(ethis of absolute value)"。

[17] 与其他价值还可能是另外一种关系:其他价值可能与这一最高价值不相容,是直接相对抗的,于是理所应当的态度就是冷漠的道德敌视的态度。这样,对于教条主义的宗教来说,那就是一种反对异端的责任。

本身直接目的或终极目的可能直接造成的后果,还必须关注该行动过程对于其他价值直接或间接可能造成的后果。[18]因此,持这种立场的人渴求掌握客观知识的欲望特别强烈。因为只有掌握客观知识,他才能理性地作出这种判断。他的行动必须着眼于达到和谐,在许多领域中按照轻重缓急不同获致价值的最大化。在这点上,韦伯的确远不相信在不同的可能的价值之间有着前定的和谐,而不存在任何真正的冲突。相反,他对此种处境抱悲观的看法,认为在可能的不同价值领域之间存在着深刻的冲突,[19]特别强调行动的出乎意料的间接影响所造成的不幸结果(Schicksal, die Paradoxie der Folgen[命运,后果的荒谬])。

如前所述,另外那种立场把行动条件仅仅当做获致特定绝对价值的手段和条件。当然,行动者有责任尽一切努力去追求这样一种绝对价值,但是他并不关心他的行动 Erfolg[成功]与否。他能否成功与他是否应当努力没有关系——因为没有其他价值与之匹敌,不能成功也无其他价值可予补偿。如果客观情况使得成功成为不可能,那么,"受难"就是惟一可接受的道路。另一方面,他决不关心他的行动对实现其他价值的前景(对于他本人或他人)有何影响,因为其他价值根本不在话下,倘若予以考虑,也只是当做最高价值的危险敌手。[20] 他的行动的结果问题留待上帝去考虑,[21] 那不是行动者的责任。

---

[18] 见《经济与社会》,第13页。

[19] 参见《宗教社会学文集》卷一第554页起关于其他价值与理性化宗教观点的 Spannungen[紧张]的论述。另参见韦伯的《政治论文集》。

[20] 这便是在神秘主义的宗教立场中实行苦修的根据。

[21] 本书作者在与冯·塞廷博士交谈中,对于澄清这个区分及其与韦伯的合理行动的两种形式的关系问题得益甚多。可是,冯·塞廷博士对此处表述的观点并无责任。这个区分和帕累托所说的怀疑论与信念的区分很类似,这是引人注目的。然而,两者也有重要的区别。见前文第七章,[边码]第284页起。

645　　　因此，以本书所用的术语来说，这两种合理性行动类型之间的区别，是由终极目的体系的两种极端类型的区别所决定的。当然，在它们之间存在各种各样可能的过渡类型，特别是单一价值的极端绝对性的严格程度很不相同。每一个价值等级都包括Gesinnungsethik[信念伦理]成分，而与之相对的另一极端则是譬如边沁(Bentham)在其名言"针戏㉒与诗同样美好"中所采取的立场。不仅每一个个人，而且每一个价值都作为"一个且惟一的一个"而有其重要性。

在手段—目的关系方面，区别不在其逻辑特点，而在其"延展的范围"。对于zweckrational[目的合理性的]类型的行动所必不可少的那些手段和目的关系的某些考虑，在wertrational[价值合理性的]另一端变成完全不相干的。但是，在韦伯所提出的类型中，不存在任何与上述合理性行动的结构成分图式相抵触的东西。他的区分超出了此种特别是与具体终极目的体系诸类型的差异相关联的结构分析。现在的问题不是去批判这种区分——相反它是很有用的，而只是指出它与本书所展开的图式有什么不同。㉓

尽管韦伯把合理性行动分成两种类型，他所说的合理性行动仍然包括着明确界定的规范成分。它不同于帕雷托的"逻辑行动"之处在于，韦伯的概念指的是假设的具体的完备类型，因此包括了终极目的成分以及终极手段和条件。它不局限于手段—目的关系方式本身，而帕雷托的概念却是局限于手段—目

㉒　针戏(pushpin)系旧时英国一种粗俗的游戏。——译注

㉓　韦伯的实际用法看起来决非始终一致的。Zweckrationalität[目的合理性]常常被认为是从任何终极目的中抽象出来的。但是前面说的含义是从他的定义当中能够得出来的惟一明白的含义。之所以产生别的含义，可以说是由于在逻辑上非要说明一般化体系以及类型的结构不可。见下文[边码]第660页。

722

的关系方式的(按上面的解释)。因此,如果对于韦伯来说存在着行动的剩余性成分的话(它们确实存在),就要与帕雷托对待它们的方式稍有不同。但是,韦伯在他提出的两种合理性行动类型之外,又明确地界定了另外一种规范类型——传统的行动,这样就使问题更复杂了。必须先对此加以讨论,然后再探讨剩余性成分的问题。

前已指出,传统主义这个概念在韦伯的经验社会学研究工作中起着十分重要的作用。在上面引用的那段文字中他只给它下了一个非常粗略的定义——由传统所决定的行动是"由于长期实践而习惯化(durch eingelebte Gewohnheit)"的。这甚至可能使人认为,对于韦伯来说,传统主义只是对于习惯的心理学机制的一种表达。但是,不管习惯对于说明传统秩序的机制可能多么重要,单单这样解释很显然是不能令人满意的。首先,上一章广泛使用的那个例子[24]表明,传统主义的固定化(traditionalistic fixation)并不必定适用于全部的行动复合体——这个名词并不意味着"自动起作用(automatism)",而仅仅是与某些规范性的方面(在这个例子中,是固定的生活水准)相关联。另一方面,从定义来说,在这些限制条件之下,使手段适应于目的就是合理的。传统的行动显然是一个完整的行动类型,其传统主义就在于某些要素的固定不移,在于这些要素不受理性的或其他方面的批判。

韦伯从来没有给传统的行动本身下一个较为充分的定义。可是,他确曾对于传统主义这个较为一般的概念作了更加详细的说明,可以据以廓清这个问题。他在论述合法秩序这个概念

646

---

[24] 指工人在单位时间工资增长之后,并不是力图固定收入更多,而是缩减劳动时间,维持劳动收入的例子。——译注

的时候,㉕认为行动者可以以传统为理由而赋予某一秩序以合法性。㉖ 于是,对于确切是社会体系之规范性方面的东西说,传统起了裁可的作用。而习惯本身则绝无任何规范性可言。习惯要么是实际行为的某种机制,要么是实际行为的一种具体模式,而不是人们应当如何行动的一种方式。

此外,在他对于 Typen der Herrschaft[权威类型]所作的至关紧要的论述中,合法权威的三个主要类型之一就是传统型权威。可以全文引用他的定义:"如果一种权威的合法性是以一种秩序的 Heiligkeit[神圣性]为根据,并且该秩序以及其中诸权威地位之神圣性乃因传自过去[一直存在]而为人尊奉,则该权威可称之为传统型权威。"㉗ 对于现在要研究的问题来说,有趣的是使用了神圣性这个词——它同合法性联系在一起,又形成了规范性的方面。任何习惯本身并不是神圣的。这很明显地使人联想起在涂尔干思想当中非常重要的道德义务的观念。最后,可以回忆一下,韦伯在关于原始宗教的论述中,是把传统主义、象征作用同仪式紧密联系在一起的。㉘

据此,可以合理地断定:第一,从理论上说,传统主义与习惯这一心理学概念没有什么关系;第二,它与行动的规范性方面有千丝万缕的关系。它与合法性和神圣性的密切关系无疑证实了这一点。不过,只有对这些概念以及与之紧密相关的卡里斯马概念加以详细考虑之后,进一步探究这个问题才是有益的。可是,传统主义并非行动体系的终极结构性(或其他)成分之一,这

㉕ 《经济与社会》,第16页起。这个概念将在下面详细讨论,因为对于我们所研究的问题来说,它是非常重要的。
㉖ 《经济与社会》,第19页。
㉗ 同上书,第130页。
㉘ 前文第十五章,[边码]第565—566页。

是很明显的。它是在一个比较侧重于描述的层面上提出来的。此外,传统的行动是作为一种类型来界定的,尽管这样做的困难比起界定那两种合理性行动类型遇到的困难还要更加明显。在韦伯的实际使用中,这个较为一般的概念看来出现在两个主要的场合:(1)作为未经理性地批判就接受下来的过去的(传统的)规范的具体内容;(2)作为某些具体行动或具体关系的性质或特点(拿计件工资的刈草者的或权威的传统主义)。要用与规范有关的"传统的"一词,来确切描述一整个具体行动体系,似乎有着内在的困难——韦伯所下的定义之所以使人联想到"习惯",原因大概就在于此。

最后,必须略为谈一谈情感行动的范畴。要是把情感行动视为一种具体理想类型的确切定义,那么,所面临的困难看来比"传统的"这个定义所涉及的困难还大。显然,韦伯在脑子里想的是勃然大怒之类的一些例子,这种情况依照在一定处境中的行动者的利益来说是"非理性的"。当然,这种情况无疑是存在的,要建立包括这些情况在内的特定非理性行动的理想类型也无疑是可能的。但是,要使这样的理想类型同那两个合理性行动类型处于同一层面,本应明确加以界定。而韦伯对此所下的定义如同他给"传统的行动"所下的定义一样,非常粗略而又语焉不详,与他对于那两种合理性行动类型所作的论述形成鲜明的对比——这是一个重要的情况。此外,更加重要的是,在韦伯的经验性研究工作中,他从来没有实实在在地使用过这个概念,连类似使用"传统主义"那样的情况都没有。

看来,显而易见的推断是,必须把情感行动看做是一种剩余性范畴。这样的解释更加确当,因为韦伯从来没说过,划分这四种行动类型并不是想要一网打尽。他得到这个概念的大概途径可以叙述如下:他真正的出发点同帕雷托一样,是行动的合理性的概念。同时,他由于自己的方法论观点,而去致力于提出各种类型的概念。接着,形式化的伦理态度的这两种可能类型,又导致他去区分合理性行动的两种类型——把每一种都设想为完整、尽管在规范上是理想的类型。

显然,行动和关系的某些方面为传统所固定成型,是他在具体研究工作中不断碰到的使人印象深刻的经验事实。由于方法论立场的缘故,他未能把这种事实与一种一般化的行动体系联系起来,而只是把它作为一个终极的不可化约的事实。他试图将它纳入一个在逻辑上对称的行动类型图式,却并不完全成功,与他的经验用法又有很多抵触。这样,就会将行动的某些并非理性的,而同时又非传统的方面遗漏下来。从韦伯的观点当中可以看到,他对这些方面持有积极的态度,认为可理解性并不局限于理性的方面。㉙ 情感是观察者所能够理解的——譬如发怒。因此,这个并非理性又非传统的剩余物便被提出,作为区分第四种行动类型的标准。此处不准备进一步深入分析其中可能包括哪些成分。作为提醒,可以仅仅指出:特别是有鉴于情感行动这一概念属于剩余物范围的性质,如果匆匆得出结论,认为情感行动就意味着心理上的非理性(譬如认为发怒就意味着是好斗的天性的一种表现),那恰恰同把传统主义与习惯等同起来一样是不合理的。其中完全可能有心理方面的成分,但心理成分肯定不是问题的全部。首先,指出这样一点是很有意思的:在这四种行动类型当中,卡里斯马这个极为重要的概念根本没有露面。可以充分证明,卡里斯马同阐明情感行动是有某种联系的。

韦伯从这四种行动类型进而界定社会关系的概念。㉚ 他把

㉙ 见前文[边码]第641页。
㉚ 《经济与社会》,第13页。

社会关系界定为"按照他们主观意图彼此相互关切并因而确定其倾向的众人所持态度(Sichverhalten)[31]的状况。社会关系因而全然并仅止表现为在一定情况下将会发生其意义可预测的社会行动的可能性,而与此可能性的根据无关。"此处无需分析这个定义,只需指出其中几点。这个定义构成了对行动图式所涉及的同一些事实进行观察的另外一种方法,实际上就是观察某些行动复合体的方法。这个定义很重要,因为韦伯后来提出的那些比较复杂的范畴,大多就是以此作为单位的。这一过程虽然也蕴涵了行动图式,却背离了严格的行动图式本身。[32]

但是,在韦伯对于社会关系所作的论述中,有行动本身存在着若干规律性(regularity)成分的意思,这样才有发生能够构成可界定的关系的那些行动的可能性。

行动的取向方式

在规律性成分中,引起韦伯兴趣的,是能够根据主观范畴去理解的那些成分。因此,他把注意力集中在他所谓的行动的"取向方式(modes of orientation)"上,从而进一步紧缩了考虑的范围。这个表达形式,使人强烈地联想到,他把注意力集中于行动体系的规范性方面,而韦伯探讨行动问题的一般特点又强化了这种印象。

韦伯在这方面提出的三个范畴中,显然有两个就是处于这样的情形。他说,行动取向的根据可以是:(a)惯例(usage)

---

[31] Verhalten 和 Sichverhalten 都是极难翻译的词。"态度(Attitude)"是大致的译法。

[32] 这是行动体系的结构图式在韦伯的理论中仍然模糊不清的一个重要原因。

(Branch);(b)利益(Interessenlage);或(3)合法的秩序。㉝ 在"利益"这个范畴里,可以根据行动者们为了相似的预期而作出Zweckrational[目的合理性的]取向来理解他们行动的一致性。而合法秩序的概念则涉及到行动者们认为存在着这样一种作为规范的秩序之 Vorstellung[观念]的行动取向。在这里,需要进一步就这两个范畴作几点说明。他说,基于利益而形成的行动的规律性之所以稳定,乃是由于任何在行动时不顾及他人利益的行动者,必将因而招致他人反抗,而此种反抗必然成为该行动者实现本人目的的障碍。㉞ 同时,以合法秩序为取向并不限于实行其种种规则,也包括回避和违抗这些规则。当然,关键问题是,存在这种秩序就使这样的行动产生了差异,而这个差异可以归因于能理解的动机。

于是,这两个规律性成分的规范性质就很清楚了:一个来自追求特定目的过程中的合理性规范;另一个可以归因于包含一种合法性成分的规则或义务。第三个范畴——惯例——在这方面的状况比较成问题。韦伯自己的阐述非常简略,确实使人认为这是一个种种非规范性成分的大杂烩。他说,"就惯例作为实际的习惯做法(durch tatsächliche Uebung[通过实际锻炼])而言",它包括了行动的一致性。这使人想起他心目中原来那种关于习惯的心理机制的观点。可是,他的实际论述肯定表明,在这里也涉及到规范性成分。但是,这种涉及规范性成分的方式,本书尚未展开分析。因此,要等到把同上面的这番议论关系比较密切的两个范畴讨论完后,才能来正面讨论对这个范畴的解释。

在韦伯本人的论述中,这三个概念在逻辑上所处的确切地

㉝ 《经济与社会》,第15页。
㉞ 《经济与社会》,第16页。

位不是很清楚。其中有两个在他的定义中是由"就……而言"这个短语加以限定的。第三个仅仅以"行动……可以以合法秩序的观念为取向"来表述。把它们作为行动的三种理想类型来考虑是可以的。但是,为什么已经有了第一个分类还要再来第二次分类,而又只字不提两者的关系或者第二个分类有何必要呢?最合理的解释似乎是:韦伯所做的事情,实际上提出了一般化的行动体系结构的轮廓,是作为他划分理想类型的总的框架而提出的。如果这个解释是对的,那么,这三个概念就都在极大程度上不会是对于(即使是假设的)具体行动类型的描述。㉟

在这种情况下,惯例乍看起来好像只是消极地界定的。它只是"做事情"的方式。韦伯所说的一切,就是"所做"的事情之间有区别,因为事情有"总是那样做出来的"(Sitte[惯例])和"那是最新的办事方式"(风尚)。但是,在以描述方法来说明其特性的时候,看来没有涉及特定的动机,没有涉及手段—目的关系。㊱ 这同说这些一致性(uniformities)讲到底也不会作为动机复合体的结果而成为可以理解的,是截然不同的。㊲

另外两个概念则涉及特定的规范:一个是手段对于目的的有效适应——功效规范,另一个是合法性规范或道德义务。要说在同一个具体场合就不会同时涉及到这两个概念(以及惯例),是没有任何理由的。实际上,同时涉及这些概念的场合很平常,假如任何一个行动复合体当中完全不涉及其中任何一个,

---

㉟ 引入这些概念的主要动机大概是前一章所提示的,即他需要一个对于理想类型加以系统分类的框架。在方法论上,他好像不清楚他所做的事情在当前兴趣背景下有什么意义。

㊱ 似乎只涉及到某个类似帕雷托所谓的 la besoin d'uniformite'[一致性的需要]的成分,那是无所不及的本质,而不是动机。

㊲ 见第十章,关于涂尔干的论述。

就得认为那是一个有局限性的事例了。为了避免混淆,应当指出一个区分,㊳即以合法的秩序为取向这一事实与根据这种秩序行动的动机是有区别的。利益和合法性这两种成分是错综复杂地交织在一起的。单凭共同体中大量的人认为某种秩序是合法秩序这个事实,就使这个秩序 ipso facto[由此]成为任何一个个人的 Interessenlage[利益]成分,不管他本人认为这个秩序合法与否。如果他认为这个秩序不合法,他的行动要想成为合法理性的行动,依然必须以这个秩序为取向。此中道理在讨论涂尔干的理论时已经深入探究过了。

这样,能够给予这些概念的最好解释就是:它们是一个行动结构框架的组成部件。可是,韦伯对它们的处理多少有点不同于帕雷托的分析所得结果,而与涂尔干的处理比较相似。也就是说,无疑是与涂尔干的道德义务直接相对应的合法性成分,首先不是以特定的手段—目的链条的终极目的形式出现,而是首先作为属于特定的行动以其为取向、但与该单位行动处于"条件"关系而非手段或目的的关系的一种秩序——即一种规范体系——的特性出现的。行动者对这些规范的态度可能不同。也就是说,这些规范可能是行动者据以确定其行动取向的道德中立的条件,如同他会根据任何技术手段的有效性来确定其行动取向一样;他也可能持"承认"这种秩序的"合乎道德"的态度,因而有义务遵循这些规范;或者他持否定这种秩序的态度,因而相应地有抵制这些规范的义务。

这在本质上与涂尔干对同样现象的论述是一致的。仿照前面使用的术语,㊴可以把它称之为定则研究法(institutional ap-

---

㊳ 韦伯自己把它讲得很清楚。参看《经济与社会》,第 16 页。
㊴ 前文,第十章,[边码]第 399 页起。

proach)，以与帕雷托的直接的行动—成分研究法相区别。于是，随着这种研究方法出现了三个成分：显然是非规范性的而只是实际存在的秩序成分，即惯例、功效—规范成分和合法性—规范成分。完整的具体的秩序一般都同时包含这三个成分。[40] 现在的主要任务是对这三个成分一一加以分析，看看每个成分是否还可以进一步分解为若干成分，以及这些成分与我们已经提出的行动结构图式是什么关系。但是，在此之前，最好先讨论一下韦伯本人在这一步以后采取的步骤属于什么性质。

他接下去一步一步地展开了一个社会关系的理想类型体系。[41] 他从三个基本关系——冲突（Kampf）、Vergemeinschaftung[共同体化]和 Vergesellschaftung[社会化][42]——开始，用它们构建出愈来愈复杂的结构，最后达到了教会和国家之类的概念。不用说，这根本不是我们这里所说的一般化理论，而是由一般化而形成概念化的另外一种可能性的发展——理想类型概念体系的发展。这种系统化的单位是社会关系，其结果则是一个"客观上可能的"社会结构类型图式。从这一点上说，这是一项宏伟的工作，其视野范围和精致程度都是无可匹敌的，是几乎任何种类的经验研究的宝库。在韦伯自己的经验运用中，它具有使各种制度的结构性分化一目了然的重要作用。在涂尔干只是清楚地看到定则的功能性方面即定则对于决定个人行动的关系的地方，韦伯看到了它们在巨大的"构造"全貌中的结构性方面。它是唯心主义传统的历史相对主义的最杰出成果。这里没有篇幅对这个非凡的类型体系详加论述。下面说明可供选

---

[40] 着重参看《经济与社会》，第17页。

[41] 参看《经济与社会》，第20—30页，可了解其主要轮廓；但该书第一部分全部是从比较专门的各个方面论述这个体系的。

[42] 对这两个概念将推后在本章关于藤尼斯(Toennies)的附注中详加论述。

择的另一种分析方法的结果时,将要讨论这个体系的某些方面。现在我们主要关心的是另外那种分析方法。

没有必要详细论述对于所谓功效—规范成分的分析。但是,有必要强调(尤其是韦伯即使是以稍有不同的形式所提出的)上面的分析当中已经出现的诸结构性成分的所有主要区别。首先,他对 Interesenlage[利益]所下的定义使之与 Zweckrationalität[目的合理性]直接联系在一起。这就意味着,只是就行动中涉及到按照客观的标准使手段适应于特定目的而言,行动才是由利益决定的。可以说,这就是以功效规范为取向。韦伯关于 Zweckrationalität[目的合理性]的概念,确实不是直接从终极目的成分中抽象出来的。但是,在这个问题上,他对这一概念的使用既不涉及任何特定类型的终极目的的体系,也不涉及它的特定作用。所涉及的完全是在特定处境中的手段—目的关系的特点,而不管终极目的可能是什么。从我们所研究的问题看来,终极目的并未被当做变量。因此,可以得出结论:这个结构性成分正是由于不涉及终极目的的性质而与 Zweckrational[目的合理性的]类型不同。这样,它相当于内在手段—目的的中介部分。㊸

但这还不是全部问题所在。在韦伯的理论中,实质上也能找到上面指出的这个中介部分的内在分化。正如所料,在他对于经济成分的论述当中,这一点最为清楚。他说,行动"就是其按照主观意图说来,旨在满足获取'效用(Nutzleistungen)'为其经济上的取向的"。㊹"经济行动(Wirtschaften)是权力

㊸ 因为它也是从任何一种特定处境的特点中抽象出来的。
㊹ 《经济与社会》,第31页。

(Verfügungsgewalt)的和平运用,主要是以经济为取向的。"⑮ 特别是这第二个定义很有些具体类型的意味。但是,首先,它明确地排斥把武力作为经济活动的手段——可能还有其他的强制方式。其次,以谋求效用为取向与前面的分析是完全一致的。有趣的是,韦伯说,不应该认为寻求效用的成分仅限于消费方面的需要,否则就会将"赤裸裸的贪欲"摒在一边——这样他就更加明确地将这个寻求效用成分的终极目的的特定性质排除在外了。实质问题在于,人们在实实在在地追逐着效用,而不是他们为什么如此。⑯ 对于资本主义研究来说,这个区别的重要性显而易见,资本主义的贪欲,它所特有的毫无节制的特点,是不应仅仅以经济理由作解释的。

韦伯对于经济成分与技术成分的区分,同我们在前文中所作的区分基本上是一致的。⑰ 他说:"不是每一个在手段上合乎理性的行动都要称之为经济的。首先,'经济'并不等同于'技术'。"⑱ 合理性的技术,就是有意识地以经验和经验分析为取向来采取手段。因而每一种行动都有其技术,⑲ 也就是说,技术是一个成分,而不是一个行动类型。仅仅当为达到一个特定目的可供选择的手段比较稀缺,关系到在这些手段当中进行选择的时候,才有经济成分的加入。这种考虑总是对于技术性成分的补充,而并不是要取而代之。经济成分意味着,对使用一种特定手段去达到一个特定目的所付的代价加以考虑。这又意味着涉及到把这些手段用于这个目的或用于可供选择的其他目的

---

⑮ 同上。
⑯ 《经济与社会》,第31页。遗憾的是他没有进一步提出效用的概念。
⑰ 第六章。
⑱ 《经济与社会》,第32页。
⑲ 包括比如说祈祷和神秘的静修。

时,何者更为迫切需要。(50) 因此,基本的经济事实乃是稀缺、手段对可供选择的目的的适应及成本。经济成分包括对于一种特定稀缺手段的不同用途中何者较为迫切需要加以权衡,这是技术成分所不包括的。

这就指出了进行区分的所有主要脉络。惟一的欠缺是,虽然这种区分所处地位作为结构性成分的问题来说已经显出端倪,却还不太清楚。这与上一章指出的一个问题有关:韦伯以经济学理论的概念作为一般理想类型的主要实例,因而包含了那个概念中固有的全部方法论上的困难。但是,考虑到这一点,再考虑到韦伯最初是以历史学派的排斥理论的偏见去研究经济学的,他在很大程度上澄清了经济学理论的逻辑地位——他比当代大多数正统经济学家可以说要高明得多。

在韦伯的理论里,与经济因素有关的强制力量所处位置,是一个比技术成分所处位置更加复杂的问题。然而,能够看出一个相当清楚的能够加以界定的线索。首先,前面已经提到,韦伯把"经济行动"局限于和平的手段,明确地将武力的使用排除在外。(51) 他所作的其他系统论述分散在不同的章节里——"经济
656 生活的社会学要素"(52) 和"权威的类型"。(53) 这样,就值得研究一下他的权威(Herrschaft)概念,他显然是不把它看做一个经济学范畴的。他把权威定义为"保证由一个特定人群作出的特定命令得到服从的可能性。"(54) 它是一个比权力(Macht)概念较为狭

---

(50) 《经济与社会》,第33页。在这里找到机会成本学说的一种显然独立的说法,确实是出人预料的。

(51) 亦见《经济与社会》,第32页。

(52) 同前,第33页起。

(53) 同前,第122页起。

(54) 同前,第28、122页。不管遵从者喜欢该命令的具体内容与否。

隘的概念,权力是"在一种社会关系之内即使遭到反抗也能保证达到其自己目的的可能性。"⑤ 在这个较广泛的意义上,权力决没有被从关系的经济成分中排除掉,而权威却被排除掉了。就社会关系包含有经济的考虑而言,它在一方面就是一个协议而非命令的问题;而在另一方面则是遵守的问题;

当然,这个意义上的协议,决不排除讨价还价能力上的不平等,因而就出现了强制的问题。⑯ 同时,完全可能形成一种包含有由于自愿同意而顺从权威的关系。韦伯因此非常强调,在资本主义企业中的遵从纪律,从最严格的意义上说,就是对权威的服从——虽然是在有限的范围里。工人必须服从命令。⑰ 但是,这并不影响这样一个主要事实,即权威是行使权力的特殊形式,其中包括着强制的可能性。

韦伯把"政治的"这个概念限定得更加狭隘:一方面把它同在某特定地理区域内运用的权威联系在一起,另一方面包括在需要时使用物质的强制力量或以此相威胁。⑱ 从我们所要研究的问题来说,是不能如此远离经济学所主要关切的问题去找到政治成分与经济成分的重要差别的。

再者,如果把权威概念当做韦伯所划定的经济权力止步之处的明确界线,⑲就会出现下列情况:在各种社会关系的某种情形下,一旦出现了追逐获利和分配效用的活动,就会发生如何确

---

⑤ 同前,第 28 页。
⑯ 《经济与社会》,第 123 页。
⑰ 同上。
⑱ 同上书,第 29 页。
⑲ 对于韦伯来说,运用权威可以是与确保效用有关的 Wirtschaftsorientiect[以经济为取向的],或者是影响共同体内的效用分配的 Wirtschaftsrelevant[与经济有关的],但不是 Wirtschaften[经济的]本身。区分这三者对于研究具体问题是非常有用的。

定具体活动的参与者各方之间的权力关系的问题。从讨价还价的力量完全平等的情况(这似乎是早期古典经济学家的出发点)[60]起,有一系列不同程度的情况——其中一方被其他各方强制进入这样一种关系的可能性逐渐增大。

这些权力关系可以粗略地分成两种类型。其一,之所以背离完全属于经济性质的规范,可能是由于采用了可以称之为非经济手段的手段。这些手段可以界定为武力、欺诈和施行权威(在韦伯所说的意义上的)。那么,韦伯所作论述的要点就是根据这些手段在经济权力与非经济权力之间划一条界线,把权威作为其中的"最温和的"手段。[61] 其二,这样仍然留有权力不平等的可能性,这种不平等并非直接来自较高的生产率,而是由于利用了垄断之类的比较优越的处境,或是由于在使用经济手段方面比较精明,比较有预见性,也就是确切地保障了商品交换和劳务交换的自愿协议。[62]

在经济思想史中,关于权力成分之作用的分歧,主要正是在这个问题上表现出来的。一个极端是以"利益的天然一致性"的假定为依据的主流的古典立场,这是一种完全排除强制性成分的观点。另一个极端是以强制性成分为最主要成分的若干种理论当中的马克思式的经济理论。与其说韦伯倾向于前一学派,不如说他倾向于后一学派。[63] 从我们现在所研究的问题(行动

---

[60] 如 F. H. 奈特教授所说,基于这个发展的伟大发现,乃是交换中的互利。见他的《作为事实与准则的自由》(Freedom as Fact and Criterion),《国际伦理学杂志》,卷 39,第 129 页起。

[61] 在韦伯的概念框架中,几乎未涉及欺诈。在这里不可能对此深入讨论。

[62] 韦伯贴切地称之为"掌握若干利益而取得的优势"。见《经济与社会》,第 604—606 页。

[63] 当然,他对马克思主义经济理论的劳动价值论、剩余价值论等等专门理论毫不关心。

的主要结构性成分的区别)来说,这个问题与其说是一个基本原则问题,不如说是一个怎样做才便利的问题。似乎显然需要把非经济手段从经济学理论体系中的变量的位置上排除掉。[64]另一方面,以利益的天然一致性的假设来阐述经济学理论体系,显然是可能的。究竟应当使用经济上的强制性成分来解释经济学理论体系,扩大这种理论体系的范围,或是需要对经济上的强制性成分另外作系统阐述,只有根据对前一种做法实际尝试的结果才能决定。这里没有篇幅对那些已经做过的尝试进行批判性分析。

同时,必须特别强调的是,不应当容许一种经济学理论为了在逻辑上简单明了的考虑而把强制排除掉,将强制在实际经济生活中的非常巨大的经验意义掩盖起来。在绝大部分自由主义经济学家的著作中,这已是明显的事实。[65]韦伯不在这种批评的范围之内。他深刻地、几乎是悲剧性地意识到强制在人类事务中的重要性。对他的政治著作稍作研究,就足以使人对此深信不疑。[66]

合法秩序、卡里斯马和宗教

现在可以回到有关行动的合法性秩序(legitimate order)概念或前面所谓的合法性规范(legitimacy norms)上来了。韦伯论

---

[64] 如同韦伯所说的:"Das Pragma der Gewaltsamkeit ist dem Geist der Wirtschaft sehr stark Entgegengesetzt"[暴力的实用主义是与经济精神极为强烈地对抗的]。见《经济与社会》,第 32 页。

[65] 特别参看 T. 帕森斯在这方面对于罗宾斯和苏特的评论,《关于经济学的意义及性质的若干见解》,《经济学季刊》,1934 年 5 月。马歇尔是另一个明显的例子。

[66] 见韦伯:《政治论文集》。

述这一概念的方法是我们所主要关注的。首先,他做的是两个分类,两者初看起来没有什么明显差别。第一个是对于“一种秩
659 序的合法性可以得到保证”的方式进行分类。(67) 第二个是对于行动者认为该秩序具有有约束力的合法性的理由进行分类。(68)

对这两个分类的实际内容加以考虑,就可以看出其差别所在。第一个分类中所说的保证,可能是纯粹主观的(innerlich[内在的]);在这种情况下,它是(a)情感的、(b)wertrational[价值合理性的]或(c)宗教的。这种保证也可能是外在的,也就是从“利益”角度而言对于外界事物所致结果的预期。这里使用的术语好像有点不无非议,但基本意思是清楚的。这是一种对于动机类型,从而也是对于力量类型的划分,这些动机和力量的类型,就解释了何以某一特定秩序的规范实实在在地为人们所遵循。按照本书所用的术语,更可取的说法是,这些动机可以分成与利害无涉的和利害相关的。在第一种情况下,秩序被看做是价值的表示,因而,遵从这种秩序乃是由于珍视这种秩序本身或它所表示的价值。(69) 在第二种情况下,秩序的存在是一个人必须在其中行动的处境的组成部分——它起的作用是行动者达到自己目的的道德中立的手段或条件。因此,一个本人并不相信言论自由的共产党人,可能求助于言论自由权以使自己免于入狱,并从而有利于他自己的目标。这种权利(70) 是当今社会合法秩序的组成部分,而他用来作为达到自己目的的手段。可以说,韦伯指明的是,即使利益对于秩序而言全然是道德上中立的,对于保证秩序、也就是维持秩序的运作,仍然是起作用的。

---

(67) 《经济与社会》,第 17 页。

(68) 同上书,第 19 页。

(69) 或者为了与利害无涉的动机而奋斗。

(70) 受到某些限制的。

第二个分类是在不同层面上的——就是认为该秩序具备合法性的动机这个层面,而不是为什么在行动中坚持这种秩序的层面。从消极方面看,明显的一点是利益完全退了出去。虽然利益可能是遵守某种秩序的一条非常重要的原因,却与认为该秩序具有合法性(或无合法性)毫无关系。在这个层面上,只有种种与利害无涉的动机成分才有一席之地。但是,韦伯对这些动机成分的进一步分类与前面说的有些不同。他把它们分成:(a)传统的;(b)情感的;(c)wertrational[价值合理性的]和(d)由明确 Satzung[规程]指认为是合法的。分析韦伯为什么把宗教动机去掉而加上传统的动机,似乎意义不大。关于传统的动机,可注意的只是他说的,"一种秩序由于人们把传统奉为神明而具有合法性,在任何地方都是最普遍又最本原的情况。"[71] 把传统主义同神圣性这样联系起来,是他关于传统主义的所有论述的一个显著特点。

有趣的是,wertrational[价值合理性的]的原意,在这里也发生了转换,这同前面指出的 zweckrational[目的合理性的]的意义转换是直接相对应的。虽然出现了"绝对"这个词,[72] 但从上下文看来,重要的似乎不是价值的绝对性,而是价值的"终极性"(在本书所用意义上的)。这一点从下面这个事实看来就很清楚了:zweckrational[目的合理性的]已经等同于利益——对某物某人关切,只是由于该事该人可以当成手段使用,或者作为一个有内在联系的条件应当予以考虑。另一方面,wertrational[价值合理性的]在此处则等同于评价事物时与利害无涉的态度,这种态度乃是出于为了该事物本身的缘故或是把它作为一种终极价值

---

[71] 《经济与社会》,第19页。
[72] 在此处和《经济与社会》第17页所作的分类中。

的体现或直接表现,而该事物在此种意义上因此就不能简单地作为手段来"使用"。换句话说,zweckrational[目的合理性的]和wertrational[价值合理性的]的区别,起初是合理性行动的假设具体类型的区别,现在已经变成行动体系的结构性成分的区分,可以作为所持种种态度的不同特性来认识了。这种意思上的变换发生在它所出现的场合,必有其耐人寻味之处。

第四种范畴——由规范的明确规条指认为合法的,从现在的观点看,可以看成是一种派生的合法性。相信其合法性,意味着制定规条的机构拥有制定这种规范的权利。韦伯把它分成两个子类型——协议和Oktroyierung[强加于人]。应当指出,在前一种情况当中,光是有利害关系的人们达成协议是不够的。为了使合法性得以维系,必须有履行协议条款的义务。我们将会看到,这里包含着其他三个成分中的一个或多个,首先就有Wertrationalität[价值合理性](在新的意义上的)。这与涂尔干对契约关系的分析的联系是很清楚的。协议中的合法性成分,就是涂尔干所说的"契约中的非契约性成分"[73]的一个组成部分。因此,纯粹自愿协议是一种把合法性成分约简到最小程度的有限制的情况。但这决不是说把合法性排除掉了。

我们现在不打算进一步深入讨论传统、情感和Wertrationalität[价值合理性](按第二种意义;从现在开始将按这一意义使用)相互间的关系。但是,上面的分析已经足以证明某些推论是正确的。对于韦伯来说,合法性乃是秩序的一种性质,也就是对行为起支配作用或者起码是行动可以(或必须)据之确定自己取向的一个规范体系的性质。这种性质乃是由与该秩序相关联而行动着的人们加之于该秩序的。这样做就包括对

---

[73] 见前文,第十三章。

于所涉及的种种规范采取一种特定类型的态度，这种态度的特点可以说是不计利害的接受。换句稍许不同的话说，对于认为该秩序是合法的并遵从其规则的人来说，在这个范围之内乃是一个道德义务的问题。

这样，韦伯的论点便同涂尔干把约束作为道德权威解释时的论点是一样的了。此外，韦伯曾从同样的角度研究这样一个问题：认为个人的行动与构成其行动条件的一个规则体系联系着的问题。两个人的理论中关于对这种秩序的规则所持态度的成分，都作了同样的区分——利害相关的和与利害无涉的。这两个人在作这种区分时，都把合法秩序与利益如脱缰之马的情况互相对照。(74) 两人都特别关注后一成分。这样的类似不大可能纯粹是偶然的。(75)

然而，这两个人思路的类似还远远不止于此。问题是，对于合法性当中的动机成分是否只能分析到韦伯所作分类中得出的三项这样一种多元的格局，(76) 抑或在韦伯的理论中，有无线索可能找出一个较为概括的能够把三者相互联系使之统一起来的概念，在卡里斯马这个概念里，无疑就有这样一种使之统一起来的因素。

韦伯本人在许多不同场合论述过这个概念，各处侧重点大 662
不相同。(77) 但是，贯穿其中的一条绵延不绝的明确脉络，恰恰就是卡里斯马与合法性概念的关系。要搞清这个问题，就得在简

---

(74) 参见《经济与社会》，第 648 页。

(75) 从他们的思路与帕雷托不同来看，这两人都接受过法学训练大概与他们的路数类似有些关系。

(76) 传统，情感，Wertrationalität[价值合理性]。

(77) 主要有：《经济与社会》，第 140—148 页，第 227 页起，第 250—261 页，第 642—649 页，第 753—778 页；《宗教社会学文集》，卷一，第 268—269 页。

单地加以说明之外再作某种解释,但也是在这样一种情况下不可避免的那种解释。

在讨论韦伯的宗教类型学时,我们已经简略述及这个概念。[78] 在那里已经指出,韦伯以卡里斯马与常规(Alltag[常规])之间的对照作为他的出发点。这样,卡里斯马便是因之而被特地与普通事物、日常事物和常规事物[79] 划分开来的事物与人所具有的一种性质。有趣的是,韦伯在好几个地方专门以卡里斯马与经济成分相对照。这样说来,卡里斯马便是"spezifish-wirtschaftsfremd"[特殊的经济上异样的]。[80]

卡里斯马式的事物或人,其特点就在于此种超凡脱俗。因此,它并不是直接与行动相联系,而是具体事物、具体人和具体行动等等的一种性质。但是,在人们对于卡里斯马式的事物或人所持的那种态度当中,就暗示着卡里斯马与行动的关联。韦伯虽然用了许多术语,但可以从中选出两个。适用于人的卡里斯马的性质是 vorbildlich[范例的][81]——某种要被模仿的东西。同时,承认卡里斯马是带来声望和权威的非常性质,乃是一种义务。[82] 卡里斯马式的领袖,永远都是把在他所要求的范围内对他抗拒或忽视的人们作为未尽义务来对待。以上述种种有关卡里斯马的性质为根据,可以合理地得出结论:卡里斯马就意味着一种特别的尊崇的态度,而视这种尊崇有似于对于得到认

---

[78] 前文,第十五章,[边码]第 564 页起。

[79] 在这里,常规的事物显然不是指惯常要做的,而是指"世俗的"。早祷虽然是每天都要做的,却不是 Alltag[常规]。

[80] 《经济与社会》,第 192 页。参较涂尔干的表述:"劳动是最卓越的世俗活动。"前文第十一章引用过。

[81] 《经济与社会》,第 140 页。

[82] 同上。

可的义务所应持的尊崇。这显然就是涂尔干所说的仪式态度：卡里斯马式的权威乃是道德权威的一个方面。

换句话说，卡里斯马是与合法性直接连在一起的，它实际上就是韦伯理论体系中一般合法性来源的名字。这一概念的主要困难来自这样一个事实：他自己本来显然没有用这些与行动结构图式有关的一般词语来表述它，而是以更加专门得多的社会变革理论加以表述，并从这种理论出发加以展开。前面已经就韦伯提出的关于社会变革理论的最重要的经验事例——先知者的作用——对这个理论作了分析。[33]

这里主要的背景乃是传统秩序中所发生的突破。因此，卡里斯马这个概念具有两个最突出的方面：以与反传统主义相联系为其革命性的特点；[34] 与一个特定的人——领袖——有特别紧密的联系。因此，先知者便是明确而自觉地起而反对传统秩序(或传统秩序的某些方面)，并且声称其立场应该具有道德权威(不管他提出这种要求的根据是天命还是别的)的领袖。听他的话，遵循他的命令，学他的榜样，乃是人们的义务。在这一点上，同样重要的是要指出，先知者认为自己是转世的人(to be re-born)。他在质上不同于其他人，因为他同一种比任何树立起来的权威根源或任何靠计较利害而促使人们顺从的权威根源都更高级的权威根源有联系，或者是这种权威根源的工具。

如果卡里斯马概念是指向这一特定背景的，那么，根本的问题就是，先知者的卡里斯马与支配日常生活的种种秩序的合法性是什么关系。韦伯认为，在这种革命的意义上，卡里斯马就这种情况的本质而言是一个暂时现象。先知者的旨意要在长远的

663

---
[33] 前文第十五章，[边码]第 567 页起。
[34] 《经济与社会》，第 759 页。

日常结构中体现出来，要制度化，必须经过一番根本的变化。在这个过程中，先知者由于他个人的卡里斯马而行使的权威可能向形成传统化的结构或理性化的结构这两者之一的方向发展。⑧

此种具体发展，在最初的卡里斯马式领袖弃世而产生继承问题时处于关键时刻。没有必要深入研究可能在不同程度上成功地应付这种情况的各种具体方式。这里只要指出两种主要的结果。在一种情况下，卡里斯马的特质按照一些可能的规则中的一项从一个具体人（或一群人）转移到另一个具体人（或另一群人）身上。最常见的（虽然决不是惟一可能的）例子就是世袭的卡里斯马（Erbcharisma）。⑧ 于是，该特定的具体个人一出生，就具有担负一定职能的资格——即具有神圣性成分，而他在该特定范围内的行动由于是他作出来的，就成为合法的了。

与此相联系的是关于体现着先知者之使命的规范的某种界定。对于世袭的卡里斯马来说，这种规范的形式就是一个传统化了的规范体系（一种神圣的法律），它具有与统治者个人一样的神圣性即卡里斯马的特质。这样，就出现了韦伯所说的传统型权威的两个主要特征⑧——被认为是神圣的和不可移易的一套传统的规范，以及在这些规范所允许的自由限度和对这些规范加以解释的可能限度之内，统治者可以任意地行使个人的权威（这由于他一般地具有卡里斯马的个人特质而得以合法化）。通过这个过程，卡里斯马从作为特定的革命力量走向反

---

⑧ 一般地说，见同上书，第三部分，第十章："卡里斯马的变革"（Die Umbildung des Charisma）。

⑧ Gentilcharisma［出身的卡里斯马］是其中的一个子类型。

⑧ 参见《经济与社会》，第130页起。

面,成为僵化停滞的传统主义的特殊支持者。⑱

在这种常规化方式之外还有另外一种方式,就是把卡里斯马特质实体化,因而可以把这种特性与特定的具体个人分离开来,然后沿着这条路线发展下去。于是,卡里斯马要么是(a)可以转移的,要么是(b)可以由人通过自己努力获得的,或者就是(c)根本不是个人本身的特性,而是一种职位的或与个人特质无关的制度结构的特性。⑲ 前两者仍与特定的个人联结在一起,尽管这些人不是独立的先知或独立的先知的血统后裔。可是,在第三种情况下,卡里斯马仅仅是一种职位或客观的规则体系所固有的。不用说,就是这条道路导向科层制组织和作为合法性之标准的"法理性(Legality)"。实质问题是,只要追究起法理性的本源,总要回到一个卡里斯马式的成分上来,不管这种卡里斯马来自使徒传承、天启法(在加尔文的日内瓦)、神授君权或是来自一种公意⑳。

因此,在从革命性的预言到传统型的权威或合理性的日常的权威的转移当中,改变了的显然不是卡里斯马这种特质本身,而是它的具体表现方式㉑ 以及它与该特定的具体复合体当中其他成分的关系。韦伯对于合法性作了最充分的论述,㉒ 确实使人深信,没有卡里斯马成分就没有合法的秩序。在传统主义来说,卡里斯马成分总是在于传统的神圣性。㉓ 其中的内容超

---

⑱ 同上书,第774页。
⑲ 同前,第771页。
⑳ 公意(general will),即卢梭《社会契约论》中提出来作为政治合法性基础的人民意志。——译注
㉑ 作为一个变量看待,这个成分本身在一系列不同值的范围之内保持不变。
㉒ 同前,第642页起。这一部分大概没有结束,在这本著作中这种情况是很多的。
㉓ 在说到传统主义时,韦伯几乎总是使用"神圣的"(heilig)一词。

出了这个单纯的事实——事情仅仅是以一定方式做出来,而人们认为继续照此办理是件"好事"。这里还有一种按传统方式去做事情的明确的责任。同样,在一种理性的科层结构中也必然总是有一个这种科层制机构的秩序之法理性的本源,这个本源归根结底是卡里斯马式的。最后,对于先于先知的传统主义而言,情况也是如此。㉞

如此加以界定的卡里斯马,涵盖的范围比通常所谓的宗教要宽泛许多。但是,前已指出,在韦伯的心目中,这一概念可能起源于在比较专门的宗教意义上的先知者的作用。那么,它与宗教是什么关系呢?要回答这个问题,必须回到卡里斯马在原始宗教中占什么位置的问题上去。前已指出,㉟ 在那里卡里斯马特质之所以身居要津,乃是与在前文所论述的那种特定意义上的由诸超自然的实体组成的世界这样一个概念㊱ 相互联系着的。这种超自然的意识,实际上只不过是与崇敬态度相联系着的意识上的东西。与涂尔干和韦伯思想中始终可见的态度上的二元论——一种是在道德上中立的、功利主义地加以利用的态度,一种是道德上或礼仪上的崇敬态度——相对应的,是一种"世界"或实体体系,就最一般的意义而论,就是自然的与超自然的"世界"或实体体系。㊲

韦伯把宗教活动界定为与这样构想的超自然实体相联系的行动。因而,按可能的最广泛意义说,可以把宗教观念界定为人

㉞ 见前文,第十五章,[边码]第 565—566 页。
㉟ 见前文,第十五章,[边码]第 565 页。
㊱ 注意,只是在这个特定意义上。
㊲ 在涂尔干反对把宗教界定为与超自然的事物有关时,超自然的概念是一个与这里使用的概念不同的概念。这里所使用的超自然的概念是与涂尔干的理论立场始终一致的——这应当是很明显的。

们所具有的关于这些超自然实体以及它们与人和自然的关系的任何概念。随之,在象征作用的层面上就开始涉及到意义问题。种种事件不是单纯地"发生"和"发生在"人们身上,而是可以把这些事件解释为具有一种意义,即象征或表达着超自然实体的行动、意志或其他方面。

要使这个链条成为完整的,还需要有逻辑上的进一步联系。我们讨论涂尔干对于宗教的论述时,揭示了人们对于宇宙的非经验方面的积极态度所起的重要作用。可以用韦伯的观点对这种关系作稍进一步的分析。可以认为韦伯所说的宗教"利益"[98]是这些积极态度的别名。行动中的宗教成分是同人与超自然实体的关系相联系着的。宗教利益规定这些活动的方向,规定人们可以企望借助这些行动去实现的目的。

在"原始"的层次上,宗教行动仍然是追求特定利益的一种或多或少未经整合的系列行动。超自然实体的世界本身还没有整合成为一个充分理性化了的体系。[99] 人们确定这些利益和追求这些利益,都根据的是生活的紧迫需要和传统文化所提供的超自然之物。在这里,宗教观念[100]的影响问题是个难题。大概最有把握的是把观念、利益、价值观以及行动,说成是极难确定孰者占先的一种单一的复合体。韦伯没有对这一问题作出什么很大的贡献。

---

[98] 这个术语的用法,不管在这种场合还是在上面与"与利害无涉的"相对照的场合,都是模糊不清的。在这里之所以保留它,是因为它是韦伯本人的用法。可是,在宗教语境中,利益等于是超验目的和前面的讨论当中所说的终极价值观的组合。(译者按,本书中所说"宗教利益",利益原文为 interest,皆含"利益"与"兴趣"、"关切"意,译文据上下文意思作了不同处理。)

[99] 这自然是个程度的问题。一个完全未经整合的体系就不能成为宗教。参较涂尔干的定义。

[100] 最初是"神话"一层的。参看前文,第十一章,[边码]第425页。

可是,在先知者的层次上,韦伯却为澄清这种关系作出了极大贡献。[10]他已经证明:一旦朝着一个特定方向开始尝试把世界的意义合理化为一个合理而融贯的体系,这个过程就会有其固有的辩证法。它的进行速度可快可慢,在特定的发展中,可能在一个方面或几个方面形成较为激进或较为温和的结局。或在不同的点上止步。但是,主要的轮廓是清楚的。互相排斥的可能性,数量是有限的。

在讨论涂尔干时,我们主要是从消极方面论述宗教观念,因为它们所涉及的是世界的非经验的方面。根据韦伯的结论,有可能更切近地对宗教观念加以界定。宗教观念不仅涉及世界怎样运作,而且也涉及世界在一种目的论的意义上为什么运作。宗教观念关系到世界的"意义"。从这个观点出发,宗教观念不可分割地与人的利益结合在一起,而且反之亦然。韦伯已经证明了罪恶问题、特别是苦难问题是怎样形成阐述意义问题的主要出发点的。反过来说,人的宗教利益能够是什么,要以关于世界的意义的概念为定。

这种相互关系不全然是完全相对主义的兜圈子。要说明其中一般包括哪类意义、哪种利益还是有可能的。意义就是上面所说的目的论意义上的意义。如果有一位朋友死于一次汽车事故,他是"怎样"死的,通常从科学方面令人满意的角度而言是非常清楚的。我们对于死亡的生理学知识实际上决不是完全了解的——而死者的朋友对这种知识也许只有一知半解。但是这对他并不成其为问题。成问题的是在一种与价值体系有关的意义上的"为什么"。问题是,他的死可能有什么意义或有什么价值?就此而论,这样一个事件容易使人觉得特别无意义。

---

[10] 参较前文第十四章附注。

这样,这里讨论的"意义",是与一种目的论的价值背景有关的意义,而与某种旨在进行科学解释的背景无关。关切则是在获取我们与之认同的终极价值的过程当中的关切。在这个问题上必须指出,韦伯最初所关注的宗教观念并非是纯粹的价值观念或行动的目的,而是对于世界意义的合理化解释,其中包含着一个十足的形而上学的体系。于是,就要从这些基本的形而上学的预设中,得出世界对于人来说能够有什么意义,以及人的终极价值"从有意义的角度来说",又能够是什么的结论。

确切地说,正是这样的观念引导着宗教关切的方向——从而规定着终极目的并通过终极目的影响行动。它们的功能作用可以认为是与制度(institutions)[102]的作用类似的。

宗教观念本身并不是行动的目的,而是一种人们可以借以追求目的的诸观念条件的架构。什么样的具体目的会有意义,取决于这个架构的结构是什么。但是,其中也得包含有人们的某些有代表性的关切,这样才能对行动有所影响。从我们现在讨论的情况来说,主要的关切就是要赋予人们的生活一种意义。与此相互联系的则是,所有人们都对某些事顶礼膜拜或视若神明。区别并不在于这个基本事实本身,而是在于神圣之物的具体内容。

虽然追究世界的意义,就会导向各种可能的形而上学立场当中的某一种,但万万不要以为这就意味着与这样一种理论相互联系的崇敬态度或者人们的关切就是形而上学的实体。它们是完全可以观察得到的经验事实。人是这样一种实体,就我们所知道的关于他的本性和他所置身的处境而言,他是要对他的世界作一番形而上学的阐释的。但是,他究竟是不是这种实

---

[102] 按韦伯的术语可以界定为"合法秩序的形式。"

体,或是否被置于这种境况之中,这不是一个形而上学的问题,而是一个事实问题。这里采用的观点(首先是来自涂尔干和韦伯的),要根据经验加以批判和给予辩护。现在可以再对卡里斯马作一番解释了。它是附着于某些人和物之上的特质,这些人和物就其给人们的行动和世上发生的事件赋予了目的论的"意义"而言,是与现实的"超自然的"、也即非经验性的方面有着种种关联的。卡里斯马不是形而上学的实体,而是与人的行动和态度有关的、一种人和事物的在经验上完全可以观察的特性。

虽然卡里斯马所涉及的范围比通常所说的宗教广泛,但这个概念却与宗教有一种内在的联系。也就是说,在这种特定意义上,人们的终极价值关切必然与他们关于超自然物的种种概念不可分割地联系着。因之,卡里斯马能够成为合法性的来源,正是由于有着这种与宗教的内在联系的缘故。这就是说,在我们崇敬的事物(不管是人还是抽象物)与支配着内在关系和行动的道德规则之间,存在一种固有的契合性(solidarity)。这种契合性与所有受到崇敬的事物同超自然物的共同指涉物(common reference)、以及这些事物同我们关于自己的终极价值和关切(这些又都同那些超自然物的概念紧密相关)的共同指涉物是相关联的。可以一般地把合法性与卡里斯马的区别表述如下:合法性这个概念比较狭窄,因为它是仅仅归之于一种秩序的诸规范的、而不能归之于人、事物或"假想的"实体的一种特性,并且它所涉及的乃是对行动的管制(主要在其内在诸方面)。因之,合法性乃是卡里斯马之制度性的运用或体现。

在结束这一讨论时,我们要明确地指出,涂尔干和韦伯两人在对这一系列问题的研究方法和论述方面,有着超乎寻常的严格的对应性质,这是饶有兴味的。尽管他们有所不同——韦伯专注于社会动态问题,而涂尔干则几乎完全不注意这种问题;韦伯关心行动,而涂尔干则关心有关实在的知识——但在他们所获得的基本概念架构方面,他们的结果几乎是完全相同的。至少在两个对于全局有重要意义的问题上是相同的:与规范有关的行动的道德的动机与非道德的动机之间的区分;规范本身的特性(韦伯:合法性;涂尔干:道德权威)与规范的特性是其"表现"的那个比较广泛的成分(韦伯:卡里斯马;涂尔干马神圣性)之间的区分。这两个人是从两种极端对立的思想出发的——韦伯从历史唯心主义出发,涂尔干从高度自觉的实证主义出发,因而他们的这些相互呼应就更为引人注目。此外,这两个人没有任何互相影响的迹象。两个人的著作都丝毫没有彼此借鉴的地方。可以说,把这样一种一致性解释为对于同一类事实作出了正确的阐释,是再现成不过的了。

最后,他们在社会学基本原则方面也是一致的——不光在原则本身上一致的,连表述这些原则的特定方式也是一致的。我们还记得,涂尔干关于这个论题的种种观点被指责为是"德国造的"。[103] 前面已经指出那种指责是多么没有根据。而在现在讨论的这些问题当中,能够反驳那种指责的事实是,韦伯乃是自觉地和明确地反叛了大部分在德国社会理论当中盛行的有机论——他主要认为这种有机体论就是他非常猛烈地批判的直觉主义方法论。他由于反对这种实在论倾向,几乎成了一个富于战斗精神的社会唯名论者。德国人对他的大量攻击都是基于这个事实的。[104]

---

[103] 见前文第八章,第 307 页。
[104] 最极端的例子是斯潘(Spann)对于《经济与社会》的评论。见斯潘:《死去的和活生生的科学》(Tote und lebendige Wissenschaft)。

韦伯在他的理论中,毫不留情地摈弃一切非经验的实体。他愿意与之打交道的惟一的 Geist[精神],是在经验上可以观察的那些能够直接与行动的可理解的动因联系起来的态度和观念。但是,尽管如此,他仍明确地采取一种社会学主义的(sociologistic)立场。因为他最重要的成果之一就是:认为一个伟大的社会运动的成员或一个社会全体所共有的宗教观念和价值观念——它们乃是卡里斯马的具体体现或价值——具有无与伦比的社会作用。确实,只有从全部印度教徒都持有源于因果报应和轮回教义的种种观念来说,种姓制度才被认为是合法的;也只有从很多人都持有新教伦理来说,才有充足的动机使得理性的禁欲主义主宰了日常生活。一个社会只能服从于某一种合法秩序,并且因此只有就该社会中有着共同的价值观念而言,在某种非生物学的层面上,社会才不止于是一种利益力量之间的平衡。

这一点正好是涂尔干在阐释社会实在的可能意义时所提到的。韦伯对于德国唯心主义思想的历史有机论所做的批判所遗留下来的,也正是这一点。韦伯在先知者的作用方面,对卡里斯马作了充满个人主义色彩的论述,却丝毫没有触及这个基本论点。他的论述仅仅矫正了我们已经发现的涂尔干本人的表述当中由于徘徊于社会学主义的实证主义而存在的主要缺陷。这个缺陷就是他的表述有这样一个含义:价值成分的经验作用只局限于支持成为制度的现状。韦伯则与之相反,提出了关于先知的理论和关于卡里斯马常规化的理论,指出了事情的又一个方面。他的观点同涂尔干毫无抵触;只是提出了一个进一步应用涂尔干观点的范围,这是涂尔干所没有想到的。这一进展首先是由于韦伯具有比较的视野和他同时还注意研究社会变迁问题的缘故。

在结束对于卡里斯马概念的讨论前,应当提一提另外两个问题。前已指出,⑩韦伯并不认为他的宗教比较研究所关注的完全合理化的种种观念体系,以他所表明的那种条理分明的理想类型的形式,实际存在于他断言已经受到这些观念体系影响的广大人群的心目之中。这种种的合理化乃是大众观念中所隐含着的有意义的倾向的极端实例——几乎是"夸张"。这种情况为说明他关于观念和价值成分之作用的观点,在总的方向上提供了线索。我们还记得,在赋予一种秩序以合法性的种种动机当中,他把情感的动机与 wertrational[价值合理性的]区分开来了。⑩后者可以解释为,指的就是对于合理性类型的实例所做的阐述。在价值成分未能得到充分和连贯一致的阐述的情况下,可以说,情感的动机当中至少包含有价值的成分,这是同情感这个范畴的属于剩余物的特点一致的。

特别能够说明这个问题的,是他用来描述"情感"和卡里斯马的特点时所用的词语有密切联系。⑩这样就可以合情合理地断言,从这个方面来说,韦伯所说的"情感"就相当于帕雷托说的"激情"和本书所采用的"终极价值观念"。"情感"这个概念同 wertrationalität[价值合理性]的区别,相当于帕雷托所提出的"剩余物"这个极端类型(这是一条阐述清晰、毫不含糊的原则)与"激情"的区别,或者用本书的术语说,相当于终极目的与终极价值观的区别。作这个区分的主要意义在于指出,它意味着价值成分的作用对于韦伯来说,也不局限于对于形而上学观念和终极目的清楚而合乎逻辑的阐述这种特殊事例。对合理性规范的背离,不能就此视为心理因素在起作用的证据。实际上,韦伯

---

⑩ 见第十六章,[边码]第605页。
⑩ 见前文,[边码]第659页。
⑩ "情感信念(affectual faith)"在于"新得到的启示或范例的有效性"。《经济与社会》,第19页。

对于卡里斯马概念的阐述,并未特别涉及到此种局限。

遗憾的是,韦伯没有对他所涉及的诸关系作进一步的分析。在一定程度上,无疑必须把观念看成是如同态度和行动一样,是同一些基本成分的表现。但是,表现这些成分不完全是情感的功能。认识成分肯定是一个必不可少的独立成分,不管合理化的程度是多么不完全。它是实在的诸真实方面的、而非那些纯然假想的方面的功能。而且,即使这种情况比在科学观念的事例中要差一些,也完全是这样。如同韦伯所表明的,在关切方面和提出世界之意义何在这一问题的方式方面,包含着一个主观的成分。为了解决这个问题,就要涉及一个 wertbeziehung[价值关联]的概念。这实际上就是关于形而上学观念和宗教观念的 wissensoziologie[知识社会学]的出发点,正如 wertbeziehung[价值关联]在他的科学方法论中,是研究一个科学观念的出发点一样。最一般的表述是:非经验实在(特别是涉及目的论的意义问题的)、我们对这种实在的诸认识概念、未经合理化的价值观念以及我们在其中行动并对之进行思考的处境之结构,都是处于相互依存关系之中的成分。但是,这是对于这个问题的表述,而不是这个问题的答案。解答这个问题,不在本书所要研究的范围之内,而是将来的分析性研究和经验研究[108]的最重要领域之一。韦伯的重要贡献就在于提出了这个问题,而且他对这个问题包含的诸成分加以阐述所用的方式,有可能达致确实的结果。这是他的思想的前沿部分。[109]

---

[108] 在这里不打算作进一步的分析。对观念的作用问题,在前面第十四章的附注中做过概括的表述。

[109] 如同情感概念的剩余物特征所显示的那样。

仪 式

　　韦伯和涂尔干在对宗教进行社会学研究时所提出的那些基本范畴,有着惊人的相互对应的性质,一个很大的例外则是仪式的范畴。这个成分对于涂尔干而言是很重要的,但非常奇怪,它在韦伯的概念体系当中没有任何明确的位置。如果真是韦伯完全忽略了关于仪式的种种经验事实,或者他对这些事实的解释同涂尔干的解释根本不一致的话,那么,这对于认为这两个人的概念体系基本相似的论点,确实是一个严重的打击。

　　可是,事实并非如此。相反,虽然韦伯没有把这些成分明确地联系起来,以形成一种关于仪式的理论,但在他的思想中出现了与涂尔干的理论很相近的一种理论的全部主要成分。所有这些成分,在讨论这个问题的前面各个部分都已经碰到过了。这里要做的,是把它们同这种特定现象联系起来加以讨论。

　　首先,回顾一下前面关于韦伯的宗教比较社会学的论述,就会立即看出,他决没有忽略关于仪式、尤其是巫术的经验事实,而是对此极为注意。他提出的合理化的两个主要方向,有一个就是清除巫术成分。[110] 他在论述中国和印度的宗教伦理都未能对人们的处世之道加以彻底的合理化这个问题时,非常强调这两者都没有对大众中盛行的巫术进行攻击,虽然精英本身避而不参与那些巫术活动。另一方面,清教伦理的特征就是特别对于巫术、但也一般地对于仪式持根深蒂固的敌视态度。赋予所祈求的手段以神圣性,乃是偶像崇拜。而且,巫术是对于表达上

---

[110] Entzauberung der Welt[使世界祛魅]。尤其是《宗教社会学文集》,卷一,第512—513页。

帝意志的神圣秩序的终极性质进行挑战。只有在得到上帝启示的情况下才能去干预,那些被预定的圣徒们所采取的行动就是如此。允许保留的只有那些被认为直接由启示认可的仪式,也即洗礼和圣餐。⑪

674　其次,在韦伯的心目中,这种未能根除仪式、特别是未能根除巫术的情况,无疑是与未能打破传统主义密切联系着的。⑫这个实例非常清楚,人们难免会揣想,在韦伯的思路中,传统的行动乃是仪式藉以藏身其中的主要范畴。但是,这仅仅是猜想呢? 抑或还有进一步的证据呢?

毫无疑问是有证据的。首先,前面已多次指出,韦伯经常把"神圣的"⑬这个形容词用于传统。抛开这一点,就的确不大可能把传统主义当做他思想当中的一个成分了,因为传统要加上神圣这个形容词,才成了合法的秩序的一种形式。也正是因为如此,传统才在韦伯的分析图式中占有重要地位。对于涂尔干来说,实践乃是"与神圣事物有关的实践。"既然神圣性或仪式态度是仪式的根本特征,那么,传统之具有神圣性,其根源之一完全可能是由于传统当中至少有一部分是仪式传统。

但是,还可以把这种分析再往前深入一步。卡里斯马这个几乎就是神圣性的别名(或神圣性之源的别名)的概念,同先知者之前和之后的传统主义都是直接联结在一起的。先知者的教义或者预言的传统化的过程,正是卡里斯玛特质由先知者个人向传统化了的规范和享有权威的人转移的过程。卡里斯马与传统主义的联系非常密切。这番道理没有不适用于仪式的理由。

---

⑪　亚洲的宗教完全可以超越巫术。但它们从不去反对巫术并将其根除。
⑫　这种关系在基督教的不同派别当中是很引人注目的。
⑬　Heilig[神圣的]。

但是,在这链条中还有一个最后的环节。在第一阶段,也即卡里斯马显现的魔力(mana)阶段之后,产生了意义问题,象征也随之而出现。于是,为此就得把具有某种意义的事物和事件解释为是超自然实体的象征性表象。这就是那些神圣事物的神圣性的本源。由于这一点,它们获得了卡里斯马的特质。这些作为"超自然"实体之具有意义的象征"事物"和事件当中,当然包含着行动。如此说来,这不正是涂尔干所提出的仪式就是"与神圣事物有关的行动"那条定义吗?实际上这恰恰也是韦伯给宗教行动下的定义,只不过韦伯用"超自然实体"代替了"神圣事物",也就是说,他用被象征者代替了象征者。[114] 而且,对于韦伯的观点有根本意义的象征关系所具有的地位,也是涂尔干思想当中最重要的一点。再也没有比这更一致的了。

最后,韦伯认为,象征作用进入这种情况之后,首先发生并且有普遍意义的结果,就是使传统定了型。因此,这个循环便由于这一与传统主义的联系而结束了。但是,为什么仪式、象征作用和传统主义之间有这样紧密的联系呢?仪式既包括象征作用,也包括神圣性。神圣性的成分使得行动不为平常的功利主义的得失计较所吸引——单单由于计较得失,行动就不再是神圣的了。[115] 因此,一种做法一旦"被证明"是灵验的,便立即成了一成不变的。此外,要将象征的成分(特别是就其进入了手段—目的关系而言)从内在方面加以理性的批判,就是极为令人不快的事了。因为,从它是一种象征的关系来说,根据这个定义它就不会满足理性批判的要求。

---

[114] 在一种可能的象征关系中。见前文第五章,[边码]第 211 页;第十一章,[边码]第 419 页。

[115] 参较:"神物是特别不能变动的事物。"引自《经济与社会》,第 231 页。

757

在谈到行动时,它内在地就包含着为了达到目的而进行的努力。我们可以有把握地说,那种认为抱持何种目的都无关紧要的观点,是与行动者格格不入的。⑯ 在合理性的技巧方面,手段—目的关系的固有成分及手段和目的的性质,就带来了一个稳定性的成分。同时,随着对于这些内在关系的了解不断增加,而相应地改变这些合理性的技巧,也没什么内在的障碍。仪式的成分一旦介入,情况便不同了。神圣性或神圣事物的意义,并非这些关系所固有的、可以在经验上观察的特性,而是附加的东西,是一种象征性的意义。同样,如果那种手段—目的关系是象征性的,也就不存在任何内在的有稳定作用的成分了。这些象征物只有在惯例为人接受时,也就是被因循守旧地定型化的时候,才能起作用。传统主义是象征关系得以稳定的成分。⑰

可以说,正是这种(而不是任何一个方面)在哲学学说上的牴牾,才是科学与宗教互相冲突的主要基础。科学的精神内在地就是依据固有经验的批判的怀疑态度,而宗教却离不开象征作用。⑱

但是,不管怎样,在韦伯的体系中,无疑有一个行动的结构性成分的位置,这个成分包含有卡里斯马,也是按一般的内在手段—目的关系无法分析的——这首先是由于它以特殊的方式包含着象征成分。这些就是涂尔干为了分析行动结构而对仪式所作论述的基本特点。两个人是完全一致的。⑲

---

⑯ 那样就会成为"无聊的举动",同涂尔干所说的 vie sérieus[严肃的生活]是没有共同之处的。见《宗教生活的基本形式》,第546页。
⑰ 在语言当中也像在其他任何事例中一样。
⑱ 这一点显然适用于帕雷托提出的循环。见前文,第七章。
⑲ 应该很明显的是,涂尔干所证实的仪式与社会成分即共同价值成分之间的关系也适用于韦伯。上面关于卡里斯马的讨论就是充分的证据。

韦伯的确根本没有就仪式的作用问题提出一项可以同涂尔干的理论相比拟的理论。而且,仪式在分析上处于什么位置,在韦伯说来也是隐晦的而非明确的。这两点都主要是由于韦伯专注于经验兴趣的缘故。也就是说,他关注的主要是宗教的能动的方面,这体现在(体现在先知者身上的)卡里斯马和合理化两个方面。在这种情况下,传统主义的意义主要是消极的,是阻碍那些能动力量的。他并不特别关心"为什么";对他来说,确认传统主义有这种影响就够了。因此他没有深入分析传统主义。有意思的是,给前面所做的剖析提供了素材的那些思路,主要取自《经济与社会》一书中论宗教社会学的部分,韦伯在这一部分试图对宗教加以系统论述。假如他根据一种一般化的理论体系再作进一步的系统阐述的话,仪式这个概念无疑就明确起来了。但是他没有这样做。而且,他为了在经验方面探讨宗教伦理与资本主义之间的关系,也无需这样做。这里所作分析的结果,只是用来进一步证实他在那种情况下得出的结论,而不是要改变那些结论。

毋庸赘言,对于韦伯如同本书论及的其他作者一样,可以在非主观方面加以阐述的诸因素——遗传和环境——都对决定具体行动有其作用。在行动的终极手段和条件的作用方面,在无知和谬误的本源(导致未能符合合理性规范和背离合理性规范的诸非理性心理因素)所起的作用方面,都是如此。韦伯在任何地方都没有采取否定这些成分有起实际重要作用的可能性的极端立场。然而,他本人的注意焦点不在分析这种作用,而在分析前面讨论过的其他成分。在这里只是提一下,以求周全,并且避免使韦伯受到那种说他否定这些成分的作用的毫无根据的指责。他在许多问题上反对那些认为这些因素决定一切的言过其实的主张。然而,对于这些因素有可能在解释某些特殊问题时极为重要这一点，他并不排斥。⑫

趣味问题

最后，在结束这一部分的讨论以前，可以提出一个处于我们目前进行的分析和本书所论述的所有作者理论前沿的进一步的问题。这里只对这一问题作一介绍；在本章关于藤尼斯的附注里还要进一步作些说明。我们还记得，我们开始对韦伯的系统理论进行以上主要分析时，提到的他的那个图式，不仅包含有合理性的功效规范和合法性规范这两种成分，而且还包含有一个第三种成分：惯例（usage/Brauch）。这仅仅是偶然的阐述还是值得加以一番考究的呢？显然，这个问题对于韦伯的兴趣来说，是细枝末节，对于他的任何主要概念或结论来说，也都无足轻重。但是，将与此有关的一条思路略加展开，还是值得的。

我们得记着，他使用惯例一词时，指的是与上述两种规范类型中的任何一种都没有牵连的行动的一致性（uniformity）。之所以可能达到这种一致性，"完全是由于实际的实践"。⑬ 像情感行动和传统行动的定义一样，这也是一个有点不确定的阐述。

可以推想，这个定义主要适用于由于"自动作用"而产生的一致性，即本能、习俗等等所造成的结果。然而，韦伯把他自己的概念体系非常明确地局限于能够认为是出自可以从主观方面理解的动机的行动，也就是局限于他那个专门意义上的行动，这样就排除了这种解释。他说得很明确，惯例是"社会行动取向方

---

⑫ 特别参看《经济与社会》，第6页起。
⑬ 《经济与社会》，第15页。

760

面的一致性。"[122] 他非常坦率地承认,这种规则性不知不觉地就成了以合法秩序为取向的——在这里就是成了"常规(convention)"。[123]

但是,这仍然没有使问题得到解决。韦伯举的主要是在用餐的时间、方式和条件方面的"趣味"的例子。在德国,吃"大陆式早餐"是习惯,是"普遍这样做"的。但是,只要你愿意,没有任何道理阻止你吃咸肉、鸡蛋或麦片——没有任何制裁落到一个背离惯例[124] 的人身上。这样就有了线索。在社会的合法秩序所能够接受的范围和"功效"(即花费不过分又适合生理需要的食物)的必要范围之内,有若干可以称之为"趣味问题"的规则性成分。

要特别指出的是,这个成分也包含着以规范为取向。在一个社会中不仅有实际的行动规则性(如同韦伯的阐述似乎意指的那样),而且有若干"好趣味"的标准。实际的规则性,就它们得到公认而言,应该解释为起因于以共同规范为共同(或相似)取向。想一想就会知道,这个成分极为广泛地适用于社会生活。它不仅适用于食物、衣着和个人日常习惯等等,而且也是"艺术"和"娱乐"等等里面一个很突出的成分。

根据我们这里的图式,应该怎样解释这个问题呢? 首先,单凭这个规范性的方面,就根本不能对这一问题作"自然主义"的解释。完全有理由相信其中包含有价值成分。而且,这个规范性方面具有与我们前面讨论过的那些规范性方面截然不同的特

---

[122] 同上。

[123] 韦伯说,"常规"是靠加以"非难"的无所不在的制裁来推行的秩序的一种形式,与靠特别授权的执行机构以强力制裁去推行的"法律"相对而言。《经济与社会》,第17页。

[124] 当然是在限度之内的。

点。最显著的不同是,它没有规范所具备的某种"有约束力"的特点——至少没有在同等意义上的约束力。

功效性规范和合法性规范是特定意义的行动规范。它们表示在特定场合中手段与目的的"正确"关系的标准,或者表示与有约束力的价值相联系的"正确"的行事方法。仪式在其主观方面也应严格地看做是达到特定目的的手段。就仪式的操作算是达到目的的"正确"方法(而且是惟一"正确"的方法)来说,也是有约束力的。但是,实际上在所有具体行动当中,不管它们的基本背景是明显的功利主义的还是仪式的,都能在与趣味的标准有关的方面找出一个修饰润色(embellishment)的成分。

只要从这两个领域中各取一例,就可以搞清这个问题。对于新西兰的古代毛利人来说,[12] 捕鸟乃是谋生的主要手段之一。他们的捕鸟器上普遍都有精心制作的雕饰,肯定是与捕鸟器的捉鸟效能毫无关系的。这有其仪式的方面,因为雕饰有巫术的意义。但是,如同下一个例子所证明的,这并没有说明全部问题。第二个例子,天主教的弥撒是典型的仪式。但是,可以在最简陋的环境里做弥撒——牧师穿最朴素的法衣,以木箱为祭坛,以最粗糙的陶器作祭器;也可以在华丽浮奢的教区大教堂里做弥撒——牧师穿富丽堂皇的法衣,祭坛有名贵的装饰,黄金祭器镶满珍宝。关键在于,在两种情况下,仪式成分本身都被设想为是完全一样的。设备的不同恰恰是个趣味问题。教区大教堂的华丽同偏僻地方或小礼拜堂的简朴相比,功效并不更高一点。

最后,还有整个一类"趣味"成分占有显著地位的具体行动,通常一方面叫做文艺创作和文艺欣赏,另一方面叫做娱乐。所

---

[12] 参见弗思(R. Firth):《新西兰毛利人的原始经济学》(Primitive Economics of the New Zealand Maori)。

有这些活动的确都包含着"技巧";一旦确定了一定的趣味的规范,就有了动手达到这些规范的正确方法和错误方法。因而这些技巧可以用普遍的手段—目的分析来检验。但是,趣味的规范本身并不具有与上面讨论过的另外两种规范性质相同的约束力。

前已指出:这种规范性的特点含有价值成分的意思。应该怎样看它与行动的其他结构性成分的关系呢?在这里,似乎最好把这些活动及其产物看成是价值观念的表现方式。涉及规范性成分是因为,这些活动及其产物要构成对于那些价值观念的恰当的表现,它们必然在某种意义上与它们所表现的价值的特性相一致。但是,这种一致性既不采取手段或条件的作用服从于特定目的的形式——把起表现作用的活动看做是一整个复合体,是从所包含的技巧和支配手段—目的关系的规范中抽离出来的;也不采取合法秩序的规则⑱的形式。

它所采取的形式,是价值观念与活动和产物的具体样式之间的具有意义的一致。也就是说,把这些成分解释为都是属于一种有 Sinnzusammenhang[意义联系]的,以致这些具体的活动及其产物(艺术作品等),一方面构成这种意义上的自成一体的 Gestalt[形象],另一方面要对它们从动机方面加以解释,又得证明它们充分地表现了有关的价值观念。就是在这种意义上,而且只是在这种意义上,哥特式建筑风格才能像是比如托马斯·阿奎那(Thomas Aquinas)在《神学大全》中所阐述的那样,解释为中世纪天主教 Geist[精神]的表现。⑲

---

⑱ 包括道德制裁。
⑲ 我认为,这就是索罗金教授所喜欢称之为"拼图法(jigsaw method)"的东西。

在原则上，任何一种观念和所有的观念，都可以表现为这种意义上的趣味规范和以这些规范为取向的行动。但是，应该很清楚的是，价值观念[⑫]、首先是所有的共同终极价值观念，一般都可以以这种方式以及前面描述过的其他与行动的关系方式来表示。反之，在任何一个和所有具体行动当中，都能找出一个具有这种特性的成分——决不局限于通常意义上的"艺术"。

这一结论包含着一个非常重要的方法论问题。在第十六章的结尾部分曾经提到，冯·塞廷博士提出来的对于具体的动机形成过程的理解（Verstehen）与对于非时间性的Sinnzusammenhänge[意义联系]的理解这二者的区别。冯·塞廷博士指出，韦伯在明确的方法论方面仅仅注意了前者，但同时在经验的研究工作中，却实际上运用的是后者。

在讨论观念体系本身时是如何运用它的，与这里要讨论的问题无关。但是，进一步涉及到具体的行动复合体时，就有关系了。这个问题的确可以说，与趣味规范的经验作用以及以这些规范为取向的行动复合体，在方法论上恰相对应。[⑬] 韦伯的主要兴趣所在，不管在分析方面还是在方法论方面，确实都不是这些现象，而是其他两种类型的规范的作用。但是，由于必须从逻辑上解释那个经验题材，这个问题在他的思路的外缘部分是在两个层次上都出现了的。

行动体系的这个方面（它完全值得这样去说）的地位，与另

---

⑫ 当然是作为具体态度当中的价值成分来解释的。这些成分都是在逻辑上具有意义的一个整体。见 P. A. 索罗金:《文化整合的形式和问题》(Forms and Problems of Culture Integration)，《乡村社会学》杂志，1936年6月号及9月号。后来收入他的《社会与文化动力学》(Social and Cultural Dynamics)，为该书的卷一第一章。

⑬ 虽然不只是这些。另外一种情况见本章附注中关于Gemeinschaft[共同体]的论述。

外那种场合下的共同终极价值的地位一样,都是直觉主义的发散论(intuitionist emanationist)的社会理论当中硕果仅存的一点点真理。这样的理论总是特别强调社会生活的这个方面,并且企图把所有的其他方面都纳入这同一个图式,并不是偶然的。韦伯之所以没有留意这个问题,主要应该以下面这个情况来解释:他对这些理论进行了辩难,接着又集中注意力于被它们明显歪曲了的那些行动的其他方面。因此,在韦伯本人的研究过程中重新出现这个问题,就更加有意义了。

可以强调指出,我们并不认为以上简短评述,对于趣味规范的作用作了详尽的或足够的说明,更谈不上为了解像艺术之类特别明显地适用趣味规范的具体现象提供了足够的线索。我们的目的,只是指出行动结构当中的这一组成部分的特点,因为这个部分已经直接冲击到前面分析过的那些行动结构的其他部分了。而且,遵循着本书总的方法论特点,对趣味规范是严格把它联系上以前提到的诸范畴来论述的。这样就给它带来一种不可避免的剩余物的特性。现在读者已经习惯于对此持怀疑态度,因为这可能掩盖着根本的区别。可是,在眼下这个节骨眼,要是再往深里分析似乎不大方便。在本章的附注里关于Gemeinschaft[共同体]这个概念的那个地方,还要说说显然包含着同一类型的另一个成分的一类具体现象。上面的短评就算是论述那个问题的开场白吧。

从韦伯关于理想类型的系统图式当中,可以直接推演出来或可以看出来的行动的结构性成分,现在已经目录齐全了。前面的分析已经证明,对于讨论过的每一个成分,都有可能给它找出或者安上一个在总的图式当中清楚而确定的位置,研究帕雷托和涂尔干的理论时所得到的成分尤其如此。而且,其中每一个成分,只要是在他们的理论当中轮廓分明地出现的,都能加以系统的阐述,既符合所有这三位作者各人的理论体系,又符合他们的经验解释,还同仔细分析他们的理论所能得出的最佳解释相一致,不失这三位本人理论的原意。[130] 这样就明确地和最终地确认了一直作为本书主要目标所要论证的理论上的殊途同归。最后,在韦伯的理论里已经出现了又一个结构性成分,即表现方式根据趣味规范取向的成分,这填补了另外两个概念体系留下的空白。

我们不想在这里讨论,这个行动结构的一般化图式确立之后,对于构建总的理论体系有什么意义。在最后一章将就这个问题试作一番讨论。这里也不打算对这三个人的概念体系进一步加以比较,或者概括叙述行动结构图式的要点。这个工作将放在结论的两章的第一章里去做。

在结束对韦伯的论述时,非做不可的一件事,是得再次强调并且毫不含糊地明确一个问题。这就是,韦伯的整个观点确定无疑地从根本上是一种唯意志论的行动理论,而既不是实证主义理论,也不是唯心主义理论。在每一个基本要点上,都已经证明确乎如此。

首先,他对资本主义的论述,对新教与资本主义的论述以及比较一般地对宗教观念的社会作用的论述,都是只有在这个基础上才能理解的。观念和与之相连的终极价值这两者的作用,对于韦伯的思想而言是根本性的。但是,同样重要的是,这些成分都不是孤立的,而是与其他独立因素处于复杂的相互关系之中。离开环境和遗传的独立性,离开终极价值、观念、态度、各种规范相互之间以及它们与遗传和环境之间的复杂关系,具体的

---

[130] 换句稍许不同的话讲,即便这三个人的兴趣焦点互异,他们的三个概念体系都能直接地互相转化而又基本上不改变原意。

社会生活和我们在经验上所了解与韦伯所研究的那样的行动,就是根本无从设想和不可思议的。

其次,对于韦伯的方法论所作的讨论,已完全证实了对他的经验研究所作的这一解释。我们已经指出,韦伯在方法论方面的兴趣,主要集中在科学逻辑中对于理解行动具有意义的那些方面,而不是对于了解"自然"或非时间性的意义复合体具有意义的方面。⑬¹ 更深一层的是,韦伯论证出:关于任何一项经验题材的在任何意义上的客观科学知识这个概念,都不可分割地与行动的规范性方面以及实现规范的障碍这二者的现实联系着。科学脱离了 Wertbeziehung[价值关联]当中的价值成分,它本身在方法论上就没有立足之地。离开价值成分,就无从决定如何选取适当材料,因而也就无从决定如何选取有别于"意识之流"的客观知识。科学这个概念本身就包含了行动。⑬² 而且,正是科学与行动的这种根本上的契合,最终证明本书全部的出发点——在可以科学地验证的内在手段—目的关系意义上的合理性规范在行动当中的作用——是正确合理的。要有科学,就必须有行动。并且,要有一门关于行动的科学,就必须包括这个意义上的内在合理性的规范,必须在实际上围绕这个作为中心点的规范考虑问题。不论从哪一个方面否认这个基本关系,都不可避免地迟早要导致主观论和怀疑论,从而使科学和负责任的行动失去基础。⑬³

---

⑬¹　见第十九章,[边码]第 727 页。
⑬²　前已指出,这是实用主义中的硕果仅存的真理。
⑬³　承认这个基本真理(虽然并不总是清楚地),是埃利奥特(W. Y. Elliott)教授那篇有趣的论文《政治学的实用主义反叛》(Pragmatic Revolt in Politics)的主要功绩之一。那篇短文与其说是严格的科学论点的一个组成部分,还不如说是一篇哲学漫谈。

韦伯的方法论还有另外一个方面，前面曾经扼要提到过，它是与现在所讨论的问题直接相适应的，那就是，理想类型的一个主要方面是它的规范性特点。理想类型当然不是对于观察者的规范，而只是观察者部分地根据他有证据证明对行动者的行动有约束力的那些规范去了解行动。为了达到说明问题的目的，韦伯主要使用的是合理性类型的实例，但总而言之也都是纯理想类型的实例，其中就包含了规范得以充分实现的假设。回想一下，韦伯在同直觉主义理论的针锋相对的论战当中痛心疾首地强调理想类型在这种意义上的非现实性，是会大有启发的。

以上关于理想类型的与韦伯的不同意见，并不影响这个规范性特点，而只是说明，韦伯没有把具体的规范（假设的具体类型成分）同一般化行动理论当中的规范性成分区分开来，并且把自己在方法论上明确注意的问题局限于前一个范畴。但是，从他的观点来看，他是完全彻底地坚持理想类型的非现实性的，这就最有力地说明，他是根据一种唯意志论的行动理论考虑问题的。因为，规范性成分虽然是行动绝对不可或缺的成分，但同样确凿无疑而且同样重要的是，规范性成分不能孤立存在，而只有与非规范性成分联系起来才能具有意义；一旦将理想类型具体化、也即规范性成分由此就支配着行动本身，那便成为唯心主义的理论了。[134]

第三，本章所作的讨论已经表明，起码在我们已经分析过的这个范围来讲，韦伯本人的概念体系当中，有一个可以分辨出来的对于行动体系结构的完整描绘。这是确实的，尽管他在方法论方面没有搞清一般化理论体系的逻辑性质。这一整个结构性成分的体系，若不是以一种唯意志论的行动理论为背景，是毫无

---

[134] 参我见前文第十一章关于涂尔干的论述。

意义的。另一方面也要强调的是,这种路数的研究,不可避免地会导出某种形式下的这些成分。

最后可以评论一下韦伯理论中浮现出来的另一个方面。这个方面在前面的讨论中被略过了,因为它不是韦伯注意的中心问题。可是,它对于现在讨论的问题是极度重要的,实际上对于论证韦伯的观点是一种唯意志论的行动理论,而且这样一种理论一经建立,某些经验性的结论就会随之出现,都有板上钉钉的作用。前面对于社会变迁问题,是从韦伯所主要感兴趣的先知、合理化与传统化之间的相互关系方面论述的。

然而,从韦伯的理论当中可以看出,社会变迁还有另一个方面,即他对于一种性质截然不同的过程——可以称之为"世俗化"的过程——的描述。最能证明这一点的就是他关于投机者的资本主义的概念。这种现象的出现,是由于有一个摆脱道德控制的过程,由于把利益和冲动从传统的或理性道德观的规范限制之中解放了出来。它出现于新教伦理发展后期严格禁欲主义的缓解之中——一般地说是在以新教与天主教两者为基础的调节过程之中。它出现于韦伯所谓的"财富的起世俗化作用的影响"之中,他在《新教伦理与资本主义精神》一书中[135] 着重地强调这一点。它最终出现于除经济之外的其他领域,例如出现在色情享乐变为高尚艺术的发展之中。[136]

这就是离心的"利益和欲望的爆炸",是利益和欲望摆脱控制的倾向,前面已经详细论述过了。它在本质上就是帕雷托的由韧性剩余物占主导地位向由组合剩余物占主导地位演化的过

---

[135] 见《新教伦理与资本主义精神》,尤其是该书第174页。
[136] 参见《宗教社会学文集》,卷一,尤其是第556页起。

程[137]，相当于涂尔干的由团结或整合向失范演化的过程。发生这种过程的可能性，是唯意志论的行动概念本身当中所固有的。假如在韦伯的思想当中根本没有这种过程，倒会成为怀疑以上所作分析是否准确的重大理由了。但是他的确有这样的想法。只不过这如同关于仪式的明确作用一样，由于韦伯本人经验兴趣的特点，而没有被他特别注意。

韦伯和帕雷托不同，他没有着手建立一个社会领域的一般化的理论体系。的确几乎没有什么证据可以说明，他对于这样做的可能性或如果能做出来的话有什么用处持有任何明确看法。确切地说，他全神贯注于特定的经验问题，把理论直接看成为经验研究工作的辅助物。他从不认为要为研究理论而研究理论，而只是把研究理论当做为完成直接看到的经验任务去铸炼工具的一种手段。但是，他的经验研究工作并不是搞那些冷僻玄虚的问题，来干巴巴地卖弄学问，凡是他能够发现的很有意义的问题，他都会发动进攻，其眼界之广阔和想像力之丰富，是鲜有人能与之匹敌的。确实很有意义的是，他在这样做的过程当中，实际上(尽管不是完全自觉地)就至少从一个主要方面展现了一个一般化的理论体系的轮廓。他的理论里面的一般化的行动体系，其大致结构是我们至今所见过的最完备的。前面已经一再强调过，一般理论，如果加以正确理解的话，应该不是不结果实的滔滔宏论，而是对于解释经验问题具有极端重要意义的。从另一方面说，对于马克斯·韦伯理论的研究最引人注目地表明，只要经验研究具有对于时代的深层问题来说是真正重要的见解和想像力，不管是否怀有明确的方法论目的，都会直接导向一般化的理论。对于作为本书主要论题之一的一般理论与经验

---

[137] 见前文，第七章，[边码]第284—258页。

知识的契合性,要想再作使人印象更加深刻的论证几乎是不可能的了。

附注:共同体和社会[138]

韦伯在提出形成本章所进行的分析之主要出发点的关于行动以利益、合法秩序和惯例为取向方式的分类之后,进而提出了一个三分法的分类:Kampf(冲突)、Vergemeinschaftung[共同体化]和Vergesellschaftung[社会化],这是随之而来的关系类型体系的首要基础。上述分析没有涉及这个问题,因为韦伯是从这里由直接考虑行动转而考虑社会关系的。而且,不考虑这个问题,也能揭示对于现在所讨论的目的具有理论意义的内容。可是,有一个问题应当加以简单的说明——这就是社会体系当中前面称之为态度的表现方式的那个方面,并不局限于趣味问题,而是一直延伸到制度领域。为了表明这一点,从在德国社会学文献中发展起来的Gemeinschaft[共同体]这个概念所表示的现象入手是合适的。但是,按照引入这一概念的藤尼斯所作的阐述[139](韦伯就是仿照他的概念提出自己的概念的),来讨论这些现象,比进一步跟着韦伯走要方便些。藤尼斯采取这种二分法作为社会关系分类的基础。

Gemeinschaft[共同体]和Gesellschaft[社会]两者都是有时被称做社会关系的积极类型的,也即把各个个人结合在一起的方式。因此,这两种类型都特别排斥冲突成分——而如前所述,韦伯确实把冲突当成第三种基本的关系成分。没有必要关注这

687

---

[138] 这两个德文词实际上已经国际化了,所以翻译它们似乎并无必要。
[139] 见F.藤尼斯:《共同体与社会》(Gemeinschaft and Gesellschaft),第五版。

个问题。

对于藤尼斯来说，Gesellschaft[社会]是社会思想中的功利主义学派已经阐述过的社会关系类型。有意思的是，藤尼斯在形成自己理论的个人经历当中，非常沉迷于霍布斯的思想，还由于努力重新唤起人们对于霍布斯的兴趣而赢得很高声誉。确实可以认为，霍布斯与马克思是给予他对于Gesellschaft[社会]概念的阐述影响最大的作者。其次就是亨利·梅因(Henry Maine)爵士的契约概念的影响。

Gesellschaft[社会]的要旨是"对于个人自身利益的理性追求。"这种关系从主观方面，要看做是个人用以达到自己目的的手段。加入这种关系的动机，是由于这是在所处境况中，为达到自己目的能够找到的最有效手段。所有这一切，都是以这种关系中的各方在他们自身的目的体系或价值体系方面的本质上的分离性为先决条件的。至少在这种关系属于Gesellschaft[社会]类型这个范围来说，关系各方除直接谈到的那些特定成分之外，不管可能有些什么共同之处，那都是与这种概念分析无关的。而正是从这些共同的成分在理解社会的时候实际上被忽略掉来说，有一个完整的关系体系是接近于Gesellschaft[社会]类型的。

藤尼斯粗略地把关系分成平等者之间的关系(genossenschaftlich[合作的])和涉及权威的关系(herrschaftlich[主从的])。属于前一类的典型的Gesellschaft[社会]关系是交换和自愿的、目的有限的联合。⁽¹⁴⁰⁾在交换的事例中，各方在作为彼此目的的手段的关系中行动。甲能提供乙需要的某种东西，乙能提供甲需要的某种东西。在联合关系中，各方有一个共同的直

⁽¹⁴⁰⁾ 德文的术语是Verein[联合]。

772

接目的,但只有在与这个有限的特定目的直接有关的问题上,才能说他们具有共同的利益。最后,在 Gesellschaft[社会]基础上的权威,形式上是在一个特定有限范围内的上下级等级关系。在韦伯所说意义上的科层制的权威就是一种类型的实例。

在这三个例证当中的每一个里面,Gesellschaft[社会]的具体特点都是在一个明确加以界定的特定范围以内的利益融合。在这个范围之内,包含着各方利益的"妥协",但仅仅缓解了他们那种根深蒂固的分离性,这种分离性在本质上仍未被触及。藤尼斯随霍布斯之后更进而指出,其中仍然存在一个潜在的冲突,只是由于在这个有限特定范围内达成妥协才得以平息。[40]

藤尼斯没有用排除制度性成分的方法来表达 Gesellschaft[社会]这个概念。相反,马克思对他的影响在这方面是特别突出的。Gesellschaft[社会]的妥协是在一种规则架构之内取得的,而不纯粹是在斯宾塞式的契约关系意义上的特殊协议。但是,在一种非常重要的意义上,制度性规则是外在于现在讨论的这些关系的,是从外部节制它们的。这些规则便是这样一些条件,人们必须按照这些条件达成协议进行交换,或者为了一个共同目的而联合起来,或者服从权威。

考虑到藤尼斯大体上看到了 Gesellschaft[社会]中制度性成分的作用和 Gemeinschaft[共同体]的作用,当然不应当认为他属于功利主义的社会思想学派。但是,尽管藤尼斯提出了对于考虑制度性成分所必需的种种限定条件,在他的理论中,仍然是在 Gesellschaft[社会]这个范畴里面,对于功利主义立场所重

---

[40] 在这个问题上,藤尼斯对于特征的描述与涂尔干很类似,这是引人注目的。藤尼斯的书(1887)出版于《劳动分工论》(1893)之前。

视的那些行动成分作了充分的阐述。⑭ 当然,藤尼斯没有假定终极目的实际上是随意的,而只是说,就关系是属于 Gesellschaft[社会]类型的而言,除了这些关系所直接涉及的目的以外,各方所可能持有的其他目的都是无关紧要的。至于各方的终极价值体系是否整合就更毫无关系了。一个人在陌生的城市里走进一家商店买东西,他同柜台后面的店员的惟一相关的关系是有关货物的种类、价格等等问题的。关于各人的一切其他事实都可置之不顾。首先,甚至于连这两个人除眼下这笔生意以外还有没有什么进一步的共同利益都不必了解。

藤尼斯提出 Gemeinschaft[共同体]与此相对照。他使用很多措词来规定这个概念的特征,这里只需要选用其中几个。首先,它是在一个不加限定的一般生活和利益范围里的比较宽泛的契合(solidarity)关系。它是一个命运(Schicksal)共同体。可以说,在此种关系的范围内,各方都是作为一个契合的单位去行动,也都被当做一个这样的单位来对待。各方共同分担利益和不幸,但不一定是同等的,因为 Gemeinschaft[共同体]关系完全容许存在职能的差异和等级的差异。但是它是适用共产主义原则——各取所需,各尽所能——的特殊领域。

在这个问题上,藤尼斯倾向于强调,归属于这样一种关系具有非自愿的特点。他举父母同子女的关系作为一种典型的例子,以之与自愿达成的契约关系相对照。这似乎并不是重要的区分线,反而把问题混淆了。因为,不管是友谊关系还是婚姻关系,在我们的社会里都主要是自愿达成的,而这在"理想的"

---

⑭ 对于他来说,Gemeinschaft[共同体]和 Gesellschaft[社会]都是具体的关系类型。因此,在 Gemeinschaft[共同体]中也包含有内在手段—目的链条中的中介环节,不过是以另外一种形式出现的。

Gemeinschaft[共同体]类型的关系中则是最确定不过的。

主要的标准似乎在另外一个层面上,是在怎样说来才能认为加入该种关系或归属于该种关系的各方是怀有一个"目的"这样的层面上的。在 Gesellschaft[社会]的情形中,这种"目的"是一个有限的特定目的,一笔特定的货物或劳务的交换,或一项特定的共同直接目的。在 Gemeinschaft[共同体]的情形中则决非如此。[14] 假如有可能说这种关系中的各方加入这个关系是有"目的"的,或者说这种关系之所以存在是有"目的"的,那么这种"目的"是另外一种性质的。首先,这种目的具有一般的、不确定的特性,它是由许许多多次一级的目的组合而成的,而其中有很多都还没有完全明确。如果问一个人:"你为什么结婚?"一般地说,他会觉得这是一个以一般的目的论术语来说非常难于回答的问题。如果问他为什么到某个商店去,他会毫不犹疑地回答:"买几包烟。"而结婚这样的事情,也许有人是因为爱情,有人是想成家,想要孩子,想找伴侣,以及随之而来的"心理平静",在维持共同的事业中既取得利益又承担自己的一份责任等等。

就这样一种关系是通过自愿的协议建立起来的而言,这种协议乃是在某一个程度不同地明确界定了的一般生活范围里面共同经营利益的协议。通常都有某些得到相当明确理解的最起码的要求——因而在婚姻关系中,应该有性关系和共同维持的一个家庭。但是,即便是由这些内容规定的关系,同契约性事例当中各方所持特定目的所规定的关系,也不是同一个意义的。

当然,像 Gesellschaft[社会]一样,Gemeinschaft[共同体]关系也有一个制度性的方面。但是,至少在两个重要的方面存在着特别而又典型的差异。在 Gesellschaft[社会]关系中,各方都

---

[14] 当然有极端的类型,因而在二者之间有一个过渡。

受义务的约束,首先是在道德上受到约束,然而如果必要的话,就靠制裁来强制实行。但是,在这种情况中,义务往往是由契约的条款来限制的,也就是说,各方在加入这种关系时就承担起某些明确地界定了的特定义务。[14]由此首先就得出一个推论:不管可能出现任何新的情况,都不能增加新的义务,除非能够证明这项新义务是"契约之中的",或者是契约条款的意思里包含着的。[15] 这种举证责任落在想要要求别人履行没有明确加以确定的义务的人身上。

而 Gemeinschaft[共同体]的义务往往是不明晰的和未加限定的。如果是有所指定的话,也是在最一般的方面指定的。因此,夫妻双方都在婚礼誓约中各自承诺"无计贫富,无分病健,永相亲爱"的义务。这是一种在共同生活过程中不管可能出现什么突然变故都要给予帮助的一揽子义务。想要逃避在这样的突然变故中发生的义务的人,得要由他自己找出根据来。最明显的一个例子就是照料病人。根据契约性的关系,一般地说,谁也不觉得有义务去照料患了病而且本人财力不够的雇员、做生意的伙伴或顾客。如果承担了这种事情,那么一定是出于别的动机,例如友谊和恻隐之心等等,而不是出于商业关系本身内在的动机。但是,对于其本人家庭中一个成员来说,照料病人是天经地义的义务,即使被照料的对象没有做任何值得照料的事,又不讨人喜爱。

虽然属于一个 Gemeinschaft[共同体]的义务是未指定的和在上述意义上未加限制的,在另外一种意义上却是有所限定的。

---

[14] Gesellschaft[社会]关系决不是仅仅包括前面讨论过的"有利害关系的"动机。

[15] 要由涂尔干提出的那些考虑加以限定。见前文,第八章。

但是,这种限制与 Gesellschaft[社会]关系中的限制是性质完全不同的。这种限制是由于同一个人处于许许多多 Gemeinschaft[共同体]的关系之中,而其他那些关系又包含着道德义务,因而造成的一个必然结果。因此,任何一种关系的要求,都受着其他关系提出的潜在地与之相抵触的要求的限制。这里包含有价值等级的意思,而拒绝履行某个 Gemeinschaft[共同体]关系中另一方所要求他履行的义务,有效的理由就是,这项义务与较高一级的义务不能相容。这样,妻子如果要求丈夫在她身上多花些时间,多关心关心她,丈夫可以拒绝,因为他是个医生,妻子的这些要求可能会迫使他忽视病人的利益。但是,关键在于,在这种情况下必须明确地藉助于较高一级的义务,而在 Gesellschaft[社会]的情形下则不牵涉到这种考虑。如果一个店主要收取比账单上所开的更多的钱,那么,虽然店主"需要"这些额外的钱,但顾客是否把这些额外的钱挥霍于无用的甚至有害的事情上,是连一点儿关系也沾不上的。重要的是,顾客拒绝多付,会得到共同体道德裁可的支持,甚至无须查核按该共同体的标准,店主是否将比那个顾客更好地使用这些钱。

制度性方面的第二个重要区别,是制度性规范的应用问题。在 Gesellschaft[社会]的关系中,制度性规范构成一组作为附带条件的规则。如果你加入一项协议,你就有义务忠实地履行协议的条款。你也同样有义务在争取对方同意的时候,不超出一定的界限,不能欺骗、不能胁迫等等,即便你有力量去做这样的事情。所有这些规则都涉及行动或行动复合体的特定手段、目的和条件。

Gemeinschaft[共同体]关系则在本质上是不一样的。这个领域仍然有一个制度性的控制体系。但是,它大体上不采取对这种关系之中的行动的特定目的、手段和条件直接加以节制的规范的形式。即便采取这种形式，一般也是在这个领域的边缘。某些事情被看做是只要存在这种关系就必不可少的最起码内容。因此，在婚姻中，一般谴责的都是不让丈夫与她过性生活的妻子，以及遗弃妻子或犯有不供养家庭之过错的丈夫。但是，一般地说，并且这些事例也并不真正构成为例外的是，制度性的制裁所涉及的与其说是具体的行动还不如说是态度。对于具体行动，首先是把它们当做这些态度的表现来加以评价的。这一点从把闲言碎语看成是对这类问题的一种社会控制方法来看是特别清楚的。我们主要要求的是"爱"、"尊敬"和"子女孝顺"之类的态度。在形式上禁止的，是那些被认为与"正当的"态度（即在形式上要求最低限度地表现出爱或尊敬等等的态度）特别不相容的行动。[146] 而在 Gesellschaft[社会]的关系中，态度显然是无关紧要的。它是"形式的合法性"领域。

从此可以看出什么是现在所讨论的问题的关键。在Gesellschaft[社会]的情形中，制度性规范的架构里面的具体关系，都特别是针对具体行动或具体行动复合体而言的。它们在这个意义上要看做是直接行动的各种成分的结果。如同藤尼斯常常说的，在某种意义上，这种关系是机械的。而 Gemeinschaft[共同体]的关系在与之相应的意义上是有机的。因为，要理解Gemeinschaft[共同体]关系的具体行动，必须将它们放在这种关系各方之间更加广泛的全部关系中去了解，这样从定义上说就超越了那些特定的行动成分。

这样，不应当把这种关系看成仅仅是那些直接成分的结果，而应视为包含着一个这些成分处于其中的较为广泛的架构。支撑这种关系的，不是单个去看的那些特殊的成分，而是可以把那

---

[146] 这些态度的另一个方面将马上谈到。

些成分看做是其表现的一些比较持久并且深藏的态度。正是由于这个缘故,我们总是考查 Gemeinschaft[共同体]关系之内的行动背后的态度,这是我们在 Gesellschaft[社会]的关系中所不去考查的。

在某种意义上说,Gemeinschaft[共同体]这个范畴是十分"形式化的",其中可以包含着非常不同的内容。时至今日,为了维持一个共同家庭,仍然有大量经济性的劳务交换。但是,这种劳务交换不能像普通市场上的劳务交换那样,同它所要去适应的关系和态度的更为广阔的背景分隔开来。这并不意味着经济学的分析性范畴不能应用于这样的情况,而只是说这种劳务交换不能孤立地理解。这一点实际上已经相当广泛地得到经济学家的承认。

同时,不管原因是什么,有某些形式的具体行动,它们正常出现在 Gemeinschaft[共同体]的某种架构中,但强烈的道德感情却禁止把它们整个扩大到 Gesellchaft[社会]的背景中去。至少在我们的社会里,两性关系就特别是属于这种情况的。在这方面,卖淫这个词所包含的含义是非常突出的。从本源上说,卖淫指的是从这样一种较为广泛的关系背景当中抽离出来的,即作为一种特殊交易的性行为。不管双方如何"诚信",如何相互体贴,如何毫无剥削对方的欲念,都无关紧要。其中可能有一个占很大分量的"敬业"成分,即并非图利的服务表现,但终归还是卖淫。

这个例子还引出来另外一个问题。在我们的社会里,并非所有婚外性关系都算是卖淫。我们把卖淫同发生在友谊关系背景中的婚外性关系特别加以区别。不管后一行为按我们社会的习俗可能受到多么严厉的谴责,决不会被当做卖淫一样的方式来看待。这是因为,友谊也是一种 Gemeinschaft[共同体]的关系类型。

由此可见，就行动属于一种 Gemeinschaft[共同体]关系的体系而言，它们是那些根基较深、较持久的态度的特定表现方式。从这样的事实本身出发，便意味着这些行动除具有内在的意义外，还具有象征的意义。社会生活中的这种情况无疑有很重要的意义。在这样的行动当中汇聚着种种情感，因之对于从事这些行动的人便有了一种意义。这里虽不能详加讨论，但可以举一、两个具体的例子。

单调乏味的劳累工作为什么相对来说易于为人接受，这种情况有很大部分大概能够由此得到解释。干家务劳动的妇女会觉得，那些本无兴趣可言的苦活如果是维持她的家庭所必需做的，就比较可以忍受。但是，如果她作为受雇的女仆在别人家里干这些同样的家务劳动，大概会更多地觉得，那纯粹是单调劳动的苦活。[40]

性关系则引出问题的一个稍有不同的方面。根据一种比较广泛的关系（例如婚姻）形成的性关系所具有的象征性方面，使之具有一种"意义"，这种意义当然并不往往就必定是鼓励人们进入此种关系的动机。这种架构在一些很重要的方面，成为对那些本身就是难以驾驭的强烈冲动的东西加以控制的一种方式。因之，不管在婚姻关系还是在友谊关系中，那些冲动便都疏导到一些特定的方向，如果这种控制发生了效力，那些冲动就不

---

[40] 有关的一个事例见罗特里斯伯格(Roethlisberger)和迪克森(Dickscon)的一篇非常有趣的专论《工厂的技术组织与社会组织》(Technical vs. Social Organizations in an Industrial Plant)，哈佛工商管理学院，《产业研究论文选》，1934 年。亦见 T. N. 怀特海：《自由社会中的领袖》(Leadership in a Free Society)。

致发展成为忘乎所以达到危险地步的满足享乐的方式。[148]

这种象征所起的作用,同其他场合一样,也包含着传统主义的作用。藤尼斯常常评论 Gemeinschaft[共同体]与传统主义之间的紧密联系。通过前一章所做的分析,这种联系的原因应当是很明显的。在 Gemeinschaft[共同体]与宗教之间也有特别紧密的联系,主要是由于两者都有某种态度类型,即在某一范围之内由于利益融合所带来的无私献身,而且象征起了突出的作用。这在宗教和家庭(家庭是 Gemeinschaft[共同体]关系的重要的具体领域,虽然不是惟一的)的关系方面表现得特别清楚。作为一种经验概括,可以说,[149] 宗教利益和家庭利益既可以非常紧密地结合起来,也可以是尖锐对立的,但决不是相互漠不相干的。

最重要的是,在 Gemeinschaft[共同体]的现象当中能够发现另外一种情况,把这种情况当中的行动解释成表现态度的方式,比解释成达到特定目的的手段更好。[150] 因而 Gemeinschaft[共同体]的规范非常类似于前面讨论韦伯的 Brauch[惯例]概念时提到的趣味规范,然而,它们是类似的而不是等同的。因为韦伯用以区别合法秩序与 Brauch[惯例]的方法,把道德成分完全归入合法秩序的范畴中。不过,很自然的是,他对此主要是从内在手段—目的图式的制度性方面来加以分析的。

尽管如此,十分清楚的是,Gemeinschaft[共同体]包含着的

---

[148] 在这种场合,可以把浪漫主义看成是对于性关系的这种象征性方面的一种夸张。

[149] 这个表述在别的地方已经有过,见本书作者所著《终极价值在社会学理论中的地位》(The Place of Ultimate Values in Sociological Theory),刊于《国际伦理学杂志》,1935 年 4 月号,第 312 页。

[150] 如同在本章所讨论的事例一样,总要考虑到这样的活动中所包含的技巧。

道德成分,乃是如同一个共同体对于违反婚姻习惯等等所持的态度的性质所明确证明的那种道德成分。于是,根据这一标准,它肯定是制度性的,而在其他方面则更接近于趣味规范。在Gemeinschaft[共同体]关系的架构内表现出来的那些态度,尽管是具体的态度,却都包含有一种价值成分,其中一个主要组成部分,又是同一共同体的成员共同的价值态度。遵从调节Gemeinschaft[共同体]关系的规范,决不能纯粹是个趣味的问题。

于是,"表现方式"这个范畴,已经扩展到把在另外一种关系当中对于内在的和象征性的手段—目的关系极为重要的那些成分也包括在内。这一点在方法论上意味着,如同以趣味规范为取向的行动一样,必须以拼板法去理解在一种Gemeinschaft[共同体]的背景之中的行动。必须把具体的动因成分置于作为一个整体的该关系或该关系复合体的较为广泛的背景之中。

这就是这种关系图式在这种场合中具有重要意义的根本原因。按照这种关系图式来表述事实,就会立刻并直接把重点放在现象的有机的方面,而这是行动图式所没有做到的。因此,对于那些由于只关注于行动图式而导致的偏颇观点来说,关系图式乃是一剂良药。

但是,应当再一次强调,关系图式的这种重要意义主要是描述性的,而不是分析性的。对于藤尼斯来说,Gemeinschaft[共同体]和Gesellschaft[社会]都是具体关系的理想类型。在这个意义上,他的图式是一个分类。在这里,其重要性在于这种图式表述和区分事实所采用的方式,特别清楚地显示出那些对于我们的研究极为重要的问题。最主要的是,这种图式指出了,根据孤立起来去看的单个特定行动的直接目的和处境去理解行动复合体,会有哪些局限。

但是,对于说明 Gemeinschaft[共同体]和 Brauch[惯例]来说,通过发展行动图式而获得的一般化理论是最重要的。表现方式(modes of expression)这个概念并不否定行动结构图式,而是对于行动结构图式的扩展,把它扩展到对于它未予充分说明的那些形式来说乃是剩余性范畴的东西中去。最重要的是,所"表现"的就是以前把终极价值态度作为在理论上最有兴趣的一个问题时已经接触到的同样一些态度。这在方法论上,就导致了那些基于唯意志论行动理论之外的各种理论(即唯心主义理论)大都使用的途径,是不足为奇也无可反对的。前面已指出,在这方面如同在其他方面一样,本书已经涉及的(但与之不同的)两种一般立场,在经验方面和方法论方面都一劳永逸地留下了正确的结晶,是可能结合到别的图式中去的。在这里使用这个成分,既不等于提出一项唯心主义理论,也不等于提出一项实证主义理论。

前面已指出,韦伯使用了一个与藤尼斯的 Gemeinschaft[共同体]有密切关系的概念。可是,他主要是在描述性层次上使用这个概念的,而这一概念对于我们所讨论的问题有重要意义的那些含义,在他自己这儿并不像在藤尼斯那里表现得那么清楚。因此,我们宁愿以藤尼斯的理论作为探讨这个问题的基础。但是,得出的主要结论可以直接适用于韦伯,[150] 并可以和本书前面所作的分析结合起来。

但是,不应该认为对于 Gemeinschaft [共同体] 和 Gesellschaft[社会]作这样的论述,就意味着可以无保留地接受这两个概念,作为社会关系一般性区分的根据,或者有可能从任何只有两种类型的两分法出发去区分社会关系。基本类型不能

---

[150] 当然,韦伯在探讨这些问题时受惠于藤尼斯甚多。

简化到只有两个，也不能简化成韦伯使用的三个。试图搞出这样一种分类图式，肯定会超出本书所要研究的范围。然而，假如去搞一个社会关系的分类图式，就应当把严格检验藤尼斯、韦伯以及旁人提出的那些图式当做一项主要工作去做。

不过，在藤尼斯提出的分类当中，就以上讨论已经涉及的那些问题而论，确实包含着对于任何一种社会关系分类图式都具有重要意义的一些区分点，因而在搞出一个范围更为宽泛的图式时，应当把那些问题包括在内，也许在表达方式上会有很大的改变。从本书所要研究的问题来说，关于阐明态度的表现方式这个概念的另一种应用的问题，藤尼斯对它们作的阐述已经足够了。

第四部分

结 论

第十八章　经过经验验证的结论

　　在第一章已经讲过,应当把本书看做是就一个特定问题对一项关于科学思想的发展进程的理论,即在第一章里勾划过的那项理论,进行经验验证的尝试。现在可以以最充分的强调来重申这一点。本书力图完全成为一本以经验为根据的专著。它所关心的是事实和对事实的理解。它提出的命题都是以事实为基础的,这些事实的直接出处都已在脚注中注明。

　　本书所研究的现象,是某些作者所持的关于其他现象的理论,这并没有使情况发生改变。他们是否像本书里解释的那样,持有前面讨论过的那些理论,同任何其他问题完全一样,也是要以同样的方法即观察的方法加以验证的事实问题。这种情况下的事实就是有关这些作者发表的著作。它们属于一类已经进行过大量必要讨论的事实,即语言的表述。观察这一类现象,就涉及到要解释这些著作中所使用的语言符号的含义。必须承认,这就是经验的观察,否则,不仅本书,而且本书所讨论的那些作者的所有著作和涉及行动的主观方面的所有其他著作的科学地位,都必然被否定掉。有了前面各章所做的讨论,已没有必要进一步强调这一点。但是,只要不是持极端而又顽固的行为主义态度,这些材料作为可观察的经验事实的地位,是无可怀疑的。

　　确实,本书不是把理论仅仅作为一种经验现象来研究,也不是为了本身研究的目的而作了某种建立理论的工作。但是,按这里所强调的科学观来看,在一部经验性的专著里,这样做不仅是应当的和合适的,而且也是必不可少的。事实并不说明自身的原委,必须将它们相互参证。必须认真地分析,系统地整理、比较和解释事实。同所有的经验研究一样,本书所作的大量探索某些事实之含义的工作,并不下于对这些原始的事实进行证实的工作。观察和理论分析是互相依赖的密切关系。假若没有一个解释的理论,我们所极其强调过的有关那些作者的事实,就有许多不会显得那么重要;即便加以观察,也得不出理论性的结论来。但是,同样,假若不是连续不断地通过观察加以验证的话,这个理论仍然会是苍白无力的。当然,在本研究的进展过程中,这项理论本身已经经过了不断的修正和重新表述。这样的研究论著通常实际上表述的只是最后的看法。

因此,结论性的论述将分成两部分。本章专门阐述由前面的研究而明确奠定在经验基础之上的某些结论的论据。下一章,也就是最后一章,则要弄清楚它们在方法论方面有哪些含义。这些含义就目前所能了解到的范围而言,是从已经获得的那些经验结论当中合情合理地引伸出来的,但并不是说这些含义是在同样的意义上由经验证据确证下来的。因此,应该把这两组结论区别清楚。

行动结构的概貌

但是,在阐述需要加以经验论证的第一组结论之前,最好对于本书作为整体的分析性论点的轮廓再最后加以简要总结。这样,立论根据的所有要点在读者心中都清清楚楚,就更便于判断,下面阐述的那些论点是否得到了充分的论证。

合理性与功利主义

两者历史的和逻辑的出发点,都是行动的内在合理性这个概念,其中包括合理性行动的"目的"、"手段"和"条件"以及内在的手段—目的关系的规范等基本成分。基于内在的手段—目的关系的规范的行动合理性,其衡量标准是,在所处境况的条件之内对于手段的选择,与从适用于此种素材、并且是以帕雷托所谓的"实实在在"的形式表述的科学理论① 当中推演出来的预期是否一致。如果所采用的手段在实际处境的条件内,有着能够科学地加以论证的或然性②,将会实现或维持行动者作为目的来预期的未来事态,那么,这项行动就内在的手段—目的关系来说就是合理的。

从历史上看,这种行动合理性概念(并非总是表述得很清楚明确),一直在实证主义传统的所谓功利主义派别当中起着最重要的作用。各种功利主义思想体系,尽管由于对合理性行动的操作环境有不同设想而互有差异,然而在这些思想体系的实质性结构当中,这种行动合理性的概念一直是一个一贯存在的结构性成分。可是,两种处在极端的激进实证主义观点,的确在诸根本方面改变了这个概念的地位。理性主义的观点改变它的地位,是通过抹煞合理性行动的目的、手段与条件的区别,使行动成为一种单纯适应给定条件及其预想中的未来状态的过程。真正激进形式的反智主义观点,则更加根本地改变了合理性的地位。在这个极端上,实际上完全取消了合理性。不过,两种激进

---

① 不管这个理论多么粗浅,有多么大的经验性。
② 这个表述方式把由于可以获得的客观知识的局限而产生的谬误考虑在内。

的实证主义观点都有着不可克服的困难——方法论方面的困难和经验方面的困难。

功利主义类型的理论倾全力于目的—手段关系上,对于目的的特性则大体上未作考察。这是有其道理的。但是,这种理论要成为一种建立在实证主义基础上的完备体系,就不得不假定,目的相对于行动当中那些在实证主义观点看来起决定作用的成分来说是随意的。在这个基础上,任何想要将秩序注入这种偶然任意的变动之中的努力,都会走向彻底的实证主义的决定论。在讨论享乐主义、自然选择理论等等实例的时候,我们已经对若干这种尝试作了考察,其结果如何也弄清楚了。在实证主义的基础上,只有或明或暗地作出目的是随意的这种功利主义假定,才有可能承认行动的唯意志论的特性,即行动结构中的目的以及其他规范性成分不受遗传和环境方面的决定论支配。

在功利主义传统及其朝激进实证主义极端方向的各种变化这个范围里面,已经显露出内在的合理性的规范与激进实证主义理论阐述的那些成分(即遗传和环境)[③]的所有主要关系。可以在两个主要背景下看到这些关系。如果把行动看做一个使手段合理地适应于目的的过程,这些关系便出现于行动的终极手段和条件的作用中。"终极"这个限定词之所以必要,乃是由于对任何一个特定的具体行动者而言的手段和条件,可能大部分是其他个人的其他行动成分的结果。为了避免犯循环论证的逻辑错误,必须从一般地说属于行动终极分析性条件的东西来考虑,而这些终极分析性条件是从一项特定具体行动的具体条件当中抽象出来的。前面已经论证过,搞不清这个区别是造成

---

③ 我们还记得,这里是在第二章中所界定的意义上使用这两个词,作为对于那些作用于行动并用可以以非主观范畴加以阐述的成分的简便概括。

多种混乱的根源。另外一个同类性质的需要注意的问题，也可以重申一下。同样一些遗传和环境成分，在决定行动的具体目的方面是起作用的。这样的具体目的是一种预期的具体事态，其中包括外部环境和遗传的诸成分。享乐主义清晰地证明了这种情况。放荡享乐作为一种行动目的貌似有理，因为，实际上是预期在某种情况下产生舒适感觉的心理机制，在导向所向往的事态的进程中起着作用。但是，这与作为一种一般化体系的组成部分的分析性的目的概念毫无关系。它是一种我们由经验得知，可以指望以某种方式运作的有机体的特征，因此它在分析上属于行动的条件。把目的说成是由产生舒适愉快感觉的机制决定的，就是在这个问题上，把目的从一般化理论体系中排除掉。

其次，不符合合理性规范的，也有同样一些遗传和环境的成分。从客观观点来看，它们的出现，主要是作为行动未能符合规范或背离规范的原因，被分别称为阻力因素和偏离因素。在主观方面，起同样作用的同样的因素则是无知和谬误的根源。这个意义上的谬误可不是随意的。确切地说，存在一种指向某一特定方向的谬误倾向，这本身就证明有一个非理性的偏离因素在起作用。要紧的是，在实证主义的架构里，对于合理性规范的背离，从主观方面看首先一定能够归结为无知或谬误，或者是这二者。

最后，不要忘记，完全可能有这样一些遗传的成分，它们"驱使"行为与一种合理性规范相一致，却没有对于唯意志论的"行动"概念而言至为根本的行动者的独立作用。如果确乎如此，那么，不管行动显得有什么样的主观的方面，一经透彻的探究，就都能够化约成为非主观体系。④ 考量的标准永远是，在不牵涉

---

④ 前已指出（第十七章，[边码]第642页），韦伯明确地考虑到这一点了。

到以与内在主观方面有关的概念来表述的那些成分的情况下，能否对相关的具体行动作出充分的解释。

由此可以看出，以上所说三种模式里面的内在合理性规范本身，以及这种规范与遗传和环境的主要关系，大体上都能在实证主义理论体系的一般架构内部得到充分阐述，只要这个理论体系还没有走到激进实证主义的极端。可是，前面已经论证过，功利主义的立场生来就是不稳定的，而且为了把它保持在实证主义架构内，必须采用一个超实证主义的形而上学的支柱——在这里所分析的事例中，这种支柱就是关于利益的天然一致性的假定。因此，把实证主义观点的含义发掘得越精确、越系统，在实证主义构架之内能够得到充分阐述的行动的规范性成分的地位就越岌岌可危。

702　　确实可以认为，要将实证主义对于人类行动的研究的那些较为隐微的蕴涵严格地加以系统化，这种不断增加的压力，在本书描述的这场思想运动当中，是起了重要作用的。我们这里的主要兴趣，在于表达得越来越清晰的那个"功利主义的两难困境"：要么是真正的激进实证主义观点，要么是严格的功利主义观点。前者完全否定手段—目的图式是分析人类行动所必不可少的，后者则越来越依赖于超科学的形而上学假定。在一般的实证主义观点看来，激进实证主义的做法才是维护科学的"无情的"威信的，但同时又觉得功利主义的原则是以健全的经验见解为根据的，要找出理由来否定掉并不那么容易。这样，完全超越此种困境的理论重构的舞台就已经搭建好了。本书的第二部分已经分析了重建这种理论的三个不同进程。这里可以扼要地回顾一下。

马歇尔

马歇尔⑤仅仅迈出了一步,而且,他迈出这一步时,并没有明确地意识到自己正在做什么。他继承了功利主义传统的概念体系。其中令我们深感兴趣的那些成分,恰恰就是对于他的效用理论的深入发展而言至关重要的成分。效用概念、边际效用概念和替换原则,都是完全依赖于手段—目的图式、理性选择以及目的在分析上的独立性的。单凭这一点,就足以说明,他没有能够赶上在他那个时代举足轻重的激进实证主义的潮流。

但是,他同时也很清楚,严格的功利主义立场不能充分解释经济生活当中的某些事实——与"自由企业"现象有关的那些事实。他采取的做法,部分地是由他健全的经验见解决定的,部分地是由他本人的道德偏好决定的。他主要在两点上突破了关于经济生活的严格的功利主义理论。首先,他拒绝采纳关于"需求是独立的"这种假定,连让它在经济学理论中起启发作用也不行。他认为这种假定只能适用于一种需求,即他带有强烈贬义的所谓的"人为的"需求。这种假定对于他最感兴趣的"由活动调节的需求"来说是站不住脚的。其次,他拒绝接受这样一种观点——应当把经济生活的具体行动仅仅看做是满足需要的手段,即使这种观点是出于经济学的目的。这样的行动同时是"发挥才能"和"养成人格"的场所。

这两个与功利主义图式的分歧都被归入"活动"概念之中。马歇尔没有很清楚地对此加以界定;同他继承的概念体系联系起来看,它实际上主要是一个剩余性范畴。然而,可以就此指出

---

⑤ 在第四章进行了分析。

几点。这个概念显然不是表述遗传成分和环境成分的新形式。这一方面是由于"由活动调节的需求"与生理性需要有明确的区别；其次，显然不可能把马歇尔理解成一个享乐主义者；第三，他完全没有以非理性主义的心理学来质疑行动的合理性。

于是，在价值方面活动无疑是一个剩余性范畴。由活动调节的需求和活动方式本身，本书都要将它们视为一个单一的、相对整合较好的价值观念体系的表现。前面已经说过，这些价值观念与韦伯所说的资本主义精神、特别是其禁欲主义方面中所包含的价值观念极其相似。

在这个意义上的"活动"，对于马歇尔来说成了经济秩序的一个重要的经验成分。在他看来，随着合理性的不断增加和经验知识的积累，这种价值体系的发展乃是社会进化的原动力。但是马歇尔在这里止步了。他对于有别于随意性目的的整合的价值体系的思考，局限于这一个体系。他没有进一步考虑在其他社会中还有其他这种体系的逻辑上的可能性。除了在直接冲击到他的效用理论的两个问题上以外，他也没有进一步考虑，这种体系与具体行动相联系起来，在理论上可能得出什么结果。因此，他本人和他的追随者们都没有发现，他背离功利主义传统在理论上的重要意义，以及按照这一方向进一步发展在经验上有什么含义。但是，他尽管有这样的局限性，还是迈出了极重要的一步，引入了一个许多人共有的整合的价值体系，而这个价值体系是在功利主义的或激进的实证主义的架构内都没有立足之地的。

帕雷托

帕雷托从不同的角度考虑同样一些问题。首先，他的一般的方法论观点为唯意志论行动理论的明确发展扫清了道路。因为他的怀疑主义使得科学方法论摆脱了这样的推论:一种理论,只要在方法论上是可接受的,就得是实证主义的。这四位作者当中,帕雷托在他所提出的科学理论在方法论方面的一般要求里面⑥,实际上最为接近于形成一种从本书所研究的问题来看可以接受的观点。尤为重要的是,他彻底地摆脱了与实证主义社会理论形影不离的误置具体性的谬误。

帕雷托也是一位有名的经济学家,并且实质上像马歇尔一样地发展了同样的效用理论。他还和马歇尔一样深信,效用理论即使是对于经济领域内的人类具体行动作科学解释而言,也是不充分的。但是,他处理这个问题的方法与马歇尔不同。他严格地把经济理论局限于效用成分,进而用一种比较广泛的综合性的社会学理论来加以补充。

在他明确的概念体系中,他是通过对剩余性范畴的双重使用来这样做的。出发点是明确地界定逻辑行动的概念。从行动者和置身事外的观察者两方面来看,逻辑行动都是由"在逻辑上与目的相一致的种种举动"组成的——就此而言它乃是具体行动。另一方面,非逻辑的行动肯定是一种剩余性范畴——不管出于何种原因而不符合逻辑标准的行动。最后,逻辑行动的概念明显地比经济行动的概念更加广泛,但是对非经济的逻辑成分没有任何明确的系统论述。仅仅列举了这些成分,而没有加以界定。进一步分析帕雷托理论,主要任务就是深入探索这两个剩余性范畴在结构方面情况如何。

首先可以概述一下帕雷托对于非逻辑行动作过的明确分

---

⑥ 与行动理论的特殊要求相区别。

析。⑦他所作的分析是归纳的,是从区分两类具体素材入手的——外显的行动和语言的表达。帕雷托所直接关心的仅仅是后者。他对于在语言表达方式这种意义上的非科学"理论"进行分析,结果得出这些理论当中相对恒定的成分和相对有所变化的成分,即剩余物范畴和衍生物范畴。因此,剩余物是一个命题。

帕雷托把剩余物概念和派生物概念直接当做理论体系当中的可变成分,没有明确涉及结构问题。在给这些概念下了定义之后,他进而对它们的价值加以分类,直到很久以后才开始考虑具体的行动体系。另一方面,本书关注的是,弄清帕雷托对于他的成分分析所适用的体系结构的研究所具有的各种内涵。

我们首先看到的是,他给这些概念下定义的方式同本书所主要使用的两分法(区别行动体系的规范方面与条件方面)大不相同。特别是,必须认为剩余物乃是两种成分范畴而非其中之一的表现。这样做的结果,对于帕雷托来说,就在他对于剩余物作的分类当中引入了另外一个根据,这是同他自己采取的根据相抵触的。许多研究帕雷托理论的人认为,他所谓的"情感",在本质上就是非理性主义心理学所说的动力或本能。但是,对他处理这一分析的方法所作的研究表明,在他的观点的逻辑中,没有证据说明这种解释是惟一可能的解释,并且指出了这种解释与他的理论的某些重要特点不相容,特别是与他关于社会达尔文主义和这个问题——剩余物是否与事实相符——的论述特别不相容。⑧

---

⑦ 在第五章论述的。
⑧ 在第六章[边码]第219页起论述了。

结构成分的这个一般分类是进一步分析的基础。⑨ "逻辑行动"的概念,是研究逻辑行动对于包含它在内的整个行动体系的结构有哪些含义这个总的问题的出发点。首先,剩余物中有一个成分是内在手段—目的链条中的行动的终极目的的成分,从完全合理化的极端来说,它是指导行动的一个条理分明、毫不含糊的原则。⑩ 因为终极目的属于非逻辑范畴,所以就有可能把逻辑行动解释成内在手段—目的链条的中介环节。对于当中的一个成分所作的此种解释,可以用帕雷托提出来的"信念"在聚合物的韧性剩余物中所起的作用来加以验证。就我所知,帕雷托的周期理论的这一方面,只有从这种假定出发才能理解。

其次,这种特殊类型的剩余物的价值成分,很显然不能将所有价值成分都网罗无遗,这只是一个合理化了的极端类型。除此之外,在表面行为的其他剩余物和衍生物中以不同方式表现出来的各种情感里面,可以分辨出有一个模模糊糊的、不那么确定的价值成分。为了标明这一成分,并且把它与帕雷托所说的情感中的其他成分区别开来,我们采用了终极价值观念一词。同样,为了把构成对于合理性行动起支配作用的各项原则的剩余物与其他成分区别开来,我们把这种剩余物称为终极目的。这样,就看出来在更广泛的价值范畴里面两种成分之间的区别,这是马歇尔的"活动"概念中所没有的。

第三,我们已经证明了,逻辑行动或者内在手段—目的关系的中介部分,在各种行动体系的结构上不是同质的,而必然是可以再加以分类的。我们在分析帕雷托的逻辑行动概念具有种种

706

---

⑨ 第六章,[边码]第 228 页起。
⑩ 如帕雷托本人曾说过的:"Le principe qui existe dans l'homme[存在于人类之中的原则]。"

含义的基础上,已经把各种行动体系中的这个中介部分分成了三种成分。我们按照把特定行动对于一个行动体系中其余部分的比较宽泛的关系渐次引入的原则,已经把它分成技术的、经济的和政治的三个子部分,并且以帕雷托的社会效用理论,对这些区分的界限作了令人信服的验证。帕雷托认为,可以在属于不同等级的一系列层面上考虑效用问题,这就是以稍许不同的方式来表述这种区分。有重要意义的是,这些区别出现在帕雷托的理论当中把行动体系作为整体来考虑的综合部分,而在他只考虑孤立的单位行动的明确的分析性图式中是找不到的。这样便引入了一个成系统地互相联系着的结构成分的图式,而不再是单纯地列举逻辑行动的内容了。

最后,还是在研究这个社会效用理论的时候,我们发现其中有一条社会学的原理,使那个等级登峰造极。在帕雷托当时关注的那个理性化了的极点上,这条社会学原理是以——"社会应当通过逻辑—实验推理去追求的目的"这样的概念来表示的。对此可以大致重新表达为:一个社会的成员们的种种行动,在很大程度上是以他们所共有的一个单一的整合的终极目的体系为取向的。比较概括地说,终极目的和价值态度两者中的价值成分,都在很大程度上是该社会的成员所共有的。这就是社会制度取得均衡的根本条件之一。

这样,由于帕雷托的方法论很明确地是非实证主义的,而且在他的经验观点中历史相对主义的色彩更加浓厚,所以可以看出,他的思想中隐然存在着对于诸行动体系的各种结构性成分的区分,这比马歇尔所提出的超出了很多。马歇尔甚至没有清楚地把内在的合理性规范与价值成分在分析上区别开来——他把这二者都放在"自由企业"的概念里面了。这个区别在帕雷托的理论里则是清清楚楚的:一个是逻辑的,另一个非逻辑的。与此同时,他还明确地把终极目的成分同手段—目的链条的中介部分加以区分,又把手段—目的链条的中介部分区分为三个子部分,这些区分界限显然在马歇尔的理论里根本就没有。马歇尔倾向于在经济学范畴中将它们与活动融合在一起,因此完全掩盖了强制力量的成分。接着,终极价值成分本身又被分为三个能相互区别的方面:终极目的本身、价值态度和为共同体成员所共有的终极目的与价值态度。最后,还有一个对于帕雷托具有重大经验意义的现象崭露头角了,那就是仪式现象,帕雷托对此没有作过明确分析,后来却在涂尔干的分析中成了核心问题。708 因此,虽然帕雷托的出发点与马歇尔没有明显不同,但是,从本书的观点来看,通过分析他所达到的境界,他是有可能取得超越马歇尔的巨大进展的。

涂尔干

涂尔干提供了第一个给人深刻印象的、关于他与帕雷托在理论上殊途同归的例子。在某种意义上,他们两人确实甚至从一开始就都钻研的是联系非常密切的一些问题。但是,他们研究这些问题是从极端不同的方面入手的,以致在我们目前这项研究工作以前,人们认为他们除了都是社会学家以外,几乎没有什么共同之处。

涂尔干从来没有研究过专业意义上的经济理论问题。但是,我们已经指出,他在早期的经验研究工作中,对于经济个人主义的问题是非常感兴趣的。而且,涂尔干论述这些问题所用的理论术语,也和功利主义立场颇有渊源。但是,表面的相似仅此而已。

从某种意义上说,涂尔干是从行动图式入手的,但是他是以一种特殊的方式使用这种图式的。他在《劳动分工论》和《自杀论》两书中,对功利主义理论进行了经验批判,这种批判在方法论上则表现为,他认为功利主义理论建立在不合理的目的论基础之上。用本书的措词来说,这在实质上意味着他是从功利主义面临的两难困境来思考问题的,而且他在断然否定了功利主义能成其为解决办法以后,又跑到激进实证主义那个极端去了。在主观方面,这意味着决定性因素必然作为行动者外部世界的事实出现,因而也是作为行动者行动的条件出现。作为"社会事实"之标准的"外在性"和"约束性"即由此生发出来。

但是,由于他在《自杀论》中,从对功利主义观点进行经验批判,进而对所有包含遗传因素和环境因素的理论进行经验批判,又产生了另一些问题。因为外在性和约束性的标准显然包括了作为对行动者而言的事实的这些成分在内。社会事实就成了通过排除这些成分而达到的剩余性范畴。这就包括了行动的非功利主义的方面——即对于行动者来说既不属于遗传也不属于非人为环境的那些事实。于是,这些事实便构成另外一种环境因素,即社会环境。

前面已指出,至今仍然广泛地与涂尔干的名字连在一起的那些公式——"社会是一个特殊的实在",社会是一个"精神的"实体以及社会是由"集体表象"组成的——就是为了界定这个剩余性范畴而提出的。所有这些努力(他的综合论点特别除外)只是试图间接地解决问题,而不是从他作为出发点的那个行动图式发展出来的。⑪在行动图式方面,他仍然处于死胡同中。

---

⑪ 前面已指出,集体表象的概念确实出自这个图式,但涂尔干是以特定的理性主义的形式提出这个概念的,而不是像第六章那样通过分析手段—目的得出来的。

这一僵局终于被突破了,决定性的一步就是把社会的约束与自然主义的因果关系加以区别。社会环境构成了一系列条件,它可能脱离某一特定具体个人的控制,却不会脱离普遍而言的人类行为力量的控制。事实上,从这个观点出发,社会环境的最引人注目的方面,就是以制裁为后盾的一种规范性规则的体系。

至此,涂尔干已经否定了功利主义的目的论,然而他依然是以类似于一个研究自己的处境条件的科学家的方式,从消极的方面来考察行动者。他完全没有考虑行动的唯意志论的一面和目的的作用。可是,下一步就从根本上改变了这种状况。那就是发现,害怕制裁只是服从制度性规范的次要动机;首要的动机乃是道德义务感。因此,约束的基本意义就成了道德义务,并且在社会的约束与自然事实的约束之间划了一条清晰的界线。社会实在不再仅仅是一个剩余性范畴了。

但是,这样一来,涂尔干又回到他否定功利主义立场时表面上丢弃了的那个行动图式当中的唯意志论的方面来了。这乃是既超越了正题又超越了反题的合题。因为,对于规范所负的道德义务感,显然就是上述意义上的一种价值态度。而且,因为对于涂尔干来说,社会环境包含着一个这种规范的整合了的体系,所以他的观点也包含着存在一个共同终极价值态度的体系。他已经超越了功利主义立场的个人主义,这样一来价值成分就能恢复起来。涂尔干一开始就明确提出社会学主义的定理,经过一个对这个定理不断重新解释的过程,得出了与帕雷托基本相同的看法;社会成分之中就包含着存在一个共同价值体系。

可是,其间有一个重要的区别。帕雷托通过直接发展手段—目的图式和把完全合理性的手段—目的图式加以概括来探讨这一问题,把社会成分阐述为"社会应当追求的目的"。涂尔干的探讨方法与此不同,他没有对行动体系的手段—目的图式进行概括,他思考的是社会环境中行动着的个人,进而分析这种环境的诸成分。在这里他碰到了作为社会环境的主要特点之一的共同的规范性规则的体系。接着,他先得出了作为个人遵从特定规则之动机的道德义务感。最后他才认识到,共同的规则体系是靠一组共同价值支持的。

涂尔干就是如此阐明了行动体系的定则性的(institutional)方面,这个方面在帕雷托的分析思维中一直是潜伏着的,虽然在他的经验研究中不乏对于这一方面所起作用的强烈暗示。但是,涂尔干从内在手段—目的图式入手,把这个方面清清楚楚地刻画成为行动体系结构的一个突出特征。结果是,在内在手段—目的链条中的行动,至少具有两种规范性的取向,按韦伯的说法就是效用规范和合法性规范的取向。

提出新的取向还有进一步的后果,就是以具有摆脱规范控制的离心倾向的"利益"的形式出现的那些功利主义成分又回来了。对此,在我们已经讨论到的涂尔干的理论当中,失范这个概念⑫是对此种概念的表达中最引人注目的。它与帕雷托提出的与组合剩余物相联系的那种"利益"概念非常相似。但是,总的来说,涂尔干相对地极少注意内在手段—目的的图式本身,特别是极少注意其中介部分。因此,在帕雷托的理论里隐含着的这一中介部分的诸成分之间的区别,在涂尔干的理论中仍然是潜伏着的。他本人对于行动图式的进一步发展具有革命性的意义,但这是另外一个方面的事,是发生在从理论上说对于帕雷托仍然隐而不显的那些方面的。

---

⑫ 在第十章[边码]第381页起陈述过。

这个重要的新发展,出现在涂尔干关于宗教的研究中。[13]考虑到他以前对于主观观点的特殊用法,他从什么样的"实在"(即同行动者在经验上相关的是哪一种事实)构成宗教观念的基础这个问题开始,就无足为奇了。但是,尽管他的问题仍是按照以前同样的措词阐述的,他的答案却有革命性的后果。在定则问题上,他对于社会环境的解释逐渐地从将其视为一系列"自然"的事实,转为将其视为一系列的道德义务规则。但是,这些规则仍然是一些其重要意义在于作为控制力量而与行动有着内在联系的经验事实。

可是,他发现宗教观念的特殊对象是具有一种共同特性的实体——它们都是"神圣的"。宗教理论所主要关心的,多半是"想象中的"实体、神和精灵等等。但是涂尔干指出,大量的具体对象以及某种情况下的行动和人也具有这种特性。于是就出现了这样一个问题:在所有的神圣事物当中,有什么共同的东西使它们共同具有神圣性的共性?以前的尝试都是要找出这个特性的内在本源。涂尔干采取的是一条根本不同的方针。所有神圣事物惟一共有的特性就是神圣性,而神圣性根本不在于它们的内在特性之中;它们之所以具有神圣性,只是由于人们对它们采取了一种特殊的态度,即"崇敬"的态度。

如果确乎如此,那么,人们尊崇神圣事物并不是出于这些事物本身,而是因为它们与人们所尊崇的别的东西的关系。但是,这种关系的特点是什么呢?从神圣事物的内在特点当中找不出这种关系的特点,它是象征性的。神圣的事物之所以神圣,乃是因为它们是象征物,它们共同的象征性所指涉的,是一个神圣性的源泉。到目前为止,这种象征关系在我们所讨论过的行动理

---

[13] 已在第十一章论述。

论中完全是崭新的。⑭

712　接着，又出现了这样的问题：这种共同的指涉物是什么？涂尔干说，它必然是我们能够在这种特定意义上尊崇的东西，而在这种意义上我们尊崇的只有道德方面的权威。因此，神圣事物的神圣性与遵从道德规则的义务乃是同出一源的。这个本源就是"社会"。把人类生活中以前一直被认为风马牛不相及的各个方面这样综合起来，乃是涂尔干的一项天才之举——具有革命性的意义。

但是，对于这个观点需要进一步解释，以解决由于涂尔干徘徊于实证主义所造成的困难。这种背景下的社会并非具体的实体，它首先不是彼此关联的人类的具体总体。它是一个"道德实在"。进一步的分析已经指出，宗教观念与人们对于世界的某些非经验方面在认识上的联系有关，即与韦伯理论中的在一种特定意义上所谓的"超自然"的方面有关。同这些宗教观念联结在一起的，是某些部分地取决于宗教观念、又部分地决定着宗教观念的"积极态度"（诺克教授语）。这些积极态度就是前面讨论中所说终极价值态度，并且就它们构成涂尔干所谓的"社会"而言，也就是共同的价值态度。神圣性的本源是超自然的；我们关于神圣性的象征性表象就是神圣事物。对于神圣事物的尊崇态度同对于道德义务的尊崇一样，都是我们的终极价值态度的表现。这种终极价值观念是共同的，因而也就是社会的。

但是，问题并未就此结束。与宗教观念结合在一起的积极态度不仅表现为"观念"，而且也表现为某些行动或"行为"，而这些行动也具有神圣性的特点，并且也与神圣的实体有联系。涂

---

⑭ 是在讨论帕雷托时提出的。但是帕雷托对此并未明确地从系统理论的角度加以考虑。

804

尔干把所有这种"与神圣事物有关的行动"都叫做仪式。它们是最严格意义上的行动,是行动者企求达到特定目的的方式。如同涂尔干所说,它们是 vie sérieuse[严肃生活]的组成部分。⑮ 但是,它们有两个基本方面不同于前面所分析的行动。仪式是神圣的,因而只有在特定的条件下,特别是在摆脱了普通的功利主义得失考虑的条件下才会举行——它们是以"仪式的态度"来进行的。此外,在仪式中还要摆弄那些神圣的象征物,这就是前面说过的象征性的手段—目的关系。以内在的合理性规范的标准来衡量,这两点都不是非理性的,而是不理性的(not irrational but nonrational)。以内在合理性的标准去衡量是根本不行的。

最后,对于涂尔干来说,仪式不仅仅是价值态度的表现,而且对于社会的"团结"也具有巨大的功能意义,是一种使共同价值成分焕发生机和得以强化的方式——这些共同价值成分在世俗活动当中一般都是隐而不显的。在这个问题上,涂尔干的思路里又突出地涉及到"利益"的离心倾向。仪式是社会防止失范倾向的基本防卫机制之一。

这样,涂尔干关于社会的思想有一个稳步发展的过程。社会从一个具体的实在,变成了仅仅存在于"个人心目之中"的一个行动各种成分的复合体。在人类行动的种种条件的作用方面,从"属于自然的事实"范畴变成了一个与世界的非经验方面有联系的共同价值体系。这后一倾向在他的社会学的认识论方面发展到顶点,不仅导致了他与实证主义方法论的最后决裂,而且也带来了其本身特有的新困难。它代表了涂尔干思想当中在最后阶段与唯意志论行动理论斗争的一种明确的唯心主义倾向。按照唯意志论行动理论重新加以解释,这个倾向的精髓在

---

⑮ 见《宗教生活的基本形式》,第546页。

于它那样做的结果给知识当中引入了一个相对性成分,同时为分析知识发展过程中的社会因素提供了一个出发点——这在韦伯关于Wertbeziehung[价值关联]的概念中是以更能让人接受的形式出现的。

需要强调的是,就与我们现在讨论有关的方面而言,在帕雷托的理论中没有任何重要的东西是与涂尔干的不相容的,反之亦然。他们的不同之处在于,他们区分行动结构成分的观点不同,而这些不同之处是互为补充的。帕雷托揭示了内在手段—目的关系的中介部分的、以及未经整合成为一个共同体系的终极价值成分的内部分化⑯,这是涂尔干所没有做的。另一方面,涂尔干清楚地勾勒了与内在的手段—目的链条相联系的定则性成分的作用,并对终极价值体系的结构和表现方式作了远为深入的区分;而对于帕雷托来说,这些仍归属于剩余物。

这一点是在神圣事物、象征的作用、它们与仪式行动及其功能的关系等概念之中完成的。在神圣事物的概念中含有终极价值的非经验指涉物的意思,因而价值态度与"观念"的关系比之帕雷托要清楚得多。此外,对于超自然物之种种表象具有重要意义的象征关系,同神圣性概念一起,对于理解仪式这整整一类行动提供了进行分析所必不可少的线索。仪式对于帕雷托在经验方面具有极为重要的意义,而在他的系统理论当中却仍然是个剩余性范畴。应当把涂尔干的这些概念,看成是对于帕雷托提出的非逻辑行动范畴和情感范畴的内容的进一步详细说明。

我们在分析帕雷托和涂尔干的著作的过程中所区分过的那些概念成分,确实属于同一个理论体系,而二者研究工作之殊途同归,又可以由在韦伯的著作中可以找到所有这些成分以及另

---

⑯ 在社会效用理论中。

外一种成分,而得到最终的证明。情况确实就是如此,尽管韦伯的理论完全独立于另外两个人当中任何一个的理论,而且韦伯的方法论观点把一般化理论体系的地位搞得非常模糊。值得注意的首先是,一个德国历史经济学家得出的关于经济成分的地位的概念,竟然几乎等同于新古典主义者帕雷托的概念;而且在背景上属于唯心主义者的韦伯,在与宗教观念、制度、仪式以及价值态度相联系的那个独特的结构范畴复合体系方面,竟然与直言不讳的实证主义者涂尔干若合符节。可以合情合理地认为,在这些基本方面的殊途同归,决不仅仅是有那么点意思或者说得煞有介事,而是已经作为一个经验事实的问题得到了论证。对此如果持有疑问,只能说是这里把三个人的理论完全解释错了,而那是一个有关事实的问题。

韦 伯

韦伯的理论在读者的脑海中应当是记忆犹新的,因此只要作一个很简略的概述就行了。在经验方面,他主要抨击的是马克思主义的历史唯物主义——前面已指出,从分析上看,马克思主义的历史唯物论在本质上是置于历史的背景之中的一种功利主义观点。与此正相对立,韦伯提出了一种有关价值成分的作用的理论,认为价值成分结合了宗教利益(如价值态度)与形而上学的观念体系。不过,这项理论是在一种唯意志论行动理论的背景之中提出来的,而不是以唯心主义的发散论为背景提出来的。对于韦伯来说,价值成分是在与行动体系的其他成分互相作用的复杂过程中起影响作用的,而不是简单地"成为现实的"。所有这一切在他关于宗教伦理与经济生活的关系的经验研究中,都做了非常详细的阐述。⑰

在方法论方面,与他拒绝把宗教观念的社会影响看成是一个发散过程相对应的是,他对产生于唯心主义哲学的方法论观点进行了抨击。⑱ 那些方法论观点的共同特点,是否认人类行动领域里面一般概念的可能性和有效性。韦伯针锋相对地提出,一般理论概念对于证明任何一个领域中的任何客观的经验命题都是不可或缺的。

在尖锐反击他们关于社会科学的逻辑的观点时,他从这些观点残骸中挽救出某些对他自己的实质性观点极为重要的成分。唯心主义的直觉理论提到的行动理论与主观方面的联系,即主观观点的绝对必要性,是正确的。对自由的论证留下了对于行动有根本意义的内在合理性的规范。直觉主义的有机论的方面在 Wert be Eiehung[价值关联]中留下了价值成分概念的双重性,即就理论来说在方法论上不可或缺,就行动本身来说又至关重要。最重要的是,从方法论上论证一般概念的正当性,对于行动概念有本质上的意义,因为科学与行动的合理性是不可分割地联系在一起的。

同时,由于前面已评述过的那些情况,从本书的观点来看,韦伯的方法论观点中有两个严重的局限。第一,韦伯在为区分自然科学与社会科学的逻辑特点的界线辩护时(那在本书的观点看来是站不住脚的),不得已提出了一种认为在这些领域里的一般概念属于虚构性质的观点,这就会使得那些在本质上并非虚构的一般化理论体系的作用模糊起来。其次,由于这一点,还由于一般概念对他而言是剩余性范畴,就使得对于本书而言至

---

⑰ 已在第十四章和十五章论述。
⑱ 见前文第十六章,[边码]第581页起。

关重要的这两者——他的假设的具体类型概念及其经验概括，与一般化理论体系的范畴——之间的区分也含糊不清了。在社会领域，只有前者是虚构的，这是由于所研究的题材有相当程度的有机体性质所致。

因此，他明确地进行的建立系统理论的工作，同本书所感兴趣的主要方向即对社会关系的结构性理想类型进行系统分类，[19] 是不一致的。但是，尽管有这些方法论上的局限，却已经有可能通过分析韦伯的理论当中那些带有全局意义的地方，得出一种一般化行动体系的结构的明确图式，而且虽然他并没有清楚地认识到这个图式的逻辑性质，它对于韦伯在经验方面和理论方面的成果却是绝对必不可少的。这样，通过证明他实际上作了的建立系统理论的工作当中，事实上包含着那些只要分析得正确就预期会得出的各种类型，使以前的分析所揭示出来的一般概念范畴当中的种种复杂问题得到了验证。不需要像前面对马歇尔和帕累托那样，再来详细叙述这个一般化体系的结构轮廓和韦伯获得这个体系中种种成分的方法。它在逻辑上的出发点，还是体现功效规范中的内在合理性的标准。在这个体系里面，遗传和环境所处的位置，基本上同我们已经研究过的每一个体系都是一样的。它区分内在手段—目的链条的中介部分的方法，同研究帕累托理论时看到的方法是基本一样的。[20] 技术成分与经济成分之间的界线与以前划的界线一样，并且是十分明确的。经济成分与政治成分之间的界线涉及的问题比较复杂。但是，在韦伯使用"权威"概念来划这条界线的时候，既清楚

---

[19] 这就是西美尔(Georg Simmel)所谓的形式社会学(formal sociology)。见 G. 西美尔：《Soziologie[社会学]》，第一章。

[20] 见前文，第十七章，[边码]第 653 页起。

地认识到由各种手段施行的强制力量的重要性,也认识到要把这些手段在多大程度上纳入通常的经济分析范畴是有个确定限度的。

在韦伯的理论里面,终极价值成分最初是同与宗教观念联系着的价值态度体系一起出现的。从理论方面看,它在内在手段—目的链条中的终极目的的作用里面所处的地位,是与合理性行动的类型——zweckrational[目的合理性的]和 wertrational[价值合理性的]——相联系而显露出来的。它与内在手段—目的链条的制度性关系,是以"合法秩序"的概念来表示的。它在非经验的"宗教"方面的表现,是以卡里斯马的概念来阐述的,这是与涂尔干所说的神圣事物一致的。对此加以分析,就可能搞清楚价值态度(在这种场合韦伯通常称之为宗教关切)与宗教观念之间的相互关系。对这些观念以及世界上的事物和事件的"意义"问题加以考虑,就会引出象征的重要作用,而对于韦伯来说,无疑有一类在很大程度上既包含着卡里斯马也包含着象征的行动,即仪式。他并没有像涂尔干那样明确地进行分析,但涂尔干分析中的各个成分全都在这里了。

在所有这些方面,韦伯和涂尔干的观点都是惊人地若合符节。[21] 在这个范围的问题中,有三个主要的差别,但都不是什么实质性的分歧,而是侧重点有所不同。与仪式有关的那些范畴,对于涂尔干来说是清楚的和重要的,而韦伯则没有明白说出来。另一方面,价值态度与关于超自然事物的观念之间的相互关系,在涂尔干的观点里要加以推断才能得出来的,在韦伯的理论里则非常明确,正好直接验证了根据涂尔干观点而作出的推断。第三,价值成份在改变现状的能动过程中的作用,在涂尔干的理

---

[21] 见前文,第十七章,[边码]第 661 页起。

论中几乎完全是隐而不显的,而对于韦伯来说,则在他关于先知的理论里占据最主要的位置,从而改正了由涂尔干本人在他的研究中给人造成的严重的片面印象。

最后,在韦伯的理论里还能找到行动体系的另一个伴生性的方面,就是前面所说的价值态度的"表达方式",这是在其他几个人的理论里都没有的。它在方法论的层面或理论的层面上都是伴生性的。我们在剖析韦伯的理论时,曾在讨论行动以趣味规范为取向的问题时对此加以分析。但在讨论藤尼斯的观点时,我们发现这种分析也适用于 Gemeinshaft[共同体]中的制度性的现象——在这些现象里面,我们所研究的规范包含有一个道德成分,而不仅仅是趣味的问题。

在这样大致勾画出来的一般化的行动体系的结构当中,所有的成分分成了意义非常确定的三组。第一组是遗传和环境,从主观上看是行动的终极手段和终极条件,也是无知和"起决定性作用的"谬误的本源。对这些成分的科学理解可以借助于不涉及到主观方面的范畴而达成②。它们是各种行动科学的素材③,关于它们的本性和行为的知识,是激进实证主义的社会理论遗留下来的关于人类行动理论的"永恒正确的精华"。

第二组是内在手段—目的关系的中介部分里面所包含的。这一组成分就是功利主义理论里面的永久正确的精华。由于功利主义思想有原子论的特点,所以这个中介部分内部的差异不能够清楚地显示出来,但是,若干界线还是能辨别的。它们共有的行动合理性的一般概念阐述的是技术成分。在社会层面上以利益的天然一致性为出发点的功利主义理论阐述的是经济成

---

② 能够作为将在下一章讨论的心理学成分。
③ 见下一章。

分。在概念的精确方面,它在自杰文斯和马歇尔以来,在现代经济理论的边际效用分析当中已经达到顶点。最后,强制力量成分由霍布斯在功利主义基础上作出了经典式的阐述,从此只要利益的天然一致性的假定被突破,这个成分就以不同形式出现。

  第三组是围绕在终极价值体系周围的一整组成分,这是就其整合为一体而且不能化约为功利主义的随意性目的而言的。如前所述,这组成分是从实证主义的传统中产生的,它的产生过程,就是实证主义传统在向唯意志论行动理论演变之中瓦解的过程。在某种形式上,它一直是唯心主义传统所固有的,而且对于建立行动理论来说是唯心主义里面永久正确的精华。但是,直到最近,现代社会思想的实证主义—唯心主义二元论,一直在方法论和理论两个方面造成了一个空隙,以致不能把这组成成分同其他成分结合起来,去描述一个单一的综合的一般行动体系。只有唯心主义方法论也相应地瓦解(这是我们在研究韦伯的理论时追溯过的),才有可能弥合这一空隙,使实证主义观点的发展同唯心主义观点的发展汇聚到一起。

  最后,有一个不属于这三个结构组当中任何一组的成分,它的作用是把这三个组结合在一起。这就是我们已经在各种场合遇到过的那个被称之为"努力"的成分,这个名称是用来表示在行动的规范性成分与条件性成分之间起联系作用的因素的。如果规范得到实现,并不是规范本身自动地实现,而只能是通过行动才得以实现。因此,就必须有"努力"的成分。这个成分在行动理论当中分析问题时所处的地位,大致非常近似于物理学当中的能量。

经过验证的结论

　　以上概述中提及的各项命题,以及前面有关这些命题所做的那些论述,除了一个例外之外,可以说充分证明了下面要说的五项结论。那个例外就是,在本书的范围之内,不可能把所讨论的那些理论的全部经验证据一网打尽。在上面所作的概述当中,一项经验证据也未能提及;但是,在讨论这些问题的文本当中,已经各举过一个合适的例证。有兴趣的读者可以查阅这些作者本人的著作,去了解他们其余的经验证据。这五项结论是:

　　一、在本书所探讨的四位主要作者的著作中,有一个在本质上完全一样的一般化的社会理论体系——即我们所说的唯意志论行动理论——的结构方面已经显出端倪。这些作者在理论上的重要差异可以归结为三个问题:(a)使用的术语不同,同一事物用不同的名称表示(例如,帕雷托把韦伯所说的"理性的"称之为"逻辑的")。(b)为了明确区分全部主要成分而作的结构分析达到的深度不同。在这方面,马歇尔只不过超出功利主义立场迈出了第一步,但是,这是在对于本书具有重大意义的关系全局的问题上的第一步。(c)由于各位作者在经验方面的注意焦点不同以及理论研究方法不同,因而表述的方式不同。于是,帕雷托把道德成分首先看做终极目的,是一个剩余性成分,而涂尔干则视之为定则性规范。

　　二、本书所论述的几位作者的这个共同的一般化的理论范畴体系,作为整个体系来看,是理论上的一个新发展,而不是从他们所各自秉承的那些传统当中简单地接受下来的。当然,它不是无源之水,而是通过一个对旧体系的某些方面和某些成分进行批判性再检验的渐进过程,通过一个与经验观察和经验验证有非常密切联系的过程得出来的。实际上,既然他们的出发点各不相同,单凭他们各人理论中出现了本质上完全一样的理论体系这一点来说,就不可能是从那些旧的体系里面简单地接受下来的。尤其是,在这个新的理论体系里面偏偏不包含所有几种旧传统所共有的那些成分。虽然新体系的主要几组成分当中,每一组都在至少一种其他传统思想里面占有某种比作为剩余物范畴的一部分较为明确的位置,然而,就其作为一个种种概念成分的具体而完整的结构的整个体系来说,却是传统理论所未见过的。这个完备的结构在某个极其重要的方面,是与那些旧的体系全都不一致的。

三、在每一位作者的理论里面,这个理论体系的发展都是与该作者所阐述的那些主要的经验概括是最为密切地联系着的。从反面来说,首先,马歇尔的经验观点之所以有可能同功利主义传统思想里面那些主要观点接近,只不过是由于他对于功利主义理论体系相对来说背离得不够彻底罢了。只举一个关键性的例子:如果说他从洞察一个共同的价值体系的作用,而逐渐看出不同的价值体系的可能性的话,他就不会像是他实际上所作的那样赞同线型进化论了。至于帕雷托和涂尔干,他们对于所有主要的实证主义经验理论(诸如线形进化论、自由放任的主张、社会达尔文主义、把宗教和巫术视为前科学等)的背离,与唯意志论的行动理论联系最为密切。他们对于唯意志论行动理论作出的贡献,一方面是由于他们在获得新的经验发现和见解之后对于实证主义的理论进行了批判的结果;另一方面,他们的新的理论观念也使他们对于事实产生了新的见解。韦伯也是这样,只是他一直在两条战线作战———一方面反对唯心主义的发散论观点以及与这种观点相联系的经验理论,另一方面反对马克思主义的历史唯物主义的实证主义倾向。

特别重要的是,这三位思想家对于经验问题作出的重要解释,无论用实证主义的概念图式还是唯心主义的概念图式都是不能充分展开或充分表达的。要记住,他们在这个意义上提出的"理论",不仅仅是"社会变迁在某些方面遵循的是某种周期性模式"、"在自杀问题里面有社会因素"和"新教伦理对于西方的经济发展有重要影响"这样一类的干巴巴的命题。所有这些命题都能纳入别的概念图式。确切地说,我们这里所说的"经验解释",是他们对于有关现象的种种成分的方式、过程和关系所作的具体描述,这些是那些最一般的命题的基础。愈是深入了解他们对那些问题所作解释的详情细节,唯意志论行动理论的种种范畴就愈清晰可见。

四、产生出唯意志论行动理论的一个主要因素是,对于社会生活的经验实在作出了正确的观察,特别对于这几位作者与之论战的那些理论的提出者们所作的观察进行了修正和补充。在本书有限的篇幅里面,自然不可能一一列举这些作者自己提出的或我们可能介绍的所有经验证据。因此,对于这一条结论从经验上加以证明的种种可能性并未穷尽。然而,已经举出的证据是足够了。首先,我们已经引述了大量这种证据,总起来看是充分的。其次,我们已经对反对这些经验理论的各种批评进行了剖析,证明了那些批评并不扎实。最后,这些作者从明显不同的观点出发,研究的结果得出了同一个理论,这种殊途同归的事实是非常触目的。

当然,可以设想,根本就不存在这个殊途同归的理论,本书所说的殊途同归只不过是由本书作者解释上的错误累积而成的。也可以设想(尽管是非常不可能的)这是各位理论家本人偶然所犯的错误累积而成的。如果要对这两种可能性中的随便哪一个加以考虑,那么,仔细想一想需要加以考虑的那些成分和成分组合的数目,计算一下这种可能性到底多大,是会有所启发的。

鉴于这四个人在第一章里指出的那些方面存在着巨大的差异,如果说他们纯粹由于个人气味相投所以看法一致,似乎是极不可能的。例如,反对教权的激进人道主义是涂尔干的个人价值的基础,却是帕雷托最经常地加以嘲讽的靶子。最后,作为概念图式的个人主义的实证主义、社会学的实证主义和唯心主义社会理论之间的差异非常之大,所以,用原先那些理论体系与事实无关的内在发展来解释是根本不合适的。那些理论体系,每一个都能以几种不同的方式发展——不存在任何有利于唯意志论行动理论的一般先决倾向。尤其是,功利主义观点能够并且确已发展成为激进实证主义,特别是发展成为自然选择理论和心理学上的反智主义。同样,批判马克思主义历史唯物论而强调"观念"作用的观点,完全可能发展成为激进唯心主义的发散论理论,而且桑巴特就是这样发展的。

于是,关于殊途同归的问题,还剩下另外两个可能的解释。一个是这些理论得要能够充分说明事实,因而就决定了它们要殊途同归。另一个可能是由于整个欧洲思想运动的某些特点,这些特点独立于科学家们考察的事实,却是此处考虑的那些产生出唯意志论行动理论的思想传统所共有的。后面这个成分决不能说是丝毫没有——当然是有的,但是,单拿这一点来说,不能作为惟一的或充分的解释。[24] 除了已提出的论据以外,还可以指出:把对于事实的考察排除在行动理论发展过程中的重要成分之外,实际上等于排除了行动本身,除非这个理论的轮廓与

---

[24] 推测起来,它是在 Wertbeziehung[价值关联]方面出现类似的共同根源,这种类似对于理论上达到那样的一致是必不可少的。

它所指涉的事实是纯属偶然地协调一致的。因为,对于事实的考察如果没有一定程度的正确性,在与此有关的意义上的行动就是不可想象的。这样就会把科学本身的性质这整个问题(更不消说这些特定的科学观念)置于与本书采用的观点极端不同的基点之上,以致本书所要研究的问题全部都将落空。⑤

---

⑤ 本书论述的几位理论家已经分别得出了同一个一般化社会行动体系的结构,这一命题十分关键,所以尽管会使读者感到厌烦,还是要在这里重复一下前面验证这一论点的几个主要步骤所在的重要段落。首先,在第六章从[边码]第 264 页起,对帕雷托的体系进行结构分析的结果,直接验证了马歇尔理论中的两个主要成分(效用理论与活动)在性质上是完全独立的,而不是像马歇尔认为的那样,是在自由企业的发展过程中相互结合在一起的。第九章([边码]第 343 页起)证明了,按照科学方法论的图式从主观观点对行动进行分析,对于涂尔干和帕雷托都是适用的。对于涂尔干理论发展过程所作的分析,所有主要思路实际上都是这样考虑的。照此继续分析下去,在第十章从[边码]第 381 页起证明了,必须以价值成分独立于内在手段—目的链条的中介部分里面其他成分,作为解释涂尔干后期立场的根据。第六章从[边码]第 241 页起,对于内在手段—目的链条的内部分化所做的分析(这是没有联系任何一位作者的理论而单独分析的),由于与帕雷托对于社会效用所作的分析相一致而得到验证。我们还证明了,涂尔干处理宗教观念和仪式的方式以及他得出的那种社会学原理,同我们论述帕雷托时所考虑的那些同样的成分是一致的。不过,帕雷托并没有把宗教观念同仪式明确区分开来(参见第六章[边码]第 256 页起及第十一章[边码]第 414 页起,亦见第十章[边码]第 386 页起)。

最后,在第十七章中我们详细地表明,韦伯对于内在的手段—目的体系的分析,与帕雷托那里(第六章)发展和验证了的是恰相一致的,而他在研究宗教时所使用的一般性范畴与涂尔干的则是若合符节(第十六章)。对于本书有重要意义的一些结构性成分,有些在这位作者的理论中是明确的,另外一些则在别的作者的理论中是明确的。尽管如此,仍然可以说,除去马歇尔以外(他的功利主义立场几乎没有什么转变),还找不出其中有一个成分,是可以在一位作者的图式中得到验证而不能纳入其他作者的图式的。只要这里对这三位作者作的解释能够说得通,那么,这三位作者在对于本书有重要意义的那些方面就都用的是同一个一般化的体系。不过,为了使这个推论能够看得更清楚,我们不得不把有的作者理论当中的某些方面略而不谈。

为了避免所有可能的误解,可以说一下"论证"一词的可能含义。在最精确的意义上,可以在具备以下条件时,说一项结论得到了论证:(1)该项结论在逻辑上所依这就是本书的基本论点。全书结构是否成立都系于此。对于事实作了正确的考察和正确的解释，乃是他们殊途同归得出一个单一的理论体系的一个主要因素——撇开这一点，就不可能对此作出解释。

这个结论之所以特别重要，是因为：如果这个结论是正确的，而且认为它已经得到验证是理由充足的，那么，唯意志论行动理论里面的种种概念就必然是正确的理论概念。当然，这并不是说，现在对这些概念所作的阐述就是笃定的和决不会继续发展了。但是，它们已经经受了检验，证明了它们能够构成一个对于经验研究合用的概念图式。因此，它们为进一步的理论研究提供了一个适当的出发点，因为科学总是从一个特定的理论分歧点向前发展的。如此说来，提倡使用这个图式，就不是对于社会科学应该做而从来未做的事情规定一个乌托邦式的纲领了。相反，只是表明了这样一种立场：凡是过去已经证明确有用处并且对于取得重要经验成果已经发生重要作用的理论，在其将来的应用和发展的过程中仍然很可能会再展风采。

赖的每一个对于事实的表述都能有一种完全确定的、毫无歧义的操作来加以验证；(2)逻辑推断的每一步都能够像数学那样严密地推导出来。我们不能声称这些作者殊途同归是在如此严格的意义上得到了验证。说这几位作者确实写了我们声称他们写过的内容，这是可以以一种完全确定的操作来加以验证的——读他们的原作。但是，对有关事实所做表述的总数非常之大，而且遗憾的是，不可能应用数学方法对这些事实进行逻辑推理。问题在于如何把这些事实纳入一个说得通的一般模式。除非使用数学式的论证，否则就没有办法说服闭住眼睛不看与这里所提出的整个模式有关的事实、而又顽固地断言这个模式错误地解释了那些事实的批评家。不过，可以断定的是，从来没有人对那些事实全盘提出过其他值得认真对待的解释，尽管其中某些事实可以很不错地纳入其他图式之中。从这里采用的图式看来，那些事实处于一种融贯的模式之中，足以证明他们殊途同归，得到了一致的理论。凡是把与这个图式有关的所有事实放在一起加以考虑的人，都躲不过这个结论。

818

五、把上述四项结论放到一起，便是我们所期待的，在这个特定事例之中，对于第一章所说的关于科学理论怎样发展的理论的经验验证。的确，在任何其他基础上都不可能理解我们已经阐明了的这个科学变迁的过程。特别是我们已经证明了，对这种变迁作如下解释是不能得到充分理解的：(a)与对于问题的表述以及原来那些理论体系结构所固有的兴趣方向无关而获得的有关经验事实的新知识不断积累的结果；(b)作为原来那些理论体系不与事实联系而纯属"内在"发展过程的结果；(c)作为仅仅是作者个人情感、阶级地位㉖ 以及国籍㉗ 等种种完全外在于科学的成分的结果。这就将理论体系的结构与对于事实的观察和验证之间的相互依存的关系，置于一个极其重要（但绝非惟一重要）的地位。㉘

值得指出的是，如果接受了最后一项结论，特别是把它同其他四项结论一并接受下来的话，就理该认为，本书不仅对于理解某些社会理论及其发展进程作出了贡献，而且对于社会动力学也作出了贡献。因为，由于经验知识的发展与合理性行动（这是本书作为一个整体所研究的主要题目之一）有极其密切的关系，就必须把经验知识的发展看做社会变迁中的一个极其重要的因

㉖ 马克思主义者也许会说，由于其中一个无产阶级也没有，所以这个成分并不能排除。即使如此，并不影响这个一般结论。关于阶级地位以外其他各种成分的重要意义，明确的证据太多了。

㉗ 几乎无须重提，这四位作者完全是属于不同国籍的。

㉘ 可以明确指出，这一结论已经不单单是说，这个图式在经验上是正确的，而且说明，这个图式在经验上是正确的这一事实，乃是这个图式之所以建立起来的一个重要因素。当然还有很多别的因素，但这个结论说的是，假若这个图式的作者们没有如此正确地进行考察，没有对于他们的考察结果作出如此令人信服的推理，此处提出的这项理论就不会建立起来。只是因为这一点，我们才能说本书对于社会动力学作出了贡献。

素,而理性主义的实证主义仅仅错在把它说成是独一无二的重要因素。无论关于人类行动的知识,还是关于自然的知识,都是如此。因此,理解经验知识、特别是作为科学的经验知识的发展进程的性质,乃是准确理解其社会功能的必不可少的准备。当然,本书并未解决这些问题,但是可以说,本书对于解决这些问题做出了贡献。

第十九章 方法论试探

即便仅仅说，前一章提出的行动结构轮廓已经把可以辨别出来的各种成分列举齐全，也是轻率的，更不要说这些成分之间的各种关联方式了。只能将它看做是长期以来在实际的科学运用中对这一理论不断进行检验的结果。无论在搞清各种成分方面，还是在搞清这些成分的关系方式方面，都还远远不到可以声称已经有了明确表述的地步。本书不打算进一步探讨这些问题，在它范围之内的任务已经完成。

然而，我们对于这个体系的发展过程已经做了不少探寻，足以确认它是一个体系，是一个与当代社会科学家们思想当中占突出地位的其他体系截然不同的体系，特别是与其中经过修正之后发展成为这个体系的那些体系截然不同。这个体系现在这种状态是不是在逻辑上完备的体系，只有留待时间和大量批判分析才能作出判断。① 本书主要关注的，首先是种种结构性成分的定义。这样自然就大量地涉及到了它们之间的相互关系。但是，即便对于这几位作者的著作当中明确说明了的那些关系，我们也根本没有打算加以系统地研究。而即使在结构的层面上

---

① 假如能够把它表述为一个联立方程式的体系，证明它在逻辑上是否完备是很容易的。但是，尽管对于各个变量能够规定出令人满意的定义，要想为进行这样一种检验而举出各变量之间的足够数量的明确的关系方式，则是另外一回事了。本书只限于对此做某些准备，根本没有打算去举出到底有哪些关系方式。

解决是否在逻辑上完备的问题,也必须先做这一步。

这一切都超出了本书的范围,必须留待将来解决。可是,在结束之前还应当做两件事:首先,全书贯穿着某些方法论方面的问题。如果把这些问题归拢起来,比在前面正文里面表述得更有系统一些,会给读者留下一个比较清楚的印象,因为在前面正文里面关于这些问题的讨论,都受与当时面临要说明的那些问题有什么联系的限制。其次,本书前几章考虑了一种主要的社会科学——经济学理论的概念图式的地位问题。前面已指出,这个问题在方法论方面有很重要的意义。在另外一些章节里,还提到过与其他社会科学的地位有关的别的问题。现在,所有的论据都已经提出来了,考察一下是否可能为进一步系统地弄清这些问题找到一个基础,是会有所启发的。

经验主义与分析性理论

我们已经明确地宣称,本书是一本科学研究的专著,而不是研究哲学问题的。但是,由于第一章里所讨论的那些原因,我们不可回避地要考虑到某些哲学问题。我们已数次接触到的其中一些问题,乃是认识论问题的一个方面,也即,相对于实在而言科学概念处于何种地位。尤其是,集合在经验主义的名目之下的一些观点,产生了不适当的经验蕴涵,有必要对这些观点进行批评。

我们还记得,在经验主义的名目之下包括三种不同的观点。第一个叫做实证主义的经验主义,就是把属于古典力学的逻辑类型的一般理论体系加以具体化。这样,要么意味着适用该理论的具体现象全都能够根据该体系的各个范畴加以理解,要么就是不这么极端地意味着,根据对于该体系各个变量的值的了解，必然能够预见这些现象当中所有将要发生的变化。后一种观点承认有某些恒量，即为该理论的具体运用所必需的一些假设。但是，如果采纳这种经验主义观点的话，那些恒量不仅仅被认为对于直接的科学目的而言是不变的，而且也被视为该现象的部分"本性"。换句话说，只有当"实验条件"被给定——在这种条件下单单依据其"规律"就可以极其精确地作出预测——的情况下，这项理论才有了用武之地。自由落体定律被认为只适用于真空状态。这种把抽象概念具体化在社会领域里的最明显的例子，就是把古典经济学说成只能适用于完全竞争的制度的理论。于是，关于最大限度满足的学说所必需的那些启发式的假设就成了恒量，在极端的情形下，还断言这些假设都是关于具体实在的必然真理。

另外两种形式的经验主义无论出于何种目的，比较起具体现象来，都否认这种意义上的一般理论概念的有效性。一种就是我们所说的特殊主义的经验主义，认为只有关于具体事物和具体事件的细节的知识才是客观知识。各种具体事物、各个具体事件之间根据一般概念可以加以分析的因果关系，是不可能建立起来的。对这种因果关系只能观察，只能描述，只能按时间先后顺序来排列。这种观点显然是休谟在认识论上的怀疑主义反映在方法论方面的结果。这是我们决不能接受的，因为接受这种观点就会毁掉本书的整个目标。本书的目标恰恰是搞清楚这样一些一般理论范畴的体系的轮廓，它是具有可以验证的经验上的有效性的。

经验主义的第三种形式，是冯·塞廷博士所谓的直觉主义的经验主义。这种观点承认社会科学当中有一个概念性成分，但是认为这个概念性成分只能是一个个别化的成分，它一定要阐述诸如一个人、一个文化复合体等等具体现象的独特个性。如果把这种具体现象分解成为能够纳入不管哪一类一般范畴的各个成分,都一定会抹煞这种具体现象的个性,得到的不是正确知识,而是对于实在的歪曲。这种观点显然同样是不能接受的,因为这种观点否认本书的主要任务作为一项科学研究的目的的合理性。

第一种形式(把抽象概念具体化)由于一个不同的原因也是不能接受的。它在坚持一般理论概念在科学中的合法性这一点上是正确的,但它对这些一般理论概念相对于具体实在的地位所作的解释都是错误的。本书提出了丰富的证据,证明理解人类行动要涉及大量的一般理论体系。各种自然科学的体系适用于人类行动是无可怀疑的,但是企图完全以自然科学的体系解释人类行动的各种尝试都已经失败了。在比较狭窄的范围里说,我们已经提出了牢不可破的证据,证明经济上的自由放任理论所必需的那些假设,对于社会科学的一般目的来说,就不能被设想为是所有社会体制的固定不变的特点。相反,我们已经看到,各种社会体制的变异方式,都是能够根据行动理论的其他非经济的成分加以分析的。如果确实如此,单靠经济学理论一个体系,就不足以承担更加广泛的理论任务。

本书接触到的第四种有关科学概念及其与实在的关系的观点是:认为科学概念不是实在的反映,而是"有用的虚构"。主要的例子,是韦伯本人对他自己提出的理想类型概念的地位所作的阐述,这是有意识地针对上述三种经验主义观点而作出的阐述。如前所述,这种观点运用于某些类型的概念时,具有一点真理的成分,但是如果像韦伯所倾向的那样把它运用于社会科学或其他科学的所有一般概念,则也是站不住脚的。

与这四种站不住脚的观点相对立,我们可以提出贯穿于本书之中的一种认识论观点——分析的实在论(analytical realism)。作为与虚构论相对立的观点,它认为至少有某些一般科学概念不是虚构的,而是充分"把握了"客观外部世界的某些方面的。这里所说的分析性概念就是这样的概念。因此,我们的观点在认识论的意义上就是实在论的观点。同时,这种观点避免了经验主义实在论所具有的那些成问题的含义。这些概念不是与具体现象相对应,而是与具体现象中那些能在分析上与其他成分分开的成分相对应的。这绝不是说,任何一个这样的成分(甚至一个在逻辑上连贯的体系中所包含的全部成分)的价值完全是对于某个特定具体事物或事件的描述。因此,有必要用"分析的"来限定"实在论"一词。正是由于可以加上这样一个限定词,就使得我们没有必要再乞灵于虚构论。

可是,仅仅把本书各项研究结果中所包含的一般观点及其与被否定了的其他可能观点的关系加以表述,还是不够的。当分析的实在论运用于对于我们所发展起来的理论体系的概念结构——唯意志论的行动理论时,有必要进一步思考分析的是,实在论究竟意味着什么,以及在理解该理论如何运用于经验研究时必须加以辨析的种种概念。这样就得重新拾起第一章已经开始讨论的概念类型的问题。

行动的参照系

在全书中处处可以看到,对于具有所有这些特点的行动图式所适用的两个不同层面加以区分,是很必要的。这两个层面就是描述性的层面和分析性的层面。凡是适用这种理论的具体现象,都可以作为这种具体意义上的一个行动体系来加以描述。这种行动体系又都能划分成若干部分或比较小的次级体系。如果在这个层面上继续分解或分析到底,最终就会得到我们所说的单位行动。这就是作为一个具体行动体系的组成部分还能说得通的"最小"单位。

虽然这种单位行动是能够作为一个次级行动体系来设想的终极单位,但是从行动理论的观点来看,它仍然不是一个不能分解的实体,而是一个复合体。要把它看成是由行动的"具体的"成分构成的。构成一个完整的单位行动,要有具体目的、具体条件、具体手段、一个或数个对于选择达到目的的手段起支配作用的规范等等一定数量的具体成分。所有这些概念都已经在前面讨论过,无须在此重复。需要指出的只是,虽然这些概念在某种意义上都是具体的实体,但只有那些能够被认为是单位行动或若干单位行动组成的体系的一个部分的,才是行动理论所说的具体实体。例如,一把椅子从物理学上说是分子和原子的复合体,而对于一项行动来说却是一个手段——"坐的东西"。

把行动理论在这种意义上的分析性运用与其具体运用加以区分,是非常重要的。分析意义上的目的,并不是具体的所预期的未来事态,而只是行动者采取行动之后的未来事态与行动者倘若不采取行动会出现的未来事态之间的差别。终极条件并不是某一行动者所处境况之中非他所能控制的所有那些具体的方面,而是处境当中那些一般来说不能归因于行动的抽象成分。手段并不是具体的工具或器械,而是行动者们依靠他们所掌握的有关事物某些方面和特质的知识和对它们的控制,能够依照自己的意愿来改变它们。

由行动理论的这两种不同应用的基本区别,产生出它们的相互关系问题。最一般地说,就是它们包含有一个共同的参照系。这个参照系实质上就是这些成分之间的关系的不能再简化的基本框架,而且就是在这些成分的概念里面就包含着的,是两个层面所共有的。抛开这个参照系,谈论行动也就毫无意义,所以应该扼要说明这个参照系的主要特点。

第一,把结构性成分区分到了最低的限度,即目的、手段、条件和规范。如果不把这四种结构性成分一一说明,就不可能对于一项行动作出有意义的描述;正如粒子有某些最低限度的特性一样,忽略了其中的任何一个,所作的描述就都会是不确定的。第二,在这些成分的关系中包含着一种行动的规范性取向,即包含着一种目的论的特点。应该认为,行动之中两类不同成分——规范性成分与条件性成分——之间,总是存在着一种紧张状态。行动作为一个过程,实际上就是将各种条件成分向着与规范一致的方向改变的过程。把行动的规范性方面完全取消,也就取消了行动这个概念本身,并且导致极端的实证主义观点。取消条件,取消来自这方面的张力,同样就取消了行动,并导向唯心主义的发散论。因此,可以设想条件在一端,目的和规范性规则在另一端,而手段和努力则是二者之间的联结环节。

第三,这就内在地关系到时间。行动是时间中的过程。与此种目的论特性相关联的,就是规范性成分与非规范性成分之间关系中的时间坐标。"目的"这个概念总是包含着一个与未来有联系的内容,即与预期的事态联系着。但是,如果没有行动者的介入,这个预期的事态并非必然发生。目的在行动者的心目中,必然是与处境同时存在,并且先于"采用手段"的。而"采用手段"又必然先于结果。只有按照时间,才能说明这些成分之间的相互关系。最后,这个图式在前面所讨论的意义上,本然地是主观的。规范性成分只能被设想为"存在于"行动者的心目中,这就是最清楚不过的证明。规范性成分只有实现以后,才能以别的任何一种形式成为观察者可以理解的,这样就不能对它们与行动的因果关系作任何分析。要记住,仅从客观观点看来,所有行动都是"合乎逻辑"的。

行动图式的这些根本方面,亦即我们这里所说的"参照系",不是任何经验问题的"材料",也不是任何具体行动体系的"组成部分"。它们在这方面与物理学的时空参照系相似。每一个物理现象都必然涉及到发生在处于空间某一位置的微粒上的时间之中的过程,舍此去讨论物理过程是根本不可能的,至少在使用经典物理学的概念图式时是不可能的。同样,离开了具有上述所有含义的手段—目的关系,连讨论行动问题都是不可能的。这是一个把握了行动领域里所有变迁和过程的共同的概念架构。

因此,可以说行动的参照系具有一种被很多人称之为"现象学的"(这是胡塞尔的说法[②])性质。它不包括任何能够在"思考当中舍去"的变化不定的具体素材,它不是一种在经验意义上的现象,而是我们描述和思考行动现象时所必不可少的逻辑架构。[③]

具体行动体系的诸组成部分,或分析性成分的价值和目的的具体内容等等,却都不是这样。它们都是在经验的意义上存在着的,都能够以因果关系和具体经验过程来加以分析。行动的参照与具体素材之间的区别是极其重要的。

不管在什么场合运用一般的行动图式,现象都是按这个共同的参照系来描述的——这就意味着,不管在哪一个层面上进行分析,所有行动体系都有着共同的结构。本书的主要任务正是分析这个共同的结构。终极单位总是具有各个组成成分的基本结构的单位行动。这样,参照系中便内在地具有一定数量的任何行动体系中各个单位行动之间的"基本"关系。这些基本

---

② 见胡塞尔(E. Husserl):《逻辑研究》(Logische Inntersuchungen)。
③ 只要使用这里采用的概念图式就是如此。

关系主要产生于这样一个事实，即同一行动体系内其他单位的存在，必然是要据之用来分析任何一个单位的处境的特点。最后，在各个行动体系里面，还有各个单位之间的伴生性关系。这些伴生性关系并不是"行动体系"这个概念本身在逻辑上固有的，而是在经验上证明了存在于复杂性超出一定程度的行动体系之中的。实际上，同功利主义体系相对照，唯意志论行动理论的特点，主要就是承认所有行动体系的这些伴生性方面在经验上的重要意义。本书以上所做分析主要就是研究这些方面的。

对于行动参照系与行动体系的结构相比之下是怎样一种状况作了以上说明之后，就有可能说一说对用于行动体系及其各个组成部分的"具体"一词必须加的限定了。这样，也就提出了有关科学素材的性质以及它们与理论体系是什么关系的某些问题。即便是对于行动体系的具体组成部分（单位行动、单位行动的各个部分以及若干单位行动的集合体）都作了描述，也还没有构成所研究的那个现象全部可能了解到的事实，而只有在行动参照系之内有关的事实。但是，这些事实——行动理论的素材——也分成两类。要了解这两类事实的区别及其相互关系，最好举一个能够说明为表述同一现象的诸事实可供选择的参照系——时空参照系和行动参照系——的相互关系的例子。

对于一桩从桥上跳水自杀的案例，社会科学家把它作为一项"行动"来描述，物理学家则把它们为一桩"事件"来描述。对社会科学家来说，它具有一个"具体的"目的即水淹致死——行动者期望"自己死于水中"。手段是"跳水"。"条件"包括：桥的高度，水的深度，入水点与河岸的距离，冲击和肺部灌满水在生理上产生的后果，等等。行动者使自己依照能按照物理学的空间图式理解的现象来"定向"。他知道，如果跳就会落水，如果不

829

游泳就会淹死。如果用行动图式表述这些事实,这些物理学的事实就是"素材"。但是,这些素材给定之后,社会科学家面临的问题就在上面加着重点的"如果"上。社会科学家对一个如果跳就会落水的道理并不感兴趣。他关心的只是如下事实:这个人要落水,以及这个要自杀的人知道自己要落水和落水对于他本人可能发生的后果。④

对于研究这个特定现象的物理学家来说,他关心的是落水这桩"事件"。他将用自由落体定律等等来研究这桩事件。这个人跳入水中对于物理学家是个给定的事实,他不过问为什么。如果他从"动机"方面过问为什么,也就不是根据"物理学"的参照系来考虑了——也就是说,他不是从与物理学这个特定理论体系有关的方面来描述他的素材的。

这样,对于具体行动所作的描述,包含的是与不属于行动理论图式的其他理论图式相关的事实。实际上,如果要把行动参照系看做能够起一种描述性图式的作用的话,对于具体行动的描述,必然包含着与行动理论图式相关的事实。但是,对它们的表述在方式上不同于为了别的理论目的而用其他图式对它们所作的表述。这个区别可以大致表述如下:描述性参照系的科学功能,是使这样一种描述现象的方式成为可能——把有关现象的那些与一种给定的理论体系相关并且能够以这种理论体系加以解释的事实,同与该理论体系不相关也不能据以作出解释的事实区分开来。后者在所作的描述当中作为一种"素材"而出现。对于社会科学家来说,一个自杀者跳下去就会落水是一个相关的但却不成其为问题的事实。成为问题的事实是他为什么

---

④ 参较涂尔干关于自杀的定义,他下的定义正是把自杀作为这种意义上的一项"行动"来界定的。

跳入水中。另一方面，对于物理学家来说，自杀者的确跳入水中则是相关的但却不成其为问题的事实，成为问题的是跳出以后为什么以那样的加速度、入水速度和入水冲力等落水。在这个意义上对"素材"的陈述，惟一的要求，是这些素材对说明这事的来龙去脉应当是"充分的"。社会科学家和自杀者对于自杀的"物理学方面"一定有足够的了解，能够断定这一跳可能会产生死亡的结果。否则，应用于行动的"自杀"一词就毫无意义了。这可以称之为物理学素材的"与动机相关的充分性"。同样，物理学家也一定清楚地知道，跳入水中就意味着跳水者实际上离开了桥并将落入水中。这就是关于物理学问题的行动素材的知识与物理相关的充分性。在这个意义上，为了得出经验上正确的结论，每一个理论体系都必须能够把这些素材"充分地"作为事实加以描述。但是，除了确认这种充分性以外，不需要进一步去寻根问底地考证这些素材为什么如此。⑤

可是，如果素材范畴像一般用法那样，指的是有关一个具体现象的可以在一个给定的参照系之内加以描述的全部观察到的事实，那么，以上所说就还没有全部包括一门科学的素材范畴。确切点说，包括的只是在物理科学中通常所谓的问题的常量。此外，还有变量的值。在自杀这种事例中，与物理学相关的值是起跳点到水面的距离等等。在社会方面的相关值，则是该行动者所处境况的某些特点、他的目的等等。⑥ 这些素材像常量一样，在任何特定的具体处境中都是给定的。决不能通过理论概念的演绎得出这些量，而必须通过考察来确定。理论演绎能做的一切，就是把一组一组素材相互之间的含义引伸出来，使我们

---

⑤ 对于这种学科的理论目的来说。
⑥ 涂尔干的专著对此进行了分析。亦见前文，第八章。

能够用各组素材互相验证。例如,如果在某个个案中,我们掌握了该体系内四个变量中三个变量的值,那么,只要具备必需的逻辑方法或数学方法,就能推出第四个变量的值。

于是,任何具体问题的素材都分成两类:"恒定的"素材和变量的值。参照系最重要的职能之一,就是能够划定两种素材的界限。⑦按照这种参照系,对于常量只能加以描述;进一步分析这些常量,则要用另外的办法。另一方面,对于变量的值的描述则是分析的出发点。⑧下一步就讨论这个问题。

行动体系及其单位

描述各个变量的值,要涉及到具体历史个例(historical individual)的参照架构的内部构造,以及把历史个例分解成各个部分或单位的各种可能方式,也涉及到这些单位在客观上可能的各种组合所形成的越来越复杂的结构。这样就引起了很多异常复杂的方法论问题,对这些问题这里连着手进行充分讨论都是不可能的。讨论这些问题需要专门写一本方法论的专著。这里只能涉及对目前讨论的内容至关重要的几个问题。

首先,如果上述关于参照系的基本作用的观点是正确的,那么,由此可以推断出,"应该与这样一种图式相关"这条标准,对于把现象分解成单位或部分分到什么程度是有用的,提出了一个明确的界限。我们还记得,分解出来的单位,必须是在能够设想为与其他部分分开而具体存在这种意义上的该现象的一个"部分"。至于在具体物中实际上是否可能把它们分离开来,在

---

⑦ 可是,如同马歇尔的经验所显示的,这是不够的。
⑧ 因此,为了加以区分,对变量也必须加以界定,即分析性成分。

方法论上并不重要。至少在经典物理学中可以很有把握地说,必须把物质的单位本身看做是一种物——粒子。在这种单位的意义上,必须把所有物体看做是由这样一些粒子构成的,同时必须把所有的物理过程设想为"发生于"这些单位或它们的组合的变化。⑨

对于能按行动图式加以描述的现象来说,能够被设想为具体地独自存在着的"最小的"单位就是"单位行动"。单位行动再深入一层,又包含着最小限度的"具体成分",即已经说到过的具体目的、具体手段、具体条件(包括制度性规则)和支配手段—目的关系的具体规范。在某种意义上说,这些都是具体的单位。但是,除了作为一项行动的成分或部分之外,不能把它们视为是与行动图式相关的⑩,因为那就进而意味着一个"行动者",也即一个"人格",其同一性超越了它任何一个具体的行动。

如果以一种把这些成分或者这些成分进一步分解出来的部分同此种意义上的行动割裂开来的方式描述同一个现象,这些成分或部分对于行动图式的相关性就被破坏了。因而如果这些事实与任何一种科学理论相关的话,那个理论必然是行动理论之外的体系。因此,在自杀的个案中,从几个方面构成行动条件的桥,从物理学的观点可以"分解"成肉眼可见层面上的桥楼、悬索,直到组成钢铁和混凝土的化学物质的分子、原子等等部分。这些单位只是在我们称之为"桥"的特定具体组合之中才与行动

---

⑨ 量子理论已经使这种情况发生了哪些变化,不是我所能说明的。我觉得,物质单位和据以描述物体及过程的参照系这两个概念已经发生了相互关联的变化。如果确乎如此,就进一步证实了这里提出的一般观点。

⑩ 撇开了这一点,它们全都可以列入其他描述性参照系之中。于是,一件在行动图式里面是"手段"的工具,也可以作为一个物理学的对象来描述。

图式相关。桥这个词在日常谈话中的基本含义,实际上正是来自它与行动图式的联系。桥是一种跨在水面或其他障碍物上的、人和车辆可以在其上行走的建筑。桥的定义是在功能方面以与行动的关系来界定的,而不是从物理方面作为一个聚合物或一个由原子组成的定型结构来界定的。

这就是前面说过的对于抽象的一个方面的限制。⑪ 把具体现象再分解成单位或部分,分到什么程度在科学上是有用的,这个明确的界限是由这些单位或部分与参照系的相关性决定的。以行动理论来说,这种相关性就是看能不能把分解出来的单位或部分当做行动或行动中的具体成分。而到底能不能,一个主要标准又是能够采用主观观点。看不到这一点,是韦伯如此惧怕抽象、并且因此对于发展一种一般化理论体系连试也不敢试的主要原因之一。

人们会问,在这个意义上把具体现象分解成部分或单位是不是一个抽象过程呢? 答案是,正是因为所说的现象是有机的,所以这才是抽象的过程。正像本书已经分析过的那样,对于行动体系来说尤其是如此。所有的行动体系,归根结底都是由单位行动"组成"的——这是没错的。但在解释这是什么意思时,必须当心。这不是说,单位行动与整个行动体系的关系,很类似一粒沙子与由沙子作为组成部分的沙堆之间的关系。因为,前面已指出,行动体系具有一些只是其中的各个单位行动之间关系复杂到了一定程度才随之发生的特性。抛开与同一行动体系里面其他单位行动的各种联系,从任何一个单独的单位行动里面,也看不到行动体系的那些特性。直接地去概括单位行动的

---

⑪ 见前文,第十六章,[边码]第633页起。

那些特性,⑫ 不可能得出行动体系的特性来。因此,在概念上把单位行动分离出来,或者把构成单位行动组合的其他部分分离出来,就是一种抽象的过程。从韦伯赋予他所谓理想类型的那种意义上说,这才确实是并且必然是他所说的那一类虚构概念。关于行动体系的有机性问题,作为推论的行动体系的伴生性特性处于何种位置的问题,以及在何种意义上忽略了这些特性的单位概念或部分概念乃是抽象的这一问题,都需要进一步加以阐明。

最好从本书提到过的一个有关伴生性特性的最简单例子开始。从描述某一单项合理性行动——它有单一的清楚明白的直接目的,有一个给定了条件和手段的具体处境——的素材中,我们无从断定它是否或在多大程度上是经济合理性的。提出这个问题是无意义的,因为所谓经济范畴从它的定义上说,就包含着稀缺手段与大量不同目的之间的关系。于是,经济合理性乃是一种只有把若干单位行动放到一起,作为组成了一个整合的行动体系去看待,才能观察得到的行动的伴生性特性。把单位分析进行到在概念上把单位行动孤立起来的地步,这个行动体系就瓦解了,这种伴生性特性也就消失了。只要分析止步于单位行动,在谈到行动合理性时,指的只能是"合理性"这种特性的技术性方面。

---

⑫ 可以说,"直接"概括的意思是指:根据单位之间(如果有一个以上单位)的某些关系是参照系所固有的这个情况,可以推演出在同一个具体体系中存在着多个单位这一事实所具有的蕴涵来。只具有这些概括成分的由单位行动组成的体系,是一个原子论的体系。

如第一章([边码]第 32 页,注 1)所说,作为整体的机械体系,确实具有孤立的各个部件所不具备的一些特性。但是,在这种情况下,整个体系的所有特性(例如熵等等),都可以借助于我们刚才所说到的种种考虑从各个单位的特性之中推演出来。

因此，单位分析一方面受所阐述的单位与所采用的参照系之间的相关性的限制；另一方面，只要这种分析法用于分析有机现象，又不受这种相关性的限制，而是由于涉及到某种抽象而必须慎用，这种抽象就是随着分解的逐步深入，而把原来比较复杂的体系的那些伴生性特性逐渐排除掉。于是，如果对于具体现象，只去观察那些在单位行动或其他次级行动体系中存在的特性，这种理论在经验上用于复杂的行动体系时，就产生了不确定性。这种不确定性是在经验上的不充分性的一种表现形式，就是原子论的理论应用于有机现象时所遇到的根本性困难。原子论的理论不能正确对待经济合理性之类的特性，这类特性并不是"行动本身"的特性，也就是说，并不是孤立的单位行动或原子论的体系的特性，而只是复杂到超出一定程度的有机的行动体系的特性。

因此，方法论的问题，就是"单位"概念或"部分"概念与体系分析的关系问题。"单位"概念和"部分"概念所包含的抽象，就在于只凭这样的单位以及这样的单位之间过于简单的初级关系，不可能说明体系的某些特性，也不可能考虑特性变化所造成的具体结果。这个问题用本书前面用过的一个比喻也许可以说得更清楚些。我们还记得，在概述合理性行动的整合体系的概念时，曾经使用过由交织在一起的线组成的"网络"的比喻。这个比喻把行动体系的有机体特性形象化了。如果把行动体系当做由原子论意义上的单位行动组成的体系，就有可能把这个网络拆散成为可以具体地分开的一根根线条。在这个比喻中，只有将一个具体行动通过一个单个序列的导向最终目的的行动而与终极目的联系起来，才能辨识出手段—目的关系来。可是，同一个具体的直接目的，实际上可以被看做是达到各种终极目的的手段,所以"线条"从这点往上就向许多不同方向分开岔来。⑬

然后,我们把一个特定的具体单位行动看做是个"结点",许多这种线条在结点这里稍一聚汇,紧接着又重新分开,分别进入各种各样的其他结点,而在原先那个结点里聚汇过的许多线条,只有很少几根一同进入一个结点。⑭

可是,即便在这个比喻里,也可能在一个问题上产生误解。线条组成的具体网络实际上是可以拆解的,线条都可以彼此散开。而在我们所说的事例中,即便是在想像中也做不到这一点,而且如果詹宁斯教授的意见正确的话,遗传学的事例也是如此。必须把这个网络看做是由只有在分析上才能分隔开(而不是在任何意义上可以具体地分隔开)的单位组成的。把它们一一分开来,乃是一个在分析上加以区分的过程,也是一个对在一系列具体个案中得到的各种成分的值之间的关系进行追寻的过程。

---

⑬ 可以用图解说明这一点:

时间 ↑　单位行动
　　　　↑
手段—目的链条。

⑭ 在另一门学科——遗传学里,基因分离原理同这种情况在逻辑上很相似。这个原理把一个特定个体有机体的遗传素质,看做是许许多多在分析上可以加以辨认的"支流",即基因的聚汇点,这种基因历经许多代仍相对是恒定的。从一个特定个体上溯,这些基因成分的来源越来越分成更多的成分;每向前分析一代,这种成分的数目就翻一番。往下同样去看这个个体的后代,每传一代这些成分又再分一次。必须一代一代追溯到足够的程度,才能把其中的单位识别出来。见詹宁斯(H. S. Jennings):《人类本性的生物学基础》(The Biological Basis of Human Nature)。

从詹宁斯教授的说法当中可以看出,这种逻辑上的近似还要扩大一步。他所谓的遗传的单位特性理论,把基因成分与成年人有机体的体质特点等同起来,因而把基因成分具体化了。这样就导致了他展示得非常清楚的"拼板式"发展理论所遇到的种种逻辑困难。上面提出要提防的原子论与此极为相似。原子论里面就把行动的分析性成分与组成单位行动的具体成分等同起来,从逻辑上说是同样地把抽象概念加以具体化,结果则是同样的"拼板式"的行动体系理论。我们已经看到,韦伯犯的是同样的"拼板式"错误(见前文,第十六章),不同的是他用了比单位行动复杂得多的单位。

742

但是,如果某些这种成分只有通过描述有机的体系的伴生性特性才能确定它们的值,它们之被纳入某种科学理论又有何经验根据呢?只有单位才真正存在,难道不是如此吗?答案在于种种自变量的事实中。区分合理性中的经济性成分与技术性成分,根据就是二者的值相互独立地变化。其中哪一类成分的值增长到最大限度,也不意味着另外那种成分的值相应增长到最大限度。但是,应该怎样证明这种变化是独立的呢?只有把不同的具体个案加以比较才有可能。描述一个单位则不需要这样比较,因为其本身就能独立地阐述清楚。

有一个具体例子,可以清楚地说明进行比较对于区分各种成分的作用。在与技术相关的各项条件具有可比性的情况下,用科罗拉多河(博尔德水坝)的水力发电同用匹兹堡附近的俄亥俄河的水力发电,在技术上的效能没有什么根本性的差别。但是,博尔德水坝离产煤区非常远,而匹兹堡正在一个大煤田的中心。这种情况的反映是:在匹兹堡附近用蒸气发电比较便宜。要使这两个地方的条件具备可比性,还得再做进一步的限定,但原理是清楚的。这两个地方都有两种达到目的的可行的技术方法可以选用——水力发电或蒸气发电。在任何两种不同情况下,都可以基于经济原因而不是基于技术原因,在这两种发电方法中做出不同的选择。与经济学直接相关的事实是:此地煤价较廉,彼地煤价较昂。在博尔德水坝用水力发电比用煤发电花费较少,与在同一地点用蒸气生产同样数量的电力相比,对于其他需求的满足来说损失较少。这样一比较,就说明了行动合理性的技术方面与经济方面是各自独立地变化的。

这样便可以看出,对于所有的分析性科学来说,比较方法之所以不仅有效而且必不可少,在方法论上的根据到底是什么。所谓实验,实际上不过是这样一种比较方法——在受控条件下,按照要求创造出进行比较的种种实例来。因此，同桑巴特的发生学方法等等相对照，韦伯坚持比较研究是很有代表性的。不用比较方法，就不能在经验上证明种种分析性成分的值是各自独立地变化的。

在结束关于描述性的单位概念或类型—部分概念在行动科学中的地位问题之前，可以概述一下社会学家大概会遇到的某些不同类型的这些概念以及它们的相互关系。先作两点说明：第一，就韦伯而言，因果解释总得要把这种现象分解成为结构性的单位或部分，也许还得分析成为种种分析成分的值。恰恰正因为现象不可分割，在以上两种意义上或者在其中一种意义上，它就必定不是科学所能解决的。第二，前面已指出，社会领域的种种体系在很大程度上是有机的。因此，只有在组成这些体系的种种基本单位结成的组合复杂到一定的程度时，这些体系的某些特性才能够看得出来。适用于人类社会的各种可能的描述性图式，就是观察这些比较复杂的组合的不同方法。

前面说过，仍然与行动图式相关的人类行动的最小基本单位是单位行动。可以认为，这些单位行动组合起来，就构成了越来越复杂的具体行动体系。这些体系有一些在结构上和分析上都很重要的伴生性特性，而一旦把这些体系分解成单位或部分到了一定程度，其伴生性特性就消失了——在这种意义上说，这些体系是有机的。经济合理性和价值整合都不是与同一体系中其他单位行动割断了有机联系的那种单位行动所具有的特性。但是，行动图式由于考虑到了这种有机性质，可以用以描述复杂到可能设想的最高程度的具体行动体系。

可是，在一个行动体系复杂到一定程度时，以行动图式来详细加以描述，就有点费力不讨好了。即便把各种最具体不过的行动的所有复杂而细微的变化都略而不谈，仅仅描述其中那些

"典型"的单位行动也是一样。幸好在复杂性达到一定程度时,还有其他方法来描述那些事实,用这些方法可以便利地作出"速记式"的描述,对于许多科学研究还是足够用的。

这就把注意力局限于具体行动体系的所谓"描述性方面"。这些方面都可以看做在功能上是依赖于具体的行动体系的,所以,以这些方面代替全部的具体性,在一定范围之内不会得出错误的结果。在我们所研究的特定问题上,[15] 主要可以从两个方面把描述性方面分离出来,即"关系的(relational)"方面和"聚合的(aggregational)"方面。这两个方面是互相补充的,而不是毫无关系的。

在论及韦伯时已经论述过第一个方面,指出不同个人的行动和行动体系如果是互为取向的,就构成了社会关系。如果这些个人的行动体系的互动是持续不断而有规律的,这些社会关系就具有了某些可以辨认的、相对固定的特性或描述性方面。其中一个是结构性方面,[16] 另一个则是 Gemeinschaft[共同体]和 Gesellschaft[社会]相比之下得到优先考虑所包含的那个方面。这里不打算给它作为一个特性而给以专门名称。[17]

重要的是,如果使用关系图式去观察和描述社会中人类生活的事实,就规定了什么是充分的观察的标准。没有必要观察一种社会关系的各方的全部行动或全部态度等等,只要确认该社会关系对于当前的目的来说相关的"特点"就足够了。为了尽可能地便于作这样的观察,对于每一个相关的描述性方面到底

---

[15] 也许不只在我们研究的问题上,对此不作深究。

[16] 即西美尔所谓的"形式"。

[17] 早期对于界定数量上可变的分析性成分,往往对变化的两个极端取不同名称。因此,物体是"轻的"和"重的"。科学则倾向于为一种单一的本质取名,例如"质量",是视做能够具有在一定范围之内的不同的值的。

有哪些类型,都应当以充分的标准作出分类来,以便观察者把他的观察结果纳入一种概念图式之中。正是因为已经有了这种分类并且经过了验证,才有可能把观察局限于少量的"起辨识作用"的事实。然而,需要做多少观察才能说明问题,决不能先验地确定,而是随特定事实以及所研究的那个领域的知识现状而不同。但是,随着科学的进步,这种所需的观察有不断简化的趋势,这表现在两个方面:第一,某些事实可能作为无关的而被排除;因而,对于万有引力理论的研究工作来说,物体的密度是无关的,不需要测量。第二,有可能确认有关事实之间的联系,因而观察到某些事实之后,对其他事实无须观察便可以推断其存在。例如,为了确定一个对象是生物学意义上的"人",并不需要打开头盖骨去看他实际上有没有人类的大脑。

因此,像社会关系图式这样的辅助性描述图式,主要起在科学上可以经济一些的作用,起减少作出充分判断所需要的观察和验证的劳动量的作用。第二个作用前面说过了,就是用这种方法表述事实,不至于在进行单位分析的时候分解到把相关的伴生性特性抹煞的地步。关系图式与行动图式相较之所以是次要的,可由如下考虑来证明:把单位行动从社会关系中分离出来(在概念上)是完全可能的。但是,即使在概念上要把社会关系从各方的行动中分离出来也是完全不可能的。社会关系是包含着许多个人以及他们的许多行动的行动体系的一个描述性方面。

前面已指出,行动图式意味着有一个行动者。这对于"行动"概念,犹如设定有一个认识主体对于"知识"概念一样,是非常根本的。除了作为某个个体所认识到的东西之外,我们无从设想"知识"究竟是什么。同样,行动是一个或更多行动者做出的一系列行动。对于我们所要研究的问题来说,没有必要涉及与自我或自己概念有关的那些非常困难的哲学问题。关于这一点,只要稍加说明就够了。

首先可以指出,"行动"概念的这一层含义指的又是行动体系的有机特性。从现在的观点来看,有行动者这层含义就成了各个单位行动之间关系的一种方式。如果行动具有这样一层含义,了解了在概念上孤立存在的单位行动的内在特性,还不足以了解这项行动。要了解它,还必须知道是谁的行动以及此项行动与同一行动者的其他行动有什么关系。因此,在描述任何一个特定的具体行动体系时,描述各个单位行动形成的有机关系可能采用的一条原则是,把那些单位行动按照是哪个行动者作出的加以归类。

这样一来就出现了"个人"或"人格"的概念。其中的道理,基本上同上述情况是一样的。于是,对于现在研究的问题来说,应该把"人格"概念看做是表述人类行动各项事实的一个描述性的参照系。在这个意义上,人格不过就是置于与单个行动者相关的背景下来描述的、可以观察到的单位行动之总和。但是,这或多或少是个有机的行动体系,并且由此作为一个总体就具有某些伴生性特性,那是从原子论角度来看的单位行动中所无从推演出来的。

如果确乎如此,就有可能采用类似于在关系图式上采用过的一种"速记式"的描述方法。不需要观察该人的所有单位行动,只要认定他是一个与理论相关的类型的人就行了。从客观上看,这些起鉴别作用的特性可以是指品质特征,从主观上看则是态度。同在关系图式中一样,可以按照一种分类方法来鉴别这些特性。于是,对于我们现在研究的问题来说,⑱ 人格图式

---

⑱ 特别是,这并非必定要与心理学的"人格"概念一样。

是另一种描述行动的辅助图式。它是一个由于都涉及同一行动者而被放在一起的单位行动的有机体系。

然而,还能把这种"聚合"的过程再往前推进一步。对于包含有许多行动者的行动体系,可以把这些行动者作为群体加以描述。就是说,可以把比较大的聚合体看做是由若干人作为单位组成的。在这种情况下,个人成了群体的一个成员。毫无疑问,这种意义上的群体也有其伴生性的特性,是不能从在概念上与群体成员身份脱离开来的个人的特性中推导出来的。无论如何,无须详述群体成员的所有品质特征和态度,也肯定能够描述群体的特性,因而描述起来就更省事。

单个的个人无疑是群体结构的组成单位。但是,不能因此认为,同一个人不能在同一时间内是很多群体的成员。相反,他一般同时是很多群体的成员。因此,任何一个群体并不能包含着他完整的人格。同时,能够同时充当哪些不同群体的成员,当然也是有一定限度的。一个人不能同时既是天主教会的成员又是浸礼会的成员。这是属于特定具体群体或群体类型的问题,也是它们的特点之间的关系问题。

同时,对我们所讨论的问题来说,也要把群体图式看做是比行动图式次要的。群体的特性没有不能归结成行动体系的特性的,对群体加以分析的理论也没有不能以行动理论去表述的。涂尔干的个例非常明显。他对于社会群体的本性所做的分析,直接导致了行动图式和一般化的行动理论。

作过上述说明之后,就无须再去强调这点了:在所有这些层面上对这些单位或部分的概念[19]加以概括,只要小心谨慎而又

---

[19] 就是说,不仅单位行动,而且社会关系、个人和群体都能作为社会体系的单位。

不越雷池一步，就会得出足以解释许多问题的经验概括来。需要警惕的主要有两点:这些单位或部分的概念只有在处境的变化不超过一定范围时才是适用的，因为如果处境的变化太大，下面这个假定就不能成立了——对于所研究的实际问题来说，这些类型概念在具体情形下所表现出来的各个分析性成分的值之间的种种特定恒定关系，不会过于虚无缥缈以致超出了可以接受的误差范围;第二，我们已经一再说过，正是就整体是有机的而言，它的部分或单位不是真正的实体，而是抽象物。因此，在使用这些概念的时候，一旦忘掉这一点，经过复杂的变化过程之后把这些单位看做是恒定的实际的部分，就不知不觉地把它们具体化了——对此要特别加以警惕。如果把这些概念具体化了，就是把有机的整体简化成单位部分的"拼板"了。

　　以上所述已经足以说明，"单位"概念在所有这些不同复杂性的层面上，都与行动参照系有非常密切的关系。这样的概念若不是作为行动的具体成分或作为组成某些行动组合体的单位行动，而能够以行动理论加以描述，对于行动理论就是无意义的。即便不是直接以行动图式来表述有关的事实，而是以关系图式、人格图式或群体图式来表述，情况仍是如此——这一点已经分析过了。因为这三种图式在这里，都被认为是在前述意义上的行动图式的辅助图式。把历史个例分解成单位部分到什么程度还有意义，决定于参照系的要求。因为，分解出来的单位部分，对于行动理论参照系的相关性一旦消失，它们对于行动理论就不再是有意义的了。在这个意义上，参照系给抽象设定了一个界限。

分析性成分的作用

在前面论述的若干问题上,已经提到了分析性成分的作用的各个方面。就此只需略加说明。第一,应当强调地再次指出,成分分析和单位分析不是科学抽象的两个阶段,而是在两个不同层面上的两种不同类型的抽象。用西美尔的话来说,这两种分析划出来的"事实之间的界线",既不是同一条线的两个部分——成分分析划的界线离具体最远,单位分析划的界线离具体最近——也不是两条平行的线,而是两条互相交叉的线。换一种说法,单位分析划开的则是其经验实在的经线,成分分析划开的是纬线。

从成分分析的观点来看,每一个具体地或从概念上孤立出来的单位或部分,都是一个或数个分析性成分的特定值的一种特定组合。每一个"类型"都是这些值的一组恒定的关系。另一方面,成分则可能是这样的普遍:(1)作为整体而言的特殊单位乃是对此种普遍来说的特殊;(2)描述此种普遍的一个或多个事实对它而言乃是特殊;(3)此种普遍对应于由这种单位组成的复杂组合的一种或多种伴生性特性。任何一种只考虑能够从单位行动或其他单位中辨认出来的特性的原子论体系,必然不会对后两种成分加以适当考虑,因而在用于复杂体系的时候就不能解决问题了。

还应该说明一下我们是在什么意义上使用"伴生性(emergent)"这个词的,因为它在别的地方有不同的含义。我们所说的"伴生性"具有一种严格的经验意义,所指的是复杂的现象体系的一般特性,这些一般特性的特定值可以在经验上加以确定,而且通过比较分析可以证明,这些一般特性的特定值是独立于其他值而变化的。就此而论,伴生性特性同别的一般特性还没有区别。伴生性特性之区别于基本特性的仅仅是:把所研究的体系分解成单位超过一定限度之后,它们就消失了,再也观察不到了。经济合理性的案例已经充分证明了这一点。前面已经提到,这种意义上的伴生性特性的存在及其在经验上的重要意义,乃是衡量一个体系是不是有机体系的标志。对于行动体系来说,它们有着根本性的重要意义。

尤其是,不应该得出这样一种推论:在某种意义上,只有具备其基本特性的终极相关单位(在这里就是单位行动)才是"实在的",而伴生性特性则在某种意义上是"衍生的"或"虚构的"。这样推论就肯定背离了科学的经验基础。[20] 在区分分析性成分时,对于事实必须实事求是。标准永远是可以在经验上加以验证的值的独立变化。只要这一点可以得到证实,不管是基本特性还是伴生性特性,其中就有一个"实在的"成分。在科学中的确没有别的关于实在的标准。也可以说单位行动乃是虚构的。如同亚理士多德关于手的概念一样,单位行动"只是在一种含糊的意义上"才是行动体系的"实在部分"。伴生性这个概念没有丝毫神秘,它只是可观察的事实的某些特点的一种标示。

现在可以理解分析性成分是怎样同已经讨论过的其他两种概念化联结在一起的了。每一个根据一种参照系加以描述的实在的或假设的具体实体都必然有其特性。这是考虑经验实在时最起码的一条,是一桩现象学的事实。在一个特定的参照系内,将会发现这些特性是数量有限的,但把它们放在一起,对于描述

---

[20] 一种形而上学的原子论。

该现象来说就是很充分的了。㉑ 充分描述一个现象所必需的这些特性的数量,在描述有机的现象时,可以随着该现象的复杂程度而增加。

从分析的观点来看,虽然这些成分从特定值来说是可变的特性,但它们的值相互之间有某种恒定的关系——这就是具体现象中的秩序成分。这种关系模式,再加上该理论框架的各个成分在其变化范围之内定义的稳定性,就是秩序。

这样,分析性成分的值就是具体的素材,是观察的事实或事实的组合。它们的变化过程,就是时间上的具体变化的过程。因此,以分析性成分的框架形式出现的行动图式,与作为一种描述性图式相比,意义就不同了。就任何一个成分的值发生变化对其他成分的值都有影响来说,分析性成分有因果方面的意义。特别是,手段—目的图式成了对行动进行因果解释的核心框架。此外,这个图式的特征就是,有一个主观方面的指涉物。它包含了一个真实发生的过程,既在行动者内心之中,又在行动者内心之外。

在这个层面上,以手段—目的图式为其主要组成部分的行动图式,已经不只是现象学意义上的了。它不仅有描述的意义,而且也有说明因果的意义。而这样又涉及到形成动机的"实在的主观过程"。它就成了胡塞尔所谓的"心理学的"。㉒ 但是,它

㉑ 为了取得待解决的问题的确定答案而必须回答的那些在该理论体系框架以内的问题,决定怎样才算"充分"。

㉒ 参见前引胡塞尔的著作。这个意思肯定不是任何一种在分析上可以区分开来的心理学科学的定义中所包含的意思。它只是意指:(1)这些现象的存在是经验的,而不是如同数学命题那样的"观念上的"存在。(2)这些现象可以按本书自始至终那种意义上的主观范畴进行分析。为了使心理学成为关于心理现象的科学,按胡塞尔的意思,应使心理学成为所有行动科学的综合。

751 作为一种参照系的现象学的方面并没有消失;只要使用行动图式,就总暗含了这个方面。实际上,就是这个成分把描述性行动图式同分析性行动图式联结在一起的。对于解释问题来说,分析性的行动理论只能适用于这样一些行动体系——关于这些体系的事实能够以描述性的行动图式或其辅助性的衍生图式之一加以表述,这样也就能适用于那些最终可以经过单位分析分解成为单位行动或单位行动体系的现象。于是,这三种概念化的方式就全都非常紧密地联结在一起了。

我们已经反复说过,本书并未打算系统地探讨在这种意义上的行动理论的分析方面。确切地说,本书只限于勾画出这样一种分析性理论能够适用的一般化行动体系的结构轮廓。可是,这两种概念化的方式常常重叠,所以前面不得不对变量、对分析性成分做了很多说明。但是,我们没有打算考虑提出一个变量体系的问题。而如果没有建立这样一个体系所带来的更多的复杂问题,第三种概念化方式是非常难以圆满地做到的。而且,它还对系统地进行第三种概念化做了某些不可缺少的准备。其中,由于证明了关于一般化体系的构想在结构方面是有用的,因而证实了提出一个关于各个成分及其相互关系的相应体系在逻辑上并非不可能。㉓

为了不使读者以为,要依据这里所提出的体系在结构方面来对分析性规律进行阐述乃是不可能的,或许用得着尝试性地提出这样的看法:在这个体系里已经存在着阐述如此范围广泛而又意义重大的规律的根据。可以试把这一规律表述如下:"在任何具体行动体系中的变化过程,只要能够以由内在手段—目的关系阐述的那些行动成分来解释,便只能朝着接近实现那些

㉓ 前面已指出,韦伯是会持相反观点的。

被视做对于体系中的行动者起约束作用的合理规范的方向发展。"简单点说就是,这样一种行动过程只能朝着增加合理性特性之值的方向发展。

这样一说,立刻使人想到这同热力学的第二定律非常相似。752 那说的也是在体系里面变化过程的方向问题,只不过那是一个物理学的体系罢了。这种变化过程必然朝着增加熵的方向发展。势能转化成动能,转化成物理学意义上的行动。合理性在行动体系方面占有的逻辑地位,与熵在物理学体系中的地位相似(至少根据古典物理学理论是如此)。在行动的过程中,努力的力量转化成目的的实现或与规范的一致。合理性至少是据以衡量任何特定体系在变化过程中的任何特定点上的变化幅度的特性之一。

当然,这个关于合理性不断增加的规律的构想,作为一个对于行动体系的基本概括,并不是什么创举。它就是在韦伯的理论中出现的最基本的概括,即他的合理化过程的概念。按照他的观点,种种行动体系在这个基本特点方面并无不同。他所注意到的主要差异有两个:行动在合理化过程中所要实现的目的和规范的具体内容,以及这一过程向前发展所受到的阻碍的程度。但是,要注意,韦伯主要用传统主义概念加以阐述的后一个差异,只涉及合理化过程的速度而不涉及其方向问题。㉔

韦伯的合理化过程与热力学第二定律还有一个有趣的相似之处。在古典物理学的框架里,这项定律成了关于自然世界"每况愈下"的宿命论结论的基础。引人注目的是,韦伯本人和他的理论的解释者都认为,他提出的合理化过程导致了一些十分相

㉔ 对于韦伯的概括需要加以限定,因为内在的手段—目的关系并不是在这种一般方式上支配行动体系的惟一规范。

似的宿命论结论。这些说法几乎如出一辙;用韦伯的术语来说,卡里斯马的力量似乎在合理化的过程中逐渐损耗,到头来只留下一具"僵死的机械"。

753 我们可以小心翼翼地提出,在这两种情况下出现的宿命论结论都出自同一原因,即把抽象的理论体系具体化了。怀特海教授已经证明了这样做——误置具体性的谬误——对于古典物理学所造成的后果。前面已指出,韦伯是如何同样地倾向于把他的理想类型概念加以具体化的。对于这种倾向与对理性化过程的宿命论解释之间的联系,是无可怀疑的。遗憾的是,由于篇幅所限,这里不能进一步讨论这个有趣的相似之处了。

行动理论的一般状况

我们已经说明了本书各项研究结果当中所包含的一般的认识论立场,即所谓分析的实在论,也讨论了这种观点在理论概念化的不同形式中的应用。现在,可以就我们所研究的这项科学理论的最一般的哲学状况、即通常所谓的本体论的状况简要加以说明,以结束这部分关于方法论问题的讨论。⑤ 在专门的认识论意义上,这项科学理论的立场是实在论的。本书所采取的立场在哲学方面的含义之一就是:存在着一个所谓经验实在的外部世界,这个外部世界不是个人精神的产物,也不能在哲学意义上归结为一种观念的东西。

我们所考虑的各种科学理论体系,显然不是这个外部实在

---

⑤ 严格地说,这个讨论超出了本书的范围。但是,插入这个讨论可以使那些对这里采用的观点在哲学方面的可能含义感兴趣的读者,更好地把这一观点同关于哲学领域的研究联系起来。本书的所有经验结论都不是靠以下的考虑得出来的。

850

本身,也不是对于外部实在的直接的和分毫不差的表象——否则的话,不管怎么说,只有一个这样的表象才会是正确的。确切些说,它们同外部实在是一种功用性的关系;对于一定的科学目的来说,它们是对于外部实在的充分描述。可以对这种关系的几个特点加以说明。

首先,科学理论适用于外部实在,意思是经验实在乃是一种实际存在的秩序。而且,这种秩序的特点必然同人类逻辑的秩序在某种意义上是一致的。外部实在的事件不能在否定逻辑秩序的意义上随随便便地任意发生。因为,所有科学理论的一个共同特点,就是其诸命题之间的关系是有逻辑性的。

但是,其次,科学理论本身不是一种经验实体;它是经验现象或经验现象之诸方面的观念表象。因此,它是受这一事实所固有的种种限制约束的。如果有人假定,人类精神在科学方面所能达到的观念体系(比如我们所谓的逻辑)与实在的一致性,就已经将实在的方方面面网罗无遗,这种看法是没有道理的。如果把局限一词理解得足够宽泛的话,我们就可以说,各种事实的成分,只有在人们有办法把它们确定下来时,才在科学中有其一席之地。人类的观察所受到的局限,就其与外部实在的整体的关系而论,纯粹是出自偶然。

由于这两方面的原因,可以推断,人类所可能具有的知识,与我们所能设想的摆脱了人类这些局限的精神所能达到的知识,不是一码事。同时,经过验证证实科学理论"管用",就证明了(尽管有其局限性)人类科学当中的种种命题并非全然武断,而是与实在的诸重要方面充分相关的。人类可能获得的科学知识的总量是一个表示限度的概念,要有而且必须得有这么一个概念,它对于外部实在的某一重要部分是充分的,但不是关于"外部实在本身"的知识。就科学总在发展而言,实际知识渐近地接近这个限度。

但是,除了通常的人类的局限性所必然加之于彻底的实在论的局限以外,还有别的局限,因而决定了人们在某个特定时间有关某一特定领域的知识总是少于人类所可能获得的知识总量。可以把这些其他局限分成两种,即人类心智的认识方面的本性所固有的局限,以及由于这个认识方面根本不能同其他方面分割开来而造成的局限。人类从来就不只是 Homo Sapiens [智人]。

首先,科学家所研究的具体实体,即使从人类所可能掌握的角度来看,也决不是"完全"具体的实体,而是韦伯所谓的历史的个例。它们是人们建构出来的实体,其如何建构取决于所采用的参照系。因此,必须修正此种描述具体实体的实在论,而将描述时进行选择的成分考虑进来。其次,就这个意义上的描述不是被应用于整个具体体系,而是应用于从其所处脉络中分离开来的单位和部分而言,倘若该体系是有机的并具有伴生性特点,就会出现一个更进一步的抽象成分。没有任何先天的(a priori)原因来限制重要的伴生性特性的数量,因为这种体系的复杂性在增加。最后,分析性成分这个概念还涉及到一种抽象。这样的概念所指的经验事物,甚至不一定是在上述相对意义上的具体现象,而可能是它的一个方面,与普遍概念相对应的诸特殊,可能只是我们所考察的现象中能够弄清的诸多事实中的一小部分。

因此,必须根据这种对于人类所可能掌握的知识总量的三重抽象,来理解一个特定的一般化理论体系。它能说明的只是特定参照系内的部分重要事实。其他事实——常量的值——如果能够加以解释的话,也只能以其他分析性体系来解释。但是,从特定的参照系看来是重要的事实,决不是有关该具体现象的全部可知事实。只有根据所有已知的各种参照系对一个具体现象做过充分描述，把得到的全部素材按照某种体系的分析性概念加以归类，而且所用的这些不同的分析方法又都成系统地相互联系着，才能说对该具体现象已经在当时科学知识的可能范围之内得到了充分的解释。但是，这些不同层次的抽象。并不意味着虚构意义上的不真实。这已为这样一个事实所证明——按照各种参照系在不同层次上进行分析得出的结果，能够整合成为一项连贯的知识，而这种知识作为一个整体，具有我们已经勾画过的实在论的色彩。在此种情形下，这项知识的各个组成部分起着相互支持的作用，并且使其中每一项命题的证据都更为有力。

同时，本书已经证明了，科学知识虽然是人类行动中的一个独立的变量，却是与其他变量相互依赖的。就其他变量决定着人类能够认识实在的限度（这在前面已谈到过）而论，这些变量已被考虑到了。但是，同时还有其他局限。那些与科学兴趣——它与价值体系相关——的方向和范围联系在一起的局限，也许是最重要的。就经验兴趣的范围实际上受到这些因素的限制而言，可以推断，以人的能力了解经验现象的可能性并未穷尽。由于人类价值的可能变化实际上都见识过了，科学的范围也宽阔起来。前面已指出，如果科学里面的这个相对主义成分要想不造成怀疑论的结果，就必须假定这种意义上的各种可能的观点是数量有限的。随着价值经验的积累，知识的总量在向渐近线靠拢。

应当把行动理论体系的特定本体论地位，理解为以上一般考虑的特殊应用。

首先，行动参照系肯定是对于某些科学目的来说，可以充分描述人类行动各种事实的参照系之一。它并不是惟一能做到这一点的参照系,然而,本书的批判性成果表明,对于某些在科学上正当合理的目的来说,它比之我们这里所讨论过的任何其他的替代性参照系(如自然科学的时—空图式和唯心主义图式)都更加充分适宜。通过剖析行动问题中种种恒定素材的状况,我们已经有可能在行动参照系里面系统地找到了与时—空图式和唯心主义图式的连接点。此外还证明了,在从行动体系看来必须算是变量的范围里,还有若干构成相对独立的子体系的子群落。研究具体问题必须把所有这些子群落统统考虑到——这一点也已经说过了。

不能认为本书中所阐述的这个理论体系已经完成,也不能认为,它不会随着各种社会科学的进一步发展,被一种截然不同的体系(就像这个理论体系与它所由之产生的那些理论体系截然不同一样)所取代。但是如同本书已经说过的,这一理论体系在经验上的实用性,使我们可以有把握地说,如果它被取代,在它被取代的时候,就会发现,它留下了一个极为重要的永久有效的知识结晶,这个知识结晶以它适当的重新表达方式,可以合并到未来的更宽泛的体系中去。我们断言这个理论体系为我们提供了有关经验实在的正确知识,就是在这个意义上,而且是仅仅在这个意义上说的。

行动科学的分类

本书各项结论中所蕴涵的有关理论概念与具体现象之关系的总的立场,被称做分析的实在论。这种观点有一个方面,是与经验主义把理论体系具体化针锋相对的。后一种观点意味着,只有一个分析范畴的体系,能应用于理解任何特定的具体种类的现象。与此相反,本书的立场所包含着的原则是,有很多具体现象可能需要使用采自不止一个(也许好多个)分析性范畴体系的若干范畴才能充分理解。

其次，本书已经详细剖析了一个理论体系(正统经济学)的特殊实例，在与之有关的许多科学争论当中，这种把抽象概念具体化的问题一直是很尖锐的。得出的结论正如帕雷托所正确地看到的，必须把经济学作为对于比之更加宽泛的具体行动体系之中的一组有限的分析性成分之间各种关系所作的阐述来理解。具体现象，即便是能够以供应和需求加以描述的现象，都包含有经济学理论体系所不包括的其他变量。我们已经提出的经验证据足以证明这一点确凿无疑。而且，我们不是仅仅指出这一组成分是抽象的，是具体社会现象中若干组成分之中的一组。在帕雷托所使用的意义上和在马歇尔的一部分理论的意义上，已经确定了这一组成分与我们称之为行动的较宽泛体系中其他成分的有系统的逻辑关系。

我们还指出了，唯意志论行动理论这个较宽泛的体系，又在另一个层次上包含着同一种类型的抽象。特别是，我们指出了在这种理论的具体应用中，包含有以行动参照系能够加以描述而不能予以分析说明的恒定素材。这些素材中有一组适合于另一个当代科学更宽泛的参照系，那个参照系被最粗略不过地称做"物理学的"，它把现象描述为在时—空之中的事物或事件。实际上，我们这里所要关注的主要的极端论点之一，就是认为行动图式完全丧失了解释上的合理性，而只能是描述性的。如果行动图式是纯然描述性的，所有素材就都成了上述意义上的常量了。在激进实证主义的极端，对这些素材的分析处理涉及到物理参照系，其积极方面的衡量标准是空间性，其消极方面的衡量标准是在分析上与主观范畴没有关联。与行动理论在某种情况下如此陷入激进实证主义理论的趋势互补的，是陷入另一极

855

端——唯心主义理论的趋势。可以把观念说成是行动理论的恒定不变的数据,这与物理学数据乃是恒定不变的,在方法论上的意义是一样的。这样一来,观念就不是行动体系中的变量了。

最后,在讨论韦伯的方法论时,我们遇到了科学兴趣的分岔点,一方面是了解具体的个别现象本身,另一方面是建立具有普遍有效性的理论体系。

对所有这些问题进行剖析,是对于本书的概念结构加以详尽阐述所必需的。其中每一个问题都对于这个结构的某一点是重要的。此外,在对其中几个问题进行剖析的时候,我们还提出了一个非提不可的问题,也即一种更受限制的概念图式——它被广泛认为构成了某一特定科学的理论方面——相对于科学整体而言所处地位的问题。因此,经济学理论乃是作为一门统一学科的经济科学的理论关注。行动体系的物理数据的问题,也在某种意义上涉及到了自然科学与社会科学的关系问题。

本书试图理出头绪的那些混乱问题,有许多是由于有关学者未能分清这些不同的概念图式,并且没有对这些概念图式相互间的逻辑关系加以充分考察造成的。在任何一个经验问题中,只要包含着不止一个上述各种概念图式,为了清楚起见,研究这个问题的人一定要明确搞的是什么问题,什么时候用的是哪一个概念图式,概念图式的转换意味着什么。如果接受本书提出的一项基本原理,即在行动领域的大部分经验问题中都涉及到不止一个上述理论体系,便可断言这些理论体系的关系问题是不能回避的;这些问题是真正重要的科学问题。

很清楚,这就是说:研究这些关系即是试图对于各种经验科学加以系统分类。在与本书讨论的问题有关的范围里对这个分类加以概述,是我们应该承担的最后一项任务。

对于划分各项经验科学之间的界线,把这些科学划成整整齐齐的条条块块,是有许多流行的反对意见的。有人说,所有知识是一个整体,发展方向是打破界线,而不是树起篱笆。这种意见总的精神是可以赞成的。对于具体的经验研究工作来说,显然不可能拘泥于任何划得一清二楚的领域。研究经验问题的学者,不管所研究的问题可能涉及哪个领域,都要加以探索,绝不因为有任何"无关领域"的标志而却步。本书论证了,在一定范围内必须借助不同的概念图式去解决同一经验领域里面的复杂问题,实际上就是为提倡这种科学上的 Wanderlust[漫游癖]提供了直接的根据。但是,与此同时,如果把这种观点推向极端,连划分各种科学所要涉及的种各理论体系之间的系统关系都不肯讨论,就是以经验主义态度回避理论问题了——这样会给科学造成很大损失是已经一再得到证明的。在很多国家旅行是一件非常好的事情,但是,拒绝对所访问的国家的地方特点和习惯加以了解的旅行者,却很可能碰到麻烦。因为对这些事情完全无知而丢掉性命的旅行者是不乏其人的。于是,试图对各种经验学科进行分类便并非迂阔之见,而是从流行的科学格言"知道你在干什么是件好事"中引伸出来的。在本书的研究中,有各种场合都零敲碎打地涉及到了这些问题,并且这些讨论表明对于本书来说很重要,这就更进一步地证明了尝试进行分类的合理性。把这些问题有系统地论述一遍,能够比前面更清楚地看出作为全书主要成果的概念结构的主要轮廓。其结果也要比上一章所作总结中能够得出的更清楚。

所有将要派上用场的区分前面都已经说过,只要指出它们与现在所要讨论的问题有什么关系就行了。要重新提起的第一个区分是历史科学与分析性科学之间的界线。第一类科学的目标是尽可能地充分理解一类具体历史个体或其中之一。不管所涉及的历史个体是自然物还是事件、个人,是一项行动还是一个行动体系,是一个社会关系体系还是一种社会群落的模式,这个区分都是适用的。不管涉及的是什么,所作的解释都要联系到(如果不是明确地,也是隐含地)㉖ 一门或数门分析性科学中的各个理论范畴。到底涉及几门分析性科学的理论范畴,是哪几门科学,则取决于正在进行的研究工作的特定科学目的,即取决于要对该现象哪些方面发生的变化进行解释。某一个这样的体系可能被证明是恰切的,但是其恰当性却绝不是先天地就可以推定的。完备的解释可能会涉及到所有分析性科学中的所有理论范畴。

另一方面还有分析性科学,其目的是要发展一般分析性理论的逻辑连贯的体系。与分析性科学相关的单位,不是一个特定的历史个体或一类历史个体(从这门分析性学科所要研究的问题看来,这二者可以看做在本质上是一样的),而是一个完备的理论体系。只要具有这样一个不能以另外一个理论体系来表述的完备的理论体系,就可以说是一门独立的学科。

由于前面所说的参照系的作用,这种分类又复杂了一层。因为,使用参照系就必须明确地或者隐含地把数据㉗分成两类——对于相应的分析性体系来说成其为问题的和不成其为问题的,即变量的值和常量的值。在这个基础上把"完全的"历史学科和"相对的"历史学科加以区别是最合适的。举例来说:大多数历史著作都是按行动图式或其辅助性的衍生图式写的。比如,地理环境这一素材纯然被当做已定而不成其为问题的,人们注意到它们,并在心里盘算出它们对于特定历史过程的影响。

㉖ 取决于为了在经验方面做出充分解释,是否有必要超出结构分析或单位分析。只有必要超出结构分析或单位分析时,其中所涉及到的各种分析性体系之间的区分才不得不明确起来。

㉗ Data一词,译文中按不同语境分别译为"素材"、"数据"。——译注

这是一个相对的历史步骤。如果历史学家试图依据地质学、气象学等来解释这些素材中的变化，例如以自然选择来解释遗传、种族等等，那就成了完全的历史步骤了，在这个意义上，大多数实际的历史学科与其说是完全的历史学科，还不如说是相对的历史学科。因此，一般地说，历史学一般只研究与行动图式有关的素材，气象学则只研究与物理和化学图式有关的素材。如果气象学家发现某个大城市或其附近的烟尘相当严重地改变了那里的气候，他只是把出现烟尘作为该地区的一个事实来看待，而不会试图对此作出经济学或社会学的解释。他只去搞清楚那在气象学上的后果。

单位概念或部分概念本身不能作为独立科学的基础。从把这些概念用于描述性和非分析性的说明的用途来说，它们是历史科学的附属物。另一方面，对它们加以进一步分析的则是分析性学科了。它们是在概念上联系这两种科学的主要环节。

不难看出，经验主义的方法论倾向于：(1)按照所研究的具体体系的类别，对于建立在"历史"基础上的科学进行一般分类；(2)使理论的发展局限于类型—部分概念及其经验概括。试图在经验主义基础上建立分析性理论，必然会把理论体系具体化。而在像是物理学的情形中，作为主要研究对象的那些具体的历史个体，几乎完全是在与这样一种理论相关的诸多方面（比如说星球，以及在原子实验室里发生的过程）才引起人们的科学兴趣。在这里，分析再向前推进，研究的成果才会有意义。而在人类行为这样的领域，几乎任何一个具体历史个体都要用到若干此种体系，研究的结果一开始就有重要意义。正统的经济学理论遭到制度学派批评的命运，就是一个恰到好处的生动事例。在经验主义的基础上就要完全陷于僵局。

在分析的基础上，可以从本书整体中看到，理论体系是分为三大类的,可以称之为自然体系、行动体系和文化体系。㉘ 应当进一步指出,这是理论体系的区分,而不是对具体历史个体种类的区分。在通常的意义上,只有前两类是经验的科学理论体系,第三类则情况特殊。

这是因为经验科学关注的是时间中的过程。自然体系和行动体系两种理论需要研究的素材都与这样的过程有关,文化体系的理论则与此无关。前两种体系可以这样区分:自然体系的参照系涉及与空间相联系的时间,而行动体系则涉及与手段——目的图式相联系的时间。物理时间是空间中诸事件之间关系的方式,行动时间则是手段、目的和行动其他成分之间的关系方式。所有已知的经验科学理论显然都涉及这两种基本的参照系——物理的时空和行动的手段—目的图式——当中的一种。

㉘ 最接近这个分类的是弗雷尔在《作为现实科学的社会学》(Soziologie als Wirkliehkeitswissenschaft) 中区分的 Naturwissenchaft [自然科学]、Wirklichkeitswissenschaft[现实科学]和Logoswissenschaft[逻辑科学]的分类。这里的说法在很大程度上得益于他的框架,虽然在某些方面有所不同。

应当指出,在这个最后的分类中,略去了修饰行动理论的形容词"唯意志论的",仅仅提到不同于自然科学和文化科学的行动科学。确实,本书曾经使用"实证主义行动理论"的概念,而且那对于理论的分析和分类是很有用的。使用这个概念指的是以行动图式表述、但具有实证主义色彩的那些理论。可是,这里的目的不是分析别人的理论,而是要提出一个目前所能达到的、最接近于正确的分类。

根据本书所作分析,可以得出这样一个有理有据的结论:就具有独立的因果重要性的这一点而言,根本就不可能有任何激进的实证主义行动理论这回事。事实总是可以依据行动参照系来表述的,但是,从描述和单位分析进到成分分析之后,行动范畴在分析上就没有意义了。有因果关联的变量总是能够以某种自然科学的体系来加以充分表述的。在这个意义上,实证主义的观点总是把对于行动的解释化约成自然科学的术语。

由此可见,如果一种行动理论要完全具有独立的分析体系的地位,它理所当然地必须是唯意志论的理论。因此,最初用来把本书所涉及的体系与实证主义理论区别开来的这个形容词就是多余的了,在最后的分类中就能够略掉了。

行动是非空间的,[29]但却是时间的。

文化体系不同于这两个体系,就在于文化体系既是非空间的又是非时间的。如同怀特海教授所说,它们是由永恒的客体组成的——在"永恒"一词的严格意义上。永恒客体并不是说它们无限延存,而是说不能将时间范畴用在它们身上。它们并不处于"过程"之中。

在这个意义上,具体的空间性的物体和时间性的事件都有其文化方面,然而就其可以用自然科学来理解而论,它们又不过是象征而已。永恒的客体则构成为象征物的意义之所在,作为客体它们只存在于个人的"心目之中"。[30]外部的观察看不到它们本身,只能看到它们的象征性表现形式。

可是,如果文化体系指的是一系列客观上可以验证的命题,便不能否认它们的科学地位。因为,如果承认象征物的意义是可以观察到的(这是必然的),就必须也承认关于永恒客体的知识是可能验证的。但是,这种知识不是对于事件因果性的了解。除了把握特定的孤立的象征物的直接意义外,这种知识只能指对于具体意义的体系中永恒客体的相互关系的领会。

对于在我们的经历中碰到过的这些很多体系,在这里进行分析和分类是不可能的。可是,读者可能记得,本书深入细致地论及的那些科学理论体系,就属于这样的体系之列。它们既不是自然物体,也不是事件。还有"观念"、"艺术形式"等等很多其他种类的文化体系。

文化体系与行动的关系是极为复杂的。这里只需要说明,764

---

[29] 当然,每一个具体的事件也都发生在空间中,但是,这对于分析性的行动科学来说是已然确定不成问题的素材。

[30] 或者"体现"在象征物的体系之中,而只有人的心灵才能理解象征物的体系。

这些文化体系一方面可以看做是行动过程的产物,另一方面可以看做是进一步的行动的条件性成分,与科学"观念"和其他"观念"是一样的。各种行动科学不得不涉及文化体系,正如同不得不涉及"自然界的"事实一样。其间的逻辑关系基本上是同样的。它们是不成其为问题的素材,关于这些素材的知识对于解决具体问题是必不可少的。[31]

在这两方面,有一个例外。虽然必须把这三种体系区别清楚,但它们却都是客观知识的融贯整体的组成部分。因此,可以推断,三者之间存在着重要的相互关系。不言而喻,可以把许多自然界的物体部分地看做是行动过程的产物。[32] 也就是说,行动改变自然界,又受到自然界的制约。同样,文化体系部分地[33]是行动的产物,又对行动起制约作用。在这两个边缘问题上,自然都会产生出边缘学科来。在行动和文化的边界上已经有一个高度发展并且得到公认的学科,在德国一般被称为 Wissensoziologie[知识社会学]。它关心的是作为行动产物的文化体系,行动成分对于文化体系的影响以及文化体系的具体发展过程。

撇开关于文化的各种"科学"[34]不说,可以把经验的分析性科学分成自然科学和行动科学两大类。行动科学的特点,从消极一面说是与空间参照系无关,从积极一面说则是手段—目的图式和主观方面之不可或缺,并且因而要采用 Verstehen[理解]

---

[31] 应当指出,自然现象也常常是行动的产物。

[32] 通常叫做人工制品(artefacts)。

[33] 从因果角度看,我们必须承认文化体系相对于行动有某种 Eigengesetzlichkeit[自治权]。思想过程即是一个行动过程,乃是由逻辑思考沟通的。逻辑体系作为一种文化体系,是具体结果中的一个导因成分。

[34] 诸如逻辑、数学、系统法学等等。一个大的分支就是有时所谓的规范科学。可是,采用这一术语要非常小心。

的方法⑤——这一点特别与自然科学无关。

这两类科学,在某种意义上每一类都是一个巨大的体系,因为每一类都有一个共同的参照系,而且所有的分析性成分和结构性成分与该参照系大多有确定的系统关系。但是,每一类科学中都已建立起若干相互之间有一定独立性的棱角分明的次级体系。在行动科学中再作进一步划分的主要原则可以说得相当确切,而划分自然科学学科的主要原则就远不能这般明确。这个主要原则就是:具体的体系越是复杂,也就不断产生新的伴生性特性,这样就产生出与比较初级的体系不相关的新的理论问题。这里不打算探讨关于自然科学的划分问题,要指出的只是,生物学家也相当广泛地持有一种相近的关于"伴生性"的学说。按照这种学说,生物学理论特有的问题,就是由于有机体的特点所引起的问题,这些特点在组成有机体的物理化学成分或各个部分中是找不到的。因此,物理化学类与生物学类之间的界线,肯定是自然科学里面进一步划分的最清晰的界线。

但是,在行动科学中,界线可能具体得多。我们业已认定了初级的单位行动的若干基本特点。由于行动体系越来越复杂而在某个方面产生的第一个伴生性特性,就是经济合理性。本书关于这个问题所作的所有方法论方面的讨论,就是从这样一个事实开始的:该成分在其与具体行动事实的各种关系方面所弥散开来的影响,产生了一个自成一体的理论体系——经济学的理论体系。如果能够以这样一个伴生性的成分作为一个连贯的理论体系的基础,那么,如果有其他伴生性成分,也就没有什么显而易见的理由,使得其他伴生性成分不能作为建立理论体系

---

⑤ 对于文化体系显然只有通过这个方法才能理解。在行动科学中,我们把Verstehen[理解]与对于"行为"即事件的外部空间过程的观察二者结合起来。

的基础了。

因为,如果不再进一步分析,对经济学理论的状况的讨论结果,显然就并非通例。帕雷托对这个问题的处理,就是很好的例子。他十分清楚,他所谓的纯经济学应当看做是一个抽象的理论体系,其地位正是本书所说的分析性体系。但是,他只把它当成惟一可以适用于行动的明确界定的分析性科学。他提到的仅有的另一门社会科学是社会学,对此他虽然拒绝明确地下一个精确的定义,但它似乎包括两个方面:一个是分析性的方面,对行动的非逻辑成分的分析;另一个是综合性的方面,对于具体行动的一般的总体说明,其中包括经济成分在内。很清楚,对于帕雷托来说,必定是把社会学在分析的意义上当做一门关于剩余物的科学的,因为它涉及行动成分的剩余物范畴。㊱ 在这个基础上,肯定不能指望社会学成为像力学长期以来那样的完备体系。据此,可以有理有据地推断:要么帕雷托界定经济学理论的地位所采取的方针是错误的,必须找到一个完全不同的基础;要么必须从他认为只有一个明确界定的行动分析性科学的观点出发,进而构建一个由各种分析性的行动科学组成的连贯的体系。帕雷托所论述的经济成分,在本书提出的比较广泛的行动成分图式中有着一个确定的位置,所以,有理由认为后者将为更具综合性的分类图式提供一个切实可行的基础。本书自然就是对于帕雷托关于经济学的地位问题的明确表态。

因此,我们采用的对于分析性科学加以分类的原则是,看所说的那门科学以一般化的行动体系当中哪一个或哪一组结构性成分作为其研究的焦点。必须切记,这种结构分析,与按最方便

㊱ 这可能是(帕雷托大概也这样认为)第一个近似处。这相对于马歇尔等人的观点是一个巨大的进步。幸运的是现在有可能进而找到第二个近似处了。

的方式选取的分析性成分或变量可能一致,也可能不一致。这样,以经济学为例,相关的行动理论子体系,将要包括对于说明一些行动体系由于经济合理性达到相当高的程度而产生的种种变化有重要意义的所有变量。其中有一个变量,可能是行动者所掌握的关于他们所处处境的正确知识。但是,就同一些体系在经济以外的其他方面、即在技术方面和政治方面也是合理的而言,其他的子体系也许也要包含关于所处处境的正确知识这个变量。虽然种种分析性体系作为整体来看是彼此有别的,但不能因此而认为,各种分析性体系在选取特定变量方面是互相排斥的。相反,几乎可以肯定它们互有重叠。对于经验问题来说,放到一起论述才便当的任何一组变量,都可以构成一个分析性的体系。本书所论述的区分种种行动体系的那些主要结构性特点,就是具体行动现象的某些最引人注目的特点;所以,以我们所勾画过的方式最紧密不过地联系在一起的那些变量,一般来说可能有着一系列密切的相互关联,以致把它们放到一起作为一个体系对待,在许多方面来说都是很便当的。经济学理论这个行动领域里表达得最为严密的分析性体系,同行动体系这些可以分辨的主要结构性方面之一,实际上非常相符,这就使上述一般推论的可靠性大大增加了。

经济学概念只是对于行动体系才有意义,但是它也适用于一个特定个人的行动体系——"鲁滨逊式的经济学"。㊲增加行动体系复杂性的、在概念方面又一个很重要的步骤,是由于同一个行动体系之中包含了许多个人而产生的。这样就带来双重的

㊲ 经济学的所有基本概念成分都能够在这个层面上看到。(译者按:鲁滨逊是英国小说家笛福的名著《鲁滨逊漂流记》中长期独自生活于孤岛上的主人公,后常喻指孤立的个人。)

后果。一方面,强制力量有可能进入体系里面个人之间的关系之中,这是经济学概念所不包括的一个特点。一个个人的行动体系不仅可能具有经济的合理性,而且也可能具有强制的合理性。

但是,这种强制的合理性具有独特的特点。它不可能是包括多个个人在内的整个行动体系㊳的特性,而只能适用于这样一种体系之内与其他个人或其他群落相关的某些个人或某些群落。强制乃是对他人施行权力。同时,强制之成其为可能就带来了一系列新的问题,即霍布斯以古典形式所表述的社会秩序问题,那是他探索人们为了权力而进行的毫无节制的斗争而得到的成果。为了使包括许多个人的行动体系有可能成为稳定的体系,对于该体系之内个人之间关系的权力方面必须加以规范性的节制。在这个意义上,必须有一个分配秩序。社会行动体系的这一双重性的方面,亦即权力关系和秩序的问题,就其可以视为对于权力斗争的解决之道而言,就给行动体系带来了另外一系列相对而言极其明显的伴生性特性。这些特性可称为政治性的行动成分。

社会学的地位

第三,前面已指出,要解决权力问题以及社会性行动体系的许多其他复杂特性,都涉及到对诸多个人进行整合的问题,而这又牵涉到了一个共同的价值体系,它体现在制度性规范的合法性中,也体现在仪式和各种表达方式中。所有这些现象反过来,又都关涉到社会行动体系的一个单一的伴生性特性,我们可以

㊳ 在这方面,它和经济学的价值概念极为相似。"一般价值水平"的观念是毫无意义的。因为价值是一个关系概念。权力也是个关系概念。

称之为"共同价值的整合(common-value integration)"。这个伴生性特性非常明显,能够很容易地同经济特性或政治特性区别开。如果认定这个伴生性特性是社会学方面的,就可以把社会学界定为"试图发展出有关社会行动体系的一套分析性理论的科学,这些体系要能够以共同价值的整合这一特性来加以理解"。

这样,根据行动体系那些在初级单位行动所有的特性之外的伴生性特性,可以区分出三个有明确界定的伴生性层次。在其中每一个层次上,都关联着一系列相互联系的伴生性[39]特性。一方面,如果对该行动体系进行单位分析超过了这一层次的复杂性而把该行动体系拆散了,这些特性也就消失了。另一方面,当这样的行动体系的建构越出了特定的复杂程度时,也就不能认为这些特性是单独存在着的了。因此,有条理可寻的行动体系的三门分析性社会科学——经济学、政治学[40] 和社会学,可以由它们各自与这样的行动体系的三种伴生性特性有相应联系而合理地区分开。

这样还剩下了单位行动。单位行动本身的基本特性并不构成一门独立的分析性科学的主题。确切地说,这些基本特性构成所有行动科学共同的方法论基础。因为,所有这些行动科学的共同的参照系,实际上就是由单位行动的这些相互联系的基本特性构成的。正如没有一门关于时间和空间的独立的自然科学一样,单位行动也不能规定一门独立的行动科学。

同时,还有两个问题是上述三门系统科学未能从与行动有

---

[39] 包含有许多相互以对方的行动为取向的行动者。

[40] 本书作者在得出关于政治学的地位的这个概念时,受到同哈佛大学弗里德里希(C. J. Friedrich)教授进行讨论的很大影响。但他无须对上述具体阐述负责。

关的方面加以系统理论化的。首先，由行动成分和行动过程都牵涉到行动者这一事实而引发的问题，丝毫未被涉及。这是行动体系在上述三个系列的伴生性特性之外的另一个有机的方面。这个方面在讨论行动体系的聚合性组织(包括人格概念)时已经提到过了。

思考一下就可以知道，具体人格可以部分地以这三门社会科学的分析性体系来加以解释。可以把这个方面称之为人格的社会性组成部分。然而，这样进行社会分析，在与行动参照系相关的范围之内还剩下一个剩余因素不能解释。就这种因素能从单位行动的具体目的和规范(这是属于环境的)的具体内容中抽象出来而言，会发现它可以是指遗传。于是，行动体系的某些伴生性特性，至少可以部分地从人格的遗传基础方面去理解。与这些特性有关的一门系统的分析科学有其重要的位置。心理学作为一门分析性而非历史性[41]的科学，按照本书采用的一般图式是不能以其他方式界定的。这样，心理学就是研究能够从行动体系中由其与人格的遗传基础的关联中可以推演出来的那些可变特性的分析性科学。

这样就使心理学确定地成了一门行动科学，并且在心理学和生物学之间划了一条清晰的界线。[42]尽管这二者都与遗传有关。心理学的种种范畴指的是行动体系那些特别与人格的次级图式有关的特性。这些范畴因而是非空间的。它们是有机体作为一个整体起作用的方式。但是，它们是从社会关系中抽离出来的，因而也是从只有在社会性层次上才显露出来的那些行动

---

[41] 关于心理学的两种流行的定义，是关于"行为"的科学和关于"精神"或"主观过程"的科学。按照这些定义，心理学便成了我们说的历史性科学。

[42] 见前文，第二章附注，[边码]第85—86页。

体系的特性中抽离出来的。

其次,对于从经济学的、政治学的和社会学的考虑中抽象出来的单位行动的一般特点,可以专门与直接目的、规范和知识的具体内容联系起来加以研究。因为单位行动的一般特性并不构成独立的分析学科的基础,而是所有行动科学的共同基础,所以,与其说根据本书的研究成果将要引出一门学科,不如说将要引出依具体目的的性质而异的很多学科。[43] 这些学科可以称之为技术(technologies)学科。它们在具体问题上是非常重要的,但是相对而言,对于系统的分析性行动理论则很少助益。

所有这五门分析性学科所共有的,是在描述和分析两个层次上的基本行动图式。与它们有关的事实,全都可以转而以作为参照系的行动图式来表述。但是,与此同时,对于它们的大多数目的来说,以更加专门的次级图式进行研究,一般而言要方便些。就经济学而言,主要是供求图式。在政治学科中,主要是具体表现为权力关系的社会关系图式,其次是群体图式(the group schema)。[44] 在社会学中,关系图式和群体图式都是特别合适的。在心理学中,人格图式显然是最主要的。[45] 最后,种种技术学科必然只能按照基本的手段—目的的行动图式进行研究。

历史学基本上可以看做是关注人类行动的一般的历史性科学。[46] 前面已指出,它倾向于是一个相对的历史性学科,而不是

---

[43] 诸如研究工业、军事、科学、性爱、仪式、禁欲主义、静修和艺术等等的行动学科。

[44] 在政治多元论的理论中。

[45] 因而,有一个基本的心理学概念就是态度。但是具体态度显然并不是只同心理学有关,而是同所有行动科学都有关。

[46] 一方面与所谓自然科学这个旧词相区别,另一方面又与思想或其他文化体系的历史相区别。

完全的历史性学科。历史学除了按照时期和具体的社会单位、民族、国家等划分门类外,也往往以研究特别地与某一门分析性行动科学相关的事实来分门别类。因此,有经济史、政治史、社会(或许是社会学的)史、传记和各种专门技术的历史。由于明显的原因,宗教史主要包括在与社会学相关的一群历史学科里。区分历史的这些不同分支的主要标准,便是按照哪一种描述性的行动次级图式去考虑事实。因而,传记就是关于某一人格的历史。应当指出,这里对于历史学只是就其要求具有经验上的科学地位加以论述,换言之,只是讨论试图对于事实和因果关系得出在经验上可加以验证的判断的历史学。具体历史著作的任何其他方面,如作为艺术品的一面,都不属于此处讨论的范围。

为了清楚地思考,强调各种分析性行动科学之间的逻辑区别是十分重要的。但同样确实和重要的是,由于它们都是同一个范围巨大而包罗甚广的理论体系的子体系,相互间的联系非常密切,科学家要取得成果就不能忽视这些联系。⑰尤为重要的是,这些学科当中任何一门的内行,如果不掌握其他几门的起码知识,就不可能使科学研究达到高水平。伴生性特性出现的层次越高,就越是这样。一个社会学家没有心理学、经济学和政治学的知识,如同一个生物学家没有物理和化学的知识一样,不能奢望在经验方面和理论方面做出令人满意的工作。道理几乎是一样的。社会学家所感兴趣的那些过程的"机制",总是包含有在这些"较低"层次上至关重要的成分。这个事实已被经验主义方法论和与之有密切联系的行动科学初级层次上的分析思维搞得十分模糊不清了。与此相对,必须指出,在这些领域中,常

---

⑰ 这些相互关系自然会产生社会心理学和社会经济学等等类似物理化学和生物化学的边缘学科。

识具有决不可忽视的价值。良好的常识常常比蹩脚的理论分析能产生更好的结果。㊽

还要指出,这种分类赋予社会学的位置,使其成为与经济学理论处于同一层次之上的一种专门的分析性科学。这与这个问题中的大量方法论传统是背道而驰的。过去占统治地位的是百科全书式的观点,那样就使社会学成为上述意义上的完全的历史性科学。韦伯把社会学界定为关于社会行动的科学,就要使之成为或是相对的历史性科学,或是包括经济学和政治学在内的综合分析性的行动科学。

得出这个结论的出发点,是把经济学看做一门专门的分析性科学的观点,帕雷托就达到了这个观点。如前所述,只要承认这个观点,那么,为了第一个近似点以外的目的而就此止步,并且只谈论行动领域中一门这样的学科,就是奇怪的了。由于与经济成分一样属于同一更为广泛的体系的组成部分、而且与行动体系的伴生性特性具有同样逻辑地位的其他结构性成分业已界定,情况就尤其是这样。符合逻辑的做法就是,继续分析下去,直到勾勒出专门的分析性行动科学的一个完备体系的轮廓,否则只能回到分类的经验主义基础上,而按前面分析的结果,这样做是经不起推敲的。

可是,这里的做法不是完全没有先例的。西美尔的工作也许是为给作为此种意义上的一门专门科学的社会学找到其基础的第一次认真的尝试。㊾他的公式由于那些无法在这里深入研究的原因是不能接受的。但是,那个公式是根据正确的见解制定的。同时,上述观点可以认为是以比较可接受的方式对它的

㊽ 这并不证明其结果优于高明的理论分析得出的结果。
㊾ 西美尔:《社会学》,第一章。

合理成分的重述。西美尔的主要困难在于,他对于其他社会科学所采取的观点,使他的社会学概念不能与其他分析性社会科学在同一方法论层次上联系起来。对于他来说,社会学是社会领域中惟一的抽象的分析性科学。㊿

再就是,涂尔干的思想是接近于这样一种地步的,如果他的行动概念继续朝着唯意志论的方向发展的话,完全可以得到近似的结论。早在他的生命历程结束之前,他的作为一个"特殊实在"的社会的概念已经不能再被看做是具体的实体,而只是具体实在的一个或一组抽象成分。他的社会概念也和上述有关伴生性质的观点十分吻合。最后,根据他思想中有关社会概念的特定内容,有理由认为,他的这个概念与共同价值整合的伴生性特性是一致的。这里所采取的观点,乃是把涂尔干的实质性成果置于系统的行动结构图式中的逻辑结果。㊼

这样的观点为什么必须等到一般化的行动理论相对充分地发展起来才能产生,理由是显而易见的。这种社会学概念不能在实证主义的基础上发展起来。因为在激进的实证主义的一端,所有的经验科学都成了上述意义上的自然科学。舍此之外,在功利主义的基础上,只能在共同价值整合的特性还没显露的层次上考虑行动体系,或者在具体应用中,这一特性最好也不过是作为一种剩余性范畴出现,并且,一般总是采取像利益的天然一致性那样的隐含的假设的形式。如果在霍布斯式的心理学、经济学理论和政治学理论之外还有什么应赋予一定地位的话,

---

㊿ 把这一见解与帕雷托的图式中赋予经济学的相应地位相比较是有趣的。

㊼ 另一种在许多方面有相近之处的观点,是兹纳涅茨基(Znaniecki)教授在他的《社会学方法》一书中提出的。

那么,那一定是一种"综合"的科学。㊚

另一方面,在唯心主义的基础上,有关价值整合的事实清清楚楚,但是,固有的倾向把这些事实纳入了上述意义上的文化体系,因而以某种发散论的理论而告终。弗雷尔在前面所引用的他的书中,已经睿智地分析了这种倾向。因此,只要社会思想仍然分割成实证主义的和唯心主义的体系,就没有以上界定的那种意义上的分析性社会学理论的任何位置。有可能给予这种理论一个位置,也许就是本书所追溯的那一殊途同归进程所造成的社会思想大变化的最深刻的征兆。

最后要说的是,在社会科学研究者的思想中,特别是在那些自称为社会学家的学者的思想中,近来有一种强烈的悲观主义思潮。据说,有多少社会学家就有多少社会学理论体系,不存在任何共同的基础,一切都是任意的和主观的。对于本书作者来说,这种感伤的思潮有着两个同样不幸的含义。一方面,它鼓励那种认为无需理论帮助的详细实际研究才是社会领域惟一健全的研究工作的观点。另一方面,对于那些不以此为满足的人来说,它鼓励一种完全置科学标准于不顾的有害的非理性主义。据说,社会学是一种艺术,其中什么是有价值的,应当由直觉和灵感的标准来衡量,是不受严格的逻辑和经验验证的约束的。

我们所企望的是,本书能够有助于反对这两个危险的倾向。可以说本书在两个主要方面起着这样的作用:第一,我们已经证明了,在本书所涵盖的范围里面,差异不像初看上去那样大,实质性的共同理论基础是存在的,只要我们不辞辛劳,为寻找这个基础而深入发掘。可以大胆地说,我们所研究的人物越是声名

㊚ 斯宾塞的体系是如此明确的功利主义的,以致可以以此说明他为什么把社会学作为一种无所不包的学科。

卓著,这种共同的基础就越是实质性的。要以本书研究的四个人作为缺乏一致性的例证,是完全可能的。但从本书的论证中得出的合理结论是,那是一种肤浅的判断。他们的一致远远超过了在较为肤浅的层次上产生的差异。这四个人心目中所思考的,不是许许多多紊乱而武断的主观判断,而是科学思想运动的一条非常深刻的溪流的组成部分,是一个远远超出这里所考虑的少数几个人的著作的包罗广泛的运动。

其次,如果本书所阐述的对于科学发展的性质的解释,即便只在应用于这一特定事例时才被接受,也会产生另外一个结论。本书所探索的并不仅仅是一个包罗广泛的思想运动,而是科学的进程,实际上那是一个引人注目的科学进展。其中一个主要的方面,是对于范围广泛的有关人类行动的种种事实有了比较清楚、比较完善的理解。这里所回顾的全部理论工作,都是以这种成就为目标,并藉之说明自身的正当性的。如果没有构成为本书的基础并且是本书主题的系统理论思想,就做不到这一点。

因此,对于那种关于社会科学、特别是社会学的流行的悲观主义判断,是不可能赞同的。如果不是把注意力集中在一般水平的成就上,而是集中于最优秀的成就上(这样做在这里是完全正当合理的),那么,我们肯定不需要为我们的科学而感到羞愧。在短短一代人的时期内,在经验和理论两个层次上都已经取得了引人注目的进步。我们已经有了健全的理论基础,完全可以有所作为。

索 引

(条目后的页码指原书页码,见本书边码)

A

Abel, Theodore, 艾贝尔, 630, 641
Abstract societies, 抽象社会, 221, 246, 298, 458
Abstraction, 抽象, 294, 355, 441
Accommodation, 融合, 532, 541
Acquisitiveness, 获利, 497, 504, 512—514, 521, 531, 574, 654
Action, 行动, 26, 43, 731
Activities, 活动, 134, 299, 529, 608, 617—618, 703
Actor, 行动者, 44, 46, 84, 745
Adaptation, 适应, 119, 120, 124, 275, 371, 438
Adequacy, 充分性、恰切性, 735—736, 750
Aggregates, persistence of, 聚合物的韧性, 278, 408
Agreement, 一致性, 660
Allport, F. H., 奥尔波特, 408
Altruism, 利他主义, 163, 327, 405—406
Analytical sciences, 分析性科学, 598, 623, 743, 760

Anarchism, 无政府主义, 104, 106
Animism, 万物有灵论, 414
Anomie, 失范, 291, 326—327, 334, 346, 375, 377, 378, 381, 382, 386, 389, 392, 396, 405, 407, 439, 686, 710
Anti-intellectualism, 反智主义, 5, 18, 272, 491
Apriorism, 先验论, 442
Aquinas, St. Thomas, 圣托马斯·阿奎那, 680
Archimedes, 阿基米德, 549, 573
Aristotle, 亚里士多德, 32, 53, 438
Asceticism, 禁欲主义, 523, 528, 562—563, 569,
Atomism, 原子论, 607, 610, 618, 621
Attitudes, 态度, 649, 660, 771
Authoritarianism, 权威主义, 519
Autonomy, 自律、自主性, 390

B

Behaviorism, 行为主义, 77, 85, 86, 115, 212, 356, 697
Bentham, Jeremy, 边沁, 645
Biography, 传记, 771

875

Biology,生物学,85—86,253
Blunt, E. A. H.,布伦特,553
Bousquet, G. H.,布斯凯,180,220
Brahmans,婆罗门,555,557,572,637
Bridgman,布里奇曼,37
Brinton, Crane,布林顿,3
Buddhism,佛教,563,571,574,575
Bureaucracy,科层制,150,506,515,519,575,664—665

C

Calculation of advantage,利益的盘算,380,403,414
Calling,天职,331,506,517,519—521,526,529
Calvinism,加尔文教,248,516,534—535
Calvinistic theology,加尔文派神学,521—522,535,574—575,605,637
Capitalism,资本主义,110,487,604
Carver, T. N.,卡弗,529
Caste,种姓制度,543,553,560—561,604
Catholic Church,天主教会,53,507
Causal relationships,因果关系,482,485,610,642,750
Chains of means-end relationships,手段—目的关系链,229,267,457,465,652,706,740
Charisma,卡里斯马,291,564,647,649,661,668—671,717
Clark, Walter E.,克拉克,501,560
Class antagonism,阶级冲突,107,165,179,489,494,498,506
Classification,分类,618—619,626—627
Closure of theoretical systems,理论体系的完备 10,70,476,
Coercion,强制,235,311,379,395
Cognitive bias,认识上的偏见,387,440
Cohen, Morris R.,科恩,476
Combinations, instinct of,组合本能,278,710
Common ends,共同目的,238,247,297,405,707
Communism,共产主义,340
Comparative method,比较方法,742
Comte, Auguste,孔德,181,273,293,307
Conditions of action,行动条件,44,114,732
Condorcet,孔多塞,103,123,491
Conflict of values,价值冲突,644—653,687
Conformity,服从,390,395,404

876

Confucianism, 儒教, 539, 546, 573

Conscience collective, 集体良知, 309, 318—320, 323, 330, 333, 336, 356, 358, 404, 407, 462

Consciousness, 意识, 309, 359

Constants, 常量, 71, 728, 736, 758, 761

Constraint, 约束、强制, 347, 378, 400, 462—463, 708

Contract, 契约, 93

Convention, 习俗, 678

Convergence, in development of theory of action, 行动理论发展中的殊途同归, 12, 241, 264, 343, 381, 386, 414, 713—714, 717—718, 720, 723—724

Cost of production, 生产成本, 131, 137, 146

Cousin, Victor, 库曾, 287

Crime, 犯罪, 309, 375, 379, 405

Crowd psychology, 大众心理学, 436—438

Curiosity, 好奇心, 6,

Curtis, C. P. Jr., 柯蒂斯, 199,

Custom, 风俗、习俗, 150, 155, 175, 312, 651

Cyclical theories, 周期理论, 5, 178, 275, 278

D

Darwinism, 达尔文主义, 110, 322

Data, 数据、素材 71, 117, 223, 393, 734 750, 758,

761

Dennes, W. S., 丹尼斯, 447

Dependent variables, 因变量, 25

Deploige, S., 德普罗瓦热, 307, 409

Derivations, 衍生物, 227, 259, 456

Descartes, René, 笛卡尔, 449

Desire, 欲求 387, 402

Determinism, 决定论, 491, 493

Dharma, 达摩, 557—558

Differentiation, social, 社会分化, 318, 512, 567

Dilthey, Wilhelm, 狄尔泰, 476, 480, 484

Discipline, 学科、规训, 285, 335, 384, 507, 515, 522

Disinterestedness, 无功利心的, 164, 659

Dogma, 教条, 273, 558

Drives, 驱动力, 222, 225

Durkheim, émile, 涂尔干, 13, 17, 20, 74, 81, 84, 124, 202, 211, 248, 258, 261, 288, 293, 301, 453, 460, 487, 501—502, 529, 537, 550, 579, 609, 637, 647, 652, 660—

661,665—666,682,685—686,688,708—714,717—718,736

Duty、职责、义务、本分,387,662

Dynamics, social,社会动力学,726

E

Economic element,经济成分,233,240,243,297—298,619,654—655,658,691,704—705,714,716,718,739—740,742—743,765—766

Economic motives,经济动机,161

Economics, classical,古典经济学,18,95,129,489

Efficiency, norms of,功效规范,651,653

Effort,努力,141,147,253,298,396,440,467,719

Egoism,利己主义,161—162,328,330,405

Elites,精英,279

Elliott, W. Y.,埃利奥特,684

Emanationist theories,发散理论,536,572,576,715,722,774

Emergent properties,伴生性特性,35,84,351,356,367,609,734,739,743,745,755

Empiricism,经验主义,6,7,10,23,59,69,130,169,173,181,183,294,337,357,367,397,421,441,455,589—590,635,728,757,759,761,774

Epistemology,认识论,23,441,468,473,713,728

Equations,等同,10,727

Eternal objects,永恒客体,763

Ethics, professional,职业伦理,339

Ethics, religious,宗教伦理,513,539

Evolution,进化、演化,3,122—124

Exchange,交换,98,235,311,687

Experiment,试验,8,184,612—613,622,743

Exploitation of labor,对劳动的剥削,109,492

Exteriority,外在性,347,462,708

F

Fact,事实,6,181—182,345,356,668

Factors,因素,610

Factual knowledge,有关事实的知识,42

Faith,信念 179,284,289,436,440,573

Fashion,时尚,433,651

Fatalisme,宿命论,327

Feudalization,封建化,544

Fichte, J. G.,费希特,478

Fictional categories,虚构的范畴,31, 355,593,607,626,633,716,730, 755
Firth, Raymond,弗思,438,679
Force,强力、力量,90,101,132,179, 281,288,655—657,658
Fourier,傅利叶,491
Frame of reference,参照系,28—30, 616, 634—635, 755, 760—761, 770—771
Franklin, Benjamin,富兰克林,532
Free enterprise,自由企业,135,150, 163,175,608,707
Freud, Sigmund,弗洛伊德,386,388
Freyer, Hans,弗雷尔,473,762,774
Friedrich, C. J.,弗里德里希,769

G

Gay, Edwin,盖伊,501
Gehlke, C. E.格尔基,360
Geist,精神,474,478,487,670
Gemeinde,共同体,569
Gemeinschaft,社会,401, 653, 682, 686,718,744
Generalization,概括、一般化,6,11
von Gierke, Otto,吉尔克,479
Gilds,行会,338,545,556,561
Glory of God,上帝的荣耀,522
Godwin, William,葛德文,104—

105,110,119
Goldschmidt,戈德施密特,502
Grace,荣耀,520,525,527,560
Granet, Marcel,格拉耐特,596
Gresham's law,格雷欣定律(即"劣币驱逐良币"定律),622
Group mind,群体精神,357, 361—362,421,461—462
Grünwald, Ernst,格伦瓦尔德,480

H

Habituation,习惯化,188,321
Halbwachs, Maurice,哈布维奇,326
Halévy,阿勒维,96,102,108
Handman, Max,汉德曼,212
Hedonism,享乐主义,117,121,142, 147, 161, 163, 165—166, 316, 344,528,534,699,700,703
Hegel, G. W. F.,黑格尔,449, 475,478,488,494
Henderson, H. D.,亨德森,131,134
Henderson, L. J.,亨德森,28, 41, 103,181,184,186,199
Heredity and environment,遗传与环境,76,83,86,114,166,202,215, 252, 270, 325, 345, 351—353, 365, 388, 459, 464—465, 677, 700—701,708—709,718
Hesiod,赫西俄德,205,211

Hinduism,印度教 539,553,557,571,574

Historical individual,历史个体,30,594,602,604,610,612,620—621,626,743,754,762

Historical schools,历史学派,502

Historismus,历史主义,477—479,516,590,627

Hobbes,Thomas,霍布斯,89,109,151,179,236—238,302,314,337,362,377,382,402,491,687,718,768

Homans,George C.,霍曼斯,199

Humanitarianism,人道主义,179,223—224,290

Hume,David,休谟,473—474

Husserl,Edmund,胡塞尔,733,750

Huxley,Thomas H.,赫胥黎,113

I

Ideal type,理想类型,33,496,509,554,593,601,605,684,716,739,748,761

Idealism,唯心主义,13,444,468,470,669,684

Idealistic theories,唯心主义理论,74,602,638,694,715,719,732,758,774

Identity of interests,natural,利益的天然一致性,97,100—102,103,105,165,168,176,363,657,718,773

Ideology,意识形态,5,269,283

Idolatry,偶像崇拜,523—524,526,549,673

Ignorance,无知,66,123,203,223,677,701,718

Immanence of God,上帝的内在性,551

Indeterminacy of atomistic theories,原子论理论的不确定性,740

India,印度,166,286,573,574

Individualism,个人主义,5,152,179

Industrial society,工业社会,4

Instincts,本能,115,204,215,219,296,678,705

Institutionalism,制度主义,18,122,125,174

Institutions,定则、制度,105,174,399,435—436,446,463,489,497,652,669,688,689—691,711,713—714,717

Integration,整合,403,433

Intrinsic,内在的、固有的,210

Intuitionism,直觉主义 586,602,670,684,729

Irrationality,非理性,66,203,581—584

880

Islam,伊斯兰教,575

J

Japan,日本,330,552—553
Jennings, H. S.,詹宁斯,741
Jevons, W. Stuart,杰文斯,100, 133,137
von Jhering, Rudolf,耶林,79
Judaism,犹太教,575

K

Kant, Immanuel,康德,24, 387, 442, 473—475, 477, 481, 580, 590, 595
Karma and transmigration,轮回与转世,286,558—559,605,670
Keynes, J. M.,凯恩斯,113, 131, 133
Kingdom of God,上帝之国,248, 522,527
Koffka, Kurt,考夫卡,590
Köhler, Wolfgang,科勒,482
Knies, Karl,尼斯,502,584
Knight, Frank H.,奈特,657

L

Labor,劳动,98, 235, 308, 460—461,491
Laissez faire,自由放任政策,4, 152—154,170,341,620,730
Lamarck,拉马克,103,120,220
Legitimacy,合法性,402, 646, 651, 663,669,710
Lindsay, A. D.,林赛,108
Lions,莱昂斯,281,289
Locke, John,洛克,95,129,362,491
Logical action,逻辑行动, 185, 228, 262, 268, 295, 456, 645, 704
Logico-experimental science,逻辑—实验科学,181
Löwe, Adolf,罗维,171,254
Lowie, R. H.,洛维,436
Lutheranism,路德宗、路德教,511, 518—519,525,534

M

McCulloch,麦克洛克,18,
Maciver, R. M.,麦锡维,264
Mach, Ernst,马赫,181
Machiavelli, Nocolo,马基雅维里, 106,179
Magic,巫术, 258, 432—433, 547, 549,564—566,574,673
Maine, Sir Henry,梅因,687
Malinowski, Bronislaw,马林诺夫斯基,404,425,438,439,564
Malthus, Thomas Robert,马尔萨斯,102, 110, 144, 147, 168, 322,

489

Mannheim, Karl, 曼海姆, 480

Marathon, Battle of, 马拉松战役, 611

Marshall, Alfred, 马歇尔, 10, 12, 13, 100, 124, 129, 264, 288, 291, 299, 340, 452—454, 509, 529, 608—610, 617—618, 619—620, 658, 702—704, 707, 718, 720, 736

Marx, Karl, 马克思, 104, 107, 179, 488—495, 496, 504, 509, 657—658, 687

Materialism, historical, 历史唯物主义, 110, 340, 410, 418, 490, 496, 502—503, 510, 715, 722

Mauss, Marcel, 莫斯, 310

Maximus satisfaction, doctrine of, 最大满足学说, 132, 152—153, 165, 241, 254

Means-end relationship, 手段—目的关系, 43, 76, 225, 251, 585—586, 653—654, 699

Mechanics, 力学, 615

Meinecke, Friedrich, 梅尼克, 473

Menger, Carl, 门格尔, 477

Merton, Robert, 默顿, 511, 523, 596

Methodology, 方法论, 23—24

Meyer, Eduard, 梅耶, 503, 613

Mill, John Stuart, 穆勒, 108, 161, 533

Misplaced concreteness, fallacy of, 误置具体性的谬误, 29, 294, 476—477, 589, 704

Mitchell, Wesley C., 米切尔, 122

Mommsen, Theodor, 蒙森, 502

Monasticism, 修道院制度（修道院生活）, 517, 518, 519, 524, 534

Mosaic theory of culture, 关于文化的拼板理论, 607, 610, 621, 626, 748

Murchison, Carl, 默奇森, 190, 374

Mysticism, 神秘主义, 523, 534, 562—563, 569

Myth, 神话, 273

N

Naturism, 自然崇拜, 414

Newton, Sir Isaac, 牛顿, 88

Nock, A. D., 诺克, 424, 425, 430, 431, 501, 566, 712

Nominalism, 唯名论, 287

Nonempirical reality, 非经验的实在, 421, 431, 467, 712

Nonlogical action, 非逻辑行动, 18, 192, 250, 295, 456, 705, 714

Non-normative elements, 非规范性成分, 253

Nonsubjective categories, 非主观范畴, 26, 269

Norm,规范,396—397

Normative orientation of action,行动的规范性取向,44—45,76,206—207, 217, 295, 370, 374—375, 377—378, 382, 394, 396—398, 405—406, 456, 464, 483, 602, 615,646,647,650,678,701,710, 732

O

Objective point of view,客观观点, 46,187,345

Objectivism,客观主义,190, 327, 348—349,356,581,603,729

Objectivity,客观性,593,600

Occupational groups,职业群体,338

Offenbacher, Martin,奥芬巴哈,530

Operations,操作、运作、举措,37, 38,182,186,199

Ophelimity,最适享乐度,242

Opportunity cost,机会成本,131,655

Organicism,有机论,31, 480, 615, 623,691,739,743,747

Organism,有机体,46

P

Pantheism,泛神论,551,560,569

Pareto, Vilfredo,帕雷托,13,18,20, 124,172,178,309,340,346,351, 359, 372, 385, 404, 407, 409, 420—422, 454—460, 464, 467, 469,487,499,511,533,558,569, 577,579,582,590,609,623,645, 648, 652, 672, 682, 685, 699, 704—708, 710, 714, 716, 757, 766,772

Particularism,特殊主义,547,550—551

Pathology, social,社会病理学,372

Persians,波斯人,611

Personality,人格,333,434

Phenomena,现象,41

Physics, classical,经典物理学,88, 473—474,733,737

Piaget, Jean,皮亚杰,384—385,401

Plato,柏拉图,53,340,438

Poincaré,Henri,彭加勒,181

Population, principle,人口论,104, 107,111,141,144,159,172,322, 326,342,350,373

Positivism,实证主义,11, 60, 125, 392,411,421,428,444,451,638, 669,699,718,732,758,773

Predestination,(加尔文教的)预定论,522—523,524,574

Predication,论断,615

Probability,概率、可能性,185, 625—626,629

883

Profane,世俗的,411—412,466,566,662
Prophecy,(先知的)预言,551,567,663,667,670—671,685
Protestant ethic,新教伦理,573,611,670
Protestantism,新教,53—54,87
Psychopathology,精神病理学,227,319,325—326,583

Q

Quantification,量化,200
Quantum theory,量子理论,737

R

Race,种族,325
Radcliffe-Brown, A. R.,拉德克利夫—布朗,430
Radical positivism,激进实证主义,79—80
von Ranke, Otto,兰克,477
Rationality of action,行动的合理性,19,56,132,155,162—164,170,187,265,415,588,606,616,698—699,716,718
Rationalization,合理化,567,751
Realism,实在论,287
Reductive,化约的,85,181
Reification,具体化,476,589,599,607,619—620,631,728,753,757,761
Relativism,相对主义,429,447,468,480
Representations,表象,356,413,445
Residual categories,剩余性范畴,16,192,351,645,682,704,708,766
Residues,剩余物,196,224,271,278,456,535—536,619,672,685
Ricardo, David,李嘉图,18,99,100,107,129,133,136—137,157,489
Richard, Gaston,理查德,445
Rickert, Heinrich,李凯尔特,476,580,595,636
Rights, natural,自然权利,95,
Ritual,仪式,195,208,258,297,416—417,429,458—459,467,554,559,566,673,679,708,712,714,717
Robbins, Lionel,罗宾斯,607,609,620,658
Robertson, D. H.,罗伯逊,143
Robertson, H. M.,罗伯逊,501,520,528,529,532
Roethlisberger, F. J.,罗特里斯伯格,692
Roman law,罗马法,55,87,478
Rousseau, J. J.,卢梭,332
Routine,常规化,662

S

Sacredness, 神圣性, 258, 411—412, 414, 466, 564, 646, 660, 669—670, 674, 711, 717

Salvation, 救赎、拯救, 257, 518—519, 520, 522, 534, 546, 570

Sanctions, 裁可, 379, 385, 402, 463

Savigny, 萨维尼, 478

Scarcity of means, 手段的稀缺, 89, 93, 233, 655

von Schelting, Alexander, 冯·塞廷, 23, 539, 575, 579, 604, 633, 635, 643—644, 681

Schmoller, Gustav, 施莫勒, 477, 502

Schumpeter, J. A., 熊彼特, 129

Secularization, 世俗化, 88, 283, 527—528, 537, 685—686

Sense data, 感观材料, 28, 181

Simmel, Georg, 西美尔, 716, 748, 772—773

Skepticism, 怀疑主义, 179, 276, 285, 599

Smith, Adam, 亚当·斯密, 99

Smith, Robertson, 史密斯, 409

Sociologistic positivism, 社会学主义的实证主义, 13, 343, 671

Solidarity, mechanical, 机械团结, 318, 339

Solidarity, organic, 有机团结, 311, 318, 334

Sombart, Werner, 桑巴特, 492, 495—499, 504, 509, 722, 743

Sorokin, P. A., 索罗金, 5, 14, 199, 225, 354, 385, 548, 552—553, 576, 631—633, 680

Souter, R. W., 苏特, 239, 454, 658

Spann, Ottmar, 斯潘, 670

Speculators, 投机者, 282

Spencer, Herbert, 斯宾塞, 4, 11, 181, 293, 311, 343, 346, 688, 773

Stammler, Rudolf, 斯塔姆勒, 502

Subjective point of view, 主观观点, 187, 252, 589, 623, 641, 715, 733, 738, 758, 765

Substitution, principle of, 替代原理, 131, 147, 153

Supernatural, 超自然的, 565, 665—667, 668, 674

Supply and demand, 供需, 28, 30, 171, 770

Survival of fittest, 适者生存, 113, 226, 246, 373—374

Symbolic expression, 象征性表达, 258, 403, 420, 483

Symbolism, 象征体系、象征作用, 416, 422—423, 431, 466, 484, 565, 637, 647, 674—675, 692,

885

711,714,717

Symbols,符号、象征,26,310,484

Synthesis,综合、(正题和反题)合题,353,363,462

T

Taoism,道教,551—552,574

Tarde, Gabriel,塔德,385

Taste,趣味,677,693,718

Taussig, F. W.,陶西格,108

Taylor, O. H.,泰勒,88,234,254,590

Teleology,目的论,85,350,365,406,583,667,708,732

Toennies, Ferdinand,藤尼斯,686,718

Totemism,图腾崇拜,410

Traditionalism,传统主义,514,516,517,548,549,551,559,561,565,573,608,617,646,648,663—664,692—693,752

Transcendentality of God,上帝的超验性,522,551,568—569,574

Troeltsch, Ernst,特罗尔奇,88,473,495,517

Typology, Weber's religious,韦伯的宗教类型学,563

U

Ultimate values,终极价值,424,667—668,669,714,717,718

Unit act,单位行动,43,731,734,737—738,749,769

Unit analysis,单位分析,748

Universalism,普世主义,550

Universals,共相、普遍,35,614

Usages,惯例,650,677,693—694

Utilitarian dilemma,功利主义的两难困境,64,67,114,203,219,299,323,344,362,381,384,386,699—700,702,708

Utility,效用,60,121—122,129,162,264,654,702

Utility, marginal,边际效用,130—131,137,165,

V

Value,价值、值,131

Value judgments,价值成分,594,638

Variables,变项,10

Veblen, Thorstein,凡布伦,6,122,529

Verification,验证,8

Verstehen,理解,84,583—585,588—589,634,635,641,681,765

Voluntaristic theory of action,唯意志论的行动理论,11—12,62,81—82,251,396,439,448,460,467,572,638,683,685,700,709,720,

753,757,762

W

Wages fund theory,工资基金理论,108
Walsh, J. R.,沃尔什,172
Wants,需求,132,135,317,344,453,702
War, state of,战争状态,90,92,109,113,258,314,377
Warner, W. Lloyd,沃纳,438
Watt, James,瓦特,131
Weber, Marianne,韦伯,玛丽安娜,503
Weber, Max,韦伯,马克斯,12,20,30,166,255,260,286,291,294,340,408,409,435,453,485,495,499,710,714—719,730,739,743,752,758,772
Wertbeziehung,价值关联,593—594,600—601,637,672,683,715,723
Wertrationalität,价值合理性,642,659,660
Whitehead, T. N.,怀特海,692
Windelband, Wilhelm,文德尔班,476
Wissenssoziologie,知识社会学,14,27,480,672,764
Workmanship,敬业精神,529

Y

Young, Allyn A.,杨,150

Z

Znaniecki, Florian,兹纳涅茨基,30,773
Zoroastrianism,拜火教,558
Zweckrationaltät,目的合理性,584,631,642,653

887

编 后 记

　　帕森斯的《社会行动的结构》一书是二十世纪西方社会理论中最具影响力的学术著作之一,早在上世纪九十年代,国内即有出版社致力于出版此书的中文本。但由于各种原因,中文本的翻译出版却颇费周折,由张明德、夏翼南两位先生翻译并经相关学者校订的译稿,竟经历了近十年的辗转。鉴于此书重大的学术价值,以及原有译稿的实际情况,特约请彭刚先生对原译稿进行了全面系统的修订。彭刚先生历时数年,做了大量订正、补漏、改译的工作,并新译出了该书三个序言,编制了全书索引,使译稿在相当程度上得到了完善和提高。这里我们要向三位译者和所有参与此书译事的同志表示衷心的感谢。

　　帕森斯此书篇幅庞大,学理繁复深邃,涉及到社会学、哲学、经济学、历史学、人类学等多个领域,帕森斯的文字又是以晦涩难懂著称(英语学界也经常有人抱怨说,帕森斯有的话说的是什么意思,只有上帝和他自己知道)。虽然翻译工作的几位参与者都付出了辛勤劳动,但由于各方面条件的限制,译本中一定还有错谬不妥之处,欢迎广大读者指正,以使译本质量能够进一步提高。

编　者

2003 年 12 月

人文与社会译丛

第一批书目

1.《政治自由主义》(增订版),[美]J.罗尔斯著,万俊人译　118.00元
2.《文化的解释》,[美]C.格尔茨著,韩莉译　89.00元
3.《技术与时间:1.爱比米修斯的过失》,[法]B.斯蒂格勒著,
　裴程译　62.00元
4.《依附性积累与不发达》,[德]A.G.弗兰克著,高铦等译　13.60元
5.《身处欧美的波兰农民》,[美]F.兹纳涅茨基、W.I.托马斯著,
　张友云译　9.20元
6.《现代性的后果》,[英]A.吉登斯著,田禾译　45.00元
7.《消费文化与后现代主义》,[英]M.费瑟斯通著,刘精明译　14.20元
8.《英国工人阶级的形成》(上、下册),[英]E.P.汤普森著,
　钱乘旦等译　168.00元
9.《知识人的社会角色》,[美]F.兹纳涅茨基著,郏斌祥译　49.00元

第二批书目

10.《文化生产:媒体与都市艺术》,[美]D.克兰著,赵国新译　49.00元
11.《现代社会中的法律》,[美]R.M.昂格尔著,吴玉章等译　39.00元
12.《后形而上学思想》,[德]J.哈贝马斯著,曹卫东等译　58.00元
13.《自由主义与正义的局限》,[美]M.桑德尔著,万俊人等译　30.00元

14.《临床医学的诞生》,[法]M.福柯著,刘北成译　　　55.00元
15.《农民的道义经济学》,[美]J.C.斯科特著,程立显等译　42.00元
16.《俄国思想家》,[英]I.伯林著,彭淮栋译　　　　　35.00元
17.《自我的根源:现代认同的形成》,[加]C.泰勒著,韩震等译
　　　　　　　　　　　　　　　　　　　　　　128.00元
18.《霍布斯的政治哲学》,[美]L.施特劳斯著,申彤译　　49.00元
19.《现代性与大屠杀》,[英]Z.鲍曼著,杨渝东等译　　　59.00元

第三批书目

20.《新功能主义及其后》,[美]J.C.亚历山大著,彭牧等译　15.80元
21.《自由史论》,[英]J.阿克顿著,胡传胜等译　　　　 89.00元
22.《伯林谈话录》,[伊朗]R.贾汉贝格鲁等著,杨祯钦译　　48.00元
23.《阶级斗争》,[法]R.阿隆著,周以光译　　　　　　13.50元
24.《正义诸领域:为多元主义与平等一辩》,[美]M.沃尔泽著,
　　褚松燕等译　　　　　　　　　　　　　　　　24.80元
25.《大萧条的孩子们》,[美]G.H.埃尔德著,田禾等译　　27.30元
26.《黑格尔》,[加]C.泰勒著,张国清等译　　　　　　135.00元
27.《反潮流》,[英]I.伯林著,冯克利译　　　　　　　48.00元
28.《统治阶级》,[意]G.莫斯卡著,贾鹤鹏译　　　　　98.00元
29.《现代性的哲学话语》,[德]J.哈贝马斯著,曹卫东等译　78.00元

第四批书目

30.《自由论》(修订版),[英]I.伯林著,胡传胜译　　　69.00元
31.《保守主义》,[德]K.曼海姆著,李朝晖、牟建君译　　58.00元
32.《科学的反革命》(修订版),[英]F.哈耶克著,冯克利译　58.00元

33.《实践感》,[法]P.布迪厄著,蒋梓骅译　　　　　　　75.00元
34.《风险社会:新的现代性之路》,[德]U.贝克著,张文杰等译 58.00元
35.《社会行动的结构》,[美]T.帕森斯著,彭刚等译　　　80.00元
36.《个体的社会》,[德]N.埃利亚斯著,翟三江、陆兴华译　15.30元
37.《传统的发明》,[英]E.霍布斯鲍姆等著,顾杭、庞冠群译 68.00元
38.《关于马基雅维里的思考》,[美]L.施特劳斯著,申彤译　78.00元
39.《追寻美德》,[美]A.麦金太尔著,宋继杰译　　　　　68.00元

第五批书目

40.《现实感》,[英]I.伯林著,潘荣荣、林茂译　　　　　30.00元
41.《启蒙的时代》,[英]I.伯林著,孙尚扬、杨深译　　　35.00元
42.《元史学》,[美]H.怀特著,陈新译　　　　　　　　　89.00元
43.《意识形态与现代文化》,[英]J.B.汤普森著,高铦等译 68.00元
44.《美国大城市的死与生》,[加]J.雅各布斯著,金衡山译 78.00元
45.《社会理论和社会结构》,[美]R.K.默顿著,唐少杰等译 128.00元
46.《黑皮肤,白面具》,[法]F.法农著,万冰译　　　　　58.00元
47.《德国的历史观》,[美]G.伊格尔斯著,彭刚、顾杭译　58.00元
48.《全世界受苦的人》,[法]F.法农著,万冰译　　　　　17.80元
49.《知识分子的鸦片》,[法]R.阿隆著,吕一民、顾杭译　45.00元

第六批书目

50.《驯化君主》,[美]H.C.曼斯菲尔德著,冯克利译　　　68.00元
51.《黑格尔导读》,[法]A.科耶夫著,姜志辉译　　　　　98.00元
52.《象征交换与死亡》,[法]J.波德里亚著,车槿山译　　68.00元
53.《自由及其背叛》,[英]I.伯林著,赵国新译　　　　　48.00元

54.《启蒙的三个批评者》,[英]I.伯林著,马寅卯、郑想译　　48.00元
55.《运动中的力量》,[美]S.塔罗著,吴庆宏译　　23.50元
56.《斗争的动力》,[美]D.麦克亚当、S.塔罗、C.蒂利著,
　　李义中等译　　31.50元
57.《善的脆弱性》,[美]M.纳斯鲍姆著,徐向东、陆萌译　　55.00元
58.《弱者的武器》,[美]J.C.斯科特著,郑广怀等译　　82.00元
59.《图绘》,[美]S.弗里德曼著,陈丽译　　49.00元

第七批书目

60.《现代悲剧》,[英]R.威廉斯著,丁尔苏译　　45.00元
61.《论革命》,[美]H.阿伦特著,陈周旺译　　59.00元
62.《美国精神的封闭》,[美]A.布卢姆著,战旭英译,冯克利校　68.00元
63.《浪漫主义的根源》,[英]I.伯林著,吕梁等译　　49.00元
64.《扭曲的人性之材》,[英]I.伯林著,岳秀坤译　　22.00元
65.《民族主义思想与殖民地世界》,[美]P.查特吉著,
　　范慕尤、杨曦译　　18.00元
66.《现代性社会学》,[法]D.马尔图切利著,姜志辉译　　32.00元
67.《社会政治理论的重构》,[美]R.J.伯恩斯坦著,黄瑞祺译　72.00元
68.《以色列与启示》,[美]E.沃格林著,霍伟岸、叶颖译　　128.00元
69.《城邦的世界》,[美]E.沃格林著,陈周旺译　　85.00元
70.《历史主义的兴起》,[德]F.梅尼克著,陆月宏译　　48.00元

第八批书目

71.《环境与历史》,[英]W.贝纳特、P.科茨著,包茂红译　　25.00元
72.《人类与自然世界》,[英]K.托马斯著,宋丽丽译　　35.00元

73.《卢梭问题》,[德]E.卡西勒著,王春华译　　　　39.00元
74.《男性气概》,[美]H.C.曼斯菲尔德著,刘玮译　　28.00元
75.《战争与和平的权利》,[美]R.塔克著,罗炯等译　25.00元
76.《谁统治美国》,[美]W.多姆霍夫著,吕鹏、闻翔译　35.00元
77.《健康与社会》,[法]M.德吕勒著,王鲲译　　　　35.00元
78.《读柏拉图》,[德]T.A.斯勒扎克著,程炜译　　　68.00元
79.《苏联的心灵》,[英]I.伯林著,潘永强、刘北成译　59.00元
80.《个人印象》,[英]I.伯林著,林振义、王洁译　　35.00元

第九批书目

81.《技术与时间:2.迷失方向》,[法]B.斯蒂格勒著,
　　赵和平、印螺译　　　　　　　　　　　　　　59.00元
82.《抗争政治》,[美]C.蒂利、S.塔罗著,李义中译　28.00元
83.《亚当·斯密的政治学》,[英]D.温奇著,褚平译　21.00元
84.《怀旧的未来》,[美]S.博伊姆著,杨德友译　　　85.00元
85.《妇女在经济发展中的角色》,[丹]E.博斯拉普著,陈慧平译　30.00元
86.《风景与认同》,[美]W.J.达比著,张箭飞、赵红英译　68.00元
87.《过去与未来之间》,[美]H.阿伦特著,王寅丽、张立立译　58.00元
88.《大西洋的跨越》,[美]D.T.罗杰斯著,吴万伟译　108.00元
89.《资本主义的新精神》,[法]L.博尔坦斯基、E.希亚佩洛著,
　　高铦译　　　　　　　　　　　　　　　　　　58.00元
90.《比较的幽灵》,[美]B.安德森著,甘会斌译　　　79.00元

第十批书目

91.《灾异手记》,[美]E.科尔伯特著,何恬译　　　　25.00元

92.《技术与时间:3.电影的时间与存在之痛的问题》,
 [法]B.斯蒂格勒著,方尔平译　　　　　　　　65.00元
93.《马克思主义与历史学》,[英]S.H.里格比著,吴英译　78.00元
94.《学做工》,[英]P.威利斯著,秘舒、凌旻华译　　68.00元
95.《哲学与治术:1572—1651》,[美]R.塔克著,韩潮译　45.00元
96.《认同伦理学》,[美]K.A.阿皮亚著,张容南译　　45.00元
97.《风景与记忆》,[英]S.沙玛著,胡淑陈、冯樨译　　78.00元
98.《马基雅维里时刻》,[英]J.G.A.波考克著,冯克利、傅乾译108.00元
99.《未完的对话》,[英]I.伯林、[波]B.P.-塞古尔斯卡著,
 杨德友译　　　　　　　　　　　　　　　　65.00元
100.《后殖民理性批判》,[印]G.C.斯皮瓦克著,严蓓雯译　79.00元

第十一批书目

101.《现代社会想象》,[加]C.泰勒著,林曼红译　　　45.00元
102.《柏拉图与亚里士多德》,[美]E.沃格林著,刘曙辉译　78.00元
103.《论个体主义》,[法]L.迪蒙著,桂裕芳译　　　　30.00元
104.《根本恶》,[美]R.J.伯恩斯坦著,王钦、朱康译　　78.00元
105.《这受难的国度》,[美]D.G.福斯特著,孙宏哲、张聚国译 39.00元
106.《公民的激情》,[美]S.克劳斯著,谭安奎译　　　49.00元
107.《美国生活中的同化》,[美]M.M.戈登著,马戎译　58.00元
108.《风景与权力》,[美]W.J.T.米切尔著,杨丽、万信琼译　78.00元
109.《第二人称观点》,[美]S.达沃尔著,章晟译　　　69.00元
110.《性的起源》,[英]F.达伯霍瓦拉著,杨朗译　　　85.00元

第十二批书目

111.《希腊民主的问题》,[法]J.罗米伊著,高煜译　　48.00元
112.《论人权》,[英]J.格里芬著,徐向东、刘明译　　75.00元
113.《柏拉图的伦理学》,[英]T.埃尔文著,陈玮、刘玮译　118.00元
114.《自由主义与荣誉》,[美]S.克劳斯著,林垚译　　62.00元
115.《法国大革命的文化起源》,[法]R.夏蒂埃著,洪庆明译　38.00元
116.《对知识的恐惧》,[美]P.博格西昂著,刘鹏博译　　38.00元
117.《修辞术的诞生》,[英]R.沃迪著,何博超译　　48.00元
118.《历史表现中的真理、意义和指称》,[荷]F.安克斯密特著,周建漳译　　58.00元
119.《天下时代》,[美]E.沃格林著,叶颖译　　78.00元
120.《求索秩序》,[美]E.沃格林著,徐志跃译　　48.00元

第十三批书目

121.《美德伦理学》,[新西兰]R.赫斯特豪斯著,李义天译　68.00元
122.《同情的启蒙》,[美]M.弗雷泽著,胡靖译　　48.00元
123.《图绘暹罗》,[美]T.威尼差恭著,袁剑译　　58.00元
124.《道德的演化》,[新西兰]R.乔伊斯著,刘鹏博、黄素珍译　65.00元
125.《大屠杀与集体记忆》,[美]P.诺维克著,王志华译　78.00元
126.《帝国之眼》,[美]M.L.普拉特著,方杰、方宸译　68.00元
127.《帝国之河》,[美]D.沃斯特著,侯深译　　76.00元
128.《从道德到美德》,[美]M.斯洛特著,周亮译　　58.00元
129.《源自动机的道德》,[美]M.斯洛特著,韩辰锗译　58.00元
130.《理解海德格尔:范式的转变》,[美]T.希恩著,邓定译　　89.00元

第十四批书目

131.《城邦与灵魂:费拉里〈理想国〉论集》,[美]G. R. F. 费拉里著,刘玮编译　　　　　　　　　58.00元

132.《人民主权与德国宪法危机》,[美]P. C. 考威尔著,曹晗蓉、虞维华译　　　　　　　　　58.00元

133.《16和17世纪英格兰大众信仰研究》,[英]K. 托马斯著,芮传明、梅剑华译　　　　　　　168.00元

134.《民族认同》,[英]A. D. 史密斯著,王娟译　　55.00元

135.《世俗主义之乐:我们当下如何生活》,[英]G. 莱文编,赵元译　　　　　　　　　　　　58.00元

136.《国王或人民》,[美]R. 本迪克斯著,褚平译(即出)

137.《自由意志、能动性与生命的意义》,[美]D. 佩里布姆著,张可译　　　　　　　　　　　68.00元

138.《自由与多元论:以赛亚·伯林思想研究》,[英]G. 克劳德著,应奇等译　　　　　　　　58.00元

139.《暴力:思无所限》,[美]R. J. 伯恩斯坦著,李元来译　　59.00元

140.《中心与边缘:宏观社会学论集》,[美]E. 希尔斯著,甘会斌、余昕译　　　　　　　　　88.00元

第十五批书目

141.《自足的世俗社会》,[美]P. 朱克曼著,杨靖译　　58.00元

142.《历史与记忆》,[英]G. 丘比特著,王晨凤译　　59.00元

143.《媒体、国家与民族》,[英]P. 施莱辛格著,林玮译　　68.00元

144.《道德错误论:历史、批判、辩护》,

[瑞典]J.奥尔松著,周奕李译　　　　　　　　　　58.00元
145.《废墟上的未来:联合国教科文组织、世界遗产与和平之梦》,
　　　[澳]L.梅斯克尔著,王丹阳、胡牧译　　　　88.00元
146.《为历史而战》,[法]L.费弗尔著,高煜译(即出)
147.《语言动物:人类语言能力概览》,[加]C.泰勒著,
　　　赵清丽译(即出)
148.《我们中的我:承认理论研究》,[德]A.霍耐特著,
　　　张曦、孙逸凡译　　　　　　　　　　　　62.00元
149.《人文学科与公共生活》,[美]P.布鲁克斯编,
　　　余婉卉译(即出)
150.《美国生活中的反智主义》,[美]R.霍夫施塔特著,
　　　何博超译　　　　　　　　　　　　　　　68.00元

第十六批书目

151.《关怀伦理与移情》,[美]M.斯洛特著,韩玉胜译　　48.00元
152.《形象与象征》,[罗]M.伊利亚德著,沈珂译(即出)
153.《艾希曼审判》,[美]D.利普斯塔特著,刘颖洁译(即出)
154.《现代主义观念论:黑格尔式变奏》,[美]R.B.皮平著,郭东辉译
　　　(即出)
155.《文化绝望的政治:日耳曼意识形态崛起研究》,[美]F.R.斯特
　　　恩著,杨靖译(即出)
156.《作为文化现实的未来:全球现状论集》,[印]A.阿帕杜拉伊著,
　　　周云水、马建福译(即出)
157.《一种思想及其时代:以赛亚·伯林政治思想的发展》,[美]
　　　J.L.彻尼斯著,寿天艺、宋文佳译(即出)
158.《人类的领土性:理论与历史》,[美]R.B.萨克著,袁剑译(即出)

159.《理想的暴政:多元社会中的正义》,[美]G.高斯著,范震亚译（即出）
160.《荒原:一部历史》,[美]V. D.帕尔马著,梅雪芹译(即出)

有关"人文与社会译丛"及本社其他资讯,欢迎点击www.yilin.com浏览,对本丛书的意见和建议请反馈至新浪微博@译林人文社科。